Michael GLANTSCHNIG
Ralf MÜHLBÖCK
Susanne MÜHLBÖCK

SPORTKUNDE 2

Verlag Hölder-Pichler-Tempsky GmbH
www.hpt.at

Mit Schreiben des Bundesministeriums für Bildung, Wissenschaft und Forschung vom 23. Juni 2020, BMBWF-5.034/0050-Präs/14/2018, als für den Unterrichtsgebrauch für die 7. – 8. Klasse an allgemein bildenden höheren Schulen – Oberstufe im Unterrichtsgegenstand Sportkunde (Lehrplan 2018) geeignet erklärt.

Änderungen aufgrund von Veränderungen der Rechtsordnung und des Normenwesens, in der Statistik und im Bereich von Wirtschaftsdaten sowie Software-Aktualisierung liegen in der Verantwortung des Verlages und werden nicht neuerlich approbiert.

Dieses Schulbuch wurde auf Grundlage eines Rahmenlehrplans erstellt; die Auswahl und die Gewichtung der Inhalte erfolgen durch die Lehrerinnen und Lehrer.

Schulbuchnummer Buch inkl. E-Book: 195012

Liebe Schülerin, lieber Schüler, Sie bekommen dieses Schulbuch von der Republik Österreich für Ihre Ausbildung. Bücher helfen nicht nur beim Lernen, sondern sind auch Freunde fürs Leben.

Die Autoren, die Autorin und der Verlag bitten, alle Anregungen und Vorschläge, die dieses Schulbuch betreffen, an folgende Adresse zu senden:
Verlag Hölder-Pichler-Tempsky GmbH
Frankgasse 4, 1090 Wien
E-Mail: service@hpt.at

Wir bedanken uns sehr herzlich bei den Schülerinnen und Schülern des Bundesoberstufenrealgymnasiums für Leistungssport in Spittal/Drau Simon Keuschnig, Victoria Lederer, Martin Neidhardt, Nico Steinwender, Marie Zojer und Sara Zweibrot, die uns freundlicherweise für Fotos und Videos zur Verfügung gestanden sind.

1. Auflage, Nachdruck 2021 (1,01)

Satz: Franz Tettinger, Wien
Druck und Bindung: Brüder Glöckler GmbH, 2752 Wöllersdorf
ISBN: 978-3-230-04643-7

Vorwort

Liebe Schülerinnen und Schüler!

Dieses Schulbuch wird Sie unterstützen, Wissen und Kompetenzen im Gegenstand Sportkunde zu erwerben. Möglicherweise fragen Sie sich, wie Sie mit diesem Buch am besten lernen können. Wir wollen Ihnen *Sportkunde. Band 2* vorstellen.

Warum *Sportkunde*?

Sport ist für viele Menschen ein willkommener Ausgleich, um Stress abzubauen und Krankheiten vorzubeugen, und eine schöne Nebenbeschäftigung. Sie besuchen eine Schule, in der Sport und Sportkunde eine wichtige Rolle einnehmen. Sport ist für Sie deshalb mehr als nur Ausgleich und Nebenbeschäftigung. Für viele von Ihnen nimmt die sportliche Tätigkeit einen wichtigen Teil Ihres Lebens ein. Sportkunde bildet eine wichtige Basis, um Ihre Kenntnisse über Sport, Spiel und Bewegung zu erweitern und sie für die Verbesserung Ihrer sportlichen Fähigkeiten zu nutzen.

Wie funktioniert dieses Buch?

Die Themen von *Sportkunde. Band 2* basieren auf dem derzeit gültigen Lehrplan und beziehen sich auf die ersten vier Semester der Oberstufe. Der Lehrstoff des Unterrichtsfaches ist in die vier Kompetenzbereiche **Bewegung und sportliche Techniken**, **Optimierung sportlicher Leistungen**, **Themen und Wertfragen des Sports** und **Gesellschaftliche Dimensionen des Sports** gegliedert. Jedes Kapitel dieses Buches ist einem der genannten Kompetenzbereiche zugeordnet. Sie erkennen das an der farblichen Gestaltung und an den Fußzeilen in den Kapiteln. Bei der thematischen Aufbereitung wurde darauf geachtet, Inhalte auf verständnisvolle Art und Weise zu formulieren.

Was bedeuten die vier Kompetenzbereiche?

Kompetenzbereich 1: Bewegung und sportliche Techniken

Dieser Kompetenzbereich umfasst das Beschreiben, Systematisieren und Erklären von Alltagsbewegungen und sportlichen Techniken.

Kompetenzbereich 2: Optimierung sportlicher Leistungsfähigkeit

Dieser Kompetenzbereich umfasst die Planung, Gestaltung und Steuerung des sportlichen Trainings.

Kompetenzbereich 3: Themen und Wertfragen des Sports

Dieser Kompetenzbereich umfasst Themen, die sich u. a. mit Normen und Werten im Sport auseinandersetzen, z. B. Doping, Fairness, Vielfalt.

Kompetenzbereich 4: Gesellschaftliche Dimensionen des Sports

Dieser Kompetenzbereich befasst sich mit dem Zusammenhang von Sport und unserer Gesellschaft, z. B. Sport und Kultur, Wirtschaft, Politik, Medien.

Wie sind die einzelnen Kapitel aufgebaut?

Alle Kapitel sind nach einem einheitlichen Konzept aufgebaut:

Der Lernende/Die Lernende soll ...

Die jeweils erste Seite stellt das Thema überblicksmäßig vor und zeigt Ihnen, was Sie am Ende können sollen. Die von Ihnen nachzuweisenden Kompetenzen sind in den farbigen Kästen **„Der Lernende/Die Lernende soll ..."** ausgewiesen. An der Farbe der Kästen erkennen Sie den jeweiligen Kompetenzbereich.

WARM-UP

Bevor Sie sich inhaltlich vertiefen, führt Sie der Abschnitt ***WARM-UP*** auf unterschiedliche Weise an das Thema heran. Dabei wurden Aufgaben aus dem Lebensumfeld von Jugendlichen gewählt, welche Sie eigenständig, mit einem Partner/einer Partnerin oder in Gruppen behandeln.

Vorwort

GET ACTIVE

GET ACTIVE bedeutet, dass Sie im Unterricht aktiv werden sollen. Damit dies so abwechslungsreich und spannend wie möglich abläuft, wurde bei diesen Arbeitsaufträgen auf abwechslungsreiches Lernen achtgegeben. Die Aufgabenstellungen sprechen dabei unterschiedliche Lerntypen an. So haben Sie die Möglichkeit, Ihr Potential voll zu entfalten.

KOMPETENZCHECK

In dem Abschnitt ***KOMPETENZCHECK*** können Sie sich am Ende eines Kapitels einen Überblick verschaffen, wie gut Sie sich bereits mit dem Lehrstoff des jeweiligen Kapitels auskennen und die vorgeschriebenen Teilkompetenzen nachweisen können. An der Farbe der Kästen erkennen Sie den jeweiligen Kompetenzbereich.

RP-TRAINING

Der Abschnitt ***RP-TRAINING*** hilft Ihnen, sich mit wesentlichen Inhalten erneut auseinanderzusetzen und sich optimal auf die Reifeprüfung vorzubereiten. Die Aufgabenstellungen wurden wie die Aufgaben der Reifeprüfung mit sogenannten Operatoren formuliert. Operatoren sind bestimmte Verben, die angeben, was Sie tun sollen. Sie spiegeln die drei Anforderungsniveaus wider, die Sie beherrschen sollen (A 1 = Wiedergeben und Verstehen von Wissen; A 2 = Anwenden von Wissen; A 3 = Begründen und Bewerten). An der Farbe der Kästen erkennen Sie den jeweiligen Kompetenzbereich.

THEORIE ➔ PRAXIS

In diesen Kästen werden zu bestimmten Themenfeldern Beispiele aus der Praxis gebracht, die Ihnen die Verbindung von Theorie und Praxis im Sport zeigen. Dabei können u.a. Fragen behandelt werden, die engen Bezug zu Ihrer eigenen sportlichen Praxis haben.

Einige Abschnitte sind am **Seitenrand mit einem roten Balken** gekennzeichnet. Dieser Lehrstoff ist Teil des Lehrplans für Oberstufenrealgymnasien für Leistungssport, der sich in einigen Bereichen noch intensiver mit Sportkunde-Themen befasst. Diese Inhalte sind aber sicher für alle Schüler/Schülerinnen interessant, die ihr Wissen und ihre Kompetenzen in Sportkunde erweitern wollen.

Im Text sind einzelne **Wörter** markiert. Diese Fachbegriffe der Sportkunde wurden ins **Glossar** am Ende des Buches aufgenommen und verständlich erklärt. Die Bedeutung dieser Fachbegriffe sollten Sie wissen.

Dieses Schulbuch orientiert sich an Erkenntnissen der Sportwissenschaft. Fachbücher und wissenschaftliche Untersuchungen, die dafür verwendet wurden, finden Sie im Literaturverzeichnis. Wurde aus fremden Texten wörtlich zitiert, dann steht dieses Textzitat in Anführungszeichen. Danach ist die Quelle, aus der zitiert wurde, in Form eines Kurzzitates angegeben. Dieses Kurzzitat steht in Klammer und führt den Autor/die Autorin, das Erscheinungsjahr und die Seite des Buches, der Zeitschrift oder einer anderen Publikation an, z.B. *(NADA 2017: S. 9)*. Die vollständigen Quellenangaben können Sie im Literaturverzeichnis nachlesen. Wie Sie in Ihren eigenen schriftlichen Arbeiten richtig zitieren, werden Sie z.B. im Unterrichtsgegenstand Deutsch ausführlich lernen.

SB PLUS Dieses Symbol bedeutet, dass es auf der Verlagswebsite Zusatzmaterialien gibt. Sie finden sie unter www.hpt.at/195012.

Welche Ziele verfolgt dieses Buch?

Wir haben uns bemüht, das Buch so aufzubereiten, dass Sie zentrale fachliche Kompetenzen des Gegenstands mit Hilfe von ausgewählten Lehrstoffinhalten aufbauen und entwickeln können. Dieses Schulbuch unterstützt Sie optimal bei der Vorbereitung auf die Reifeprüfung im Gegenstand Sportkunde.

Wir wünschen Ihnen Freude beim Arbeiten mit diesem Buch.

Die Autoren und die Autorin

Inhaltsverzeichnis 7. KLASSE

5. Semester

6. Semester

Grundlagen der Biomechanik

Kapitel 1

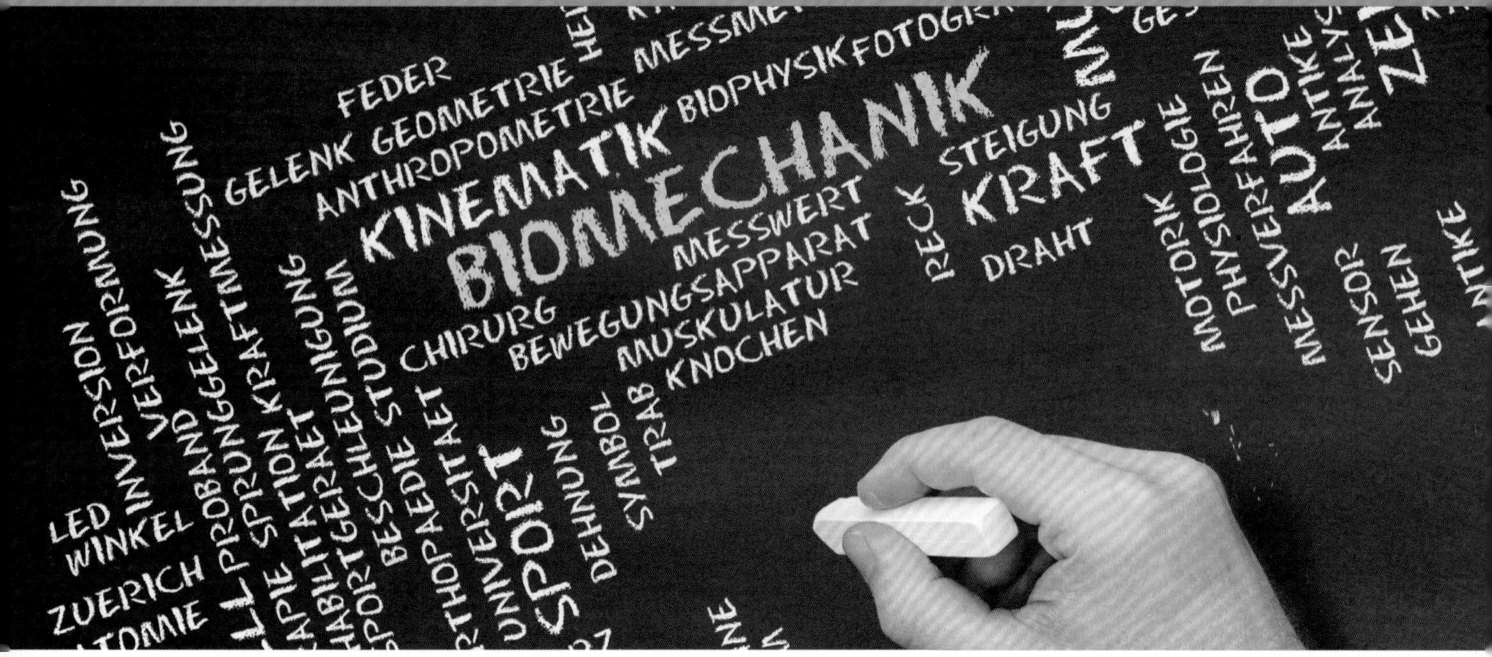

Wie in jeder anderen Naturwissenschaft versucht man auch in der Biomechanik, in der Natur beobachtete Vorgänge zu verstehen, um Vorhersagen zu treffen. Die Formalisierungen bei sportlichen Bewegungen, das sind Bewegungsbeschreibungen durch Bewegungsgleichungen und Formeln, werden unter dem Begriff „Biomechanik" zusammengefasst.

Dabei entstehen Beschreibungen von idealen Bewegungsabläufen, die im Training helfen, eine Verbesserung der sportlichen Techniken zu erreichen. Die Idealpositionen bzw. idealen Bewegungsabläufe dienen aber nur als Vorlage, da jeder Mensch einen anderen Körperbau und Trainingszustand aufweist. Sie sind aber gute Anhaltspunkte für das Erlernen eines individuellen, optimierten Bewegungsablaufes.

Jedes Objekt unterliegt den physikalischen Naturgesetzen, der menschliche Körper ebenfalls. Diese grundlegenden Gesetze werden von der Biomechanik aufgezeigt und in den einzelnen Sportarten ausgenützt, um bessere Leistungen zu erzielen. Sie sind auch für das Setzen von Grenzen zur Vermeidung von Verletzungen wichtig.

Viele technische Entwicklungen der einzelnen Sportarten können auf biomechanische Untersuchungsergebnisse zurückgeführt werden. So entstand zum Beispiel der V-Stil beim Skispringen durch biomechanische Betrachtungen über die Flugeigenschaften eines Menschen, genauso erhielt der Carving-Ski seine spezielle Form durch Untersuchungen der Kraftwirkungen beim Kurvenfahren im Skisport.

In diesem Kapitel werden einfache Zusammenhänge und Prinzipien der Biomechanik aufgegriffen und möglichst einfach erklärt. Die Inhalte sind so gewählt, dass keine großen Vorkenntnisse aus den naturwissenschaftlichen Fächern benötigt werden.

Der Lernende/Die Lernende soll ...

- mit der Arbeitsweise der Biomechanik vertraut werden,
- einfache Vorgänge in verschiedenen Sportarten aus biomechanischer Sicht erklären können,
- das in diesem Kapitel Gelernte auf seine/ihre eigene Sportart anwenden können.

WARM-UP

Lesen Sie den unten angeführten Artikel über die Teilnahme von Sportlern/Sportlerinnen mit Prothesen an Sportwettkämpfen für Athleten/Athletinnen ohne körperliche Einschränkungen. Diskutieren Sie Ihren Standpunkt zu diesem Thema mit einem Partner/einer Partnerin aus Ihrer Klasse. Suchen Sie gemeinsam weitere Beispiele, bei denen der Einsatz von technischen Hilfsmitteln zu einem Vorteil führt (z. B. Badeanzüge aus Haifischhaut).

Leichtathleten mit Prothesen von WM und Olympia nahezu ausgeschlossen

Athleten mit Prothesen müssen nach einer neuen Regel des Weltverbands künftig beweisen, dass sie keinen Vorteil haben. Das können sie kaum schaffen.

Ein Sieg der Inklusion, so feierten manche, als Oscar Pistorius bei den Olympischen Spielen in London 2012 als erster Läufer auf Prothesen startete. Der Weltverband hatte sich lange mit ihm gestritten, ob er denn nun gegen Nicht-Behinderte um Titel und Medaillen 400 Meter im Stadion laufen dürfe. Der Internationale Sportgerichtshof gab ihm das Startrecht, Pistorius lief, was danach passierte, ist eine andere Geschichte. Jetzt hat der Internationale Leichtathletik-Verband (IAAF) jedoch eine Linie gezogen, und seit diesen Tagen steht fest: Den Start eines Prothesenläufers oder eines Prothesenspringers wird es bei Olympischen Spielen oder Weltmeisterschaften nicht mehr geben.

Es geht ohnehin längst nicht mehr um Pistorius. In Deutschland wurde Markus Rehm im vergangenen Jahr mit einer Prothese Deutscher Meister im Weitsprung bei den Nicht-Behinderten. Seine Bestweite von 8,29 Meter hätte in der gestrigen Qualifikation zum WM-Finale an diesem Dienstag Platz zwei bedeutet. Aber auch er wird eine WM oder Olympische Spiele nur als Zuschauer erleben dürfen. Denn das Council der IAAF hat eine Regel verabschiedet, die die Benutzung jeglicher technischer Hilfsmittel verbietet, „es sei denn, der Athlet kann auf Grundlage von Wahrscheinlichkeiten belegen, dass der Gebrauch des Hilfsmittels ihm keinen allgemeinen Wettkampfvorteil gegenüber einem Athleten verleiht, der dieses Hilfsmittel nicht benutzt". So der übersetzte Wortlaut. Weil sich nicht eindeutig belegen lassen wird, ob die Benutzung einer Prothese nun Nachteile oder Vorteile bringt, bedeutet das den Ausschluss von Sportlern mit Prothese von Olympischen Spielen und Weltmeisterschaften.

Quelle: www.tagesspiegel.de/sport/das-ende-der-inklusion-leichtathleten-mit-prothesen-von-wm-und-olympia-nahezu-ausgeschlossen/12228836.html (25. Aug. 2015)

THEORIE → PRAXIS

Jahrelange Erfahrungen zeigen, dass die Biomechanik bei den Schülern/Schülerinnen nicht zu den beliebtesten Teilgebieten des Sportkundeunterrichts zählt. Deswegen wird überlegt, die wesentlichen Inhalte aus der Theorie in den praktischen Unterricht einzubauen. Die Forscher des BioMotion Center in Karlsruhe untersuchen unter dem Motto „Vom Tun zum Verstehen" die Auswirkungen durch ein sich gegenseitig ergänzendes Wirken von Theorie und Praxis auf das Verständnis für biomechanische Prozesse. In zwei Doppelstunden wird bei der praktischen Durchführung von z. B. einer methodischen Übungsreihe zum Thema „Salto Vorwärts" den Schülern/Schülerinnen immer wieder Zeit eingeräumt, sich mit den biomechanischen Größen und Zusammenhängen auseinanderzusetzen. Überprüfungen des Wissensstandes vor und nach den Trainingseinheiten zeigen, dass sich das Verständnis der dabei behandelten biomechanischen Größen stark verbessert.

(vgl. Schnur/Schwameder 2016)

Damit man das im *WARM-UP* aufgezeigte Problem beantworten kann, ist es notwendig, eine genaue Beschreibung der physiologischen Gesetze des Körperbaus zu kennen. Die **Biomechanik** verbindet zwei unterschiedliche Gebiete der Naturwissenschaften miteinander. Die **Mechanik** erforscht Bewegungsabläufe, indem sie deren Ursachen und resultierende Wirkungen auf Objekte beschreibt. Die **Biologie** beschäftigt sich mit den Abläufen und Anpassungen im menschlichen Körper. Die Biomechanik ist also ein wissenschaftliches Teilgebiet, das sich mit folgenden Aufgaben auseinandersetzt:

- Erforschung der Form von Bewegungsabläufen bei Lebewesen
- Erforschung der Wirkung der erzeugten mechanischen Kräfte bei Lebewesen
- Aufdecken von Zusammenhängen zwischen den beiden oben genannten Aufgaben
- Erstellen von geeigneten Modellen zur Beschreibung des Körperbaues und dessen Einfluss auf die Körperfunktionen
- Berücksichtigung von physiologischen Gesetzen des Körperbaues zum besseren Verständnis über Bau und Funktion eines Organismus

Die Beschreibungen in der Biomechanik sind meistens sehr komplex, es benötigt daher einige Zeit, sich in dieses Gebiet einzuarbeiten. Die hier behandelten Inhalte der Biomechanik sind so gewählt, dass sie einen groben Überblick über die Arbeitsweise dieser Wissenschaft geben. Es wird deshalb dort, wo es möglich ist, auf komplexe mathematische und physikalische Beschreibungen verzichtet.

1 Kräfte und deren Wirkung im Sport

Die **Dynamik** befasst sich mit den Ursachen und Auswirkungen von Kräften auf Körper. Im Teilbereich der Kinematik werden Kräfte im bewegten System betrachtet, im Bereich der Statik am ruhenden Körper. Die Basisgrößen in der Dynamik sind **Kraft, Masse** und **Beschleunigung.** Kraft und Beschleunigung sind vektorielle Größen und damit richtungsabhängig. Zur leichteren Veranschaulichung soll folgendes Beispiel dienen: Befinden sich am Start eines 100-Meter-Sprints zwei gleich starke Sprinter/Sprinterinnen, so wird der/die leichtere von den beiden zuerst seine/ihre maximale Geschwindigkeit erreichen. Er/Sie erzielt eine bessere Beschleunigung bei gleichem Kraftaufwand. Es sind also bei allen Betrachtungen die Regeln der allgemeinen Vektorrechnung einzuhalten. Unterschieden wird in der Biomechanik zwischen jenen Kräften, die innerhalb und außerhalb eines menschlichen Körpers wirken.

Innere Kräfte	Äußere Kräfte
Muskelkräfte *Widerstandskräfte* *Reibungskräfte*	*Schwerkraft – Gewichtskraft* *Trägheitskräfte – Gegner, Sportgeräte* *Reibungskräfte – Reibung Schuh-Boden* *Widerstandskräfte – Luft- und Wasserwiderstand* *Zentripetalkräfte – Rotationen und Drehungen*

Auf einige dieser Kräfte wird später noch genauer eingegangen.

Für die Analyse von sportlichen Techniken werden zusätzlich zu den Kräften auch noch die **Newton'schen Gesetze** benötigt. Diese drei Gesetze verbinden die Dynamik mit der Statik und gelten für alle Translationen und Rotationen. Unter **Translationen** versteht man Bewegungen, bei denen sich jeder Punkt des Körpers parallel zueinander bewegt. Bei **Rotationen** drehen sich die Punkte des Körpers um einen gemeinsamen Drehpunkt.

NEWTON'SCHE GESETZE

1 *„Ein Körper verharrt im Zustand der Ruhe oder der gleichförmig geradlinigen Bewegung, sofern er nicht durch einwirkende Kräfte zur Änderung seines Zustands gezwungen wird."*

2 *„Die Änderung der Bewegung ist der Einwirkung der bewegenden Kraft proportional und geschieht nach der Richtung derjenigen geraden Linie, nach welcher jene Kraft wirkt."*

3 *„Kräfte treten immer paarweise auf. Übt ein Körper A auf einen anderen Körper B eine Kraft aus (actio), so wirkt eine gleich große, aber entgegengerichtete Kraft von Körper B auf Körper A (reactio)."*

Das erste Newton'sche Gesetz wird oft auch als **„Trägheitsgesetz"** bezeichnet. Ein Körper ist träge und ändert seinen Bewegungszustand nur dann, wenn auf ihn eine Kraft einwirkt. So muss ein Sprinter/eine Sprinterin Muskelkraft aufbringen, um beim Start den Körper zu beschleunigen. Wie und wie schnell sich der Bewegungszustand ändert, wird über das zweite Newton'sche Gesetz beschrieben. Je träger ein Gegenstand ist, desto länger dauert die Geschwindigkeitsänderung. Die Geschwindigkeitsänderung pro Zeiteinheit nennt man Beschleunigung. Sie ist proportional zur Kraft und hängt von der Masse des Körpers ab. Aus diesem Grund hat ein Sumoringer mit größerer Masse einen Vorteil gegenüber seinem leichteren Konkurrenten, da mehr Kraft aufgebracht werden muss, um ihn von der Stelle zu bewegen. Das dritte Newton'sche Gesetz wird auch Wechselwirkungsprinzip genannt, da Kräfte immer in Paaren auftreten, die gleich groß sind, aber entgegengesetzt wirken. Wird zum Beispiel ein Fahrzeug von einer Person angeschoben, so wirkt an den Berührungsflächen mit dem Boden eine gleich große, entgegengesetzte Kraft. Wenn diese benötigte Gegenkraft nicht erzeugt werden kann, weil der Boden nass oder vereist ist, so ist das Anschieben des Fahrzeuges nicht möglich.

1.1 Gewichtskraft und Kraftstöße

Da sich Massen gegenseitig anziehen, wird jeder Körper auf der Erde in Richtung Erdmittelpunkt angezogen. Die Kraft, mit der ein Körper zur Erde hin angezogen wird, nennt man **Gewichtskraft.** Die Beschleunigung, die ein Körper dabei aufgrund dieser Anziehung erfährt, wird auch **Erdbeschleunigung** genannt. Sie liegt je nach Aufenthaltsort zwischen 9,78 und 9,83 [m/s²] und hat ihren Mittelwert bei 9,81 [m/s²]. Zum Ausrechnen der dabei entstehenden Kraft wird das **zweite Newton'sche Axiom** verwendet. Die Gewichtskraft ergibt sich also aus der Masse mal der Erdbeschleunigung. Auf einer Körperwaage wird aber nicht die wirkende Kraft angezeigt, sondern die umgerechnete Masse des Körpers.

(Simon Keuschnig)

$$9{,}78 \leq \vec{g} \leq 9{,}83 \left[\frac{m}{s^2}\right]$$

$$\vec{F}_g = m * \vec{g}$$

$$\vec{F}_g = 75 * 9{,}81 = 735{,}75\ N$$

Berechnung des Gewichtes

In vielen Sportarten werden Belastungen auf den Körper in Vielfachen der Erdbeschleunigung angegeben. Spricht man also von einer Belastung von der vierfachen Erdbeschleunigung, so ist damit gemeint, dass die Kraftwirkung viermal so groß ist wie die Gewichtskraft des Körpers. Bei Kunstfliegern/Kunstfliegerinnen besteht sogar aufgrund zu hoher Belastungen auf den menschlichen Körper die Gefahr einer Ohnmacht.

$$I = \int_{t_1}^{t_2} \vec{F}(t)dt = m * \int_{t_1}^{t_2} \vec{a}(t)dt = m(\vec{v}_2 - \vec{v}_1) = \Delta\vec{p}$$

Bei biomechanischen Untersuchungen verwendet man eine ähnliche Vorrichtung wie eine Waage. Dabei gebraucht man eine Messdruckplatte mit sehr hoher Genauigkeit, um eine hohe zeitliche Auflösung der Messwerte zu erreichen, die den Kraftverlauf zum Boden aufzeichnet. Die Fläche unter der Kraftkurve entspricht dabei der Impulsänderung des Körpers. Der Impuls ergibt sich aus der Masse eines

Gegenstandes mal dessen Geschwindigkeit. Geht man davon aus, dass während der aufgezeichneten Bewegung die Masse des Körpers konstant bleibt, was bei sportlichen Aktivitäten normalerweise auch der Fall ist, so ergibt sich daraus eine Geschwindigkeitsänderung des Körpers. Die so aufgezeichneten Kraftstöße werden untersucht und für das vorgegebene Ziel verbessert und optimiert. Die beiden folgenden Beispiele zeigen die bestehenden Möglichkeiten solcher Analysen auf.

1.1.1 Analyse Hocksprung (Squat Jump)

(Marie Zojer)

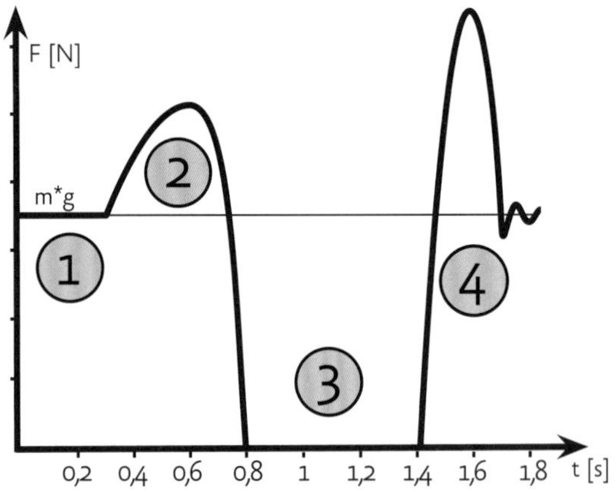

Kraftverlauf Hocksprung

Phase 1

Ausgehend von einer statischen Hockposition wirkt auf die Messdruckplatte nur die Gewichtskraft des Körpers. Diese kann wie oben beschrieben ganz einfach berechnet werden.

Phase 2

Beschleunigt der Körper nach oben, so steigt die wirkende Kraft auf die Platte am Anfang sehr stark an. Die Kraft fällt danach auf Null ab, da der Körper die Platte aufgrund der Flugphase verlässt. Ist die Fläche unter der Kurve größer, so erzielt der Athlet/die Athletin eine größere Absprunggeschwindigkeit.

Phase 3

In der Flugphase ist die auf die Kraftmessplatte wirkende Kraft Null. Diese Phase dauert länger, je größer der Kraftstoß in Phase 2 ist.

Phase 4

In dieser Phase landet der Athlet/die Athletin wieder auf dem Boden und der Körper wird abgebremst. Dabei steigt die auf die Messplatte wirkende Kraft stark an und pendelt sich auf das Niveau der Gewichtskraft ein.

Auswertung des Squat Jumps

Die für diese Bewegung relevanten Werte, die **Absprunggeschwindigkeit** und die **Sprunghöhe,** können auf zwei verschiedenen Wegen ermittelt werden.

$$h = \frac{\vec{g}}{2} * \left(\frac{t}{2}\right)^2 = \frac{9{,}81}{2} * 0{,}3^2 = 0{,}44\,m$$

$$\vec{v} = \vec{g} * t = 9{,}81 * 0{,}3 = 2{,}94\frac{m}{s}$$

Bestimmt man die Flugzeit, dann kann man die Bewegungsgleichung für einen freien Fall verwenden, um die Sprunghöhe und die Absprunggeschwindigkeit zu ermitteln. Da in der Flugphase die Aufwärtsbewegung gleich lange dauert wie die Abwärtsbewegung, wird die Flugzeit einfach halbiert und dann in die Bewegungsgleichung für den freien Fall eingesetzt. Für unser angegebenes Beispiel ergibt sich damit eine Sprunghöhe von 44 Zentimetern und eine Absprunggeschwindigkeit von 2,94 m/s.

$$\vec{F} * t = m * \vec{v} \rightarrow \vec{v} = \frac{\vec{F} * t}{m} = \frac{220{,}5}{75} = 2{,}94\frac{m}{s}$$

$$h = \frac{\vec{v}^2}{2 * \vec{g}} = \frac{2{,}94^2}{2 * 9{,}81} = 0{,}44\,m$$

Da die Geschwindigkeit des Körpers zu Beginn der Bewegung Null ist, kann man über den Kraftstoß und die Masse des Athleten/der Athletin die Absprunggeschwindigkeit ermitteln. In weiterer Folge kann daraus noch die erreichte Sprunghöhe berechnet werden. Dafür muss die Fläche unter der Kraftkurve bestimmt werden. Dies kann über eine Integralrechnung erfolgen oder durch Abzählen der Flächenstücke unter der Kraftkurve.

1.1.2 Analyse Tief-Hochsprung (Countermovement Jump)

Phase 1

Gleich wie beim Hocksprung wirkt auf die Messdruckplatte anfangs nur die Gewichtskraft des Körpers. Diese kann, wie oben gezeigt, ganz einfach berechnet werden.

(Simon Keuschnig)

Phase 2

Durch das Absenken des Körpers sinkt kurzfristig die auf die Messplatte wirkende Kraft. Steigt die Kraft auf die Platte wieder bis auf das Niveau der Gewichtskraft, beginnt das Abbremsen der Abwärtsbewegung.

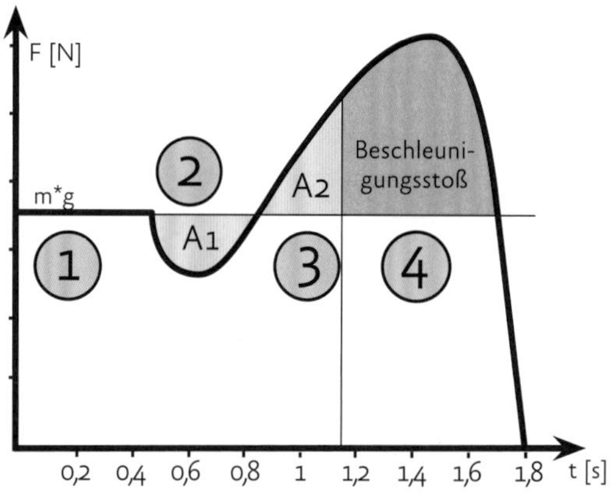

Kraftverlauf Tief-Hochsprung

Phase 3

Die Kraftwirkung auf die Platte wird weiter erhöht und der tiefste Punkt der Ausholbewegung wird erreicht. Beim Übergang in die vierte Phase wird eine deutlich höhere Kraftwirkung gemessen als bei einem Sprung aus der Hocke.

Phase 4

Die Streckbewegung der Beine erhöht die Kraftwirkung auf die Messplatte weiter, bis kurz vor dem Abheben die Kraft unter die Gewichtskraft fällt. Zu diesem Zeitpunkt ist die Beschleunigungsphase beendet. Die Kraft verschwindet sobald der Sportler/die Sportlerin die Messplatte nicht mehr berührt.

Auswertung des Countermovement Jumps

Der Beschleunigungsstoß in der Phase 4 bestimmt die Höhe des anschließenden Sprunges. Durch die Ausholbewegung ist zwar der Kraftstoß in dieser Phase etwas kürzer, er beginnt aber auf höherem Niveau und daher ist die Fläche unter der Kraftkurve etwas größer. Die Sprunghöhe ist dadurch im Vergleich zum Hocksprung größer. Die Kraft, die zu Beginn der Phase 4 aufgrund der Ausholbewegung schon vorhanden ist, nennt man Anfangskraft. Den Beginn der Phase 4 und damit den Beginn der Streckbewegung kann man im Kraftverlauf nicht erkennen. Zu diesem Zeitpunkt müssen aber die beiden Flächen A1 und A2 gleich groß sein, da der Kraftstoß, der für die abwärts gerichtete Beschleunigung verantwortlich ist, gleich groß sein muss wie der Kraftstoß für das Abbremsen der Abwärtsbewegung.

1.2 Reibungskräfte

Reibungskräfte entstehen, wenn Körper aneinander haften, gleiten oder rollen. Auch beim Bewegen durch die Luft oder das Wasser entstehen Reibungskräfte. Sie sind im Sport oft erwünscht, aber auch oft hinderlich. So wird im Skisport durch das Verwenden von Wachs die Reibung zwischen Ski und Schnee verringert oder zum Beispiel im Radsport werden die Reifen zur Verringerung der Reibung dünn gebaut und unter hohem Druck gehalten. Es gibt zahlreiche Situationen im Sport, bei denen hohe Reibungskräfte einen Vorteil bringen. Vor allem bei großen Geschwindigkeitsänderungen sind hohe Reibungskräfte erforderlich.

Es gibt mehrere Möglichkeiten zur **Veränderung der Reibungskräfte**:

- Gewichtserhöhung – Hoch-Tiefentlastung beim Skifahren
- Materialanpassung – Spikes, Stollenschuhe, Gummimischung der Schuhsohlen oder von Reifen
- Richtungsänderung der Kraftwirkung – Abdruck bei der Diagonaltechnik beim Langlaufen

Bei Reibungskräften, die durch Berührung zweier Oberflächen entstehen, unterscheidet man zwischen **Haft-, Gleit- und Rollreibung.** Dabei gilt, dass die Haftreibung etwas größer ist als die Gleitreibung. Die Rollreibung ist mit Abstand am geringsten. Die Ursache dieser Reibungskräfte liegt in der Oberflächenbeschaffenheit der berührenden Oberflächen. Bei starker Vergrößerung kann man erkennen, dass Oberflächen von Körpern keineswegs so glatt sind, wie man denken würde. Durch kleine Unebenheiten entsteht eine bremsende Kraft, die der Bewegung entgegenwirkt.

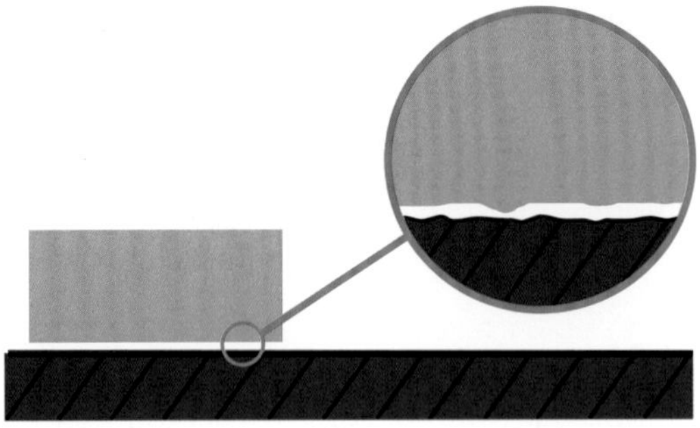

Reibungsursache

Die Reibung hängt von **zwei Faktoren** ab:

- Zuerst einmal von der **Beschaffenheit der beiden Oberflächen.** Diese wird über die Haft- oder Gleitreibungszahl angegeben. Sie ist für unterschiedliche Oberflächen experimentell bestimmbar und wird hier für Oberflächen, die im Sport sehr oft aufeinandertreffen, angegeben.
- Als zweiter Faktor wirkt die Normalkraft auf die Berührungsfläche. Sie wird auch **Anpresskraft** genannt. Liegt ein Körper auf einer ebenen Fläche, so gilt, dass die Normalkraft gleich der Gewichtskraft ist. Also ist die Reibungskraft indirekt auch mit der Masse eines Gegenstandes verknüpft.

	Haftreibungszahl	Gleitreibungszahl
Holz auf Holz	0,6	0,5
Leder auf Metall	0,6	0,3
Reifen auf Asphalt	0,8	0,5
Ski auf Schnee	0,07	0,03
Metall auf Eis	0,03	0,01
Turnschuhe – Halle	0,75	0,7
Turnschuhe – Tartan	0,85	0,8

1.2.1 Luftwiderstand

Diese **Reibungskraft** wirkt bei allen Bewegungen auf der Erde. Die Dichte der Luft ist zwar sehr gering, der Luftwiderstand wird aber bei zunehmender Geschwindigkeit von immer größerer Bedeutung. Das liegt daran, dass jedes Objekt die Moleküle der Luft verdrängen muss und dies, aufgrund der Trägheit der Moleküle, bei hohen Geschwindigkeiten immer schwererfällt. Der Widerstand des Mediums gegenüber der Objektbewegung hängt noch von anderen Faktoren ab. Ausschlaggebend ist die Form des umströmten Körpers, die Projektionsfläche in Bewegungsrichtung und die **Oberflächeneigenschaften** des Körpers. Die Bestimmung der Luftwiderstandszahl für den menschlichen Körper oder von Sportgeräten erfolgt in einem **Windkanal.**

Wie in der Formel zu erkennen ist, spielt vor allem die Geschwindigkeit des Objektes eine wesentliche Rolle. Bei doppelter Geschwindigkeit ist der Luftwiderstand gegen die Bewegung viermal so groß. Dies bedeutet für sportliche Bewegungen, dass die Wurfparabel bei einem Hoch- oder Weitsprung beinahe überhaupt nicht von der idealen Bewegung abweicht, bei einem Schlagball oder Speerwurf jedoch wesentliche Unterschiede zu bemerken sind.

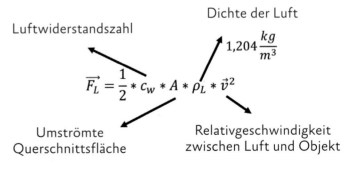

Luftwiderstandszahl

Dichte der Luft $1{,}204 \frac{kg}{m^3}$

$$\vec{F_L} = \frac{1}{2} * c_w * A * \rho_L * \vec{v}^2$$

Umströmte Querschnittsfläche

Relativgeschwindigkeit zwischen Luft und Objekt

Berechnung des Luftwiderstands

Bei Sportarten mit hohen Geschwindigkeiten, wie z. B. beim Radfahren, ist diese bremsende Kraft unerwünscht. So wird das Fahren im Windschatten des Gegners/der Gegnerin zu einem taktischen Element in dieser Sportart. Luftwiderstände sind aber nicht immer hinderlich. In vielen Sportarten wird der Luftwiderstand sogar ausgenutzt. So hat sich die Technik beim Skispringen komplett verändert, da der Luftwiderstand bei der V-Technik wesentlich höher ist und deshalb höhere Weiten erzielt werden. In der Formel I wird der Luftwiderstand ausgenützt, um eine höhere Haftung des Fahrzeuges zur Fahrbahn zu erhalten. Dadurch sind höhere Geschwindigkeiten bei Kurvenfahrten möglich. Die zweckmäßige Form und Oberflächenbeschaffenheit bei Sportgeräten und Sportbekleidung oder entsprechende Körperhaltungen verringern oder erhöhen je nach sportlicher Zielsetzung diese Kraft. Aus diesen Gründen sind in vielen Sportarten die Wettkampfregeln hinsichtlich der Ausnutzung des Luftwiderstandes genau definiert. So sind für Skispringer/Skispringerinnen die erlaubten Maße der Anzüge genau festgelegt.

THEORIE → PRAXIS

Die Vertiefungen bei einem Golfball werden Dimples genannt. Diese Dimples erzeugen an der Golfballoberfläche Luftverwirbelungen, die neben einer Verringerung des Luftwiderstandes auch eine Verstärkung des Magnuseffekts (siehe unten) bewirken. Für gute Flugeigenschaften des Golfballes müssen die mehr als 300 Dimples möglichst flächendeckend über den Golfball angebracht werden. Diese Aufgabe stellt die Hersteller von Golfbällen vor eine große Herausforderung. Die Größe und Tiefe der Dimples beeinflussen nicht nur die Flugbahn des Balles, sondern auch seine Rolleigenschaften am Rasen. Kleine tiefe Dimples sorgen für gute Rolleigenschaften.

Autospoiler verringern den durch die umströmende Luft erzeugten Auftrieb der Karosserie eines Auto. Es kommt zu einer verbesserten Kraftübertragung auf den Boden. Dies wiederum führt zu einer Verbesserung der Kurveneigenschaften, des Bremsweges und der Fahrstabilität des Autos. Die Kunst bei der Herstellung der Spoiler liegt darin, die oben angeführten Verbesserungen bei nur geringer Erhöhung oder sogar Reduzierung des Luftwiderstandes zu erreichen.

Bei den Skifahrern/Skifahrerinnen gibt es seit einiger Zeit eine heftige Diskussion über Rennanzüge und Protektoren. Um den Luftwiderstand so gering wie möglich zu halten, sind Rennanzüge extrem dünn ausgeführt. Fahrer/Fahrerinnen, die sich mit zusätzlichen Protektoren vor den Gefahren schützen, erleiden dadurch einen wesentlichen Nachteil. Aus Gründen der Sicherheit und der Fairness fordern die Fahrer/Fahrerinnen eine verpflichtende Anbringung von Protektoren an Skianzügen.

1.2.2 Magnuseffekt

Ein weiterer physikalischer Effekt tritt auf, wenn ein Körper während seiner Wurfbewegung zusätzlich noch rotiert. Durch die Rotation strömt die Luft an beiden Seiten des Objektes mit unterschiedlicher Geschwindigkeit vorbei. Rotiert der Ball also wie im Bild in Bewegungsrichtung nach links, so strömen die Luftmoleküle an der linken Seite schneller vorbei, da die Oberfläche die Luftmoleküle mitreißt. Auf der anderen Seite werden die Luftmoleküle hingegen gebremst. Dieser Geschwindigkeitsunterschied führt aufgrund der **Strömungslehre** zu einem Druckunterschied zwischen den beiden Seiten. Auf der linken entsteht ein geringerer Druck als auf der rechten Seite. Dadurch kommt es zu einer Kraftwirkung in Richtung der Niederdruckseite des Balles. Dieser Effekt kann noch verstärkt werden, indem man die Balloberfläche verändert, wie bei einem Tennisball oder Golfball. Je nach Rotationsrichtung wird der Ball also die ideale Wurfparabel verkürzen oder verlängern. Bei einer Rotation im rechten Winkel zur Ballbewegung ist auch eine Änderung der Richtung des Balles zu erreichen. Dieser Effekt wird zum Beispiel bei Freistößen im Fußball verwendet, um eine Mauer zu umspielen.

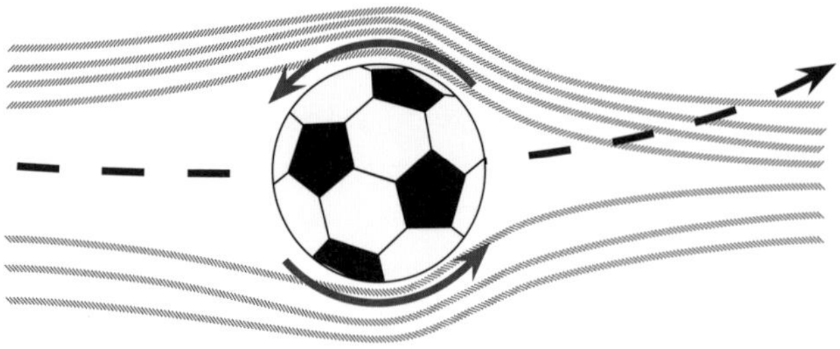

Magnuseffekt

1.2.3 Beispiel für eine biomechanische Analyse: Hocke beim Skifahren

Fährt ein Skifahrer/eine Skifahrerin gerade einen Hang hinunter, so wirken verschiedene Kräfte auf ihn/sie ein. Dabei wird zwischen **inneren und äußeren Kräften** unterschieden. Die inneren Kräfte entstehen im Körper durch die Zugkraft der Muskulatur. Die äußeren Kräfte wirken von außen auf den Körper des Athleten/der Athletin ein. Im Fall des Skifahrers/der Skifahrerin sind dies Reibungskräfte und die Gewichtskraft. Die Reibungskraft zwischen Skibelag und dem Untergrund ist abhängig vom verwendeten Ski und Wachs und von der auf die Berührungsfläche wirkenden Normalkraft. Diese wird mit steigender Hangneigung immer kleiner. Die zweite bremsende Kraft, die den Sportler/die Sportlerin beeinflusst, ist der Luftwiderstand.

Die für die Beschleunigung verantwortliche Kraft ergibt sich aus der Gewichtskraft. Diese wird in zwei Komponenten aufgeteilt. Die erste Komponente zeigt in Richtung der schiefen Ebene und wirkt dadurch beschleunigend auf die Bewegung. Sie wird auch Parallelkraft genannt. Die zweite Komponente zeigt normal auf die schiefe Ebene und ist damit ausschlaggebend für die Reibung zwischen Ski und Untergrund. Sie wird auch Normalkraft genannt.

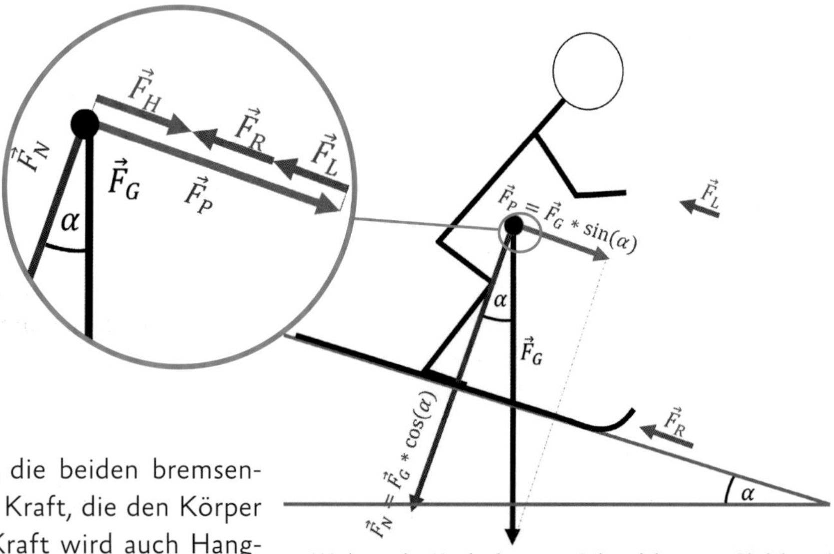

Wirkung der Kräfte bei einer Schussfahrt eines Skifahrers/einer Skifahrerin

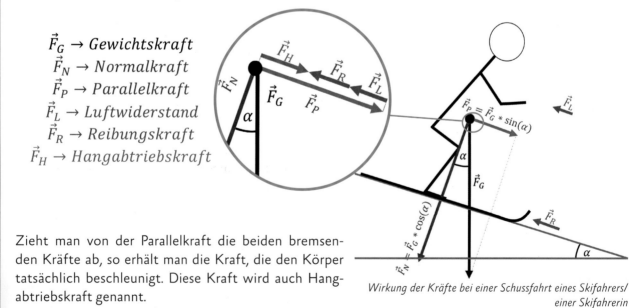

Zieht man von der Parallelkraft die beiden bremsenden Kräfte ab, so erhält man die Kraft, die den Körper tatsächlich beschleunigt. Diese Kraft wird auch Hangabtriebskraft genannt.

Im Skisport stellt sich oft die Frage, ob ein Sportler/eine Sportlerin mit größerer Masse Vorteile hat. Er/Sie besitzt ja aufgrund seiner/ihrer höheren Masse eine höhere Gewichtskraft und damit auch eine höhere Parallelkraft. Um diese Frage zu beantworten, gehen wir von folgender Ausgangslage aus:

Zwei unterschiedlich schwere Sportler/Sportlerinnen stehen am Beginn eines Hanges mit einer Neigung von 30°. Beide verwenden das gleiche Material und das gleiche Skiwachs. Zur Vereinfachung nehmen wir zusätzlich an, das es völlig windstill ist. Unter diesen Voraussetzungen sieht die Berechnung der Beschleunigung auf die beiden folgendermaßen aus:

$\alpha = 20°$	$m_1 = 62\ kg$
$\mu_H = 0{,}07$	$m_2 = 52\ kg$

Fall 1: Beide Sportler/Sportlerinnen stehen

Athlet/Athletin 1

$$\vec{F}_G = m * g = 62 * 9{,}81 = 608{,}22\ N$$
$$\vec{F}_N = \vec{F}_G * \cos(\alpha) = 608{,}22 * \cos(20°) = 571{,}54\ N$$
$$\vec{F}_P = \vec{F}_G * sin(\alpha) = 608{,}22 * sin(20°) = 208{,}02\ N$$
$$\vec{F}_R = \vec{F}_N * \mu_H = 571{,}54 * 0{,}07 = 40\ N$$
$$\vec{F}_H = \vec{F}_P - \vec{F}_R = 208{,}02 - 40 = 168{,}02\ N$$
$$\vec{F}_H = m_1 * \vec{a}_1 \rightarrow \vec{a}_1 = \frac{\vec{F}_H}{m_1} = \frac{168{,}02}{62} = 2{,}7\ \frac{m}{s^2}$$

Athlet/Athletin 2

$$\vec{F}_G = m * g = 52 * 9{,}81 = 510{,}12\ N$$
$$\vec{F}_N = \vec{F}_G * \cos(\alpha) = 510{,}12 * \cos(20°) = 479{,}35\ N$$
$$\vec{F}_P = \vec{F}_G * sin(\alpha) = 510{,}12 * sin(20°) = 174{,}47\ N$$
$$\vec{F}_R = \vec{F}_N * \mu_H = 479{,}35 * 0{,}07 = 33{,}55\ N$$
$$\vec{F}_H = \vec{F}_P - \vec{F}_R = 174{,}47 - 33{,}55 = 140{,}92\ N$$
$$\vec{F}_H = m_1 * \vec{a}_1 \rightarrow \vec{a}_1 = \frac{\vec{F}_H}{m_1} = \frac{140{,}92}{52} = 2{,}7\frac{m}{s^2}$$

Wie aus den Berechnungen zu erkennen ist, gleicht sich die etwas größere Gewichtskraft durch eine höhere bremsende Reibungskraft wieder aus und die beiden erfahren eine gleich große Beschleunigung.

Fall 2: Beide Sportler/Sportlerinnen fahren

Wenn beide Sportler/Sportlerinnen fahren, wirkt zusätzlich der Luftwiderstand als bremsende Kraft. Beide besitzen in der Hocke die gleiche Luftwiderstandszahl. Der/Die Schwerere von den beiden hat aber eine größere Angriffsfläche.

$\mu_G = 0{,}03$	$A_1 = 0{,}33\ m^2$	$\vec{v} = 72\frac{km}{h} \rightarrow 20\frac{m}{s}$
$c_w = 0{,}8$	$A_2 = 0{,}31\ m^2$	

Athlet/Athletin 1

$$\vec{F}_R = \vec{F}_N * \mu_G = 571{,}54 * 0{,}03 = 17{,}15\ N$$
$$\vec{F}_L = \frac{1}{2} * \rho_L * c_w * A_1 * \vec{v}^2 =$$
$$\frac{1}{2} * 1{,}2 * 0{,}8 * 0{,}33 * 20^2 = 63{,}36\ N$$
$$\vec{F}_H = \vec{F}_P - \vec{F}_R - \vec{F}_L = 208{,}02 - 17{,}15 - 63{,}36 = 127{,}49\ N$$
$$\vec{F}_H = m_1 * \vec{a}_1 \rightarrow \vec{a}_1 = \frac{\vec{F}_H}{m_1} = \frac{127{,}49}{62} = 2{,}06\frac{m}{s^2}$$

Athlet/Athletin 2

$$\vec{F}_R = \vec{F}_N * \mu_G = 479{,}35 * 0{,}03 = 14{,}38\ N$$
$$\vec{F}_L = \frac{1}{2} * \rho_L * c_w * A_1 * \vec{v}^2 =$$
$$\frac{1}{2} * 1{,}2 * 0{,}8 * 0{,}31 * 20^2 = 59{,}52\ N$$
$$\vec{F}_H = \vec{F}_P - \vec{F}_R - \vec{F}_L = 174{,}47 - 14{,}38 - 59{,}52 = 100{,}57\ N$$
$$\vec{F}_H = m_1 * \vec{a}_1 \rightarrow \vec{a}_1 = \frac{\vec{F}_H}{m_1} = \frac{100{,}57}{52} = 1{,}93\frac{m}{s^2}$$

Aus den Berechnungen ergibt sich ein leichter Vorteil für den schwereren Athleten/die schwerere Athletin. Dies ist nicht verwunderlich, da ja gerade im Abfahrtsport die Rennfahrer/Rennfahrerinnen dahingehend trainieren, dass sie mehr Muskelmasse besitzen und damit auch etwas schwerer sind.

Berechnet man die maximal erreichbare Endgeschwindigkeit, so wird dieser Vorteil noch deutlicher. Beim Erreichen der Endgeschwindigkeit wird der Luftwiderstand so groß, dass er die Hangabtriebskraft neutralisiert und damit keine weitere Beschleunigung des Fahrers/der Fahrerin eintritt. Berechnen kann man die dabei erreichte Geschwindigkeit durch Gleichsetzen und Umformen der beiden Kräfte.

Athlet/Athletin 1	Athlet/Athletin 2
$\vec{F}_H = \vec{F}_L$	$\vec{F}_H = \vec{F}_L$
$m_1 * \vec{a}_1 = \frac{1}{2} * \rho_L * c_w * A_1 * \vec{v}^2$	$m_2 * \vec{a}_2 = \frac{1}{2} * \rho_L * c_w * A_2 * \vec{v}^2$
$\vec{v} = \sqrt{\frac{2 * m_1 * \vec{a}_1}{\rho_L * c_w * A_1}}$	$\vec{v} = \sqrt{\frac{2 * m_2 * \vec{a}_2}{\rho_L * c_w * A_2}}$
$\vec{v} = \sqrt{\frac{2 * 62 * 2{,}7}{1{,}2 * 0{,}8 * 0{,}33}} = 32{,}5\ \frac{m}{s} \approx 117{,}03\ \frac{km}{h}$	$\vec{v} = \sqrt{\frac{2 * 52 * 2{,}7}{1{,}2 * 0{,}8 * 0{,}31}} = 30{,}07 \frac{m}{s} \approx 110{,}58\ \frac{km}{h}$

Der Vorteil wird hier sehr deutlich. Bei einer Gewichtsdifferenz von nur zehn Kilogramm beträgt der Unterschied immerhin schon 7 km/h und das bei einem recht flachen Hangstück. Noch deutlicher wird der Vorteil bei sehr steilen Passagen in einer Abfahrt. Die Geschwindigkeitsdifferenz wird noch größer und der schwerere Skifahrer/die schwerere Skifahrerin kann die höhere Endgeschwindigkeit in die flachen Gleitpassagen mitnehmen. Der Grund für diesen Vorteil liegt vor allem in der Tatsache, dass trotz Massenzunahme die Angriffsfläche für den Luftwiderstand nur minimal zunimmt. Deswegen verwendet man im Skisport auch enganliegende Rennanzüge, um die Angriffsfläche so klein wie möglich zu halten. Ein höheres Gewicht hat aber nicht nur Vorteile. Sobald es darum geht, engere Kurven zu fahren, werden die dabei auftretenden Kräfte auf den Fahrer/die Fahrerin enorm groß. Die noch fahrbaren Kurvenradien werden deshalb mit zunehmender Masse immer größer. Darum muss im Slalom ein Kompromiss zwischen Körpermasse und noch akzeptabler Kurswahl getroffen werden. Abfahrer/Abfahrerinnen fahren sehr oft auch Super-G oder Riesentorlauf, weil dort die Kurvenradien nicht so extrem sind.

RP-TRAINING 1

Anforderungsniveau 1

1. Beschreiben Sie anhand von zwei konkreten Beispielen die Aufgabe der Biomechanik im Bereich der sportlichen Leistungen.
2. Geben Sie je ein Beispiel für die drei Newton'schen Gesetze im Sport wieder.

Anforderungsniveau 2

$\alpha = 30°$

$m_1 = 77\ kg$

$\mu_H = 0{,}1$

1. Berechnen Sie die Beschleunigung, die aufgrund der angeführten Angaben auf einen Skifahrer/eine Skifahrerin wirkt.
2. Skizzieren Sie die auf den Skifahrer/die Skifahrerin wirkenden Kräfte, die auf ihn/sie im Stehen als auch im Fahren einwirken.
3. Schätzen Sie die Größe der Reibungskräfte auf den Skifahrer/die Skifahrerin, wenn dieser/diese mit 100 km/h fährt.

Anforderungsniveau 3

In den unterschiedlichen Disziplinen beim Skifahren kann man deutliche Abweichungen im Körperbau der Athleten/Athletinnen erkennen.

Diskutieren Sie die Vorteile und Nachteile, die sich aufgrund der höheren Masse eines Skifahrers/einer Skifahrerin ergeben.

Ziehen Sie einen Zusammenhang zu den einzelnen Disziplinen im Skisport.

2 Biomechanische Größen und Prinzipien

Für das Verständnis vieler Abläufe im Sport ist eine Grundkenntnis der wichtigsten biomechanischen Größen im Sport notwendig. Ein paar der wichtigsten biomechanischen Größen werden nun an konkreten Beispielen erläutert.

2.1 Arbeit, Energie und Leistung

Die Begriffe „Arbeit" und „Energie" sind nicht voneinander zu trennen. Beide Größen haben die gleiche Einheit, das **Joule.** Wenn wir von Arbeit sprechen, dann meinen wir einen Vorgang, bei dem zum Beispiel ein Gewicht mit unserer Muskelkraft aufgehoben wird. Dabei wird Energie an das Gewicht übertragen und gespeichert. Fällt das Gewicht dann zu Boden, so kann man diese Energie in Form einer Deformation am Boden erkennen. Der Vorgang der **Energieübertragung** wird **Arbeit** genannt. Dabei wird die im Gewicht gespeicherte Energie größer. Erfolgt die Übertragung über unsere Muskeln, so kann man Arbeit als verrichtete Kraft entlang eines Weges definieren. Je nach Kraftwirkung unterscheidet man zwischen verschiedenen **Formen mechanischer Arbeit** wie zum Beispiel Beschleunigungs-, Hub-, Verformungs- und Reibungsarbeit.

Arbeit

$$W = \vec{F} * \Delta s$$

Energie

$$E_{Kin} = \frac{m * \vec{v}^2}{2}$$

$$E_{Pot} = \mathrm{m} * \vec{g} * h$$

Leistung

$$\bar{P} = \frac{\Delta W}{\Delta t} \; oder \; P = \lim_{\Delta t \to 0} \frac{\Delta W}{\Delta t} = \frac{dW}{dt}$$

Die **Leistung** ist definiert als verrichtete Arbeit pro Zeiteinheit. Sie kann als Momentanleistung angegeben werden oder als mittlere Leistung über ein Zeitintervall. So hat ein Sprinter/eine Sprinterin mit einer besseren Laufzeit eine höhere Leistung vollbracht, da in kürzerer Zeit die gleiche Wegstrecke zurückgelegt wurde. Die Leistung wird in **Watt** angegeben, wobei ein Watt der Energiemenge von 1 Joule pro Sekunde entspricht. Ein gut trainierter Sportler/eine gut trainierte Sportlerin schafft Dauerleistungen von bis zu 500 W, die im Vergleich zur Leistung von 74000 W eines Autos minimal erscheinen. Über extrem kurze Zeitspannen kann die Momentanleistung eines Sportlers/einer Sportlerin auf das 15-Fache ansteigen. So liegt die Momentanleistung beim Absprung eines Hochspringers/einer Hochspringerin bei ca. 7000 Watt.

2.2 Impuls

Der Impuls dient als Verknüpfung zwischen Kinematik und Dynamik. Er kann sowohl als Produkt zwischen Masse und Geschwindigkeit, als auch als Produkt von Kraft und Zeit angegeben werden. Der Impuls bleibt in einem abgeschlossenen System konstant. Prallen also zwei Objekte zusammen, so ändert sich zwar die Bewegungsgeschwindigkeit der beiden in Abhängigkeit von der Masse, ihr Gesamtimpuls bleibt aber gleich. In dem abgebildeten Beispiel kann man erkennen, dass der gemeinsame Schwerpunkt der beiden Körper seine Lage dabei nicht verändert. Will man also einem Objekt durch einen Stoß eine hohe Geschwindigkeit geben, so versucht man, mit einer sehr hohen Masse auf das Objekt aufzuprallen. Fußballspieler/Fußballspielerinnen erreichen dies durch Anspannen der Beinmuskulatur. Die Gesamtmasse des Beines ist viel größer als die des Balles, er erreicht dadurch eine sehr hohe Geschwindigkeit.

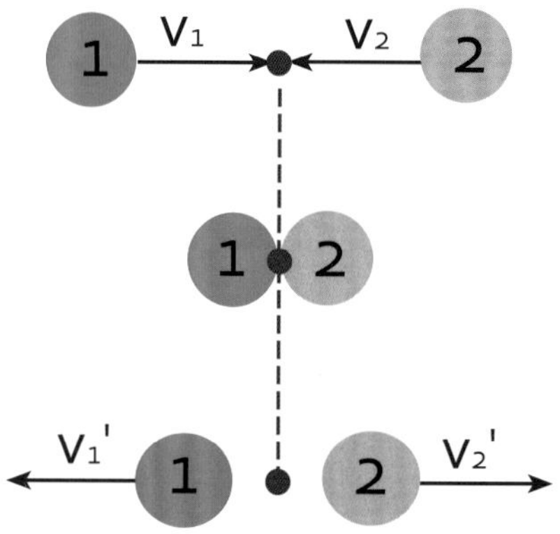

2.3 Erhaltungssätze

In einem abgeschlossenen System gibt es verschiedene physikalische Größen, die konstant bleiben. Dazu zählen der **Impuls**, der **Drehimpuls** und die **Energie.** Diese drei Größen können nur geändert werden, wenn von außen auf das System eingewirkt wird. Der menschliche Körper ist so ein System.

ERHALTUNGSSÄTZE

1 *„In einem abgeschlossenen System ist der Gesamtimpuls konstant."*
Der Impuls kann demnach nur durch äußere Kräfte verändert werden.

2 *„In einem abgeschlossenen System ist der Gesamtdrehimpuls konstant."*
Der Gesamtdrehimpuls kann demnach nur von äußeren Drehmomenten verändert werden.

3 *„In einem abgeschlossenen System ist die Summe der Gesamtenergie konstant."*
Die Gesamtenergie kann demnach nur durch Zufuhr von außen verändert werden.

2.3.1 Impulserhaltung

Bei sportlichen Bewegungen spielt der **Impulserhaltungssatz** im Sinne einer Bewegungsübertragung eine wesentliche Rolle. Wird eine Bewegung von einem Körperteil über Muskelkraft gestartet, so überträgt sich diese auf die anderen Körperteile. Dabei wirkt sich die Masse der Körperteile indirekt proportional auf die Bewegungsgeschwindigkeit aus. Eine Wurfbewegung ist so eine Bewegung. Es kommt zu einer Bewegungsübertragung vom Rumpf aus über die Schulter, den Arm und die Hand in Richtung des Wurfobjektes. Die Massen der einzelnen Körperteile nehmen immer mehr ab und damit wird eine möglichst hohe Anfangsgeschwindigkeit für das Objekt erzielt. Eine möglichst hohe Anfangsgeschwindigkeit ist für den Wurf bedeutend. Ähnliches passiert in umgekehrter Richtung beim Abbremsen von Bewegungen. Dabei überträgt sich der Bewegungsimpuls vom Fuß über die Beine in Richtung des Rumpfes.

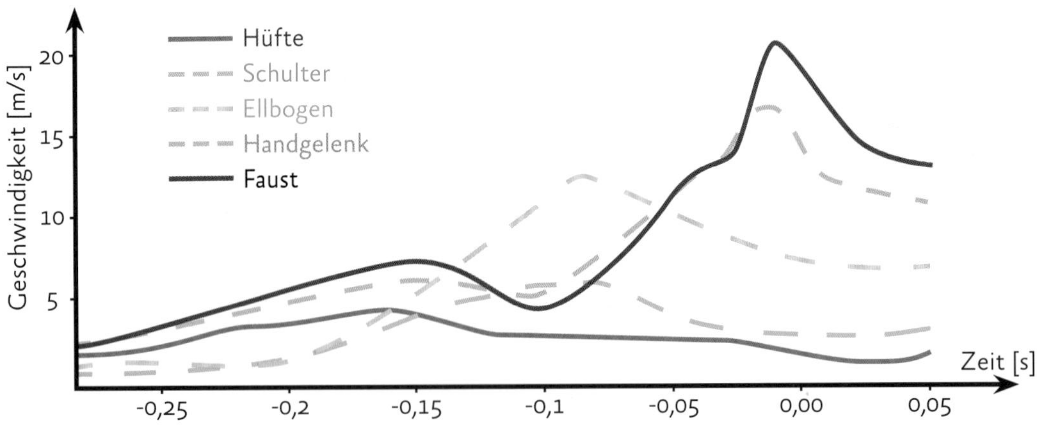

Bewegungsübertragung beim Service – Faustball (vgl. Güllich/Krüger, 2013)

2.3.2 Drehimpulserhaltung

Wirken auf einen Körper Kräfte, die nicht durch den Körperschwerpunkt gehen, so beginnt dieser sich zu drehen. Diese Kräfte werden auch Drehmomente genannt und verursachen einen **Drehimpuls** oder auch Drall. Der Drehimpuls nimmt für die Rotation eine ähnliche Stellung ein wie die Bewegungsenergie bei der Translation. Der Drehimpuls bleibt konstant, wenn keine weiteren Drehmomente auf den Körper einwirken.

$$L = I * \omega$$

L *Drehimpuls*

I *Trägheitsmoment*

ω *Winkelgeschwindigkeit*

Die **Winkelgeschwindigkeit** gibt an, wie oft sich der Körper in einer Sekunde um die eigene Achse dreht. Das Trägheitsmoment gibt den Widerstand des Körpers gegenüber der Änderung der Drehgeschwindigkeit an. Der Drehimpuls ist umso größer, je schneller sich der Körper dreht und desto größer sein Trägheitsmoment ist.

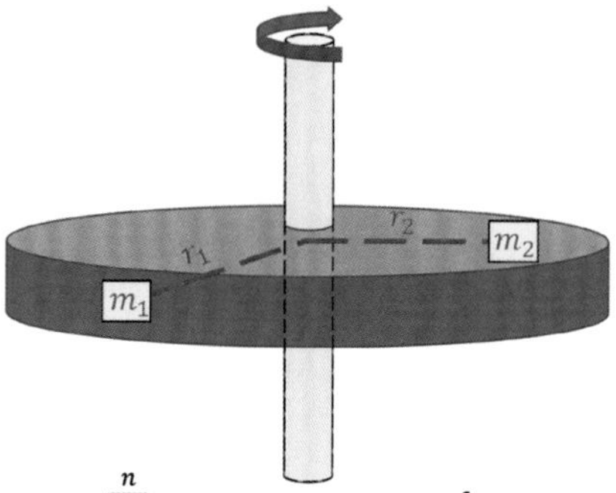

$$I = \sum_{i=1}^{n} m_i * r_i \quad oder \quad I = \int r^2\, dm$$

Das **Trägheitsmoment** hängt von der Massenverteilung in Bezug auf die Drehachse ab. Je weiter ein Massenelement von der Drehachse entfernt ist, desto mehr trägt es zum Trägheitsmoment bei. Der Abstand fließt quadratisch ein. Ein Sportler/Eine Sportlerin kann mit seinen/ihren Extremitäten das Trägheitsmoment stark verändern. Bringt er/sie die Extremitäten in die Nähe der Drehachse, so wird das Trägheitsmoment klein und damit die Rotationsgeschwindigkeit größer. Sind die Extremitäten sehr weit weg von der Drehachse, so wird die Rotationsgeschwindigkeit kleiner.

Betrachtet man diese Tatsache am Beispiel eines Eiskunstläufers/einer Eiskunstläuferin bei einer Pirouette, dann gilt Folgendes:

Setzt ein Eiskunstläufer/eine Eiskunstläuferin zu einer Pirouette an, so entfernt er/sie dabei die beiden Arme und das Schwungbein weit von der Drehachse weg. Dadurch erzeugt dieser/diese ein hohes Trägheitsmoment bei einer geringen Winkelgeschwindigkeit. Während der Pirouette wirken von außen keine Kräfte auf den Sportler/die Sportlerin ein, der Drehimpuls bleibt deshalb gleich. Verringert der Sportler/die Sportlerin nun sein/ihr Trägheitsmoment durch Anziehen der Beine und Arme, so erhöht sich die Drehgeschwindigkeit. Das Anziehen der Beine und Arme reduziert das Trägheitsmoment um 60 %, damit wird die Drehgeschwindigkeit auch um 60 % höher. Viele sportliche Bewegungen funktionieren nach diesem Prinzip.

$$I_{an} = 0{,}486\ kgm^2$$

$$I_{weg} = 1{,}28\ kgm^2$$

$$\frac{I_{an}}{I_{weg}} = \frac{0{,}486}{1{,}28} = 0{,}381$$

Gehockter Salto

Gestreckter Salto

Analog dazu verhält es sich auch beim Springen eines Saltos. Ein Salto ist ein Drehung des Körpers um eine Achse, die seitlich durch die Hüfte geht. Es gibt die gehockte und gestreckte Variante eines Saltos. Bei der gehockten Variante werden die Extremitäten im Vergleich zur gestreckten Variante sehr nahe an die Drehachse herangebracht. Beim Absprung wird dem Körper über die Beine ein Drehimpuls mitgegeben, der noch verstärkt wird durch das weite Abspreizen der Arme von der Drehachse. Der so erzeugte Drehimpuls verändert sich in der Luft nicht mehr, da keine weiteren Drehmomente auf den Körper einwirken. Da das Trägheitsmoment des Körpers beim gestreckten Salto ungefähr dreimal so groß ist, rotiert der Körper bei dem gehockten Salto auch dreimal so schnell, wodurch das Springen eines gehockten Saltos wesentlich leichter ist.

2.3.3 Energieerhaltung

Betrachtet man ein abgeschlossenes System, so sind die darin vorhandenen Energien zwar umwandelbar, aber ihre Summe bleibt konstant. In vielen Situationen im Sport nutzt man diese Tatsache, um Bewegungen genauer zu beschreiben. Zur Vereinfachung werden oft alle anderen Energieformen bis auf die kinetische und potentielle Energie vernachlässigt. Unter der kinetischen Energie versteht man jene Energie, die in einem Körper aufgrund seiner Bewegungsgeschwindigkeit und Masse steckt. Sie ist umso größer, je schneller sich der Körper bewegt. Die potentielle Energie eines Körpers hängt von seiner Höhenlage ab. Sie ist umso größer, je weiter oben sich ein Körper befindet. Durch die Annahme, dass die Energie in einem geschlossenen System konstant bleibt, wird es möglich, über die Energie auf Höhen oder Weiten zu schließen. Das folgende Beispiel soll diese Vorgangsweise verdeutlichen:

Es soll die maximale Sprunghöhe beim Stabhochsprung abgeschätzt werden. Für diese Abschätzung wird angenommen, dass die gesamte kinetische Energie des Springers/der Springerin in potentielle Energie umgewandelt wird. Reibungsverluste und Deformationsenergien, die am Stab verloren gehen, werden vernachlässigt. Man kann also davon ausgehen, dass der Sportler/die Sportlerin beim Anlaufen kinetische Energie aufbaut. Zum Zeitpunkt des Aufprallens des Stabes im Einstichkasten hat der Athlet/die Athletin also maximale kinetische Energie aufgebaut und seine/ihre potentielle Energie ist gleich Null. Nun wird die gesamte kinetische Energie in potentielle Energie umgewandelt, indem der Körper angehoben wird. Die Geschwindigkeit des Körpers wird langsamer bis zum höchsten Punkt des Sprunges. Dort ist seine kinetische Energie gleich Null und die potentielle Energie ist maximal. Schätzt man also die am Anfang vorhandene kinetische Energie ab, so kann man die zu erreichende Sprunghöhe abschätzen.

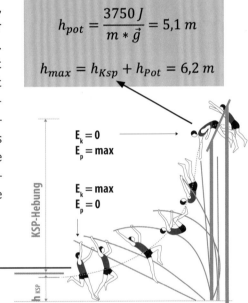

$$E_{Pot} = m * \vec{g} * h = 3750\,J$$

$$h_{pot} = \frac{3750\,J}{m * \vec{g}} = 5{,}1\,m$$

$$h_{max} = h_{Ksp} + h_{Pot} = 6{,}2\,m$$

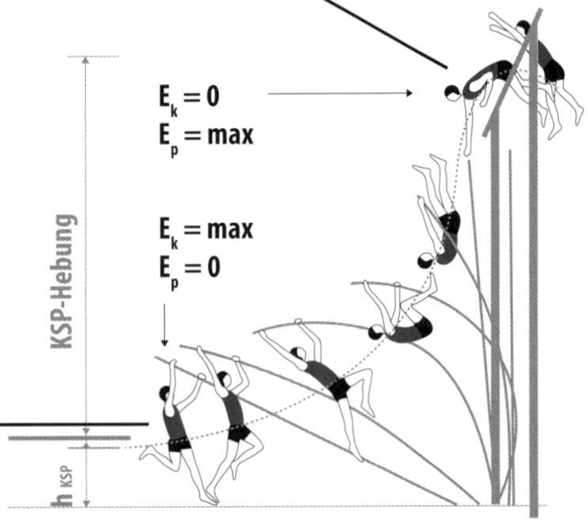

$$E_{Kin} = \frac{m * \vec{v}^2}{2} = \frac{(70 + 5) * 10^2}{2} = 3750\,J$$

2.4 Biomechanische Prinzipien

Die Beurteilung der Zweckmäßigkeit und Qualität von sportlichen Techniken erfolgt über den zeitlichen Verlauf **verschiedener mechanischer Parameter.** Bei sportlichen Bewegungen werden diese Parameter unter besonderer Berücksichtigung des menschlichen Körpers betrachtet. Die physikalischen Größen Kraft, Masse, Trägheit und viele andere müssen auch bei sportlichen Bewegungen berücksichtigt werden. Biologische Grundlagen sind durch die Struktur und Funktion des passiven Bewegungsapparates vorgegeben. So haben Knochen, Sehnen und Bänder unterschiedliche Eigenschaften und Abmessungen. Die Gelenke sind aufgrund ihres Aufbaues mehr oder weniger beweglich und die Muskeln arbeiten je nach Bewegungsanforderung in unterschiedlicher Art und Weise. Es gibt aber einige grundlegende Zusammenhänge, die in den meisten Fällen gelten und die als biomechanische Prinzipien bekannt sind.

2.4.1 Prinzip des optimalen Beschleunigungsweges

Ist das Ziel einer sportlichen Technik, einen Körper oder ein Sportgerät auf eine hohe Endgeschwindigkeit zu bringen, so muss der Beschleunigungsweg eine **optimale Länge** haben. Nicht immer ist ein sehr langer Beschleunigungsweg effizient. Oft wird der Beschleunigungsweg für die optimale Beschleunigung verkürzt und in anderen Fällen wird der Beschleunigungsweg so lange wie möglich gehalten. Bei Würfen und Sprüngen ist das Erreichen einer maximalen Endgeschwindigkeit ausschlaggebend für eine optimale

Leistung. Neben der Beschleunigungslänge gibt es einen weiteren entscheidenden Faktor, um die maximale Endgeschwindigkeit zu erreichen. Die Bahn, die der Körperschwerpunkt vollführt, sollte geradlinig oder leicht stetig gekrümmt sein. Damit ist gemeint, dass im Bewegungsverlauf keine ruckartigen Änderungen der Lage des Körperschwerpunktes stattfinden sollen. Unter Berücksichtigung dieser beiden Faktoren werden maximale Endgeschwindigkeiten für eine optimale Leistung erreicht.

2.4.2 Prinzip der maximalen Anfangskraft

Zum Erreichen eines möglichst großen Kraftstoßes muss die Bewegung über eine entgegengerichtete Körperbewegung eingeleitet werden. Durch das Abbremsen der Gegenbewegung ist zu Beginn der eigentlichen Technikausführung bereits eine positive Anfangskraft für die Beschleunigung vorhanden. Es existiert ein optimales Verhältnis zwischen Brems- und Beschleunigungsstoß, bei dem der Kraftstoß maximal wird. Dieses Verhältnis liegt zwischen 1:3 und 1:5. Das Abbremsen von Ausholbewegungen wird auch Amortisation genannt. Bei zu geringem Bremskraftstoß ist die Anfangskraft nur sehr klein und damit der Beschleunigungsstoß nicht optimal. Wird der abzufangende Bremskraftstoß zu groß, so wird zu viel der zur Verfügung stehenden Kraft verbraucht und der Beschleunigungsstoß wird zu schwach.

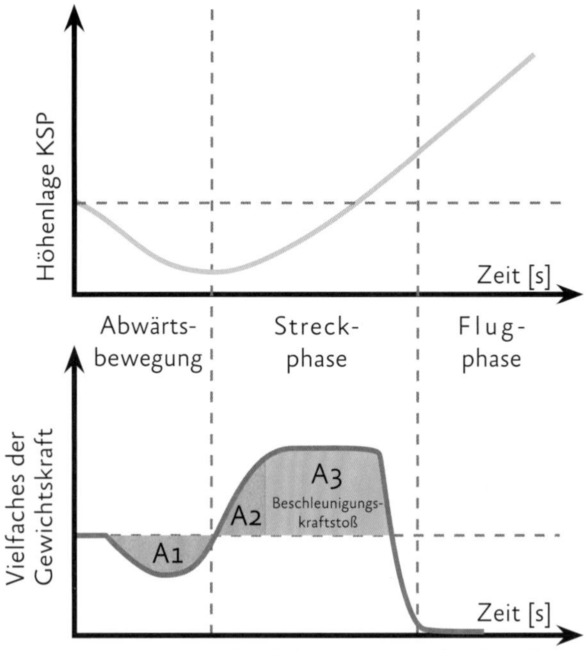

Kraftstoß für maximale Endgeschwindigkeit

2.4.3 Prinzip der optimalen Tendenz im Beschleunigungsverlauf

Jede sportliche Bewegung ist aus biomechanischer Sicht **auf ein bestimmtes Ziel ausgerichtet.** So ist das Ziel einer Wurfbewegung, eine maximale Endgeschwindigkeit zu erreichen, weil dadurch die Wurfweite des Objektes maximal wird. Beim Boxen liegt das Ziel der Bewegung eher in einer schnellen und hohen Kraftentwicklung. Nach dieser Zielsetzung ist auch die Tendenz im Beschleunigungsverlauf zu wählen. Für hohe Endgeschwindigkeiten nimmt die Beschleunigung im Laufe der Bewegung immer mehr zu und erreicht ihre maximale Beschleunigung am Ende der Wurfbewegung. Im Falle eines Boxers/einer Boxerin erfolgt die maximale Beschleunigung der Ausholbewegung am Anfang und wird tendenziell langsamer. Dadurch können höhere Kraftstöße erzielt werden und dem Gegner/der Gegnerin wird ein Ausweichen erschwert.

2.4.4 Prinzip der zeitlichen Koordination von Teilimpulsen

Ziel der **Koordination von Teilimpulsen** ist die Vergrößerung des Kraftstoßes bei Absprung- oder Abwurfbewegungen. Die Zeitdauer des Kraftstoßes wird dabei verlängert und es erfolgt eine **Schwungübertragung**. Durch das Abbremsen der Ausholbewegung wird die vorhandene Energie in der Gliederkette weitergeleitet. Durch das Hintereinanderreihen von mehreren Teilimpulsen, die in den beteiligten Gliedern erzeugt werden, erhöht sich der **Gesamtimpuls.** Wesentlich ist dabei, dass der Impuls durch die Abbremsung von einem Körperteil auf einen nächsten übertragen wird. Die einzelnen maximalen Beschleunigungen der Gliederkette treten dabei zeitlich nacheinander auf. Meistens nimmt die Masse der einzelnen Glieder in der Kette ab, sodass am Ende die Geschwindigkeit maximal wird.

Diese Aneinanderreihung von mehreren Teilimpulsen kann man in der Graphik *Bewegungsübertragung beim Service – Faustball* auf Seite 22 deutlich sehen.

Auch beim Kugelstoßen wird die Kugel zuerst durch eine Streckbewegung der Beine, durch das Aufrichten des Rumpfes und danach durch die Schwungbewegung des Armes/der Hand in Bewegung gesetzt.

2.4.5 Prinzip der Impulserhaltung

Das Prinzip der Impulserhaltung beruht auf dem **Drehimpulserhaltungssatz.** Danach bleibt der Drehimpuls einer Bewegung konstant, wenn keine äußeren Kräfte einwirken. Diese Gesetzmäßigkeit erlaubt einem Sportler/einer Sportlerin die aktive Kontrolle der Drehgeschwindigkeit. Durch die Positionierung der Körperteile in Nähe der Drehachse wird dabei die Drehgeschwindigkeit vergrößert. Umgekehrt bedeutet das Entfernen der Körperteile von der Drehachse eine Verringerung der Drehgeschwindigkeit.

2.4.6 Prinzip der Gegenwirkung

Das Prinzip der Gegenwirkung besagt, dass bei Bewegung im freien Fall oder Flug die Bewegung einzelner Körperteile notwendigerweise die Gegenbewegung anderer Körperteile zur Folge hat. Dieses Prinzip beruht auf dem **dritten Newton'schen Gesetz („actio et reactio").** Finden Aktionen bestimmter Körperteile keine Reaktion in der Umwelt (Flugbewegungen, freier Fall), so sind notwendigerweise Gegenbewegungen anderer Körperteile die Folge.

Anhand eines Weitsprunges kann das genau beobachtet werden. Der Springer/Die Springerin muss, um eine maximale Sprungweite zu erzielen, die Beine nach vorne oben ziehen. Dies gelingt ihm/ihr nur dann, wenn gleichzeitig auch die Arme nach vorne unten gezogen werden. Nach dem Prinzip der Gegenwirkung wird dabei auch der Oberkörper nach vorne gebeugt.

RP-TRAINING 2

Anforderungsniveau 1

Beschreiben Sie die wichtigsten biomechanischen Größen und deren Bedeutung im Sport anhand konkreter Beispiele in Ihrer Sportart.

Anforderungsniveau 2

1. Erklären Sie die Bedeutung der drei verschiedenen Erhaltungssätze im Sport.
2. Gehen Sie dabei auf die dadurch entstehende Beeinflussung der Technik in verschiedenen Sportarten ein.

Anforderungsniveau 3

Beurteilen Sie den abgebildeten Bewegungsablauf mit Hilfe der biomechanischen Prinzipien. Diskutieren Sie anschließend die häufigsten Fehler, die bei diesem Bewegungsablauf auftreten können.

(Simon Keuschnig)

3 Würfe, Stöße und Sprünge

Jede sportliche Tätigkeit wird unter dem **Einfluss des Gravitationsfeldes der Erde** durchgeführt. In dem Moment, in dem ein menschlicher Körper den Boden verlässt, wirken abgesehen von der Erdanziehungskraft keine beschleunigenden Kräfte mehr. Das Gleiche gilt auch für jedes andere Objekt, das entweder geworfen, gestoßen oder geschlagen wird. Die einzigen noch zusätzlich wirkenden Kräfte sind Reibungskräfte zwischen der Luft und dem Körper. Bei langsamen Bewegungen, wie beim Weitsprung oder Kugelstoßen, werden die **Auswirkungen der Reibungskräfte** verschwindend klein und damit vernachlässigbar. Bei schnellen Bewegungen, wie beim Speerwurf oder beim Skisprung, werden die Auswirkungen etwas größer sein. Diese sind daher in der Bewegungsbeschreibung zu berücksichtigen.

Werden Reibungskräfte zwischen der Luft und dem Körper vernachlässigt, dann bewegt sich dieser Körper im Gravitationsfeld der Erde in **Form einer idealen Wurfparabel.** Dabei ist die Masse des Körpers egal, und damit auch, ob es sich um einen Weitspringer/eine Weitspringerin, eine Kugel beim Kugelstoßen oder einen Speer handelt. Für den Verlauf dieser Wurfparabel sind nur die Abwurfgeschwindigkeit und der Abwurfwinkel ausschlaggebend. Der Körper bewegt sich in der horizontalen Richtung gleichförmig geradlinig. In der vertikalen Richtung vollführt er eine zusammengesetzte Bewegung aus einer gleichförmig geradlinigen Bewegung nach oben, verringert durch eine gleichmäßig beschleunigte Bewegung (freier Fall) nach unten. Bestimmt man also diese beiden Größen, so kann man die Flugbahn eines Objektes eindeutig ermitteln. Nach dem Superpositionsprinzip sind die Bewegungen in die horizontale und vertikale Richtung, obwohl sie gleichzeitig stattfinden, getrennt voneinander zu behandeln. So berechnet man die Länge der Flugzeit über die Bewegungsgleichungen für die vertikale Richtung und verwendet dieses Ergebnis zur Berechnung der Wurfweite aus den Bewegungsgleichungen der horizontalen Richtung.

THEORIE → PRAXIS

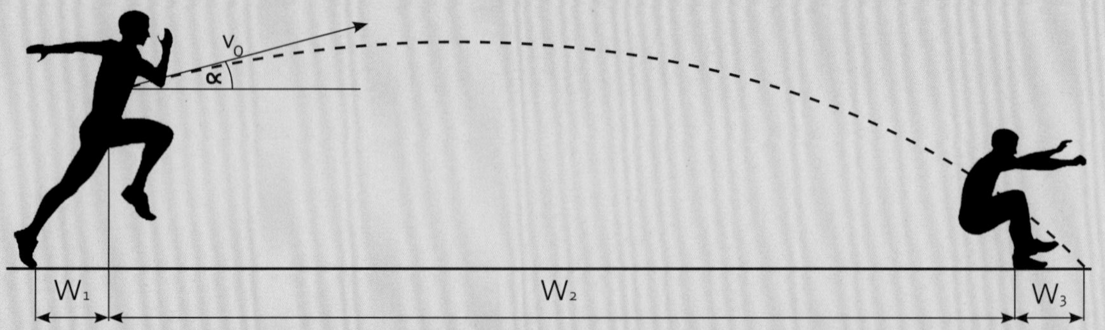

Analysiert man einen Weitsprung aus biomechanischer Sicht, so wird erkennbar, dass die erreichbare Sprungweite durch den Absprung (W_1) und die Landung (W_3) nur gering beeinflusst wird. Der wesentliche Anteil ergibt sich aus der Flugphase. In dieser Phase bewegt sich der Körperschwerpunkt in einer Wurfparabel. Die Weite W_2 ist nur dann sehr groß, wenn eine maximale Anlaufgeschwindigkeit und ein optimaler Absprungwinkel erzielt werden. Diese Betrachtungen führen in der Praxis zu einem vermehrten Training in Richtung Anlauf und Absprung. Neben der Anlaufgeschwindigkeit wird der Kraftstoß auf den Absprungbalken optimiert, um so den für den Weitsprung idealen Absprungwinkel zu erreichen.

Für das Zeichnen der Flugkurve verwendet man die Bewegungsgleichungen für die horizontale und vertikale Richtung. Indem man in die Gleichungen unterschiedliche Zeiten einsetzt, erhält man die jeweilige momentane Position des Objektes in horizontaler und vertikaler Richtung. Da in die jeweiligen Bewegungsgleichungen nicht die Gesamtgeschwindigkeit des Objektes eingesetzt werden darf, zerlegt man diese zuerst in ihre beiden Richtungskomponenten. Für dieses Geschwindigkeitsdreieck gilt, wie in der Abbildung erkennbar, der Satz von Pythagoras, und damit gelten auch die allgemeinen Zusammenhänge der Winkelfunktionen.

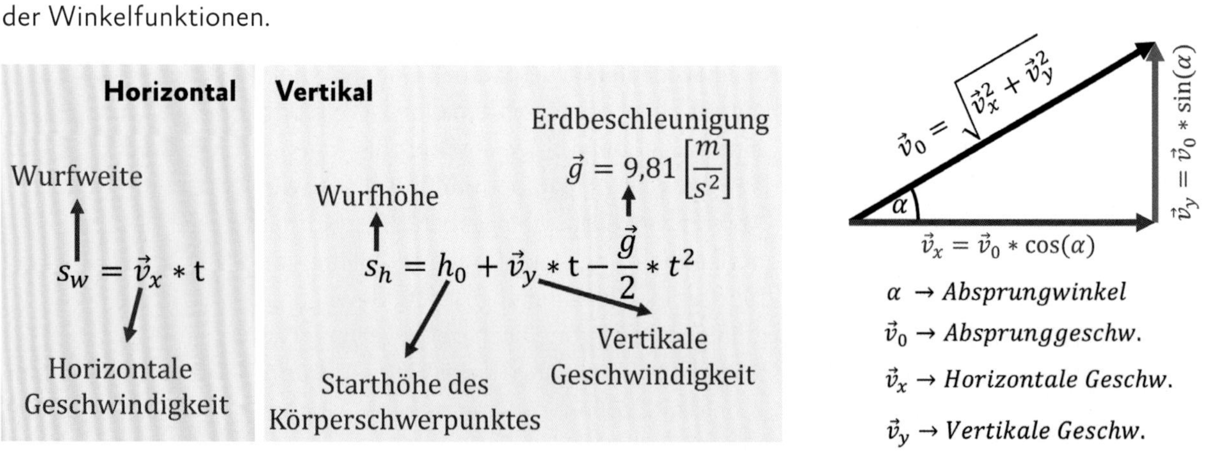

Bewegungsgleichungen und mathematische Zusammenhänge im Geschwindigkeitsdreieck

Zum besseren Verständnis wird nun exemplarisch ein Kugelstoß berechnet. Dabei wird die Kugel mit einer Startgeschwindigkeit von 36 km/h und einem Abwurfwinkel von 35 Grad abgestoßen.

$$\alpha = 35° \qquad \vec{v}_x = 10 * \cos(35) = 8{,}19\frac{m}{s}$$

$$\vec{v}_0 = 10\frac{m}{s} \qquad \vec{v}_y = 10 * \sin(35) = 5{,}73\frac{m}{s}$$

Im ersten Schritt der Berechnung werden über die Zusammenhänge im rechtwinkligen Dreieck die beiden Geschwindigkeitskomponenten in die horizontale und vertikale Richtung berechnet. Die Wurfzeit erhält man, indem man in die Bewegungsgleichung für die Wurfhöhe Null einsetzt, da ja beim Aufprall der Kugel die Wurfhöhe Null ist. Es ergibt sich dadurch eine quadratische Gleichung, die zwei Lösungen liefert. Die Lösung, die einen negativen Wert angibt, wird dabei vernachlässigt. Die zweite Lösung ist die Wurfzeit des Kugelstoßes. In unserem Fall beträgt die Wurfzeit des Kugelstoßes 1,38 Sekunden.

Berechnung der Wurfzeit

$$-\frac{\vec{g}}{2} * t^2 + \vec{v}_y * t + h_0 = 0$$

$$A * x^2 + B * x + C = 0$$

$$x_{1,2} = \frac{-B \pm \sqrt{B^2 - 4AC}}{2A}$$

$$A = -\frac{\vec{g}}{2} \quad B = \vec{v}_y \quad C = h_0$$

$$t_{1,2} = \frac{-\vec{v}_y \pm \sqrt{\vec{v}_y^{\,2} - 4 * \left(-\frac{\vec{g}}{2}\right) * h_0}}{2 * (-\frac{\vec{g}}{2})}$$

$$t_{1,2} = \frac{-5{,}73 \pm \sqrt{5{,}73^2 - 4 * \left(-\frac{9{,}81}{2}\right) * 1{,}5}}{2 * (-\frac{9{,}81}{2})}$$

$$t_{1,2} = \frac{-5{,}73 \pm \sqrt{62{,}26}}{-9{,}81}$$

$$t_1 = 1{,}38 \text{ s und } t_2 = -0{,}22 \text{ s}$$

Nach Ermittlung der Wurfzeit kann die Wurfweite berechnet werden. Für das Berechnen der Wurfweite wird die Wurfzeit in die Bewegungsgleichung der horizontalen Richtung eingesetzt. Sie beträgt in unserem Fall 11,3 m.

$$s_w = 8{,}19 * 1{,}38 = 11{,}3 \text{m}$$

Für die maximale Wurfhöhe muss zuerst der Zeitpunkt berechnet werden, an dem die Kugel den höchsten Punkt erreicht hat. Dafür gibt es zwei Möglichkeiten: Entweder man verwendet die Differenz der beiden Zeiten, die im Vorfeld aus der quadratischen Gleichung berechnet wurden, oder man leitet die horizontale Bewegungsgleichung nach der Zeit ab, da an dieser Stelle die erste Ableitung Null ist.

Berechnung der maximalen Wurfhöhe

Variante 1

Bei dieser Variante wird die Tatsache ausgenutzt, dass die verschobene Wurfparabel genau in der Mitte ihren höchsten Punkt besitzt. Dafür wird das Zeitintervall zwischen den beiden Nullpunkten halbiert und zur niedrigeren Lösungszeit addiert. Die so ermittelte Zeit ist dann der Zeitpunkt des höchsten Punktes der Wurfparabel.

$$\Delta t = t_2 - t_1 = 1{,}38 - (-0{,}22 \text{ s}) = 1{,}6 \text{ s}$$

$$t_{max} = t_1 + \left(\frac{\Delta t}{2}\right) = -0{,}22 + \left(\frac{1{,}6}{2}\right) = 0{,}58 \text{ s}$$

Variante 2

In diesem Fall muss man die Ortskurve der Wurfhöhe nach der Zeit ableiten. Wird eine Ortskurve nach der Zeit abgeleitet, ergibt diese den Geschwindigkeitsverlauf der Bewegung. An der höchsten Stelle ist die vertikale Geschwindigkeit des Objektes Null. Daraus folgt, wenn man die erste Ableitung der Bewegungsgleichung in vertikaler Richtung ableitet und diese Null setzt, der Zeitpunkt passend zur maximalen Wurfhöhe.

$$s_h = h_0 + \vec{v}_y * t_{max} - \frac{\vec{g}}{2} * t_{max}^2$$

$$s_h' = \vec{v}_y - \vec{g} * t_{max}$$

$$t_{max} = \frac{\vec{v}_y}{\vec{g}} = \frac{5{,}73}{9{,}81} = 0{,}58 \; s$$

Beide Varianten liefern den gleichen Zeitwert. Setzt man diesen in die Bewegungsgleichung der vertikalen Richtung, so erhält man die maximale Wurfhöhe der Kugel.

$$s_{h_{max}} = 1,5 + 5,73 * 0,58 - \frac{9,81}{2} * 0,58^2 = 3,17\,m$$

Zum Berechnen der Aufprallgeschwindigkeit des Objektes müssen die beiden Geschwindigkeiten in die horizontale und vertikale Richtung zum Zeitpunkt des Aufpralles bestimmt werden. Unter der Annahme, dass kein Luftwiderstand herrscht, ist die Geschwindigkeit in die horizontale Richtung immer gleich groß. Anders verhält es sich mit der vertikalen Geschwindigkeit. Diese zeigt bis zum höchsten Punkt der Wurfparabel nach oben und wird immer kleiner. Am höchsten Punkt ist die Geschwindigkeit kurz Null, da das Objekt umdreht. Danach zeigt die Geschwindigkeit in Richtung Erdboden und wird immer größer.

Berechnung der Aufprallgeschwindigkeit

Variante 1

Die vertikale Komponente der Aufprallgeschwindigkeit wird über den freien Fall der Kugel berechnet, da im höchsten Punkt der Flugkurve die Geschwindigkeit Null ist. Ab diesem Zeitpunkt fällt die Kugel im freien Fall.

$$\Delta t = t_{max} - t_w = 1,38 - 0,58 = 0,8\,s$$

$$\vec{v}_{y_{Aufprall}} = \vec{g} * t = 9,81 * 0,8 = 7,85\left[\frac{m}{s}\right]$$

Variante 2

Hier verwendet man die abgeleitete Ortskurve der Wurfhöhe nach der Zeit, da diese die Geschwindigkeit in vertikale Richtung liefert. Setzt man in diese die Wurfzeit ein, so erhält man die vertikale Komponente der Aufprallgeschwindigkeit.

$$\vec{v}_{y_{Aufprall}} = \vec{g} * t = 9,81 * 0,8 = 7,85\left[\frac{m}{s}\right]$$

$$s_h' = \vec{v}_y - \vec{g} * t_{Aufprall} = \vec{v}_{y_{Aufprall}}$$

$$\vec{v}_{y_{Aufprall}} = \vec{v}_y - \vec{g} * t_{Aufprall}$$
$$= 5,73 - 9,81 * 1,38 = -7,85\left[\frac{m}{s}\right]$$

Beide Varianten liefern den gleichen Wert für die vertikale Geschwindigkeit, da die horizontale Geschwindigkeit während des ganzen Stoßes gleich groß ist. Die beiden Geschwindigkeiten müssen nur noch vektoriell addiert werden.

$$\vec{v}_{Aufprall} = \sqrt{\vec{v}_{x_{Aufprall}}{}^2 + \vec{v}_{y_{Aufprall}}{}^2} = \sqrt{8,19^2 + 7,85^2} = 11,34\left[\frac{m}{s}\right]$$

Für die graphische Darstellung der Ortskurve werden zuerst einige Wertepaare der Wurfweite und Wurfhöhe berechnet, indem man die verschiedenen Zeiten in die beiden Bewegungsgleichungen einsetzt. So erhält man eine Wertetabelle, die man in weiterer Folge in die Graphik übertragen kann.

t[s]	Sw[m]	Sh[m]
0	0	1,5
0,2	1,64	2,45
0,4	3,28	3,01
0,6	4,92	3,17
0,8	6,55	2,95
1	8,19	2,33
1,2	9,83	1,32
1,38	11,34	0

Wählt man für die x-Achse und y-Achse den gleichen Maßstab, so ist die Flugbahn nicht verzerrt.

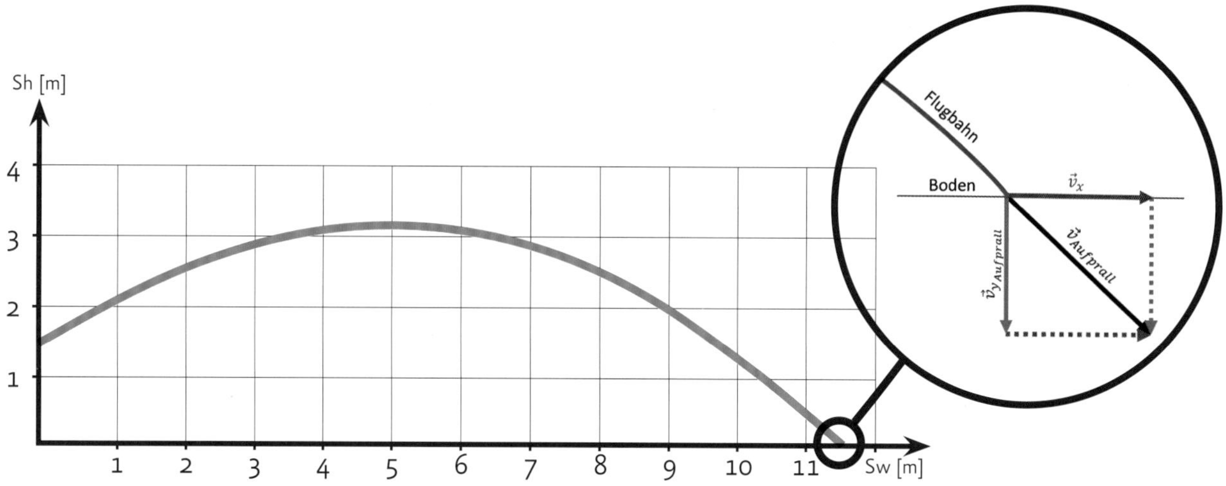

Wertetabelle und Ortskurve des Kugelstoßes

Betrachtet man die Wurfweite bei gleicher Abwurfgeschwindigkeit, aber unterschiedlichen Abwurfwinkeln, so ergibt sich die Möglichkeit, den Abwurfwinkel zu optimieren. Diesen idealen Abwurfwinkel kann man genau berechnen. Er hängt von der Abwurfhöhe und der Abwurfgeschwindigkeit ab. In unserem Beispiel wären das 41,31 Grad. Werden noch alle Reibungskräfte und biomechanischen Grundlagen der Kraftentwicklung des Menschen miteinbezogen, so liegt der tatsächliche Winkel beim Kugelstoßen bei ca. 38 Grad.

$$\alpha = \arcsin\left(\frac{1}{\sqrt{\frac{2*g*h_0}{\vec{v}_0^2}+2}}\right) = \arcsin\left(\frac{1}{\sqrt{\frac{2*9{,}81*1{,}5}{10^2}+2}}\right) = 41{,}31°$$

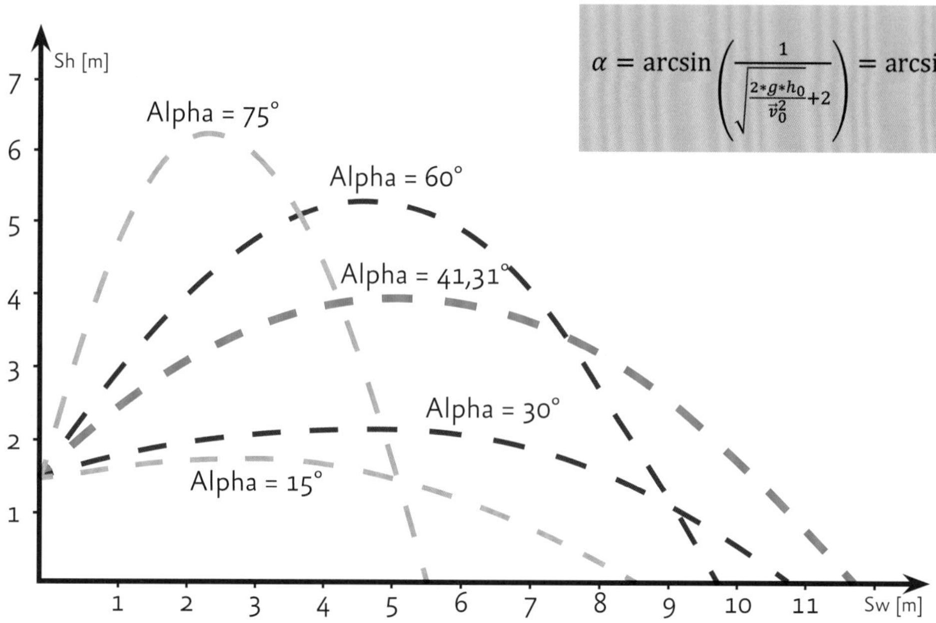

Wurfweiten bei verschiedenen Abwurfwinkeln

RP-TRAINING 3

Anforderungsniveau 1

Beschreiben Sie die Zielsetzungen und die anwendbaren Methoden der Biomechanik zur Verbesserung der sportlichen Leistung.

Anforderungsniveau 2

1. Führen Sie für den abgebildeten Bewegungsablauf beim Kugelstoßen eine Bewegungsanalyse durch. Erklären Sie dabei den Weg des Körperschwerpunktes und die dabei angewandten biomechanischen Prinzipien.

2. Berechnen und zeichnen Sie die Wurfparabel der oben gestoßenen Kugel beim Kugelstoßen mit einem Abwurfwinkel von 37 Grad und einer Abwurfgeschwindigkeit von 45 km/h. Berücksichtigen Sie, dass die Kugel aus einer Starthöhe von 1,5 m gestoßen wird.

Anforderungsniveau 3

Bewerten Sie die Auswirkung folgender Faktoren auf den im Anforderungsniveau 2 abgebildeten Bewegungsablauf:

a) Richtige Bewegungsausführung

b) Luftwiderstand und Magnuseffekt

KOMPETENZCHECK

Ich kann ...			
... Grundlagen der Biomechanik wiedergeben und einordnen.			
... einfache Methoden der Biomechanik an konkreten Beispielen anwenden.			
... Bewegungsanalysen durchführen und ihre Qualität abschätzen.			

Elementares Konditionstraining

Kapitel 2

(Sara Zweibrot)

Setzt man sich etwas intensiver mit einer Sportart auseinander, so stößt man bald auf die unterschiedlichen Formen des elementaren Konditionstrainings. Ausdauer, Kraft und Schnelligkeit sind die Grundlagen für das Ausführen von sportlichen Bewegungen. Viele technische Anforderungen in einer Sportart sind nur mit einer gut trainierten Kondition bewältigbar. So grundlegend diese Formen auch sind, so kompliziert ist ihr Zusammenhang. Spricht man mit Trainern/Trainerinnen über dieses Thema, hört man unterschiedlichste Ansichten über das Training der elementaren Konditionsformen und dessen Methoden.

Trotz vieler Mischformen, Wechselbeziehungen und Überschneidungen ist es für das Lernen sinnvoll, die drei Grundformen getrennt voneinander zu betrachten. Dies erleichtert den Überblick und bringt ein besseres Verständnis für die Zusammenhänge des elementaren Konditionstrainings.

Dieses Kapitel liefert nicht nur eine Übersicht über die gängigsten Formen und Methoden des elementaren Konditionstrainings, sondern soll einen ersten Einblick in die Trainingsgestaltung in diesem Bereich liefern. Die angeführten exemplarischen Trainingspläne sind aus dem sportlichen Alltag der Schüler/Schülerinnen einer Abschlussklasse eines Leistungssportzweiges entnommen. Sie können durch kleine Anpassungen auch von jeder anderen Person angewendet werden.

Der Lernende/Die Lernende soll ...

- einen ersten Überblick über grundlegende Trainingsformen im Bereich der Kondition erhalten,
- die verschiedenen Formen des eigenen Trainings erkennen und einordnen können,
- erste Erfahrungen beim Aufbau von Trainingsplänen machen.

WARM-UP

In vielen Fällen absolvieren Sportler/Sportlerinnen Trainingseinheiten, ohne über deren Auswirkungen zu reflektieren. Bewerten Sie mehrere exemplarische Trainingseinheiten, die Sie in der letzten Zeit durchgeführt haben, nach ihrer Zielsetzung und den dabei verwendeten Methoden. Analysieren Sie die aus Ihrer Sicht effektivste Trainingseinheit und begründen Sie Ihre Auswahl.

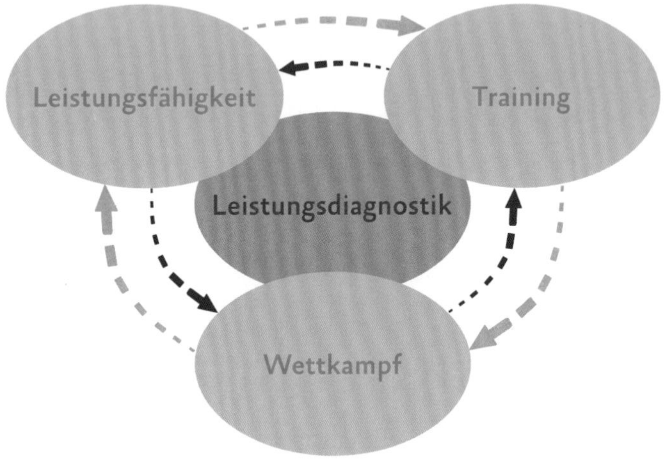

Bereiche der Trainingswissenschaften

Alle Maßnahmen der Trainingsdurchführung und Trainingsgestaltung fallen in den Bereich der Trainingswissenschaften. Zur Planung eines sinnvollen Trainings sind Kenntnisse über die **Leistungsfähigkeit** eines Sportlers/einer Sportlerin genauso wichtig wie die Kenntnisse über die Auswirkung des Trainings auf die Leistungsfähigkeit. Sie ist die Grundvoraussetzung für einen erfolgreichen Wettkampf. Die erzielten Ergebnisse bei einem Wettkampf liefern direkte Rückschlüsse auf den Trainingszustand eines Sportlers/einer Sportlerin. Ohne permanente Kontrolle des Trainingszustandes ist eine gezielte Verbesserung der Leistung fast unmöglich. Deshalb spielt die Leistungsdiagnostik eine äußerst große Rolle bei einer effektiven Trainingsplanung (siehe dazu auch Kapitel 12 *Testen und Diagnostizieren im Sport*). Durch sie ist es möglich, individuelle Belastungsbereiche beim Training festzulegen und deren Effektivität im Nachhinein zu überprüfen.

Ziele, Inhalte, Methoden des Trainings

Die **Ziele** des sportlichen Trainings reichen von einer Verbesserung der Wettkampfleistung bis hin zu Fitness- und Gesundheitsförderung. Oft steht auch die körperliche, geistige und soziale Förderung von Heranwachsenden und Erwachsenen im Vordergrund. Das sind nur einige von vielen möglichen Zielen eines Trainings. Je nach Zielsetzung des Trainings ist der Trainingsaufbau darauf abzustimmen. Dies erklärt auch die große Vielfalt an Trainingsangeboten und Trainingsplänen. Umgekehrt bedeutet das aber, dass Trainingspläne einer Mannschaft oder eines Athleten/einer Athletin so individuell sind, dass sie nur bei gleicher Zielsetzung und gleichem Leistungsstand von anderen sinnvoll übernommen werden können.

Unter den **Trainingsinhalten** versteht man die konkreten Maßnahmen, die während einer Trainingseinheit oder Trainingssequenz gesetzt werden, um das Trainingsziel zu erreichen. Alle Maßnahmen, die vor oder nach einer Trainingseinheit durchgeführt werden, um die Trainingswirkung zu erhöhen, zählen genauso zu den Inhalten wie spezielle Übungen zum Training oder Wettkampf. Die Trainingsinhalte bestimmen die zu verwendenden Methoden, die zum Erreichen der Ziele notwendig sind. Beispiele für Trainingsinhalte finden Sie in den im Kapitel angeführten Trainingsplänen.

Methoden sind planmäßige Verfahren zur Umsetzung der Trainingsziele. Sie vermitteln, wie das Training durchzuführen ist und welche Möglichkeiten zur Auswertung und Bestimmung der Leistungsverbesserung vorhanden sind.

In jeder Trainingseinheit werden zur Steuerung des konkreten Trainingsprozesses sogenannte Belastungsfaktoren verwendet. **Belastungsfaktoren** dienen als methodische Steuergrößen und ermöglichen es dem Trainer/der Trainerin, die Trainingswirkung in Richtung der Ziele zu lenken. Zu diesen Steuergrößen zählen Belastungsintenstät, Belastungsdauer, Belastungsumfang, Belastungshäufigkeit, Belastungsdichte und Bewegungsausführung.

Belastungsintensität

Die Belastungsintensität beschreibt die Stärke der Belastung und kann durch verschiedene Merkmale ermittelt werden. Merkmale der biologischen Belastung sind beispielsweise Werte wie die Herzfrequenz und der Laktatwert. Die Ausführungsqualität hängt mit dem Schwierigkeitsgrad der Bewegung zusammen. Oft wird die Belastungsintensität als Bruchteil der Maximalleistung angegeben.

Größen zum Steuern der Belastungsintensität	
Geschwindigkeit der Fortbewegung	*Widerstand beim Bewegen von Lasten*
Höhen und Weiten bei Sprüngen	*Biologische Beanspruchung*
Ausführungsqualität der Bewegung	*Prozentsatz der Maximalleistung*

Belastungsdauer	
Spielzeit	*Zeit des Zweikampfes*
Ausführung der Technik	
Dauer des Krafttrainings	*Länge der Ausdauerbelastung*

Belastungsdauer

Unter der Belastungsdauer versteht man die Länge der Belastung während einer Trainingseinheit.

Belastungsumfang

Unter dem Belastungsumfang versteht man die Summe aller Belastungen in einem definierten Zeitraum. Der Belastungsumfang stellt die Voraussetzungen für eine Stabilisierung oder Verbesserung der Leistungsfähigkeit dar.

Belastungsumfang	
Distanzangaben	*Lastangaben*
Belastungszeiten	*Anzahl der Wiederholungen*

Belastungshäufigkeit

Unter der Belastungshäufigkeit versteht man einerseits die Anzahl der Belastungen während einer Trainingseinheit, andererseits die Anzahl der Trainingseinheiten während eines bestimmten Zeitraumes. Die Häufigkeit der Trainingseinheiten steigt mit dem Niveau des Sportlers/der Sportlerin. Hobbysportler/Hobbysportlerinnen absolvieren üblicherweise maximal fünf Trainingseinheiten pro Woche, Leistungssportler/Leistungssportlerinnen trainieren sogar mehrmals pro Tag.

Belastungsdichte

Unter der Belastungsdichte versteht man den zeitlichen Abstand zwischen mehreren Belastungen. Wie bei der Belastungshäufigkeit kann einerseits die Dichte während eines Trainings, andererseits die Dichte innerhalb einer Trainingsperiode gemeint sein. So ist die Belastungsdichte bei Wettkämpfen, die über mehrere Tage dauern, wesentlich höher als bei eintägigen Wettkämpfen. Innerhalb einer Trainingseinheit ist damit z. B. die Pausenzeit zwischen zwei Sätzen im Krafttraining gemeint.

Bewegungsausführung
Die Ausführung einer Bewegung kann unterschiedlich ausfallen. Sie spielt nicht nur bei technisch aufwendigen Sportarten eine Rolle, sondern auch beim konditionellen Training. Die methodische Planung eines Trainings kann aufgrund der unterschiedlichen Bewegungsausführung trotz gleichbleibender Bewegungsdichte, gleichbleibendem Bewegungsumfang und gleichbleibender Belastungshäufigkeit variieren.

1 Ausdauerfähigkeiten

Ausdauer

Ausdauer beschreibt die motorische Fähigkeit, eine bestimmte Intensität über eine möglichst lange Zeit aufrechterhalten zu können, ohne vorzeitig körperlich beziehungsweise geistig zu ermüden, und sich so schnell wie möglich wieder zu regenerieren. Durch bessere Ausdauer ist von Beginn an eine höhere Intensität möglich und die zur Verfügung stehende Energie kann effizienter genutzt werden. Auch können sportliche Technik und Konzentrationsfähigkeit über längere Zeit stabilisiert werden.

1.1 Formen der Ausdauer

Ausdauerfähigkeiten können durch verschiedene Einteilungsarten voneinander unterschieden werden. In der Sportkundeliteratur treten vier Einteilungsarten sehr häufig in Erscheinung: die Einteilung in Bezug auf die Länge der Belastung, in Bezug auf die Art der Energiebereitstellung, nach den Wechselbeziehungen mit den konditionellen Fähigkeiten Kraft und Schnelligkeit oder die Einteilung nach den Belastungsbereichen. Indirekt steckt hinter diesen Einteilungen immer auch die Intensität der Ausdauerbelastung.

1.1.1 Einteilung der Ausdauer in Bezug auf die Länge der Belastung (zeitliche Ausdauer)

- Von **Schnelligkeitsausdauer (SA)** spricht man, wenn die intensive Belastung nicht länger als 35 Sekunden dauert. Die Energiebereitstellung erfolgt dabei vorwiegend anaerob. Zu Beginn wird das im Muskel vorhandene ATP abgebaut, das dann mit Hilfe von Kreatinphosphat oder **Glykose** wieder aufbereitet wird. Bei der Verwendung von Glykose entsteht dabei das Abfallprodukt Laktat.
- Von der **Kurzzeitausdauer (KZA)** spricht man bei Belastungen zwischen 35 Sekunden und 2 Minuten. Hier liegt der Schwerpunkt der Energiebereitstellung im Bereich der anaeroben-laktaziden Variante des Stoffwechsels.
- Die **Mittelzeitausdauer (MZA)** liegt zwischen zwei und zehn Minuten. Die Bedeutung der aeroben Energiebereitstellung wird immer höher. Nach ungefähr drei Minuten ist der Anteil der aeroben Energiebereitstellung gleich groß wie der Anteil der anaeroben Energiebereitstellung. Dieses Verhältnis verschiebt sich bei zunehmender Länge immer mehr in den aeroben Bereich. Für die Wiederherstellung des energiereichen ATP werden bei diesen Belastungszeiten hauptsächlich Kohlenhydrate verwendet.
- Unter den Bereich der **Langzeitausdauer (LZA)** fallen alle Belastungen, die länger als zehn Minuten bis hin zu mehreren Stunden dauern. Mit ansteigender Länge löst die aerobe Verbrennung von Fetten die aerobe Verbrennung von Kohlenhydraten zunehmend ab. Die Langzeitausdauer wird wegen ihrer langen Zeitspanne oft in mehrere Teilbereiche zerlegt. Erfolgen kurzzeitige Tempoverschärfungen, wird dabei der **anaerob-laktazide Energiestoffwechsel** in Anspruch genommen.

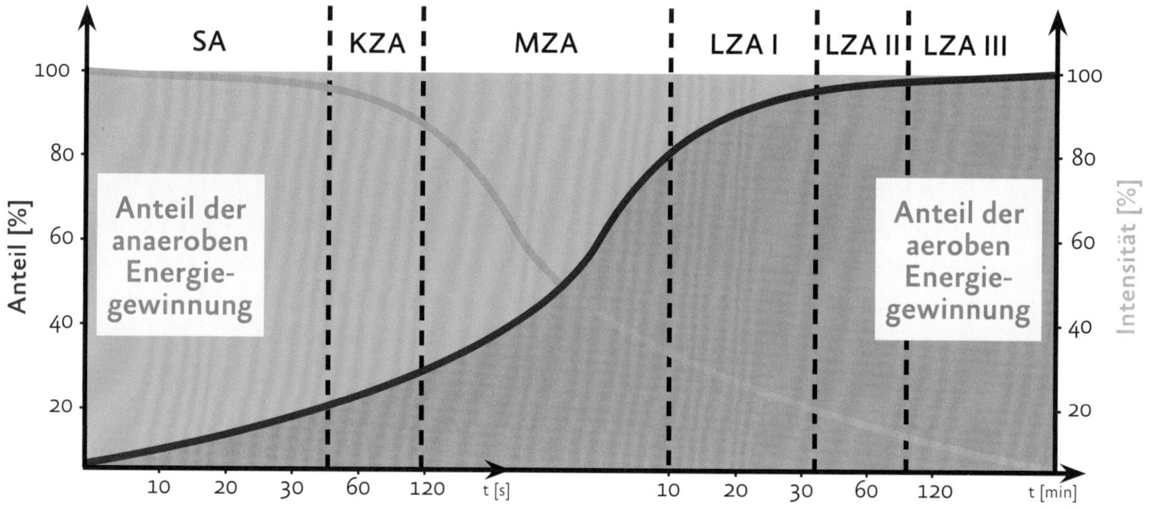

Zeitliche Einteilung der Ausdauer

1.1.2 Einteilung der Ausdauer in Bezug auf die Energiebereitstellung

Bei der Einteilung der Ausdauer nach Art der Energiebereitstellung gibt es drei verschiedene Bereiche. Bestimmen kann man die unterschiedlichen Bereiche der Ausdauer über den Laktatwert im Blut. Die dabei auftretenden Werte für die Übergänge der einzelnen Bereiche liegen circa bei 2 und 4 mmol/Liter im Blut. Die untere Laktatschwelle wird **aerobe Schwelle (AS)**, die obere Schwelle wird **anaerobe Schwelle (ANS)** genannt. Diese beiden Werte sind grobe Richtwerte, die je nach Sportler/Sportlerin stark abweichen können. Zur Bestimmung der individuellen **Laktatwerte** ist die Durchführung eines Laktattests notwendig. Dabei wird während einer immer stärker ansteigenden Belastung der Anstieg des Laktatwertes im Blut durch Blutabnahme ermittelt. Die dabei bestimmten Schwellenwerte werden individuelle Laktatschwellen genannt (iAS und iANS).

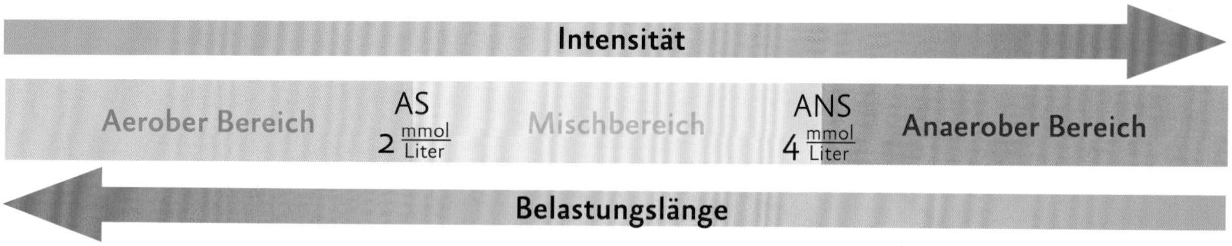

Bereiche der Ausdauer nach Energiebereitstellung

- Der **aerobe Bereich** ist durch einen geringen Laktatwert unter der individuellen aeroben Schwelle gekennzeichnet. Meistens sind die Belastungen sehr lange und von geringer Intensität. Die benötigte Energie wird fast ausschließlich aus einer Verbrennung mit Sauerstoff bereitgestellt. Es werden langkettige Kohlenhydrate und Fette in den Muskelzellen verbrannt, um das energiereiche Adenosintriphosphat zu erzeugen.
- Im sogenannten **Mischbereich,** dem Bereich zwischen der aeroben und anaeroben Schwelle, wird der steigende Energiebedarf zusätzlich durch anaerobe-laktazide Verbrennung abgedeckt. Die Laktatbildung in den Muskelzellen nimmt zu, aber der Abtransport und die Neubildung des Laktates befinden sich noch im Gleichgewicht. An der Grenze zwischen Mischbereich und anaerobem Bereich liegt ein maximales Laktatgleichgewicht vor. Das bedeutet, dass Laktatbildung und Laktatabbau gerade noch im Gleichgewicht sind. Dieser Zustand wird auch **Steadystate** genannt.
- Im **Bereich der anaeroben Energiebereitstellung** laufen die Stoffwechselprozesse fast ausschließlich ohne Sauerstoff ab. Dabei steigt die Laktatbildung weiter an, da die Sauerstoffaufnahme nicht mehr ausreicht, um den gesamten Energiebedarf zu decken. Es kommt zur Erschöpfung, auch Übersäuerung genannt. Der gleiche Vorgang findet auch zu Beginn jeder Belastung statt. Dort entsteht ein Sauerstoffdefizit, weil der Körper mit der nur langsam anlaufenden Sauerstoffaufnahme den plötzlich ansteigenden Sauerstoffbedarf nicht abdecken kann.

1.1.3 Einteilung der Ausdauer in Bezug auf die Wechselbeziehungen der konditionellen Fähigkeiten Kraft und Schnelligkeit

Je nach Sportart unterscheiden sich die Anforderungen an die Ausdauerfähigkeiten des Sportlers/der Sportlerin. In Sportarten wie Rudern, Schwimmen oder Mountainbiken treten die Kraftausdauerfähigkeiten als bestimmende Komponente für die Wettkampfleistung auf. Dabei bestimmt die Kraftfähigkeit die Leistung während der Ausführung der Bewegung und die Ausdauerfähigkeit bestimmt den Zeitraum der Ausführung ohne Leistungsabfall. Bei vielen Ausdauerdisziplinen wird die Schnellkraft oft bei Starts, Sprints oder Endspurts benötigt. Sie ist auf einen guten Trainingszustand des neuromuskulären Systems angewiesen. Daher liegen die Anforderungen an die **Schnellkraftausdauer** in einer möglichst schnellen Impulsübertragung in kurzer Zeit.

Die **Schnelligkeitsausdauer** ist für die Aufrechterhaltung von hohen Geschwindigkeiten bei kurzen Belastungen verantwortlich. Sie liegt in einem Zeitbereich von 10 bis 35 Sekunden und ist z. B. bei 200-m-Läufen und 400-m-Läufen leistungsbestimmend. Noch kürzere Belastungen fallen in den Bereich der **Sprintausdauer**. So benötigt ein Mittelfeldspieler/eine Mittelfeldspielerin im Fußball eine hohe Sprintausdauer, da dieser/diese häufig kurze Distanzen mit hoher Geschwindigkeit zurücklegt. Ein 100-m-Sprint fällt ebenso in diesen Bereich.

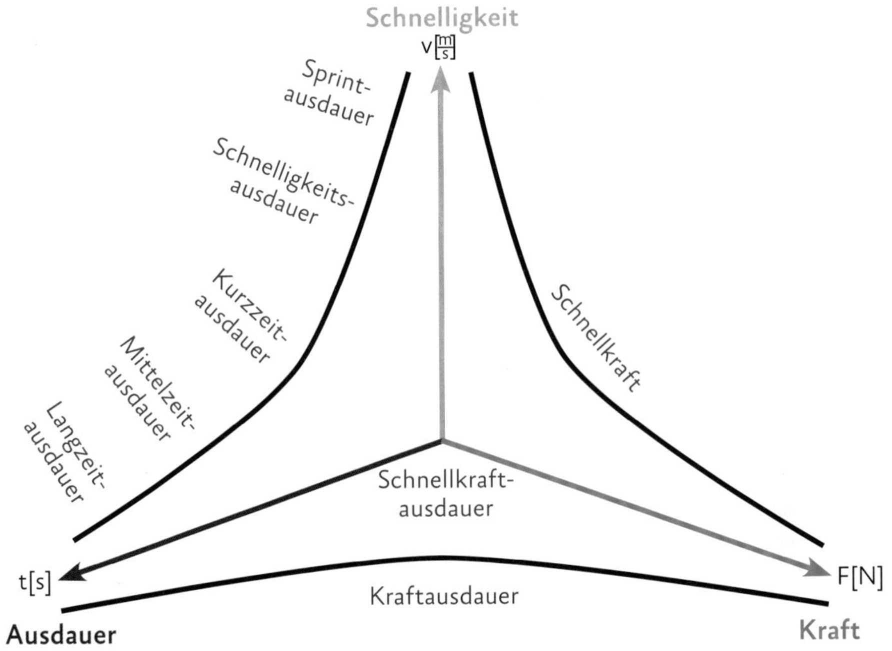

Einteilung der Ausdauer in Bezug auf die Wechselbeziehungen von Kraft und Schnelligkeit

1.1.4 Einteilung der Ausdauer nach den Belastungsbereichen

Die Verbesserung und Weiterentwicklung der Ausdauer erfolgt über genau definierte Trainingsbereiche: die Grundlagenausdauer, die Kraftausdauer und die wettkampfspezifische Ausdauer. Diese Trainingsbereiche werden meistens über diagnostische Verfahren wie den Laktattest oder die Spiroergometrie ermittelt. Die Steuerung des Trainings erfolgt über die Intensität und den Umfang der Trainingseinheiten.

- Im Bereich der Grundlagenausdauer unterscheidet man drei Kategorien (REKOM, GA1 und GA2 – siehe Tabelle auf der nächsten Seite).
- Der Bereich der Kraftausdauer wird in zwei Kategorien unterteilt (KA1, KA2).
- Im Bereich der **wettkampfspezifischen Ausdauer** (WSA) fallen die Kategorien Kurz-, Mittel- und Langzeitausdauer (KZA, MZA und LZA). Zur Entwicklung einer wettkampfspezifischen Ausdauer muss ein solides Grundlagenausdauertraining genauso durchlaufen werden wie ein allgemeines athletisches Training.

Die zu trainierenden Belastungsbereiche bestimmen die Trainingsinhalte und Trainingsmethoden. Eine Übersicht über die einzelnen Belastungsbereiche wird im Abschnitt *Methoden und Formen des Ausdauertrainings* noch genauer gegeben.

1.2 Ziele des Ausdauertrainings

Leistungssport (Profisport)

Im Bereich des Hochleistungstrainings liegt die Zielsetzung sehr oft in der Verbesserung der allgemeinen Leistungsfähigkeit und Fitness sowie in der Verbesserung von Wettkampfleistungen. Bei körperlichen Problemen kann auch eine Rehabilitation im Vordergrund stehen.

Hobbysport (Amateursport)

Im Bereich des Hobbysports geht es eher um den Erhalt der Fitness und die Verbesserung des Wohlbefindens. Oft wird auch eine gezielte Gewichtsreduktion oder Krankheitsprävention angestrebt. Der größte Teil der Hobbysportler/Hobbysportlerinnen betreibt Ausdauersport aus Spaß an der Bewegung, zur Unterhaltung und Abwechslung zum Alltagsleben.

Gesundheitssport (Freizeitsport)

Der Gesundheitssport zielt darauf ab, Risikofaktoren im Bereich des Herz-Kreislauf-Systems vorzubeugen. Zu den Risikofaktoren gehören Bluthochdruck, erhöhte Blutwerte und Folgeschäden durch Bewegungsmangel und Übergewicht. Ziele des Gesundheitssports können auch in der Rehabilitation nach einer Verletzung, einer Krankheit oder einer Operation liegen.

1.3 Methoden und Formen des Ausdauertrainings

Für die richtige Auswahl der Methoden und Inhalte eines effektiven Ausdauertrainings benötigt man ausreichende Kenntnisse über die Belastungsanforderungen während eines Wettkampfes. Genauso sind Kenntnisse über die physiologischen Auswirkungen der jeweils angewendeten Trainingsmethoden notwendig. In der folgenden Tabelle sind alle relevanten Informationen zu den einzelnen Belastungsbereichen festgehalten. Die für die Trainingsgestaltung zu verwendenden Methoden werden anschließend genauer ausgeführt.

Bezeichnung	Stoffwechsel Puls [% HFmax]	Ziel	Geeignete Methoden	Trainingsformen	Laktat [mmol/l]
REKOM	aerob < 60 %	Wiederherstellung Beschleunigung der Regeneration	Extensive Dauermethode	Dauerlauf (Wald, Bahn, Cross) Tempowechseldauerlauf	< 2
GA1	aerob 60–75 %	Entwicklung und Stabilisierung der GA Vorbereitung auf intensive Belastungen	Extensive Dauermethode Fahrtspiel	Dauerlauf (Wald, Bahn, Cross) Tempowechseldauerlauf Fahrtspiele	1,8–2,5
GA2	aerob-anaerob 75–90 %	Weiterentwicklung der GA Vorbereitung auf Wettkampfbelastungen	Extensive Intervallmethode Intensive Dauermethode Fahrtspiel	Pyramidenläufe Minderungsläufe Intervalldauerlauf	2,5–5
WSA	aerob-anaerob bis anaerob > 90 %	Entwicklung der SA und der wettkampfspezifischen Ausdauer	Intensive Intervallmethode Wiederholungsmethode Wettkampfmethode	Lang-, Mittel-, Kurzzeitintervallbelastung Hügelläufe, Sprungläufe Tempoläufe	> 6

Übersicht der einzelnen Bereiche des Ausdauertrainings

Die Übersicht zeigt, dass die unterschiedlichen Methoden des Ausdauertrainings über Intensität, Dauer, Umfang und Dichte bestimmt werden. Je nach gewählter Methode erzielt man unterschiedliche physiologische Effekte. Da sich die verschiedenen Sportarten in den Belastungsansprüchen sehr stark unterscheiden, kann niemals eine einzige Methode ausreichen, um die Anforderungen abzudecken. Die physiologischen Wirkungen der einzelnen Methoden können über den Laktatspiegel sehr gut nachvollzogen werden. Generell werden bei niedrigen Intensitäten keine Pausen in der Belastung eingelegt. Steigt die Intensität an, so werden während der Trainingseinheit kurze Unterbrechungen zwischen den einzelnen Belastungen notwendig. Bei sehr hohen Belastungen fallen die Pausen etwas länger aus, damit der Körper die Möglichkeit erhält, sich besser zu erholen.

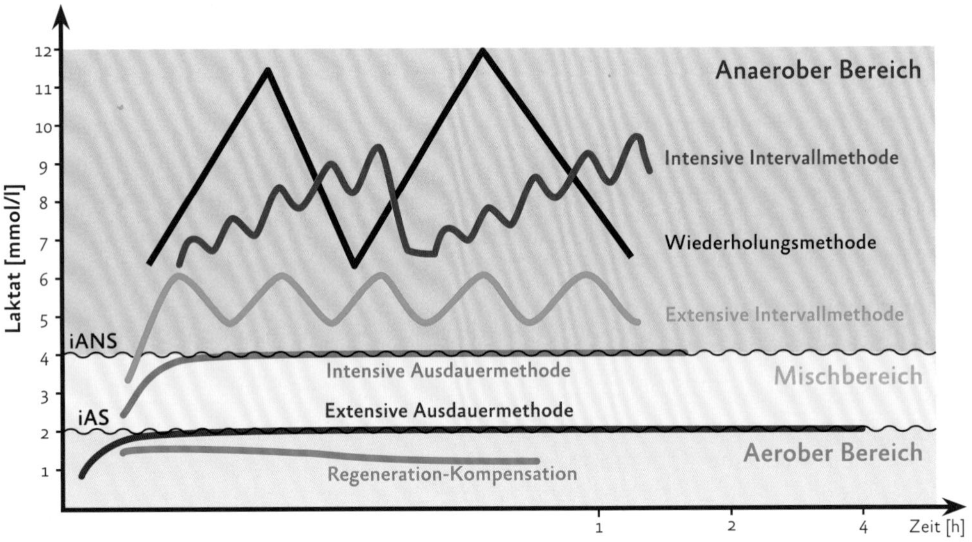

Verlauf des Laktatspiegels bei verschiedenen Ausdauermethoden

1.3.1 Dauermethode

Bei der Dauermethode wird der Belastungsreiz die gesamte Länge der Trainingseinheit aufrechterhalten. Der Belastungsreiz kann dabei in seiner Intensität leicht variieren. Die Belastungsintensität liegt bei dieser Methode, im Vergleich zur maximal möglichen Intensität, im unteren Drittel. Die Belastungen sind annähernd gleichmäßig über die Trainingseinheit verteilt, die bis zu vier Stunden dauern kann. Der Belastungsumfang ist sehr hoch.

Es wird zwischen der **extensiven und intensiven Dauermethode** unterschieden. Diese Unterscheidung erfolgt über die Höhe der Intensität. Bei der extensiven Dauermethode wird im Bereich der aeroben Schwelle trainiert. Bei der intensiven Dauermethode hingegen wird im Mischbereich der Energiebereitstellung trainiert. Die Dauermethode dient also hauptsächlich der **Verbesserung der Grundlagenausdauer.** Durch eine Verbesserung der Muskelansteuerung verringert sich die benötigte Energie für das Ausführen der Bewegungen. Der Fettstoffwechsel wird angeregt und bei intensiveren Belastungen verbessert sich der

Zur schnelleren Übersicht werden bei den einzelnen Methoden die wichtigen Steuergrößen des Trainings in einer Farbskala angegeben. Je weiter der Balken Richtung roter Farbe geht, desto höher ist ihr Wert.

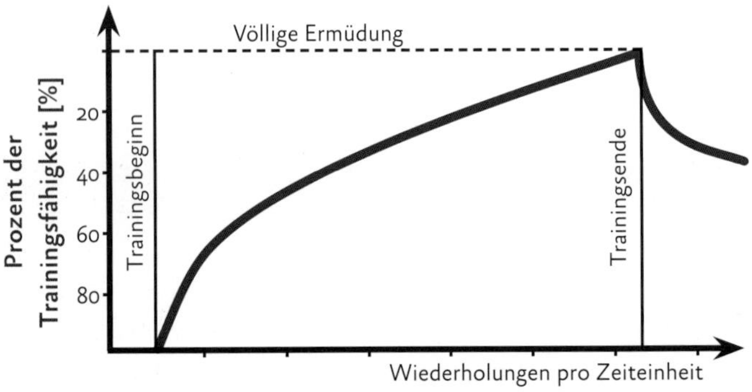

Belastungsverlauf Dauermethode

Glykogenstoffwechsel. Es kommt zu Muskelfaseränderungen, was in weiterer Folge zu einer besseren Belastungsverträglichkeit führt.

Im psychologischen Bereich wird das **Durchhaltevermögen** trainiert und die **Konzentrationsfähigkeit** kann über längere Zeiträume aufrechterhalten werden.

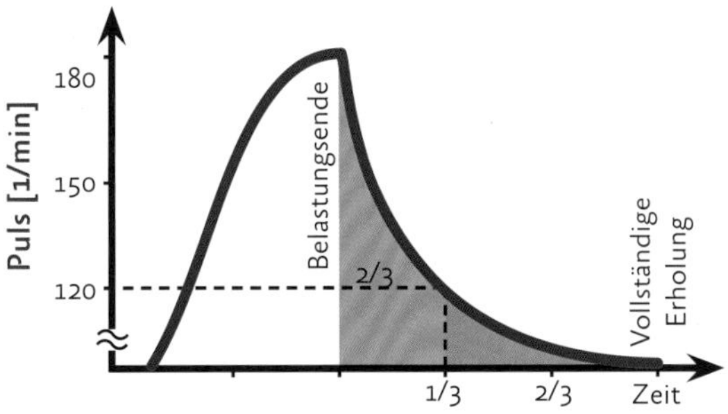

Lohnende Pause

1.3.2 Intervallmethode

Genauso wie bei der Dauermethode unterscheidet man bei der Intervallmethode zwischen der extensiven und intensiven Form. Sie unterscheidet sich von der Dauermethode dadurch, dass der Trainingsablauf von **vielen kleineren Pausen** unterbrochen wird. Die Pausen werden so gewählt, dass es zu keiner vollständigen Erholung kommt und man trotzdem die nächste Belastung gerade noch schaffen kann. Man nennt solche Pausen lohnende Pausen. Die Pausenlänge kann über die Herzfrequenz gesteuert werden. Fällt die Herzfrequenz unter die individuelle aerobe Schwelle (~120 Puls), so ist auf jeden Fall der Zeitpunkt für eine erneute Belastung erreicht. Die Zeitspanne bis zum Erreichen der lohnenden Pause liegt bei zirka einem Drittel der gesamten Erholungszeit. Zu diesem Zeitpunkt hat sich der Körper aufgrund des exponentiellen Verlaufes der Erholung gut regeneriert.

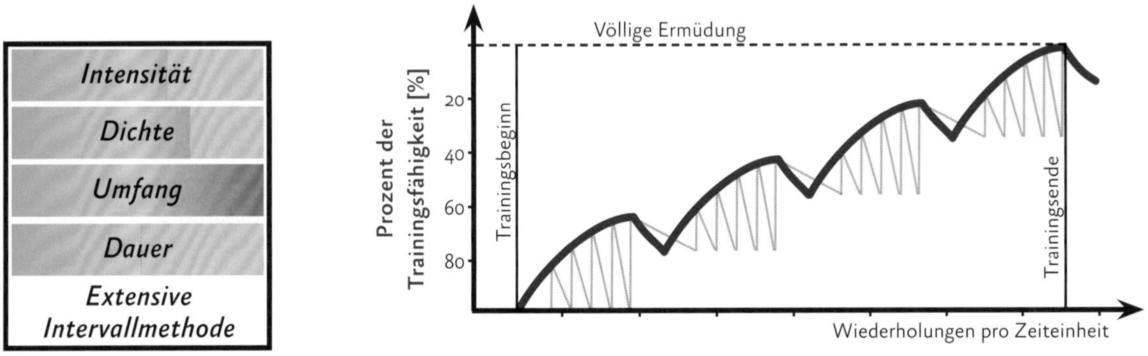

Belastungsverlauf extensive Intervallmethode

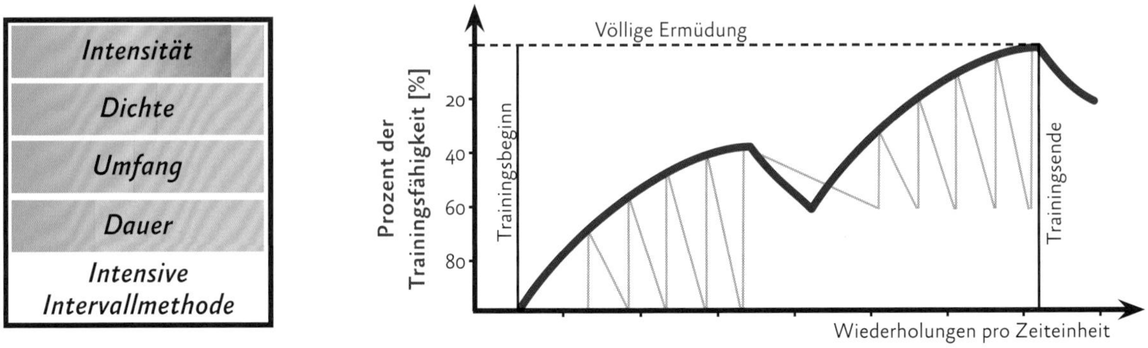

Belastungsverlauf intensive Intervallmethode

Die beiden Intervallmethoden dienen zur **Weiterentwicklung der Grundlagenausdauer und Kraftausdauer**. Es wird an der anaeroben Schwelle der Energiebereitstellung trainiert. Damit werden aber auch die aerobe Energiebereitstellung und die Kraftwirkung der schnell kontrahierenden Muskelfasern verbessert. Die extensive Intervallmethode verbessert zusätzlich noch die Umstellungs-, Konzentrations- und Mobilisierungsfähigkeit.
Die intensive Intervallmethode führt zu einer besseren Laktatverträglichkeit, da die Trainingsintensität über der anaeroben Schwelle liegt. Bei sehr großem Belastungsumfang entsteht auch eine Vergrößerung des Herzens und der langsam kontrahierenden Muskelfasern.

1.3.3 Wiederholungsmethode

Da bei der Wiederholungsmethode die Belastungsintensität maximal ist, erfolgt die Einteilung nach der Belastungsdauer. Man unterscheidet zwischen drei verschiedenen Bereichen, wobei die Pausenlänge zwischen zwei Belastungen bei allen drei Bereichen gleich lange gewählt wird und bei circa 5 Minuten liegt. Dabei erholt sich der Körper vollständig von der vorangegangenen Belastung. Die nachfolgende Belastung kann identisch erfolgen. Die Trainingsdauer beträgt maximal eine Stunde, ist aber häufig auch kürzer. Dies liegt daran, dass die Anforderungen der einzelnen Sportarten sehr unterschiedlich sind. Deshalb wird die Belastung den später zu absolvierenden Wettkampfzeiten angepasst.

Merkmal	Lange Belastungsdauer	Mittlere Belastungsdauer	Kurze Belastungsdauer
Intensität	maximal	maximal	maximal
Dauer	3–8 min	1–2 min	20–30 sek
Pausen	> 5 min	> 3–5 min	5–7 min
Häufigkeit	3–5	4–6	4–8

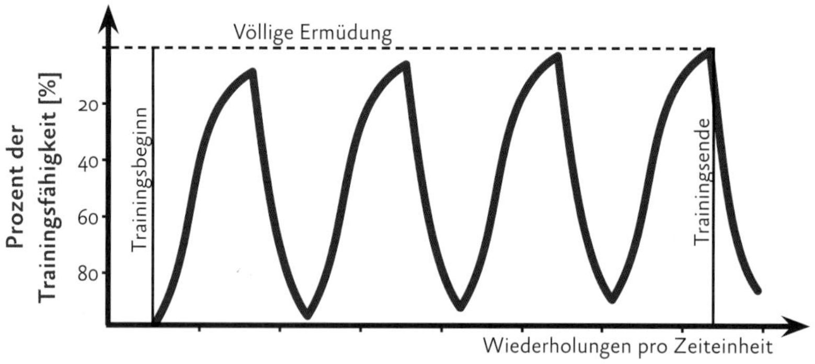

Belastungsverlauf Wiederholungsmethode

1.3.4 Besondere Trainingsform – Fahrtspiel

Unter einem Fahrtspiel versteht man ein **Ausdauertraining,** bei dem die Belastungsintensität während des Trainings **spielerisch variiert** wird. Diese Methode entstand circa 1930 im skandinavischen Bereich. Sie war die Grundlage für die jahrelangen Erfolge der skandinavischen Langläufer zu dieser Zeit.

Bei dieser Trainingsform werden in einem Dauerlauf **Phasen mit mittleren oder hohen Geschwindigkeiten** eingebaut oder ein unebenes Gelände verwendet, bei dem während des Laufens mehrere unterschiedliche Steigungen durchlaufen werden. Die Auswahl der Geschwindigkeiten erfolgt entweder von dem Athleten/der Athletin selbst oder wird im Vorfeld durch eine zeitliche Einteilung festgelegt. Die zeitliche Einteilung wird von fortschrittlichen Läufern/Läuferinnen bevorzugt, da damit während des Fahrtspiels zum Teil sehr hohe Intensitäten erreicht werden. Bei dieser Variante wird das Lauftempo nicht an das Gelände angepasst. Somit muss das Tempo auch gehalten werden, wenn es im Gelände steil bergauf geht. Durch Veränderung der Länge der Teilstrecken und der Laufgeschwindigkeit vom Gehen bis zum Sprinten ist diese Methode für Anfänger und Fortgeschrittene gleich gut geeignet. Die Belastung kann also hervorragend angepasst werden und fordert den Körper in mehreren Bereichen der Energiebereitstellung.

Diese Trainingsmethode wird vor allem im **Mittel- und Langstreckenlauf** sehr erfolgreich eingesetzt. Es wird aber auch gerne in Mannschaftssportarten verwendet, da es – je nach Ausrichtung – die speziellen Anforderungen an die aerobe und anearobe Energiebereitstellung in der Sportart abdecken kann. Durch den Einbau von taktischen und technische Elementen kann das Fahrtspiel auch im Technik- und Taktiktraining benutzt werden. Der spielerische Aspekt führt dazu, dass die Athleten/Athletinnen die intensiven Belastungen als weniger anspruchsvoll empfinden.

1.3.5 Besondere Methode – Wettkampfmethode

Bei Belastungen nach der Wettkampfmethode wird die Ausdauer in einem Bereich der **Wettkampfdistanzen** trainiert. Üblicherweise liegen die Belastungen im Bereich von 75–125 % der Wettkampfbelastung. Man trainiert unter wettkampfähnlichen Bedingungen, um eine vollständige Ermüdung der einzelnen Funktionssysteme zu erreichen. Nach solchen Belastungen ist eine ausreichende Erholungspause sehr wichtig, damit der Körper in eine **Phase der Überkompensation** kommt. Ziel dieser Methode ist die **Verbesserung der wettkampfspezifischen Ausdauer (WSA)** und ein Erwerb von verschiedensten wettkampfähnlichen Erfahrungen. Die Wettkampfmethode wird fast ausschließlich im Leistungssport angewandt, da aufgrund der komplexen Anforderungen unterschiedliche Fähigkeiten gleichzeitig trainiert werden.

1.3.6 Besondere Trainingsform – Höhentraining

Beim Höhentraining wird die Tatsache ausgenutzt, dass mit zunehmender Seehöhe der Sauerstoffpartialdruck sinkt und damit automatisch weniger Sauerstoff eingeatmet wird. Dieser Zustand, bei dem der Körper eine Sauerstoffschuld eingeht, nennt man **Hypoxie.** Ohne längerfristige Anpassungen der einzelnen Organsysteme des Körpers kommt es dabei zu einer Abnahme der abrufbaren Ausdauerleistung. Als Gegenmaßnahmen der Organsysteme bei solchen Belastungen kommt es primär zu einer **Anpassung der Sauerstofftransportkapazität im Blut.** Dies erfolgt über einen Anstieg des Blutvolumens, der Erythrozytenzahl und damit auch des Hämoglobins. Die Erhöhung der Zahl der roten Blutkörperchen wird durch einen höhenbedingten Anstieg des Erythropoetins (EPO) ausgelöst. Dieses Hormon sorgt für eine erhöhte Blutbildung und verbessert die Sauerstoffabgabe an die Zellen.

Gleichzeitig kommt es zu Anpassungen im Bereich der Durchblutung und Sauerstoffversorgung des Muskels. Die Anzahl der Mitochondrien erhöht sich, die vorhandenen Kapillaren erweitern sich und verringern dadurch die Diffusionsstrecken für den Sauerstoff. Durch diese Effekte erfährt das ganze System, das für die Energiebereitstellung zuständig ist, eine Kapazitätserweiterung, wodurch die sportliche Leistungsfähigkeit stark verbessert wird.

Das Trainieren in großen Höhen bringt aber nicht nur Vorteile mit sich. Es gibt eine **Reihe von negativen Auswirkungen** auf den menschlichen Körper, denen entgegengesteuert werden muss. Der permanente Sauerstoffmangel führt zu einer **Verlagerung der Energieumwandlung** in Richtung des Kohlenhydratstoffwechsels. Bei unzureichender Versorgung des Körpers mit kohlenhydratreicher Nahrung kann es zu **Mangelerscheinungen** wie Appetitlosigkeit und Stress kommen. Durch die erhöhte Atmungsaktivität und die Tatsache, dass bereits bei vergleichsweise geringen Bewegungsgeschwindigkeiten höhere Belastungsintensitäten auftreten, steigt der Wasserverlust enorm an. Eine mangelnde Zufuhr von Flüssigkeit und Elektrolyten führt dann zu einer Abnahme der Belastungsfähigkeit.

Die erhöhte physiologische Belastung beeinträchtigt auch den Schlaf. Erst nach einer kurzen Eingewöhnungsphase, in der die Trainingsbelastung relativ gering gehalten werden sollte, normalisiert sich die Schlafqualität wieder. Diese Phase führt auch zu einem erhöhten Infektionsrisiko und einer erhöhten Krankheitsanfälligkeit. Im Extremfall kann sogar die sogenannte **Höhenkrankheit** eintreten. Durch gezielte Nahrungsergänzung können diese Reaktionen etwas vermindert werden, um eine zu starke Beeinträchtigung oder sogar einen Trainingsabbruch zu verhindern.

Im Wesentlichen überwiegen aber bei richtiger Durchführung die Vorteile des Höhentrainings gegenüber den Nachteilen. Aktuell finden Höhentrainingslager zwischen 1800 und 2800 m Seehöhe statt. Darunter sind die Effekte, die durch den Sauerstoffmangel auftreten, zu gering und darüber ist aufgrund der zu extremen Bedingungen ein normaler Trainingsbetrieb nicht realisierbar. Besonders effektiv wird das Höhentraining erst ab einer Dauer von drei Wochen. Durch mehrere Höhentrainings innerhalb eines Jahres verstärkt sich der gewünschte Effekt.

THEORIE ········➜ PRAXIS

Um die unterschiedlichen Methoden eines elementaren Trainings besser zu verstehen, ist es erforderlich, dass man diese selbst durchführt und dadurch die Auswirkungen am eigenen Körper erfährt.

Planen Sie zwei verschiedene Trainingseinheiten im Bereich der Ausdauer und führen Sie diese bei der nächsten sich bietenden Möglichkeit durch.

Halten Sie danach in schriftlicher Form Ihre Erfahrungen fest, indem Sie die beiden Einheiten mit Schulnoten beurteilen und Besonderheiten notieren.

1.4 Durchführung und Aufbau von Trainingseinheiten im Ausdauerbereich

Bei der Durchführung von Trainingseinheiten im Ausdauerbereich unterscheidet man

- Einheiten für die **allgemeine Grundlagenausdauer** von
- speziellen Einheiten für eine **wettkampfspezifische Ausdauer.**

Bei Einheiten im Bereich der Grundlagenausdauer steht der Trainingsumfang im Vergleich zur Trainingsintensität im Vordergrund. Diese Einheiten bilden erst die Grundlage für eine mögliche weitere Entwicklung der sportartspezifischen Ausdauer. Das Ziel liegt in der Verbesserung der Stoffwechselfunktionen und in der Anpassung des Herz-Kreislauf-Systems. Erst diese Anpassungen ermöglichen es, intensivere Belastungen auch sinnvoll zu nutzen und die Belastungsdichte im Trainingsalltag zu erhöhen. Bei Anfängern und Fortgeschrittenen wird daher vermehrt auf diese Trainingseinheiten Wert gelegt. Erst im Höchstleistungstraining verschiebt sich der Trainingsschwerpunkt auf sehr intensive, dafür aber kürzere Trainingseinheiten.

Mit steigendem Leistungsniveau wird eine Variation der eingesetzten Belastungen immer wichtiger. Nur durch viele unterschiedliche Belastungen ist eine weitere Steigerung durch geeignete Anpassungen des Körpers möglich. Intensive Einheiten, die vor allem die schnellen Muskelfasern beanspruchen, sind dabei vor Einheiten, die hauptsächlich die langsamen Muskelfasern belasten, zu reihen. Diese Reihenfolge ist zu beachten, weil bei sehr hohem Trainingsumfang auch die schnellen Muskelfasern ermüden.

Bei der Trainingsplanung ist auf eine ständige Kontrolle der Trainingsfortschritte zu achten. Durch die Definition von konkreten Teilzielen ist eine langfristige Trainingsplanung leichter durchzuführen. Nur durch geeignete Rückmeldungen über den Trainingszustand und die erreichten Ziele ist eine sinnvolle Korrektur der Trainingsplanung möglich.

Entscheidend für eine gute Wettkampfleistung ist auch die Anzahl der absolvierten Wettkämpfe und die dazwischenliegenden Wiederherstellungsmaßnahmen. Wettkämpfe geben zum einen eine gezielte Rückmeldung über die Effektivität der eingesetzten Trainingseinheiten, zum anderen haben sie einen starken Einfluss auf die Trainingsplanung. Zu dicht gedrängte Wettkämpfe führen sehr schnell zu einer Übermüdung und damit zu einer Verschlechterung der Leistung.

1.4.1 Exemplarische Trainingseinheiten

Trainingseinheit 1

Voraussetzungen
Dieser Trainingsplan ist für einen 35-jährigen Hobbysportler, der seine allgemeine Fitness verbessern möchte. Zusätzlich zum Ausdauertraining absolviert er zweimal pro Woche ein Krafttraining.

Zielsetzung
Ziel der Trainingseinheit ist eine Verbesserung der Grundlagenausdauer im Bereich der aeroben Schwelle. In Kombination mit dem Krafttraining soll auch die Kraftausdauerleistung verbessert werden.

Trainingsmethode
Für die Trainingseinheit wird eine extensive Dauermethode verwendet. Ein Aufwärmen und Abwärmen ist aufgrund der geringen Belastungsintensität nicht unbedingt notwendig.

Trainingsmittel
Laufschuhe, Gelände mit geringen Höhenunterschieden
Optional: Pulsmesser

Trainingsinhalte
Die Trainingseinheit wird mit einer Länge von 1,5 Stunden angesetzt. Dabei sollte ohne Unterbrechungen bei einer Pulsfrequenz von 65 % des Maximalpulses gelaufen werden. In einem Intervall von 15 Minuten erfolgt eine Steigerung der Laufgeschwindigkeit über zwei Minuten. Dabei sollte die Pulsfrequenz nicht über 75 % des Maximalpulses steigen.

Trainingseinheit 2

Voraussetzungen
Dieser Trainingsplan ist für eine 20-jährige Spitzensportlerin, die ihre Ausdauerleistung im Bereich der anaeroben Schwelle verbessern möchte.

Zielsetzung
Ziel der Einheit ist die Vorbereitung auf zukünftige Wettkämpfe. Die Laktatverträglichkeit sollte verbessert werden.

Trainingsmethode
Für die Trainingseinheit wird die extensive Intervallmethode verwendet. Trainiert wird mit einen Pulswert von 70 % des Maximalpulses.

Trainingsmittel
Laufschuhe, Laufbahn oder ebenes Gelände
Optional: Pulsmesser

Trainingsinhalte
Die Trainingseinheit wird mit einer Länge von 1,5 Stunden angesetzt. Davon werden jeweils 15 Minuten am Anfang und am Ende für Aufwärmen und Abwärmen verwendet. Damit ergibt sich eine Belastungsdauer für die Intervalle von einer Stunde. Diese Zeitspanne wird in vier Serien unterteilt, im Verhältnis 12 Minuten Belastung und 3 Minuten Erholung. Gelaufen wird mit 70 % des Maximalpulses.

GET ACTIVE 1

Erstellen Sie eine Liste mit zehn verschiedenen Fachbegriffen, die in diesem Kapitel verwendet wurden. Erklären Sie diese Begriffe in jeweils zwei bis drei Sätzen.

Nach dem Beenden dieser Aufgabe suchen Sie sich einen Partner/eine Partnerin aus der Klasse. Prüfen Sie sich gegenseitig, indem Ihr Gegenüber Ihre Begriffe erklärt und umgekehrt.

GET ACTIVE 2

Suchen Sie im Internet zwei verschiedene Trainingspläne im Bereich der Ausdauerfähigkeiten mit unterschiedlicher Zielsetzung.

Bewerten Sie diese beiden Trainingspläne, indem Sie Ihre erworbenen Kenntnissen anwenden. Bringen Sie diese Trainingspläne anschließend in die in diesem Kapitel verwendete und rechts abgebildete Struktur.

Trainingseinheit

Voraussetzungen

Zielsetzung

Trainingsmethode

Trainingsmittel

Trainingsinhalte

RP-TRAINING 1

Anforderungsniveau 1

1. Beschreiben Sie den Aufbau einer Trainingseinheit.
2. Geben Sie zu den einzelnen Bereichen jeweils ein praktisches Beispiel.

Anforderungsniveau 2

1. Erläutern Sie anhand einer Trainingsmethode und einer Trainingsform die Durchführung von Trainingseinheiten im Bereich der Ausdauer.
2. Gehen Sie auf den zeitlichen Aufbau einer Trainingseinheit ein, die im Bereich der anaeroben Schwelle angesetzt ist.
3. Erklären Sie, welche Trainingsmethode in diesem Belastungsbereich sinnvollerweise gewählt werden sollte.

Anforderungsniveau 3

1. Entwerfen Sie eine Trainingseinheit für einen Marathonläufer/eine Marathonläuferin, der/die sich im Bereich der WSA verbessern möchte. Gehen Sie genauer auf die dabei zu verwendenden Methoden und Inhalte ein.
2. Vergleichen Sie die möglichen Trainingsziele mit denen eines Hobbysportlers/einer Hobbysportlerin.

2 Kraftfähigkeiten

Kraft

Als Kraft wird die Fähigkeit des Nerv-Muskel-Systems bezeichnet, durch Muskelkontraktion Widerstände zu überwinden (konzentrische Arbeit), ihnen entgegenzuwirken (exzentrische Arbeit) oder sie zu halten (statische Arbeit).

2.1 Formen der Kraft

Die Kraft ist eine **konditionelle Fähigkeit** mit unterschiedlichen Ausprägungen und Erscheinungsformen. Sie hat einen unmittelbaren Einfluss auf die sportliche Leistung. Jede sportliche Tätigkeit ist nur durch ein abgestimmtes Zusammenarbeiten der Muskulatur möglich. Kräfte beschleunigen oder bremsen, halten und heben den Körper oder Teile des Körpers. Gleichzeitig wirken sie Trägheits-, Reibungs- und Strömungskräften entgegen.

Man unterscheidet zwischen **vier unterschiedlichen Hauptformen der Kraft** und deren Wechselbeziehungen. Bei den Hauptformen findet jeweils noch eine Differenzierung zwischen **dynamischen und statischen Belastungen** statt.

2.1.1 Maximalkraft

Die Maximalkraft ist die größtmögliche Kraft, die das Nerven-Muskel-System bei einer willkürlichen Muskelkontraktion aufbringen kann. Man unterscheidet

- die **statische Maximalkraft** von
- der **dynamischen Maximalkraft.**

Die statische Maximalkraft ist jene Kraft, die gegen einen unüberwindlichen Widerstand aufgebracht werden kann. Die dynamische Maximalkraft ist die höchste Kraft, die das Nerven-Muskel-System während eines Bewegungsablaufs zu realisieren vermag. Die statische Maximalkraft ist wesentlich größer als die dynamische Maximalkraft. Die Höhe der Maximalkraft ist vom Muskelquerschnitt, der intermuskulären und intramuskulären Koordination abhängig. Bei kurzen konzentrischen und exzentrischen Kraftübungen erfolgt der Kraftzuwachs hauptsächlich durch eine Verbesserung der intramuskulären Koordination. Dieser Kraftzuwachs ist vor allem bei Sportarten von Bedeutung, bei der das eigene Körpergewicht bewegt werden muss.

2.1.2 Schnellkraft

Als Schnellkraft wird die Fähigkeit eines Muskels bezeichnet, in möglichst kurzer Zeit eine möglichst hohe Kraft zu erzeugen. Sie wird zum Beispiel bei Sportarten benötigt, die eine schnelle Reaktion des Sportlers/der Sportlerin erfordern, wie Tennis oder Boxen. Die Schnellkraft ist abhängig von

- der **Startkraft,**
- der **Explosivkraft** und
- der **Maximalkraft.**

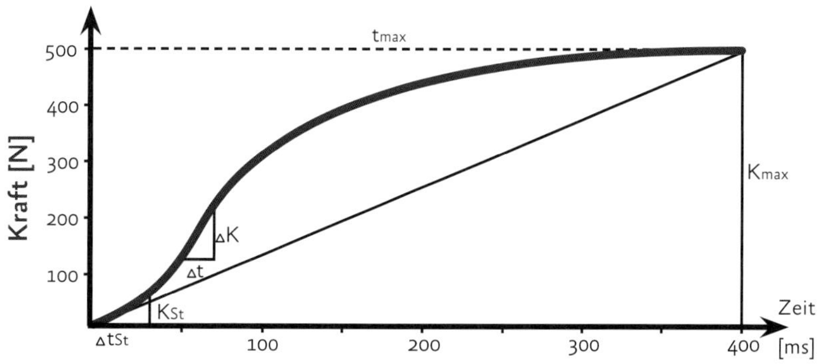

Schnellkraft, Explosivkraft und Startkraft (vgl. Güllich/Krüger, 2013)

Diese drei Kräfte können aus der abgebildeten Kraftkurve ermittelt werden. Als Startkraft wird der Kraftanstieg in den ersten 30 Millisekunden (ms) zu Beginn der Kraftentwicklung bezeichnet. Die Explosivkraft ist durch den stärksten Anstieg der Kraftkurve gekennzeichnet. Die Maximalkraft ist die bei der Kontraktion maximal mögliche Kraftentwicklung. Bei niedrigen Widerständen dominiert die Startkraft, bei zunehmender Last die Explosivkraft, bei sehr hohen Lasten schließlich die Maximalkraft.

2.1.3 Kraftausdauer

Die Kraftausdauer ist die Eigenschaft, Arbeit über einen längeren Zeitraum zu verrichten und dabei entstehende Ermüdungserscheinungen der Muskeln zu kompensieren. Sie hängt neben dem Zustand des Muskels auch stark vom Herz-Kreislauf-System ab. Die Einteilung der Kraftausdauer kann in Bezug auf die Belastungsintensität oder in Bezug auf die Zeit erfolgen.

Sehr oft wird das Kraftausdauertraining über die **Belastungsintensität** und die dazu passenden Trainingsmethoden gesteuert. So spricht man von der aeroben Kraftausdauer, wenn die Belastungsintensität zwischen 30 % und 50 % liegt. Im Bereich von 50 % bis 75 % liegt die submaximale Kraftausdauer und über 75 % liegt die Maximalkraftausdauer oder auch hochintensive Kraftausdauer. Bei dieser Einteilung sind keine Belastungszeiten festgelegt.

Teilt man die Kraftausdauer im Hinblick auf die **zeitliche Komponente** der Belastung ein, so versteht man unter der Kraftausdauer die Fähigkeit des neuromuskulären Systems über einen maximalen Zeitraum von zwei Minuten und bei Lasten über 30 % der Maximalkraft, einen möglichst großen Impuls zu übertragen.

2.1.4 Reaktivkraft

Unter der Reaktivkraft versteht man die Muskelleistung, die nach dem Abbremsen einer Bewegung in kürzester Zeit einen möglichst großen Kraftstoß erzeugt.

Sie hängt von unterschiedlichen Faktoren ab:

- Zum einen sind Muskelmasse, Gewicht und Hebel von Bedeutung,
- zum anderen, die intra- und intermuskuläre Koordination.

Von entscheidender Bedeutung für die Größe der zu entwickelnden Reaktivkraft ist die Länge des **Dehnungs-Verkürzungszyklus (DVZ).** Er spielt bei allen Sprüngen, Würfen, beim Sprint und bei Startbewegungen eine wichtige Rolle. Um maximale Kraftstöße zu erreichen, ist neben einer optimalen Last auch eine Kraftentwicklungszeit von über 120 Millisekunden notwendig. Diese Zeit wird benötigt, um alle Muskelfasern zu aktivieren.

2.2 Ziele des Krafttrainings

Leistungssport (Profisport)
Ziel des Krafttrainings im Leistungssport ist zum einen die **Erhöhung der maximalen Kraftfähigkeiten** durch die Verbesserung der Koordination zwischen den Muskeln und den Muskelfasern, zum anderen die **Vergrößerung des Muskelquerschnittes** zur Verbesserung der Kraftentwicklung.

Übersicht der Bereiche des Krafttrainings

Dabei erfolgen die Anpassungen nach folgender Reihenfolge:

1. Zuerst passt sich das Nervensystem an, indem es die Muskulatur effektiver ansteuert. Nicht nur die intermuskuläre Koordination der einzelnen Muskeln untereinander, sondern auch die intramuskuläre Koordination der einzelnen Muskelfasern wird verbessert.
2. Nach einer längeren Phase des Krafttrainings adaptiert sich auch das Herz-Kreislauf-System. Die Muskelzellen werden dadurch besser mit Nährstoffen und Sauerstoff versorgt und die Reservekapazität ist deutlich erhöht. Bei erhöhtem Energieverbrauch kann die Versorgung der Muskelzellen konstanter und länger aufrechterhalten werden.
3. Als letzter Anpassungsschritt verändert sich auch der strukturelle Aufbau des Muskels. Die Anzahl der Mitochondrien, der Kraftwerke der Zelle, wird höher, wodurch die aerobe Energiebereitstellung verbessert wird. Des Weiteren wandeln sich die einzelnen Muskelfasertypen, die für die unterschiedlichen Arten der Beanspruchung konzipiert sind (siehe Band 1, Kapitel 8, Seite 115 f.).

Hobbysport (Amateursport)

Das sicher bedeutendste Ziel des Krafttrainings im Hobbybereich ist die **ästhetische Komponente**. Die optisch sichtbare Straffung des Gewebes und vor allem die Zunahme an Muskelmasse führt zur Annäherung des äußeren Erscheinungsbildes in Richtung des momentanen gesellschaftlichen Idealbildes. Die Körperwahrnehmung wird besser und führt zu einer exakteren Bewegungskontrolle. Ein weiteres Ziel liegt auch in einer Aufrechterhaltung und Verbesserung der Leistungsfähigkeit sowie zur leichteren Bewältigung von Alltagsanforderungen, wie zum Beispiel dem Heben von schweren Gegenständen.

Gesundheitssport (Freizeitsport)

Neben dem Ausdauertraining hilft auch das Krafttraining im Bereich des Gesundheitssports. Durch die höhere Muskelmasse steigt der Energiebedarf, was auf längere Sicht zu einer Gewichtsreduktion führt. Eine starke Muskulatur, vor allem eine starke Haltungsmuskulatur verbessert die Körperhaltung und vermindert die Belastung auf die Wirbelsäule. Damit kann Haltungsschäden vorgebeugt und Rückenschmerzen entgegengewirkt werden. Gut entwickelte Muskeln umgeben den Körper wie eine Schutzhülle und verhindern Verletzungen bei Stürzen und Stößen. Nach Verletzungen und Operationen an Knochen und Gelenken sowie an der Wirbelsäule kann ein gezieltes Krafttraining die **Rehabilitationszeit** verkürzen.

2.3 Methoden und Formen des Krafttrainings

Im Bereich des Krafttrainings existieren unterschiedlichste Methoden zur Verbesserung der Kraftfähigkeiten. In der folgenden Übersicht werden einige dieser Methoden aufgezeigt und danach genauer beschrieben.

Bezeichnung	Intensität [%] Häufigkeit [pro Woche]	Ziel	Geeignete Methoden	Trainingsform	Übungen Sätze Wdhg.	Satzpausen [min]
KA	50–65 % 2–4	Verbesserung der Ausdauer und lokalen Kraftausdauer	Methodik zur Verbesserung der Kraftausdauer	Einsatztraining	10–15 1 20–30	–
			Mittlere Krafteinsätze mit hohen Wiederholungszahlen	Mehrsatztraining	6–10 2–6 15–30	3
HYP	65–85 % 2–4	Zunahme der Muskelmasse Steigerung der Maximalkraft	Methodik zum Muskelaufbau (Hypertrophie)	Einsatztraining	10–15 1 10–15	–
			Verbesserung der submaximalen Krafteinsätze bis zur Ermüdung	Mehrsatztraining	6–10 2–6 6–12	3–6

MAX	90–100 % 1–3	Zunahme der Maximalkraft Bessere neuronale Aktivierung Schnellkraft / Explosivkraft	Methodik zur Verbesserung der Aktivierungsfähigkeit Explosive maximale Krafteinsätze	Einsatz-training	6 1 4–6	–
				Mehrsatz-training	4–6 2–6 1–4	6–8
SK	30–60 % 1–3	Schnellere Kontraktion Explosivkraft Intermuskuläre Koordination	Methodik zur Verbesserung der konzentrischen Schnellkraft Explosive nichtmaximale Krafteinsätze	Mehrsatz-training	2–4 2–6 3–8	5
RK	90–100 % 2–3	Reaktivkraft Voraktivierung Reflexaktivierung	Methodik zur Verbesserung der Reaktivkraft Reaktive Krafteinsätze	Mehrsatz-training	2–4 4–8 3–10	10

KA = Kraftausdauer, HYP = Hypertrophie, MAX = Maximalkraft, SK = Schnellkraft, RK = Reaktivkraft; Wdhg. = Wiederholung

2.3.1 Methode zur Verbesserung der Kraftausdauer

Diese Methode ist gekennzeichnet durch **mittlere Krafteinsätze bei sehr hohen Wiederholungszahlen.** Sie dient der Entwicklung der allgemeinen und lokalen Kraftausdauer. Für einen sichtbaren Trainingserfolg sollten mindestens zwei Einheiten pro Woche über einen Zeitraum von vier Wochen durchgeführt werden. Im Leistungssport erhöht man den Trainingsumfang durch eine höhere Satzzahl und häufigeres Training. Man trainiert bis zu viermal pro Woche. Die Übungen werden zügig durchgeführt und sowohl die Kontraktion als auch die Rückführung erfolgen mit gleicher Geschwindigkeit. Im Einsatz-Training ist die Anzahl der Übungen größer, die Wiederholungszahl pro Übung bleibt aber annähernd gleich.

Gesundheitssport		Leistungssport	
Übungen ES MS	15	Übungen ES MS	15
Sätze MS	6	Sätze MS	6
Wdhg.	30	Wdhg.	30
Satzpause	10 min	Satzpause	10 min

ES = Einsatz-Training, MS = Mehrsatz-Training

Die Intensität ist eher gering, sie wird über die Pausen zwischen den Übungen gesteuert. Beim dynamischen Kraftausdauertraining in zyklischen Sportarten bestimmt die Bewegungsfrequenz die Intensität. Neben dem normalen Einsatz im Gesundheits- und Leistungssports findet diese Methode auch in der Rehabilitation und Regeneration ihren Einsatz.

2.3.2 Methode zum Muskelaufbau – Hypertrophie

Es werden so lange Belastungen gesetzt, die etwas unter der Maximalbealstung liegen, bis der Körper vollständig ermüdet ist. Das Hypertrophietraining zielt auf eine **Zunahme der Muskelmasse** und eine **Verbesserung der Maximalkraft** hin. Die Belastung wird über die Erhöhung der Satzzahl gesteuert. Die einzelnen Übungen werden durchgehend oder mit kleinen Haltepausen durchgeführt. Zwischen den Trainingseinheiten ist ein Mindestabstand von 48 Stunden einzuhalten. Die Intensität liegt über der des Kraftausdauerbereichs und geht hinauf bis zu 85 % der Maximalleistung. Pro Woche sind zwischen zwei und vier Trainingseinheiten empfehlenswert. Wie auch beim Kraftausdauertraining ist beim Einsatztraining die Übungszahl etwas höher, die Wiederholungszahl bleibt annähernd gleich. Durch die höhere Belastung muss der Stütz- und Bewegungsapparat erst an diese Art des Krafttrainings gewöhnt werden. Einsatz findet diese Methode als **Aufbautraining im Leistungssport.** Sie ist die wichtigste Trainingsmethode im Bereich **Bodybuilding.**

Gesundheitssport		Leistungssport	
Übungen ES MS	15	Übungen ES MS	15
Sätze MS	6	Sätze MS	6
Wdhg.	30	Wdhg.	30
Satzpause	10 min	Satzpause	10 min

2.3.3 Methode explosiver maximaler Krafteinsätze

Leistungssport		
Übungen	ES MS	15
Sätze	MS	6
Wdhg.		30
Satzpause		10 min

Bei dieser Methode werden sehr wenig Belastungen gesetzt. Sie liegen im Bereich von 90 bis 100 % der Maximalleistung. Das Ziel ist eine **Verbesserung der Maximalkraft und der Schnellkraft.** Im Bereich der Schnellkraft kommt es dabei hauptsächlich zu einer Zunahme der Explosivkraft. Gleichzeitig wird auch die willkürliche Aktivierung der Muskeln verbessert. Die Trainingsbelastung wird über die Anzahl der Wiederholungen gesteuert und liegt zwischen drei und sechs Wiederholungen pro Satz. Die Übungen werden mit hoher Geschwindigkeit in der Kontraktionsphase des Muskels durchgeführt. Zwischen den einzelnen Trainingseinheiten ist wieder ein Mindestabstand von 48 Stunden einzuhalten unter der Voraussetzung, dass die gleichen Muskelgruppen trainiert werden. Man kann durch eine geschickte Auswahl der Übungen das Trainingsintervall erheblich verkürzen. Insgesamt sind drei bis vier Einheiten pro Woche ideal für den Trainingsfortschritt. Bei dieser Methode ist das Vorwärmen der beanspruchten Muskulatur wichtig, da durch die hohen Belastungen die Gefahr für Verletzungen enorm zunimmt.
Zum Einsatz kommt diese Methode bei **Schnellkraft-, Kraft- und Ausdauersportarten,** wobei die Übungsauswahl sehr stark an die im Wettkampf spezifischen Techniken angelehnt wird.

2.3.4 Methode explosiver nichtmaximaler Krafteinsätze

Leistungssport		
Übungen		15
Sätze	MS	6
Wdhg.		30
Satzpause		10 min

Belastungen, die im Bereich von 30 bis 60 % der Maximalleistung liegen, sind das Ziel dieser Methode. Sie zielt auf eine **schnellere Kontraktionsfähigkeit** des Muskels und die **Verbesserung der intermuskulären Koordination** der an der Bewegung beteiligten Muskelgruppen ab. Gleichzeitig sorgen diese Belastungen auch für eine Verbesserung der Explosivkraft. Die Trainingsbelastung wird hier sehr oft über die Pausenwahl bei den Sätzen und Serien gesteuert. Die Übungen werden mit maximaler Kontraktionsgeschwindigkeit ausgeführt und sind immer den sportartspezifischen Techniken angepasst. Zwischen den einzelnen Trainingseinheiten ist wieder ein Mindestabstand von 48 Stunden einzuhalten. Insgesamt sind bis zu drei Trainingseinheiten pro Woche sinnvoll. Wichtig bei der Durchführung dieser Methode ist eine sichere Beherrschung der in den Übungen verwendeten sportartspezifischen Techniken. Es kann zu hohen Belastungen des Bewegungsapparates kommen, daher ist ein gut durchgeführtes Aufwärmen der Stützmuskulatur wichtig.
Zum Einsatz kommt diese Methode bei einem **allgemeinen oder sportartspezifischen Schnellkrafttraining.** Dabei dient das allgemeine Schnellkrafttraining als Variationsmöglichkeit zu einem Koordinationstraining, da es zu einer Verbesserung der koordinativen Fähigkeiten führt.

2.3.5 Methode reaktiver Krafteinsätze

Leistungssport		
Übungen		15
Sätze	MS	6
Wdhg.		30
Satzpause		10 min

Bei dieser Methode werden Belastungen gesetzt, die im Bereich von 90 bis 100 % der Maximalleistung liegen. Es sind also auf keinen Fall zusätzliche Lasten zu verwenden. Das Ziel ist die **Verbesserung der Reaktivkraft,** die bei Sportarten wie Tennis oder Skifahren sehr bedeutend ist. Zusätzlich werden die Voraktivierung der motorischen Nervenzellen und die Reflexaktivierung erhöht. Die Trainingsbelastung wird über die Wiederholungszahl und Intensität gesteuert. Die Übungen werden auf jeden Fall explosivartig ausgeführt. Unterschieden wird zwischen Übungen mit kurzem Dehnungs-Verkürzungs-Zyklus (DVZ), der unter 200 Millisekunden liegt, und langem DVZ, der über 200 Millisekunden liegt. Für das Ausführen der Übungen ist eine stabile Technik notwendig. Zu hohe Belastung kann zu Verletzungen des Bewegungs- und Stützapparates führen. Auch bei dieser Methode sind bis zu drei Trainingseinheiten pro Woche, bei einem Mindestabstand von 48 Stunden, notwendig.
Aufgrund der vielen unterschiedlichen Belastungen ist diese Methode **in allen Sportbereichen** anwendbar.

2.3.6 Besondere Trainingsform – Pyramidentraining

Ein Pyramidentraining zeichnet sich durch eine **Veränderung der Intensität während eines Satzes** aus. Beginnt man mit einer sehr hohen Intensität und verringert diese sukzessiv in einem Satz, so nennt man dies ein degressives Pyramidentraining. Steigert sich hingegen die Intensität während eines Satzes, so nennt man dies ein progressives Pyramidentraining. Wie die Abbildung zeigt, sind die Wiederholungszahlen und Intensitäten bei dem degressiven Pyramidentraining höher, da zu Beginn eines Satzes der Athlet/die Athletin geistig und körperlich noch am fittesten ist. Sehr oft wird bei dieser Trainingsform mit einem Partner/einer Partnerin zusammengearbeitet. Tritt eine vollständige Ermüdung während des Satzes ein, werden noch zwei bis drei Wiederholungen mit Hilfe dieses Partners/dieser Partnerin durchgeführt. Diese sogenannten **Intensivwiederholungen** führen zu einem enormen Trainingseffekt, sofern der Trainingspartner/die Trainingspartnerin nicht zu viel oder zu wenig mithilft.

Intensität	Progressiv		Degressiv	Intensität
	60 kg – 15 Wdhg.	1. Serie	95 kg – 6 Wdhg.	
	70 kg – 12 Wdhg.	2. Serie	85 kg – 8 Wdhg.	
	80 kg – 8 Wdhg.	3. Serie	75 kg – 10 Wdhg.	
	85 kg – 6 Wdhg.	4. Serie	65 kg – 12 Wdhg.	

Progressives und degressives Krafttraining mit Langhanteln

2.3.7 Besondere Trainingsform – Supersätze oder Trisätze

Bei Supersätzen kombiniert man **zwei Übungen** miteinander. Dabei wird der Satz der zweiten Übung direkt an den Satz der ersten Übung gereiht , wenn möglich ohne nennenswerte Pause. Erst nach der Beendigung aller Übungen wird eine kleine Satzpause durchgeführt. Nach dieser Pause beginnt man mit dem zweiten Supersatz. Je nach Trainingszustand werden drei bis acht solcher Supersätze hintereinandergereiht. Es ist durchaus möglich, zwei unterschiedliche Muskelgruppen zu trainieren. Dadurch ist die Kombination eines Trainings für die Rücken- und Brustmuskulatur möglich. Supersätze eignen sich aufgrund des schnellen Trainingstempos sehr gut zur **Intensitätssteigerung** im Training.
Eine zusätzliche Steigerung bewirken **Sätze mit drei kombinierten Übungen.** Bei den Trisätzen werden diese drei Übungssätze ohne Pause durchgeführt und nach einer Satzpause zwei- bis dreimal wiederholt.

2.3.8 Besondere Trainingsform – Zirkeltraining

Das Zirkeltraining ist eine Trainingsform, die bei vielen Sportarten eingesetzt wird. Es kann sehr flexibel an das vorhandene Leistungsniveau angepasst werden. Beim Krafttraining werden meistens sechs bis zwölf Stationen im Zirkel durchlaufen, wobei die Übungen bei den Stationen so angeordnet sind, dass **nacheinander verschiedenste Muskelgruppen** trainiert werden. Durch diesen Aufbau sind die Pausen zwischen den einzelnen Stationen sehr gering. Dadurch ist eine relativ **hohe Übungsdichte** in der Trainingseinheit möglich. Aufgrund der notwendigen **Übungswechsel** empfinden viele diese Form motivierender. Im Bereich des Leistungssports wird diese Methode nicht mehr zu oft eingesetzt, da über andere Trainingsformen die einzelnen Muskelgruppen gezielter trainiert werden. Zur **Förderung der allgemeinen Fitness** hingegen ist dieser Aufbau besonders gut geeignet.

THEORIE → PRAXIS

Um die unterschiedlichen Methoden eines elementaren Trainings besser zu verstehen, ist es erforderlich, dass man diese selbst durchführt und dadurch die Auswirkungen am eigenen Körper erfährt.

Planen Sie zwei verschiedene Trainingseinheiten im Bereich der Kraft und führen Sie diese bei der nächsten sich bietenden Möglichkeit durch.

Halten Sie danach in schriftlicher Form Ihre Erfahrungen fest, indem Sie die beiden Einheiten mit Schulnoten beurteilen und Besonderheiten notieren.

2.4 Durchführung und Aufbau von Trainingseinheiten im Kraftbereich

Eine Trainingseinheit im Krafttraining besteht im Regelfall aus drei verschiedenen Phasen.

- Zu Beginn steht ein **Aufwärmprogramm,** das auf die kommende Belastung in der Hauptphase vorbereiten soll. Diese Aufwärmphase ist vor allem bei sehr hohen Belastungen und Intensitäten als Verletzungsprävention wichtig. Bei einem Kraftausdauertraining kann diese Aufwärmphase weggelassen werden, da durch die geringen Belastungen die Muskulatur beim Abarbeiten der einzelnen Übungen sowieso langsam und schonend erwärmt wird. In dieser Phase werden oft spezifische Dehnübungen durchgeführt, die den aktiven und passiven Bewegungsapparat auf die in der Trainingseinheit geplanten Übungen vorbereiten.
- In der **Hauptphase** erfolgt das eigentliche Krafttraining, dass je nach Zielsetzung mit den zuvor genannten Trainingsmethoden realisiert wird.
- Das Krafttraining endet mit einer **Cool-Down-Phase,** bei der die Elemente der Aufwärmphase sehr oft in umgekehrter Reihenfolge abgearbeitet werden.

Für die in der Hauptphase ausgeführten Übungen gelten allgemeine Regeln, die Verletzungen und falsche Belastungen vermeiden sollen. Diese Regeln betreffen den Bereich der Ausführung der Übungen und die Systematik bei der Übungszusammenstellung.

Ausführung	Systematik
Haltungskontrolle	*Extremitäten vor Rumpf*
Harmonische Ausführung	*Stärkere Muskelgruppen zuerst trainieren*
Bewegungsdynamik	*Komplexe Übungen vor isolierten Übungen*
Bewegungsweiten	*Lieblingsübungen am Ende*
Achseneinstellungen	

Übersicht – Ausführung vom Krafttraining

Ausführung

Bei der Ausführung der einzelnen Übungen ist eine **korrekte Haltung** sehr wichtig. Die für die Haltung zuständige Muskulatur darf nicht frühzeitig ermüden, da es sonst zu gefährlichen Belastungen in der Übungsausführung kommen kann. Deshalb werden anstrengende Rumpfübungen eher an das Ende der Hauptphase gereiht.

Die Bewegungen während der Übungen sind bis auf wenige Ausnahmen im Schnellkraft- und Reaktivkrafttraining **harmonisch auszuführen.** Aus biomedizinischen Gesichtspunkten bewirken Beschleunigungs- und Abbremsbelastungen deutlich höhere Maximalkräfte, die auf Dauer die Gelenke beeinträchtigen und auch wenig zusätzlichen Trainingseffekt bringen.

Die **Bewegungsdynamik** ist also in den meisten Fällen so zu wählen, dass die Kontraktion gleich lange dauert wie die rückführende Bewegung.

Die **Bewegungsweiten** der Gelenke werden – so gut es geht – ausgenützt, aber niemals im maximalen Bewegungsumfang der beteiligten Gelenke. Dadurch werden Überlastungen der Sehnen, Bänder und Gelenke vermieden.

Bei der Verwendung von Geräten und Seilzügen ist darauf zu achten, dass die Drehpunkte und Rollen mit den Gelenksdrehpunkten übereinstimmen. Daher muss jedes verwendete Gerät und jeder Seilzug den **Körperproportionen des Athleten/der Athletin angepasst** werden.

Systematik

Die Regeln im Bereich der Systematik bestimmen die Reihenfolge der in der Hauptphase verwendeten Übungen. Wegen der wichtigen Bedeutung der Haltung werden **zuerst die Übungen für die Extremitäten** durchgeführt. Dabei ist es egal, ob man mit den Armen oder Beinen beginnt. Oft ist ein Wechsel zwischen Arm- und Beinmuskulatur sogar von Vorteil, weil sich dabei die gerade nicht belasteten Extremitäten sogar etwas erholen und die Übungsfolgen kompakter werden. Das Einhalten einer gewissen Systematik beim Abarbeiten der Extremitäten wird leichter, wenn man etwas Erfahrung im Bereich des Krafttrainings gesammelt hat, da auch die Anzahl der beherrschten Übungen steigt. Damit kann das Training abwechslungsreicher gestaltet werden.

Je nach Lage und Art der Gelenke ist entweder die Beugemuskulatur oder die Streckermuskulatur stärker. Zuerst wird immer der stärkere der beiden Muskeln trainiert. Diese Vorgangsweise ermöglicht der schwächeren Gegenmuskulatur ein gutes Aufwärmen und verringert damit die Verletzungsgefahr. Zuerst wird also zum Beispiel der Strecker im Kniegelenk (**M.** quadrizeps femoris) trainiert und dann erst der Beuger (M. biceps femoris). Im Ellbogengelenk ist es genau umgekehrt. Hier wird der stärkere Beugemuskel im Ellbogengelenk (M. bizeps brachii) vor dem schwächeren Streckermuskel (M. trizeps brachii) trainiert.

Komplexere Übungen sollten **isolierten Übungen** vorausgehen. Komplexere Übungen sind zum Beispiel Seilzugübungen oder nicht geführte Übungen, bei denen die gesamte Haltemuskulatur aktiv beteiligt ist. Sind diese während des Trainings schon zu sehr beansprucht worden, kann das Zusammenspiel der einzelnen Muskelgruppen gestört sein und damit die Übung falsch durchgeführt werden. Diese Gefahr ist bei isolierten Übungen wie zum Beispiel bei einer Beinpresse oder einem Latzug wesentlich geringer. Ein weiterer Vorteil ist auch hier, dass einzelne Muskeln bereits für spätere Übungen vorgewärmt werden.

Jeder Athlet/Jede Athletin hat mehrere **Lieblingsübungen,** die ihm/ihr besonders liegen. Diese Übungen werden an das Ende der Hauptphase gereiht, da sie auch noch im ermüdeten Zustand korrekt ausgeführt werden. Hingegen stehen Übungen, bei denen man in der Ausführung unsicher ist, am Anfang der Hauptphase.

Entscheidend für ein erfolgreiches Krafttraining ist aber nicht nur die **Ausführung** der Trainingseinheiten, sondern auch eine bestimmte **Regelmäßigkeit.** Die Anpassungseffekte sind äußerst gering, wenn auf eine intensive Trainingswoche zwei Wochen mit Pause folgen. Genauso führt ein sehr einseitiges Training zu wenig Trainingserfolgen, da die Muskulatur bestimmte Mindestreizstärken benötigt, um zu hypertrophieren. Das Trainingsgewicht darf also weder zu gering noch zu hoch sein, denn große Belastungen schädigen Bänder, Sehnen und Gelenke.

2.4.1 Exemplarische Trainingseinheiten

Trainingseinheit 1

Voraussetzungen

Dieser Trainingsplan ist für einen 18-jährigen Leistungssportler / eine 18-jährige Leistungssportlerin in der Vorbereitungsphase auf einen großen Wettbewerb.

Zielsetzung

Ziel der Trainingseinheit ist eine Verbesserung der allgemeinen Kraftausdauer.

Trainingsmethode

Verwendet wird die Methode zur Verbesserung der Kraftausdauer. Die Wiederholungszahlen sind mit dem Schwierigkeitsgrad der Übungen gekoppelt. Die maximale Wiederholungszahl liegt bei 20, bei den schwersten Übungen werden absteigend bis zu sechs Wiederholungen durchgeführt.

Trainingsmittel

Latzug (siehe Bild unten), Bälle, Reckstange, Stoppuhr

Trainingsinhalte

Satz 1

6 × Nordic Hamstring
12 × Beinschwingen mit Partner/Partnerin gebeugt
20 × Reißkniebeuge
20 × Beinkreisen
20 × Sumokniebeuge

3 ×

Satz 2

12 × Felgaufschwung
15 × Bankziehen am Kasten
12 × Klimmzug im Kammgriff
12 × Latzug vorne bis zum Oberschenkel

3 ×

Satz 3

20 × Beugen versetzt
24 × Liegestütz auf zwei Bällen
12 × Pull Over
20 × Liegestützstellung – Unterarmstütz mit Positionswechsel

3 ×

Nordic Hamstring (Martin Neidhardt)

Sumokniebeuge mit Langhantel

Latzug

Trainingseinheit 2

Voraussetzungen

Dieser Trainingsplan ist für einen 18-jährigen Leistungssportler/eine 18-jährige Leistungssportlerin in der Vorbereitungsphase auf einen großen Wettbewerb.

Zielsetzung

Ziel der Trainingseinheit ist eine Verbesserung der Maximalkraft.

Trainingsmethode

Verwendet wird die Methode explosiver maximaler Krafteinsätze. Die Belastung im ersten Satz liegt bei ca. 80 % der Maximalkraft. Im zweiten Satz werden Übungen mit einer Belastung zwischen 90 und 110 % des Maximalgewichtes verwendet. Die Bankdruck-Übungen werden je nach Bedarf mit Hilfe eines Trainingspartners/einer Trainingspartnerin durchgeführt.

Trainingsmittel

Latzug, Pezziball, Reckstange, Stoppuhr, Langhantel, Trainingspartner/Trainingspartnerin

Trainingsinhalte

Satz 1 (3 ×)

6 × Klimmzug im Ristgriff mit Gewicht
6 × Latzug bis zum Oberschenkel
6 × Rudern in Vorbeuge
Zwischen den Übungen 50 s (Sekunden) Pause

Satz 2 (1 ×)

5 × Bankdrücken
90 s Crunches am Pezziball
3 × Bankdrücken
90 s Balanceboard sitzend frei
1 × Bankdrücken 110 %
90 s Pezziball knieend balancieren
3 × Bankdrücken
90 s Crunches am Pezziball
5 × Bankdrücken

Bankdrücken

Klimmzug mit Gewicht

Crunches am Pezziball

Trainingseinheit 3

Voraussetzungen
Dieser Trainingsplan ist für einen 18-jährigen Leistungssportler/eine 18-jährige Leistungssportlerin in der Vorbereitungsphase auf einen großen Wettbewerb.

Zielsetzung
Ziel der Trainingseinheit ist eine Verbesserung der Schnellkraft.

Trainingsmethode
Verwendet wird die Methode explosiver nichtmaximaler Krafteinsätze zur Verbesserung der Schnellkraft. Die Belastungsintensität liegt bei 55 % der Maximalbelastung. Die Übungen werden zügig und explosiv ausgeführt. Die Pause zwischen den Sätzen beträgt drei Minuten.

Trainingsmittel
Trainingspartner/Trainingspartnerin, Reckstange, Stoppuhr, Langhantel, Kasten

Trainingsinhalte

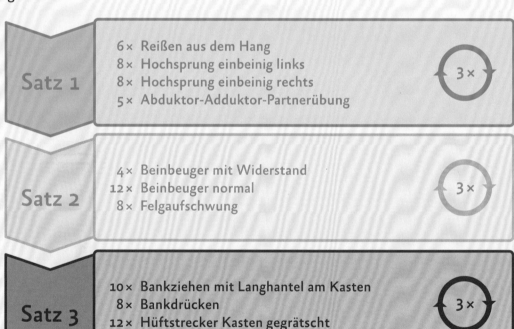

Satz 1
- 6 × Reißen aus dem Hang
- 8 × Hochsprung einbeinig links
- 8 × Hochsprung einbeinig rechts
- 5 × Abduktor-Adduktor-Partnerübung

3 ×

Satz 2
- 4 × Beinbeuger mit Widerstand
- 12 × Beinbeuger normal
- 8 × Felgaufschwung

3 ×

Satz 3
- 10 × Bankziehen mit Langhantel am Kasten
- 8 × Bankdrücken
- 12 × Hüftstrecker Kasten gegrätscht

3 ×

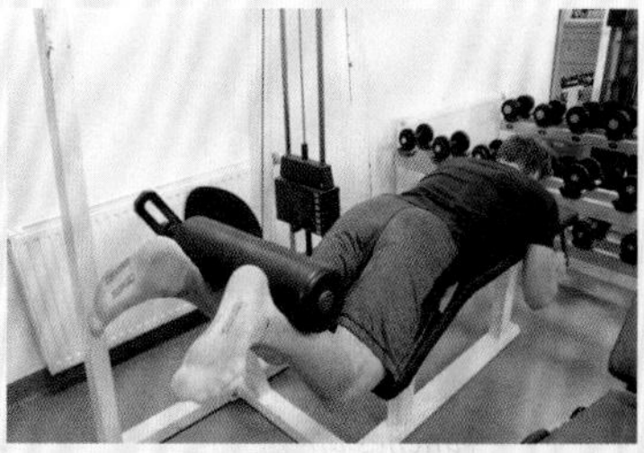
Beinbeuger normal

Hüftstrecker gegrätscht

Bankziehen am Kasten

Trainingseinheit 4

Voraussetzungen

Dieser Trainingsplan ist für einen 18-jährigen Leistungssportler/eine 18-jährige Leistungssportlerin in der Vorbereitungsphase auf einen großen Wettbewerb.

Zielsetzung

Ziel der Trainingseinheit ist die Verbesserung des Muskelquerschnitts (Hypertrophie).

Trainingsmethode

Verwendet wird die Methode zum Muskelaufbau. Die Belastung liegt bei circa 70 % der maximalen Belastung. Als Trainingsform wird ein Zirkeltraining verwendet. Die Belastungsdauer liegt bei 40 Sekunden pro Übung und die Pause zwischen den Übungen liegt bei 30 Sekunden.

Trainingsmittel

Slings, Reckstange, Latzug, Kurzhanteln, Stoppuhr, Fitnessgerät/Beinbeuger

Trainingsinhalte

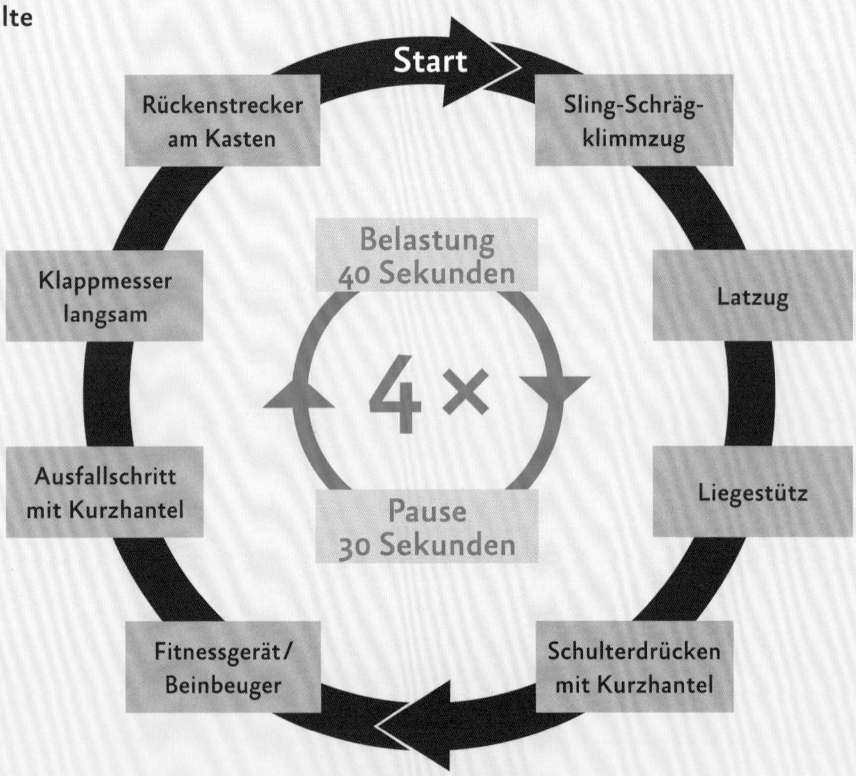

Klappmesser langsam

Latzug

Sling-Schrägklimmzug

GET ACTIVE 3

Erstellen Sie eine Mindmap über den Aufbau einer Trainingseinheit im Bereich des Krafttrainings. Verwenden Sie dabei die vorgegebene Struktur der Trainingseinheiten in diesem Kapitel.

Setzen Sie die geplante Trainingseinheit im nächsten praktischen Unterricht um.

Nennen Sie Vorteile und Nachteile, die durch die Durchführung von Trainingseinheiten im Bereich der Kraftfähigkeiten auftreten können.

GET ACTIVE 4

Ergänzen Sie die folgende Tabelle, indem Sie zu den jeweiligen aufgelisteten Begriffen im Bereich des Krafttrainings eine eigene Beschreibung hinzufügen.

Hypertrophie	
Maximalkraft	
Methode zur Verbesserung der Kraftausdauer	

RP-TRAINING 2

Anforderungsniveau 1

1. Beschreiben Sie den Aufbau einer Trainingseinheit.
2. Geben Sie zu den einzelnen Bereichen jeweils ein praktisches Beispiel an.

Anforderungsniveau 2

1. Erläutern Sie anhand einer Trainingsmethode und einer Trainingsform die Durchführung von Trainingseinheiten im Bereich der Kraftfähigkeiten.
2. Gehen Sie auf den zeitlichen Aufbau einer Trainingseinheit ein, die im Bereich der Maximalkraft angesetzt ist.
3. Erklären Sie, welche Trainingsmethode in diesem Belastungsbereich sinnvollerweise gewählt werden sollte.

Anforderungsniveau 3

Entwerfen Sie eine Trainingseinheit im Bereich der Kraftausdauer für eine der folgenden Sportarten: Eishockey, Fußball oder Tennis.

Gehen Sie genauer auf die dabei zu verwendenden Methoden und Inhalte ein.

Vergleichen Sie die möglichen Trainingsziele mit denen eines Hobbysportlers/einer Hobbysportlerin.

3 Schnelligkeitsfähigkeiten

Schnelligkeit

Die Schnelligkeit ist eine koordinativ-konditionelle Fähigkeit, die es ermöglicht, auf ein Signal oder einen Reiz schnellstmöglich zu reagieren bzw. zu agieren, d. h. Bewegungen mit oder ohne Widerstand in höchster Geschwindigkeit oder kürzester Zeit auszuführen.

3.1 Formen der Schnelligkeit

3.1.1 Einteilung nach aufgebrachtem Kraftanteil

Die Einteilung der Schnelligkeit erfolgt sehr oft über den bei der Bewegung aufgebrachten Kraftanteil. Bei den **„reinen Erscheinungsformen"** der motorischen Schnelligkeit ist dieser sehr gering.
Die Formen der Schnelligkeit lassen sich wie folgt unterteilen:

- die **Reaktionsschnelligkeit,** die Fähigkeit in kürzester Zeit zu reagieren, z. B. ein Sprinter/eine Sprinterin beim Start;
- die **Aktionsschnelligkeit,** die Fähigkeit, eine Bewegung mit höchstmöglicher Geschwindigkeit auszuführen, z. B. ein Angriff beim Volleyball;
- die **Frequenzschnelligkeit,** die Fähigkeit zyklische Bewegungen mit höchster Geschwindigkeit auszuführen, z. B. die Trittfrequenz beim Endspurt im Radsport.

Diese Fähigkeiten sind sehr stark vom zentralen Nervensystem und von genetischen Faktoren abhängig.

Bei den **komplexen Erscheinungsformen** der Schnelligkeit ist der aufgebrachte Kraftanteil höher oder wird über längere Zeit aufrechterhalten.
Zu ihnen zählt

- die **Kraftschnelligkeit,** die Fähigkeit einen möglichst hohen Kraftstoß zu erzielen,
- die **Schnellkraftausdauer,** die Widerstandsfähigkeit gegen ermüdungsbedingten Geschwindigkeitsabfall bei azyklischen Bewegungen,
- die **maximale Schnelligkeitsausdauer,** die Widerstandsfähigkeit gegen ermüdungsbedingten Geschwindigkeitsabfall bei zyklischen Bewegungen.

Bewegungsform / Erscheinungsform		unspezifisch/ spezifisch	bei azyklischen Bewegungen	bei zyklischen Bewegungen
„Reine" Erscheinungsform		Reaktionsgeschwindigkeit	Aktionsschnelligkeit Sequenzschnelligkeit	Frequenzschnelligkeit Schnellkoordination
„Komplexe" Erscheinungsform	erhöhter Kraftanteil		Schnellkraft Kraftschnelligkeit	Sprintkraft Antrittschnelligkeit
	länger anhaltend		Schnellkraftausdauer Kraftschnelligkeitsausdauer	Sprintausdauer max. Schnelligkeitsausdauer

Formen der Schnelligkeit

3.1.2 Einteilung bei Spielsportarten

Im Bereich der Spielsportarten reicht eine reine Definition über den aufgebrachten Kraftanteil nicht mehr aus. Vielmehr ist in diesem Bereich die Schnelligkeit eine komplexe Eigenschaft, die aus unterschiedlichen Fähigkeiten zusammengesetzt wird. Grob kann man alle diese Fähigkeiten entweder dem psychologischen oder physischen Bereich zuteilen.

Zu den **psychologischen Fähigkeiten** zählen
- die **Wahrnehmungsschnelligkeit** und
- die **Antizipationsschnelligkeit.**

Sie beschreiben einerseits die Geschwindigkeit, mit der die von unseren Sinnen aufgefangenen Reize verarbeitet und bewertet werden und andererseits das Vorausahnen von gegnerischen Aktionen aufgrund von Erfahrungswissen in der jeweiligen Sportart. Neben dem Reagieren auf Spielgeschehnisse sind während eines Spieles unzählige Entscheidungen über das eigene Handeln zu treffen. Aus einer Vielzahl von verschiedenen Möglichkeiten muss sehr schnell die richtige Wahl getroffen werden. Von der eigenen Entscheidungsschnelligkeit hängt zum Großteil der Erfolg im Spiel ab.

Zu den **physiologischen Fähigkeiten** zählen bei dieser Einteilung alle von den Organsystemen abhängigen Komponenten der Schnelligkeit. Das sind
- die **Reaktionsschnelligkeit,**
- die **Aktionsschnelligkeit** und
- die **Handlungsschnelligkeit.**

3.2 Ziele des Schnelligkeitstrainings

Leistungssport (Profisport)

Wie schon erwähnt handelt es sich bei der Schnelligkeit um einen außergewöhnlich vielfältigen Fähigkeitskomplex. Je nach Sportart sind daher die Zielsetzungen im Leistungssport sehr unterschiedlich. Neben einer guten motorischen Schnelligkeit steht auch die sportartspezifische Schnelligkeit als Ziel im Vordergrund. Bei Spielsportarten verlagert sich der Schwerpunkt deutlich in Richtung der Anforderungskriterien der ausgeübten Sportart.

Hobbysport (Amateursport)

Hier liegt das Ziel sehr oft in einer sportartspezifischen Schnelligkeit, die meistens in spielerischer Form oder als Mischung mit anderen motorischen Grundeigenschaften trainiert wird. Neben einer Verbesserung der Reaktionsschnelligkeit liegt ein Hauptaugenmerk auf der Erhaltung und eventuellen Verbesserung der Schnelligkeit bei geringem Krafteinsatz.

Gesundheitssport (Freizeitsport)

Das Schnelligkeitstraining führt zu einer sehr guten Reaktionsschnelligkeit, die ein wesentlicher Faktor bei der Verletzungs-, Unfall- bzw. Sturzprophylaxe ist. Die schnellen Muskelfasern bleiben länger erhalten und die Aktivierung der Muskelfasern bei Alltagsbewegungen bleibt auf einem hohen Niveau.

3.3 Methoden und Formen des Schnelligkeitstrainings

Im Bereich der Schnelligkeit gibt es eine Vielzahl von verschiedenen Methoden und Trainingsformen. Vor allem im Bereich der Spielsportarten unterscheiden sich die Trainingsformen von Sportart zu Sportart. Der folgende Abschnitt unterscheidet zwischen Trainingsmethoden für die elementare Schnelligkeit und Trainingsformen für einzelne Bereiche des Schnelligkeitstrainings.

3.3.1 Methode zur Verbesserung der Reaktionsschnelligkeit

Bei dieser Methode werden verschiedenste Übungen, bei der auf ein Signal hin eine Reaktion stattfinden soll, durchgeführt. Durch die Übungsauswahl und die Variation des Startsignales kann der Schwierigkeitsgrad der Übungen verändert werden. Das Einbauen von zusätzlichen Wahlmöglichkeiten erhöht den Schwierigkeitsgrad noch weiter. Meistens werden an die 15 Wiederholungen bei bis zu fünf Serien durchgeführt. Diese Übungen werden als kleiner Teil in jedes Techniktraining eingebaut. Ein kontinuierliches Wiederholen über das ganze Jahr ist empfehlenswert.

3.3.2 Methode zur Verbesserung der azyklischen Schnelligkeit

Hier werden Teile oder vollständige Technikbewegungen unter dem Gesichtspunkt einer Verbesserung der Schnelligkeitsfähigkeiten trainiert. Meistens sind die Aufgaben den im Wettkampf verwendeten Techniken ähnlich. Die Intensität wird entweder über die Auswahl der Übungen oder durch eine zeitliche oder räumliche Einengung gesteuert. Die Wiederholungszahl liegt bei ca. 12 Wiederholungen bei bis zu fünf Sätzen. Diese Aufgaben kann man bis zu 3-mal in der Woche als ein Teil einer ganzen Trainingseinheit durchführen. Oft werden Trainingsblöcke über ein ganzes Monat geplant, die durch längere Pausen unterbrochen sind.

3.3.3 Methode zur Verbesserung der zyklischen Schnelligkeit

Alle Techniken, die sich in einer Sportart ständig wiederholen, werden als zyklische Bewegungen bezeichnet. Unter der zyklischen Schnelligkeit versteht man die Fähigkeit, solche Bewegungen in möglichst kurzer Zeit durchzuführen. Bei dieser Methode werden allgemeine Übungen zur Frequenz der Bewegung eingebaut. Dazu gehören Skippings, Sprints und fliegende Sprints. Die Steuerung der Intensität erfolgt über die Länge und Schwierigkeit der Übungen. In vielen Fällen werden die oben angeführten Übungen auch im steileren Gelände durchgeführt, um eine höhere Intensität zu erzielen. Die Ausführung erfolgt in drei bis vier Sätzen. Jede Übung wird bis zu 12-mal wiederholt. Gleich wie bei der azyklischen Trainingsmethode werden diese Übungen, bis zu 3-mal in der Woche, als ein Teil einer ganzen Trainingseinheit abgehalten. Auch hier werden sehr oft Trainingsblöcke über ein ganzes Monat geplant, die durch längere Pausen unterbrochen sind.

3.3.4 Trainingsform – Sprinttraining

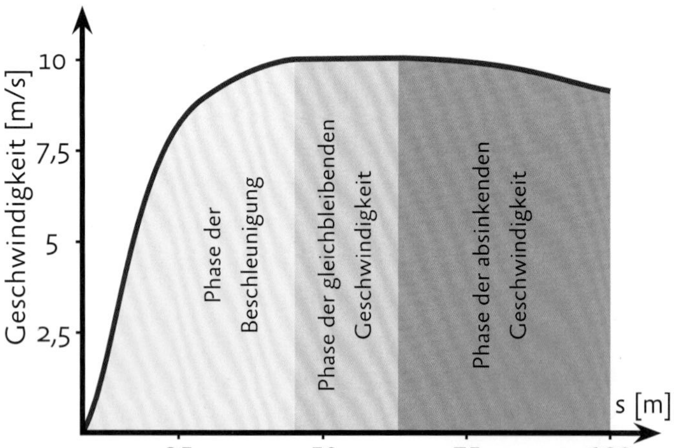

Phasen eines Sprints

Über kürzere oder längere Distanzen sehr hohe Geschwindigkeiten aufzubauen und zu halten, ist ein wesentlicher Teil vieler Sportarten. Betrachtet man z.B. die Laufwege im modernen Fußball, so kann man erkennen, dass sehr oft ähnliche Muster wie im Sprint ablaufen. Anforderungen in anderen Sportarten machen ein gezieltes Sprinttraining notwendig. Ein Sprint wird in mehrere Phasen unterteilt. Neben der **Reaktionsphase,** der **Beschleunigungsphase** gibt es noch **zwei weitere Phasen,** die abhängig von der Sprintschnelligkeit und Sprintausdauer sind. Zur Verbesserung der Leistung in den einzelnen Phasen kann man entweder ein sehr gezieltes Training durchführen oder man wählt ein Training, bei dem es zu sehr vielen, ganzheitlichen Bewegungsabläufen kommt.

Für die Verbesserung der Reaktionsphase und Startbeschleunigung werden zwei verschiedene Bereiche trainiert. Es werden die Technik für den Start und die Startbewegung bis zum Übergang zur Beschleunigungsphase verbessert und eine ideale Zeitwahrnehmung geschult. Dabei spielt die Entwicklung einer qualitativen Antizipation eine große Rolle, da die Zeitspannen zwischen der Vorankündigung des

Bewegungsstarts unterschiedlich groß sind und es wichtig ist, dass eine optimale Muskelvorspannung für einen explosiven Start sorgt.

Die Beschleunigungs- und Sprintschnelligkeit kann schwer isoliert trainiert werden, da die höchste Geschwindigkeit beim Sprint erst nach circa 30 Metern erreicht wird. Zerteilt wird ein Sprint in eine **Beschleunigungsphase,** eine **Phase gleichbleibender Geschwindigkeit** und in eine **Phase absinkender Geschwindigkeit.** Die Beschleunigung erfolgt fast zur Gänze auf den ersten 20 Metern. Für das Beschleunigungs- und Sprintschnelligkeitstraining sind also Sprints über eine Länge von 40 Metern ausreichend. Da die Belastungsintensität dabei sehr hoch ist und die Belastungszeiten nicht länger als sechs Sekunden dauern, findet die Energiebereitstellung fast ausschließlich anaerob-laktazid statt. Die Ansammlung von Laktat im Körper erfordert eine sehr hohe Willensstärke bei der Durchführung der Trainingseinheit. Der Umfang des Trainings liegt bei vier bis fünf Serien mit jeweils sechs bis acht Sprints.

Die Bedeutung der Sprintausdauer wird mit der Länge der Sprints immer bedeutender. Nach den ersten 30 Metern gilt es, die einmal erreichte maximale Geschwindigkeit so lange wie möglich aufrechtzuerhalten. Als obere Grenze gilt eine Länge von 30 Sekunden, in der diese Geschwindigkeit – so gut es geht – gehalten wird. Der limitierende Faktor bei dieser Art von Belastung ist zum großen Teil das Nachlassen der Steuerung des Bewegungsprogrammes. Beim Training ist die Belastungsintensität extrem hoch und daher sollte nach jedem Sprint eine längere Pause zur Erholung geplant werden.

Ein wesentlicher Teil eines jeden Sprinttrainings liegt im **Koordinationstraining.** Dabei wird die Verschaltung und das Zusammenspiel der beteiligten Muskulatur trainiert. Entweder werden die beteiligten Muskeln durch Sprintbewegungen mit übertriebenen Bewegungsumfängen zu erhöhten Dehnungszuständen gezwungen oder es wird durch entspanntes und spielerisches Laufen versucht, an die höchste Laufgeschwindigkeit heranzukommen. Für die Durchführung haben sich Steigerungsläufe von 80 bis 100 Metern bewährt oder Laufserien bis zu 80 Meter, bei denen die Laufgeschwindigkeit kontinuierlich bis zur Höchstgeschwindigkeit gesteigert wird.

3.3.5 Trainingsform – Elementares Schnelligkeitstraining in Ballsportarten

Das elementare Schnelligkeitstraining in Ballsportarten besteht aus drei unterschiedlichen Bereichen:

- **Sprinttraining**
- **Beschleunigungstraining**
- **Reaktionstraining**

Die ersten beiden Teile werden genauso durchgeführt wie beim oben beschriebenen Sprinttraining – mit dem Unterschied, dass bei vielen Übungen zusätzlich der Spielball verwendet wird.

Das Reaktionstraining ist eine Kombination aus einem Techniktraining und einem Training für die Antizipationsfähigkeit. Dabei werden unzählige Erfahrungen gesammelt, die zu einer schnelleren Reaktion in den unterschiedlichen Spielsituationen führen.

THEORIE ······➔ PRAXIS

Um die unterschiedlichen Methoden eines elementaren Trainings besser zu verstehen, ist es erforderlich, dass man diese selbst durchführt und dadurch die Auswirkungen am eigenen Körper erfährt.

Planen Sie zwei verschiedene Trainingseinheiten im Bereich der Schnelligkeit und führen Sie diese bei der nächsten sich bietenden Möglichkeit durch.

Halten Sie danach in schriftlicher Form Ihre Erfahrungen fest, indem Sie die beiden Einheiten mit Schulnoten beurteilen und Besonderheiten notieren.

3.4 Durchführung und Aufbau von Trainingseinheiten im Bereich der Schnelligkeit

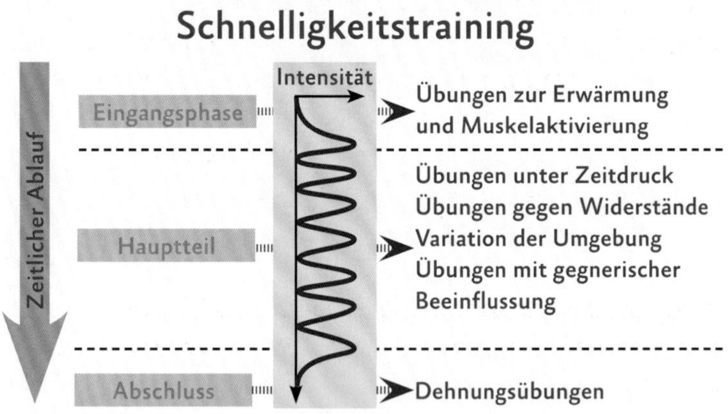

Ablauf eines Schnelligkeitstrainings

Als **Eingangsphase** für das Durchführen eines Schnelligkeitstrainings ist das vollständige Aufwärmen wesentlich für ein verletzungsfreies, erfolgreiches Training. Neben dem normalen Einlaufen werden auch kurze Gymnastik- und Beweglichkeitsübungen verwendet. Für eine bessere Aktivierung der Muskulatur werden vorbereitende Reaktionsübungen durchgeführt.

Damit man im **Hauptteil** eine maximale Wirkung erzielt, werden die Übungen mit hohem Tempo ausgeführt. Bessere Auswirkungen werden auch dadurch erzielt, dass normale Technik und Spielübungen auf Zeit oder gegen einen Partner/eine Partnerin ausgeführt werden. Das höhere Tempo kann auch durch besondere Spielformen, durch kleinere Spielflächen und kürzere Laufwege erhöht werden (siehe dazu Kap. 6 *Bewegungssteuerung und motorisches Lernen*, 3.1 *Vereinfachungsstrategien beim Erlernen von Bewegungen*). Der Sportler/Die Sportlerin ist dadurch viel öfter zum aktiven Handeln gezwungen, was zu einer Verbesserung der Handlungsschnelligkeit führt. Auch die Verwendung verschiedener Hilfsmittel wie Uhren für die Zeitmessung oder Staffeln und Handicap-Rennen gegen andere können die Intensität stark erhöhen.

Eine weitere Möglichkeit ist die Steigerung der Belastung durch verschiedene Widerstände. So werden zum Beispiel Würfe mit etwas schwereren Gewichten durchgeführt. Bei Läufen wird gegen Widerstände angekämpft oder sie werden durch Gewichtswesten erschwert. Unterschiedliche Untergründe und steileres Gelände können genauso zu einer Variation führen. Die so antrainierten Reserven führen dazu, dass während der Wettkampfsaison höhere Bewegungsgeschwindigkeiten erreicht werden.

Trotz der höheren Belastungen während des Schnelligkeitstrainings muss auf eine technisch korrekte Ausführung der Übungen geachtet werden. Nur so kann man das Einschleichen von Fehlern vermeiden, die später nur mit erheblichem Aufwand wieder ausgemerzt werden könnten. Diese Voraussetzungen sind nur im ausgeruhten Grundzustand gegeben. Deshalb wird beim Schnelligkeitstraining mit genügend langen Pausen gearbeitet, die dafür sorgen, dass jede Übung im erholten Zustand ausgeführt wird.

Zum **Abschluss** wird ein Schnelligkeitstraining idealerweise durch ein **submaximales Dehnen**, das den erhöhten Muskeltonus verringert und funktionelle Verkürzungen von Muskeln verhindert, durchgeführt. Dabei ist vor allem die Oberschenkel-, Brust- und Halsmuskulatur zu nennen.

3.4.1 Exemplarische Trainingseinheiten

Trainingseinheit 1

Voraussetzungen
Dieser Trainingsplan ist für einen 16-jährigen Hobbysportler/eine 16-jährige Hobbysportlerin, der seine/die ihre maximale Schnelligkeit verbessern will.

Zielsetzung
Ziel ist die Verbesserung der Beschleunigungs- und Sprintschnelligkeit.

Trainingsmethode
Methode zur Verbesserung der zyklischen Schnelligkeit in Kombination mit einem Sprinttraining

Trainingsmittel
Laufbahn, Uhr, Pulsmesser

Trainingsinhalte

Aufwärmen	5–10 min lockeres Einlaufen kurzes dynamisches Stretching 1–2 lockere Steigerungsläufe (60–80 m) bis ca. 80 % der maximalen Laufgeschwindigkeit
Hauptteil	**Übungen aus dem Sprint-ABC zur Verbesserung der Frequenzschnelligkeit** 3 × 20 m Skippings 3 × 20 m Kniehebelauf 3 × 50 m Wechselsprunglauf **Steigerungsläufe** 3 × 80 m Steigerungslauf im letzten Drittel max. Intensität und Schrittfrequenz zwischen den Läufen vier Minuten Pause **Sprints fliegend** 5 × 30 m mit max. Intensität und Schrittfrequenz 3 min Pause zwischen den Läufen **Läufe aus dem Hochstart** 4 × 30 m mit maximaler Intensität 3 min Pause zwischen den Läufen
Abwärmen	5–10 min lockeres Auslaufen Stretching passiv

Trainingseinheit 2

Voraussetzungen

Dieser Trainingsplan ist für eine Leistungssportlerin/einen Leistunssportler, die ihre/der seine maximale Schnelligkeit verbessern will.

Zielsetzung

Ziel ist die Verbesserung der Sprungkraft mit dem erweiterten Ziel der Verbesserung der Sprintschnelligkeit

Trainingsmethode

Methode zur Verbesserung der azyklischen Schnelligkeit

Trainingsmittel

Kasten mit mehreren Teilen, Trainingshürden

Trainingsinhalte

Aufwärmen	10 min lockeres Einlaufen Kurzes dynamisches Stretching
Hauptteil	Alle Übungen mit 3 Sätzen zu je 10 Wiederholungen 4 min Pause zwischen den einzelnen Übungen **Jump Squats** Beidbeinige Sprünge aus der Hockstellung mit maximaler Intensität Hände hinter dem Kopf verschränkt **Bounds** Beidbeinige Sprünge nach vorne, drehen und zurückspringen Hände schwingen locker mit **Seitliche einbeinige Hochsprünge** Seitlicher Stand mit einem abgewinkelten Bein auf dem Kasten Hohe einbeinige Sprünge über den Kasten mit gleichzeitigem Beinwechsel **Tiefsprünge** Beidbeinige Sprünge von einem Kasten zum Boden Mit möglichst kurzer Bodenberührung maximal hoher Sprung **Sprungserien progressiv** Beidbeinige Sprünge über fünf Trainingshürden Steigerung der Hürdenhöhe bis 80 % der max. Sprunghöhe **Sprungserien degressiv** Beidbeinige Sprünge über fünf Trainingshürden Verringerung der Hürdenhöhe auf 80 % der max. Sprunghöhe
Abwärmen	5–10 min lockeres Auslaufen Stretching passiv

GET ACTIVE 5

Suchen Sie im Internet nach Bildern oder Videos aus verschiedenen Sportarten, an denen man die Unterschiede zwischen Reaktionsschnelligkeit, zyklischer und azyklischer Schnelligkeit sehr eindrucksvoll demonstrieren kann. Gehen Sie anschließend in eine Vierergruppe und erstellen Sie eine kurze Präsentation der besten Beispiele in der Gruppe.

Setzen Sie die recherchierten Beispiele im nächsten praktischen Unterricht um.

RP-TRAINING 3

Anforderungsniveau 1

1. Beschreiben Sie den Aufbau einer Trainingseinheit aus dem elementaren Konditionstraining.
2. Geben Sie zu den einzelnen Bereichen jeweils ein praktisches Beispiel an.

Anforderungsniveau 2

1. Erläutern Sie anhand einer Trainingsmethode und einer Trainingsform die Durchführung von Trainingseinheiten im Bereich der Schnelligkeit.
2. Gehen Sie auf den zeitlichen Aufbau einer Trainingseinheit ein, die im Bereich der Reaktionsschnelligkeit angesetzt ist.
3. Erklären Sie, welche Trainingsmethode in diesem Belastungsbereich sinnvollerweise gewählt werden sollte.

Anforderungsniveau 3

Entwerfen Sie eine Trainingseinheit für einen Fußballspieler/eine Fußballspielerin, der/die sich im Bereich der azyklischen Schnelligkeit verbessern möchte.

Gehen Sie genauer auf die dabei zu verwendenden Methoden und Inhalte ein.

Vergleichen Sie die möglichen Trainingsziele mit denen eines Hobbysportlers/einer Hobbysportlerin.

KOMPETENZCHECK

Ich kann ...			
... die Ziele eines elementaren Konditionstrainings nennen und nachvollziehen.			
... ein einfaches Training in den Bereichen Ausdauer, Kraft und Schnelligkeit planen.			
... verschiedene Inhalte eines elementaren Konditionstrainings erkennen und einordnen.			

Beweglichkeits- und Koordinationstraining

Kapitel 3

Aus sportwissenschaftlicher Sicht haben die Beweglichkeit und die koordinativen Fähigkeiten einen sehr hohen Stellenwert. Eine gute Beweglichkeit ermöglicht es erst, bestimmte Techniken erfolgreich durchzuführen. Die Bedeutung der koordinativen Fähigkeiten wird in der Sportpraxis als wichtig wahrgenommen, bei der Beweglichkeit ist dies nicht immer der Fall.

Die Beweglichkeit spielt in der Sportpraxis eine eher untergeordnete Rolle. Sie ist im Gegensatz zur Koordination nicht permanenter Bestandteil des Trainingsalltages, was oft zu einer sehr sportartspezifischen Beweglichkeit führt. Bereiche der Beweglichkeit, die sehr oft in der Sportart gebraucht werden, sind sehr gut trainiert, andere Bereiche weisen ein starkes Defizit auf. Die Tatsache, dass eine eingeschränkte Beweglichkeit schnell zu Verletzungen und Schäden führen kann, wird dabei ignoriert.

In diesem Kapitel werden diese beiden sportmotorischen Eigenschaften näher beleuchtet, um deren Bedeutung besser verstehen zu können. Es werden konkrete Trainingsinhalte beschrieben, mit denen eine Verbesserung der Beweglichkeit und Koordination erreicht werden kann.

Der Lernende/Die Lernende soll ...

- die Bedeutung der Beweglichkeit und der Koordination im Bereich der sportmotorischen Grundeigenschaften erkennen,
- Methoden und Trainingsformen der Beweglichkeit und Koordination anwenden können,
- Formen der Beweglichkeit und Koordination nennen und einordnen können.

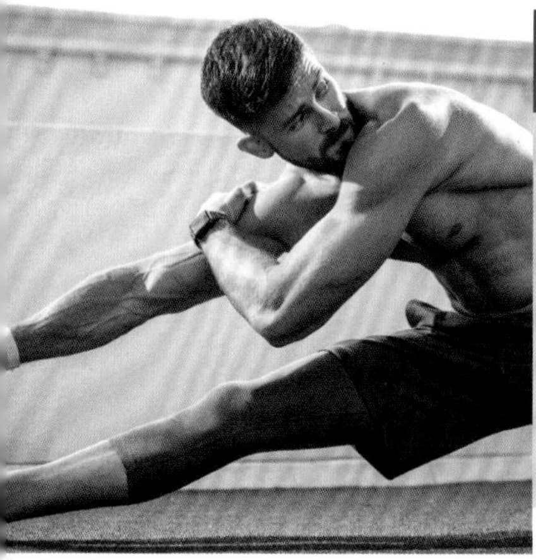

WARM-UP

„Häufig kommt der Anteil an Übungen zur Förderung der Beweglichkeit im täglichen Training viel zu kurz."

Analysieren Sie Ihre letzten beiden Trainingswochen und ermitteln Sie den prozentualen Anteil der Übungen im Bereich der Ausdauer, Kraft, Schnelligkeit, Beweglichkeit und Koordination. Diskutieren Sie anschließend mit einem Partner/einer Partnerin die oben angeführte Aussage.

Eine gut ausgebildete Beweglichkeit und Koordination sind Grundvoraussetzungen für das Erlernen, Verbessern und Stabilisieren von sportlichen Techniken. Die Beweglichkeit zählt zu den sportmotorischen Grundeigenschaften und dient als Bindeglied zwischen den elementaren konditionellen Fähigkeiten Ausdauer, Kraft und Schnelligkeit und den koordinativen Fähigkeiten. Sie bestimmt die individuellen Möglichkeiten zur Durchführung von Bewegungen und Haltungen. Sie ist zu einem großen Teil genetisch vorherbestimmt, kann aber durch ein gezieltes Training verbessert werden. Im Kinder- und Jugendbereich ist das Trainieren der Beweglichkeit nicht immer sinnvoll, da durch die unterschiedlichen Wachstumsschübe Hebel und Winkel für Gelenke und Bänder eine starke Veränderung erfahren.

1 Beweglichkeit

Beweglichkeit

„Die Beweglichkeit ist die Fähigkeit, körperliche Bewegungen mit einer gewissen Schwingungsweite auszuführen. Der mögliche Spielraum der Beweglichkeit wird von der Gelenkigkeit und der Dehnfähigkeit bestimmt und auch als Flexibilität oder Biegsamkeit bezeichnet."

(vgl. Weineck 2010: S. 735)

1.1 Formen der Beweglichkeit

1.1.1 Allgemeine und spezielle Beweglichkeit

Unter einer allgemeinen Beweglichkeit versteht man die Fähigkeit, übliche **Bewegungsweiten** in den großen Gelenksystemen des menschlichen Körpers auszuführen. Zu diesen Gelenksystemen zählen die Schulter, die Hüfte und die Wirbelsäule. Alle Gelenke haben genau definierte Freiheitsgrade und Bewegungsweiten. Bewegungen wie das Laufen oder das Werfen, die innerhalb dieser Bewegungsweiten liegen, fallen unter die allgemeine Beweglichkeit. In vielen Sportarten werden diese Bewegungsweiten über das normale Maß hinaus überschritten. So sind die Bewegungsweiten in der Gymnastik, beim Tanzen, aber auch beim Hürdenlauf so groß, dass man in diesem Fall von einer **sportartspezifischen Beweglichkeit** spricht. Diese Überbeweglichkeit in speziellen Bereichen muss nicht unbedingt bedeuten, dass eine pathologische Veränderung vorliegt. Vielmehr können solche Gelenke sehr stabil sein und damit dem Sportler/der Sportlerin erhebliche Vorteile bringen.

1.1.2 Aktive und passive Beweglichkeit

Unter der **aktiven Beweglichkeit** versteht man die maximal erreichbare Bewegungsweite, die durch eine Muskelkontraktion erreicht werden kann. Dabei verkürzen sich die Agonisten der Bewegung maximal und dehnen dabei die Antagonisten, wodurch ein möglichst großer Gelenkswinkel erzielt wird. Wirken auf das Gelenk Kräfte von außen, so kann dadurch eine noch größere Bewegungsweite erzielt werden. Somit ist diese **passive Beweglichkeit** immer größer als die aktive Beweglichkeit. Äußere Kräfte können zum Beispiel durch das eigene Körpergewicht, den Einsatz der eigenen Hände oder durch einen Partner/eine Partnerin entstehen.

1.1.3 Statische und dynamische Beweglichkeit

Unter der **statischen Beweglichkeit** versteht man die Fähigkeit, einen möglichst großen Gelenkswinkel einzunehmen und diesen über längere Zeit zu halten. So ist das Berühren der Fußspitzen im Langsitz ein Beispiel für die statische Beweglichkeit. Kann die Dehnposition nicht über längere Zeit gehalten werden, sondern nur durch Wippen, Federn oder Schwingen erreicht werden, so spricht man von der **dynamischen Beweglichkeit.** Dabei sind größere Gelenkswinkel möglich als bei der statischen Beweglichkeit.

1.2 Ziele des Beweglichkeitstrainings

Leistungssport (Profisport)

Im Bereich des Hochleistungstrainings liegt die Zielsetzung des Beweglichkeitstrainings in einer Optimierung der Bewegungsamplituden. Das kann eine Maximierung des Bewegungsumfanges, wie es bei der Sportgymnastik nötig ist, bedeuten oder auch nur eine Erweiterung wie beim Hürdenlauf oder beim Schwimmen. Nach Verletzungen ist das Ziel eine Wiederherstellung der ursprünglichen Beweglichkeitsfähigkeiten. Eine gute Beweglichkeit unterstützt auch die korrekte Ausführung von sehr komplexen Techniken.

Hobbysport (Amateursport)

Im Bereich des Hobbysports geht es eher um einen Erhalt der Beweglichkeit, die sich logischerweise im Laufe der Jahre verringert. Langfristig führt das Beweglichkeitstraining dazu, dass der Muskel höhere Belastungen aushält und deshalb weniger verletzungsanfällig wird.

Gesundheitssport (Freizeitsport)

Eine erhöhte Beweglichkeit führt im Alter zu einer besseren Lebensqualität und unterstützt bei koordinativ anspruchsvollen (Alltags-)Bewegungen. Sie führt auch zu einer besseren Körperhaltung und beugt Verletzungen vor. Im Bereich der Wirbelsäule wird durch das Beweglichkeitstraining auch die stabilisierende Muskulatur gestärkt.

1.3 Methoden und Formen des Beweglichkeitstrainings

1.3.1 Aktive Dehnungsmethode

Bei der **aktiven Dehnungsmethode** werden durch **gymnastische Übungen** die Grenzen der normalen Beweglichkeit überschritten. Dabei wird mit Federn, Schwingen und Halten gearbeitet. Die Übungen können dabei **statisch oder dynamisch** ausgeführt werden. Dynamisch wird die Dehnungsarbeit durch mehrfaches Federn ausgelöst, statisch durch isometrische Dehnungen mit anschließender Fixierung in der Endstellung. Die beiden Arten können auch kombiniert werden, indem federnde Bewegungen in ein Halten in der Endstellung übergehen.

Lässt es die Belastbarkeit des Athleten/der Athletin zu, so ist die dynamische Variante wegen der stärkeren Reize, die durch Schwungkräfte erzeugt werden, zu bevorzugen. Da für ein aktives Dehnen bestimmter Muskelgruppen immer eine Kontraktion der entsprechenden Gegenspieler erforderlich ist, erfolgt das Training immer gleichzeitig. Die **größeren Dehnungsreize des dynamischen Dehnens** führen zu einem muskulären Dehnungsreflex über die Muskelspindeln. Dieser Dehnungsreflex ist circa doppelt so stark wie bei der statischen Variante. Durch diese Gegensteuerung wird das Verletzungsrisiko stark erhöht.

1.3.2 Passive Dehnungsmethode

Bei der **passiven Dehnungsmethode** werden **Kräfte, die von außen auf den Körper wirken,** abgefangen. Es kommt zu einer verstärkten Dehnung bestimmter Muskelgruppen. Dabei sind alle anderen Muskeln wie Antagonisten und Synergisten beinahe unbeteiligt und werden dadurch auch nicht gekräftigt. Auch hier gibt es eine **dynamische und eine statische Variante.** Im Gegensatz zur statischen Variante, bei der man die maximale Dehnungsstellung mehrere Sekunden hält, wird bei der dynamischen Variante zwischen einer erweiterten und einer verkürzten Bewegungsamplitude gewechselt. Passive Dehnungsmethoden sind bei richtiger Ausführung eine sehr effektive und sichere Methode, die Beweglichkeit zu verbessern.

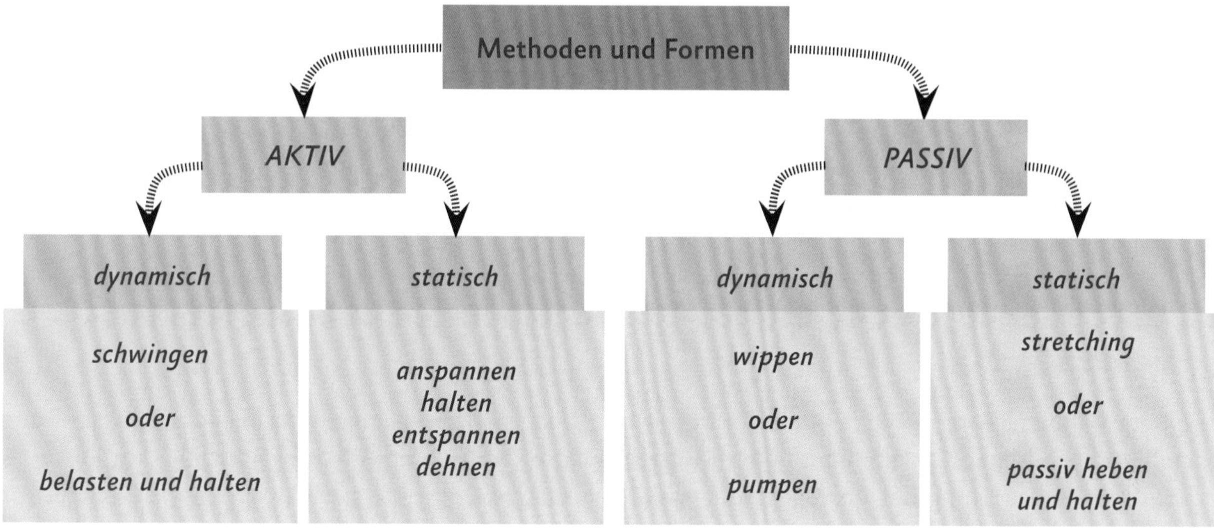

Exemplarische Methoden des Beweglichkeitstrainings

1.3.3 Trainingsformen beim Stretching

Im Gegensatz zu den beiden anderen Dehnungsmethoden versucht das Stretching, das Auslösen eines **Muskeldehnungsreflexes** zu reduzieren. Dies wird durch ein **langsames Einnehmen der Dehnungsposition und anschließendes Halten** realisiert. Die Verletzungsgefahr wird dadurch enorm verringert. Wird ein Muskel belastet, so wird die Muskelspannung, gesteuert durch die Muskelspindeln, erhöht. Ist die Belastung aber zu hoch, so wird die schützende Muskelspannung aufgegeben, um eine Muskelverletzung zu vermeiden. Dieser Reflex kann auf zwei Arten ausgelöst werden, entweder durch eine maximale Kontraktion des Muskels oder durch einen sehr starken Dehnungsreiz am Muskel. Beide Mechanismen werden mehr oder weniger bei den verschiedenen Stretchingmethoden angewendet.

Die ursprüngliche Variante des Stretchings war ein langsames Einnehmen der Endstellung mit anschließendem kurzem Halten der Extremstellung. Bei einer intensiveren Variante wird diese Endstellung kurz aufgegeben, um dann für 15 bis 20 Sekunden nachzudehnen.

Bei der **Contract-Relax-Methode** wird der Muskel maximal gespannt, bis die Muskelspindeln den Dehnungsreflex hemmen. Nach einem kurzen Entspannen wird eine extremere Dehnungsstellung eingenommen. Je stärker die vorangehende Kontraktion durchgeführt wird, desto effektiver ist die nachfolgende Dehnungsarbeit.

Weitere Methoden nutzen die Tatsache, dass bei der Kontraktion des Gegenspielers gleichzeitig der Spieler entspannt und dadurch besonders dehnfähig wird. Der Effekt wird umso größer, je stärker die vorhergehende Muskelkontraktion des Gegenspielers war.

1.4 Durchführung und Aufbau von Trainingseinheiten im Beweglichkeitsbereich

Wichtige Voraussetzung für die Durchführung eines effektiven Beweglichkeitstrainings ist die Kenntnis über die **anatomischen Gegebenheiten der Muskelverläufe** sowie deren Arbeitsweisen. Nur so kann eine langfristige Verbesserung der Beweglichkeit erzielt werden. Am effektivsten ist eine permanente – im Leistungssport tägliche – Arbeit an der Beweglichkeit. Vor den Beweglichkeitsübungen ist ein kurzes Aufwärmen notwendig, gefolgt von einer langsamen Steigerung der Intensität der Dehnübungen. Eine ruhige und tiefe Atmung unterstützt die Wirkung der Dehnübungen.

Bei Muskeln, die zwei Gelenke beeinflussen, muss darauf geachtet werden, dass beide Gelenkstellungen zu einer maximalen Dehnung des Muskels führen. Beugt der Muskel das Gelenk so, muss dieses in eine Streckung gebracht werden und umgekehrt. Bei der Dehnung des vierköpfigen Oberschenkelmuskels (M. quadriceps femoris) beispielsweise muss das Kniegelenk bei gleichzeitiger Streckung der Hüfte gebeugt werden. Eine typische Dehnungsübung dafür ist das Ziehen der Ferse in Richtung des Gesäßes (siehe Abbildung auf der folgenden Seite).

Die Muskeldehnung sollte weitgehend selektiv für einzelne Muskeln stattfinden und die Beteiligung von ganzen Muskelgruppen sollte verhindert werden. Genauso ist das Dehnen von Muskeln, die gerade durch Haltearbeit gespannt sind, zu vermeiden. Generell ist eine Position zu wählen, die eine möglichst effektive Dehnung des Muskels erlaubt. Ausweichmöglichkeiten aus dieser idealen Position sind zu vermeiden. In den Pausen zwischen den einzelnen Dehnübungen sind Entspannungs- und Lockerungsübungen durchzuführen. Dient die Dehnung zur Vorbereitung auf sportartspezifische Bewegungen, so darf keine längere Pause zwischen den Dehnübungen und den eigentlichen sportartspezifischen Bewegungen liegen.

1.4.1 Exemplarische Trainingsinhalte

Da das Dehnen sehr oft in Kombination mit anderen Trainingseinheiten stattfindet, werden hier exemplarisch einige ausgewählte Übungen für die einzelnen Muskelgruppen beschrieben und gezeigt.

(Martin Neidhardt)

Zweiköpfiger Wadenmuskel (M. gastrocnemius)
Schollenmuskel (M. soleus)

Bei dieser Übung wird über einen Ausfallschritt gegen ein Hindernis gedrückt. Dabei wird eine Schrittstellung eingenommen, bei der darauf geachtet wird, dass die Ferse des hinteren Fußes den Boden berührt. Die Position des hinteren Fußes wird so gewählt, dass ein leichtes Ziehen im Unterschenkel bemerkbar wird.

Zweiköpfiger Wadenmuskel (M. gastrocnemius)
Schollenmuskel (M. soleus)

Bei dieser Variante der oben beschriebenen Übung wird ein Ausfallschritt ohne entgegenwirkende Kraft ausgeführt. Dabei wird eine Schrittstellung eingenommen, bei der darauf geachtet wird, dass die Ferse des hinteren Fußes den Boden berührt oder nur leicht angehoben ist. Die Position des hinteren Fußes wird so gewählt, dass ein leichtes Ziehen im Unterschenkel bemerkbar wird.

(Marie Zojer)

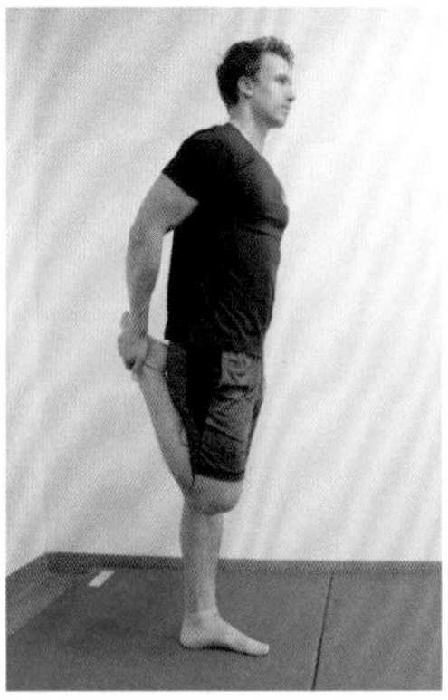

Vierköpfiger Oberschenkelmuskel (M. quadriceps femoris)
Schneidermuskel (M. sartorius)
Oberschenkelbindenspanner (M. tensor fasciae latae)

Im aufrechten Stand wird ein Bein mit der Ferse Richtung Gesäß gezogen. Dieser Fuß wird mit beiden Händen am Gelenk gefasst und noch weiter gezogen. Für die Verbesserung des Gleichgewichtes ist es ratsam, einen Punkt in der Ferne anzuvisieren. Bei dieser Übung ist unbedingt darauf zu achten, dass die Hüfte gestreckt bleibt und das Kniegelenk nicht nach außen ausweicht.

Großer Gesäßmuskel (M. gluteus maximus)
Zweiköpfiger Oberschenkelmuskel (M. biceps femoris)

Bei gekreuzten Beinen wird der Oberkörper nach vorne bewegt. Dabei wird dieser in eine möglichst parallele Lage zum Boden gebracht, bis ein Ziehen in der hinteren Oberschenkelmuskulatur bemerkbar wird. Die Arme werden hinter dem Rücken verschränkt und es ist darauf zu achten, dass der Rücken während der Übung im geraden Zustand bleibt.

Langer Adduktor (M. adductor longus)
Großer Adduktor (M. adductor magnus)
Schlanker Muskel (M. gracilis)

Aus einer aufrechten Position wird ein Ausfallschritt zur Seite gemacht. Der Körper wird solange abgesenkt, bis das Kniegelenk einen rechten Winkel einnimmt und ein Ziehen auf der Innenseite der Adduktoren des gegenüberliegenen Beines bemerkbar wird. Die Arme werden auf dem Oberschenkel als Stütze für den Rücken abgelegt. Der Rücken sollte dabei gerade sein.

Darmbein-Rippenmuskel (M. iliocostalis)
Längster Muskel (M. longissimus)
Dornfortsatzmuskel (M. spinalis)

Im schulterbreiten Stand wird der Kopf bei leicht angewinkelten Beinen in Richtung Knie gebracht. Die beiden Arme umschließen die Beine und ziehen den Kopf aktiv in Richtung der Knie.

Großer Lendenmuskel (M. psoas major)
Schräge externe Bauchmuskulatur (M. obliquus externus abdominis)
Schräge interne Bauchmuskulatur (M. obliquus internus abdominis)

Die Beine werden gekreuzt, indem man den linken Fuß vorne am rechten Fuß vorbei aufsetzt. Die Hände werden über den Kopf gestreckt und gegenseitig gefasst. Danach wird der Kopf seitlich nach außen geführt, bis ein leichtes Ziehen in der seitlichen Muskulatur der Hüfte und des Brustkorbes zu spüren ist.

Großer Gesäßmuskel (M. gluteus maximus)
Schneidermuskel (M. sartorius)
Oberschenkelbindenspanner (M. tensor fasciae latae)

Aus dem Langsitz wird ein Bein über das Knie des anderen Beines gezogen und abgewinkelt. Der Oberarm der Gegenseite wird auf die Außenseite des abgewinkelten Knies gebracht. Nun wird das Knie des abgewinkelten Beines aktiv nach außen gedrückt, bis ein Ziehen in den beteiligten Muskeln zu spüren ist.

Großer Lendenmuskel (M. psoas major)
Darmbeinmuskel (M. iliacus)

Aus einer schulterbreiten Ausgangsstellung wird ein großer Ausfallschritt mit einem Bein nach vorne gemacht, bis das gegenseitige Knie den Boden berührt. Mit aktiver Hilfe der Hände wird eine Überstreckung der Hüfte angestrebt, bis ein leichtes Ziehen zu merken ist.

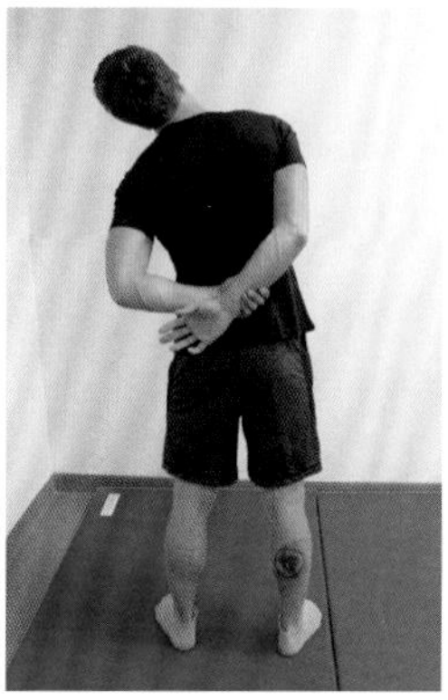

Kapuzenmuskel (M. trapezius)
Kopfwendermuskel (M. sternocleidomastoideus)
Schulterblattheber (M. levator scapulae)

Bei schulterbreitem Stand werden die beiden Arme hinter den Rücken gefasst. Der Kopf wird seitlich in Richtung Schulter gelegt und die gegenüberliegende Hand wird aktiv mit der Gegenhand in die gleiche Richtung geführt, bis ein Ziehen in der Nackenmuskulatur bemerkbar wird.

Zweiköpfiger Oberschenkelmuskel (M. biceps femoris)
Halbsehnenmuskel (M. semitendinosus)
Halbmembranöser Muskel (M. semimembranosus)

Ausgehend von einem schulterbreiten aufrechten Stand wird ein Ausfallschritt nach vorne gemacht, bis das hintere Knie den Boden berührt. Das vordere Bein wird im Kniegelenk komplett gestreckt und die Fußspitzen mit beiden Händen aktiv zum Körper gezogen, bis ein leichtes Ziehen in der Beinbeugermuskulatur zu spüren ist.

Dreiköpfiger Armmuskel (M. triceps brachii)
Kleiner Brustmuskel (M. pectoralis minor)

Ausgehend von einem schulterbreiten aufrechten Stand wird ein Oberarm neben dem Kopf nach oben, hinten geführt. Mit der anderen Hand wird das Ellbogengelenk gefasst und damit der andere Arm aktiv nach hinten gedrückt, bis ein Ziehen im dreiköpfigen Oberarmmuskel bemerkbar wird.

Großer Brustmuskel (M. pectoralis major)
Vorderer Sägemuskel (M. serratus anterior)

Ausgangsstellung ist wieder eine schulterbreite aufrechte Stellung. Der Oberarm wird in einen rechten Winkel angehoben. Das Ellbogengelenk wird angewinkelt und der Unterarm nach außen gedreht. Durch aktives Pressen gegen ein Hindernis und leichtes Überstrecken nach hinten im Schultergelenk wird ein leichtes Ziehen in der Brustmuskulatur angestrebt.

GET ACTIVE 1

Ein Schlagwort, das immer wieder in Zusammenhang mit der Beweglichkeit auftritt, ist der Begriff „Muskuläre Dysbalancen". Recherchieren Sie die Bedeutung dieses Begriffes und erstellen Sie eine eigene Definition.

Definition:

Suchen Sie nach möglichen Ursachen für die Entstehung solcher Dysbalancen und halten Sie geeignete Testverfahren (Muskelfunktionstests) zur Feststellung hier fest.

Testverfahren:

Führen Sie diese Testverfahren bei Ihnen selbst durch und ermitteln Sie, wenn vorhanden, Ihre eigenen Dysbalancen.

Eigene Dysbalancen:

RP-TRAINING 1

Anforderungsniveau 1

1. Beschreiben Sie die unterschiedlichen Formen der Beweglichkeit.
2. Geben Sie die unterschiedlichen Methoden im Beweglichkeitstraining wieder.

Anforderungsniveau 2

1. Erläutern Sie den Aufbau einer Stretching-Einheit.
2. Gehen Sie auf wichtige Punkte ein, die bei der Durchführung solcher Einheiten zu beachten sind.

Anforderungsniveau 3

Planen Sie eine Trainingseinheit im Bereich der Beweglichkeit mit Schwerpunkt auf die Muskulatur der Extremitäten.

Verwenden Sie dafür die nebenstehende Vorlage zur Planung einer Trainingseinheit. Diskutieren Sie die grundlegenden Unterschiede zu Trainingseinheiten im Bereich des elementaren Konditionstrainings.

Trainingseinheit
Voraussetzungen
Zielsetzung
Trainingsmethode
Trainingsmittel
Trainingsinhalte

2 Koordinative Fähigkeiten

Im Gegensatz zur Beweglichkeit, die man nur in ganz bestimmten Phasen eines/einer Jugendlichen trainieren kann, wird durch ein **allgemeines Koordinationstraining** bei Kindern und Jugendlichen erreicht, dass diese die koordinativen Fähigkeit verbessern und damit sportliche Techniken schneller erlernen. Die koordinativen Fähigkeiten sind für das **zeitgerechte Einsetzen der Muskelaktivität** verantwortlich, die eine im Sport gewünschte Bewegung einleiten. Je besser also die koordinativen Fähigkeiten ausgebildet sind, umso ökonomischer wird auch der Bewegungsablauf einer sportlichen Technik sein. Die koordinativen Fähigkeiten wirken niemals isoliert und unabhängig voneinander und stehen in Verbindung mit anderen Fähigkeiten (z. B. motorische Lernfähigkeit, Steuerungsfähigkeit, Spielfähigkeit, sportliche Gewandtheit). Allgemein ist aber der Kenntnisstand über die Koordination wissenschaftlich weniger abgesichert, was in den verschiedensten Zugängen zur Begriffserklärung erkennbar ist. Hier ist eine Variante der Definition angeführt.

Koordinative Fähigkeiten

Die koordinativen Fähigkeiten sind Fähigkeiten, die primär koordinativ, d. h. durch die Prozesse der Bewegungssteuerung und -regelung bestimmt werden. Sie befähigen den Sportler/die Sportlerin, motorische Aktionen in vorhersehbaren Situationen sicher und ökonomisch zu beherrschen und sportliche Bewegungen relativ schnell zu erlernen.

(vgl. Weineck 2010: S. 793)

2.1 Formen der koordinativen Fähigkeiten

2.1.1 Unterteilung in koordinative Teilkompetenzen

Orientierungsfähigkeit

Unter der Orientierungsfähigkeit versteht man die Fähigkeit des Sportlers/der Sportlerin, die Lage und den **Bewegungszustand des Körpers im Raum** zu bestimmen und mit zielgerechten Veränderungen zu reagieren. In vielen Situationen im Sport ist eine Neuorientierung notwendig, wenn sich Positionen von Mitspielern/Mitspielerinnen und Gegnern/Gegnerinnen ändern oder wenn durch Technikausführungen Spielobjekte oder andere Objekte aus dem Blickfeld verloren gehen.

Differenzierungsfähigkeit

Bei komplexen Bewegungen müssen sehr oft mehrere **Teilbewegungen oder Bewegungsphasen** aufeinander abgestimmt werden, damit eine möglichst hohe Bewegungsgenauigkeit und Bewegungsökonomie erreicht wird. Diese Fähigkeit wird Differenzierungsfähigkeit genannt. Trainieren kann man diese Fähigkeit durch streng definierte Zielvorgaben bei der Ausführung der Trainingsinhalte. Diese Zielvorgaben können gezielte Schüsse oder Würfe, übertriebene oder sehr präzise Bewegungen oder streng geführte Bewegungsausführungen sein.

Reaktionsfähigkeit

Im Sport wird nicht immer nur agiert, sondern sehr oft muss reagiert werden. Um auf ein spezielles Signal **sehr schnelle, zweckmäßige, motorische Aktionen** einzuleiten, benötigt man eine hohe Reaktionsfähigkeit. Trainiert werden kann diese Fähigkeit über spezielle Reaktionsübungen, bei denen sehr oft verschiedene Wahlmöglichkeiten bestehen, die je nach Art des Signals auszuwählen und durchzuführen sind. Oft werden auch Aktionen, bei denen Finten und Täuschungen durchgeführt werden, zur Verbesserung der Reaktionsfähigkeit verwendet.

Kopplungsfähigkeit

Viele sportliche Bewegungen verfolgen ein ganz spezielles Handlungsziel. Diese Bewegungen sind oft sehr komplex und bestehen aus vielen einzelnen Teilbewegungen. Diese **Teilbewegungen räumlich, zeitlich und dynamisch abzustimmen,** wird als Kopplungsfähigkeit bezeichnet. Im Training kann die Kopplungsfähigkeit sehr gut über Variation der Bewegungsgeschwindigkeit oder durch Ausführung von Teilbewegungen der Gesamttechnik verbessert werden.

Rhythmusfähigkeit

Komplexere sportliche Bewegungen bestehen aus mehreren Teilbewegungen, die sehr oft in einer speziellen Tempoabfolge durchgeführt werden. Oft kommen **Rhythmusvorgaben** aber auch von außen. Das Erfassen und die motorische Umsetzung dieser Anforderungen wird auch Rhythmusfähigkeit genannt. Im Training kann diese Fähigkeit durch Tempowechsel und optionale persönliche Geschwindigkeiten trainiert werden. Auch Übungen, die bewusst den Rhythmus stören, wie zum Beispiel lange Konzentrationsphasen oder hektische Ausführung, erzielen eine Verbesserung dieser Fähigkeit.

Umstellungsfähigkeit

Während des Ausführens einer sportlichen Tätigkeit kann aufgrund von geänderten Rahmenbedingungen eine **Abweichung vom geplanten Handlungsprogramm** erforderlich sein. Manchmal wird es sogar notwendig, dass ein komplett neues, adäquates Programm gestartet wird. Die Fähigkeit, in diesen Fällen erfolgreich zu agieren, wird auch Umstellungsfähigkeit genannt. Trainieren lässt sich diese Fähigkeit am besten in Partnerübungen, bei denen der Partner/die Partnerin eine Reihe von unerwarteten Aktionen setzt, die eine neue oder abgeänderte Handlung erfordern. In Spielsituationen kann durch eine Umstellung der Taktik der gegnerischen Mannschaft oder des gegnerischen Spielers/der gegnerischen Spielerin ein ähnlicher Effekt erreicht werden.

Gleichgewichtsfähigkeit

Die Gleichgewichtsfähigkeit ist die Fähigkeit, den **gesamten Körper im Gleichgewichtszustand** zu halten oder während und nach umfangreichen Körperverlagerungen diesen Zustand beizubehalten oder wiederherzustellen. Alle Übungen, bei denen das Gleichgewicht gestört wird, führen zu einer Verbesserung dieser Fähigkeit. Dazu zählen Übungen, die entweder die Standfläche oder die Lage des Körperschwerpunktes verändern. Eine weitere Möglichkeit ist die Ausführung von Übungen auf Böden mit unterschiedlichen Strukturen.

In den verschiedenen Sportarten unterliegen diese besprochenen Teilkompetenzen bestimmten Anforderungen. Das sind meistens psychische Belastungen oder zeitliche Begrenzungen, die einen entsprechenden Druck auf den Sportler/die Sportlerin ausüben. Ein gutes Koordinationstraining bewirkt nicht nur eine **allgemeine Aktivierung des zentralen Nervensystems,** sondern auch eine Aktivierung der an den motorischen Regel- und Steuerprozessen beteiligten **Gehirnregionen.** Grundlage für diese Prozesse sind die verschiedenen Rezeptoren, die laufend Informationen an die Großhirnrinde schicken. Diese spielt eine entscheidende Rolle in der Umsetzung und Neuwahl der koordinativen Handlungsziele.

THEORIE → PRAXIS

In der Praxis gibt es eine große Anzahl an Initiativen und Programmen, die auf eine Verbesserung oder den Erhalt der koordinativen Fähigkeiten abzielen. Interessant dabei ist, dass solche Programme sowohl für Kleinkinder, Jugendliche, Erwachsene und ältere Menschen existieren. Alleine daran kann man erkennen, wie bedeutend die koordinativen Fähigkeiten sowohl im Sport als auch im Alltag sind.

Für das Koordinationstraining sprechen folgende Argumente:

- Verbesserung der Körperhaltung, des Körpergefühls und der Bewegungsfähigkeit bis ins hohe Alter.
- Vorbeugung von Verletzungen, die durch Stürze, Stolpern oder Fremdeinwirkung drohen.
- Rasche Erfolgserlebnisse führen zu hoher Motivation und erzeugen positive Gefühlszustände.
- Durch eine problemlose Integration in den Alltag kann die zeitliche Belastung sehr gering gehalten werden.

2.1.2 Unterteilung in allgemeine und spezielle Koordination

Allgemeine Koordination

Teilt man die koordinativen Fähigkeiten in eine allgemeine Form und eine spezielle Form, dann ist mit der allgemeinen Form das **Ergebnis einer vielseitigen Bewegungsschulung** gemeint. Durch differenzierte Reizsetzungen in unterschiedlichen Sportarten und durch Bewegungsreize im Alltag wird die allgemeine Koordination stark verbessert. Neue Bewegungsaufgaben werden durch diese Schulung viel rationeller und sicherer gelöst.

Spezielle Koordination

Diese wird im Rahmen eines **auf den Wettkampf zugeschnittenen Koordinationstrainings** ausgebildet. Eine gute spezielle Koordination ist daran erkennbar, wenn ein Sportler/eine Sportlerin unter hohem Druck ein hohes Variationsvermögen der sportartspezifischen Technik zeigt. Die spezielle Koordination erfordert ein sehr hohes Ausbildungsniveau, weil die Trainingsinhalte zuvor schon in ihrer Feinform zu beherrschen sind. Im Leistungssport steht das Verhältnis zwischen allgemeinem und speziellem Koordinationstraining ca. im Verhältnis 1:2.

2.2 Ziele des Koordinationstrainings

Leistungssport (Profisport)

Im Leistungssport hilft das allgemeine Koordinationstraining beim **Erlernen neuer Techniken** und es erhöht die Effizienz der verschiedenen Trainingseinheiten. Zusätzlich wird ein höheres Variationsspektrum bei technisch-taktischen Handlungen erreicht und es kommt zu einer Senkung negativer Begleiterscheinungen des Hochleistungstrainings. Das Verletzungsrisiko, ein Übertraining oder eine Stagnation der Leistung wird verringert.

Hobbysport (Amateursport)

Im Bereich des Hobbysports spielt die Trainingsmotivation eine sehr große Rolle. Ein allgemeines Koordinationstraining erweitert die Trainingsvariation und erhöht das Bewegungsrepertoire. Gleichzeitig sinkt der energetische Aufwand durch eine **ökonomischere Bewegung** während des Sporttreibens. Das ist entscheidend für die sportliche Qualität des Sportlers/der Sportlerin und dementsprechend wichtig in diesem Bereich. Die genannten Vorteile machen sich vor allem durch ein höheres Leistungsniveau bemerkbar.

Gesundheitssport (Freizeitsport)

Aus der Sicht des Gesundheitssports dient ein allgemeines Koordinationstraining der **Verletzungsprophylaxe,** da der Sportler/die Sportlerin eine längere Aufmerksamkeitsspanne erreicht und damit eventuelle Verletzungsgefahren früher erkennt. Auch die Kontrolle des Körpers bei Stürzen wird höher. In der Rehabilitation nach Verletzungen führt das Koordinationstraining zur Beseitigung der verletzungsbedingten Muskeldysbalancen und der Wiederherstellung des Muskelgleichgewichtes.

2.3 Methoden und Formen des Koordinationstrainings

Die verschiedenen Methoden und Trainingsformen im Bereich des Koordinationstrainings sind kaum zu überblicken. Vor allem im Bereich der speziellen Koordination gibt es eine Vielzahl von seriöser sportartspezifischer Fachliteratur mit unterschiedlichsten Ansätzen. Der folgende Abschnitt beschränkt sich daher auf grundlegende Methoden und Inhalte.

2.3.1 Methode zur Schaffung einer Bewegungsvorstellung

Die Vorstellung einer exakten Bewegung ist **Grundvoraussetzung für das Erlernen einer Bewegung.** Daher steht diese Methode am Anfang einer Reihe von Schulungen im Bereich des Koordinationstrainings. Welche Mittel dabei zum Einsatz kommen, hängt von verschiedenen Faktoren ab. Alter, Belastbarkeit und aktuelles Leistungsniveau spielen dabei genauso eine Rolle wie bereits angelernte Bewegungen, die der Technik ähnlich sind.

Für Anfänger/Anfängerinnen eignen sich dafür am besten **optische Informationen.** Ob dabei Videoaufnahmen, Bildreihen oder das altbewährte Vorturnen zum Einsatz kommen, ist nicht von Bedeutung. Großer Nachteil optischer Informationen ist der geringe oder gar nicht vorhandene kinästhetische Anteil, der gerade bei Leistungssportlern/Leistungssportlerinnen enorm wichtig ist.

Zusätzlich zu optischen Informationen werden auch **verbale Informationen** gegeben. Sie dienen zur Klarstellung von Missständen zwischen der Vorstellung und der Ausführung der Technik. Sie helfen aber auch bei einer Verbesserung der Bewegungsvorstellung.

2.3.2 Variationsmethode

Durch Übungen, die der Zielübung sehr ähnlich sind, soll eine Verbesserung erzielt werden. Dazu werden die Übungen auf unterschiedlichste Weise abgeändert, in der Hoffnung, dass dadurch eine stabilere Bewegungsausführung erreicht wird. Nachfolgend sind einige Variationsmöglichkeiten angeführt.

Variation der Bewegungsdynamik

Dabei werden unter etwas unterschiedlichen, **schwereren oder leichteren, Bedingungen** die zu trainierenden Bewegungen dementsprechend etwas **langsamer oder schneller ausgeführt.** Zum Beispiel werden im koordinativen Training beim Tennis größere Tennisbälle verwendet, die dazu führen, dass die Ballgeschwindigkeit reduziert wird und dadurch der Ball zum richtigen Zeitpunkt getroffen werden kann.

Umgekehrt kann beim Kugelstoßen eine Verringerung des Gewichtes der Kugel dazu führen, dass die Stoßbewegung schneller durchgeführt wird.

Variation der räumlichen Bewegungsstruktur
Darunter versteht man vor allem die **Einschränkung der Bewegungsmöglichkeiten** während einer Bewegungsausführung. In Spielsportarten kann eine Verkleinerung der Spielfläche den Sportler/die Sportlerin dazu zwingen, seine/ihre Bewegungen präziser auszuführen. Gleichzeitig erhöhen sich dadurch aber auch die Intensität der Trainingseinheit sowie die Anzahl der Bewegungswiederholungen.

Variation der Informationsaufnahme
Dabei werden **wichtige Informationskanäle** für die Durchführung einer Bewegung gezielt eingeschränkt oder zusätzlich in den Bewegungsablauf integriert. Bei der Annahme des Services beim Volleyball kann dies dadurch realisiert werden, dass der Annahmespieler/die Annahmespielerin mit dem Rücken zum Servierer/zur Serviererin steht und erst über ein akustisches Signal in die übliche Annahmestellung übergehen darf.

2.3.3 Kombinationsmethode

Bei der Kombinationsmethode werden **mehrere sportliche Bewegungsabläufe** miteinander kombiniert. Grundvoraussetzung für eine erfolgreiche Anwendung dieser Methode ist, dass die einzelnen Bewegungsabläufe schon auf einem sehr hohen Niveau beherrscht werden, da sonst die Gefahr besteht, Fehler in die Bewegungsabläufe einzulernen. Bei einer zu geringen Bewegungsfertigkeit kann auch die Kombination von mehreren Bewegungen misslingen. Ein klassisches Beispiel ist das Rondat mit anschließendem Flickflack. Wenn man diese Radwende sehr gut beherrscht, dann ist diese Übungskombination leichter zu turnen als die getrennten Übungen.

2.3.4 Druckmethode

Bei der Druckmethode wird während der Bewegungsausführung auf den Sportler/die Sportlerin Druck ausgeübt. Dieser **Druck erschwert die Ausführung der Bewegung** und zwingt ihn/sie zu einer höheren Variation der sportlichen Technik. Ein sehr gutes Beispiel dafür, ist die Ballannahme beim Fußball. Beherrscht ein Spieler/eine Spielerin diese Technik gut, so erfolgt die Annahme auch unter Beteiligung eines Gegenspielers/einer Gegenspielerin ohne Probleme. Beim Blocken im Volleyball erreicht man eine Druckerhöhung, wenn mehrere Angreifer/Angreiferinnen gleichzeitig Anlaufen und der Blocker/die Blockerin erst nach dem Aufspiel entscheiden kann, an welcher Position der Angriff stattfindet.

2.3.5 Kontrastmethode

Bei dieser Methode wird die Bewegungsausführung mit **unterschiedlichen Geschwindigkeiten, Krafteinsätzen oder Entfernungen** durchgeführt. Auf eine sehr langsame Übungsausführung folgt eine sehr schnelle Übungsausführung. Einmal wird die Übung mit vollem Krafteinsatz durchgeführt, danach mit geringem Krafteinsatz. Wichtig dabei ist, dass der Unterschied zwischen den beiden Übungsausführungen so groß wie möglich ist. Nehmen wir als Beispiel wieder die Annahme beim Fußball. Zuerst wird die Annahme von sehr kurzer Distanz durchgeführt, danach von sehr weit weg. Einmal erfolgt die Annahme in vollem Lauf, dann im Stehen. Beim Angriff im Volleyball erfolgt ein Wechsel von einem voll ausgeführten Angriffsschlag zu einem gezielten oder lockeren Angriff auf eine bestimmte Position oder der Wechsel erfolgt von einem Hinterangriff zu einem Angriff an der Netzkante.

2.4 Durchführung und Aufbau von Trainingseinheiten im Koordinationsbereich

Bei der Durchführung eines Koordinationstrainings, egal ob für die allgemeine oder spezielle Koordination, sind ein paar **allgemeine Regeln** einzuhalten.

Zeitpunkt

Jedes Koordinationstraining muss so gestaltet sein, dass eine starke Ermüdung des Sportlers/der Sportlerin vermieden wird. Im Idealfall führt man das Koordinationstraining im **komplett ausgeruhten Zustand** durch oder stellt es an den **Anfang einer gemischten Trainingseinheit.** Treten Ermüdungserscheinungen auf, so ist die Trainingseinheit abzubrechen, da die Gefahr besteht, dass Techniken oder Bewegungen durch falsch eingelernte Verknüpfungen im Gehirn fehlerhaft eingelernt werden. Noch dazu ist das Neulernen von Bewegungsabläufen wesentlich leichter als das Ausbessern von falsch erlernten Techniken.

Umfang

Die **Qualität der Übungsausführung** hat höhere Priorität als die Zahl der Wiederholungen. Erst bei einer qualitativ hochwertigen Ausführung tritt die Zahl der Wiederholungen in den Vordergrund.

Übungsvariation

Durch eine abwechslungsreiche Übungszusammenstellung kann die **Motivation** des Sportlers/der Sportlerin hoch gehalten werden. Gerade im Bereich des Koordinationstrainings gibt es eine Vielzahl von unterschiedlichen Übungen, die neben einem hohen Trainingseffekt für die Koordination auch Spaß machen.

Lerngeschwindigkeit

Besonders schnell werden Erfolge erzielt, wenn man beim Koordinationstraining **Positionen** einnimmt, die im normalen Alltag üblicherweise nicht vorkommen. Vor allem asiatische Sportarten bedienen sich dieser Tatsache.

2.4.1 Einheit im Bereich der allgemeinen Koordination

Trainingseinheit 1

Voraussetzungen

Dieser Trainingsplan ist für eine Gruppe von 13- bis 15-jährigen Fußballern/Fußballerinnen für ein allgemeines Koordinationstraining mitten in der Wettkampfsaison.

Zielsetzung

Ziel ist die Verbesserung der allgemeinen koordinativen Fähigkeiten.

Trainingsmethode

Gearbeitet wird mit Übungen an der Koordinationsleiter. Die Übungen erfolgen zügig in der Gruppe, indem jeder Spieler/jede Spielerin die Koordinationsleiter hintereinander durchläuft.

Trainingsmittel

Koordinationsleiter

Trainingsinhalte

Es werden drei Sätze mit jeweils einer Pause von fünf Minuten durchgeführt. Die Übungen erfolgen der Reihe nach.

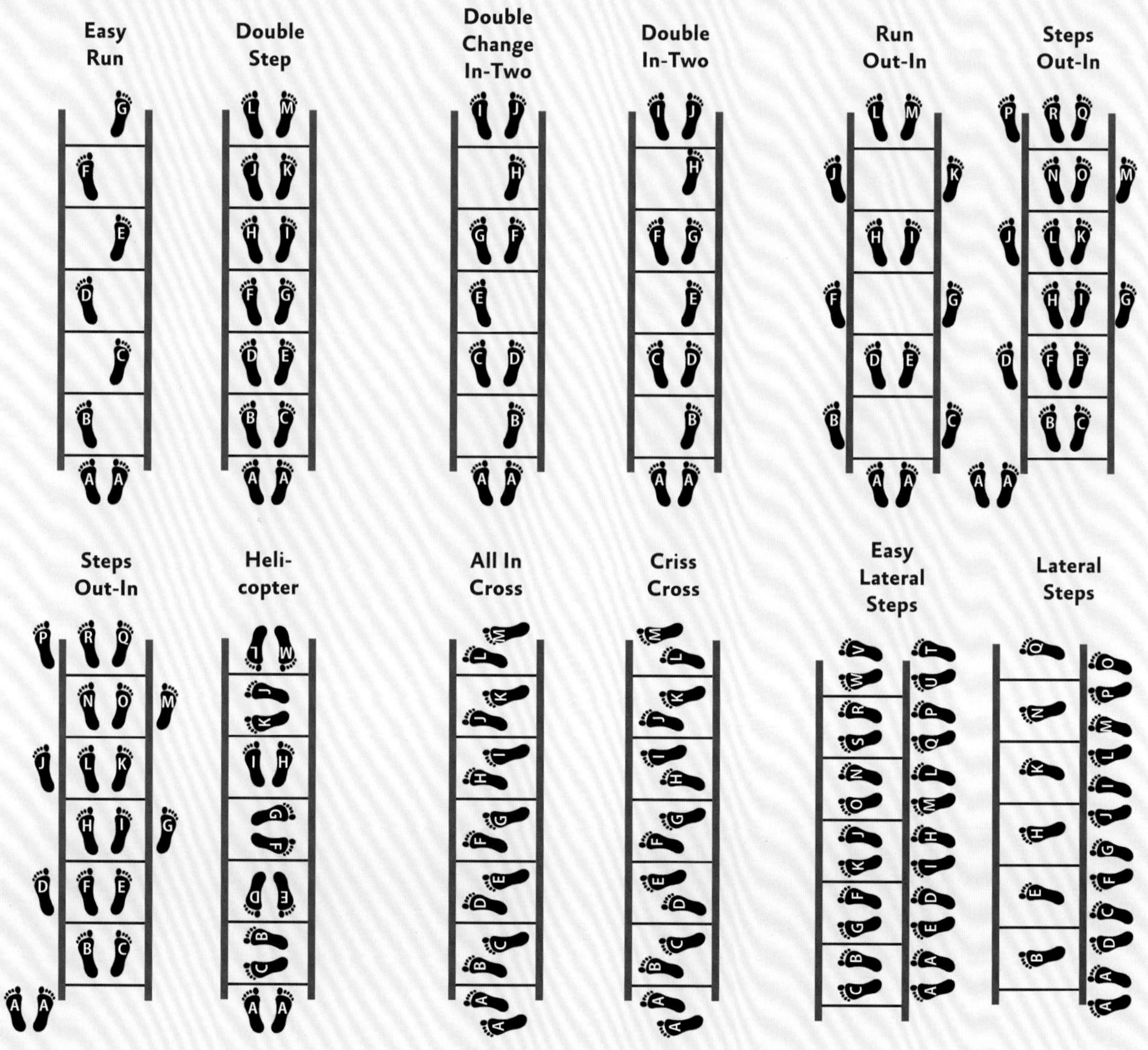

2.4.2 Einheit im Bereich der speziellen Koordination

Trainingseinheit 2

Voraussetzungen

Dieser Trainingsplan ist für eine Gruppe von 13- bis 15-jährigen Fußballern/Fußballerinnen für ein spezielles Koordinationstraining mitten in der Wettkampfsaison.

Zielsetzung

Ziel ist die Verbesserung der sportartspezifischen koordinativen Fähigkeiten.

Trainingsmethode

Gearbeitet wird mit Übungen an der Koordinationsleiter mit Ball und Übungen mit speziellen Laufwegen mittels Hütchen, Reifen und Hürden. Die Übungen erfolgen zügig in der Gruppe, indem jeder Spieler/jede Spielerin die vorher besprochenen Übungen hintereinander durchläuft.

Trainingsmittel

Koordinationsleiter, Hütchen, Hürden, Markierungskegel, Reifen, Fußbälle

Trainingsinhalte

Jede Übung wird so lange durchgeführt, bis jeder/jede in der Gruppe fünf Durchgänge durchlaufen hat. Nach einer Pause von drei Minuten erfolgt der Wechsel zur nächsten Übung.

Zwei Bälle werden gleichzeitig zwischen den Partnern/Partnerinnen durch Zuwerfen getauscht.

Ballprellen und gleichzeitiges Laufen durch die einzelnen Reifen

Spielen des Balles mit dem Innenrist zum Partner/zur Partnerin. Der Ball soll in der Luft gehalten werden.

Zuspiel des geworfenen Balles zum Partner/zur Partnerin

Zuspiel mit dem Kopf zum Partner/zur Partnerin

Ballprellen mit gleichzeitigem Steigen durch die Koordinationsleiter

GET ACTIVE 2

Suchen Sie jeweils ein Beispiel für ein allgemeines und sportartspezifisches Koordinationstraining.

Bereiten Sie dieses Training nach den Vorgaben zur Planung von Trainingseinheiten auf. Vergleichen Sie die verwendeten Methoden dieser beiden Beispiele mit den in diesem Kapitel vorgestellten Trainingsmethoden.

Halten Sie die Unterschiede schriftlich fest und vergleichen Sie Ihre Ergebnisse in Dreiergruppen.

RP-TRAINING 2

Anforderungsniveau 1

1. Beschreiben Sie die unterschiedlichen Formen der Koordination.
2. Geben Sie die unterschiedlichen Methoden im Koordinationstraining wieder.

Anforderungsniveau 2

1. Erläutern Sie den Aufbau einer Einheit im Bereich der allgemeinen Koordination.
2. Gehen Sie auf wichtige Punkte ein, die bei der Durchführung solcher Einheiten zu beachten sind.

Anforderungsniveau 3

Planen Sie eine Trainingseinheit im Bereich der speziellen Koordination in einer Sportart.

Verwenden Sie dafür die nebenstehende Vorlage zur Planung einer Trainingseinheit. Diskutieren Sie die grundlegenden Unterschiede zu Trainingseinheiten im Bereich des elementaren Konditionstrainings.

Trainingseinheit
Voraussetzungen
Zielsetzung
Trainingsmethode
Trainingsmittel
Trainingsinhalte

KOMPETENZCHECK

Ich kann ...			
... unterschiedliche Methoden im Bereich des Beweglichkeits- und Koordinationstrainings nennen und erklären.			
... die Auswirkungen eines richtig durchgeführten Koordinationstrainings in meinen eigenen Trainingseinheiten erkennen.			
... Übungen im Bereich des Beweglichkeits- und Koordinationstrainings gezielt planen und durchführen.			

Wirkungen und Gefahren von Doping

Kapitel 4

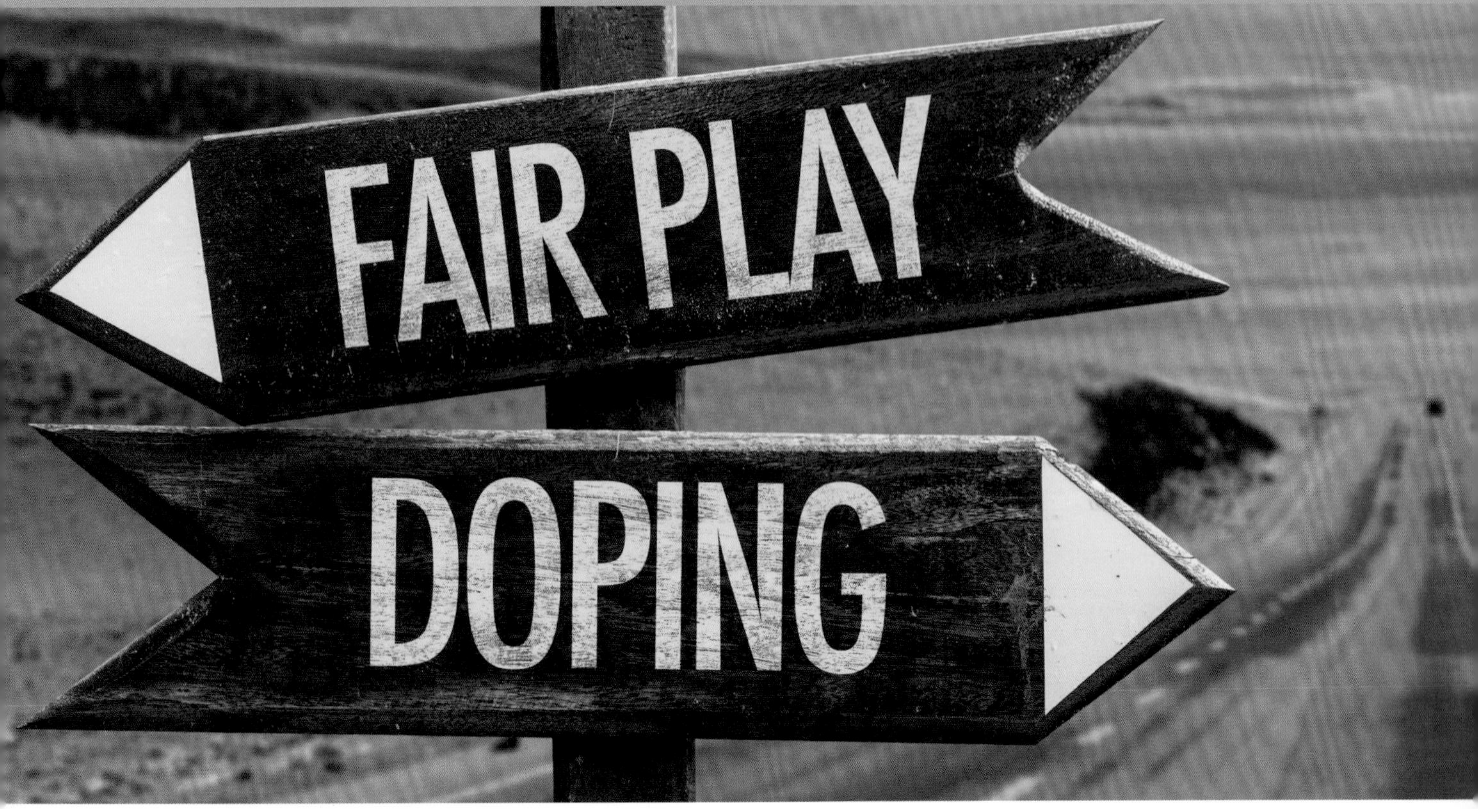

In vielen Sportarten geht es darum, besser als der Gegner/die Gegnerin zu sein. Der Großteil der Athleten/Athletinnen trainiert, um sich selbst zu verbessern und Wettbewerbe zu gewinnen. Wenige von ihnen haben die Chance, sich mit den weltbesten Sportlern/Sportlerinnen zu messen. Um die Erwartungen an sich selbst oder das Team zu erfüllen, stehen viele unter enormem Druck.

Dopingskandale im Spitzensport sorgen immer wieder für negative Schlagzeilen und Empörung bei allen Beteiligten (Sportlern/Sportlerinnen, Trainerstab, Publikum, Familie etc.). Gleichzeitig lebt der Sport von neuen Rekorden und noch besseren Leistungen. Aber auch im Freizeit- und Breitensport wird immer häufiger zu illegalen Substanzen gegriffen, um die eigenen körperlichen Grenzen zu erweitern.

Um das polarisierende Thema „Doping" besser zu verstehen, wird der Begriff zuerst definiert, danach werden die historischen Ursprünge des Dopings behandelt. Der Abschnitt *Anti-Doping-Strategien und Strafrecht* gibt einen Einblick in das Tätigkeitsfeld und die Zielsetzungen der Anti-Doping-Organisationen sowie zu erwartende Sanktionen bei Verstößen gegen die Anti-Doping-Bestimmungen. Diese Organisationen sind für Sportler/Sportlerinnen zentrale Anlaufstellen. Abschließend wird konkret auf Dopingmethoden, Substanzen und unterschiedliche Wirkstoffgruppen eingegangen, um Wirkungen, aber auch Nebenwirkungen besser begreiflich zu machen.

Der Lernende/Die Lernende soll ...

- Doping aus der historischen Perspektive beschreiben können,
- Dopingmethoden, einzelne Substanzen und Wirkstoffgruppen erklären können,
- Aufgaben und Arbeitsweisen von Anti-Doping-Organisationen beschreiben können.

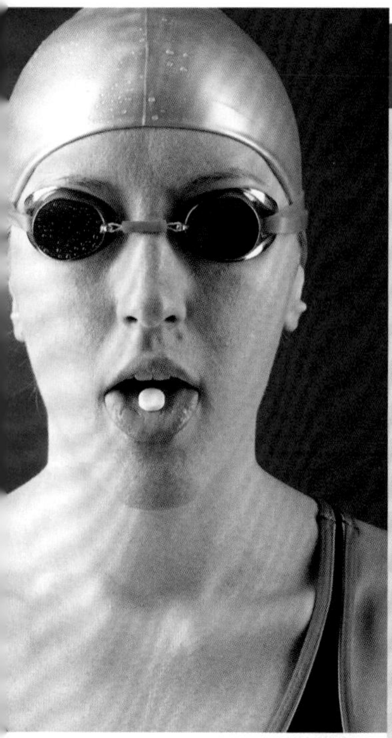

WARM-UP

Nehmen Sie Stellung zu den Fragen 1 bis 8. Machen Sie sich Notizen. Nutzen Sie das Internet für zusätzliche Recherchen (z. B. Zeitungen, NADA/WADA-Website).

1. Welche Dopingfälle sind Ihnen aus dem näheren Umfeld bzw. aus den Medien bekannt?
2. Wie reagieren Sie, wenn Sie von Dopingskandalen hören?
3. Denken Sie, dass der Leistungssport ohne Dopingmittel auskommen kann? Warum?
4. Wie ist Ihre Einstellung zu Doping im Leistungssport?
5. Was halten Sie von Freizeit- und Breitensportlern/-sportlerinnen, die Medikamentenmissbrauch betreiben, um Ihre Leistung zu verbessern?
6. Welche Motivation könnten Personen haben, illegale Substanzen zu missbrauchen und verbotene Methoden anzuwenden?
7. Welche Argumente finden Sie gegen den Konsum von illegalen Substanzen und gegen die Anwendung von verbotenen Methoden im Sport?
8. Würden Sie zu Dopingmitteln greifen, um den Sprung an die Weltspitze zu schaffen? Bedenken Sie, dass dadurch Ihr persönlicher Traum wahr werden könnte, Sie sehr viel Geld verdienen und weltberühmt werden könnten. Auf der anderen Seite würden Sie Ihre Ziele auf unehrliche Weise erreichen, Ihren Ruf, Ihre Karriere, Ihre Gesundheit u. v. m. riskieren. Begründen Sie Ihre Aussage.

Begeben Sie sich anschließend in Dreiergruppen und diskutieren Sie Ihre Standpunkte.

1 Das Phänomen „Doping"

1.1 Definition

Um das Phänomen „Doping" besser zu verstehen, wird einleitend der Begriff definiert. Eine erste Definition von Doping lautet wie folgt:
„Die Einnahme eines Medikamentes – ob es wirksam ist oder nicht – mit der Absicht der Leistungssteigerung während des Wettkampfes, ist als Doping zu bezeichnen." (Donike 1976: S. 324)

Diese erste Definition bezieht sich lediglich auf Medikamente und wurde im Laufe der Jahrzehnte stets angepasst und erweitert. Das ist auch notwendig, da es immer wieder neue Mittel und Anwendungen gibt. Laut dem World Anti-Doping Code 2021, der ab 1. Jänner 2021 gültig ist, wird Doping folgendermaßen definiert:
„Doping is defined as the occurrence of one or more of the anti-doping rule violations set forth in Article 2.1 through Article 2.11 of the Code." (WADA 2018: S. 13)

Es handelt sich um ein Dopingvergehen, wenn ein Athlet/eine Athletin gegen einen oder mehrere Artikel (2.1 bis 2.11) der Anti-Doping-Bestimmungen verstößt.

Die nachstehende Tabelle gibt einen Überblick, welche Bereiche durch die Anti-Doping-Bestimmungen abgedeckt werden. Detaillierte Informationen erhalten Sie z. B. auf der Website der „Welt Anti-Doping Agentur" **(www.wada-ama.org)**.

Artikel 2.1	Das Vorhandensein eines verbotenen Wirkstoffs, seiner Stoffwechselprodukte oder Marker in der Probe eines Athleten/einer Athletin
Artikel 2.2	Die Anwendung oder der Versuch der Anwendung eines verbotenen Wirkstoffs oder einer verbotenen Methode seitens eines Athleten/einer Athletin
Artikel 2.3	Umgehung der Probenahme, Weigerung oder Versäumnis, eine Probe abzugeben
Artikel 2.4	Meldepflichtverstöße. Jede Kombination aus drei Kontroll- oder Meldepflichtversäumnissen eines Athleten/einer Athletin im *Registered Testing Pool* gemäß dem internationalen Standard für Dopingkontrollen und Untersuchungen innerhalb von zwölf Monaten
Artikel 2.5	Unzulässige Einflussnahme oder versuchte unzulässige Einflussnahme auf einen Teil des Dopingkontrollverfahrens
Artikel 2.6	Der Besitz eines verbotenen Wirkstoffs oder einer verbotenen Methode
Artikel 2.7	Das Inverkehrbringen oder versuchte Inverkehrbringen von verbotenen Stoffen oder verbotenen Methoden
Artikel 2.8	Die Verabreichung oder versuchte Verabreichung von verbotenen Stoffen oder verbotenen Methoden bei Athleten/Athletinnen bei Wettkämpfen oder die Verabreichung oder versuchte Verabreichung von Stoffen oder Methoden, die außerhalb von Wettkämpfen verboten sind, bei Athleten/Athletinnen außerhalb von Wettkämpfen
Artikel 2.9	Beihilfe: Die Hilfe, Ermutigung, Anstiftung, Konspiration, Verschleierung oder sonstige vorsätzliche Beihilfe bei einem Verstoß gegen die Anti-Doping-Bestimmungen
Artikel 2.10	Verbotener Umgang: Der Umgang eines Athleten/einer Athletin oder einer anderen Person im Zuständigkeitsbereich einer Anti-Doping-Organisation in beruflicher oder sportlicher Funktion mit einem Athletenbetreuer/einer Athletenbetreuerin

(vgl. World Anti-Doping Agency 2015: 6 – 10)

Anmerkung: Laut Experten/Expertinnen wird mit 1. Jänner 2021 ein 11. Artikel ergänzt, in dem es darum geht „[...] Einschüchterungen, Drohungen oder Vergeltungsmaßnahmen zu sanktionieren, die darauf abzielen, Hinweise oder Informationen zu potenziellen Verstößen an die entsprechenden Stellen zu übermitteln." *(NADA n. d.)*

Zur Unterstützung der Sportler/Sportlerinnen bietet die „NADA Austria" eine Online-Medikamentenabfrage, die alle Medikamente des Austria Codex (Verzeichnis aller in Österreich zugelassenen Arzneispezialitäten) auf ihre Zulässigkeit nach der aktuellen Verbotsliste klassifiziert. Sie steht auf der Website der „NADA Austria" unter **www.nada.at/de/service/download-center** zur Verfügung. Dieses Service ist auch als App für Android und iOS erhältlich. Zusätzlich bietet die „NADA Austria" eine jährlich aktualisierte Beispielliste erlaubter Medikamente (bei leichten Krankheitsverläufen, Befindensstörungen, geringfügigen Verletzungen etc.).

Ein weiterer wichtiger Punkt ist die Unterscheidung der Begriffe „Doping" und „Medikamentenmissbrauch". Genau betrachtet bezieht sich das Wort „Doping" lediglich auf den Leistungssport (organisierter Sportbereich, **Wettkampfsport**). Im Amateursport (**Freizeitsport**) wird die Anwendung von z. B. anabolen Steroiden als Medikamentenmissbrauch und nicht als Doping beschrieben. Die „Nationale Anti-Doping Agentur" erklärt in ihrem Handbuch für Nachwuchs-, Breiten- und Freizeitsportler den Unterschied folgendermaßen:

„Der Begriff ‚Doping' ist für den organisierten Sportbereich reserviert. Außerhalb dieses gesellschaftlichen Teilsystems wird von ‚Medikamentenmissbrauch' gesprochen, auch wenn die verwendeten Substanzen oder die Motivlagen oftmals übereinstimmen." (NADA 2017a: S. 9)

Eine detaillierte Übersicht zu den unterschiedlichen Dopingsubstanzen und Methoden finden Sie auf Seite 94 ff. oder z. B. auf der Website **www.nada.at** oder **www.wada-ama.org**.

1.2 Doping – historisch betrachtet

Immer wieder erschüttern Dopingskandale die Sportwelt. Sportler/Sportlerinnen, Trainer/Trainerinnen, Betreuerstäbe, Sponsoren und Sportbegeisterte sind empört über solche Schlagzeilen. Der Griff zu illegalen Substanzen und Methoden ist jedoch kein Phänomen aus dem 20. Jahrhundert, sondern hat seinen Ursprung bereits in der Antike.

Das Wort „Doping" kommt ursprünglich aus Afrika. Als „Dop" wurde in der Sprache der Xhosa, eines südafrikanischen Volkes, ein starker Schnaps bezeichnet, dem eine stimulierende Wirkung nachgesagt wurde. Dieser Schnaps wurde nur bei bestimmten Anlässen konsumiert.

1889 erschien das Wort „Doping" zum ersten Mal in einem englischen Lexikon. Ein Mittel, zusammengesetzt aus Opium und Narkotika, wurde zum Aufputschen von Pferden (dope to win) bzw. zum Vergiften von Pferden (dope to lose) bei Pferderennen eingesetzt.

Olympische Spiele der Antike

Doping mit (angeblich) leistungsstimulierenden Substanzen wie Pilze, Tierorgane u. a. m.

Wie bereits im Kapitel zur geschichtlichen Entwicklung des Sports erwähnt (siehe Band 1, Kapitel 7 *Die kulturelle Bedeutung des Sports*), war der Sieg bei den Olympischen Spielen in der griechischen Antike von enormer Bedeutung für die Teilnehmer. Den Sieger erwarteten Ruhm und Ehre, aber auch materielle Güter. Jene Athleten, die Wettbewerbe mehrfach gewannen, wurden zu Helden, die mit Halbgöttern verglichen wurden.

Bekränzung eines Siegers. Darstellung auf einem antiken Wasserkrug.

Die Motivation, dieses Ansehen zu erlangen, führte dazu, dass sich die Wettkämpfer durch die Einnahme von leistungssteigernden Substanzen einen Vorteil verschaffen wollten. Neben der Einnahme von leistungsstimulierenden Mitteln versuchte man auch, durch bestimmte Methoden die Durchblutung der Haut und Muskeln zu verbessern. Bei Laufwettkämpfen wollte man durch die Einnahme von speziellen Pilzen besser sein als die Gegner. Von bestimmten Tierorganen erhoffte man sich ebenfalls eine Leistungssteigerung, daher wurden zum Beispiel Stierhoden konsumiert (anaboler Wirkstoff). Als weiteres Beispiel kann das Herz des Löwen genannt werden. Dort vermutete man den Sitz des Mutes. Wer dieses Herz verzehrte, erhoffte sich, mutiger zu werden. Bereits in der Antike waren die Bemühungen groß, einen fairen Wettkampf abzuhalten, und somit gab es neben dem offiziellen Regelwerk das Verbot, Zaubermittel einzunehmen.

Volk der Inka (13.–16. Jh.)

„Doping" mit Kokablättern

Auch aus anderen Kulturen gibt es Berichte über „Doping". So sollen die Inkas (vom 13. bis zum 16. Jahrhundert) bis zu 1700 km in nur fünf Tagen laufend zurückgelegt haben. Um diese enorme Beanspruchung durchzuhalten, sollen sie Kokablätter gekaut haben.

In Europa finden sich erst im 18. Jahrhundert wieder Berichte über Dopingfälle. Im Radsport wurden Koffein, Alkohol und Kokain konsumiert, um die Leistung zu verbessern.

Europa (ab dem 18. Jh.)

„Doping" mit Koffein, Alkohol, Kokain u. a. m.

1896 wurden die ersten Olympischen Spiele der Neuzeit ausgetragen. Ein entscheidendes Problem dabei war es, gedopte Sportler aufzudecken.

Im 20. Jahrhundert verbreitete sich Doping in unterschiedlichen Sportarten und wurde zunehmend ein größeres Problem. Illegale Substanzen und Methoden fordern immer wieder Todesopfer. Tom Hicks, dem Gewinner des Olympischen Marathonlaufs 1904, wurden von seinem Trainer eine geringe Menge Strychnin, zwei Eier und ein Schluck Brandy aus dem nebenherfahrenden Auto verabreicht.

Weltweite Verbreitung von Doping (20. Jh.)

Doping mit Strichnin, Hormonen, Amphetaminen, Narkotika u. a. m.

Amphetamine waren unter Radfahrern weit verbreitet und forderten Todesopfer. Es gab daher 1955 die erste Dopingkontrolle im Radsport. Laut Statistik der WADA-Labore sind rund 14 % der positiven Analysen auf Stimulanzien zurückzuführen, davon 18 % auf Amphetamine.

Zwischen 1960 und 1967 waren stimulierende Substanzen und Narkotika bei Leistungssportlern/Leistungssportlerinnen so beliebt, dass viele mit diesen Substanzen zum Wettkampf antraten. Diese wurden aber nicht nur während des Wettkampfs verwendet, sondern auch schon beim Training.

Bei den Olympischen Spielen in Mexiko 1968 wurden die ersten Anti-Doping-Bestimmungen angewendet und erstmals Dopingvergehen erkannt. Die Untersuchungsmethoden waren aber noch wenig ausgereift. Die Methoden zur Überführung von gedopten Athleten/Athletinnen wurden und werden ständig verbessert und weiterentwickelt. Obwohl Sportler/Sportlerinnen sich aller möglichen Mittel bedienen, um offiziell „clean" an den Start zu gehen, gelingt es Anti-Doping-Organisationen immer wieder, unsaubere Athleten/Athletinnen zu überführen.

Olympische Spiele in Mexiko 1968

Anwendung der ersten Anti-Doping-Bestimmungen

Es gibt unzählige bekannte Dopingfälle von Spitzenathleten/Spitzenathletinnen, die die Sportwelt erschüttert haben. Im Folgenden werden nur einige wenige genannt. Dopingmethoden, Substanzen und Wirkstoffgruppen werden im Abschnitt 3 genauer behandelt.

- Ben Johnson (kanadischer Sprinter) sprintete 1988 bei den Olympischen Spielen in Seoul die 100 m mit einer Weltrekordzeit von 9,79 Sekunden. Man konnte ihm das Anabolikum Stanozolol nachweisen, worauf ihm die Goldmedaille aberkannt wurde.
- Bei dem österreichischen Ex-Radprofi Bernhard Kohl wurde 2008 im Rahmen der Tour de France bei einer Dopingkontrolle EPO nachgewiesen. Nach der zweijährigen Sperre kehrte er nicht mehr in den Spitzensport zurück.
- Der Radsportler Jan Ullrich gab 2013 zu, seine Leistung durch Blutdoping verbessert zu haben. Weitere Informationen zum Blutdoping siehe Abschnitt 3.11.1.
- Alberto Contador gewann 2010 die Tour de France. Es konnte ihm Clenbuterol (ein Kälbermastmittel) nachgewiesen werden. Es wurden ihm alle gewonnenen Titel ab dem positiven Testergebnis aberkannt.

Manche Sportler/Sportlerinnen werden vermutlich auch in Zukunft versuchen, sich durch illegale Substanzen und Methoden einen Vorteil gegenüber dem Gegner/der Gegnerin zu verschaffen.

RP-TRAINING 1

Anforderungsniveau 1

1. Definieren Sie Doping und nennen Sie wesentliche Merkmale unterschiedlicher Definitionen.
2. Fassen Sie die Geschichte des Dopings zusammen.
3. Nennen Sie Bereiche, die durch die Anti-Doping-Bestimmungen abgedeckt werden.
4. Nennen Sie bekannte gedopte Sportler/Sportlerinnen im Spitzensport und die von ihnen benutzten Substanzen.

Anforderungsniveau 2

1. Erklären Sie den Unterschied zwischen Doping und Medikamentenmissbrauch und führen Sie jeweils Beispiele an.
2. Beschreiben Sie Dopingmittel und deren (erhoffte) Wirkung aus einer geschichtlichen Perspektive.

Anforderungsniveau 3

1. Vergleichen Sie die Motive zur Anwendung von Doping in der griechischen Antike mit jenen von heute.
2. Im Leistungs- und Profisport kommt es immer wieder zu Dopingfällen, die Anwendung von Dopingmittel ist aber leider auch im Amateur- und Freizeitsport verbreitet. Nehmen Sie vergleichend unter Einbeziehung der möglichen Motive und Konsequenzen dazu Stellung.

2 Anti-Doping-Strategien und Strafrecht

GET ACTIVE 1

Recherchieren Sie den Ablauf einer Dopingkontrolle. Bilden Sie anschließend Dreiergruppen und präsentieren Sie Ihre Ergebnisse. Ihre Präsentation soll dabei folgende Inhalte aufweisen:

- Auswahl der Sportler/Sportlerinnen
- Ablauf während der Dopingkontrolle
- Transport, Analyse und Ergebnismanagement

Informationen finden Sie z. B. auf der Website der NADA oder WADA.

Es gibt zwei Institutionen, die sich um einen dopingfreien Sport bemühen. Die „Nationale Anti-Doping Agentur" (NADA) ist im nationalen Bereich zuständig, die „World Anti-Doping Agency" (WADA) ist international tätig.

Zwei Anti-Doping-Organisationen

World Anti-Doping Agency (WADA)	Nationale Anti-Doping Agentur (NADA)
www.wada-ama.org	*www.nada.at*

Die 2008 gegründete **„Nationale Anti-Doping Agentur"** zählt zu den unabhängigen Non-Profit-Organisationen. Oberstes Ziel ist der Schutz der sauberen Sportler/Sportlerinnen. Sie ist unter anderem für folgende Bereiche zuständig:

- Planung, Durchführung und Überwachung von Dopingkontrollen in Österreich
- Bewertung und Analyse möglicher Verstöße gegen die Anti-Doping-Bestimmungen
- Entscheidung über medizinische Ausnahmeregelungen
- Anti-Doping-Arbeit umfasst alle Aufgabenbereiche, u. a. Information, Aufklärung, Bewusstseinsbildung bei Sportlern/Sportlerinnen
- Zielsetzung ist die Gewährleistung einer fairen und gerechten Sportausübung.

Die **„World Anti-Doping Agentur"** wurde 1999 in Zusammenarbeit mit dem IOC gegründet. Die WADA ist zuständig für das Welt-Anti-Doping-Programm, die Publikation des Welt-Anti-Doping-Codes (WADC) und der dazugehörigen internationalen Standards sowie für die jährliche Veröffentlichung der offiziellen Verbotsliste.

Die Ziele des Welt-Anti-Doping-Codes sind

- der Schutz des Sportlers/der Sportlerin,
- ein Sport ohne Doping,
- ein einheitliches Vorgehen in der Anti-Doping-Arbeit sowie
- Fairness und gleiche Chancen auf einer internationalen Ebene des Sports.

THEORIE → PRAXIS

Wer im Leistungssport seine Leistungsfähigkeit mit unerlaubten Substanzen steigert, illegale Methoden anwendet oder Proben manipuliert, muss neben gesundheitlichen und ethischen Problemen auch mit ernstzunehmenden Sanktionen rechnen. Die NADA weist im Handbuch für Leistungssportler auf folgende Konsequenzen hin:

- Als „Standard-Sperre" sind 4 Jahre vorgesehen, es gibt aber Erschwernis- und Milderungsgründe.
- Disqualifikation bzw. Annullierung von Ergebnissen bei Wettkampfveranstaltungen.
- Für 3 Verstöße gegen die Meldepflichten innerhalb von 12 Monaten droht eine Sperre von mind. 1 und max. 2 Jahren.
- Beihilfe wird mit mind. 2 Jahren Sperre geahndet.
- Für den verbotenen Umgang mit gesperrten Betreuungspersonen droht eine Sperre von mind. 1 und max. 2 Jahren.
- Besitz, Handel und Weitergabe verbotener Substanzen oder Methoden werden besonders strikt geahndet. Hier sind bereits beim ersten Verstoß lebenslange Sperren möglich.
- Bei umfassender Kooperation (Kronzeuge) ist eine deutliche Reduzierung der Sperre möglich.
- Zusätzlich ist in Österreich ein lebenslanger Ausschluss von allen Sportfördermaßnahmen vorgesehen.
- Ein gesperrter Sportler darf weder an Wettkämpfen, die direkt oder indirekt von einem Unterzeichner des WADC organisiert werden, teilnehmen, noch an Wettkämpfen, die von einem internationalen oder nationalen Veranstalter genehmigt oder organisiert werden.
- Gesperrte Personen dürfen während der Sperre keine Betreuungstätigkeiten ausüben. Falls die Dauer der Sperre zwei Jahre übersteigt oder eine mit Doping zusammenhängende straf- oder standesrechtliche Verurteilung vorliegt, darf diese Person für mindestens sechs Jahre seit der entsprechenden Entscheidung nicht als Betreuungsperson eingesetzt werden.

Neben den sportrechtlichen Sanktionen drohen in Österreich auch gerichtliche Strafmaßnahmen. Für Besitz, Handel und Weitergabe verbotener Substanzen oder Methoden sind bis zu fünf Jahre Haft vorgesehen, Sportbetrug durch Doping kann mit bis zu zehn Jahren Haft geahndet werden. *(NADA 2017b: S. 26)*

Anmerkung: Ab 1. Jänner 2021 tritt der neue „World Anti-Doping Code" in Kraft. Aktuelle Informationen finden Sie auf www.nada.at.

Die „Welt Anti-Doping Agentur" (WADA) ist dafür verantwortlich, welche Substanzen und Methoden Teil der jährlich erscheinenden Verbotsliste sind. Der Grund, warum diese Liste jährlich erneuert wird, liegt darin, dass neue Produkte aus der Pharmaindustrie sowie Trends im Doping schnellstmöglich berücksichtigt werden müssen. Wie schon erwähnt, handelt es sich dabei um ein zirka zehnseitiges Dokument. Für die Einhaltung dieser Verbotsliste sind die Wettkampfathleten/Wettkampfathletinnen selbst verantwortlich. Damit eine Substanz als Dopingmittel aufgenommen wird, muss sie mindestens zwei von den folgenden **drei Kriterien** erfüllen:

1. das Potential, die Leistung zu steigern (Enhancement)
2. das Potential, die Gesundheit zu schädigen
3. das Potential, gegen den Sportsgeist zu verstoßen

Folgende Substanzen fallen derzeit unter die Anti-Doping-Bestimmungen:

- Nicht zugelassene Substanzen
- Anabole Substanzen
- Peptidhormone, Wachstumsfaktoren, verwandte Substanzen, Mimetika
- Beta-2-Agonisten
- Hormone und Stoffwechsel-Modulatoren
- Diuretika und Maskierungsmittel
- Stimulanzien
- Narkotika
- Cannabinoide
- Glucocorticoide
- Beta Blocker

Zu den verbotenen Methoden gehören:

- Manipulation von Blut und Blutbestandteilen
- Gen- und Zelldoping
- Chemische und physikalische Manipulation

GET ACTIVE 2

Bilden Sie Vierergruppen und finden Sie so viele Argumente wie möglich für folgende Fragestellungen:

1. Warum wird gedopt?
2. Warum ist Doping verboten?

Tragen Sie Ihre Ergebnisse in die jeweilige Spalte ein. Diskutieren Sie anschließend Ihre Ergebnisse im Plenum.

Warum wird gedopt?	Warum ist Doping verboten?

RP-TRAINING 2

Anforderungsniveau 1

1. Nennen Sie die für die Anti-Doping-Bestimmungen verantwortliche Organisation und deren Aufgabe.
2. Fassen Sie die Kriterien zusammen, die für die Aufnahme der Mittel/Methoden in die Anti-Doping-Bestimmungen ausschlaggebend sind.

Anforderungsniveau 2

Begründen Sie die Wichtigkeit der Arbeit der Anti-Doping-Agentur.

Anforderungsniveau 3

Problematisieren Sie das Thema „Doping im Sport" in Hinsicht auf die Schwierigkeit, einen dopingfreien Sport zu erreichen.

3 Substanzen, Wirkstoffe und Dopingmethoden

3.1 Anabole Substanzen

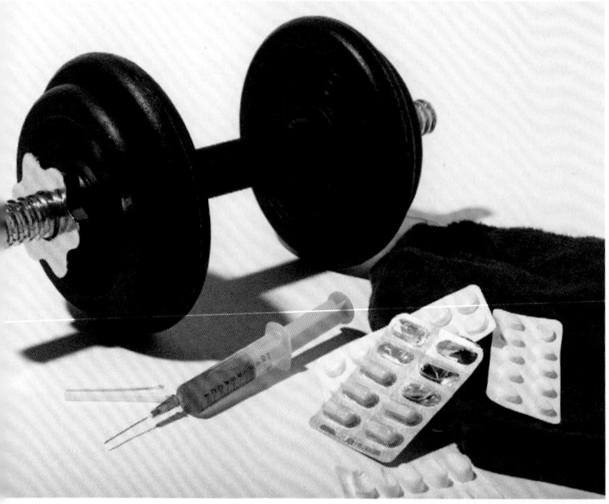

Anabolika oder anabole Steroide sind die wohl bekanntesten und am weitesten verbreiteten Dopingmittel. Basis für die Zusammensetzung und die Wirkung vieler anaboler Substanzen ist das männliche Sexualhormon Testosteron.

Wirkungen

Durch die Einnahme von Anabolika treten im Wesentlichen zwei Effekte ein. Sie wirken einerseits anabol (aufbauend) und andererseits androgen (vermännlichend). Durch eine erhöhte Proteinsynthese kommt es zu einem vermehrten Kraftaufbau mit mehr Muskelmasse sowie zu einem geringeren Anteil an Körperfett. Dieses Dopingmittel ist nicht nur beim Bodybuilding interessant, sondern in allen Sportarten, bei denen Muskelmasse und Kraft eine wichtige Rolle spielen.

Nebenwirkungen

Abhängig von Art, Dauer und Dosierung kann der Konsum von Anabolika verheerende Schäden im Körper anrichten:

- Schäden an der Leber können von Entzündungen bis zu Leberkrebs führen.
- Förderung der Bildung von Tumoren (Prostata-, Brust-, Leberkrebs)
- Störung des Hormonhaushaltes – der Körper produziert selbst keine Hormone mehr.
- Erhöhtes Risiko für Arteriosklerose und Herzinfarkt
- Erhöhte Belastung des Herz-Kreislauf-Systems, erhöhter Blutdruck, da mehr Wasser im Körper/in den Muskeln eingelagert wird
- Negativer Einfluss auf die Psyche wie z. B. erhöhte Aggressivität, Depressionen, geringere Gedächtnisleistung und Konzentrationsfähigkeit

- Großflächiges und vermehrtes Auftreten von Akne
- Erhöhtes Risiko, sich Bänder und Sehnen zu verletzen
- Übertragung von Infektionen durch nicht sachgemäße Anwendung von Spritzen
- Abbruch des Wachstums bei Jugendlichen

Darüber hinaus führt Anabolikakonsum bei Frauen zur Vermännlichung. Das bedeutet, sie bekommen eine tiefere Stimme, eine vergrößerte Klitoris und verstärkte Körperbehaarung und es kommt zur Rückbildung der Brüste und Störung der Menstruation.

Bei Männern wirkt sich der Konsum von Anabolika zudem folgendermaßen aus: Es kommt zum Schrumpfen der Hoden, zu einer Störung der Spermienproduktion und zum Brustwachstum.

3.2 Peptidhormone und Wachstumsfaktoren

In dieser Gruppe gibt es viele unterschiedliche Substanzen, wobei lediglich auf die wichtigsten eingegangen wird. Diese Substanzen können vom Körper eigenständig produziert werden (körpereigene Eiweiße) und dienen als Botenstoffe, die wiederum weitere Substanzen produzieren.

3.2.1 Erythropoietin (EPO)

Dieses Dopingmittel findet vor allem bei Ausdauersportlern/Ausdauersportlerinnen Anwendung. Erythropoietin produziert und regelt den Haushalt der roten Blutkörperchen und führt bei einem Sauerstoffmangel zu einer Produktion von EPO in der Niere. Bei zu hoher Konzentration von roten Blutkörperchen verringert sich der Sauerstofftransport wieder, weil das Blut eine zähförmige Konsistenz annimmt und verdickt. Ein weiteres Problem ist, dass hochtrainierte Ausdauersportler/Ausdauersportlerinnen einen sehr geringen Ruhepuls haben und dadurch kann der Blutfluss gestoppt werden. Die gesundheitlichen Folgen sind Herzinfarkt oder Schlaganfall.

3.2.2 Wachstumshormone

Somatotropin oder auch Human Growth Hormone (HGH) wird in der Hirnanhangdrüse gebildet und kann seit 1985 gentechnologisch hergestellt werden. Die Anwendung von Wachstumshormonen ist in den unterschiedlichsten Sportarten verbreitet.

Wirkungen

Das Wachstumshormon hat unterschiedliche Wirkungen. Einerseits kann es als Botenstoff fungieren, andererseits kann es die Produktion von anderen Hormonen anregen. HGH hat im Wesentlichen drei Effekte:

1. Reduktion des Körperfetts
2. Erhöhung des Blutzuckerspiegels
3. Unterstützung des Muskelaufbaus

Bei Jugendlichen ist das Wachstumshormon für das Längenwachstum zuständig, da es die Zellteilung anregt.

Nebenwirkungen

Durch eine erhöhte Ausschüttung führt es zum Wachstum von Kiefer-Kinn, Fingern, Händen, Zehen, Füßen, Nase und Jochbein. Diese Veränderung wird Akromegalie genannt und ist irreversibel, sprich, sie kann nicht mehr rückgängig gemacht werden.

Weitere Nebenwirkungen sind Diabetes, erhöhter Blutdruck durch vermehrte Speicherung von Wasser, welches wiederum das Herz-Kreislauf-System belastet. Darüber hinaus häufen sich Berichte über die Neubildung und rasches Wachstum von Tumoren.

3.3 Beta-2-Agonisten

Substanzen, die zu den Beta-2-Agonisten zählen, wirken erweiternd auf die Bronchien und werden zur Behandlung von Asthma eingesetzt.

Asthma bronchiale (Asthma)

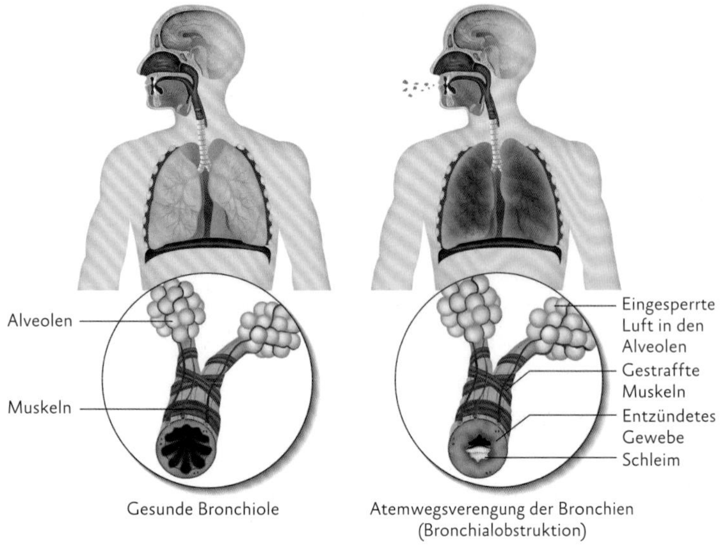

Wirkungen

Bei einer Asthmaerkrankung, bei der die Patienten/Patientinnen u.a. durch Verkrampfung der Bronchialmuskulatur an Atemnot leiden, führen Beta-2-Agonisten zur Linderung der Symptome, indem sie die Bronchialmuskulatur erweitern.

Nebenwirkungen

Die heutigen Substanzen wirken sehr zielgerichtet, trotzdem können hohe Dosen Auswirkungen auf das Herz-Kreislauf-System haben. Zu den Nebenwirkungen zählen u. a. die Erhöhung der Herzfrequenz, die Schwächung des Herzmuskels, Herzrhythmusstörungen und Angina pectoris (Herzenge). Des Weiteren können unkontrollierbare Muskelzuckungen und erhöhte Glukosewerte im Blut auftreten.

3.4 Hormone und Stoffwechsel-Modulatoren

3.4.1 Antiöstrogene Substanzen

Wirkungen

Durch Einnahme dieser Substanzen wird die Umwandlung des männlichen Sexualhormons Testosteron in das weibliche Hormon Östrogen verhindert. Antiöstrogene Substanzen können zum Beispiel auch zur Unterdrückung der Nebenwirkungen von anabolen Steroiden konsumiert werden.

Nebenwirkungen

Folgende Nebenwirkungen können (hauptsächlich bei Frauen) auftreten: Hitzewallungen, Vaginalblutungen, Bauchschmerzen, Kopfschmerzen, Sehstörungen und ein erhöhtes Thromboserisiko.

3.4.2 Insulin

Insulin wird in der Bauchspeicheldrüse produziert und ist für die Regulierung des Zuckerstoffwechsels zuständig. Es kann im Ausdauer- sowie im Kraftsport eine leistungsfördernde Wirkung haben.

Wirkungen

Glucose wird durch Insulin vom Blut in die Muskulatur transportiert. Nach der Einnahme von (zuckerhaltiger) Nahrung kommt es zu einer vermehrten Insulinausschüttung, wodurch Glucose und Aminosäuren in der Zelle besser aufgenommen werden.

Nebenwirkungen

Wird Insulin überdosiert, kann es zu einer Unterzuckerung kommen. Kennzeichen dafür sind Herzklopfen, Unruhe, Zittern und Schwitzen. Sinken die Blutzuckerwerte weiter nach unten, kann es zu einem hypoglykämischen Koma kommen.

3.5 Diuretika und Maskierungsmittel

Wirkungen

Diuretika und Maskierungsmittel (Substanzen, die eine Doping-Probe verändern können) nehmen Einfluss auf die Niere, wodurch eine erhöhte Urinausscheidung stattfindet. Dies kann einerseits Urinproben verändern und ermöglicht andererseits einen raschen Gewichtsverlust (zirka 1 bis 2 kg) in kurzer Zeit. Das ist z. B. für Sportarten interessant, bei denen Gewichtskontrollen stattfinden.

Nebenwirkungen

Durch den raschen Wasserverlust wird der Elektrolythaushalt gestört. Das wiederum kann zu Blutdruckabfall, Muskelkrämpfen, Kreislaufkollaps, Magen- und Darmproblemen sowie Nierenschäden führen. Weiters kann die Einnahme von Diuretika und Maskierungsmittel bei Männern Potenzprobleme herbeiführen und bei Frauen die Menstruation stören.

3.6 Stimulanzien

Stimulanzien, wie zum Beispiel Kokain und Ecstasy, gehören zu den Dopingmitteln, die eine längere Tradition aufweisen. In ihrer chemischen Struktur sind sie dem Adrenalin und Noradrenalin ähnlich.

Wirkungen

Stimulanzien ermöglichen den Zugriff auf die autonom geschützten Reserven (Energiereserven, die nur in Extrembedingungen genützt werden können wie z. B. bei Todesangst) und unterdrücken Ermüdungserscheinungen. Folgen durch den Konsum von Stimulanzien sind eine Steigerung des Energieumsatzes, eine Erhöhung der Körpertemperatur, des Herzschlags und des Blutdrucks. Stimulanzien führen zu Glücksgefühlen.

Nebenwirkungen

Diese auch strafrechtlich illegalen Substanzen können zu Stress, Rastlosigkeit, Aggressionen sowie Depression und Suchtverhalten führen. Weiters schalten sie auch die körpereigenen Warnsignale aus, was zu extremen Erschöpfungszuständen und sogar zum Tod führen kann.

3.7 Narkotika

Zur Klasse der Narkotika gehören Substanzen wie Morphin, Heroin oder Methadon.

Wirkung

Sie wirken auf das Nervensystem und haben einen besonders starken schmerzstillenden Effekt. Narkotika werden bei schweren Erkrankungen oder Verletzungen eingesetzt. In geringen Mengen bewirken sie eine Stimmungsverbesserung, in großen Mengen können sie durch eine Lähmung des Atemzentrums zum Tod führen.

Nebenwirkungen
Narkotika wirken sich negativ auf die Konzentration, Koordination und das Bewusstsein aus. Des Weiteren verursachen sie Stimmungsveränderungen und können psychische Störungen hervorrufen. Ein weiterer negativer Effekt ist das hohe Suchtpotential.

3.8 Cannabinoide

Cannabinoide werden aus Hanf gewonnen, können aber auch synthetisch hergestellt werden. Konsumenten/Konsumentinnen können Cannabinoide, meist auf dem Schwarzmarkt, entweder als Marihuana, Haschisch oder Öl illegal erwerben. Durch spezielle Züchtungen gibt es hochpotente Sorten, die einen Anteil der psychoaktiven Substanz THC von über 30 % haben können.

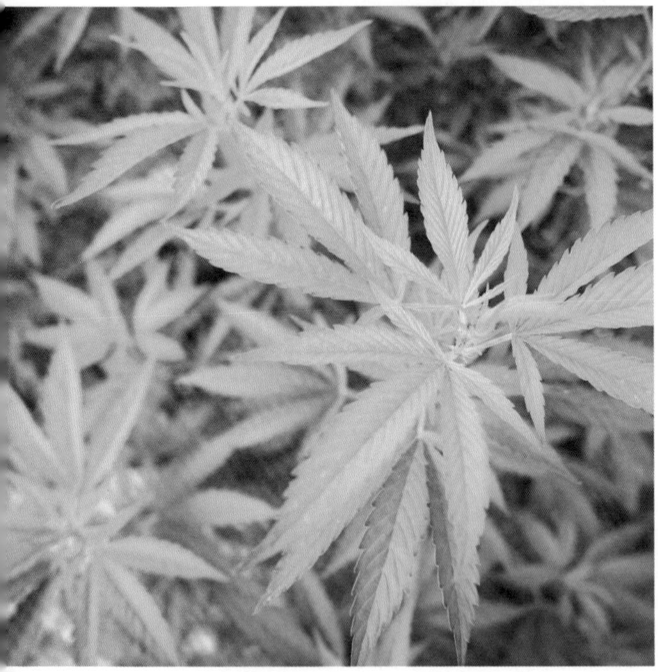

Wirkungen
Cannabis wird eine heilende Wirkung zugeschrieben, deren Möglichkeiten in der westlichen Medizin immer mehr diskutiert werden. Konsumenten/Konsumentinnen berichten über ein Entspannungsgefühl, leichte Glücksgefühle, intensivere Empfindung von Sinnesreizen und erhöhte Kreativität. Im Sport kann Cannabis zur Entspannung und Regeneration verwendet werden. In letzter Zeit werden die positiven Wirkungen des Wirkstoffes CBD immer bekannter und vielseitig in der Medizin eingesetzt. CBD wirkt nicht psychoaktiv und wird als Nahrungsergänzungsmittel verkauft.

Nebenwirkungen
Konsumenten/Konsumentinnen berichten über das Auftreten von psychotischen Anfällen, Unruhe, Angst, Panikreaktionen und Verwirrtheit. Die Nebenwirkungen von regelmäßigem Cannabiskonsum können zu einer Persönlichkeitsveränderung und/ oder zu psychischer Abhängigkeit führen.

3.9 Glucocorticoide

Wirkungen
Glucocorticoide hemmen Entzündungen und stillen Schmerzen. Bei der Verstoffwechselung von Protein und Fett haben sie eine anabole Wirkung. Der Körper kann diese Substanz selbst produzieren, bei Stress kommt es zu einer vermehrten Ausschüttung (Stresshormon).

Nebenwirkungen
Bei langfristiger Anwendung kommt es zu einer Veränderung der Körperpartien, an denen Fett gespeichert wird. Davon betroffen sind Körperstamm, Nacken und Gesicht. Weitere Folgen können sein: Osteoporose („Knochenschwund"), ein unterdrücktes Immunsystem und Wachstumshemmung (bei Kindern).

3.10 Beta-Blocker

Wirkungen
Durch die Einnahme von Beta-Blockern wirken Adrenalin und Noradrenalin (diese werden vom Körper bei Stresssituationen vermehrt produziert) nicht mehr aufputschend.

Nebenwirkungen
Zu den Nebenwirkungen zählen abfallender Blutdruck, Störung der Durchblutung von Armen und Beinen, Förderung des metabolischen Syndroms (Gewichtszunahme, Übergewicht, Verringerung des Energieverbrauchs etc.), Müdigkeit, Schwindelgefühl, Depression und Lustlosigkeit.

3.11 Dopingmethoden

3.11.1 Manipulation von Blut und Blutbestandteilen

Zielsetzung beim Blutdoping ist es, die Anzahl der roten Blutkörperchen zu vergrößern. Dies ist besonders interessant für Ausdauersportler/Ausdauersportlerinnen. Blutdoping wird in den Medien als eine der bekanntesten Arten des Dopings erwähnt.

Wirkungen
Dem Sportler/Der Sportlerin wird Blut abgenommen und kurz vor dem Wettkampf wieder zurückgeführt. Dadurch ist mehr Blut im Kreislauf und die Anzahl der roten Blutkörperchen erhöht. Dies führt zu einer besseren Sauerstoffversorgung der Muskulatur.

Nebenwirkungen
Blutdoping erhöht den Blutdruck und fördert die Thrombosebildung (Bildung von Blutgerinnseln). Wird Blutdoping mit fremdem Blut betrieben, kann es zu Unverträglichkeit, Allergien, Unwohlsein, Angstzuständen, Schmerzen in der Bauchgegend, Fieber oder Infektionen mit Hepatitis-Viren und HIV kommen.

3.11.2 Gendoping

Bei der Idee des Gendopings geht es um das Einbauen von Genen, die sich besonders positiv auf die sportliche Leistungsfähigkeit auswirken, wie z. B. EPO für die Steigerung der Ausdauer, Myostatin für das Muskelwachstum etc. *(vgl. NADA 2018g; NADA 2007: S. 7)* Die Risiken von Gendoping können beim derzeitigen Stand der Wissenschaft nicht abgeschätzt werden. Am Beispiel von Gendoping in Bezug auf das körpereigene Hormon EPO kann dies verdeutlich werden.

Wirkungen
Sobald z. B. die illegale Substanz EPO abgesetzt wird, verschwindet auch die Wirkung dieses Produktes. Bedient man sich jedoch des Gendopings, um einen gleichen Effekt zu erzielen, werden ein Leben lang z. B. vermehrt rote Blutkörperchen gebildet.

Nebenwirkungen
Gendoping ist irreversibel, auch nach Beendigung der Karriere als Leistungssportler/Leistungssportlerin kann die Wirkung nicht eingestellt werden. Im Fall von EPO würde dies bedeuten, dass der Sportler/die Sportlerin sich gegen Polyglobulie (eine krankhafte Vermehrung von roten Blutkörperchen) behandeln lassen müsste. Im schlimmsten Fall kann diese Krankheit zu Herzversagen, Thrombose oder anderen ernstzunehmenden Störungen führen.

3.11.3 Chemische und physikalische Manipulation

Es ist Athleten/Athletinnen verboten, Dopingproben auszutauschen und/oder diese durch Anwendung von speziellen Mitteln zu verfälschen, sie müssen ihren eigenen Urin abgeben.

GET ACTIVE 3

Nachdem Sie den Abschnitt *Substanzen, Wirkstoffe und Dopingmethoden* gelesen haben, beantworten Sie nachstehende Fragen. Vergleichen Sie Ihre Antworten mit einem Partner/einer Partnerin.

1. Welche Substanzen und Methoden sind/waren in den Medien am bekanntesten?

2. Welche Nebenwirkungen können anabole Steroide speziell bei Frauen haben?

3. Was bedeutet der Begriff „Akromegalie"?

4. Mit welcher Substanz ist es möglich, sehr schnell Körpergewicht zu verlieren?

5. Was versteht man unter Blutdoping?

6. Welche besonderen Gefahren können sich durch das Gendoping ergeben?

7. Welche illegalen Substanzen werden als Stimulanzien bezeichnet?

8. Welche Nebenwirkungen ergeben sich durch langfristigen Cannabiskonsum?

9. Warum fühlt man sich durch die Einnahme von Beta-Blockern ruhiger?

RP-TRAINING 3

Anforderungsniveau 1

Nennen Sie unterschiedliche Substanzen, Wirkstoffe und Dopingmethoden.

Anforderungsniveau 2

Erklären Sie, warum anabole Steroide im Bodybuilding besonders beliebt sind.

Anforderungsniveau 3

Ein Bekannter möchte Muskelmasse zunehmen und überlegt durch den Einsatz von Dopingmitteln schneller an sein Ziel zu kommen. Wägen Sie Pro- und Kontra-Argumente der zielführenden Substanz ab. Schlagen Sie effektive Trainingsmethoden vor, um Muskelmasse aufzubauen, ohne Doping anzuwenden.

KOMPETENZCHECK

Ich kann ...			
... positive und negative Aspekte von Doping aus ethischer Sicht darlegen.			
... Doping definieren und Anti-Doping-Bestimmungen nennen.			
... die Rolle von Doping in einen historischen Kontext stellen.			
... Dopingsubstanzen und -methoden detaillierter erklären.			
... Aufgaben und Zielsetzung der NADA und WADA erläutern.			

Sport als Wirtschaftsfaktor

Kapitel 5

Im Sport geht es schon lange nicht mehr ausschließlich um die körperliche Betätigung, den Spaß am Sport, das Gewinnen und Verlieren oder das Aufstellen von neuen Bestleistungen. Man hat längst erkannt, dass mit Sport viel Geld verdient werden kann. Sport hat sich somit zu einem wichtigen Wirtschaftsfaktor entwickelt. Es gibt im Sport wirtschaftliche Faktoren, wie z. B. Tourismus, Produktion von Sportgeräten, Handel, Beherbergungsbetriebe, Gastronomie, Arbeitsplätze, Dienstleistungen, Betrieb von Sportanlagen, die unterschiedliche Effekte auf die Wirtschaft haben und eine beträchtliche Wirtschaftskraft darstellen.

Im Kapitel *Sport und Medien* (Band 1, Kapitel 10) wurde bereits auf die Einflussnahme der Wirtschaft auf den Sport hingewiesen. So werden zum Beispiel Spielzeiten (Basketball), Equipmentgröße (Tischtennis) oder die Bekleidung (Beachvolleyball) maßgeblich von Sponsoren und der Wirtschaft beeinflusst, mit dem Ziel, das Sportereignis noch attraktiver zu gestalten.

In diesem Kapitel wird die Wichtigkeit des Sports als Wirtschaftsfaktor in Österreich beschrieben. Dabei ist die Erläuterung des Wintersporttourismus unumgänglich. In diesem Zusammenhang wird auch ein kritischer Blick auf die Schattenseiten geworfen.

Ein weiterer Abschnitt widmet sich dem Sponsoring in all seinen Facetten. Wie kann ein Unternehmen durch Sponsoring profitieren? Welchen Nutzen hat ein Athlet/eine Athletin von einem Sponsorvertrag? Welche Ratschläge sollte man beachten, um einen Sponsorvertrag abzuschließen? All diese Fragen werden im zweiten Abschnitt beantwortet.

Der Lernende/Die Lernende soll ...

- einige Eckpunkte zur wirtschaftlichen Bedeutung des Sports in Österreich nennen können,
- eine wirtschaftliche Verbindung zwischen Tourismus und Wirtschaft herstellen können,
- unterschiedliche Arten der Förderung und Unterstützung im Sport verstehen.

WARM-UP

Füllen Sie den Fragebogen zu Sportartikeln, Sportmarken und finanziellen Ausgaben im Sport aus. Interviewen Sie anschließend drei Schüler/Schülerinnen und fassen Sie die wichtigsten Ergebnisse in einer kurzen Präsentation (Ranking, Mittelwerte, Häufigkeiten etc.) zusammen.

Präsentieren Sie in Dreiergruppen, wobei die Zuhörer/Zuhörerinnen nicht an Ihrer Umfrage teilgenommen haben sollen.

		Ich	**Name**	**Name**	**Name** ....
1	Welche Sportartikel besitzen Sie?				
2	Welche Sportmarken bevorzugen Sie? Begründen Sie Ihre Aussage.				
3	Wie wichtig ist es Ihnen, Sportartikel und Sportkleidung von bestimmten Marken zu besitzen? (1–5; 1 = gar nicht wichtig, 5 = sehr wichtig)				
4	Wie viel Geld geben Sie monatlich für Sportartikel aus?				
5	Wie viel Geld geben Sie für Startgeld, Trainingscamps, Eintritte etc. jährlich aus?				

1 Sport und Wirtschaft

Sport ist nicht nur als Freizeitaktivität von Bedeutung, sondern leistet auch einen wichtigen wirtschaftlichen Beitrag im Bereich **Wertschöpfung**, Beschäftigung und Konsum.

1.1 Allgemeiner wirtschaftlicher Nutzen

Die Sportwirtschaft beschäftigt sich mit dem Zusammenhang von Sport und Wirtschaft. Aktive sowie passive Sportler/Sportlerinnen haben einen wesentlichen Einfluss auf unzählige wirtschaftliche Bereiche wie zum Beispiel Sportartikelumsätze, Sportartikelherstellung, Sporttourismus, Sportnahrung, Sportdienstleistungen, Werbung, Sponsoring, Medienrechte etc.

Die Sportwirtschaft in Österreich erwirtschaftet jährlich eine Bruttowertschöpfung von 17,1 Milliarden Euro. Das bedeutet, dass jeder 17. Euro durch Sport erwirtschaftet wird. Somit ist die Sportwirtschaft in Österreich umsatzstärker als die Bauwirtschaft und das Beherbergungswesen. Aus wirtschaftlicher Sicht profitieren Beherbergungsunternehmen und die Gastronomie mit zirka 3,4 Milliarden Euro vom Sport am meisten. Knapp 1,5 Milliarden Euro werden im Einzelhandel und für das Unterrichtswesen ausgegeben. Das Gesundheitswesen erwirtschaftet zirka 1,2 Milliarden Euro. *(vgl. BSO 2018a)*

Die österreichische Sportwirtschaft beschäftigt insgesamt 330 000 Personen: Es arbeiten zirka gleich viele Menschen in der Sportwirtschaft wie im Einzelhandel und doppelt so viele wie in der Gastronomie. Zusammengefasst werden in der Sportwirtschaft so viele Menschen beschäftigt wie die Stadt Linz und Umgebung Einwohner hat. Jeder 13. Arbeitsplatz ist auf die Sportwirtschaft zurückzuführen. *(vgl. BSO 2018a)*

Durch Sport können große Summen erwirtschaftet und Arbeitsplätze geschaffen werden. Weiters könnte er zusätzlich einen wesentlichen Beitrag zu Einsparungen im Gesundheitsbereich leisten und zu einer erhöhten Lebensqualität beitragen. Das folgende Zitat von Siegfried Robatscher, er ist BSO-Vize-Präsident und ASVÖ-Präsident, zeigt, welches Potential im Sport für die gesamte Bevölkerung steckt:

„Die aktuelle Studie belegt eindrucksvoll, welche riesige Summe uns allen die Inaktivität jedes Jahr kostet und was möglich wäre, wenn sich mehr Menschen bewegen würden. Viele Krankheitsbilder könnten durch mehr Sport und Bewegung eingeschränkt oder gar verhindert werden." (BSO 2018c)

Hochrechnungen zufolge erzielen sportlich aktive Personen einen volkswirtschaftlichen Nutzen von zwischen 45,96 Millionen Euro (Untergrenze) und 530,08 Millionen Euro (Obergrenze) pro Jahr. Diese Summe ergibt sich aus den vermiedenen Gesundheitskosten, Krankenstandskosten, Berufsunfähigkeit und Todesfällen. Bei dieser Rechnung wurden bereits die tatsächlichen Kosten für Sportunfälle abgezogen. Würde man es schaffen, weitere 10 % der Österreicher/Österreicherinnen für regelmäßige Bewegung zu motivieren, könnten 117 Millionen Euro eingespart werden. Angenommen die gesamte Bevölkerung Österreichs bestünde aus Sportlern/Sportlerinnen, so wären Einsparungen von 1,15 Milliarden Euro möglich. *(vgl. BSO 2015: S. 68; BSO 2018b)*

Sport als Wirtschaftsfaktor fördert

die Wirtschaft

die Gesundheit und das Wohlbefinden der Bevölkerung

Für die Zukunft gilt es, Strategien zu entwickeln, um mehr Menschen für die regelmäßige Ausübung von Sport zu begeistern. Dies würde einerseits einen wichtigen wirtschaftlichen Nutzen mit sich bringen, andererseits würde regelmäßige Bewegung und sportliche Betätigung zu einer Erhöhung der Lebensqualität jedes Einzelnen/jeder Einzelnen beitragen.

1.2 Sporttourismus

1.2.1 Positive Auswirkungen

Sport hat in Österreich einen Anteil von 4% am **BIP (Bruttoinlandsprodukt)** und ist somit im Vergleich mit den anderen EU-Ländern auf Platz 1. In anderen Ländern trägt die Sportwirtschaft mit zirka 1,8% zum BIP bei. Einen wichtigen Beitrag zu dieser positiven Situation in Österreich erbringt der Wintertourismus, der natürlich von guten Schneeverhältnissen abhängig ist. Gibt es über einen längeren Zeitraum keinen Schnee, fällt Österreich ins Mittelfeld im EU-weiten Vergleich zurück.

Positive Auswirkungen des Sporttourismus			
durch aktive und passive Sporttouristen/ Sporttouristinnen	ökonomisch – durch Steigerung des Wertschöpfungs- und Kaufkrafteffekts	politisch – durch Steigerung des internationalen Ansehens	soziokulturell – durch Steigerung des Erlebnis- und Freizeitwertes

Auswirkungen auf den Tourismus und in weiterer Folge auf die Wirtschaft hat nicht nur der „aktive Sporttourismus", sondern auch der „passive Sporttourismus". Ein passiver Sporttourist/Eine passive Sporttouristin ist eine Person, die wegen einer Großveranstaltung einen bestimmten Ort besucht. Pro Jahr geben Sporttouristen/Sporttouristinnen mehr als 57 Mio. Euro für Übernachtungen in Österreich aus. Davon profitieren noch weitere Gewerbe, wie zum Beispiel Restaurants mit über 2 Millionen Euro oder Reisebüros und Reiseveranstalter mit über 750 Millionen. *(vgl. Helmenstein u. a. 2006: S. 110)*

Die Abhaltung von sportlichen Großveranstaltungen bringt nicht nur Vorteile aus finanzieller Sicht. Sportgroßveranstaltungen helfen den Bekanntheitsgrad eines Ortes/einer Region zu erhöhen, was wiederum zu mehr Besuchern/Besucherinnen führen kann. Aus ökonomischer Sicht steigt der Wertschöpfungs- und Kaufkrafteffekt durch vermehrte Investitions- und Konsumausgaben. Dies führt zu mehr Arbeitsplätzen und zu einer Steigerung des Gesamtvermögens. Durch Sporttourismus ergeben sich viele weitere positive Effekte: Die Infrastruktur wird verbessert, es kommt zu einer Erneuerung bestehender Sportanlagen. Das Ansehen eines Ortes/einer Gemeinde wird aus internationaler Sicht gesteigert, was als politischer Effekt gesehen werden kann. Aus soziokultureller Sicht werden kulturelle Werte und Traditionen gefördert, was der Bevölkerung einen erhöhten **Erlebnis- und Freizeitwert** beschert.

1.2.2 Negative Auswirkungen

Durch den Sporttourismus hervorgerufene Besucherströme zu Sportveranstaltungen und im Tourismus allgemein bringen aber nicht nur positive Auswirkungen mit sich. Im Bereich von Sportgroßveranstaltungen können schlecht durchgeführte Events einen negativen Einfluss auf das Image des Ortes/der Region haben. Weniger Tourismus und dadurch finanzielle Einbußen sind negative Folgen. Auch Zeitverluste können sich während Sportgroßveranstaltungen für ortsansässige Bürger/Bürgerinnen und Unternehmen ergeben. Werden Sportanlagen für Sportarten extra für Veranstaltungen gebaut, die ansonsten wenig betrieben werden, ist eine geringe Auslastung die Folge und bei Nichtinstandhaltung würden diese Anlagen schnell verwahrlosen. Touristenströme, die sich nur für kurze Zeit in einem Ort/einer Region aufhalten, können negative Begleiterscheinungen für die Bewohner/Bewohnerinnen mit sich bringen. So ist mit einer erhöhten Lärmbelästigung, Steigerung von Konflikten, Unfällen, erhöhtem Aufkommen von Verkehrsstaus, Preissteigerungen, vermehrter Müllbelastung und teureren Immobilienpreisen zu rechnen. Durch bauliche Maßnahmen wird oft in das Stadt- und Landschaftsbild eingegriffen und vorhandene Grünflächen werden verkleinert.

Negative Auswirkungen des Sporttourismus

organisatorisch – durch schlecht organisierte Veranstaltungen	ökonomisch – durch finanzielle Einbußen	politisch – durch Schädigung des Images eines Austragungsortes	ökologisch – z. B. durch Lärmbelästigung, Eingriffe in das Stadt-/Landschaftsbild, steigende Immobilienpreise etc.

GET ACTIVE 1

Ordnen Sie die positiven und negativen Auswirkungen von Tourismus durch Sportgroßveranstaltungen und dem Tourismus allgemein den nachstehenden Kategorien zu. Vergleichen Sie anschließend Ihre Ergebnisse mit denen eines Mitschülers/einer Mitschülerin.

	positive Auswirkungen	**negative Auswirkungen**
soziale Auswirkungen		
ökologische Auswirkungen		
ökonomische Auswirkungen		

Nicht nur Sportgroßveranstaltungen, sondern auch der Wintersporttourismus kann negative Auswirkungen haben. Skigebiete benötigen für ihren Betrieb enorm große Flächen für ihre Infrastruktur. Pisten, Lifte, Parkplätze, Restaurants, Hotels etc. verdrängen wichtige Lebensräume für Tiere und Pflanzen. Bereits vom Aussterben bedrohte Tiere werden auf diese Weise durch den Tourismus noch mehr gefährdet.

Skiregionen werben mit ihrer Größe und den angebotenen Pistenkilometern. Dafür müssen unweigerlich Wälder gerodet und Böden planiert werden. Das führt zu einer Zerstörung der Pflanzendecke, die Folgen sind aus ökologischer Sicht fatal.

Durch die Verdichtung des Bodens kann weniger Wasser in den Untergrund versickern. Schlamm- und Geröllawinen bei starkem Regen oder bei der Schneeschmelze sind die Folgen. Außerdem wachsen immer weniger bis gar keine Pflanzen mehr, was sich negativ auf Insekten und die Tierwelt auswirkt. Die Natur kann sich in gewissem Ausmaß wieder selbst von den menschlichen Eingriffen erholen, jedoch nur bis zur Waldgrenze und das würde über 20 Jahre dauern.

Weitere negative Effekte, die durch den Tourismus entstehen, ergeben sich durch die An- und Abreise der Gäste. Erhöhtes Verkehrsaufkommen, Schadstoff-, Lärm- und Treibhausgasemissionen und viele Parkflächen beeinflussen die Umwelt negativ.

Viele Skigebiete werben mit „einem weißen Teppich bis ins Tal" und versprechen Schneegarantie. Da sich die Schneeverhältnisse ständig ändern und man nicht mit hundertprozentiger Sicherheit mit natürlichem Schnee rechnen darf, helfen Skigebiete mit technisch erzeugtem Schnee nach. Um perfekte Schneeverhältnisse zu erzielen, werden Schneekanonen eingesetzt. Diese benötigen große Mengen an Wasser und Energie. Das Wasser kommt aus Speicherteichen, die künstlich angelegt werden und das Landschaftsbild beeinflussen. Damit ein Hektar mit 30 cm Schnee bedeckt werden kann, werden über eine Million Liter Wasser benötigt. Die Schneekanonen sind während des Beschneiens extrem laut, was zur Störung der Wildtiere während ihrer Ruhephase führt. Das erzeugt einen erhöhten Stresslevel bei den Tieren, wodurch sie mehr Energie verbrauchen. Diesen erhöhten Energieverbrauch können sie jedoch schwer decken, da in den Wintermonaten Futter nicht so leicht zu finden ist.

GET ACTIVE 2

Ihre Gemeinde diskutiert über den Ausbau des Skigebietes und den flächendeckenden Einsatz von Schneekanonen. Sie sind politisch engagiert und beteiligen sich an der Diskussion.

Bilden Sie Zweiergruppen und nehmen Sie dabei entweder die Rolle A oder Rolle B ein.

Rolle A: Sie sind ein starker Gegner/eine starke Gegnerin der Erweiterung des Skigebietes und des flächendeckenden Einsatzes von Schneekanonen.

Rolle B: Sie sind ein starker Befürworter/eine starke Befürworterin dieses Projekts und versprechen sich viele positive Auswirkungen auf die Region.

Notieren Sie sich so viele Argumente wie möglich und diskutieren Sie zirka fünf Minuten.

1.2.3 Trends im Sporttourismus

Trends im Sporttourismus

- *Erweiterung eines zielgruppengerechten Sportangebots aller Tourismusanbieter*
- *Förderung des nachhaltigen Tourismus*

Die Zeiten des Relaxens am Strand sind vorbei. Immer mehr Menschen möchten im Urlaub selbst aktiv sein und etwas erleben. Es soll möglichst unkompliziert ablaufen, der Kunde/die Kundin möchte keine Zeit mit der Planung vergeuden und spontan alle Möglichkeiten zur Ausübung von unterschiedlichen

Sportarten haben. Im Internet veröffentlichte Routen und/oder GPS-Daten erlauben Aktivitäten abzurufen, die perfekt auf das eigene Können abgestimmt sind. In Zukunft ist zu erwarten, dass sich Hotels, Unterkünfte, Sportanbieter, Regionen etc. an dieses aktive und spontane Konsumverhalten anpassen und mit einem breiten Angebot begeistern. Der Gast ist gewillt, für das sportliche Erlebnis mitunter viel zu bezahlen. Sporttouristen/Sporttouristinnen geben zum Beispiel in Oberösterreich täglich durchschnittlich 110 Euro aus. *(vgl. Oberösterreich Tourismus 2014)*

Neben einem breiten Angebot rückt jedoch auch das Umweltbewusstsein in den Vordergrund. Nachhaltiger Tourismus, der weniger belastend für die Umwelt und die Bevölkerung ist, wird in Zukunft an Bedeutung zunehmen. Es gibt bereits Ansätze, um der geforderten Nachhaltigkeit gerecht zu werden. Personen, die mit dem Zug anreisen, werden vom Bahnhof abgeholt oder es werden den Gästen Elektroautos geliehen, um die Gegend naturschonender zu erkunden. Geführte Touren und Wanderwegnetze zielen darauf ab, das Wandererlebnis so umweltfreundlich wie möglich zu gestalten. Besichtigungen von Bauernhöfen und der Verkauf von regionalen Produkten sollen zusätzliche Zielgruppen ansprechen.

Zum nachhaltigen und dauerhaften Schutz der Alpen wurden Bündnisse geschlossen. Die Dachorganisation CIPRA (Commission Internationale pour la Protection des Alpes/Internationale Alpenschutzkommission) oder die „Alpenkonvention" sind Beispiele für den vermehrten Schutz des Alpenraumes.

Zunehmende Lebenserwartung, stärkeres Gesundheitsbewusstsein, erhöhter Qualitätsanspruch und ein größeres Verlangen nach individuellen Produkten haben einen starken Einfluss auf zukünftige Angebote von Dienstleistern. Um den Bedürfnissen der Konsumenten/Konsumentinnen nachzukommen, werden sich viele Dienstleister zusammenschließen und gemeinsame, innovative Pakete entwerfen.

RP-TRAINING 1

Anforderungsniveau 1

Beschreiben Sie den Stellenwert der Sportwirtschaft als Wirtschaftsfaktor in Österreich und nennen Sie Beispiele.

Anforderungsniveau 2

Eine Urlaubsregion in Ihrer Nähe möchte am Puls der Zeit sein und attraktiver für ihre Gäste werden. Mit welchen Strategien/Angeboten können Sie auch in Zukunft mehr Sporttouristen/Sporttouristinnen für sich gewinnen? Begründen Sie Ihre Vorschläge.

Anforderungsniveau 3

Diskutieren Sie kritisch den positiven und negativen Einfluss des Wintersporttourismus und von Sportveranstaltungen auf Wirtschaft und Natur.

2 Synergien zwischen Sport und Wirtschaft

GET ACTIVE 3

Nennen Sie die abgebildeten Marken, die häufig als Sponsoren im Sport auftreten, anhand ihres Logos. Machen Sie sich Notizen, in welchen Bereichen des Sports sie häufig auftreten (Sportarten, Events etc.) und was Sie persönlich mit diesen Marken verbinden (Image der Marke). Vergleichen Sie anschließend Ihre Ergebnisse mit einem Partner/einer Partnerin.

	Logo	Marke	Notizen
1			
2			
3			
4			
5			

Als 1968 ein Zigarettenhersteller sein Logo der Marke *Gold Leaf* auf einen Rennwagen platzierte, reagierten die Fernsehsender ARD und ZDF mit Empörung und stellten die Übertragung des Rennens ein. Als Grund führten die Sender an, dass sie diese Art von Schleichwerbung nicht unterstützen wollen. Diese

Reaktion des Senders ist heute nicht mehr vorstellbar. Sponsoring im Sport begann sehr schleppend in den 1960er und 1970er Jahren, auch Sportler/Sportlerinnen waren wenig an Sponsoren interessiert. Im Laufe der Jahrzehnte änderte sich jedoch diese Einstellung drastisch. Grund dafür ist das sogenannte „magische Dreieck im Sportsponsoring" *(Bruhn 2003: S. 13. In: Zengel 2014: S. 26)*: **Sport Medien und Wirtschaft.**

„Die Medien brauchen den Sport als Programmelement; der Sport braucht die Wirtschaft (oder die Medien) als Finanzier; die Wirtschaft verlangt dort, wo sie den Sport finanziert (und auch für die Medien zum Ereignis macht) Beachtung durch die Medien." (Drees 1992: S. 79. In: Zengel 2014: S. 26)

Heutzutage sind die Platzierungen von Logos und Werbeeinschaltungen von nationalen und internationalen Firmen selbstverständlich. Sport und Sponsoring sind aus der heutigen Sportwelt nicht mehr wegzudenken und für viele Nachwuchssportler/Nachwuchssportlerinnen ist das Unterzeichnen eines Sponsorvertrages die Erfüllung eines Traumes schlechthin.

2.1 Sportförderung – unterschiedliche Modelle

Unter den Begriffen „Mäzenatentum", „Spendenwesen", „Fundraising" und „Sponsoring" versteht man im Allgemeinen eine Unterstützung oder Förderung von Einzelpersonen, Gruppen, Organisationen oder Veranstaltungen durch Sach-, Dienst- oder Geldleistungen. Einige Formen der Unterstützung weisen eine lange Tradition auf, einige sind Phänomene der Gegenwart. Trotz der gemeinsamen Bedeutung weisen die Begriffe wesentliche Unterschiede auf.

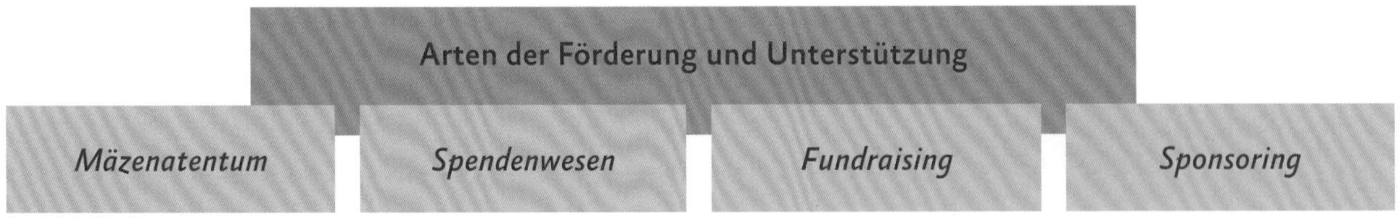

Das **Mäzenatentum** hat seinen Ursprung in der römischen Antike. Gaius Cilnius Maecenas (70–8 v. Chr.) fand besonderes Interesse an Kunst und Kultur und förderte insbesondere Dichter. Die Mäzene oder Stifter sind Personen, die Unterstützung leisten, dafür jedoch keine Gegenleistung fordern. Das ist auch heute noch so, wenn Sportler/Sportlerinnen oder Vereine finanziell oder auf andere Weise unterstützt werden. Stifter profitieren insofern, als sie durch ihre Spendentätigkeit ihr Image in der Bevölkerung verbessern. Ein weiterer positiver Aspekt, der sich durch das Mäzenatentum ergibt, ist ein steuerlicher Vorteil.

Ein Begriff, der dem Mäzenatentum sehr ähnlich ist, ist das **Spendenwesen.** Sogenannte Spendenaktionen von Unternehmen erwecken den Eindruck, dass aus einer Verantwortung gegenüber der Gesellschaft gehandelt wird. Diese Form der Unterstützung wird gerne angenommen, man darf jedoch nicht vergessen, dass Firmen dadurch ein positives Image erlangen und steuerliche Vorteile genießen.

Fundraising (engl. Spendensammlung, Finanzmittelbeschaffung) bedeutet, dass Personen, Vereine etc. versuchen, Geld für ihre Anliegen zu sammeln. Die Spendensammler gehen dabei keinen rechtlich gültigen Vertrag mit den Spendern bzw. Mäzenen ein und müssen daher offiziell keine Gegenleistung erbringen.

Vergleicht man die Begriffe „Mäzenatentum", „Spendenwesen" und „Fundraising" mit dem Begriff des **Sponsorings,** so ergeben sich klare Unterschiede. Sportsponsoring beruht auf bestimmten Rechten und Pflichten sowie auf dem Prinzip von Leistung und Gegenleistung, was vertraglich festgelegt wird. Spendenwesen und Mäzenatentum basieren auf dem „guten Willen" der Spender/Spenderinnen – Sponsoring hingegen auf Gewinnmaximierung.

GET ACTIVE 4

Erklären Sie folgende Begriffe mit eigenen Worten. Vergleichen Sie Ihre Definitionen anschließend mit jenen eines Mitschülers/einer Mitschülerin.

	Begriff	**Definition in eigenen Worten**
1	Mäzenatentum	
2	Spendenwesen	
3	Fundraising	
4	Sportsponsoring	

2.2 Sportsponsoring, Zielsetzung und Tipps

2.2.1 Sportsponsoring

Grundsätzlich kann jede Sportart in unterschiedlicher Form gesponsert werden. Das Sportsponsoring wird im Wesentlichen in drei verschiedene Bereiche untergliedert.

Beim **Individualsponsoring** werden einzelne Sportler/Sportlerinnen durch finanzielle Mittel oder Ausrüstung unterstützt. Dabei spielt es keine Rolle, ob jemand Profi oder Amateur ist. Für den Sponsor ist es wichtig, dass der Sportler/die Sportlerin öffentlich auftritt und den Sponsor bei Veranstaltungen (z. B. durch Trikotwerbung oder bei Autogrammstunden) präsentiert.

Eine weitere Form des Sportsponsorings bezieht sich auf das **Mannschafts-/Vereins- bzw. Verbandssponsoring.** Die Möglichkeiten reichen dabei vom Sponsern von Kleidung oder Ausrüstung bis hin zu finanzieller Unterstützung. Image der Sportart und die damit verbundene Zielgruppe entscheiden über einen Sponsorvertrag. Sportarten, denen kaum Interesse geschenkt wird, haben oft Schwierigkeiten, Unterstützung zu bekommen.

Sportveranstaltungen bieten einen guten Rahmen, um das eigene Produkt oder ein Unternehmen zu bewerben, deshalb fließen hohe Summen in das **Sponsoring von Sportevents.** Beim Eventsponsoring spielt die Kommunikation eine wichtige Rolle. Hauptsponsoren bekommen viel Aufmerksamkeit und profitieren davon für ihr eigenes Unternehmen oder Produkt. Weitere Gegenleistungen der gesponserten Eventveranstalter können unter anderem sein: bestimmte Nutzungsrechte, Bandenwerbung, bestimmte Aktionen im Rahmen des Events.

Vom Sportsponsoring profitiert nicht nur der Spitzensport, sondern auch Vereine. Aufgrund von hohen Mitgliederzahlen sind Vereine für Sponsoren sehr interessant. Bei einer Untersuchung gaben 70 % der österreichischen Vereine an, Sponsoring in Form von Sach- und Geldspenden zu erhalten – Förderungen, die für Vereine bedeutsam sind und gerne angenommen werden. *(BSO 2018e)*

GET ACTIVE 5

Sie arbeiten neben Ihrer schulischen Ausbildung Teilzeit in einem Sporthandel. Der Besitzer/Die Besitzerin möchte gerne durch Sponsoring auf ihr Geschäft aufmerksam machen. In einem Gespräch

- erklären Sie unterschiedliche Arten des Sponsorings,
- erläutern Sie, wie der Besitzer/die Besitzerin nicht nur durch Sponsoring von Spitzensportlern/Spitzensportlerinnen profitieren kann,
- machen Sie konkrete Vorschläge, welche Sportler/Sportlerinnen, Vereine, Sportveranstaltungen aus Ihrer Umgebung in Frage kommen könnten. Begründen Sie Ihre Empfehlungen.

Machen Sie sich zuerst Notizen und begeben Sie sich dann in Zweiergruppen. Ein Mitschüler/Eine Mitschülerin nimmt die Rolle des Besitzers/der Besitzerin ein. Wechseln Sie anschließend die Rollen und spielen Sie das Rollenspiel erneut durch.

2.2.2 Zielsetzung von Sponsoring

Sponsoren verfolgen bestimmte Ziele, wenn sie sich entscheiden, einen Athleten/eine Athletin, einen Verein oder Verband mit finanziellen Mitteln, Ausrüstung oder Sachspenden zu unterstützen. Diese Zielsetzung kann in marktpsychologische und ökonomische Ziele untergliedert werden.

Marktpsychologische Ziele, auch kommunikative Ziele genannt, verfolgen den Zweck, die Marke bekannter zu machen. Weitere Ziele sind der Aufbau von neuen, eher unbekannten Marken und die Veränderung oder die Stabilisierung des Images des jeweiligen Unternehmens. Wie bereits erwähnt kann sich das als Sponsor tätige Unternehmen positiv präsentieren. Aus marktpsychologischer Sicht geht es beim Sponsoring stets um das Image.

Neben der marktpsychologischen Zielsetzung verfolgen Sponsoren auch **ökonomische Ziele.** Im Detail handelt es sich um Leistungsziele (verbesserte Bindung der Kunden/Kundinnen, Aufrechterhaltung bestehender Kunden/Kundinnen, Gewinnung von neuen Kunden/Kundinnen), Absatz- und Umsatzziele.

Zusammengefasst hat erfolgreiches Sponsoring folgende positive Effekte auf ein Unternehmen:

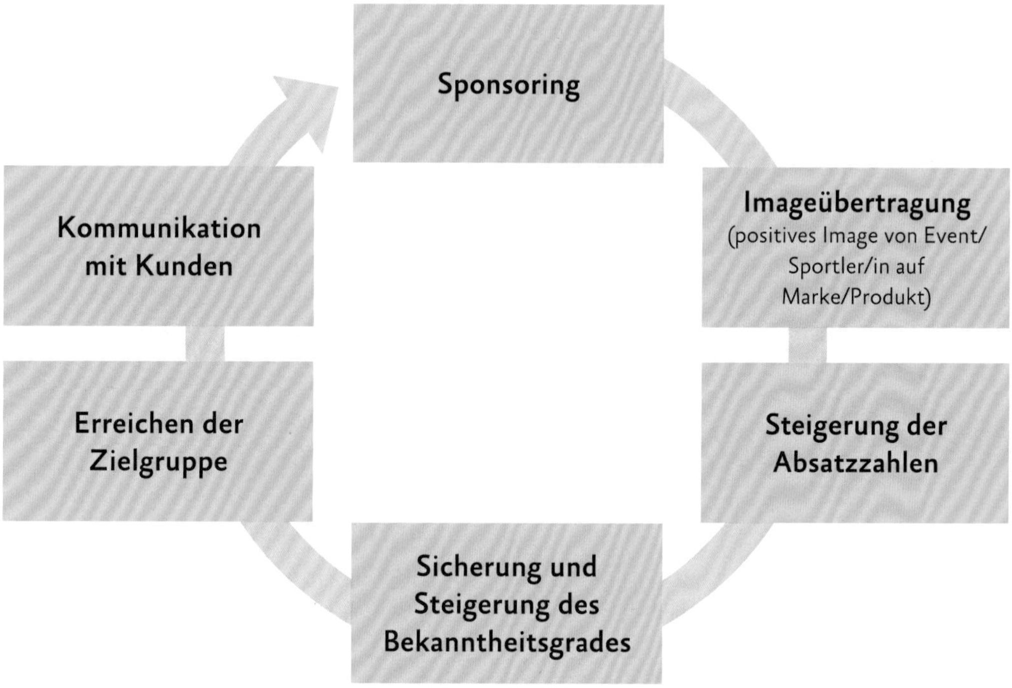

Sponsoring bringt aber nicht nur Vorteile für ein Unternehmen, es profitieren auch der Sportler/die Sportlerin, der Verein oder der Verband. Neben den offensichtlichen Vorteilen wie finanzielle Unterstützung, dem Erhalt von Sachspenden und Dienstleistungen ergeben sich noch weitere Vorteile, denen teilweise zu wenig Beachtung geschenkt wird.

Durch Sponsoring kommt es zu einer Erhöhung des Bekanntheitsgrades, da vermehrt Eigenwerbung gemacht werden kann. Dadurch können mehr sportbegeisterte Personen erreicht werden, was positive Auswirkungen z. B. auf den Verkauf von Tickets nach sich ziehen wird. Weiters erhält der/die Gesponserte öffentliche Unterstützung im Sinne von vermehrter Öffentlichkeitsarbeit.

GET ACTIVE 6

Nachdem Sie den Abschnitt 2.2.2 *Zielsetzung von Sponsoring* durchgearbeitet haben, ordnen Sie die folgenden Zielsetzungen entweder marktpsycholgischen (M) oder ökonomischen Zielen (Ö) zu. Tragen Sie die jeweils in Klammer stehenden Buchstaben (M oder Ö) rechts in die Spalte ein.

1	Erhöhung des Bekanntheitsgrades der Marke	
2	Aufrechterhaltung von bestehenden Kunden	
3	Gewinnung von Neukunden	
4	Stabilisierung des Images einer Marke/eines Unternehmens	
5	Verbesserte Kundenbindung	
6	Erhöhung des Umsatzes	
7	Positives Image der Marke verstärken	

2.2.3 Sportsponsoring-Tipps

Sportler/Sportlerinnen, die Aussicht auf einen Sponsor haben oder auf der Suche nach einem Sponsor sind, sollten einige Punkte im richtigen Umgang mit Sponsoring beachten.

Athleten/Athletinnen muss stets bewusst sein, dass Sponsorverträge keine Spenden sind, sondern rechtlich gültige Vereinbarungen, bei denen Gegenleistungen erwartet werden. Um einen geeigneten Sponsor zu finden, muss unter Umständen sehr viel Zeit, Kraft und Ausdauer investiert werden. Networking und das Knüpfen von Kontakten spielen in diesem Zusammenhang eine entscheidende Rolle. Im Umgang mit Sponsoren kann es ein entscheidender Vorteil sein, wenn der Sportler/die Sportlerin bereits im Vorfeld persönliche Kontakte geknüpft hat und durch einen emotionalen Bezug Interesse weckt. Die Erwartungshaltung sollte realistisch sein. Es ist sinnvoll, nur mit Sponsoren zusammenzuarbeiten, deren Zielgruppe sich auch vom Sportler/von der Sportlerin angesprochen fühlt.

Ein wichtiger Punkt, um geeignete Sponsoren zu finden, ist die Erstellung eines schlüssigen Konzepts. Es soll darauf geachtet werden, dass der USP (engl. Unique Selling Proposition, Alleinstellungsmerkmal) ausgearbeitet ist. Mit einem guten Finanzplan erkennt der potentielle Sponsor sofort, was der Sportler/die Sportlerin benötigt (Geld, Dienstleistungen, Sachleistungen). Wenn das Konzept folgende Fragen beantwortet, stehen die Chancen gut, einen Sponsor zu gewinnen: „**Wer** sagt **was** und fördert **wen** unter **welchen Bedingungen** mit **welchen Maßnahmen** über **welche Kanäle** zu **wem** mit **welchen Wirkungen**?"

WER sagt	Sponsor
WAS und fördert	z. B. Botschaft
WEN unter	Gesponserter
WELCHEN BEDINGUNGEN mit	z. B. Budget
WELCHEN MAßNAHMEN über	z. B. Sponsoringmix
WELCHE KANÄLE zu	Medien
WEM mit	Zielgruppe
WELCHEN WIRKUNGEN?	Wirkung

Hat der Athlet/die Athletin einen passenden Sponsor ausgewählt, gilt es, eine professionelle Sponsoringmappe (Auflistung der Sponsorleistung, Höhe der finanziellen Unterstützung, geplante Projekte, Erreichung der Zielgruppe etc.) zu erstellen. Visuelle Mittel (Bilder, Videos etc.) werten die Sponsoringmappe auf. Wie oben erwähnt ist der Sponsor daran interessiert, was er im Gegenzug für das Sponsoring erhält. Mögliche Gegenleistungen können sein: Tragen des Logos auf der Bekleidung, Platzierung des Logos, eines Werbespruches oder einer Werbeaktion auf Banden (z. B. Werbung rund um das Spielfeld im Stadion), im Newsletter, in Magazinen oder im Internet, Lautsprecherdurchsagen, Pressemitteilungen, Nutzungsrechte, Autogrammstunden etc.

Sponsoren können ein entscheidender Schritt in der Weiterentwicklung einer Karriere sein, ein kritisches Abwägen möglicher Vor- und Nachteile eines Sponsorings ist in jedem Fall sinnvoll.

GET ACTIVE 7

Ihr Verein benötigt dringend finanzielle Unterstützung sowie Sachspenden, um eine Vereinsmeisterschaft (Jugend, Erwachsene, Senioren) durchzuführen. Sie haben einen Termin bei einem ortsansässigen Sporthandel und möchten diesen als Hauptsponsor für sich gewinnen. Bereiten Sie ein Konzept vor und erstellen Sie eine kurze Präsentation, die Sie zu Beginn des Gesprächs vortragen. Ihre Präsentation soll dabei folgende Inhalte aufweisen:

- Nennen Sie die gewünschte Form der Unterstützung und begründen Sie Ihre Wünsche.
- Heben Sie positive Effekte des Sponsorings für den Sporthandel hervor.
- Schlagen Sie Möglichkeiten vor, wie auf den Sponsor durch Werbeplatzierungen vor, während und nach der Veranstaltung aufmerksam gemacht werden kann.

Präsentieren Sie etwa drei Minuten.

RP-TRAINING 2

Anforderungsniveau 1

Geben Sie einen kurzen geschichtlichen Einblick über die Entwicklung des Sponsorings im Allgemeinen.

Anforderungsniveau 2

1. Erklären Sie die Begriffe „Mäzenatentum", „Spendenwesen", „Fundraising" und „Sportsponsoring". Führen Sie jeweils Beispiele an.
2. Erläutern Sie die wesentlichen Unterschiede zwischen Spenden- und Sportsponsoring.

Anforderungsniveau 3

Ihr Freund/Ihre Freundin möchte einen Sponsor für sich gewinnen. Er/Sie wendet sich an Sie mit der Bitte um Ratschläge.

1. Nehmen Sie Stellung zu den positiven Effekten des Sponsorings auf ein Unternehmen sowie auf einen Sportler/eine Sportlerin.
2. Geben Sie Tipps, wie man einen erfolgreichen Sponsorvertrag erreicht.

KOMPETENZCHECK

Ich kann ...			
... einige Eckpunkte zur wirtschaftlichen Bedeutung des Sports in Österreich nennen.			
... den Stellenwert des Sporttourismus in Österreich analysieren.			
... kritisch zum Thema „Sporttourismus und dessen Auswirkungen auf die Umwelt" Stellung nehmen.			
... unterschiedliche Arten der Förderung und Unterstützung im Sport erklären und Beispiele anführen.			
... die positiven Effekte von Sponsoring für Unternehmen und Sportler/Sportlerin erläutern.			
... Tipps für einen erfolgreichen Sponsorvertrag geben.			

Bewegungssteuerung und motorisches Lernen

Kapitel 6

Die Gestaltung eines effektiven Koordinations- oder Techniktrainings ist eine der Königsdisziplinen eines jeden Trainers/einer jeden Trainerin. Um Trainingseinheiten effektiv gestalten zu können, muss der Trainer/die Trainerin über viel Erfahrung und fundiertes Wissen über Vorgänge, die während eines Bewegungsablaufes im menschlichen Körper stattfinden, verfügen.

In den Kapiteln *Merkmale von Bewegungen* und *Bewegungsapparat und Organsysteme* im ersten Band wurden schon einige dieser Vorgänge beschrieben. Das Erlernen einer Bewegung ist, wie wir es anhand von Beobachtungen bei Kleinkindern erkennen können, ein langwieriger und komplexer Prozess. Bewegungen müssen erlernt werden und sind immer ein Zusammenspiel von Wahrnehmungsfähigkeit (Sensorik) und Bewegungssteuerung (Motorik). Im Vergleich zur Tierwelt sind Kleinkinder relativ schutzlos den Gefahren der Umwelt ausgeliefert. Ohne die Hilfe der Eltern oder anderer Bezugspersonen wäre das Überleben nicht möglich.
Wieso hat also die Evolution diesen Weg für uns eingeschlagen?

In diesem Kapitel werden die Grundlagen des Bewegungslernens ausführlich betrachtet und damit indirekt eine Antwort auf diese Frage gegeben. Neben den neurobiologischen Grundlagen der Bewegungssteuerung wird auf die Entwicklung von Bewegungsmustern und auf verschiedene Methoden zum leichteren Lernen von komplexen Bewegungsabläufen eingegangen.

Der Lernende/Die Lernende soll ...

- die neurobiologischen Grundlagen der Bewegungssteuerung erklären können,
- die Entstehung von Bewegungsmustern nachvollziehen können,
- Methoden zum leichteren Lernen von komplexen Bewegungen anwenden können.

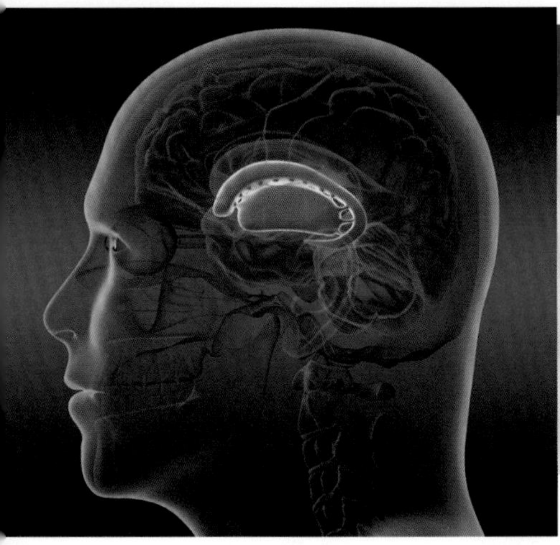

WARM-UP

Die in diesem Kapitel behandelten Inhalte greifen auf einige schon in Band 1 behandelte Themen zurück. Arbeiten Sie die wichtigen Kernpunkte der beiden unten angeführten Kapitel gemeinsam mit einem Partner/einer Partnerin heraus. Gestalten Sie eine Übersicht, in der diese Kernpunkte durch eine kurze Erklärung und ein praktisches Beispiel erläutert werden.

Kapitel 8 – *Nervensystem*

Kapitel 13 – *Besonderheiten des Nachwuchstrainings*

Bevor wir uns mit dem Erlernen von Bewegungen und den dafür geeigneten Methoden etwas genauer beschäftigen, ist es notwendig, die wesentlichen Grundlagen über neurobiologische Vorgänge im menschlichen Körper, die während eines Bewegungsablaufes stattfinden, näher zu beleuchten.

1 Neurobiologische Grundlagen der Bewegungssteuerung

Das neurobiologische System für die Steuerung von Bewegungen setzt sich aus dem **sensorischen System,** das oft auch als Sinnessystem zusammengefasst wird, und dem **motorischen System,** das die Kontrolle und Steuerung des Bewegungsapparates inne hat, zusammen. Diese beiden Systeme sind entscheidend für den koordinierten Ablauf jeder Bewegung. Die Steuerzentrale für alle Bewegungsabläufe, die bewusst ablaufen, befindet sich im Gehirn. Die Bereiche im Gehirn werden entsprechend ihrer Funktion **sensomotorischer Kortex** und **motorischer Kortex** genannt.

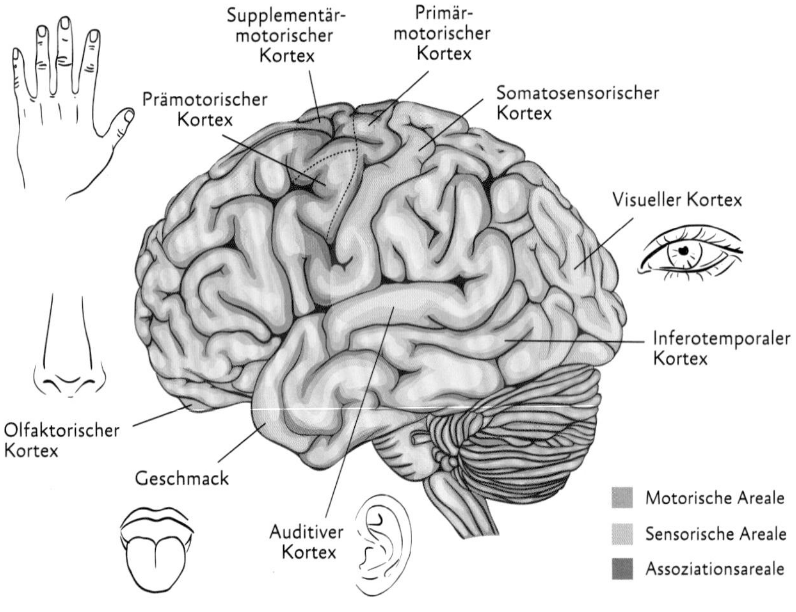

Sensomotorische und motorische Kortexareale

1.1 Das sensorische System

Periphere Rezeptoren	
olfaktorisch	Geruchssinn
visuell	Sehsinn
taktil	Berührungssinn
auditiv	Gehörsinn
vestibulär	Gleichgewichtssinn
gustatorisch	Geschmackssinn

Das sensorische System besteht aus der Gesamtheit der peripheren Rezeptoren und deren Nervenbahnen bis hin zu den einzelnen Zentren im Gehirn. Die peripheren Rezeptoren werden je nach ihrer Funktion in verschiedene Kategorien eingeteilt. Sie nehmen unsere Umwelt auf unterschiedliche Art und Weise wahr und senden **afferente** Nervensignale an die jeweils zuständigen Gehirnregionen. Diese wiederum verarbeiten die so entstandenen Signale und lösen die entsprechenden Reaktionen aus, die über das motorische System direkt an die Muskeln weitergeleitet werden.

Ohr (auditiv)

Das Ohr dient vor allem als akustischer Analysator und liefert Informationen zur Orientierung oder zur Rhythmusvorgabe. Es kann aber auch Informationen über das Bewegungsverhalten wie z. B. über einen schnellen oder schweren Schritt liefern. Im Sport ermöglicht es technisch-taktische Absprachen und liefert Rückmeldung über das Zuschauerverhalten.

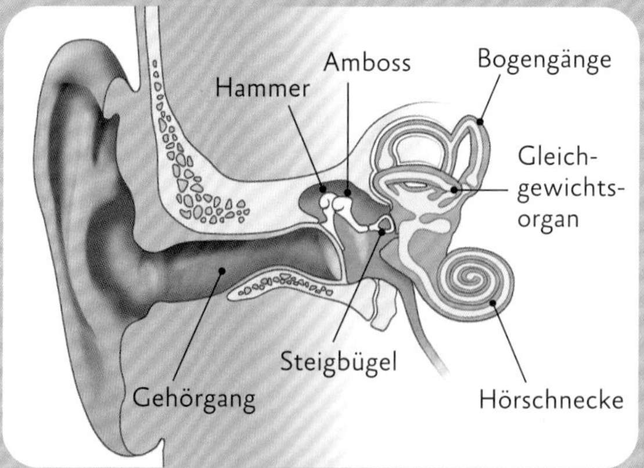

Gleichgewichtsorgan (vestibulär)

Das Gleichgewichtsorgan liefert Informationen über die momentane Lage des Körpers im Raum. Es spielt eine entscheidende Rolle bei linearen Beschleunigungen und Rotationsbewegungen. Ständig werden beim Betreiben von Sport Informationen über die Situation des Gleichgewichts ans Gehirn gemeldet. Die Hauptrolle spielen dabei die drei Bogengänge des Ohres.

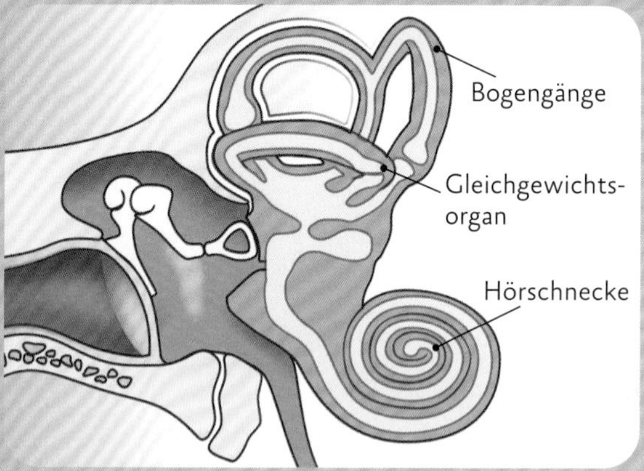

Haut (taktil)

Die Hautrezeptoren registrieren nicht nur Druck aus verschiedenen Quellen, sondern auch Geschwindigkeit und Beschleunigungen werden durch die Haut wahrgenommen, ebenso bewegungsbegleitende Umstände wie Wind und Wärme. Eine weitere wichtige Funktion der Haut ist die Wahrnehmung von körperlichem Schmerz.

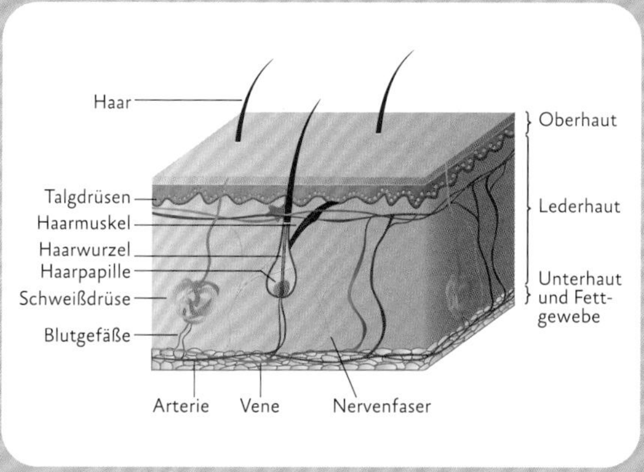

Auge (visuell)

Das Auge liefert Informationen über alle räumlichen und zeitlichen Umweltveränderungen. Im Sport informiert es über die räumliche Lage des menschlichen Körpers und die Lage von Geräten oder Objekten im Raum, im taktischen Bereich über das Verhalten von eventuellen Gegnern/Gegnerinnen oder Mitspielern/Mitspielerinnen.

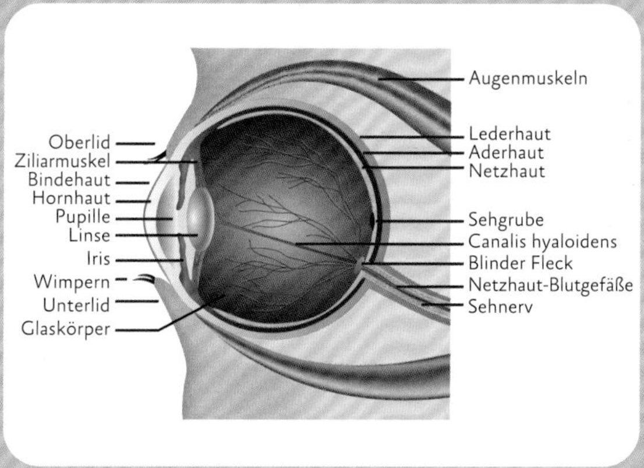

Muskelspindeln (taktil)

Muskelspindeln sind Rezeptoren, die den Dehnungszustand und die Dehnungsänderung des Muskels erkennen. Sie liefern schnelle afferente Signale, besitzen aber auch eine efferente Nervenanbindung, über die ihre Empfindlichkeit gesteuert wird. Sie dienen der Steuerung der Muskellänge und den damit verbundenen Muskelkontraktionen.

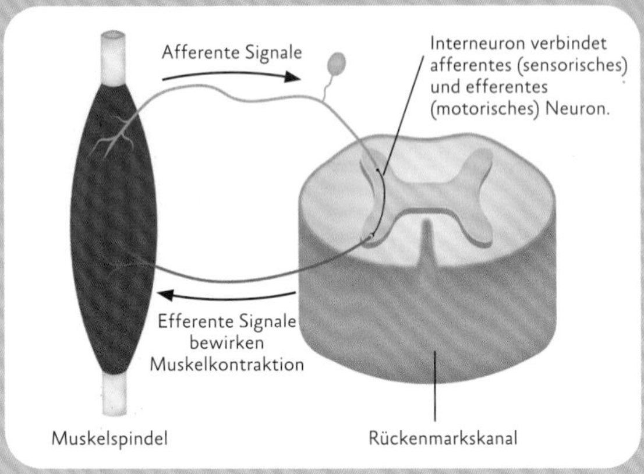

Sehnenspindeln (taktil)

Die Sehnenspindeln schützen reflektorisch vor der Überdehnung eines Muskels. Sie sind mit den Muskelfasern in Serie geschaltet und werden dadurch bei Verkürzung des Muskels stimuliert. Deswegen liefern sie auch Informationen über die Kraftentwicklung in der Muskulatur und übernehmen eine wichtige Schutzfunktion. Sie werden auch Golgi-Organe genannt.

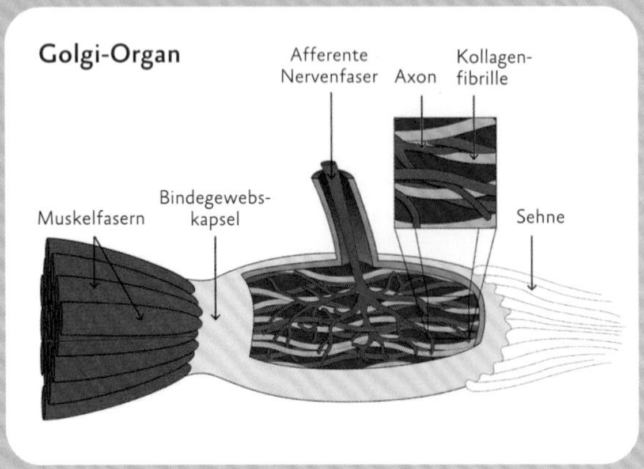

1.2 Das motorische System

Motorisches System		
Reflexmotorik	*Willkürmotorik*	*Mit- und Kontrollbewegung*

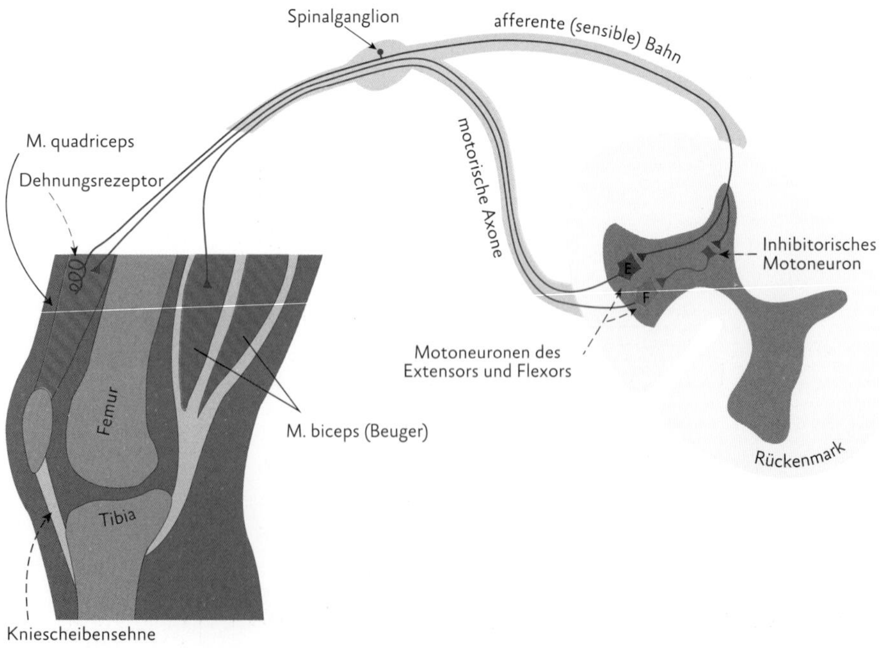

Kniesehnenreflex

Jene Teile des Nervensystems, die für die Kontrolle des Bewegungsapparates zuständig sind, werden unter dem Begriff motorisches System zusammengefasst. Das motorische System wird wegen seiner Funktionsweise in drei Bereiche unterteilt, die sich gegenseitig sehr stark beeinflussen.

Der erste Bereich ist die sogenannte **Reflexmotorik.** Ein Reflex kann überall im Nervensystem seinen Ausgangspunkt haben. Er läuft automatisch ab, kann aber auch bewusst unterdrückt werden. Ein sehr anschauliches Beispiel ist der Kniesehnenreflex, der im Normalfall automatisch ausgelöst wird, den man aber auch sehr gut unterdrücken kann. Bei diesem

Reflex wird der an das Rückenmark laufende Reiz sofort auf das Motoneuron umgeleitet und es erfolgt daher eine rasche Muskelreaktion.

Ausgelöst wird dieser Reflex durch einen Schlag auf die Sehne unterhalb der Kniescheibe. Dadurch kommt es zu einer plötzlichen Streckung des vierköpfigen Oberschenkelmuskels (M. quadriceps femoris). Durch diese plötzliche Dehnung werden die Muskelspindeln erregt. Das so entstandene afferente Nervensignal wird direkt im Rückenmark über eine Synapse auf die **efferente** Bahn des Motoneurons übertragen und in Richtung des Muskels zurückgeschickt. Die motorische Endplatte leitet dann eine Muskelkontraktion ein und der Unterschenkel schnellt nach vorne. Dieser Reflex wird zur Überprüfung der Nervenbahnen eingesetzt und führt zum Beispiel beim Hängenbleiben an Treppenstufen ohne Nachzudenken zum Vorschnellen des Unterschenkels.

Der zweite Bereich ist die **Willkürmotorik.** Sie deckt den größten Teil der im Sport benützten Bewegungen ab. Willkürliche Bewegungen gehen von zahlreichen Feldern im Bereich des Gehirns aus. Dies ermöglicht eine Veränderung des motorischen Programmes, das über sogenannte Pyramidenbahnen an die Peripherie weitergeleitet wird. Ein Teil dieser Pyramidenbahnen geht direkt in das Rückenmark zu den Motoneuronen der weit entfernten Extremitäten. Diese direkte Verbindung ist für eine schnelle, gerichtete Zielmotorik zuständig. Der restliche Teil der Pyramidenbahnen endet an Interneuronen des Rückenmarks. Dieser Weg ermöglicht es, willkürlich auf die Reflexmotorik einzuwirken und sie im Sinne der willkürlichen Motorik einzusetzen.

Der dritte Bereich sind **Mit- und Kontrollbewegungen.** Diese Bewegungen laufen nicht bewusst ab. Zuständig für diese Bewegungen ist hauptsächlich das Kleinhirn, das laufend über geplante Bewegungen informiert wird und dabei hilft, die willkürlichen Bewegungen korrekt durchzuführen. Bei Störungen der Kommunikation mit dem Kleinhirn können Störungen im Bewegungsablauf entstehen.

1.3 Antizipation im Sport

Neben den Reflexen und der willkürlichen Ansteuerung der Muskeln spielt eine weitere Fähigkeit eines Sportlers/einer Sportlerin im Bereich der Bewegungssteuerung eine sehr bedeutende Rolle. Diese Fähigkeit wird Antizipation bezeichnet und beschreibt die **mentale Vorwegnahme eines kommenden Bewegungsablaufes.** Die Antizipation spielt aber nicht nur in Sportarten mit einem Gegner/einer Gegnerin eine große Rolle, sie wird auch bei eigenen Bewegungsabläufen benötigt. So ist beim Downhillfahren beim Mountainbiken die aktive Vorbereitung auf das kommende Gelände genauso wichtig wie das Einnehmen der richtigen Verteidigungsposition bei Angriffen im Beachvolleyball. In beiden Fällen erfolgt ein Abgleich der an das Gehirn gelieferten Sinneseindrücke mit im Gehirn bestehenden Gedächtnisinhalten. Dies ermöglicht es dem Sportler/der Sportlerin, sich auf unmittelbar bevorstehende Ereignisse einzustellen und **geeignete Aktionsmuster,** die einen gewünschten Effekt erzielen, ablaufen zu lassen. Der Übergang von diesen Aktionsmustern hin zu den konditionierten Reflexen ist dabei fließend. Hat man es sehr oft mit demselben Gegner/derselben Gegnerin oder mit derselben sportlichen Tätigkeit zu tun, so werden die dabei verwendeten Aktionsmuster immer effektiver. Häufig passiert es, dass Spieler/Spielerinnen, die sich sportlich sehr oft miteinander messen, **Intentionen des Gegners/der Gegnerin** schon vor der Ausführung der Handlung erahnen und dementsprechend effektiv reagieren.

Die Antizipation spielt bei Sportarten wie beim Tennis, Volleyball oder modernem Fußball, in denen sehr oft schnelle Reaktionen erforderlich sind, eine bedeutende Rolle und kann zum Teil auch gut trainiert werden. In den meisten Fällen ist eine gute Antizipation auf eine gute und lang angelegte Prägung zurückzuführen. Über verschiedene Trainingsmethoden wird die Anzahl an geeigneten Aktionsmustern erweitert und unbewusst ablaufende Aktionsmuster werden durch kontrolliert ablaufende Aktionsmuster ersetzt. Voraussetzung dafür ist eine hohe Konzentrations- und Reaktionsfähigkeit.

GET ACTIVE 1

Erstellen Sie eine Mindmap über Vorgänge, die im Bereich der Bewegungssteuerung im Sport aus neurobiologischer Sichtweise ablaufen. Berücksichtigen Sie sowohl die Vorgänge im sensorischen System wie auch die Abläufe im motorischen System. Gehen Sie auch auf die Vorgänge während der Muskelkontraktion ein.

GET ACTIVE 2

Überlegen Sie sich Situationen im Sport, bei denen offensichtlich ein Sportler/eine Sportlerin ein hohes Maß an Antizipation gezeigt hat. Schreiben Sie diese Situationen kurz nieder und vergleichen Sie Ihre Situationen mit denen eines Partners/einer Partnerin aus Ihrer Klasse.

Situation 1	
Situation 2	
Situation 3	

RP-TRAINING 1

Anforderungsniveau 1

1. Beschreiben Sie den neurobiologischen Vorgang, der bei einer willkürlichen Bewegung stattfindet.
2. Nennen Sie alle beteiligten peripheren Rezeptoren.
3. Geben Sie die Funktionsweise dieser Rezeptoren wieder.

Anforderungsniveau 2

1. Erläutern Sie den Unterschied zwischen einer normalen Muskelkontraktion und einem Reflex.
2. Erklären Sie in diesem Zusammenhang auch den Unterschied zwischen Reflex und Antizipation.

Anforderungsniveau 3

Planen Sie eine Trainingseinheit für ein Techniktraining im Beachvolleyball, bei der das Hauptziel in einer Verbesserung des Stellungsspiels in der Angriffsverteidigung liegt und begründen Sie Ihre Auswahl.

Gehen Sie auf spezielle Übungen ein, die vor allem die Antizipation der Verteidigungsspieler/-spielerinnen verbessern sollen.

2 Gleichgewicht und Stabilität

Eine sehr bedeutende Rolle in der Bewegungssteuerung und beim motorischen Lernen spielen die **koordinativen Fähigkeiten.** Eine dieser Fähigkeiten ist die Gleichgewichtsfähigkeit, die wie folgt definiert ist:

Gleichgewichtsfähigkeit

ist die Fähigkeit, den gesamten Körper im Gleichgewichtszustand zu halten oder während und nach umfangreichen Körperverlagerungen diesen Zustand beizubehalten oder wiederherzustellen.

Um eine Aussage über das Gleichgewicht und die Stabilität eines Körpers zu treffen, benötigt man zuerst die Lage des Körperschwerpunktes. Bei einfachen, starren Körpern ist dieser relativ einfach zu bestimmen. Beim Menschen hingegen ist die Bestimmung wegen seiner unregelmäßigen Form und der ständigen Veränderung der Lage der Extremitäten ein etwas schwierigeres Unterfangen. Eine Möglichkeit besteht in der Zerlegung des Körpers in kleinere Einheiten und der separaten Bestimmung jedes einzelnen dieser Schwerpunkte.

Im Sinne der Mechanik ist das Gleichgewicht der Zustand eines Körpers oder eines gekoppelten Systems von Körpern, in dem sich alle angreifenden, aus Bewegung, Trägheit, Reibung und externen Einflüssen resultierenden Kräfte beziehungsweise Drehmomente gegenseitig aufheben. So liegt bei einem Heißluftballon, der in der Luft schwebt, ein Gleichgewicht zwischen dem Gewicht des Ballons, dem Auftrieb durch die heiße Luft und allen Reibungskräften vor. Die Summe aller auf den Körper einwirkenden Kräfte muss also Null sein.

Formal ausgedrückt müssen im Rahmen der Newton'schen Mechanik folgende Bedingungen erfüllt sein.

Gleichgewicht

$\sum \vec{F}_i = 0$	$\sum \vec{M}_i = 0$
Die Summe aller einwirkenden Kräfte muss gleich Null sein.	*Die Summe aller Drehmomente um einen beliebigen Punkt muss gleich Null sein.*

2.1 Arten des Gleichgewichtes

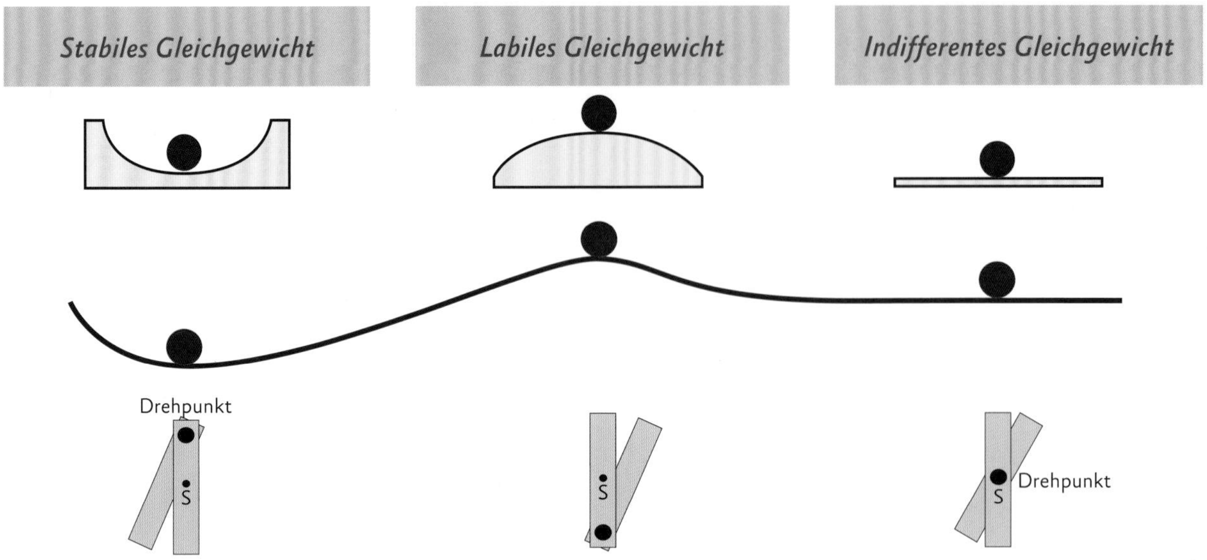

Verschiedene Darstellungen von Gleichgewichtslagen von Körpern

Betrachtet man die möglichen Zustände, die ein Körper in Bezug auf sein Gleichgewicht einnehmen kann, so kann man **drei verschiedene Fälle** unterscheiden.

Kehrt der Körper bei einer kleinen Auslenkung wieder in seine zuvor eingenommene Position zurück, so spricht man von einer **stabilen Gleichgewichtslage.** Ein Beispiel dafür wäre ein Segelboot, das sich bei Wind aus seiner stabilen Lage entfernt, aber beim Wegfallen des Windes wieder in seine ursprüngliche Lage zurückkehrt.

Befindet sich der Körper in einer Gleichgewichtslage und wird er sich bei einer kleinen Auslenkung weiter von seiner ursprünglichen Lage entfernen, so nennt man dies eine **labile Gleichgewichtslage.** Ein Beispiel dafür wäre der stehende Mensch. Deshalb ist es auch für kleine Kinder sehr schwer, aufrecht stehenzubleiben, da bei kleinen Störungen die Gleichgewichtslage verloren geht.

Befindet sich der Körper in einer Gleichgewichtslage und nimmt bei einer kleinen Auslenkung eine neue Gleichgewichtslage ein, so spricht man von einer **indifferenten Gleichgewichtslage.** Ein Beispiel für eine indifferente Gleichgewichtslage sind die Flügel einer Windmühle. Bei Wind verlassen sie ihre Lage und nehmen bei Windstille eine neue Gleichgewichtslage ein.

2.2 Stabilität im Sport

Die Stabilität eines Körpers spielt in vielen Situationen im Sport eine entscheidende Rolle. Aus der Mechanik ist bekannt, dass die Stabilität von vier wesentlichen Faktoren abhängt. Dies gilt vor allem für starre Körper, also Körper, die ihre Form nicht ändern können.

Der Mensch hingegen kann die Lage seines Körperschwerpunktes durch eine Verlagerung seiner Extremitäten und einer Veränderung der Körperform beeinflussen. Das Ausmaß der Verlagerung hängt von den motorischen und koordinativen Fähigkeiten eines Sportlers/einer Sportlerin ab.

Die **vier Faktoren für eine gute Stabilität** im Sport sind:

1. Die Standfläche

Unter der Standfläche versteht man die umrahmende Fläche aller Auflageflächen eines Körpers. Durch breitere Auflageflächen und Erhöhung der Anzahl der Auflageflächen kann die Standfläche wesentlich vergrößert und damit auch die Stabilität verbessert werden.

Veränderungen der Standfläche

2. Höhe des Körperschwerpunktes über der Standfläche

Je näher der Körperschwerpunkt an die Standfläche herangebracht wird, desto besser wird die Stabilität des Körpers. Die Höhenlage des Körperschwerpunktes ist indirekt proportional zur Stabilität.

3. Lage der Projektion des Körperschwerpunktes auf die Standfläche

Liegt der Körperschwerpunkt im Zentrum der Standfläche, so ist die Stabilität hoch. Umso näher die Projektion des Körperschwerpunktes zum Rand der Standfläche wandert, desto geringer wird die Stabilität. Grund dafür ist, dass durch leichte Störungen der Körperschwerpunkt die Standfläche verlassen kann und damit ein Kippen des Körpers eingeleitet wird. Der Sportler/Die Sportlerin kann durch Verlagerung seines/ihres Körperschwerpunktes über seine/ihre Extremitäten diesen wieder auf die Standfläche bringen und damit ein Kippen verhindern. Dieser Vorgang erfordert natürlich ein hohes Maß an koordinativen Fähigkeiten.

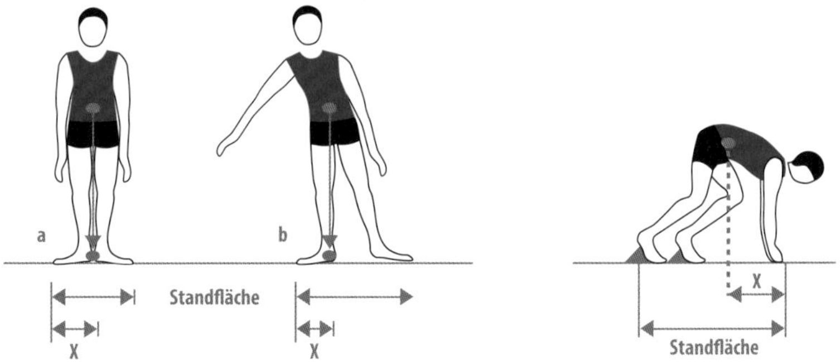

Lage des Körperschwerpunktes

4. Masse des Körpers

Je höher die Masse eines Körpers ist, desto mehr Energie wird benötigt, um diesen zu bewegen. Dies bedeutet, dass sich der Körperschwerpunkt eines schweren Körpers schlechter bewegen lässt und damit dieser länger in der Standfläche bleibt. Es ist aber zu beachten, dass, sobald der Körperschwerpunkt die Standfläche verlassen hat, dieser auch wieder schwerer durch Verlagerung der Extremitäten in die Standfläche gebracht werden kann.

Bei sportlichen Techniken sind oft Körperhaltungen erforderlich, in denen zwar der Gleichgewichtszustand erwünscht ist, aber die Anforderung an die Stabilität extrem unterschiedlich ist. In manchen

Sportarten ist eine hohe Stabilität nötig. Ringer/Ringerinnen, Footballspieler/Footballspielerinnen oder Boxer/Boxerinnen benötigen eine hohe Stabilität für Verteidigungsstellungen oder zur maximalen Kraftentwicklung. Schwimmer/Schwimmerinnen oder Sprinter/Sprinterinnen hingegen streben beim Start eine geringe Stabilität an, da sie beim Starten durch die rasche Aufgabe des Gleichgewichtes schneller beschleunigen.

Für den Sport lassen sich folgende Punkte für die Stabilität ableiten. Um schnell in eine Richtung starten zu können, muss der Körperschwerpunkt sehr weit von der Standfläche entfernt werden und die Projektion des Körperschwerpunktes muss am Rand der Standfläche liegen. Beide Maßnahmen verringern zwar die Stabilität, erhöhen dadurch aber gleichzeitig die Möglichkeit des schnelleren Reagierens.

Für eine hohe Stabilität muss die Stützfläche groß gehalten und gleichzeitig die Entfernung des Körperschwerpunktes von der Standfläche verringert werden.

THEORIE → PRAXIS

Die Bedeutung der Stabilität und des Gleichgewichtes soll hier anhand dieses praktischen Beispiels erläutert werden.

Als Receiver im American Football hat man die Aufgabe, so schnell wie möglich in eine freie Anspielposition zu kommen. Idealerweise wird dabei der Gegenspieler/die Gegenspielerin soweit abgehängt, dass ein Pass ohne Gefahr möglich ist. Dies gelingt sehr oft durch die Ausnützung des Gleichgewichts und der Stabilität des Gegenspielers/der Gegenspielerin. Der Receiver täuscht eine Laufrichtung vor, die den Gegner/die Gegnerin dazu bringt, sein/ihr Gleichgewicht zu verlagern und damit seine/ihre stabile Lage aufzugeben. Durch eine überraschende Richtungsänderung kann der Receiver dann leicht am Gegner/an der Gegnerin vorbeilaufen. Gelingt dies nicht, so benötigt der Receiver zu lange, um in die angestrebte Position zu kommen.

Solche Finten, die zu einer ungünstigen Stabilität oder zu Gleichgewichtsverlust des Gegners/der Gegnerin führen, werden in vielen Spielsportarten verwendet, um sich Vorteile zu verschaffen.

GET ACTIVE 3

Gehen Sie mit einem Partner/einer Partnerin zusammen und starten Sie folgendes Experiment. Ihr Partner/Ihre Partnerin soll unterschiedliche Körperhaltungen aus fünf verschiedenen Sportarten einnehmen. Anschließend versuchen Sie, durch Kraftaufwendung, ihn/sie aus dem Gleichgewicht zu bringen. Bewerten Sie die dabei aufzubringende Kraft anhand einer Skala von 1 bis 10. Je höher der Kraftaufwand war, desto höher muss die Bewertung ausfallen. Beschreiben Sie anschließend gemeinsam mit Ihrem Partner/Ihrer Partnerin die Gründe für die hohen oder niedrigen Krafteinsätze. Zeichnen Sie unten die Körperlage jener Sportart auf, bei der Sie die höchste Kraft aufwenden mussten. Fotografieren Sie anschließend die beiden Haltungen mit der geringsten Stabilität und der höchsten Stabilität und präsentieren Sie diese vor der Klasse.

RP-TRAINING 2

Anforderungsniveau 1

1. Nennen Sie die unterschiedlichen Arten des Gleichgewichts.
2. Beschreiben Sie den Unterschied zwischen Gleichgewicht und Stabilität.

Anforderungsniveau 2

1. Erklären Sie die wichtigsten Faktoren für eine gute Stabilität.
2. Bestimmen Sie in diesem Zusammenhang die Stabilität und das Gleichgewicht der unten abgebildeten Sportler/Sportlerinen.

Anforderungsniveau 3

Suchen Sie nach drei verschiedenen Situationen in Ihrer Sportart, bei denen eine gute oder schlechte Stabilität erwünscht ist. Begründen Sie die Auswahl und vergleichen Sie die Techniken, die in diesen Situationen ausgeführt werden.

Bewerten Sie diese sportlichen Techniken in Hinblick auf Stabilität und Gleichgewicht.

3 Motorisches Lernen

In der Entwicklung eines Menschen werden viele Bewegungsabläufe automatisiert. So denken wir beim Gehen nicht mehr bewusst an das Aufsetzen der Füße, genauso wenig wie wir beim Aufheben eines Kindes unsere Muskelkraft entsprechend dosieren. Alle diese Vorgänge werden in einem langwierigen Prozess erlernt und gefestigt. Erst durch eine hohe Anzahl an Bewegungswiederholungen werden diese immer ökonomischer und erfordern immer weniger aktive Aufmerksamkeit. Man kann also zu Recht sagen, dass Alltagsbewegungen durch zahllose Trainingseinheiten bis zur Perfektion geführt werden.

Motorisches Lernen im Sport umfasst den Erwerb, den Erhalt und die Veränderung von primär motorischen, aber auch sensorischen und kognitiven Strukturen. Beim Lernen von Bewegungsabläufen werden anfänglich viel mehr **motorische Einheiten** aktiviert, als unbedingt notwendig sind. Dies dient zur Absicherung der Bewegungsausführung, führt aber dazu, dass der Bewegungsablauf etwas grob und eckig wirkt. Durch viele Bewegungswiederholungen wird die Zahl der motorischen Einheiten immer mehr reduziert und auch die Dauer der Muskelkontraktion wird angepasst. Die Ursache dafür liegt in einer Veränderung im zentralen Nervensystem.

Im Kleinhirn werden Bewegungsschablonen für die Koordination der beteiligten Muskeln angelegt. So ist es einem Sportler/einer Sportlerin mit sehr hohem Leistungsniveau noch während der Bewegungsausführung möglich, Korrekturen vorzunehmen. Dies gilt aber nur für Vorgänge, die nicht zu schnell stattfinden. Es wird auch die Auswahl der zu aktivierenden motorischen Einheiten effektiver. Die dafür zuständigen Nervenzellen im Nervensystem, die sogenannten **Motoneuronen**, verändern durch ein besseres Zusammenspiel die Kontraktionsstärke der Muskeln. Auch die Bewältigung größerer Lasten ist eine Anpassung. Die Vermehrung von Mitochondrien sowie die Verdickung von Muskelzellen, die durch Ausdauertraining und Krafttraining erfolgen, sind ebenso Veränderungen des Muskels durch motorisches Lernen.

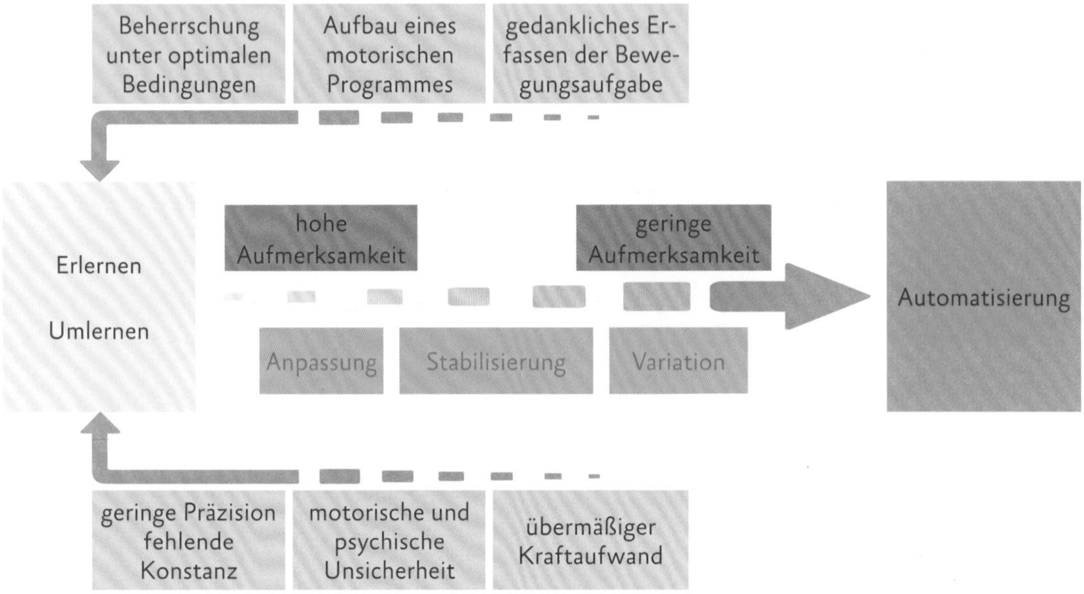

Motorisches Lernen

Im Verlauf eines motorischen Lernprozesses lassen sich **drei Phasen der fortschreitenden Entwicklung** unterscheiden:

1. Grobform der Bewegung

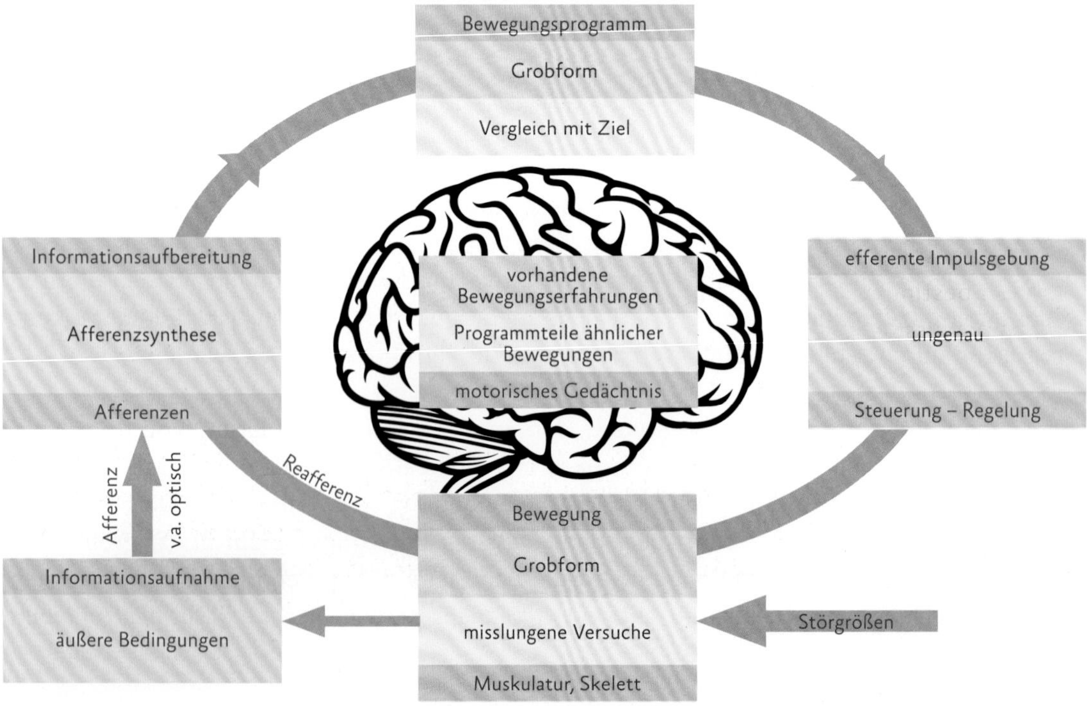

Grobform (nach Meinel und Schnabel)

In dieser Phase muss eine kognitive Auseinandersetzung mit der Bewegung stattfinden. Ohne eine grobe Vorstellung der auszuführenden Technik wird ein Training nicht möglich sein. Dazu werden Videos, Schaubilder oder das Vormachen der Bewegung als Hilfestellung verwendet. In dieser Phase ist es während der Ausführung der Bewegung nicht möglich, Korrekturen vorzunehmen.

Für den Trainer/die Trainerin gilt, dass Bewegungsanweisungen während des Ablaufes der Bewegung nicht umgesetzt werden. Als Rückmeldung für den Sportler/die Sportlerin dient nur eine gelungene oder nicht gelungene Übungsausführung. Diese Phase ist durch hohen Konzentrationsaufwand und schnelle Ermüdung gekennzeichnet. Der Grund ist eine noch unzureichende Koordinationsleistung des motorischen Nervensystems, die durch zahlreiche überflüssige Mitbewegungen gekennzeichnet ist.

2. Feinform der Bewegung

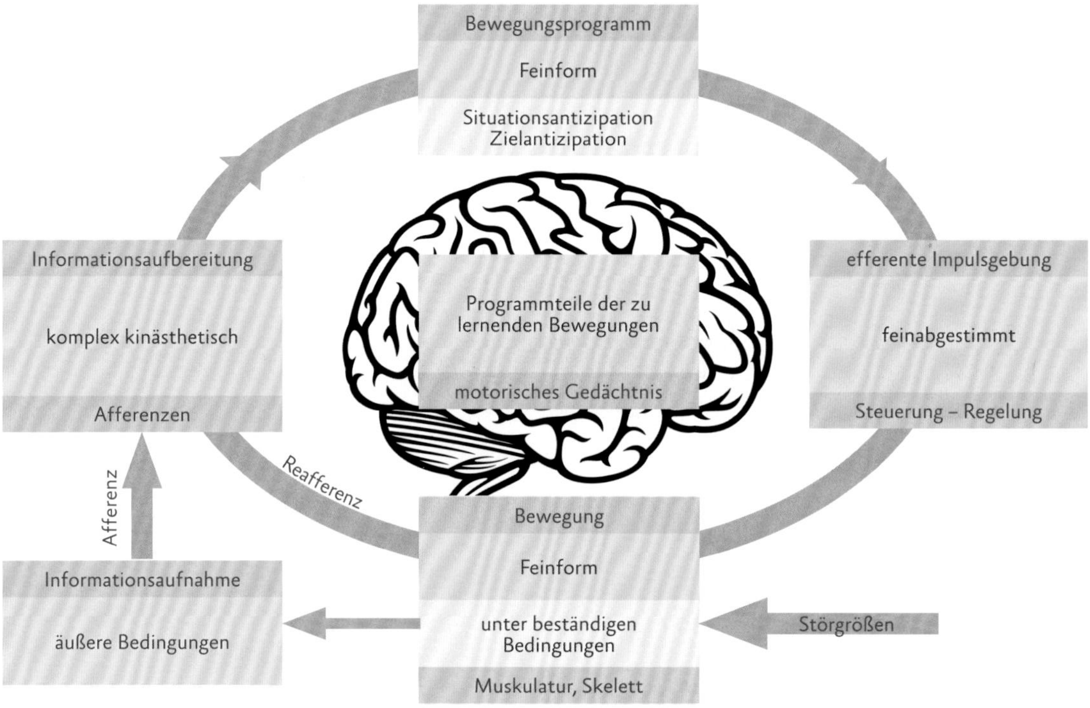

Feinform (nach Meinel und Schnabel)

In dieser Phase kommt es zur Erstellung von sogenannten Bewegungsschablonen. Dadurch ist es möglich, einfache Bewegungskorrekturen auch während der Übungsausführung durchzuführen. Die Bewegungsausführung wird besser – in örtlicher, zeitlicher und dynamischer Sicht. In dieser Phase verringert sich der Konzentrationsaufwand. Das führt zu einer späteren Ermüdung bei der Bewegungsausführung. Das harmonische Zusammenspiel aller an der Bewegung beteiligten Muskelgruppen verbessert die Bewegungskoordination. Ein bestimmtes „Bewegungsgefühl" hat sich bereits entwickelt, jedoch wird die gesamte Bewegung noch bewusst ausgeführt.

3. Automatisierung

In der letzten Phase ist es möglich, die Bewegung „spielend leicht" durchzuführen. Die Bewegungskoordination ist perfekt abgestimmt, dadurch wird die Bewegung ökonomischer und nach der Automatisierung unbewusst, aber trotzdem korrekt ausgeführt. Spitzensportler/Spitzensportlerinnen zeichnen sich dadurch aus, dass sie am Ende ihres Übungs- und Trainingsprogramms nur noch auf das Startsignal zu warten brauchen, um danach einen kompletten Satz hochkomplizierter Bewegungsabläufe mit äußerster Präzision, Eleganz und vollautomatisch abzuspielen.

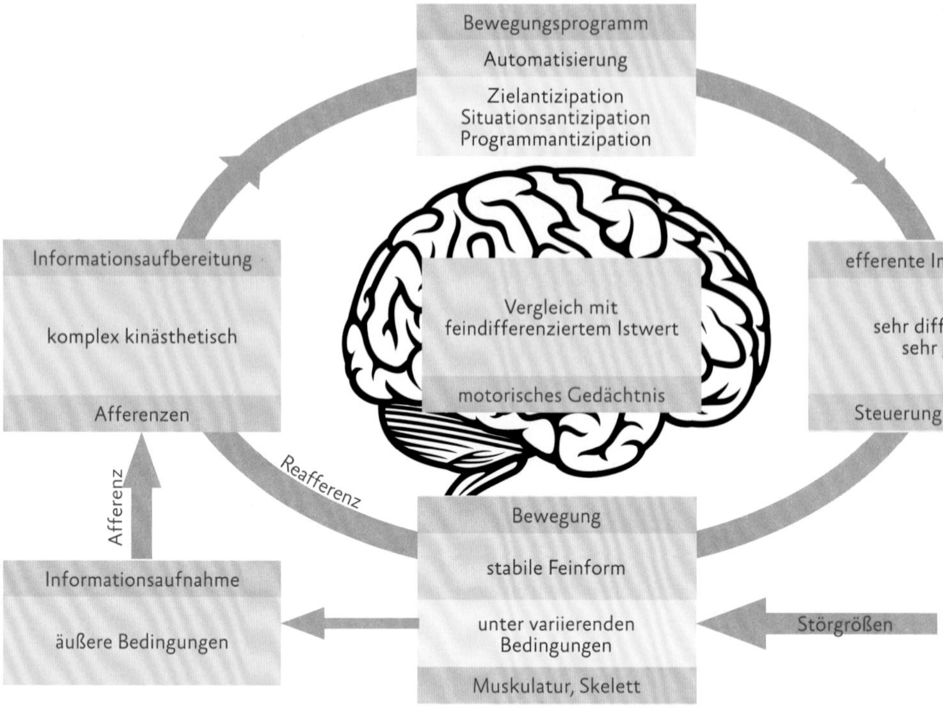

Automatisierung (nach Meinel und Schnabel)

GET ACTIVE 4

Analysieren Sie die Unterschiede der drei Lernphasen beim Motorischen Lernen, indem Sie eine Tabelle erstellen, in der Sie die jeweiligen Änderungen bei der Weiterentwicklung von Techniken im Sport festhalten. Suchen Sie nach einem geeigneten Beispiel, an dem die drei Lernphasen gut zu erkennen sind.

Fehlerkorrektur bei sportlichen Techniken

Trotz der unterschiedlichen Methoden zum Erlernen einer Technik kann es passieren, dass sich Fehler im Bewegungsablauf einschleichen. Wird der Lernprozess durch einen Trainer/eine Trainerin begleitet, so verringert sich die Wahrscheinlichkeit für das Auftreten von Fehlern enorm. Grund dafür ist das frühzeitige Eingreifen in den Lernprozess und die dadurch ausbleibende Automatisierung der fehlerhaften Technik. Hat sich ein Fehler in der Technik gefestigt, so wird eine Fehlerkorrektur notwendig. Dabei wird das Bewegungsmuster der Technik aufgebrochen bzw. zerstört und neu aufgebaut. Anschließend ist es notwendig, die Technik unter strenger Kontrolle neu zu lernen. Im letzten Schritt wird das Bewegungsmuster gefestigt, bis es dann vollständig automatisiert wird. Dieser Vorgang kann sehr lange dauern und führt am Anfang zu einer Verschlechterung der sportlichen Leistungsfähigkeit des Sportlers/der Sportlerin.

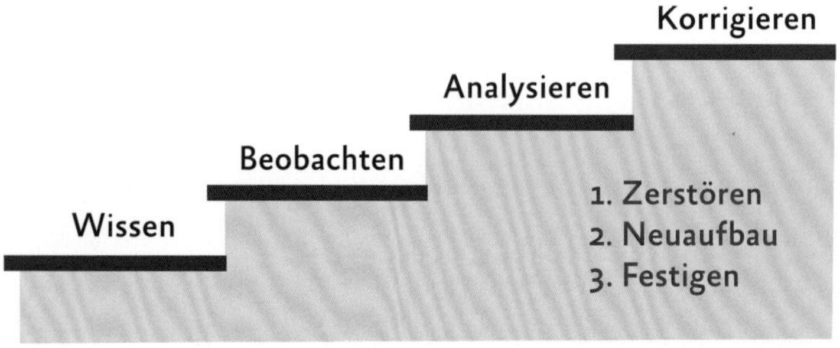

Die vier Stufen der Fehlerkorrektur

Die Fehlerkorrektur erfolgt **in vier Schritten**:

1. Wissen

Im ersten Schritt der Fehlerkorrektur muss eine Kenntnis über die strukturellen, feinmotorischen und physiologischen Aspekte der Bewegung aufgebaut werden **(Sollwert)**. Meist ist eine optimale Technik dadurch gekennzeichnet, dass beim geringsten Energieaufwand ein Maximum an Ergebnis erzielt wird.

2. Beobachten

Im zweiten Schritt wird die Bewegung unter verschiedenen Gesichtspunkten beobachtet. Dazu zählen die räumliche Lage des Körpers und der Extremitäten genauso wie die Dynamik der Bewegung **(Istwert)**.

3. Analysieren

Im nächsten Schritt werden die Unterschiede zwischen Sollwert und Istwert analysiert und unter der Berücksichtigung von anatomischen Merkmalen für den Sportler/die Sportlerin optimiert.

4. Korrigieren

Im letzten Schritt wird beim Athleten/bei der Athletin die Durchführung der neuen Bewegung beobachtet und notfalls korrigierend eingegriffen. Die Bewegung wird so lange trainiert, bis sie fehlerfrei ausgeführt wird. Nun geht es an das Festigen der Technik, wie im Abschnitt 3.2 *Methoden des motorischen Lernens* beschrieben wird. Unterstützend kann auch ein ideomotorisches Training durchgeführt werden (siehe Kapitel 11 *Psychologische Methoden zur Leistungssteigerung*).

GET ACTIVE 5

Erstellen Sie eine Liste mit zehn verschiedenen Fachbegriffen, die in diesem Kapitel verwendet wurden. Erklären Sie diese Begriffe in jeweils zwei bis drei Sätzen.

Suchen Sie sich nach dem Beenden dieser Aufgabe einen Partner/eine Partnerin aus der Klasse. Prüfen Sie sich gegenseitig, indem Ihr Gegenüber Ihre Begriffe erklärt und umgekehrt.

Gehen Sie nach dieser Aufgabe mit einem anderen Paar aus der Klasse zu einer Gruppe zusammen. Gleichen Sie Ihre Fachbegriffe mit den anderen ab.

3.1 Vereinfachungsstrategien beim Erlernen von Bewegungen

Das Erlernen von motorischen Programmen wird mit steigender Komplexität immer schwieriger und kann in kürzester Zeit zu einer Überforderung eines Athleten/einer Athletin führen. Um dies zu verhindern, sind im Zuge eines sinnvollen Techniktrainings wichtige Prinzipien zu beachten. Diese Prinzipien sind die Grundlage für die verschiedensten Trainingsmethoden im Bereich des Techniktrainings.

3.1.1 Prinzip der Verkürzung der Programmlänge

Komplexe Techniken bestehen meistens aus mehreren Teilbewegungen, die in einer zeitlich dynamischen Reihenfolge durchgeführt werden. Ist die gesamte Bewegung zu Beginn nicht umsetzbar, dann muss das motorische Programm in seiner Länge gekürzt werden.

Beispiel: Der Angriff beim Volleyball ist ein typisches Beispiel für eine sehr komplexe sportliche Technik. Um Probleme beim Lernen dieser Technik zu verhindern, werden die einzelnen Teilbewegungen getrennt voneinander geübt. Der Anlauf bis zum beidbeinigen Absprung wird getrennt zum Angriffsschlag trainiert. Die damit erreichte Programmverkürzung erleichtert das Einlernen dieser komplexen Technik.

Programmverkürzungen sind nur dann gut einsetzbar, wenn die Zieltechnik gut isolierbare, nacheinander zu realisierende Bewegungsteile aufweist. Bei bestimmten Techniken, und zwar bei jenen, die nicht mehr zu bremsen sind, sobald sie gestartet wurden, ist dieses Prinzip nicht anwendbar.

3.1.2 Prinzip der Verringerung der Programmbreite

Bei komplexen Techniken, bei denen mehrere Teilbewegungen gleichzeitig, parallel zueinander ablaufen, kommt es auch sehr schnell zu einer Überforderung der Sportler/der Sportlerinnen. In diesem Fall spricht man von einer hohen Programmbreite. Solche Techniken werden in ihrer Programmbreite reduziert.

Beispiel: Beim Schwimmen erfolgen Arm- und Beinzug zur gleichen Zeit. Um ein Erlernen der Technik zu erleichtern, werden Übungen, die nur den Armzug trainieren, mit Übungen, die nur die Beine trainieren, abgewechselt. Erst wenn diese beiden Bewegungen halbwegs beherrscht werden, erfolgt eine Kombination der beiden.

Die Reduktion der Programmbreite ist nur dann lernwirksam, wenn die Zieltechnik durch gut isolierbare, gleichzeitig auszuführenden Bewegungsteile gekennzeichnet ist. Bei zu starken Wechselwirkungen zwischen den Teiltechniken ist von einer Trennung abzuraten.

3.1.3 Prinzip der Invariantenunterstützung

Auch dieses Prinzip wird bei Techniken mit großer Programmbreite verwendet. Die Erleichterung erfolgt hier aber durch folgende Maßnahmen:

1. Hilfestellung im klassischen Sinne oder bewegungsführende Hilfen.
2. Orientierungsvorgaben zur Verbesserung der räumlichen und zeitlichen Ablaufgenauigkeit wie z.B. Rhythmusvorgaben oder visuelle Markierungen.
3. Verringerung der Präzisionsanforderungen oder Erhöhung der Fehlertoleranz.

Beispiele:
ad 1. Unterstützung der Drehung beim Springen eines Saltos durch klassische Hilfestellung oder durch die Verwendung von Hüftgürteln.
ad 2. Akustische Rhythmusvorgaben beim Anlauf zum Weitsprung begleitet von seitlichen Markierungen für die Schrittlänge.
ad 3. Verwendung von Tüchern statt Bällen beim Erlernen des Jonglieren zur Verbesserung der Handhabbarkeit.

Das Prinzip der Invariantenunterstützung kann auch bei Techniken angewendet werden, bei denen die Teilbewegungen nicht gut isolierbar sind und daher eine Verringerung der Programmbreite nicht möglich ist.

3.1.4 Prinzip der Parameterveränderung

Motorische Programme besitzen unterschiedliche Parameter, die zu einer eventuellen Überforderung des Sportlers/der Sportlerin führen können. In vielen Fällen ist es möglich, diese Parameteranforderungen zu verringern. Zu diesen Programmen zählen vor allem Techniken mit hoher Bewegungsgeschwindigkeit, kurzen Bewegungszeiten oder hohen dynamischen Anforderungen.

Beispiele:

- Slow-Motion-Übungen beim Kugelstoßen
- Sprunghilfen beim Springen eines Saltos

3.2 Methoden des motorischen Lernens

Die Methodenvielfalt im Bereich des motorischen Lernens ist enorm groß. Neben den traditionellen Methoden entstehen immer wieder neue Formen, die bessere und schnellere Ergebnisse versprechen. Traditionelle Methoden sind auf eine enge, personenunabhängige Idealbewegung ausgerichtet. Sie sind sehr zielorientiert und im Mittelpunkt steht meist der Trainer/die Trainerin, der/die für eine Verringerung der Soll-Ist-Wert-Abweichung sorgen soll. Modernere Methoden versuchen die Bewegungsvariabilität der einzelnen Sportler/Sportlerinnen stärker zu berücksichtigen, um so eine effektive und individuelle sportliche Technik zu entwickeln.

In keinem anderen Bereich der Sportwissenschaften gibt es so viele verschiedene Ansichten über die richtige Vorgehensweise, denn sowohl die traditionellen als auch die modernen Systeme bringen exzellente Sportler/Sportlerinnen hervor.

Im nächsten Abschnitt werden daher die wichtigsten traditionellen und modernen Methoden kurz vorgestellt und auf die Vorteile und Nachteile hingewiesen. Die zu den einzelnen Methoden dargestellten Trainingsabläufe sind wie folgt zu interpretieren: Die einzelnen Buchstaben stehen für verschiedene Vorübungen, die mehr oder weniger Ähnlichkeit mit der Zielübung haben und für die es im klassischen Sinn Bewegungsschablonen gibt. Die mit Z gekennzeichnete Übung ist die angestrebte Zielübung.

Manche Buchstaben besitzen einen Index, der die Anzahl der Variationen der variablen Parameter einer Bewegung darstellt. Diese variablen Parameter sind je nach angesprochener Theorie verschieden und werden daher extra aufgelistet.

3.2.1 Lernen durch Wiederholen (Einschleifen)

Diese klassische Methode des Bewegungserlernens geht davon aus, dass im Gehirn motorische Programme gespeichert werden und diese dann die Bewegungen steuern. Diese Programme können auch für eine Klasse von gleichartigen Bewegungen zuständig sein. Der Sportler/Die Sportlerin wird an die Zielübung durch **unzähliges Wiederholen mit anschließender Bewegungskorrektur** angenähert. Sie zielt auf eine schrittweise Verringerung der Variation in der ausgeführten Übung hin. Das Abweichen von der idealen Zielübung wird als Fehler gewertet.

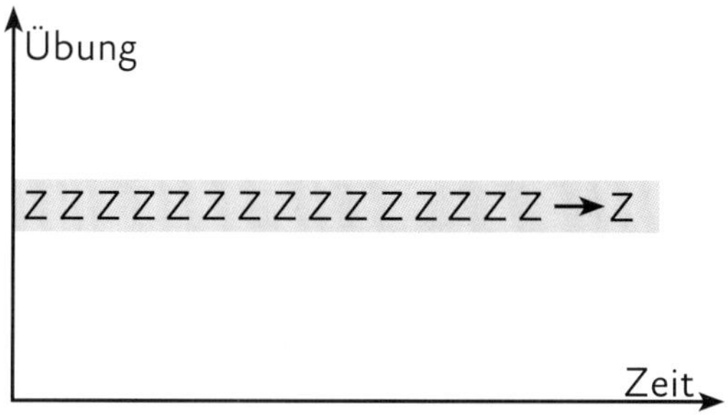

Bewegungslernen durch Einschleifen (vgl. Schöllhorn u. a., 2009)

3.2.2 Methodische Übungsreihe (MÜR)

Die methodische Übungsreihe ist eine weitere klassische Theorie, bei der nicht gleich mit der Zielübung begonnen wird. Man startet im Vorfeld mit einigen Übungen, die entweder nur einen Teil der gesamten Bewegung beinhalten oder man vereinfacht die Bewegung so weit, dass sie auch von einem Anfänger/einer Anfängerin durchgeführt werden kann. Die Zusammenstellung der Übungsfolgen erfolgt nicht zufällig, sondern nach dem Prinzip der Bewegungsverwandtschaft zur Zielübung. Diese Reihe von aufeinanderfolgenden Übungen, die immer schwerer und komplexer werden, bezeichnet man als methodische Übungsreihe. Am Ende steht auch hier wiederum ein Bewegungsprogramm mit einer konkreten Zielsetzung. Das Abweichen von der Zielübung wird als Fehler gewertet.

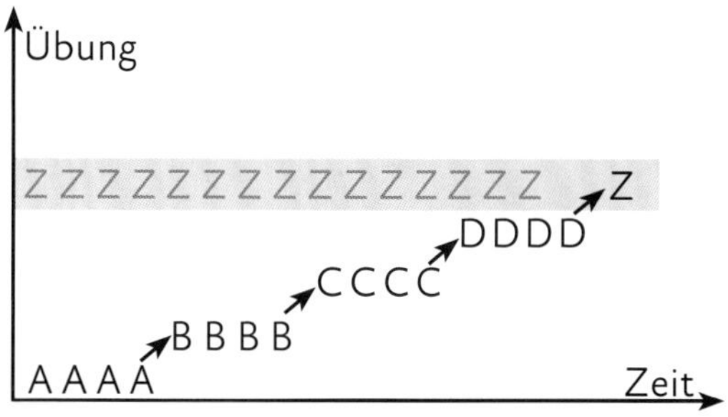

MÜR (vgl. Schöllhorn u. a., 2009)

Die Übungen müssen bei einer MÜR der Reihe nach abgehandelt werden. Der Grund liegt in den methodischen Grundsätzen, die bei der Zusammenstellung der Übungen der MÜR berücksichtigt wurden. Durch Erreichen mehrerer Teilziele wird der Sportler/die Sportlerin zur geplanten Zielübung geführt. Ein leichteres Erreichen der Zielübung wird durch die Unterstützung von Geräten oder Hilfestellungen oder das Einsetzen von schon vertrauten Bewegungsformen erreicht. Die Zerlegung in mehrere Teileinheiten ist bei sehr komplexen Bewegungen eine weitere Möglichkeit der Erleichterung.

Methodische Grundsätze

Vom Einfachen zum Komplizierten!
Vom Leichten zum Schweren!
Vom Bekannten zum Unbekannten!

Die methodische Übungsreihe besteht aus drei Teilen, den vorbereitenden Übungen, den Vorübungen und der Zielübung.

1. Vorbereitende Übungen

Diese Übungen dienen dazu, sich an die verwendeten Geräte und die Zielübung zu gewöhnen. Erste Elemente der Zielübung werden eingebaut. Der Sportler/Die Sportlerin wird auf die vorbereitenden Übungen mental und physisch vorbereitet.

Beispiel: Die **Kaskade** beim Jonglieren

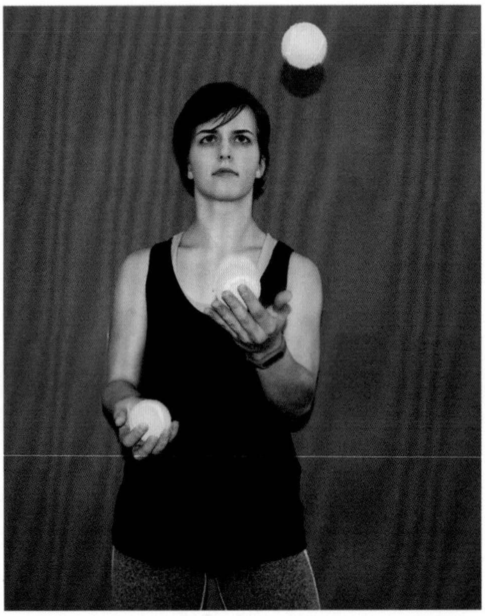

1. Übung: Einnehmen der Grundhaltung

Die Arme sind im rechten Winkel gebeugt, so als ob man ein Tablett halten würde. Die Ellbogen sind nahe am Körper. Die Bälle werden später wie vor einer unsichtbaren Wand bewegt. Die Bälle sollten sich später in einer Ebene bewegen und weder nach vorne noch nach hinten ausweichen.

2. Übung: Einhändiges Werfen eines Balles

In der Startposition nimmt man nur einen Ball in die Hand. Man wirft nun den Ball so, dass er etwa in Stirnhöhe fliegt und wieder in der gleichen Hand landet. Der Wurf sollte aus dem Handgelenk erfolgen und die Finger sollten sich im Moment des Aufpralls des Balles schließen. Der Unterarm sollte leicht nachgeben, sodass eine weiche Bewegung für den nächsten Wurf erreicht wird. Dies übt man solange, bis die Würfe konstant mit der linken und rechten Hand beherrscht werden.

3. Übung: Werfen in die gegenüberliegende Hand

Man nimmt für die nächste Übung einen Jonglierball in die Hand und wirft ihn in die andere Hand, sodass dabei der Wurf etwa bis auf Stirnhöhe oder knapp darüber geht. Dies ist auch die Höhe für die fertige Kaskade. Der Ball soll dabei eine 8er-Schleife beschreiben.

4. Übung: Training des peripheren Sehens

Geübte Jongleure/Jongleurinnen können die Flugbahn der Bälle auch dann richtig abschätzen, wenn sie den Ball nur kurz aus dem Blickwinkel wahrnehmen. Man wiederholt daher die Übung 3, blickt aber gerade aus und verfolgt die Bälle nur aus den Augenwinkeln. Da diese Situation sehr ungewohnt ist, sollte diese Übung so lange durchgeführt werden, bis eine Stabilisierung eintritt.

5. Übung: Wechselwurf bei gehaltenen Bällen

Man nimmt nun in jede Hand einen Ball und hält ihn mit dem kleinen Finger und dem Ringfinger, sodass in dem „Nest", das Daumen, Zeige- und Mittelfinger bilden, Platz für einen weiteren Ball ist. Nun wirft man einen dritten Ball wie in Übung 4.

2. Vorübungen

Die Vorübungen sind der Hauptteil der methodischen Übungsreihe. Die Übungen werden schrittweise immer komplexer und der Zielübung ähnlicher. Nicht selten wird bei den Vorübungen die Zielübung unter erleichterten Bedingungen verwendet. Der Übergang von den vorbereitenden Übungen zu den Vorübungen ist fließend, sodass man sehr oft die Übungen gar nicht genau zuordnen kann. Die Vorübungen folgen den methodischen Grundsätzen der Übungsreihe.

Beispiel: Die Kaskade beim Jonglieren

1. Übung: Handwechsel mit zwei Bällen

Bei dieser Übung hält man in jeder Hand einen Ball. Dann wirft man den Ball von der geübten und stärkeren Hand in die weniger geübte. Wenn dieser Ball den höchsten Punkt seiner Flugbahn erreicht hat, wirft man den Ball aus der anderen Hand unter den ersten Ball ebenfalls hoch. Danach werden die Bälle aufgefangen. Wichtig ist dabei, dass beide Bälle bis in Augenhöhe geworfen werden und der zweite Ball nicht einfach übergeben wird.

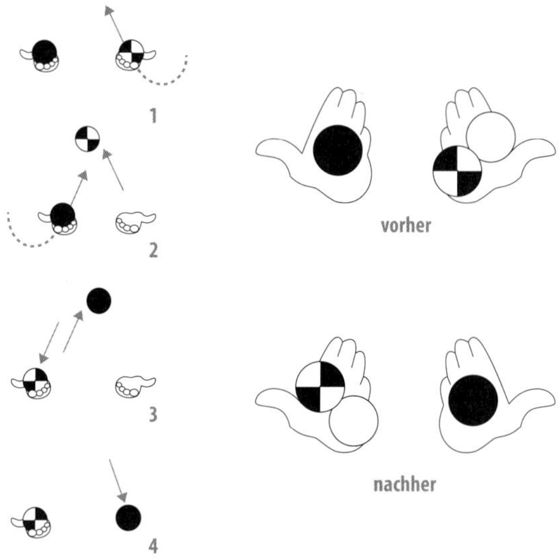

2. Übung: Handwechsel mit drei Bällen

Der letzte Schritt auf dem Weg zur Zielübung ist dreimal zu werfen und zu fangen. Nun werden alle drei Bälle geworfen. Diese Übung entspricht der fertigen Kaskade, man stoppt die Bewegung allerdings nach einem Wurfzyklus ab, um wieder kontrolliert von neuem zu beginnen. Wenn man diese Übung beherrscht, wechselt man die beiden Bälle in die ungeübte Hand.

3. Zielübung

Mit dem Erreichen der Zielübung ist der Lernprozess der methodischen Übungsreihe in den meisten Fällen noch nicht abgeschlossen. Die Bewegungsmuster werden noch weiter gefestigt, indem man Steigerungen, Änderungen oder Verbindungen zu anderen Übungen einbaut. Erst wenn eine vollständige Automatisierung stattgefunden hat, ist die methodische Übungsreihe abgeschlossen.

Die MÜR führt auch nicht so talentierte Athleten/Athletinnen zu komplexeren Bewegungsabläufen. Durch Hinzufügen oder Auslassen von Übungen kann das Lerntempo an die Person angepasst werden. Beim Auftreten von Problemen kann man einen Schritt zurückgehen und dort unter erleichterten Bedingungen die entstandenen Fehler korrigieren. Der Stress beim Üben und die Verletzungsgefahr werden durch die kleineren Schritte geringer gehalten. Im Allgemeinen geht das Erlernen von komplizierten Bewegungen rascher als beim Einschleifen.

3.2.3 Lernen durch Variationen

Als Grundlage dieser Lernmethode dient das generalisierte motorische Programm, das eine Strukturgruppe von Bewegungen steuern kann. Dieses Programm besitzt unterschiedliche Merkmale. Manche Merkmale sind bei allen Bewegungen derselben Strukturgruppe konstant und andere Merkmale sind bewegungsspezifisch variable Merkmale. Die Grundlage dieser Methode ist die von Schmidt entwickelte **Schema-Theorie über die Speicherung von abstrakten Bewegungsentwürfen**.

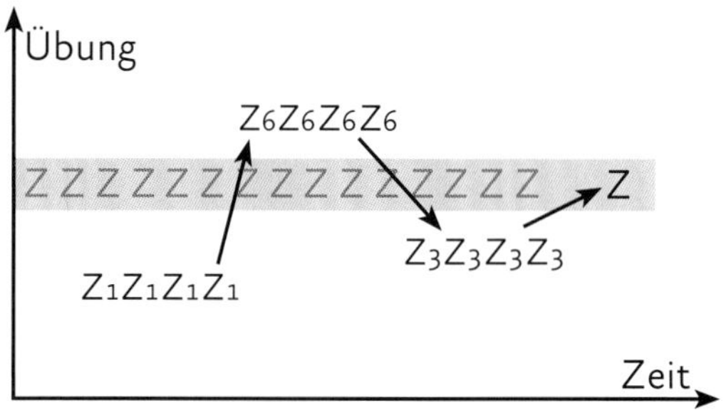

Variation der Zielübung (vgl. Schöllhorn u. a., 2009)

Zur Veranschaulichung stelle man sich einen Volleyballspieler/eine Volleyballspielerin vor, der/die zu einem Angriffsschlag anläuft. Der Angriffsschlag ist im zentralen Nervensystem als Muster abgespeichert.

Bewegungsspezifische variable Merkmale

- *Eingesetzte Gesamtkraft*
- *Muskelauswahl*
- *Gesamtdauer einer Bewegung*

Er/Sie kann je nach Art des Aufspieles dieses Muster abrufen und je nach Position am Feld und Entfernung zum Netz anpassen. Es ist also nicht notwendig, für jede beliebige Position ein eigenes Muster abzuspeichern.

Bewegungsübergreifende konstante Merkmale

- *Reihenfolge der Muskelimpulse*
- *Einschaltzeitpunkt und Einschaltdauer der beteiligten Muskeln*
- *Relativer Krafteinsatz der beteiligten Muskeln*

Diese Tatsache wird bei dieser Lernmethode ausgenützt, indem die Zielübung mit Hilfe von Variationen verändert wird und somit eine Festigung des generalisierten motorischen Programmes stattfindet.

3.2.4 Differentielles Lernen

Das differentielle Lernen basiert auf dem **systemdynamischen Ansatz.** Dabei ist das System Sportler/Sportlerin komplex, offen und dynamisch. Das Verhalten des Sportlers/der Sportlerin ändert sich mit der Zeit, die Ergebnisse beim motorischen Lernen sind selbst organisierte Prozesse. Schwankungen und Variationen im Bewegungsablauf sind für das Lernen einer Bewegung notwendig. Sie werden ausgenutzt, um eine individuelle, optimale Lösung durch Selbstorganisation zu finden.

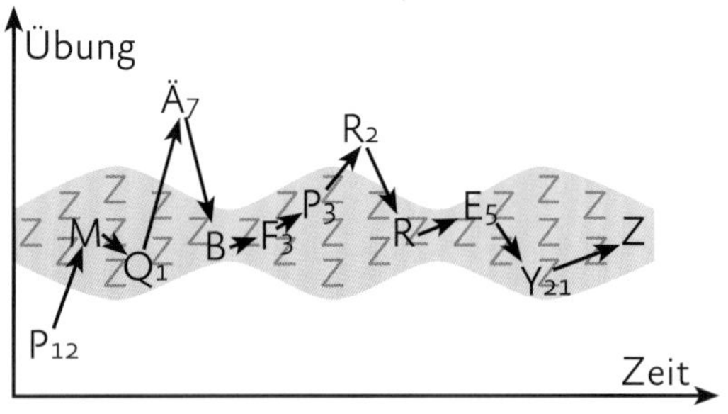

Differentielles Lernen (vgl. Schöllhorn u. a., 2009)

Aus diesem Ansatz heraus entwickelte Schöllhorn seine Überlegungen zum differentiellen Lernen. Dabei werden Übungen nicht nach ihrem Schwierigkeitsgrad gereiht wie bei der methodischen Übungsreihe, sondern nach einer **Variationsreihe** abgearbeitet. Auf schwierige Aufgaben folgen sehr leichte und umgekehrt. Dabei soll es zu Schwankungen im Lernprozess kommen, wodurch das biologische System die nötigen Lernimpulse erhält. Dadurch soll ein ständiges Wiederholen einer idealen Bewegung vermieden und ein individuelles Erlernen der richtigen Lösung gefördert werden. Die Übungen sind extrem vielfältig, es werden bewusst Fehler miteinbezogen.

Variationsmöglichkeiten

- *Räumliche Bewegungsausführung*
- *Raum-zeitliche Bewegungsausführung*
- *Dynamische Bewegungsausführung*
- *Rhythmus der Bewegungsausführung*
- *Lenkung der Aufmerksamkeit*

Wendet man diese beiden Theorien beim Erlernen eines Weitsprunges an, so kann man die Unterschiede sehr gut erkennen *(nach Beckmann, 2009)*.

	Variationen in traditionellen Lehrwegen	Differenzen beim Differentiellen Lernen
Anlauf-variationen	langsam schnell	schnell, ohne Armarbeit langsam, mit abgesenkter Hüfte und Armarbeit schnell, mit Kniehub und Armkreisen vorwärts
Absprung-variationen	flach steil	steiler Absprung aus hoher Hüftposition und ohne Schwungbeineinsatz Absprung nach rechts vorn aus abgesenkter Hüftposition mit Doppelarmschwung
Flugphase	Schrittsprung Hangsprung Laufsprung	Schrittsprung mit gegengleichen Armkreisen Beine im Flug anhechten und wieder fallen lassen
Ergebnis	Die Idealbewegung wird als solche beibehalten. Nur Geschwindigkeit, Richtung oder Krafteinsatz variieren.	Der mögliche Lösungsweg wird in allen denkbaren Variationen „durchgespielt". Erzeugung einer optimalen Absprunggeschwindigkeit, Absprung mit einem Bein, Schwungunterstützung durch Arme und Beine, weites Vorbringen der Beine bei der Landung

3.2.5 Konsequenzen für die Praxis

Genauso wie es im elementaren Konditionstraining unterschiedlichste Methoden zum Erreichen eines Trainingsziels gibt, so führen auch im Techniktraining unterschiedliche Wege zum Ziel. Für einen Trainer/eine Trainerin erleichtert eine große Methodenvielfalt den Umgang mit den unterschiedlichen Typen unter den Athleten/Athletinnen. Keine der oben angeführten Lernmethoden besitzt nur Vorteile, deshalb sind modernere Lernmethoden eine gute Möglichkeit, das Trainingsangebot zu erweitern.

RP-TRAINING 3

Anforderungsniveau 1

1. Nennen Sie die verschiedenen Phasen des motorischen Lernens.
2. Beschreiben Sie anhand eines konkreten Beispiels die unterschiedlichen Vereinfachungsstrategien zum Erlernen von Bewegungen.

Anforderungsniveau 2

1. Erklären Sie die verschiedenen Phasen des motorischen Lernens.
2. Erklären Sie die Unterschiede zwischen den herkömmlichen Lernmethoden und den moderneren Lernmethoden.
3. Gehen Sie dabei auf die unterschiedlichen Auffassungen über des Erlernen von Bewegungen ein.

Anforderungsniveau 3

1. Nehmen Sie zur Tatsache Stellung, dass ein Umlernen eines fehlerhaften Bewegungsablaufes wesentlich schwieriger ist als das Neuerlernen eines Bewegungsablaufes.
2. Analysieren Sie eine eigene Trainingseinheit im Bereich des Techniktrainings nach verwendeten Vereinfachungsstrategien und Lernmethoden.
3. Entwerfen Sie für diese Trainingseinheit ein neues Konzept, das auf einer anderen Lernmethode beruht.

KOMPETENZCHECK

Ich kann ...			
... verschiedene Vereinfachungsstrategien im Bereich des Techniktrainings identifizieren und anwenden.			
... die verwendeten Methoden im Bereich des Techniktrainings erkennen und ihre Eignung beurteilen.			
... einfache Trainingseinheiten im Bereich des Techniktrainings entwerfen.			

Trainingsplanung und Trainingssteuerung

Kapitel 7

Aus den Beobachtungen von jungen Nachwuchsathleten/Nachwuchsathletinnen hat sich gezeigt, dass sportliche Höchstleistungen nur dann erreicht werden können, wenn eine Vielzahl von Voraussetzungen bei einem Sportler/einer Sportlerin vorhanden sind. Ausreichendes Talent ist nur einer von vielen Faktoren, die einen exzellenten Leistungssportler/eine exzellente Leistungssportlerin ausmachen. Einen sehr großen Anteil am sportlichen Erfolg hat die langfristige und systematische Planung der Trainingsprozesse.

Erfolgreiche Sportler/Sportlerinnen haben sehr oft noch eine andere sehr wichtige Eigenschaft. Sie sind in allen Bereichen extrem fokussiert. Sei es in schulischen, sportlichen oder privaten Dingen. Sie schaffen es, sehr zielorientiert zu handeln, und erreichen durch diese Eigenschaft meistens schneller Erfolge.

Das Trainingspensum im Leistungssport ist erwiesenermaßen sehr hoch und nicht jeder/jede wird von seinen/ihren Erfolgen finanziell leben können, umso wichtiger ist neben der sportlichen Karriere eine schulische Ausbildung. Diese vermeintlich zusätzliche Belastung hat oft auch positive Nebeneffekte. So kommt es immer wieder vor, dass Leistungssportler/Leistungssportlerinnen, die sich nach Beendigung ihrer schulischen Laufbahn auf den Profisport konzentrieren, in dieser Phase Leistungseinbrüche aufweisen. Das weist darauf hin, dass ohne Aufgaben und Ziele neben dem Sport, die psychischen Belastungen für den Sportler/die Sportlerin zu hoch werden.

In diesem Kapitel werden grundlegende Überlegungen zur Trainingsplanung und zur Erstellung von Trainingsplänen besprochen. Das Erstellen von passenden Trainingsplänen ist eine der wichtigsten und schwersten Aufgaben eines Trainers/einer Trainerin. Es erfordert neben einem ausreichenden theoretischen und praktischen Wissen ein exzellentes Gespür für den psychologischen Zustand des Sportlers/der Sportlerin.

Der Lernende/Die Lernende soll ...

- Trainingsprozesse planen, dokumentieren und auswerten können,
- über die Grundlagen der Zyklisierung und Periodisierung Bescheid wissen,
- einheitliche Trainingspläne und Trainingsdokumentationen schreiben können.

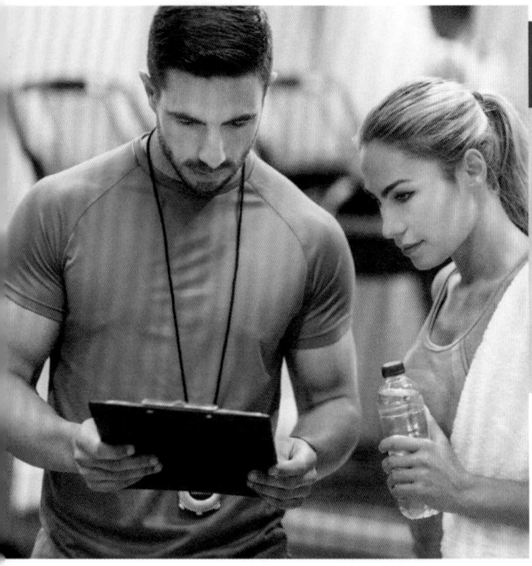

WARM-UP

Überlegen Sie sich eine Methode, mit der Sie Ihren momentanen Leistungsstand in einer sportmotorischen Grundeigenschaft festhalten können. Erstellen Sie anschließend eine Protokollvorlage, die es Ihnen erlaubt, Ihre Trainingsfortschritte in geeigneter Form festzuhalten. Diskutieren Sie anschließend in Ihrer Klasse die Probleme, die beim Aufzeichnen eines Trainingsprotokolls auftreten können.

1 Grundlagen der Trainingssteuerung

Die Trainingsplanung, Trainingsausführung und die Kontrolle der Ergebnisse von Wettkämpfen oder der Leistungsdiagnostik sind Maßnahmen zur Steuerung des Trainingsablaufs. Sie nehmen kurz-, mittel- und langfristig Einfluss auf den Trainingsprozess und unterscheiden sich je nach Ziel voneinander.

1.1 Gliederung der Trainingsprozesse

Trainingsprozesse werden allgemein in mehrere Stufen unterteilt. Jede dieser Stufen hat unterschiedliche Ziele, Methoden, Mittel und Inhalte. Die Einteilung erfolgt unabhängig vom Alter und ist alleine vom Leistungsstand des Sportlers/der Sportlerin abhängig. Bei einer langfristigen Trainingsplanung ist das Ziel immer eine kontinuierliche Steigerung der sportlichen Leistungsfähigkeit. Die untersten beiden Stufen der Trainingsprozesse sind das Basistraining und das Grundlagentraining.

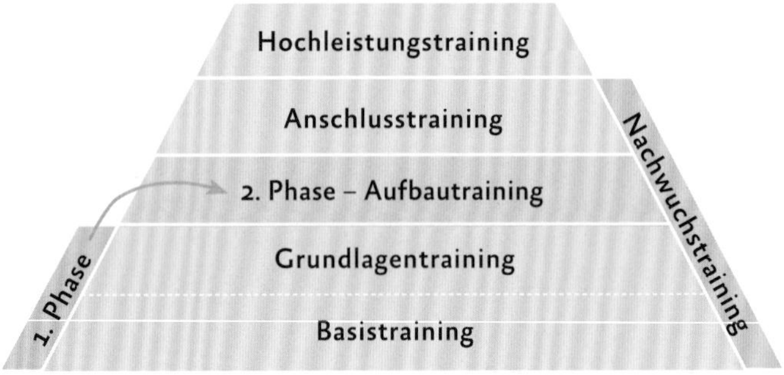

Stufen des Trainingsaufbaues

Basistraining

Das **Basistraining** erfolgt im Normalfall schon **sehr früh in der Kindheit** und soll als solches nicht erkennbar sein. Es erweitert kindgerecht den Bewegungsschatz und steigert die Bewegungserfahrung. Die Schulung erfolgt in spielerischer Form und das Angebot ist sehr vielfältig. Im Sinne des Prinzips der progressiven, d.h. sich allmählich steigernden, Belastung erfolgt im Laufe des Basistrainings eine Steigerung der Komplexität, der Bewegungsgeschwindigkeit und der Bewegungspräzision. Durch diese Maßnahmen erlernt man eine **Vielzahl von neuen Bewegungsprogrammen.**

Grundlagentraining

Im Zentrum des **Grundlagentrainings** steht das Erlernen einfacher Bewegungsfertigkeiten, die dem jeweiligen Entwicklungsstand angepasst sind. Sie sollen die **koordinativen Fertigkeiten** vervollständigen. Beim Grundlagentraining ist darauf zu achten, dass die Anforderungen **vielfältig und variabel** gestaltet werden. Systematisch wird der Bewegungsschatz und das Erlernen unterschiedlicher Bewegungsformen gefordert.

Aufbautraining

Das Aufbautraining wird oft in **zwei Phasen** unterteilt. Die erste Phase besteht aus dem **Basistraining und dem Grundlagentraining.** Die zweite Phase ist dann das eigentliche **Aufbautraining.** Es hat die Aufgabe, die in der ersten Phase angeeigneten Fertigkeiten weiterzuführen und auszubauen. Es erfolgt eine Orientierung an die besonderen Anforderungen der gewählten Sportart. Der Trainingsumfang und die Belastungsintensität werden gesteigert und die Trainingsmethoden und Inhalte angepasst.

Anschlusstraining

Das **Anschlusstraining** ist die **dritte und letzte Phase des Nachwuchstrainings** und leitet den Übergang zum Hochleistungssport ein. Es kommt zu einer **kontinuierlichen Belastungssteigerung** des Athleten/der Athletin. Dafür werden **hauptsächlich sportartspezifische Trainingsformen** angewandt. In dieser Phase nimmt die Anzahl der Wettkämpfe zu und eine Periodisierung des Trainingsjahres wird notwendig. Es werden gezielt Trainingsakzente auf höherer Anforderungsstufe verwendet und erste Phasen der Wettkampfvorbereitung eingebaut. Der Athlet/Die Athletin lernt spezielle Trainingsmethoden, die hauptsächlich im Hochleistungstraining eingesetzt werden. Die Überwachung der Leistungsfortschritte in konditioneller, technischer und taktischer Hinsicht erfolgt in regelmäßigen Abständen mittels leistungsdiagnostischer Verfahren.

Hochleistungstraining

Im **Hochleistungstraining** geht es darum, den Athleten/die Athletin an seine/ihre eigenen Höchstleistungen heranzubringen, oder ihn/sie zu befähigen, die erreichte Leistung über längere Zeiträume zu halten. Der Trainingsumfang und die Trainingsintensität sind auf höchstem Niveau. Die sportliche Technik wird perfektioniert und stabilisiert. Es kommt zu einer weiteren **Spezialisierung der Trainingsmethoden und Trainingsinhalte.**

Der ideale Zeitpunkt für den Beginn des Höchstleistungstrainings hängt sehr stark von der angestrebten Sportart ab. Je nach konditionellen und koordinativen Anforderung in der jeweiligen Sportart liegt dieses Alter bei Burschen zwischen 13 und 18 Jahren und bei Mädchen zwischen 11 und 16 Jahren. Die Phase der maximalen Leistung ist auch von der gewählten Sportart abhängig, geht aber höchstens bis 35 Jahre.

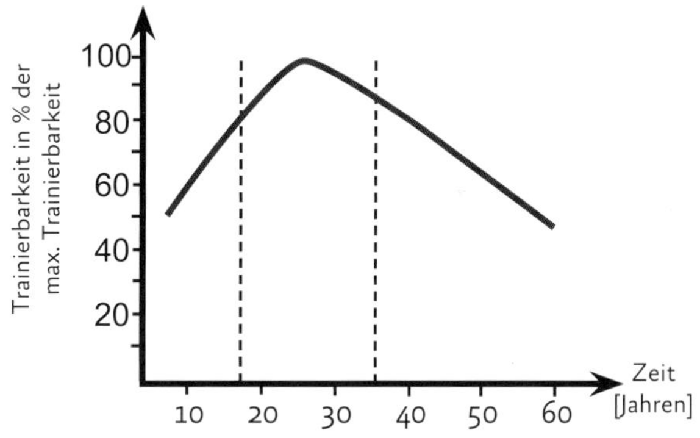

Höchstleistungsalter

1.2 Periodisierung

Ab einem bestimmten Leistungsniveau ist eine Planung des Trainings über das gesamte Jahr gesehen nicht mehr wegzudenken. Deswegen wird das Trainingsjahr in mehrere Perioden unterteilt. Jede Periode ist gekennzeichnet durch ganz spezielle Trainingsziele, Inhalte und Methoden. Im Leistungssport ist das Training darauf gerichtet, dass der Athlet/die Athletin bei den wichtigsten Wettkämpfen seine/ihre höchste individuelle Leistung erreicht. Die klassische Einfachperiodisierung geht von einem einzelnen wichtigen Wettkampf aus. Die Vorbereitungen und das Training werden auf diesen Wettkampf ausgerichtet. Da im Spitzensport die Anzahl der Wettkämpfe und Wettkampfserien, im Vergleich zu früher, deutlich zugenommen hat, ist die klassische Einfachperiodisierung in vielen Fällen nicht mehr sinnvoll. Eine Doppel- oder Mehrfachperiodisierung wird notwendig, die trainingswissenschaftlich wesentlich anspruchsvoller in ihrer Planung ist.

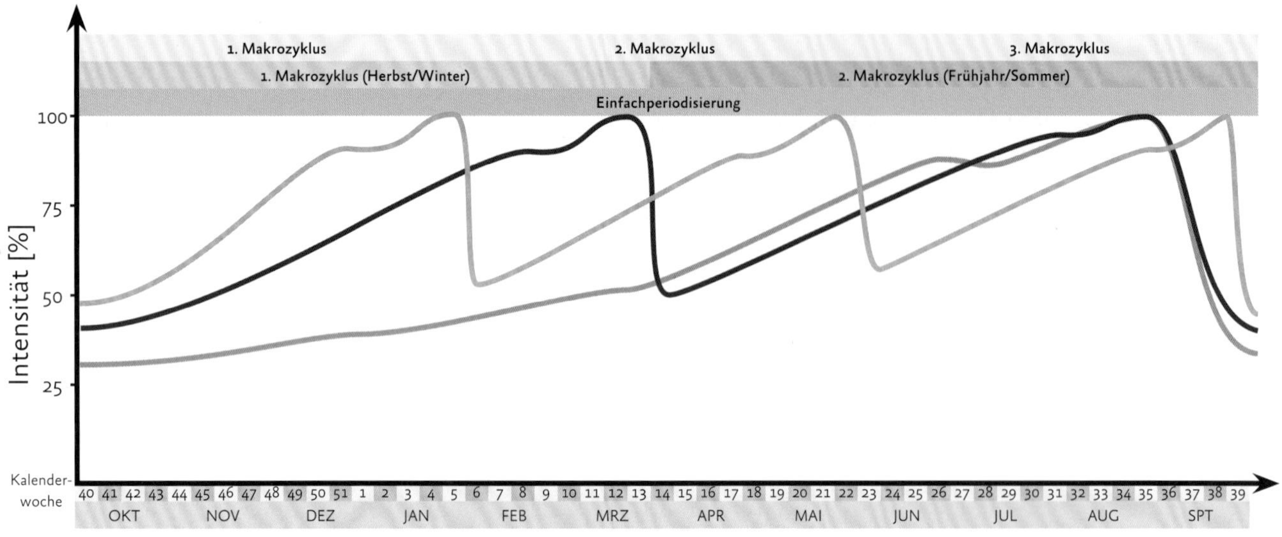

Einfach- und Doppelperiodisierung

Wie in der Graphik zu erkennen ist, kommt es zu einer zunehmenden Belastung im Laufe einer Periode, sodass am Ende der Periode eine maximale individuelle Leistung möglich ist. Wenige Wochen vor dem Wettkampf ist der Zeitpunkt der höchsten Trainingsintensität, danach folgt eine Phase mit leicht sinkender Intensität, in der im Sinne einer Überkompensation eine weitere Leistungssteigerung möglich ist. Das Trainingsjahr besitzt je nach Sportart eine bis mehrere dieser **Perioden,** die selbst wieder durch **Schwerpunktsetzungen im Training** unterschieden werden.

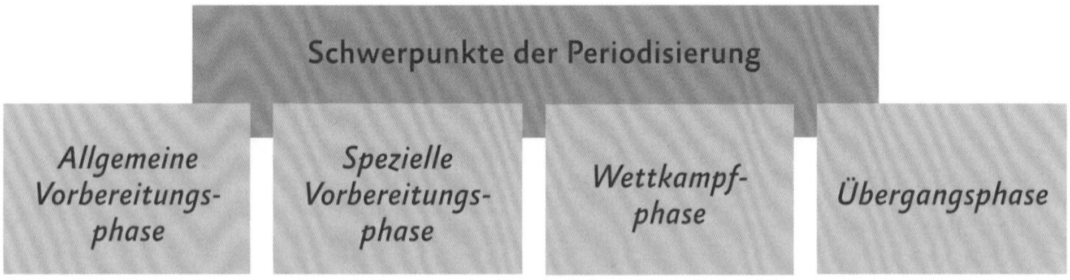

Die **erste Phase** ist eine **allgemeine Vorbereitungsphase,** die in erster Linie für die Entwicklung grundlegender und allgemeiner Fertigkeiten genutzt wird. Oft wird hier sportartunspezifisch trainiert. Es ist sogar das Ausüben von anderen Sportarten erwünscht. Mit steigender Anzahl an Wettkämpfen besteht die Gefahr, dass dieser Prozess etwas vernachlässigt wird und es auf lange Sicht zu einem Leistungsabfall kommt.

Die **zweite Phase** ist die **spezielle Vorbereitungsphase,** die durch sportartspezifische Trainingsmittel geprägt ist. Es wird oftmals im Übergangsbereich zum anaeroben Bereich trainiert. Hier werden spezielle Trainingsmethoden eingebaut oder kleine Trainingsblöcke in der Art eines Trainingslagers.

Die **dritte Phase** ist die **Wettkampfphase,** die je nach Sportart unterschiedlich lange dauern kann. In dieser Phase finden die entscheidenden Wettkämpfe statt. In den meisten Sportarten hat man in dieser Phase Qualifikationswettkämpfe, die vor dem eigentlichen Hauptwettkampf liegen. Zwischen diesen Wettkämpfen spielt die Einhaltung von Entlastungszeiten eine entscheidende Rolle, damit die eigene individuelle Höchstleistung auch im entscheidenden Zeitraum abrufbar ist.

Die **Übergangsphase** dient zur **Erholung** nach der anstrengenden Wettkampfphase. In dieser Phase soll sich der Athlet/die Athletin sowohl psychisch als auch physisch erholen. Oft sind auch Rehabilitationsmaßnahmen notwendig, die man in diesem Zeitraum einbauen kann.

1.3 Zyklisierung

Die Verbesserung der sportlichen Leistungsfähigkeit erfolgt in **Trainingszyklen,** in denen sich hohe Trainingsbelastungen mit Wiederherstellungsphasen oder die Entwicklung konditioneller Fähigkeiten mit der Entwicklung sportatspezifischer Fertigkeiten abwechseln. Die Länge dieser Zyklen sind extrem unterschiedlich und reichen von einem Tag bis zu mehreren Jahren. Bei kurzer Zeitdauer spricht man von Mikrozyklen oder Mesozyklen, bei längeren Zyklen von Makrozyklen oder Ein- und Mehrjahreszyklen.

Mikrozyklus

Der **Mikrozyklus** ist ein **kurzer Trainingszyklus** von circa einer Woche. In der Trainingsplanung wird dieser Mikrozyklus oft auch als Wochenplanung bezeichnet. Der Mikrozyklus besteht aus mehreren Trainingseinheiten, die nach sportwissenschaftlichen Gesichtspunkten auf diesen Zeitraum verteilt sind. Dabei sind die im Band 1, Kapitel 12 *Grundlagen des Trainings* besprochenen Trainingsprinzipien zu beachten, damit ein optimaler Leistungszuwachs erzielt wird. Der Inhalt des Mikrozyklus ist also eine Abfolge von Belastungs- und Erholungsphasen der einzelnen Funktionssysteme des menschlichen Körpers. Die Schwerpunktsetzung eines Mikrozyklus wird von der Zielsetzung des längeren Mesozyklus bestimmt.

Mesozyklus

Ein **Mesozyklus** ist die übergeordnete Einheit des Mikrozyklus und sichert die **Abfolge von Belastung und Erholung über mehrere Mikrozyklen.** Gleichzeitig ermöglicht die Zeitdauer von zwei bis vier Wochen ein akzentuiertes Training zur Entwicklung von Fähigkeitskomplexen. Meistens erfolgt nach drei Mikrozyklen ein Zyklus mit verminderter Belastung als Erholungsphase. In der Trainingsplanung wird der Mesozyklus oft auch als Monatsplanung bezeichnet. Mesozyklen haben in der Regel ganz spezielle Zielsetzungen für den Erwerb von Fähigkeiten.

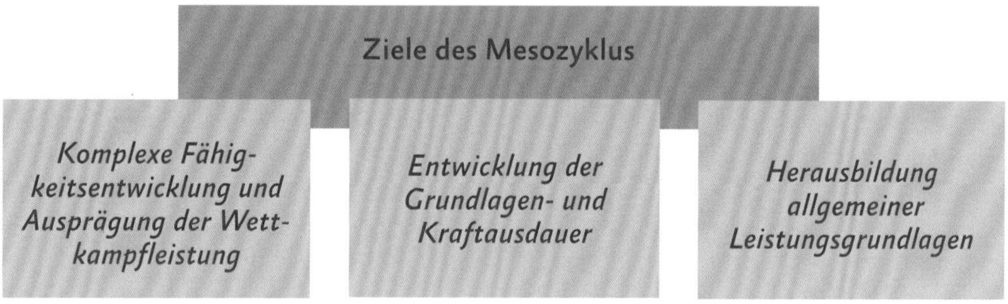

Makrozyklus

Ein **Makrozyklus** dauert je nach Art der **Periodisierung von drei Monaten bis zu einem Jahr.** Er beinhaltet die Schwerpunkte einer Periodisierung, die allgemeine und spezielle Vorbereitungsphase, die Wettkampfphase und die Übergangsphase zur nächsten Periodisierung. Das Ziel eines Makrozyklus ist die langfristige Verbesserung der maximalen individuellen Leistungsfähigkeit und dessen zeitliche Koordination.

GET ACTIVE 1

Lesen Sie das untenstehende Fazit eines Artikels über die Periodisierung und diskutieren Sie anschließend in Kleingruppen die wesentlichen Aussagen. Recherchieren Sie, was die Autorin mit dem „Blocktraining" meint.

„In der letzten Zeit kommt immer öfter die Frage auf, ob die klassische Periodisierung noch zeitgemäß ist. Schon vor 30 Jahren entwickelte ein russischer Forscher das Blocktraining und hatte Erfolg damit – doch noch immer halten viele Trainer an den klassischen Theorien der Periodisierung fest.

Es bleibt am Ende die Entscheidung des Sportlers, nach welcher Methode er seine Saisonplanung macht. Irgendwie führen alle Wege zum Ziel, manchmal geht man einen Umweg, manchmal den direkten Weg. Ausprobieren und etwas wagen kann zum Erfolg führen, wenn man jahrelang im gleichen Trott trainiert hat."

Monika Sturm-Constantin: Periodisierung – Teil 2 (2012). In: https://www.trainingsworld.com/training/trainingsplanung/periodisierung-teil-einfach-doppel-mehrfachperiodisierung-1561532 (5. Feb. 2020)

GET ACTIVE 2

Analysieren Sie das aktuelle Jahr in Bezug auf die von Ihnen erbrachten sportlichen Leistungen. Zur leichteren Einschätzung überlegen Sie, wie eine Woche mit maximalen sportlichen Aktivitäten bei Ihnen aussehen könnte. Nehmen Sie für diese Woche eine Intensität von 100 % an und bewerten Sie damit Ihre anderen Wochen des Jahres. Stellen Sie anschließend fest, welche Art der Jahresplanung (Einfach-, Doppel- oder Mehrfachperiodisierung) Ihrer Aufzeichnung am nächsten kommt.

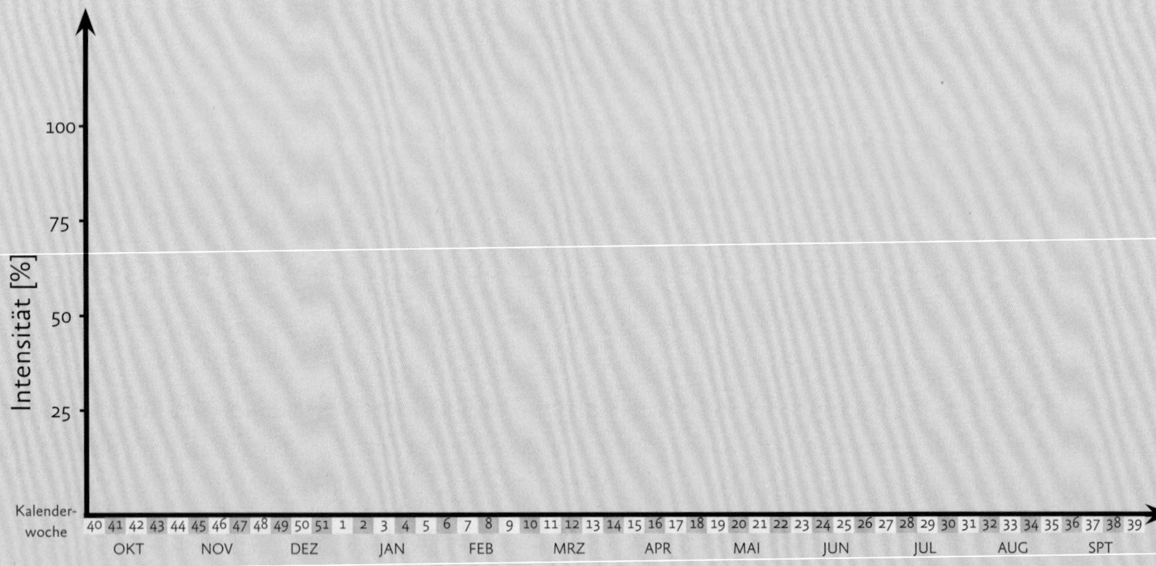

RP-TRAINING 1

Anforderungsniveau 1

1. Beschreiben Sie die wesentlichen Unterschied zwischen einer Einfach- und Mehrfachperiodisierung.
2. Skizzieren Sie den Verlauf der Belastungsintensität einer Doppelperiodisierung.

Anforderungsniveau 2

Erläutern Sie die verschiedenen Bereiche der Trainingsprozesse (Basistraining, Grundlagentraining usw.).

Anforderungsniveau 3

Analysieren Sie die beiden abgebildeten Jahrestrainingspläne unter dem Gesichtspunkt der Zyklisierung.

Geben Sie einige Beispiele für die einzelnen Zyklen an.

Diskutieren Sie mögliche Argumente für die Zielsetzung der angegebenen Trainingspläne.

Bewerten Sie die Umsetzung der theoretischen Grundlagen zur Trainingsplanung in den abgebildeten Trainingsplänen.

5. Klasse/6. Klasse

SPT OKT	NOV DEZ		JAN	FEB	MRZ	APR	MAI JUN
7 Wochen	8 Wochen	Weihnachtsferien	5 Wochen	Semesterferien	7 Wochen	Osterferien	11 Wochen
Sportmotorische Fähigkeiten	Sportspiele		Schwimmen		Sportmotorische Fähigkeiten		Sportspiele
Fitnessübungen Grundübungen Ausdauer	Platzwechselspiele Basketball		Brustschwimmen Tauchen		Fitnessübungen Grundübungen Kraft		Volleyball Beachvolleyball
Sportspiele	Turnen		Sportspiele		Gleitsportarten		Schwimmen
Einfache Fangspiele Fußball	Erlebnisturnen Parcours		Kurze Fangspiele Reaktionsspiele		Eislaufen Langlaufen		Dauerschwimmen Technik Kraul
Leichtathletik	Turnen		Gymnastik		Zweikämpfe		Leichtathletik
Weit- und Hochsprung Läufe	Gerätturnen Trampolin		Aerobic Wassergymnastik		Werfen,Laufen,Springen		Staffelläufe Kugelstoßen

7. Klasse/8. Klasse

SPT OKT	NOV DEZ		JAN	FEB	MRZ	APR	MAI JUN
7 Wochen	8 Wochen	Weihnachtsferien	5 Wochen	Semesterferien	7 Wochen	Osterferien	11 Wochen
Sportmotorische Fähigkeiten	Leichtathletik		Schwimmen		Gleitsportarten		Sportspiele
Schnellkraft Kurzzeitausdauer	Coopertest Staffelläufe		Brust Tauchen		Eislaufen Langlaufen		Volleyball Beachvolleyball
Sportmotorische Fähigkeiten	Turnen		Schwimmen		Gleitsportarten		Funsport
Schnelligkeit Reaktionsschnelligkeit	Erlebnisturnen Parcours		Kraul Dauerschwimmen		Eislaufen Langlaufen		Badminton Ballspiele
Sportmotorische Fähigkeiten	Gymnastik		Schwimmen		Turnen		Funsport
Beweglichkeit Koordination	Funktionelle Gymnastik		Wettbewerbe Rücken		Gerätturnen Trampolin		Spiele und freies Üben Waveboard

2 Trainingsplanung

Die eigentliche Trainingsplanung beginnt nicht mit dem Erstellen von einzelnen Trainingsplänen und deren Durchführung, sondern schon im **Vorfeld.** Es erfordert einige Kenntnisse über den Sportler/die Sportlerin und dessen/deren momentanes Leistungsniveau, über die Anforderungen in der jeweiligen Sportart und über die zuletzt erbrachten Trainings- und Wettkampfleistungen. Alle diese Kenntnisse fließen in die langfristigen Trainingsziele ein und sind bestimmend für die Erstellung der Trainingsplanung.

Einflüsse auf die Definition des Trainingszieles einer Jahresplanung (nach Hottenrott und Neumann, 2010)

Ein weiterer Faktor, der in der Trainingsplanung berücksichtigt werden muss, ist die **zeitliche Lage der Wettkämpfe, Qualifikationen und Ausscheidungsphasen.** Diese sind in den einzelnen Sportarten sehr unterschiedlich und dementsprechend beeinflussen sie die Trainingsplanung enorm.

Sind die **Trainingsziele** und die **Vorwettkampf- und Wettkampftermine** einmal festgelegt, wird die eigentliche Trainingsplanung aufgenommen. Der Trainingsplan ist der Ausgangspunkt für die Gestaltung von Trainingsbelastungen. Er wird im Sinne einer Periodisierung so gestaltet, dass der Leistungsverlauf über das Jahr es erlaubt, sowohl Wettkämpfe als auch Phasen mit Trainingsschwerpunkten einzubauen.

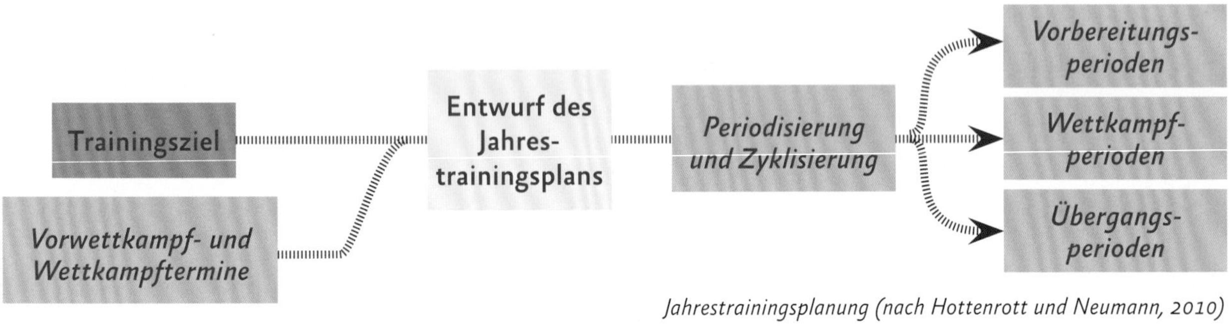

Jahrestrainingsplanung (nach Hottenrott und Neumann, 2010)

Die **Trainingsschwerpunkte** werden den einzelnen **Perioden und Zyklen** zugeordnet, um eine gezielte Beeinflussung der Fertigkeiten und Fähigkeiten des Sportlers/der Sportlerin unter der Berücksichtigung der Leistungsfähigkeit und Belastbarkeit zu erreichen. Die Trainingsziele werden in überschaubare und feststellbare **Teilziele** unterteilt. Die inhaltliche Gestaltung der Trainingseinheiten ist an diese Teilziele anzupassen.

Die langfristige Trainingsplanung gibt einen groben Rahmen für die Gestaltung des Trainings an. Immer wieder ist es aus verschiedensten Gründen notwendig, diese Planung etwas abzuändern. Gründe dafür gibt es genügend. So beeinflussen zum Beispiel leichte Verletzungen, private Probleme oder eine schnellere Adaptionen des Sportlers/der Sportlerin die Trainingsgestaltung und damit auch die langfristige Trainingsplanung. Trotzdem ist die langfristige Trainingsplanung im Leistungssport nicht wegzudenken, da sie indirekt als Feedback für den Sportler/die Sportlerin dient und beim Erreichen der Trainingsziele eine sehr positive psychologische Wirkung erzielt.

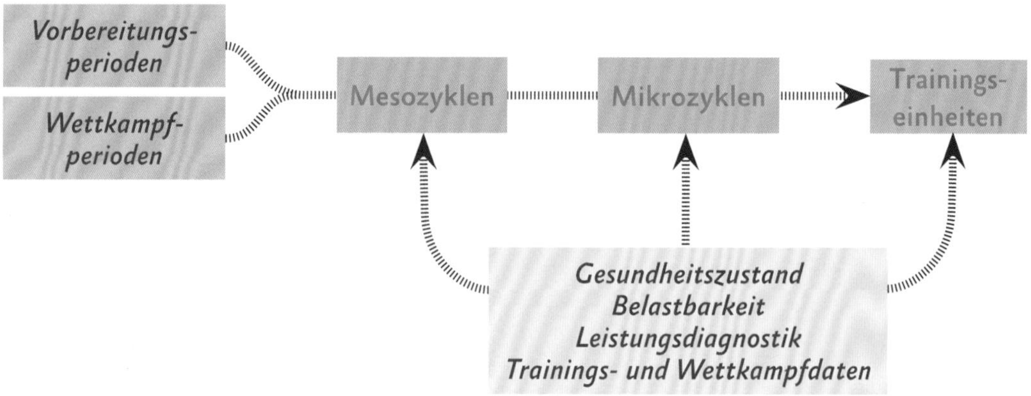

Periodisierung und Feedbackschleife (nach Hottenrott und Neumann, 2010)

2.1 Wettkämpfe

Die Trainingsplanung ist stark abhängig vom Leistungsniveau, auf dem der Sportler/die Sportlerin seinen/ihren Sport betreibt. Die Zielsetzung bezüglich der Einflussnahme auf die sportliche Leistung bestimmt die zu verwendenden Methoden und Inhalte und definiert auch die Erwartungen an den Leistungsvergleich.

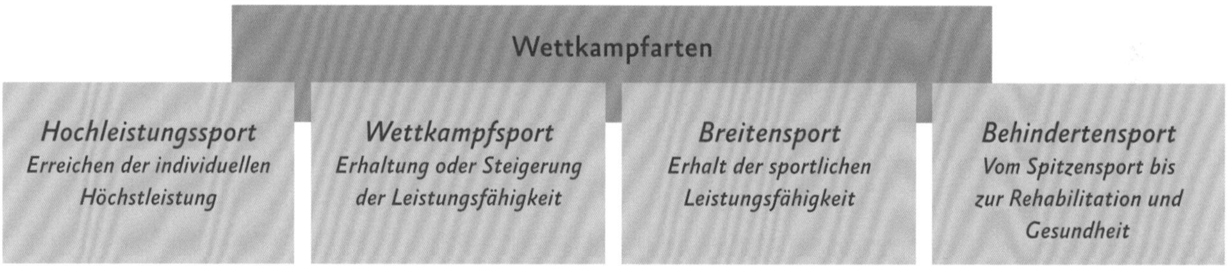

THEORIE ······➡ PRAXIS

Eine gezielte Trainingsplanung ist besonders wichtig, wenn man sich im Sport bei Wettkämpfen mit anderen Sportlern/Sportlerinnen misst. Das Erstellen von sinnvollen Trainingsplänen ist eine sehr komplexe Aufgabe. Neben großer Erfahrung werden eine Vielzahl von individuellen Übungen benötigt, um die Trainingspläne mit Inhalten zu füllen.

Das Sportministerium, Abteilung V/4, stellt mit dem ClipCoach eine Sammlung von über 7000 Videos zur Verfügung, die in unterschiedlichste Themenbereiche gegliedert sind. Zu Bewegungskompetenzen im Kindergarten bis hin ins hohe Alter werden geeignete Übungen angeboten.

Diese Sammlung an ausgewählten Übungen kann als Grundlage für ein abwechslungsreiches Training dienen.

2.2 Planung der Makrozyklen (Jahresplanung)

Für die Jahresplanung wird das **angestrebte Trainingsziel** bestimmt und dann das Jahr je nach Periodisierung in **mehrere Makrozyklen** unterteilt. Wie schon erwähnt bestimmen wichtige Vorwettkämpfe und Wettkämpfe die Einteilung des Trainingsjahres. Die verfügbare Zeit für einen Makrozyklus muss dann auf die verschiedenen Mesozyklen aufgeteilt werden. Jeder Mesozyklus besteht in der Regel aus einer allgemeinen und einer speziellen Vorbereitungsphase, einer Wettkampfphase und einer Übergangsphase in den nächsten Makrozyklus. Die Länge der Mesozyklen soll eine Zeitspanne von zwei Wochen nicht unterschreiten. Oftmals werden die einzelnen Phasen noch geteilt, um das Definieren und Erreichen von Teilzielen leichter zu gestalten.

Wie schon besprochen hängt der Jahrestrainingsplan sehr stark von der jeweiligen Wettkampfart ab. Im folgenden Jahresplan liegt das Ziel im Wettkampfbereich einer Ausdauersportart.

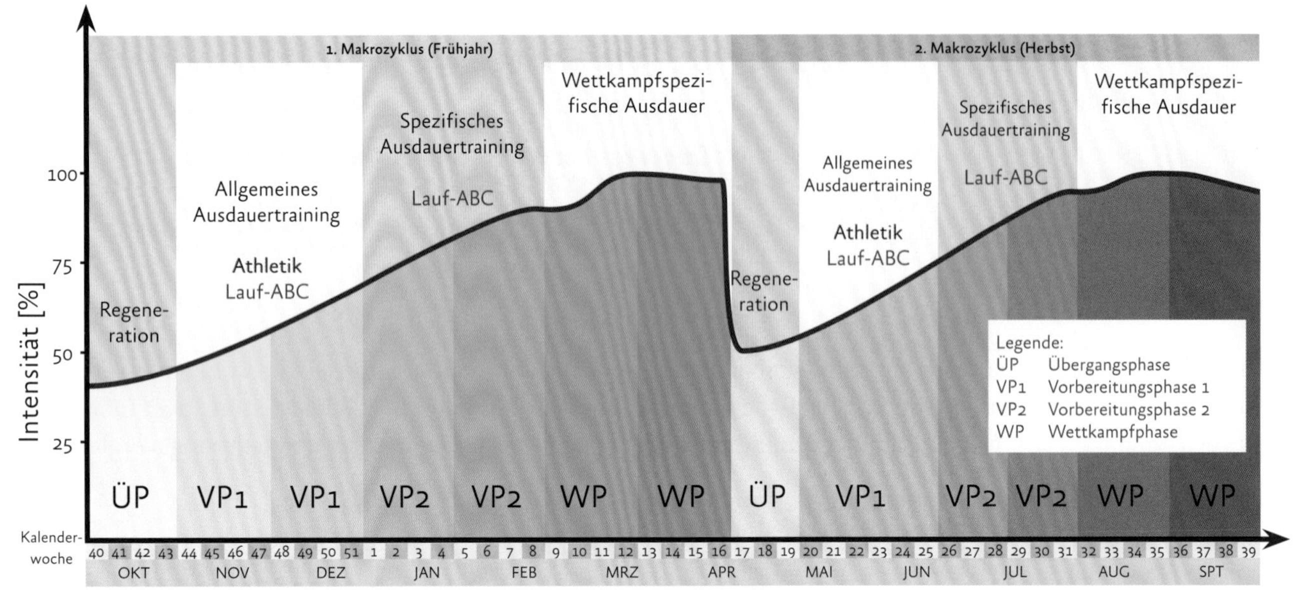

Jahresplanung Laufsport

2.3 Planung der Mesozyklen (Monatsplanung)

Der Mesozyklus ist oft **in zwei Etappen** unterteilt mit je nach Wettkampfziel unterschiedlichen Längen. In der Vorbereitungsperiode macht sich das durch unterschiedliche Intensitäten bemerkbar. Im unteren Leistungsbereich steht in der ersten Phase eine breite allgemeine-konditionelle Vorbereitung im Vordergrund. In der zweiten Phase überwiegen sportartspezifische Mittel, bei Verringerung des Umfanges und Erhöhung der Intensität. Im höheren Leistungsbereich liegt der Schwerpunkt in der Belastungsintensität. Der abgebildete Mesozyklus ist die Weiterführung des oben angegebenen Jahresplanes mit der Zielsetzung im Bereich des Wettkampfsportes.

	Mesozyklus- Allgemeine Vorbereitungsphase							
	NOV				DEZ			
	44	45	46	47	48	49	50	51
Trainingsinhalte	Allgemeines Ausdauertraining Entwicklung der allgemeinen Leistungsvoraussetzungen							
Trainingsperiode	Vorbereitungsphase 1							
Etappe	1				2			
Hauptinhalte	Allgemeine Athletik im Bereich der Ausdauer und Kraft Techniktraining durch Laufschulung Ausdauer so oft wie möglich auch mit alternativen Sportarten							
Schwerpunkte	Allgemeine Athletik beim Laufen				Lauf-ABC			

Planung des Mesozyklus

2.4 Planung der Mikrozyklen (Wochenplanung)

Die **Mikrozyklen** werden in der Trainingsplanung oft auch mit einer **Wochenplanung** gleichgesetzt. Grund dafür ist, dass – außer bei Profisportlern/Profisportlerinnen – neben der sportlichen Tätigkeit auch noch berufliche und soziale Verpflichtungen vorhanden sind. Nach der Periodisierung ist aber eine Woche für einen Mikrozyklus zu lange. Betrachtet man daher die Wochenpläne etwas genauer, kann man erkennen, dass in den meisten Fällen zwei Mikrozyklen nacheinander gereiht sind. Im angegebenen Beispiel findet man zwei aufeinanderfolgende Tage in der Woche mit höherer Intensität, die durch Tage mit geringerer Intensität getrennt sind.

Mikrozyklus 1 – Allgemeine Vorbereitungsphase – Etappe 1						
Montag	Dienstag	Mittwoch	Donnerstag	Freitag	Samstag	Sonntag
Frei	GA1-Lauf 60 min BORG 11–14	Rückschlagspiel 60 min 30 min Schwimmen GA1	Fahrtspiel 60 min Ziehen Sie in unregelmäßigen Abständen das Tempo 10–60 sek an. BORG 8–12 Spitzen-BORG 15–17	Frei	GA1-Lauf 30 min BORG 11–14	10 km Tempowechsellauf GA1–2 1 km GA1 BORG 11–13 2 km GA1–2 BORG 14–15

Planung des 1. Mikrozyklus

Mit der BORG-Skala wird die Trainingsbelastung über das subjektive Belastungsempfinden gesteuert. Die Angabe erfolgt mit Werten zwischen sechs und zwanzig. Niedrige Zahlen bedeuten geringe Intensität, die zu einer geringen körperlichen Belastung und einer kaum spürbaren Atemnot führen. Hohe Zahlen bedeuten eine hohe Intensität und damit verbundene starke körperliche Belastungen. Die unten stehende Tabelle gibt einen Überblick über die Zusammenhänge der BORG-Skala mit den verschiedenen Trainingsbereichen.

Skala	Anstrengungsgrad	% der max. Beanspruchung	Trainingsbereich	Atmung
6	Überhaupt keine Anstrengung	20 %	Aufwärmen und Regeneration	Keine oder kaum spürbare Atemnot
7	Extrem leicht	30 %		
8		40 %		
9	Sehr leicht	50 %		
10		55 %		
11	Leicht	60 %	GA1 und GA2	Deutlich spürbare, aber kontrollierbare Atmung
12	Optimaler Trainingsbereich	65 %		
13	Etwas schwer	70 %		
14		75 %		
15	Schwer	80 %		
16		85 %	WSA	Auftretende Atemnot zwingt zum baldigen Abbruch
17	Sehr schwer	90 %		
18		95 %		
19	Extrem schwer	100 %		
20	Größtmögliche Anstrengung	Übersäuerung		

2.5 Planung der Trainingseinheiten

Das Planen von einzelnen Trainingseinheiten, die die Zielsetzungen der Mikro- und Mesozyklen erfüllen, ist kein leichtes Unterfangen. Viele Grundlagen zur Planung von Trainingseinheiten sind schon in Kapitel 12 *Grundlagen des Trainings* (Band 1), Kapitel 2 *Elementares Konditionstraining* (Band 2) und Kapitel 3 *Beweglichkeits- und Koordinationstraining* (Band 2) besprochen worden. Diese Grundlagen sind die Werkzeuge für das richtige Planen von Trainingseinheiten.

Wenn man sich Trainingspläne im Internet oder in Büchern ansieht, so ist zu erkennen, dass die Pläne und die Angaben für eine Trainingseinheit sehr unterschiedlich ausfallen. Aus diesem Grund ist es sinnvoll, die Pläne von Trainingseinheiten bestmöglich einheitlich zu gestalten. In unserem Fall haben wir bei allen Plänen für Trainingseinheiten das unten abgebildete Muster verwendet.

Bei Plänen, die nach diesem Muster erstellt werden, sind alle wichtigen Trainingsinhalte der Trainingseinheit festgehalten. Zusätzlich befinden sich noch Informationen zu den Überlegungen des Trainers/der Trainerin am Trainingsplan. Diese Informationen sind für den Athleten/die Athletin nicht unbedingt erforderlich. Sie dienen eher dem besseren Verständnis für die Auswahl der auszuführenden Inhalte der Trainingseinheit. Der Athlet/Die Athletin kann dadurch die theoretischen Hintergründe der Trainingsplanung erkennen. Er/Sie erfasst so eher die Sinnhaftigkeit seiner/ihrer Handlungen. Das kann aus psychologischer Sicht sinnvoll sein, da ein besseres Verständnis die Motivation für das Abarbeiten der Trainingsinhalte meist steigert.

SB PLUS

Trainingsplan

Voraussetzungen
Dieser Trainingsplan ist für eine 35-jährige Hobbysportlerin, die ihre allgemeine Fitness verbessern möchte. Zusätzlich zum Ausdauertraining absolviert sie noch zweimal pro Woche ein Krafttraining.

Zielsetzung
Ziel der Trainingseinheit ist eine Verbesserung der Grundlagenausdauer im Bereich der aeroben Schwelle. In Kombination mit dem Krafttraining soll auch die Kraftausdauerleistung verbessert werden.

Trainingsmethode
Für die Trainingseinheit wird eine extensive Dauermethode verwendet. Ein Aufwärmen und Abwärmen ist aufgrund der geringen Belastungsintensität nicht unbedingt notwendig.

Trainingsmittel
Laufschuhe, Gelände mit geringem Höhenunterschied – optional: Pulsmesser

Trainingsinhalte
Die Trainingseinheit wird mit einer Länge von 1,5 Stunden angesetzt. Dabei sollte ohne Unterbrechungen bei einer Pulsfrequenz von 65 % des Maximalpulses gelaufen werden. In einem Intervall von 15 Minuten erfolgt eine Steigerung der Laufgeschwindigkeit über zwei Minuten. Dabei sollte die Pulsfrequenz nicht über 75 % des Maximalpulses steigen.

Muster für die Planung von Trainingseinheiten

RP-TRAINING 2

Anforderungsniveau 1

1. Beschreiben Sie den Weg, der bei der Erstellung einer Jahrestrainingsplanung eingehalten werden sollte.
2. Geben Sie wichtige Einflussfaktoren an, die bei der Festlegung des Trainingszieles der Jahrestrainingsplanung beachtet werden müssen.

Anforderungsniveau 2

Erläutern Sie den Einfluss der verschiedenen Arten von Wettkämpfen auf die Gestaltung eines Jahrestrainingsplanes.

Anforderungsniveau 3

Führen Sie eine Jahrestrainingsplanung für Ihre eigene oder eine beliebige Sportart für das kommende Trainingsjahr durch.

Diskutieren Sie eventuelle Probleme, die für Sie dabei auftreten könnten.

Beurteilen Sie, welche Bedeutung eine Jahrestrainingsplanung in Ihrem speziellen Fall hat.

KOMPETENZCHECK

Ich kann ...			
... die wesentlichen Elemente einer Trainingsplanung nennen und identifizieren.			
... den Sinn einer Periodisierung erklären und die einzelnen Trainingszyklen unterscheiden.			
... einen einheitlichen Trainingsplan für eine Trainingseinheit, eine Trainingswoche oder ein Trainingsmonat erstellen.			

Themen und Fragen der Sportwissenschaft

Kapitel 8

Profis und viele Breitensportler/Breitensportlerinnen trainieren nach speziellen Trainingsprogrammen und unter Anleitung eines ausgebildeten Trainers/einer ausgebildeten Trainerin. Die Trainer/Trainerinnen verfügen einerseits über sehr viel Erfahrung, anderseits aber auch über viel Wissen im Bereich der **Sportwissenschaft**.

Die Aufgabengebiete der Sportwissenschaft sind breit gefächert. Sie befasst sich mit den Problemen und Erscheinungsformen von Sport und Bewegung. Sie ist interdisziplinär angelegt und greift auf eine Reihe von anderen (Mutter-)Wissenschaften zurück. Sport wird somit aus unterschiedlichen Perspektiven wie z. B. Trainingswissenschaft, Biomechanik, Psychologie, Soziologie, Pädagogik u. a. untersucht und beleuchtet.

Ziel der Sportwissenschaft ist, ihren Forschungsstand ständig weiterzuentwickeln und Fragen zu bestehenden Problemfeldern zu beantworten. Um dies zu erreichen, wird Forschung betrieben.

Dieses Kapitel beginnt mit den Anfängen der Sportwissenschaft und beschäftigt sich im weiteren Verlauf mit sportwissenschaftlichen Disziplinen und Fragestellungen, dem Verhältnis zwischen Theorie und Praxis und es gewährt erste Einblicke in unterschiedliche Forschungsmethoden.

Der Lernende/Die Lernende soll ...

- die historische Entwicklung, Ziele und Inhalte der Sportwissenschaft kennen,
- die Wechselwirkung zwischen Theorie und Praxis erklären können,
- verschiedene Forschungsmethoden beschreiben können.

WARM-UP

Lesen Sie die in der Tabelle angeführten Aussagen (1 – 5) und entscheiden Sie, ob sie richtig (R) oder falsch (F) sind. Machen Sie ein Kreuz (X) in die entsprechende Spalte. Begründen Sie Ihre Aussage und machen Sie sich stichwortartig Notizen.

Bilden Sie anschließend Zweiergruppen und vergleichen Sie Ihre Ideen mit einem Partner/einer Partnerin. Diskutieren Sie folgende Fragen:

1. Welche Behauptungen im Bereich Fitness/Sport bzw. **Broscience** kennen Sie noch?
2. Gibt es Behauptungen, von denen Sie dachten, sie seien richtig? Welche?
3. Woher könnten diese Behauptungen kommen und warum verbreiten sie sich?
4. Welche Rolle spielt die Sportwissenschaft bei der Klärung dieser Behauptungen?

		R	F	Begründung
1	Der Körper greift erst nach 30 Minuten laufen auf den Fettspeicher zurück.			
2	Durch vermehrtes Bauchmuskeltraining bekommt man ein schönes Sixpack und verbrennt mehr Bauchfett.			
3	Eine Methode, um Muskelmasse aufzubauen, sind Wiederholungen im Bereich von 8 bis 12.			
4	Ein Muskelkater ist der Beweis für optimales Training.			
5	Moderater Ausdauersport stärkt das Immunsystem.			

1 Geschichte, Ziele und Inhalte der Sportwissenschaft

1.1 Geschichte der Sportwissenschaft

Zentrum für Sportwissenschaft und Universitätssport Wien
Foto: USI_univie_© Universität Wien/Peter Kubelka. © Universität Wien/Peter Kubelka

Bereits im antiken Griechenland wurden, im weitesten Sinne, erste sportwissenschaftliche Überlegungen angestellt. Damals wurden die Leibesübungen als Gymnastik und Athletik bezeichnet. Plato, Aristoteles und andere große Denker haben zu dieser Zeit begonnen, die Wissenschaften zu systematisieren. So entwickelte sich zum Beispiel aus der Naturphilosophie die heute bekannte Naturwissenschaft. Man untergliederte die Wissenschaften in die „Sieben Freien Künste" (septem artes liberales), Überlegungen zur Sportwissenschaft waren nicht Teil davon. Die sportliche Betätigung war jedoch Teil der Ausbildung und Erziehung der Griechen.

Unzählige Ärzte und Philosophen beschäftigten sich im Laufe der Geschichte mit der Gymnastik. Philostratos (römischer Gelehrter, 2.–3. Jahrhundert) bezeichnete die Gymnastik in seinem Buch „Über die Gymnastik" als eine Kunstform.

Die Auffassung von Wissenschaft, so wie wir sie heute verstehen, entwickelte sich in der Renaissance und der Aufklärung. Die Menschen sollten ihr Schicksal nicht nur in Gottes Hände legen, sondern eigenständig und rational denkend handeln.

Zur Zeit der Aufklärung ging man der Frage nach dem Sinn des sportlichen Handelns nach. Weiters wollten die Menschen herausfinden, welchen Einfluss sportliche Handlungen auf die Erziehung haben könnten. Durch Steigerung der Leistungsfähigkeit erwartete man sich eine Verbesserung der geistigen Leistungsfähigkeit.

Universitäts-Sportinstitut Innsbruck (USI)

In der zweiten Hälfte des 20. Jahrhunderts entstanden viele Institute für Sportwissenschaft. Einerseits beeinflussten die Pädagogik und die Medizin diese Entwicklung, andrerseits hatte auch das Streben nach internationaler Anerkennung durch sportliche Leistung nach dem Zweiten Weltkrieg einen wesentlichen Einfluss.

Die folgende Übersicht gibt einen Einblick über die Entwicklung der Sportwissenschaft an den Universitäten Innsbruck und Wien.

1675	Innsbruck	Es kam zur ersten Anstellung eines Fechtlehrers an der Universität.
1847	Innsbruck	Ein Turnlehrer wird erstmals angestellt, um das Turnangebot für Universitätsangehörige und Schüler/Schülerinnen umzusetzen.
1884	Wien	An der Universität Wien fand die erste theoretische Lehrveranstaltung zum Thema „Geschichte und Theorie des Turnens" statt.
1919	Innsbruck	Es entstand eine viersemestrige Turnlehrerausbildung an der Universität.
1926	Innsbruck	Es entstand eine achtsemestrige Turnlehrerausbildung an der Universität.
1968	Innsbruck	Der erste Lehrstuhl für „Theorie der Leibeserziehung" (später „Sportwissenschaft") wurde eingerichtet.

(vgl. Kornexl 2010: S. 235–236)

Als erste Universität Österreichs etablierte sich in Innsbruck das Wissenschaftsgebiet Sportwissenschaft. Heute kann Sport (Sportwissenschaft/Lehramt) an den Universitäten Wien, Salzburg, Graz und Klagenfurt studiert werden.

1.2 Ziele und Inhalte der Sportwissenschaft

Vergleicht man die Entwicklung der Sportwissenschaft mit anderen Wissenschaften wie zum Beispiel Physik, Mathematik oder Medizin, so ist sie eine relativ junge Wissenschaft, mit Beginn in den 1960er und 1970er Jahren. Sie könnte als Querschnittswissenschaft beschrieben werden. Das bedeutet, dass sie sich Methoden und Kenntnisse aus etablierten Wissenschaftsgebieten zu Nutze macht.

„Ziel einer Wissenschaft vom Sport ist es, den Sport und das Sporttreiben der Menschen zu beschreiben, zu verstehen und zu erklären". (Güllich/Krüger 2013: S. 14) Um dies zu erreichen, steht die Sportwissenschaft vor unterschiedlichen Aufgaben.

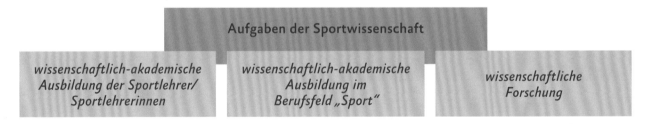

Aufgaben der Sportwissenschaft

wissenschaftlich-akademische Ausbildung der Sportlehrer/Sportlehrerinnen	*wissenschaftlich-akademische Ausbildung im Berufsfeld „Sport"*	*wissenschaftliche Forschung*

Sportlehrer/Sportlehrerinnen sollen aus wissenschaftlich-akademischer Sicht gut für den Unterricht qualifiziert sein, das gilt grundsätzlich für alle mit Sport in Verbindung stehenden Berufsfelder. Ein weiterer wichtiger Punkt ist die wissenschaftliche Forschung im Bereich des Sports.

Die Sportwissenschaft hat viele Aufgabengebiete, z. B. die Beschäftigung mit diversen Themen der Lehre und Vermittlung von Bewegung, Gymnastik, Turnen, Spiel und Sport. Sie stellt Sport in Beziehung zu Krankheit und Gesundheit und untersucht mögliche Wechselwirkungen, sie behandelt Fragen und Probleme, die mit dem internationalen Leistungs- und Wettkampfsport einhergehen, u. v. m.

Sport hat Einfluss auf unser Leben, unsere Gesellschaft sowie auf unsere Kultur. Daher ist er für unterschiedliche Wissenschaften, wie z. B. Geschichte, Medizin, Wirtschaft, Theologie, Ökologie, Rechtswissenschaft, Physik, Biomechanik, Kunst, Publizistik, Architektur, Erziehungswissenschaft u. v. m., als Forschungsfeld interessant.

Die Forschungsbereiche innerhalb der Sportwissenschaft entwickeln sich ständig weiter und im Laufe der Zeit werden weitere Schwerpunkte dazukommen. Etablierte wissenschaftliche Bereiche innerhalb des Forschungsgebietes sind *(vgl. Kornexl 2010)*:

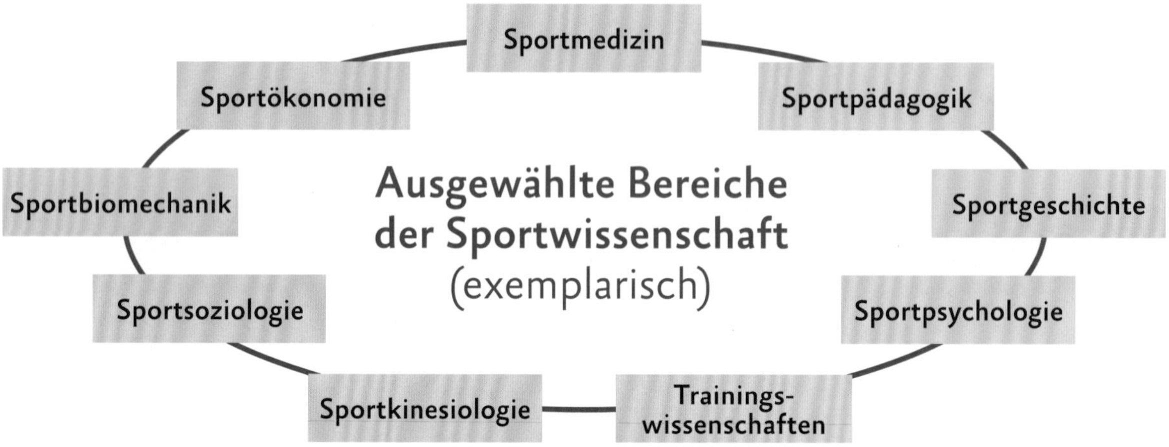

(in Anlehnung an Kornexl 2010: S. 5)

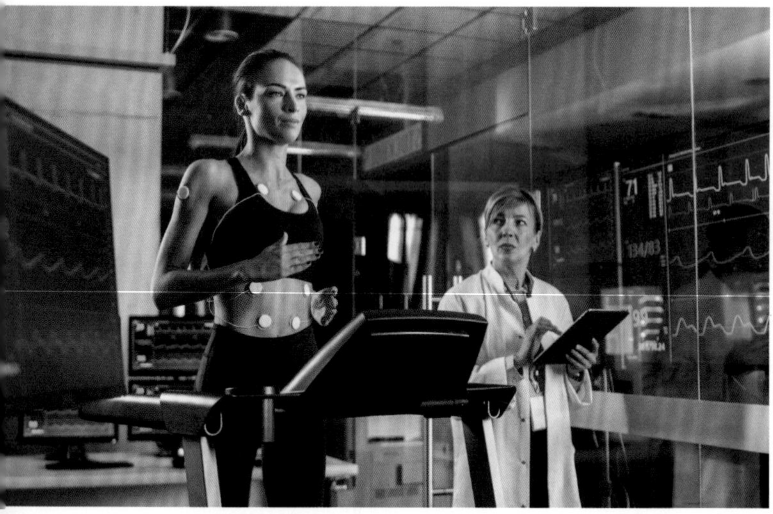

Sportmedizin

Die Sportmedizin untersucht die Wirkung von Sport auf den gesunden wie auf den kranken Menschen. Die Forschungsergebnisse werden entsprechend in der Prävention (Vorbeugung), Therapie (Heilung) und Rehabilitation (Wiederherstellung der Leistungsfähigkeit) eingesetzt. Die Forschungen im Bereich der Sportmedizin sind vielfältig. Mögliche Interessengebiete sind unter anderem das Heilen und Vorbeugen von Verletzungen im Sport, Entgegensteuern von Bewegungsmangelerkrankungen, Optimierung und Überwachung der Funktionstüchtigkeit des Herz-Kreislauf-Systems und der Muskeln, Ernährung und Übergewicht sowie Doping.

Sportgeschichte

Im Zentrum des Interesses der Sportgeschichte steht die Erforschung der Wurzeln des Sports in diversen Kulturen. Ein weiterer interessanter Aspekt ist die Veränderung der sportlichen Aktivität im Laufe der Zeit. Entstehung, Entwicklung und Veränderung unterschiedlicher Sportarten und mögliche Parallelen in anderen Kulturen werden erforscht. Die Wichtigkeit von Sport in den jeweiligen Kulturen sowie die Motive, Sport zu betreiben, werden analysiert. Ein wesentlicher Punkt der Sportgeschichte ist die Untersuchung des Themas „Sport als Erziehungsmittel". Der Einfluss aus **ideologisch**er, pädagogischer und regionaler Sicht ist ebenfalls von Bedeutung.

Sportpsychologie

In der Sportpsychologie werden Sportler/Sportlerinnen und Zuseher/Zuseherinnen in Hinblick auf Bewusstseinszustände, Erlebnisse und Verhaltens- bzw. Handlungsformen untersucht. Diese Untersuchungen konzentrieren sich nicht nur auf Prozesse während sportlicher Handlungen, sondern auch auf jene, die vor und nach z. B. Wettkämpfen ablaufen. Besonderes Interesse gilt der Motivation, der Aggressivität, psychischen Trainingsmethoden, Persönlichkeitsmerkmalen von Leistungssportlern/Leistungssportlerinnen, der **Sozialisierung** durch Sport u. v. m.

Trainingswissenschaft

Die Trainingswissenschaft beschäftigt sich mit dem sportlichen Training, erfasst und wertet Erkenntnisse aus. Von zentraler Bedeutung sind leistungsbestimmende Faktoren, sie sind Voraussetzung und Bedingung für ein optimales Training, Trainingsmethoden, Trainingsmittel und die Trainingsplanung.

Sportsoziologie

Die Sportsoziologie untersucht die gegenseitige Wirkung von Sport und Gesellschaft und die ablaufenden Prozesse zwischen zwei oder mehreren Personen. Wichtige Schwerpunkte dieses Forschungsgebietes sind unter anderem die Wertigkeit des Sports innerhalb einer Gesellschaft, soziale Schichten und Sport, Sport und Medien, Sozialisierung des Sports, Sport in Schule, Verein, Militär etc.

Bewegungswissenschaft

Die Erforschung der Bedingungen und Erscheinungsformen von menschlicher Bewegung im Sport (Sportmotorik) ist für die Bewegungswissenschaft von Bedeutung. Weitere Schwerpunkte sind die Erforschung des motorischen Lernens, der Entwicklung der menschlichen Motorik vom Säugling bis zum greisen Menschen, der motorischen Eigenschaften sowie der Bewegungseigenschaften und -merkmale.

Biomechanik

Die Biomechanik untersucht sportliche Bewegungsabläufe. Wissenschaftliche Gebiete sind zum Beispiel die Biodynamik (Einfluss der Kräfte) und Biokinematik (Weg-Zeit-Verlauf von Körperpunkten).

Sportpädagogik

Das Forschungsgebiet der Sportpädagogik befasst sich mit der Bildung und Erziehung im und durch Sport. Unter anderem beschäftigt sich die Sportpädagogik mit dem Einfluss des Sporttreibens auf die Entwicklung der Persönlichkeit und das Wohlbefinden, mit dem motorischen Lernen, mit der Durchführung und Gestaltung des Sportunterrichts etc.

Sportökonomie

Bei der Sportökonomie werden die Lehren aus der Volkswirtschaft und Betriebswirtschaft im Bereich Sport angewendet. Schwerpunkte der Sportökonomie können zum Beispiel Finanzierung, Rechnungswesen, Sponsoring, Marketing, Investition etc. sein.

GET ACTIVE 1

Weisen Sie die unten angeführten Forschungsschwerpunkte den unterschiedlichen Forschungsgebieten zu. Schreiben Sie die jeweiligen Forschungsgebiete in die rechte Spalte. Vergleichen Sie anschließend Ihre Ergebnisse mit einem Partner/einer Partnerin.

	Forschungsschwerpunkt	Forschungsgebiet
1	Analyse von Weg-Zeit-Verläufen von Körperpunkten	
2	Beschreibung der Wertigkeit des Sports innerhalb einer Gesellschaft	
3	Erforschen von Voraussetzungen und Bedingungen eines optimalen Trainings	
4	Erforschung von mentalem Training	
5	Erforschung des Einflusses von Doping auf die Leistungsfähigkeit	
6	Untersuchung der Entstehung und Veränderung diverser Sportarten	
7	Erforschung von motorischem Lernen	
8	Ein Schwerpunkt ist Sponsoring im Sport.	
9	Beschäftigt sich mit dem Einfluss des Sports auf die Lebensqualität des Menschen	

Eine klare Abgrenzung der unterschiedlichen Wissenschaftsgebiete existiert nicht. Teilweise überlappen sich Forschungsbereiche, so ist zum Beispiel motorisches Lernen interessant für die Sportpsychologie, Sportpädagogik und Bewegungswissenschaft. Die angewandten Untersuchungsmethoden stammen meist von den **Mutterwissenschaften** (z. B. Medizin, Pädagogik, Soziologie, Psychologie, Anthropologie und Geschichte) der einzelnen Forschungsgebiete. Möchte man z. B. das Verhalten von Menschen in einer Sportgruppe analysieren, so könnte man auf bereits bewährte Forschungsmethoden aus der Soziologie zurückgreifen.

Die oben genannten sportwissenschaftlichen Forschungsgebiete spielen in der Ausbildung von Sportwissenschaftern/Sportwissenschafterinnen eine wesentliche Rolle. Die Universität Innsbruck formuliert unter „erwartete Lernergebnisse", welche Kenntnisse und Kompetenzen Studierende im Bachelorstudium für Sportwissenschaft, bei einer Mindestausbildungsdauer von sechs Semestern, erwerben sollen:
„Absolventinnen und Absolventen verfügen über fachspezifische Kenntnisse in den Kerndisziplinen der Sportwissenschaft. Sie besitzen detaillierte Kenntnis der die sportliche Leistung bestimmenden Faktoren und wissen über situationsspezifische Anwendung der wesentlichen Verfahren der Leistungsdiagnostik und der grundlegenden Trainingsmethoden Bescheid. Sie können kurz- und langfristige Trainingspläne erstellen und umsetzen. Sie verfügen über didaktische und organisatorische Qualifikationen im Umgang mit Leistungs- und Gesundheitssportlerinnen und -sportlern." *(Uibk 2018)*

GET ACTIVE 2

Recherchieren Sie „erwartete Lernergebnisse" bzw. erworbene Kenntnisse und Kompetenzen im Studium Sportwissenschaft (Bachelor) an anderen Universitäten und Fachhochschulen.

Vergleichen Sie anschließend Ihre Ergebnisse mit den Ergebnissen von anderen Mitschülern/Mitschülerinnen.

GET ACTIVE 3

Analysieren Sie in Partnerarbeit den Studienaufbau für Sportwissenschaft an einer Institution Ihrer Wahl. Beantworten Sie dabei folgende Fragen:

1. Würde Sie ein Sportstudium interessieren? Begründen Sie Ihre Aussage.
2. Welche beruflichen Möglichkeiten ergeben sich mit dem Abschluss eines Sportstudiums?
3. Welche Disziplinen haben auf Basis dieser Kursübersicht eine höhere Gewichtung als andere Disziplinen? Nennen Sie Beispiele.
4. Diskutieren Sie anschließend Ihre Ergebnisse im Plenum und halten Sie die wichtigsten Informationen in Form einer Mindmap fest.

Die zu erwartenden Lernergebnisse und die in der Übersicht aufgelisteten Kurse zeigen deutlich, dass Sportstudenten/Sportstudentinnen vielseitig ausgebildet werden und dass die Anwendung von Wissen eine zentrale Rolle spielt. Das Bachelorstudium Sportwissenschaft kann anschließend durch ein Masterstudium erweitert werden.

RP-TRAINING 1

Anforderungsniveau 1

Nennen Sie Ziele und Aufgaben der Sportwissenschaft.

Anforderungsniveau 2

1. Erklären Sie die geschichtliche Entwicklung der Sportwissenschaft und geben Sie Beispiele zur zunehmenden Bedeutung an.
2. Erklären Sie den Begriff „Querschnittswissenschaft".

Anforderungsniveau 3

1. Welche physischen und psychischen Merkmale zeichnen einen guten Sportler/eine gute Sportlerin in Ihrer Sportart aus? Welche Wissenschaftsgebiete in der Sportwissenschaft unterstützen Sie mit ihrer Forschung? Nehmen Sie dazu Stellung.
2. Sind Sie der Meinung, dass manche Forschungsgebiete wichtiger sind als andere? Begründen Sie Ihre Aussage.

2 Theorie, Praxis und Forschung in der Sportwissenschaft

2.1 Theorie und Praxis in der Sportwissenschaft

In allen Wissenschaften, so auch in der Sportwissenschaft, ist der Sinn des Forschens, neue Erkenntnisse zu gewinnen. Dabei wird zwischen **Grundlagenforschung** und **angewandter Forschung** unterschieden.

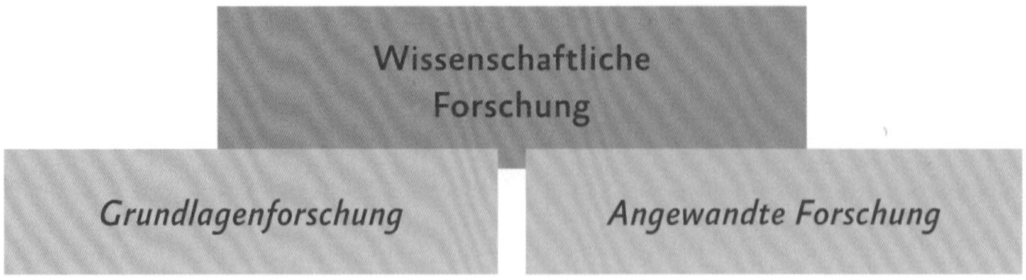

„**Grundlagenforschung** *ist die Suche nach neuen Erkenntnissen, unabhängig davon, ob und wie das daraus abgeleitete neue Wissen praktisch verwertet werden kann.“ (FWF 2007)*

Eine wesentliche Rolle in der Grundlagenforschung ist die Neugierde. Es kann auch passieren, dass durch Zufall Neues entdeckt wird. Ein Beispiel für Grundlagenforschung wäre die Analyse, welche Strömungen im Wasser von Schwimmern/Schwimmerinnen erzeugt werden. Die Erkenntnisse darüber helfen Sportlern/Sportlerinnen, ihre Bewegungen zu verbessern. Sie können aber auch dazu beitragen, Bewegungen von Unterwasserrobotern zu optimieren.

Angewandte Forschung verfolgt das Ziel, neue Erkenntnisse zu erlangen oder bestehendes Wissen neu zu kombinieren. Die Untersuchungen haben einen konkreten Bezug zur Praxis. Ein Beispiel für angewandte Forschung wäre zu ergründen, warum die Drop-out-Rate im Rahmen von Trainerausbildungen hoch ist. Mit den gewonnenen Erkenntnissen kann man nach Lösungen für das Problem suchen und sie auf ihre Effizienz hin prüfen.

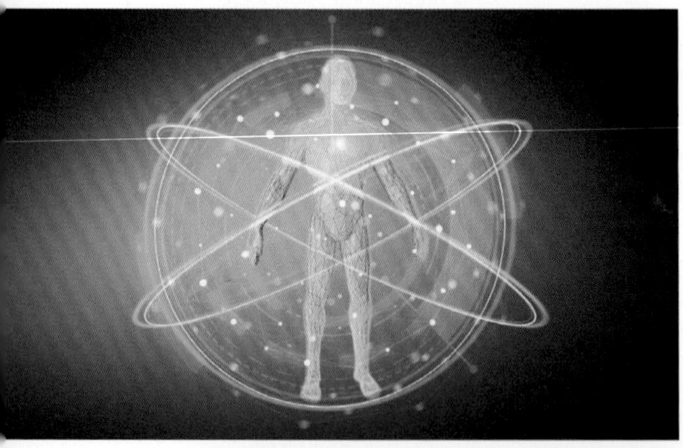

Vor den Olympischen Spielen 1972 wurde in Deutschland die Sportwissenschaft besonders gefördert, da man von ihr wissenschaftliche Forschungsergebnisse mit Praxisbezug erwartete, um die sportliche Leistungsfähigkeit von Athleten/Athletinnen zu steigern. Durch die in die Sportwissenschaft gesetzten Erwartungen könnte sich eine unterschiedliche Wertigkeit verschiedener Forschungsgebiete innerhalb der Sportwissenschaft ergeben. Das kann dazu führen, dass manche Forschungsgebiete, wie z. B. Sportmedizin oder Trainingswissenschaften, als wichtiger angesehen werden als andere und deshalb auch von mehr finanziellen Mitteln profitieren würden.

GET ACTIVE 4

Bilden Sie vier gleich große Gruppen in Ihrer Klasse und analysieren Sie den Bewegungsablauf von einer der folgenden Techniken im Hochsprung:

- Frontalhocke
- Schersprung
- Rollsprung
- Fosbury-Flop

Sie finden Videos, Technikbeschreibungen und Bilder zu den einzelnen Techniken auf YouTube oder Google (nutzen Sie Ihr Smartphone). Probieren Sie diese Techniken nach Möglichkeit im Sportunterricht.

Erklären Sie, welche Vor- und Nachteile sich bei den unterschiedlichen Techniken ergeben, und begründen Sie, welche Technik Ihrer Meinung nach am effektivsten ist.

Präsentieren Sie Ihre Ergebnisse in der Klasse.

Die Verbindung von Theorie und Praxis zeigt sich in der Sportwissenschaft nicht nur in der Anwendung der theoretischen Forschungsergebnisse in der Praxis, sondern auch in den wissenschaftlichen Methoden. Sportwissenschaftliche Forschungsergebnisse können auf induktivem oder auf deduktivem Weg erlangt werden.

Wissenschaftliche Methoden der Erkenntnisgewinnung

induktiv: schließt vom Einzelnen auf das Allgemeine	*deduktiv:* schließt vom Allgemeinen auf das Einzelne

Im Sport bedeutet **induktiv,** dass der Sportler/die Sportlerin z. B. eine Bewegung selbstständig und ohne Vorgaben ausführt und durch Versuch und Irrtum zu Kenntnissen gelangt, die nicht nur für ihn/sie, sondern für alle Sportler/Sportlerinnen gelten, die diese Bewegung ausführen. Es wird vom Einzelnen auf das Allgemeine geschlossen. Ein Beispiel für den induktiven Weg ist die Entwicklung der Technik zum Hochsprung. In den Anfängen des Hochsprungs war man der Meinung, dass die effektivste Weise, die Hochsprunglatte zu überqueren, der Schersprung sei. Diese Technik etablierte sich bereits Anfang des 20. Jahrhunderts, jedoch ohne wissenschaftliche Beweise. Lediglich die Erfahrung der Sportler/Sportlerinnen führte zu dieser Ausführung.

Schersprung

Hay-Technik

Im Gegensatz zur induktiven Methode schließt man beim **deduktiven** Weg vom Allgemeinen auf das Einzelne, d. h., dem Sportler/der Sportlerin werden bereits festgelegte und geprüfte Vorgaben gemacht, anhand derer er/sie die Bewegungsausführung erlernen kann. Ein Beispiel für den deduktiven Weg ist die sogenannte Hay-Technik, eine weitere Technik im Hochsprung. Durch biomechanische Analysen, also durch theoretische Berechnungen, erkannte man, dass der entscheidende Faktor beim Überqueren der Latte die Höhe des Körperschwerpunkts ist. Infolgedessen entwickelte sich die neue Hay-Technik, bei der die Hochsprunglatte bäuchlings und mit starker Hüftbeugung überquert wird, ähnlich einer Sprungrolle. Die von James G. Hay errechnete Technik erwies sich jedoch als die nicht effektivste Methode, wie die heute gängige Technik im Hochsprung zeigt.

Fosbury-Flop

Betrachtet man die Entwicklung des Fosbury-Flops, benannt nach dem Entwickler dieser Technik, Dick Fosbury, so zeigt sich, dass die Praxis schneller als die Theorie war. Er erkannte ohne Hilfestellung der Wissenschaft, dass die effektivste Art der Überquerung durch die Ausführung einer Bewegung rücklings erreicht wird. Die Technik, bei der die Latte in Rückenlage überquert wird, war jedoch nur möglich, weil er eine Matte zur weicheren Landung benutzte. Bis zu diesem Zeitpunkt wurde keine Matte benutzt. Da das Regelwerk dieses Hilfsmittel nicht verbot, konnte sich die Technik – wegen geringer Verletzungsgefahr – durchsetzen. Erst später wurde wissenschaftlich nachgewiesen, warum diese Technik so erfolgreich ist.

Ein weiteres Beispiel für eine deduktive Vorgangsweise ist der dreifache Salto am Reck. Entscheidend für die Umsetzung in der Praxis waren – wie oben bereits beschrieben – die vorangegangen theoretischen Erkenntnisse und Modelle. Das bedeutet, dass zuerst die Bewegung theoretisch untersucht und als durchführbar angesehen wurde, bevor sie dann anschließend in der Praxis umgesetzt wurde.

Im Sport entwickeln sich Kenntnisse auf unterschiedliche Arten: durch wissenschaftliche Erkenntnisse und durch Erfahrungen aus der Praxis. Wissenschaft und Praxis sind gleichermaßen wichtig.

2.2 Forschung in der Sportwissenschaft

Um in den verschiedenen Bereichen der Sportwissenschaft Erkenntnisse zu erlangen, werden Überlegungen unterschiedlicher Art angestellt und diese im weiteren Verlauf untersucht.

THEORIE → PRAXIS

Forschungsergebnisse liefern neue Kenntnisse, welche unmittelbar in die Gestaltung der Trainingseinheiten fließen können.

Ein Beispiel dafür wäre die Untersuchung von Stöggl und einem Forscherteam zum Thema „Hochintensives Intervall- (HIT) und Schnelligkeitstraining im Fußball". Die Forscher konnten unter anderem feststellen, dass durch HIT-Training mittels spezifischer Spielformen in Blockform (2 Wochen) bei Spielsportarten die VO_2max höchstsignifikant gesteigert werden kann.

Als konkrete Trainingsempfehlung gilt es, geschlossene Kleinfeldspiele wie z. B. 1 gegen 1, 2 gegen 2, Unterzahlspiel 2 gegen 4 oder Dribblingparcours durchzuführen, bei der die Herzfrequenz bei über 90 % der maximalen Herzfrequenz liegt. Weiters wird empfohlen, HIT-Trainingseinheiten 2 × pro Woche während der Wettkampfperiode durchzuführen, um die VO_2max aufrechtzuerhalten oder zu steigern.

Möglicher Aufbau des HIT-Trainings:

- 15 Minuten Aufwärmen bei 70 % der Herzfrequenz,
- 4 × 4 Minuten bei 90 bis 95 % der HFmax mit 3 Minuten aktiver Pause,
- 10 Minuten auslaufen.

Quelle: Stöggl, Thomas u. a. (2010): Hochintensives Intervall- (HIT) und Schnelligkeitstraining im Fußball". In: www.researchgate.net/publication/242339895_Hochintensives_Intervall-_HIT_und_Schnelligkeitstraining_im_Fussball (28. Aug. 2019)

2.2.1 Alltagswissen – wissenschaftliches Wissen

Alltagswissen unterscheidet sich stark von wissenschaftlichem Wissen. Alltagswissen entsteht durch zufällige Beobachtungen und Erfahrungen im Alltag. Auf Grund dessen legen sich Menschen individuell und subjektiv Theorien zurecht, die jedoch keinen wissenschaftlichen Kriterien wie Zuverlässigkeit, Gültigkeit oder Überprüfbarkeit entsprechen müssen. Ein Sportler/Eine Sportlerin könnte für sich Folgendes feststellen: „Ich erbringe eine bessere Leistung im Krafttraining, wenn ich vorher noch eine Banane esse."

Alltagswissen ist z. B. geprägt von:

Urteilsverzerrung	Beobachtungsfehler auf Grund von z. B. Voreingenommenheit: Menschen nehmen die gleiche Situation unterschiedlich wahr bzw. erinnern sich unterschiedlich daran. Ein Fußballspieler fällt im Zweikampf zu Boden. Der Fan der Mannschaft ist voreingenommen und wertet es als Foul.
Fehlschlüssen	Wenn derselbe Profispieler fünf Elfmeter nicht trifft, vermutet man, dass der nächste ins Tor gehen muss.
Akteur-Beobachter-Fehler	Wenn wir das Verhalten anderer Personen analysieren, schätzen wir den Einfluss der Persönlichkeit höher ein. Unser eigenes Verhalten beruht mehr auf äußeren Einflüssen. Bsp.: Person A und Person B scheitern bei einem 90-kg-Maximalkraftversuch beim Bankdrücken. Aus der Sicht von Person A scheitert Person A, weil der Tag nicht gut gelaufen ist (wenig Schlaf, Hitze, Erschöpfung etc. = äußere Einflüsse). Person B scheitert aus Sicht von Person A, weil Person B faul war und nicht diszipliniert trainiert hat (Einfluss der Persönlichkeit).
Wahrnehmungs-täuschungen	Je nach Perspektive sieht es aus, als ob der Tennisball im „Aus" ist oder doch die Linie berührt hat.

Im Gegensatz dazu wird das wissenschaftliche Wissen im Zuge der Forschung durch weniger fehlerhafte Methoden gewonnen.

Wissenschaftliches Wissen ist gekennzeichnet durch (z. B.):

präzise Terminologie	transparentes Vorgehen	systematische Dokumentation	geprüfte Datenerhebungsverfahren	statistische Analysen

(Abbildung nach Brückner, 2012)

2.2.2 Forschungsfragen und Forschungsmethoden

Forschungsfragen

Wissenschaftliches Arbeiten versucht, eine Lösung für ein bestehendes Problem zu finden und damit einhergehende Fragen zu beantworten. Damit man zielorientiert arbeiten kann, ist es wichtig, eine geeignete Forschungsfrage zu stellen. Diese Formulierung einer konkreten Forschungsfrage hat einen wesentlichen Einfluss auf das Gelingen oder Scheitern einer Forschungsarbeit. Damit man eine brauchbare Forschungsfrage entwickeln kann, soll sie bestimmten Anforderungen entsprechen, wie z. B.:

- Inhaltliches Ziel: Welches inhaltliche Ziel wird verfolgt bzw. was will man wissen?
- Relevanz: Wie relevant ist die Frage? Hat die Fragestellung einen praktischen Nutzen?
- Erforschbarkeit: Kann die Fragestellung mit den zur Verfügung stehenden Mitteln (Zeit, finanzielle Mittel, Wissen, Kompetenzen) beantwortet werden?
- Begrenzung: Sind die Bereiche, die man untersuchen möchte, klar abgegrenzt (Personengruppen, Unternehmen, Destinationen etc.)?
- Präzise Formulierung: Ist die Frage klar und deutlich formuliert? Was möchte man nicht untersuchen?
- Herstellung eines Bezugs: Besteht ein Bezug zu zwei oder mehreren Parametern, z. B.: Inwieweit beeinflusst die Maximalkraft die Schnelligkeit?

Eine erste, noch weit gefasste wissenschaftliche Fragestellung zum Thema „Ausdauerlauf und Wohlbefinden" könnte wie folgt lauten: Bewirken regelmäßige Ausdaueraktivitäten eine Verbesserung des psychophysischen Befindens? Welche sonstigen Einflussfaktoren bewirken eine Verstärkung des Wohlbefindens?

Forschungsmethoden

Nachdem die Forschungsfragen konkretisiert wurden, wählt man entsprechende Forschungsmethoden (Verfahren und Analysetechniken), um das Forschungsziel zu erreichen. Dabei können **hermeneutische (geisteswissenschaftliche)** und/oder **empirische (erfahrungswissenschaftliche)** Forschungsmethoden angewendet werden.

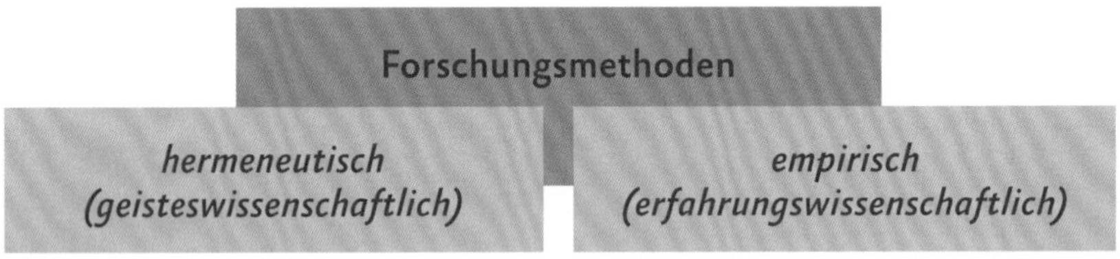

Werden Themen oder Fragestellungen hermeneutisch (geisteswissenschaftlich) bearbeitet, analysiert man kritisch den aktuellen Stand der wissenschaftlichen Literatur, um basierend auf diesen Erkenntnissen die Forschungsfrage zu beantworten. Bei der empirischen (erfahrungswissenschaftlichen) Forschung werden Daten ermittelt und anschließend analysiert. Dabei unterscheidet man zwischen qualitativer und quantitativer Forschung.

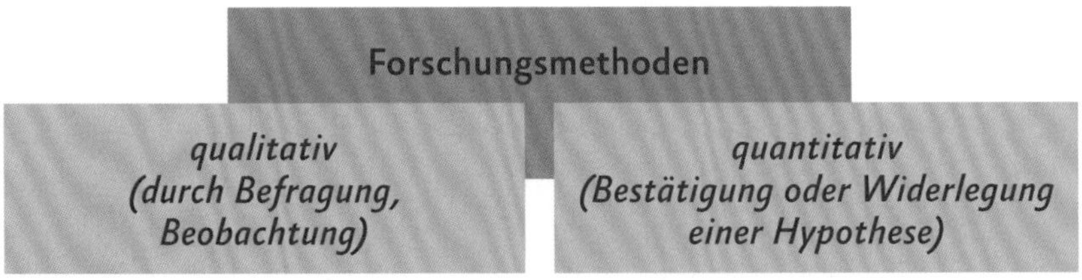

Qualitative Forschungsmethode

Die qualitative Methode ist von Offenheit und Flexibilität gekennzeichnet und findet Anwendung, wenn zum Beispiel unbekannte Phänomene untersucht werden oder neue Theorien und Modelle entwickelt werden. Es werden eher kleine Gruppen bzw. Einzelfälle untersucht. Die Untersuchung muss auch nicht repräsentativ sein. Häufig werden die Ergebnisse interpretiert. Konkrete Beispiele qualitativer Forschungsmethoden sind die Befragung (geschlossene und/oder offene Fragen) und Beobachtungen.

Möchte man zum Beispiel ein Damen-Fitnessstudio möglichst ideal auf die Erwartungen und Bedürfnisse ausrichten, so könnte man eine Befragung durchführen. Die konkrete Fragestellung könnte demnach lauten: Welche Erwartungen und Bedürfnisse werden von den Kundinnen vorgebracht und wie können diese mit den Vorstellungen der Geschäftsleitung in Einklang gebracht werden?

Quantitative Forschungsmethode

Die quantitative Methode unterscheidet sich von der qualitativen Methode darin, dass sie einem festgelegten Muster unterliegt. Bereits vor der Untersuchung werden Hypothesen formuliert, die anschließend untersucht werden. Unter Hypothese versteht man Aussagen oder Schlussfolgerungen zu Zusammenhängen. Um Zusammenhänge zu formulieren, werden mindestens zwei Merkmale untersucht, die zueinander in Beziehung stehen. Wichtig ist, dass die Hypothesen genau formuliert werden, damit sie im Zuge der empirischen Untersuchung entweder bestätigt oder widerlegt werden können. Eine einfach formulierte Hypothese im Sport könnte lauten: „Menschen, die regelmäßig laufen, besitzen eine bessere VO_2max (maximale Sauerstoffaufnahme), als jene, die nicht regelmäßig laufen." Die Auswertung der Ergebnisse quantitativer Forschung erfolgt durch statistische Methoden.

2.2.3 Wissenschaftliche Gütekriterien

Ziel von Forschungsarbeiten ist es, aussagekräftige, richtige und qualitativ hochwertige Daten zu ermitteln. Das erreicht man durch die Einhaltung von mindestens drei wissenschaftlichen Gütekriterien.

Wissenschaftliche Gütekriterien

Objektivität | *Reliabilität* | *Validität*

Objektivität

Die Objektivität ist bei einer Untersuchung gegeben, wenn die Ergebnisse in Durchführung, Auswertung und Interpretation vom Leiter/von der Leiterin der Untersuchung nicht beeinflusst werden können. Darüber hinaus sollten mehrere unabhängige Forscher/Forscherinnen zu den gleichen Ergebnissen gelangen.

Reliabilität

Die Reliabilität bezeichnet die Zuverlässigkeit einer Messmethode. Diese ist gegeben, wenn durch eine erneute Messung, bei gleichen Bedingungen, dieselben Ergebnisse erreicht werden.

Validität

Die Validität einer Messung ist dann gegeben, wenn auch tatsächlich das gemessen wurde, was beabsichtigt wurde.

Wenn zum Beispiel ein Sportler/eine Sportlerin eine Spiroergometrie zur Ermittlung der Ausdauerleistung durchführt, wird klar definiert, was untersucht wird. Es wird genau festgelegt, unter welchen Bedingungen der Test abläuft und welche Methoden zur Untersuchung herangezogen werden. Die Dokumentation und Auswertung der Testergebnisse erfolgen ebenfalls nachvollziehbar. Der Test sollte so durchgeführt werden, dass er von einem anderen Wissenschafter/einer anderen Wissenschafterin nochmals exakt so durchgeführt werden kann und dieser/diese zum gleichen Testergebnis kommt.

GET ACTIVE 5

Bilden Sie Vierergruppen und recherchieren Sie sportmotorische Tests für Kraft oder Ausdauer. Überprüfen Sie den gewählten Test hinsichtlich der möglichen Einhaltung der wissenschaftlichen Gütekriterien.

Führen Sie einen der präsentierten sportmotorischen Tests im Rahmen einer Sporteinheit durch.

RP-TRAINING 2

Anforderungsniveau 1

Skizzieren Sie den Unterschied zwischen Alltagswissen und wissenschaftlichem Wissen. Geben Sie zu jeder Wissensart ein charakteristisches Beispiel an.

Anforderungsniveau 2

1. Erklären Sie Herangehensweisen in der Sportwissenschaft, um die Theorie mit der Praxis zu verknüpfen, und setzen Sie diese in Bezug zur Welt des Sports.
2. Erläutern Sie den Unterschied zwischen qualitativer und quantitativer Untersuchungsmethode und geben Sie Beispiele für mögliche Anwendungsgebiete.

Anforderungsniveau 3

1. Problematisieren Sie die Wichtigkeit unterschiedlicher Disziplinen innerhalb der Sportwissenschaft und ihre Auswirkung in Bezug auf die Forschungsmöglichkeiten.
2. Sie leiten das Ausdauer- oder das Krafttraining von Jugendlichen in Ihrem Alter in einem Sportverein. Sie möchten den derzeitigen Leistungsstand ermitteln. Nehmen Sie zur Auswahl des Testverfahrens Stellung und argumentieren Sie, inwieweit dieses Testverfahren den Testkriterien wissenschaftlichen Arbeitens entspricht.

KOMPETENZCHECK

Ich kann …			
… Einblicke in die Anfänge der Sportwissenschaft geben.			
… sportwissenschaftliche Disziplinen nennen und deren Forschungsansätze beschreiben.			
… die Wechselwirkung von Theorie und Praxis erklären und entsprechende Beispiele anführen.			
… Anforderungen für die Formulierung von Forschungsfragen nennen.			
… unterschiedliche Forschungsmethoden beschreiben.			

Sport in verschiedenen Gesellschaftssystemen

Kapitel 9

Sport und Politik mögen auf den ersten Blick wenig miteinander zu tun haben. Dennoch werden Sportgroßveranstaltungen immer wieder dazu benützt, politische Botschaften zu transportieren bzw. zu setzen, wie zum Beispiel Gesten bei Siegerehrungen, Demonstrationen gegen Menschenrechtsverletzungen, politisch motivierte Anschläge, Boykott der Teilnahme von ganzen Regierungen etc.

Aber auch auf nationaler Ebene dienen Sportevents dazu, Vertretern/Vertreterinnen der Politik eine öffentliche Bühne/Plattform zu bieten.

Dieses Kapitel beschäftigt sich mit unterschiedlichen Zusammenhängen von Sport und Politik in verschiedenen **Gesellschaftssystem**en und zeigt, inwiefern Verknüpfungen bestehen.

Der Lernende/Die Lernende soll ...

- die Erscheinungsformen der Beziehung zwischen Sport und Politik beschreiben können,
- zur Verknüpfung von Sport und Politik Stellung nehmen können,
- die Bedeutung des Sports in verschiedenen Gesellschaftssystemen bewerten können.

WARM-UP

Im Kapitel *Die kulturelle Bedeutung des Sports* (Band 1, Kapitel 7) wurde Sport aus einer sozialhistorischen Perspektive behandelt. Schreiben Sie alles, was Ihnen zum Thema „Sport" in der prähistorischen Kultur, der griechischen Antike und im Mittelalter (Lebensstil, Motive zur Ausübung von Sport, Sportarten, Stellenwert in der Gesellschaft etc.) einfällt, z. B. in Form einer Mindmap auf.

Bilden Sie anschließend Vierergruppen und vergleichen Sie Ihre Notizen. Ergänzen Sie Informationen von Ihren Mitschülern/Mitschülerinnen.

GET ACTIVE 1

Sie haben im *WARM-UP* Sport aus sozialhistorischer Perspektive betrachtet und bereits Gelerntes wiederholt. In diesem *GET ACTIVE* sollen Sie über Fragen zum Thema „Sport" aus heutiger Sicht reflektieren. Diskutieren Sie in Ihrer *WARM-UP*-Gruppe folgende Aspekte:

1. Welchen Einfluss hat Sport auf unseren Lebensstil?
2. Was sind gängige Motive zur Ausübung von Sport?
3. Welche Sportarten sind in unserer Gesellschaft besonders beliebt?
4. Welchen Stellenwert hat der Sport in unserer Gesellschaft?
5. Welche sportlichen Großereignisse gibt es aus heutiger Sicht?

1 Sport und Politik

1968: Tommie Smith und John Carlos holten bei den Olympischen Spielen 1968 beim Lauf über 200 Meter den ersten und den dritten Platz. Die Afro-Amerikaner streckten ihre geballte Faust (in schwarzen Handschuhen) zum Himmel, während die Nationalhymne gespielt wurde. Sie protestierten so gegen die Rassendiskriminierung in den USA. Sie wurden sofort suspendiert, mussten die Olympischen Spiele verlassen und durften nie wieder an einem Sportevent teilnehmen.

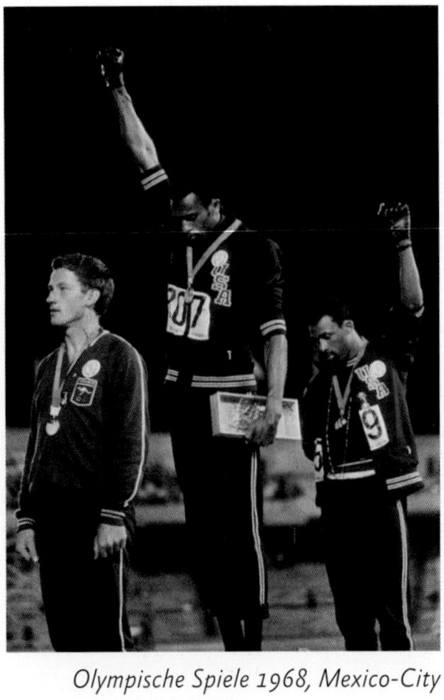

Olympische Spiele 1968, Mexico-City

1972: Olympische Spiele in München. Die palästinensische Terrororganisation „Schwarzer September" drang in das Gebäude des israelischen Teams ein und benutzte elf Mitglieder als Geiseln. Die Terroristen forderten nicht nur die Freilassung von 232 Palästinensern aus israelischen Gefängnissen, sondern auch die der RAF-Terroristen Andreas Bader und Ulrike Meinhof sowie die des japanischen Terroristen Közö Okamoto. Bei diesem Terroranschlag starben insgesamt 17 Menschen. Keine der Geiseln überlebte. Zu diesem Zeitpunkt gab es noch keine Spezialeinheiten im Umgang mit Terroristen. Dies führte zu erheblichen Fehlern seitens der Polizei beim Beenden der Geiselnahme. Die Geiselnehmer konnten z. B. die Taktiken der Polizei live im Fernsehen mitverfolgen, es wurden fehlerhafte Informationen über die Anzahl der Geiselnehmer weitergeleitet und der Versuch, die Terroristen zu überwältigen, scheiterte kläglich.

2013: Russland führte kurz vor Beginn der Leichtathletik-WM in Moskau ein „Anti-Homosexuellen-Gesetz" ein. Nick Symmonds widmete seine Silbermedaille den Schwulen und Lesben. Andere Sportler/Sportlerinnen lackierten ihre Fingernägel in Regenbogen-Farben, dem Symbol der Homosexuellen-Bewegung. Zwei Weltmeisterinnen aus Russland küssten sich in der Öffentlichkeit.

2018: Vier Aktivistinnen/Aktivisten der Protestgruppe „Pussy Riot" stürmten im Finalspiel Frankreich gegen Kroatien das Spielfeld. Sie beabsichtigten damit, auf Menschenrechtsverletzungen in Russland aufmerksam zu machen. Sie forderten die Freilassung von politischen Gefangenen, die sich im Hungerstreik befanden. Russland versuchte bei der Fußball-WM, seine Kritiker vor der Öffentlichkeit abzuschirmen und Protestaktionen zu unterbinden.

GET ACTIVE 2

Recherchieren Sie drei weitere politisch motivierte (Protest-)Aktionen im Zusammenhang mit sportlichen Großereignissen, die Sie besonders spannend finden. Arbeiten Sie überblicksmäßig die jeweiligen politischen Hintergründe heraus.

Bilden Sie anschließend mit einem Mitschüler/einer Mitschülerin eine Arbeitsgemeinschaft und informieren Sie sich gegenseitig über Ihre Rechercheergebnisse.

Im Laufe der Zeit wurden der Sport und dessen Events immer wieder zum Schauplatz politisch motivierter Handlungen. Politische Aktivisten/Aktivistinnen, aber auch Sportler/Sportlerinnen, nutzen die mediale Aufmerksamkeit, um auf ihre Anliegen aufmerksam zu machen. Vor allem der Spitzensport bietet für derartige Aktionen eine besonders wirksame Plattform. Internationale Wettkämpfe erreichen ein internationales Publikum, da Fernsehkameras, Reporter/Reporterinnen und auch Menschen aus vielen Teilen der Welt mit deren Smartphones den Ablauf genau beobachten und in einem Sekundenbruchteil Neuigkeiten aufnehmen und verbreiten können. Durch die Austragung solcher Events werden auch Missstände (Korruption, Menschenrechtsverletzungen, eingeschränkte Pressefreiheit etc.) in den jeweiligen Ländern öffentlich. Sport kann weder Politik völlig verändern noch Missstände beseitigen, er kann jedoch zu erhöhter Aufmerksamkeit und Sensibilisierung führen.

1.1 Erscheinungsformen der Beziehung zwischen Sport und Politik

Sport und Politik stehen in einer Wechselbeziehung, die sich in vier Erscheinungsformen gliedern lässt.

1.1.1 Sport als politisches Symbol

Sport kann als politisches Symbol verwendet werden, indem er die Politik eines Landes und ihr politisches System vertritt. Als Beispiel wäre hier die einstige Deutsche Demokratische Republik (DDR) anzuführen. Den Bürgern/Bürgerinnen der DDR wurde bereits vom Kindesalter an die große Bedeutung sportlicher Erfolge für die DDR und ihr politisches System klargemacht. Die DDR-Politiker/-Politikerinnen wollten durch sportliche Spitzenleistungen ihr Land der übrigen Welt in einem guten Licht präsentieren. Es sollte den Anschein erwecken, dass die DDR-Bevölkerung unter der Führung eines diktatorischen Systems eine gesunde, vereinte, friedliche, starke Nation wäre.

1.1.2 Sport als Gegenstand politischen Handelns

Angenommen, in einem Land, in dem internationale sportliche Ereignisse stattfinden, herrschen Missstände (Menschenrechtsverletzungen, Inhaftierung von politischen Gegnern/Gegnerinnen, Korruption etc.). Wenn Politiker/Politikerinnen aus anderen Ländern Drohungen, z. B. in Form von wirtschaftlichen Sanktionen, aussprechen, um Veränderungen hinsichtlich der Missstände zu erreichen, dann wird Sport zum Gegenstand politischen Handelns.

Bei der Austragung der Fußball-Europameisterschaft in der Ukraine und Polen drohten mehrere europäische Politiker/Politikerinnen, die EM nicht zu besuchen. Der Grund dafür waren Menschenrechtsverletzungen und die Inhaftierung von politischen Gegnern/Gegnerinnen. Konkret ging es um die Inhaftierung der ehemaligen Regierungschefin Julia Timoschenko, die in Haft erkrankt war. Nachdem sich ihr gesundheitlicher Zustand gebessert hatte, wurde die Drohung wieder aufgehoben.

Die Austragung des Sportevents fand zwar trotzdem statt, zeigt aber, dass durch derartige Drohungen und Proteste die Möglichkeit besteht, politische Interessen durchzusetzen.

1.1.3 Sport als Feld politischen Handelns

Nicht nur die Politik wirkt auf den Sport ein, sondern auch der Sport hat Interessen, die er an die Politik herantragen und umsetzen möchte. So findet man in Österreich z. B. im „nicht staatlichen" Bereich der Sportorganisation sowie der Sportverwaltung verschiedene Strukturen und hierarchische Ebenen. Diese Strukturen und Organisationsformen (z. B. Dach-, Fachverbände, Vereine, das Österreichische Olympische Komitee; international z. B.: UEFA, FIFA, FIS) garantieren die Abwicklung des Sportbetriebes und dessen Koordination. Sie stellen einen geregelten Spiel- und Sportbetrieb (national, international) sicher und vertreten ihre unterschiedlichen politischen Interessen (wie z. B. Interessen des nationalen/internationalen Sports/der Sportart/der Sportlerinnen und Sportler.

1.1.4 Sport als politisches Mittel

Am besten ist der Einfluss der Politik auf den Sport erkennbar, wenn dieser von Regierungen benutzt bzw. missbraucht wird, um ihre politischen Interessen zu vertreten. Im Dritten Reich wurde zum Beispiel der Schulsport zum Zwecke der militärischen Vorbereitung und politischen Erziehung missbraucht.

Auch heute noch wird Sport als politisches Mittel benutzt. China leidet unter einem schlechten Image, da dem Land Menschenrechtsverletzungen und schlechte Lebensbedingungen vorgeworfen werden. Die chinesische politische Führung beabsichtigte, durch die Abhaltung der Olympischen Spiele in Peking den Ruf des Landes bzw. seiner Politik zu verbessern. Seitens der Volksrepublik China wurden keine kritischen Meinungen zugelassen und es wurde nur ein positives Bild mit jubelnden Menschen gezeigt.

GET ACTIVE 3

Finden Sie jeweils ein weiteres Beispiel für die vier auf der vorigen Seite genannten Erscheinungsformen in Bezug auf Sport und Politik und schreiben Sie diese in die nachstehende Tabelle.

Vergleichen Sie anschließend Ihre Ergebnisse mit einem Mitschüler/einer Mitschülerin und notieren Sie sich diese ebenfalls.

Erscheinungsform	**Beispiel(e)**
Sport als politisches Symbol	
Sport als Gegenstand politischen Handelns	
Sport als Feld politischen Handelns	
Sport als politisches Mittel	

1.2 Sportliche Darstellung in der Politik

Die Zeit, in der sich Politiker im Anzug, untrainiertem Körper und einer Zigarre in der Hand präsentieren, ist längst vorbei. Sportlichkeit bei Politikern/Politikerinnen und politischen Parteien spielt eine immer größere Rolle.

Sportlich aktive Menschen vermitteln Werte wie Stärke, Durchhaltevermögen und Disziplin, die in der Politik ebenso wichtig sind wie im Sport. Im Kampf um Wählerstimmen wollen Politiker/Politikerinnen ihr Bild in der Öffentlichkeit durch sportliches Auftreten verbessern. Mit einem trainierten Körper symbolisieren sie einen fitten und gesunden Lebensstil.

Medien berichten immer wieder von Politikern/Politikerinnen, die in ihrer Freizeit durch sportliche Aktivität auf sich aufmerksam machen. Auf internationaler Ebene machte der ehemalige US-Präsident Barack Obama auf seine Sportlichkeit aufmerksam, indem er bedauerte, pro Woche nur sechs Mal Zeit für ein 45-minütiges Workout zu haben. Der russische Staatspräsident Wladimir Putin ist Träger eines schwarzen Gürtels im Judo und veröffentlichte sogar eine Lehr-DVD.

Aber auch österreichische Politiker/Politikerinnen treten in den Medien als sportlich aktive Menschen in Erscheinung. Sie nehmen als Hobbysportler/Hobbysportlerinnen an Laufbewerben teil, wandern in den Bergen oder entspannen am See. Vor allem in Zeiten eines Wahlkampfes nehmen Politiker/Politikerinnen öffentlichkeitswirksam aktiv an sportlichen Veranstaltungen teil, z. B. beim Vienna-City-Marathon.

GET ACTIVE 4

Recherchieren Sie, ob in österreichischen Medien – im Zeitraum der letzten oder der kommenden Woche – Politiker/Politikerinnen als Sportler/Sportlerinnen dargestellt wurden.

Präsentieren Sie im Plenum Ihr Rechercheergebnis, das folgende Punkte enthalten sollte:
- Medium (Tageszeitung, Magazin, Fernsehen, soziale Medien etc.)
- Name des Politikers/der Politikerin
- Politische Funktion/Politische Partei
- Sportart

Diskutieren Sie in der Klasse, welches Bild diese Medienberichte von den Politikern/Politikerinnen wiedergeben und wie die sportlich aktiven Politiker/Politikerinnen auf Sie wirken.

Sollte zurzeit kein Politiker/keine Politikerin in den Medien beim Ausüben von Sport zu finden sein, dann greifen Sie dieses Thema vor Wahlen und/oder sportlichen Großevents auf.

1.3 Die Bedeutung von Sport in Demokratie und Diktatur

GET ACTIVE 5

Bilden Sie Dreiergruppen und diskutieren Sie die Bedeutung des Sports in der demokratisch-parlamentarischen Republik Österreich.
- Aus welchen Gründen versucht man die Bevölkerung für einen sportlich-aktiven Lebensstil zu motivieren?
- Wie groß ist das Sportangebot für Breitensportler/Breitensportlerinnen? Begründen Sie Ihre Aussage und führen Sie Beispiele an.
- Welche Zielsetzungen verfolgt der Schulsport? Welche Werte werden durch den Schulsport zu vermitteln versucht?

Das Wort „Demokratie" bedeutet, abgeleitet aus dem Griechischen, „Volksherrschaft". Zentrales Element der Demokratie ist das Recht der Bürger/Bürgerinnen mitbestimmen zu dürfen – durch Wahlen, Abstimmungen, Teilnahme an Diskussionen etc. Im Gegensatz dazu steht die Diktatur, bei der das Volk kein Mitbestimmungsrecht hat. Ein Diktator/Eine Diktatorin oder eine einzelne Partei bestimmt Regeln und Gesetze, die die gesamte Bevölkerung betreffen. Diese Person oder Partei ist häufig durch Gewalt an die Macht gekommen.

Bereits bei den antiken Olympischen Spielen versuchten Aristokraten und Politiker, Macht zu erlangen oder zu erhalten. Beispielsweise nutzten die Spartaner die Olympischen Spiele, um ihre Überlegenheit zu demonstrieren. Die Athleten der Spartaner galten als überragend, aber sie hatten auch Hintermänner, die das Regelwerk zum Vorteil der Spartaner beeinflussten. So wurden stets neue Wettkämpfe eingeführt, bei denen die Spartaner besonders große Chancen hatten zu gewinnen. Dieses Beispiel zeigt, dass politische Interessen seit Jahrtausenden den Sport beeinflussen. Besonders in totalitären Diktaturen wird der Sport häufig für politische Zwecke instrumentalisiert, d. h., benutzt bzw. missbraucht.

Die Nationalsozialisten/Nationalsozialistinnen nutzten die Olympischen Spiele 1936, um der Welt die vermeintliche Überlegenheit der faschistischen Regierung zu präsentieren. Sie wollten durch die Abhaltung der Spiele auch ihre politischen Absichten vertuschen. Hitler beabsichtigte, das Image der Deutschen, die als „kriegstreibende Nation" angesehen wurden, zu verbessern und sie als friedliebend zu präsentieren. Die sogenannten „**Propaganda**-Spiele" erfüllten ihren Zweck und zigtausende Menschen ließen sich von der geschickten Inszenierung blenden. Beispielsweise ließen die Nazis die von ihnen verordneten rassistischen Schilder mit der Aufschrift „Juden unerwünscht" abmontieren. Die deutschen Athleten/Athletinnen sollten gegenüber den anderen Teilnehmern/Teilnehmerinnen aus aller Welt besonders zuvorkommend sein. Auch Hitler selbst verhielt sich während der Spiele zurückhaltend. Der 1938 veröffentlichte zweiteilige Film „Olympia" der Regisseurin Leni Riefenstahl zeigt diese propagandistische Inszenierung durch das nationalsozialistische Regime.

Propagandistische Präsentation der Olympischen Sommerspiele in Berlin 1936: Die deutsche Mannschaft zeigt den Hitlergruß.

Aber nicht nur die Faschisten/Faschistinnen unter Hitler nutzten den Sport, um ihn gezielt für politische Absichten zu nutzen. In der DDR (der Deutschen Demokratischen Republik) und der UdSSR (der Union der Sozialistischen Sowjetrepubliken) bediente man sich ebenfalls der sportlichen Erfolge der eigenen Sportler/Sportlerinnen, um der Welt ihre vermeintliche Überlegenheit zu präsentieren. Aus diesem Grund wurde auf frühzeitige Talentauswahl, Trainingsforschung, Trainerausbildung, Sportförderungssystem und den Einsatz von Doping gesetzt.

Der Stellenwert des Sports in der Politik der DDR zeigt sich auch anhand der zahlreichen Briefmarken, die Sport darstellen.

THEORIE ········➡ PRAXIS

Filme und Dokumentationen, die den Zusammenhang von Sport und politischen Systemen zeigen, sind z. B.:

- Kaspar Heidelbach: Berlin '36
- NDR: Der Kraftakt – Leistungssport in der DDR
- Bryan Fogel: ICARUS (handelt von systematischem Doping in Russland)

Eine Reflexion über diese oder selbst gewählte Filme/Dokumentationen zu diesem Themenbereich bietet sich fächerübergreifend mit dem Unterricht in Geschichte und Sozialkunde/Politische Bildung an.

In der Demokratie nutzen Politiker/Politikerinnen ebenfalls Sport bzw. sportliche Veranstaltungen, um ihr Image zu verbessern. Unabhängig davon, ob eine Sportveranstaltung auf einer regionalen oder internationalen Ebene stattfindet, Politiker/Politikerinnen verwenden diese Plattform, um sich zu präsentieren und/oder sich durch die Errichtung von Sportanlagen nachhaltig ins Bewusstsein der Bevölkerung zu bringen.

Die Leistungen der Spitzensportler/Spitzensportlerinnen spielen auch in der Demokratie eine sehr wichtige Rolle. Die Athleten/Athletinnen repräsentieren den Staat international, sportliche Bestleistungen verschaffen dem jeweiligen Land ein positives Image.

Sport in der Demokratie ist ebenfalls nicht frei von Rechtsextremismus, Sexismus, Hooliganismus, Instrumentalisierung des Sports sowie ungleicher Behandlung von Frauen, Ausländern/Ausländerinnen oder Menschen mit Beeinträchtigungen.

RP-TRAINING 1

Anforderungsniveau 1

Nennen Sie Beispiele, bei denen Sportler/Sportlerinnen bzw. Zuschauer/Zuschauerinnen internationale Sportveranstaltung genutzt haben, um auf Missstände aufmerksam zu machen.

Anforderungsniveau 2

Sport steht in einer Wechselbeziehung mit der Politik. Erklären Sie unterschiedliche Erscheinungsformen und belegen Sie diese anhand von Beispielen.

Anforderungsniveau 3

Lesen Sie folgenden Auszug aus dem Artikel „Zivilgesellschaft unter Druck" und nehmen Sie anschließend Stellung zur Rolle des Sports in der Politik.

„Die Fußball-WM ist ein Prestigeprojekt für Russland. Hooligans und ihre oft rassistischen Fan-Gesänge wollen die Behörden deswegen aus den Stadien verbannen. Gleichzeitig pflegt die Putin-Regierung einen wachsenden Nationalismus, der „innere Feinde" verfolgt und ausgrenzt. Viele hoffen, dass das internationale Sportereignis eine gesellschaftliche Öffnung bringt. Doch Menschenrechte stehen in Russland nach wie vor im Abseits – in den Fankurven wie im Alltag." *(Nowotny 2018)*

1. Wie können Regierungen Sportgroßveranstaltungen zu ihren Gunsten nutzen (am Beispiel Russlands, aber auch am Beispiel anderer Länder)?
2. Welche Möglichkeiten hatten Sportler/Sportlerinnen und Politiker/Politikerinnen aus anderen Ländern, die russische Regierung unter Druck zu setzen?

2 Politik und Sportgroßveranstaltungen

Sportgroßveranstaltungen bieten eine Bühne, auf der sich Athleten/Athletinnen aus aller Welt miteinander messen. Sie versuchen durch jahrelange Vorbereitung, ihre eigene Leistung stetig zu verbessern und ihre Gegner/Gegnerinnen zu überbieten.

Einer der internationalen Wettkämpfe sind die Olympischen Spiele. Neben den Olympischen Spielen gab und gibt es weitere Sportgroßveranstaltungen, die direkt oder indirekt von der Politik beeinflusst wurden bzw. werden, wie zum Beispiel die Spartakiaden in der ehemaligen DDR und die Commonwealth Games.

2.1 Die Olympischen Spiele

„Alle vier Jahre treffen sich Menschen aus der ganzen Welt, um gemeinsam die größten aller Spiele zu feiern. Verbunden im Sport sollen sich die Athleten/Athletinnen eines jeden Landes über Kriege und Krisen hinweg in ihren Disziplinen messen. Die olympische Bewegung ist eine Bewegung des Friedens, in deren Mittelpunkt der Mensch steht, ganz gleich welcher Nation, und zwar mit seiner körperlichen Stärke, Willenskraft und seinem schöpferischen Geist." (Osra 2018) Bei dieser Großveranstaltung treffen sich Menschen aus der ganzen Welt. Im Zentrum stehen Frieden, die Menschen, körperliche Stärke und Willenskraft. Diese Aussage erweckt den Eindruck, als habe der Sport generell – und die Olympischen Spiele speziell – wenig mit Politik zu tun und der Sport wolle sich von nationalen und internationalen Problemen abschotten. Der theoretische Grundgedanke ist jedoch fern der Praxis. Sportgroßveranstaltungen und eben auch die Olympischen Spiele sind von der Politik kaum zu trennen. Die eingangs erwähnten Protestaktionen, Boykotte, ja sogar die tragische Geiselnahme in München, zeigen deutlich, wie politisch Sportgroßveranstaltungen sein können.

Die Olympischen Spiele sind in erster Linie eine Sportveranstaltung und sollten grundsätzlich wenig mit Politik zu tun haben. Regierungen oder Politiker/Politikerinnen können jedoch durch politisches Eingreifen die kulturellen Ziele positiv oder negativ beeinflussen. Weiters trägt der Veranstalter (IOC, Weltfachverbände, nationale Organisationskomitees, Organisationskomitee des Veranstaltungslandes) eine politische Verantwortung über das Gelingen der Olympischen Spiele. Eine wichtige Rolle bei der Veranstaltung spielt der Staat, in dem die Spiele ausgetragen werden. Die Regierung kann im Zuge dessen eigene politische Ziele verfolgen. Betrachtet man die politische Einflussnahme auf die Olympischen Spiele, so zeigt sich, dass diese stets gegeben ist, sich jedoch selten mit den Zielen der Olympischen Spiele vereinbaren lässt.

GET ACTIVE 6

Bilden Sie Dreiergruppen und recherchieren Sie Vorfälle/Skandale im Zusammenhang mit den letzten drei Olympischen Spielen. Beantworten Sie dabei folgende Fragen:

- Wie lauteten die Vorwürfe? Was waren die vorherrschenden Themen? (Doping, Veruntreuung, politische Vereinnahmung, Korruption, Manipulation von Dopingproben, Menschenrechtslage in dem jeweiligen Austragungsland, Arbeitsbedingungen auf Baustellen von Stadien etc.)
- Was haben diese Ereignisse mit Entwicklungen im Sport bzw. mit gesamtgesellschaftlichen Entwicklungen zu tun?
- Gab es Unterschiede in der medialen Berichterstattung der verschiedenen Medien/Zeitungen?

Sie könnten dieses Thema auch im Unterrichtsfach Geschichte und Sozialkunde/Politische Bildung behandeln und so eine Verbindung mit Sportkunde herstellen.

2.2 Die Spartakiaden in der ehemaligen DDR

Sport spielte in der DDR eine wichtige Rolle, um vor allem bei internationalen Wettkämpfen Überlegenheit zu demonstrieren. Die Spartakiaden waren im Jugendgesetz fest verankert und zielten darauf ab, einen Großteil der jugendlichen Bevölkerung zum Sport zu motivieren. Ein weiteres Motiv war die Suche nach Talenten, um diese gezielt fördern und ausbilden zu können. Jeweils im Sommer und im Winter wurden Kreis-Kinder- und Jugendspartakiaden ausgetragen. Um bei den Kreisbewerben mitmachen zu dürfen, musste man sich in Vorwettkämpfen qualifizieren. Sie waren fester Bestandteil der DDR.

2.3 Die Commonwealth Games

Eine weitere Sportgroßveranstaltung mit politischem Hintergrund sind die Commonwealth Games. Der Begriff „Commonwealth" bezieht sich auf eine „lose Gemeinschaft der noch mit Großbritannien verbundenen Völker des ehemaligen britischen Weltreichs" *(Duden 2018b)*. Das Commonwealth of Nations besteht aus 53 unabhängigen Staaten, die aus historischer Sicht aus der Zeit des British Empires stammen. Staaten wie Indien, Sri Lanka, Jamaika, Pakistan, Südafrika, Zypern u.a. gehören zum Commonwealth of Nations. Die Commonwealth Games werden seit 1930 alle vier Jahre abgehalten und sind die wichtigste Sportgroßveranstaltung des Commonwealth.

2018 traten 6600 Athleten/Athletinnen aus über 71 Nationen in 18 Sportarten an. Hauptziel der Abhaltung der Commonwealth Games ist die Aufrechterhaltung der Verbindungen zwischen den Mitgliedstaaten, im Speziellen zwischen armen und reichen Ländern.

GET ACTIVE 7

Nachdem Sie sich die Unterkapitel 2.2 *Die Spartakiaden in der ehemaligen DDR* und 2.3 *Die Commonwealth Games* durchgelesen haben, machen Sie sich Notizen zu folgenden Fragen. Vergleichen Sie Ihre Ergebnisse anschließend mit einem Mitschüler/einer Mitschülerin.

1	Warum war der Sport in der DDR aus politischer Sicht so bedeutsam?	
2	Welches Ziel verfolgte man in der DDR durch die Abhaltung der Spartakiaden?	
3	Worauf bezieht sich das Commonwealth?	
4	Welche politischen Absichten stecken hinter der Abhaltung der Commonwealth Games?	

RP-TRAINING 2

Anforderungsniveau 1

1. Nennen Sie die Zielsetzungen des Olympischen Gedankens.
2. Beschreiben Sie Skandale/Vorwürfe in Bezug auf die letzten drei Olympischen Spiele.

Anforderungsniveau 2

Erklären Sie die Begriffe „Spartakiaden“ und „Commonwealth Games“ und beziehen Sie sich dabei auf historisch-politische Hintergründe.

Anforderungsniveau 3

Nehmen Sie zu folgender These Stellung und führen Sie entsprechende Argumente an.

„Die Olympischen Spiele haben nichts mit Politik zu tun.“

KOMPETENZCHECK

Ich kann ...			
... die Bedeutung von Sport in verschiedenen Gesellschaftssystemen erklären.			
... zum Thema „Sport und Politik“ Stellung nehmen.			
... aktuelle sportliche Ereignisse in einen historisch-politischen Kontext einbetten.			

Psychische und soziale Anforderungen im Sport Kapitel 10

Um gute Leistungen im Sport zu erbringen, spielen bei einem Sportler/bei einer Sportlerin nicht nur eine optimale Bewegungsausführung, sondern auch emotionale, motivationale und soziale Aspekte sowie kognitive Fähigkeiten (z. B. eine Situation wahrzunehmen und zu erkennen) eine wichtige Rolle. Das Wissen um diese inneren Vorgänge wie z. B. Antriebsfaktoren, Gefühlslagen, Gruppendynamiken bestimmen u. a. das erfolgreiche Handeln im Sport und sind sowohl für den Sportler/die Sportlerin als auch für den Trainer/die Trainerin von Bedeutung.

Diese Erfahrungen und Kenntnisse können dem Sportler/der Sportlerin helfen, Erklärungen für Erfolg bzw. Misserfolg zu finden sowie mögliche Ursachen dafür herauszufinden. Sie erleichtern den Umgang mit Niederlagen und zeigen auch **Optionen** auf, um den besten Weg zum Erfolg zu erreichen. Aus diesem Grund ist es für den Trainer/die Trainerin wichtig, sich neben den physischen Belangen eines Sportlers/einer Sportlerin auch um diese psychischen und sozialen Faktoren zu kümmern.

In diesem Kapitel wird auf wichtige Eigenschaften, über die ein Sportler/eine Sportlerin verfügen sollte, eingegangen. Außerdem werden die Bereiche **Kognition**, **Emotion**, **Motivation** und **Interaktionen** im Sport näher beleuchtet.

Der Lernende/Die Lernende soll ...

- über die wichtigsten Eigenschaften eines erfolgreichen Sportlers/einer erfolgreichen Sportlerin Bescheid wissen,
- Konflikte und Möglichkeiten der Konfliktlösung im Sport beschreiben können,
- die Anforderungen an Trainer/Trainerinnen beschreiben und begründen können.

WARM-UP

Suchen Sie im Internet nach zwei Videos über Emotionen im Sport, z. B. zu *Mike Tyson – Ohr* oder *Zinedine Zidane – Kopfstoß,* und betrachten Sie diese. Diskutieren Sie anschließend mit einem Partner/einer Partnerin die Bedeutung von Emotionen im Bereich der sportlichen Leistung. Erstellen Sie eine Liste der positiven und negativen Argumente, die Sie zum Thema „Emotionen im Sport" finden.

Die Erfahrung zeigt, dass erfolgreiche Sportler/Sportlerinnen immer dann gute Leistungen erzielen, wenn sie sich wohlfühlen und Spaß und Freude am Sport haben. Wer gut gelaunt ist und Spaß am Sporttreiben hat, kann unmöglich Angst und Nervosität zeigen, da unser Gehirn zwei so unterschiedliche Erregungszustände nicht gleichzeitig verarbeiten kann. Positiv behaftete **Emotionen sind Energiespender,** die man für gute Leistungen dringend benötigt. Viele Trainer/Trainerinnen unterschätzen die Bedeutung von guter Laune und Spaß während des Trainings, nehmen die positive Wirkung nicht ernst. Das ideale Trainingsklima besteht aus einer freudvollen Grundstimmung in Kombination mit einer ernsthaften Leistungsbereitschaft.

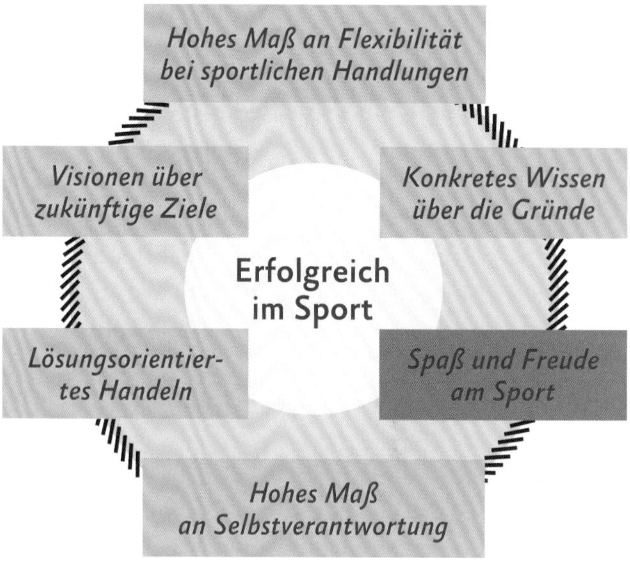

1 Handlungsregulierende Instanzen

Die Anforderungen an einen Athleten/eine Athletin im Sport sind sehr vielfältig und betreffen nicht nur physiologische Bereiche. Die beobachtbaren Aktionen, Bewegungen und Handlungen sind Resultate von psychischen Prozessen, die laufend im Sportler/in der Sportlerin vorgehen. Dabei werden die Handlungspläne von Emotionen, Motiven und Einstellungen sowie seine/ihre kognitiven und intellektuellen Fähigkeiten bestimmt.

1.1 Kognition

Unter der **Kognition** versteht man das **Wahrnehmungs- und Erkenntnisvermögen** eines Sportlers/einer Sportlerin. Umwelteindrücke werden aufgenommen und mental verarbeitet. Dieser Prozess der Informationsverarbeitung führt zu neuen Erkenntnissen, Wissen und Erfahrungen. Die Informationsverarbeitung erfolgt zum Teil bewusst, zum anderen Teil unbewusst. Auch Emotionen haben einen kognitiven Anteil. Die kognitiven Fähigkeiten ermöglichen es einem Sportler/einer Sportlerin, sich in seinem/ihrem Umfeld zu orientieren. Die Kognition umfasst folgende **kognitive Fähigkeiten:**

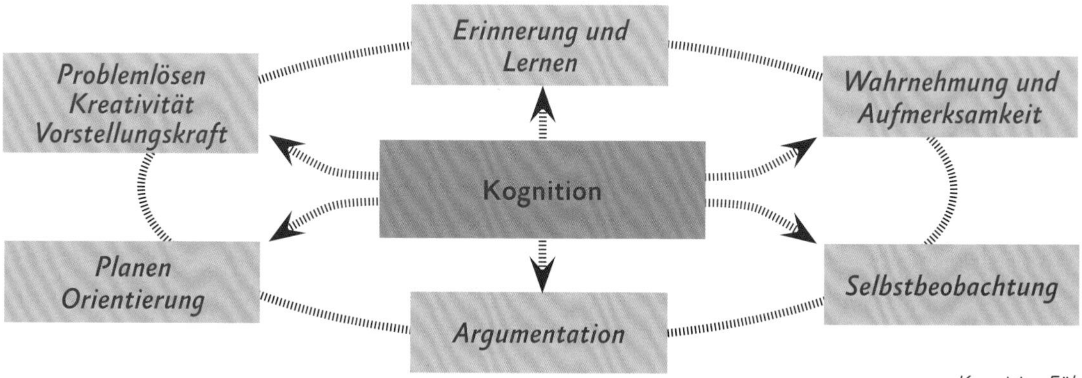

Kognitive Fähigkeiten

1.2 Emotion

Emotionen sind komplexe Verhaltensmuster, die ein schnelles, der Situation angepasstes Handeln ermöglichen. Sie werden durch die bewusste oder unbewusste Wahrnehmung eines Ereignisses ausgelöst. Das Auslösen von Emotionen ist meist ein kognitiver Prozess, der eine Vielzahl von weiteren Veränderungen in Gang setzt. Emotionen sind intensiver als Stimmungen und weniger intensiv als **Affekte**. Zum Unterschied zur Stimmung lösen Emotionen ein Verhalten aus, dass durch entsprechende individuelle physiologische Reaktionen gekennzeichnet ist. Diese zum Teil aus der Entwicklung des Menschen entstandenen Reaktionen veranlassen Menschen, Dinge zu tun wie, mit anderen zu streiten, ihr Revier zu verteidigen oder um einen Partner/eine Partnerin zu werben. Sie werden bewusst erlebt und haben einen Beginn und ein klares Ende.

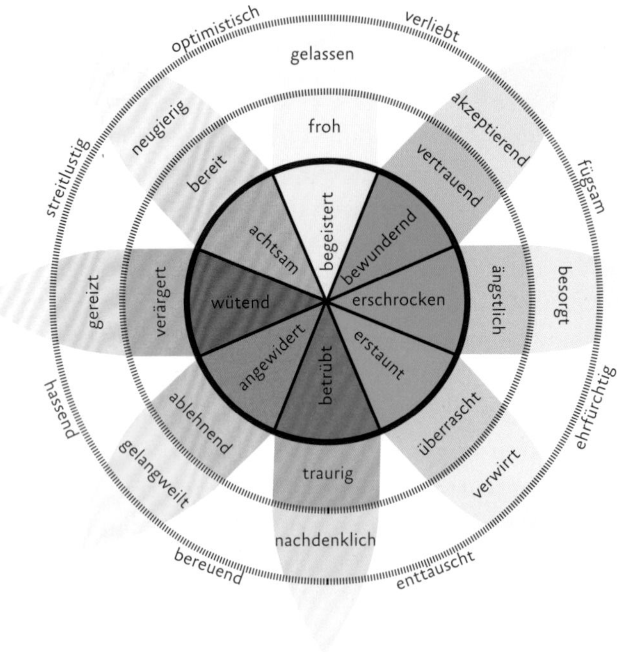

Rad der Emotionen nach Robert Plutchik

In der Psychologie gibt es verschiedenste Ansätze, um Emotionen in ein einheitliches Schema einzuteilen. Nach der **Theorie von Robert Plutchik** existieren acht Basisemotionen, die wiederum mit einem speziellen **Handlungsimpuls** verkettet sind. So ist zum Beispiel die Furcht gekoppelt mit der Fluchttendenz. Die Basisemotionen sind also aus unserer **evolutionären** Entwicklung entstanden. Kritik erfährt diese Theorie aus mehreren Gründen. So tauchen immer wieder Theorien auf, die eine unterschiedliche Anzahl von Basisemotionen nennen oder teilweise andere Basisemotionen beinhalten.

Basisemotion	Handlungsimpuls	Plutchik	Ekman
Furcht/Angst	Schutzsuche Fluchtverhalten	✓	✓
Wut/Zorn	Angriff Zerstörung	✓	✓
Freude/Ekstase	Annäherung Leistung	✓	✓
Traurigkeit/Kummer	Verlust Enttäuschung	✓	✓
Akzeptanz/Vertrauen	Wertschätzung Schutz	✓	✗
Ekel/Abscheu	Schutz Gesundheit	✓	✓
Überraschung/ Erstaunen	Orientierung	✓	✓
Neugierde/Erwartung	Annäherung	✓	✗
Verachtung	Angriff Ignoranz	✗	✓

Basisemotionen (nach Plutchik und Ekman; vgl. Drimalla, 2020)

Paul Ekman, ein amerikanischer Psychologe, definiert die Basisemotionen aus kulturübergreifenden Beobachtungen, die zeigen, dass Basisemotionen von allen Menschen gleich erkannt und ausgedrückt werden. Gesichtsausdrücke werden also nicht erlernt, sondern sind genetisch bedingt.

Im Sport ist klar zu erkennen, dass Emotionen die sportlichen Leistungen **negativ oder positiv beeinflussen**. Negativ behaftete Emotionen, wie Angst oder Wut, sind dabei genauso hinderlich wie zu intensive positive Emotionen. Sind bei Wettkämpfen zwei Kontrahenten/Kontrahentinnen in ihren physischen Fähigkeiten einander ebenbürtig, so hat jener/jene einen Vorteil, der seine/die ihre Emotionen besser kontrollieren kann. Viele Sportler/Sportlerinnen gehen davon aus, dass diese mentalen Fähigkeiten angeboren und unveränderbar seien. Tatsächlich kann ein geplantes mentales Training den gleich großen Einfluss auf die sportliche Leistung haben wie normales Training.

Negative Emotionen

Negative Emotionen sind nicht ausschließlich schlecht. Wichtig ist, dass die dadurch ausgelösten Handlungsimpulse den Sportler/die Sportlerin nicht überwältigen. Die dabei freiwerdende Energie kann genutzt werden, um seine/ihre Ziele auch weiterhin erfolgreich zu verfolgen. Die Wut über einen Misserfolg kann dazu motivieren, durch seine Fehler zu lernen, um bei der nächsten ähnlichen Situation erfolgreicher zu sein. Die Folge von Angst muss nicht immer eine Flucht vor der Situation sein. Sie kann auch dazu genutzt werden, um einen Angriff zu starten. Durch die Angst ist unser Körper in einem Zustand der Wachsamkeit, der sich durch eine erhöhte Wahrnehmung für die Umgebung bemerkbar macht. Dies führt dazu, dass Handlungen präziser und kontrollierter ausgeführt werden. Es erfordert aber eine bewusste Änderung der Einstellung gegenüber der auslösenden Situation. Hat ein Sportler/eine Sportlerin zum Beispiel vor der Konfrontation mit einem Gegner/einer Gegnerin Angst, so kann der Wettkampf als Spiel oder als eine Herausforderung betrachtet werden.

Allgemein ist zum Umkehren von Erregungszuständen wie Wut oder Angst, die durch Stresssituationen entstehen, vom Sportler/von der Sportlerin eine kurze Entspannung nötig. Dieses Umkehren kann vom Sportler/der Sportlerin mithilfe psychologischer Methoden trainiert werden.

Positive Emotionen

Übertriebene emotionale Reaktionen berauben die Ressourcen eines Athleten/einer Athletin und wirken sich negativ auf die sportliche Leistung aus. Dieser Effekt ist vor allem bei Sportarten mit hohen Anforderungen an die Motorik, die Präzision und Aufmerksamkeit bemerkbar. Sie lösen dadurch eine verminderte Konzentrationsleistung, einen Zustand der Sorglosigkeit und technische und taktische Fehler aus. Kontrollierte positive Emotionen hingegen verbessern die Aufrechterhaltung der Motivation und helfen dabei, Situationen energisch entgegenzutreten. Dies kann nur gelingen, wenn der Sportler/die Sportlerin im Voraus Emotionen antizipiert und sich damit auf sie einstellen kann. Er/Sie kann dadurch die Intensität, die Qualität und die Richtung positiv verändern. Die Emotionen sind schnell kontrolliert und die ganze Aufmerksamkeit kann wieder auf das eigentliche Ziel gelenkt werden.

1.3 Motivation

Eine Definition von Motivation lautet:

Motivation

„Zustand einer Person, der sie dazu veranlasst, eine bestimmte Handlungsalternative auszuwählen, um ein bestimmtes Ergebnis zu erreichen, und der dafür sorgt, dass diese Person ihr Verhalten hinsichtlich Richtung und Intensität beibehält. Im Gegensatz zu den beim Menschen begrenzten biologischen Antrieben sind Motivation und einzelne Motive gelernt bzw. in Sozialisationsprozessen vermittelt. Der Begriff der Motivation wird oft auch im Sinn von Handlungsantrieben oder Bedürfnissen verwendet."

Definition Gabler Wissenschaftslexikon

Freude an der sportlichen Tätigkeit ist nicht unbedingt Voraussetzung für die Motivation eines Sportlers/einer Sportlerin. So muss ein Profisportler/eine Profisportlerin in Wettkämpfen seine/ihre Leistung erbringen, um seinen/ihren Vertrag zu erfüllen. In diesem Fall ist das Motiv nicht Spaß oder Freude am Sport, sondern die materielle Absicherung der Existenz. Das Motiv eines Sportlers/einer Sportlerin entscheidet, ob die Tätigkeit mehr Arbeitsanteile oder Spielanteile hat. Betreibt man Sport nur, weil er Spaß macht und damit das Motiv „Spielen" befriedigt wird, ist man primär motiviert. Spielt man jedoch um des Geldes wegen, dann ist man sekundär motiviert. Im zweiten Fall überwiegt der Arbeitsanteil.

Primäre und sekundäre Motivation wird oft auch als **intrinsische Motivation** und **extrinsische Motivation** bezeichnet. Athleten/Athletinnen, die intrinsisch motiviert sind, besitzen eine stärkere Motivation, da ihre Handlungen zu einer unmittelbaren Befriedigung der Motive führen. Extrinsische Motivation benötigt hingegen Bestätigung von außen. Dies birgt die Gefahr, dass Angst vor dem Ausbleiben der Bestätigung entsteht.

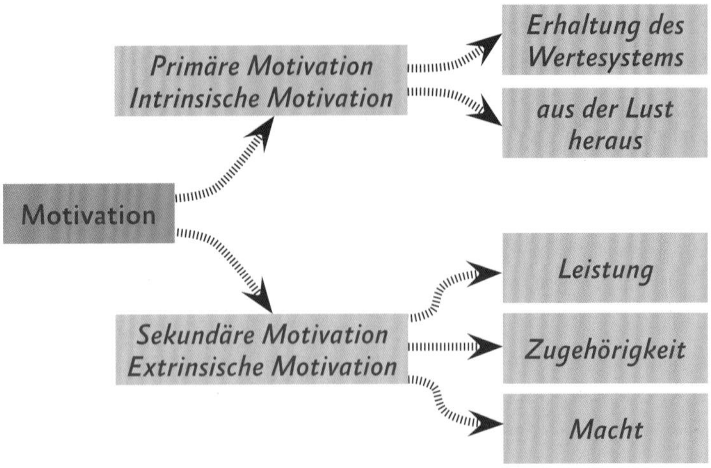

Zusammensetzung der Motivation

Eine Zielsetzung, die vor allem im Hochleistungssport vorkommt, liegt in der systematischen Umwandlung von extrinsischer Motivation in intrinsische Motivation. Die meisten Athleten/Athletinnen, die sich einer bestimmten Sportart zuwenden, sind anfangs sekundär motiviert. Wenn zum Beispiel ein Sportler/eine Sportlerin die Sportart Handball noch nicht kennt, so kann man nicht erwarten, dass er/sie das Motiv „Handballspielen" als Handlungsantrieb besitzt. Er/Sie wird also nicht primär motiviert sein. Um ihn/sie für die Sportart zu motivieren, muss zum Beispiel das primäre Motiv „Bewegungsdrang" mit der Sportart Handball verknüpft werden. Erst im Laufe der Sportausübung kann es dann zu einer Änderung der Motivationslage kommen.

GET ACTIVE 1

Führen Sie eine Internetrecherche (z. B. mit den Suchwörtern *Sport* und *Emotionen*) durch, bei der Sie nach verschiedenen Situationen im Sport suchen, in denen sich positive und negative Emotionen auf die sportliche Leistung auswirken. Ergänzen Sie diese Liste mit Beispielen aus Ihrem eigenen sportlichen Handeln.

RP-TRAINING 1

Anforderungsniveau 1

Beschreiben Sie die Begriffe „Kognition", „Emotion" und „Motivation".

Anforderungsniveau 2

1. Analysieren Sie die Auswirkungen von zu starken Emotionen auf die sportliche Leistung.
2. Gehen Sie auf die negativen Wirkungen von zu starken Emotionen auf die sportliche Leistungsfähigkeit ein.

Anforderungsniveau 3

Beurteilen Sie die Qualität Ihrer eigenen primären und sekundären Motivationen beim Betreiben von Sport.

Vergleichen Sie diese Handlungsziele mit denen aus dem schulischen Bereich.

2 Interaktionen im Sport

In diesem Teil des Kapitels wird auf wichtige Punkte in der Kommunikation und Interaktion zwischen Trainer/Trainerin und Athlet/Athletin sowie zwischen Trainern/Trainerinnen und Sportmannschaften eingegangen. In beiden Fällen verbringen die Beteiligten viel Zeit miteinander, was unweigerlich zu Interaktionen führt, die oft nicht nur positiver Natur sind. Immer wieder entstehen dabei Konflikte, die es zu lösen gilt.

2.1 Trainer/Trainerin

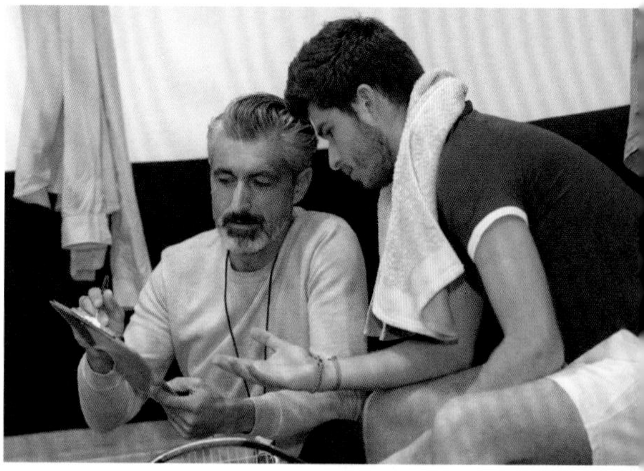

Der Trainer/Die Trainerin und der Athlet/die Athletin stehen über viele Jahre hinweg in einer oftmals engen, **freundschaftlichen Beziehung.** Daher ist das Auftreten von Missverständnissen, Problemen und Infragestellungen unvermeidbar. Gerade am Beginn einer neuen Zusammenarbeit treten solche Probleme öfter auf. Im Idealfall werden die Probleme möglichst freundlich und kompromissbereit gelöst.

Der Trainer/Die Trainerin gestaltet die Rahmenbedingungen, erarbeitet die **Trainingspläne** und wählt die sportartspezifischen **Techniken und Taktiken** aus. Nur auf den Erfolg des Athleten/der Athletin hat er/sie keinen direkten Einfluss. Vor allem im Spitzensport ist aber der Trainer/die Trainerin von diesen Erfolgen abhängig, deren Ausbleiben im schlimmsten Fall zu einer Entlassung führen kann. Die sportliche Leistung des Athleten/der Athletin stellt also die wichtigste, unmittelbar beeinflussbare Größe dar. Das Ziel der **Leistungsoptimierung** wird durch die Persönlichkeit des Athleten/der Athletin noch weiter erschwert. So kann man nicht davon ausgehen, dass die angestrebten Ziele der beiden automatisch gleich sind. Aus diesem Grund ist die Art der Kommunikation entscheidend für die positive Beeinflussung der sportlichen Leistungsfähigkeit durch den Trainer/die Trainerin. Die Möglichkeiten der **Kommunikation** sind vielfältig. Sie reichen von indirekten, unpersönlichen Arten, wie E-Mail, SMS oder Videogesprächen bis hin zu direkten, persönlichen Gesprächen. Die Themen dieser Gespräche sind Bereiche wie Technik, Taktik, Wettkampfanalysen, Konflikte, Trainingsinhalte bis hin zu persönlichen Situationen.

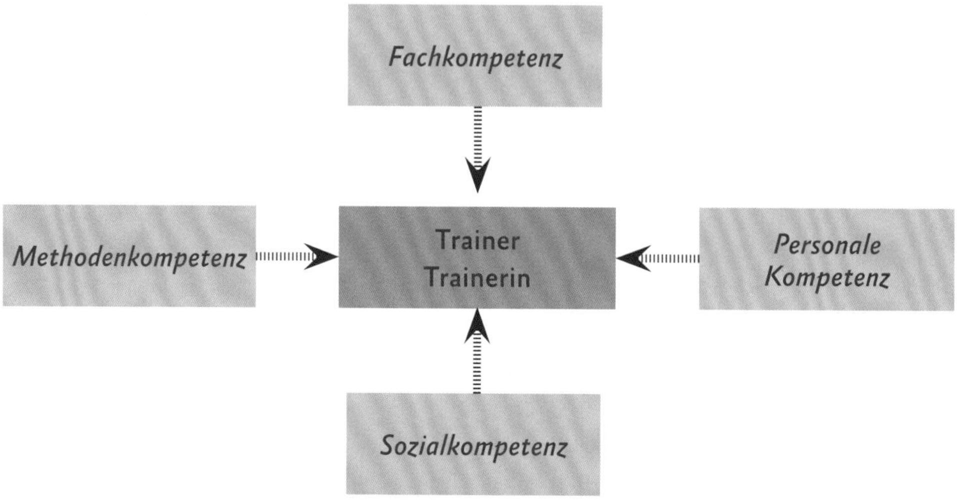

Kompetenzbereiche eines Trainers/einer Trainerin

In den meisten Fällen kommen Trainer/Trainerinnen aus dem aktiven Bereich einer Sportart. Dabei sind die eigenen Leistungen während der aktiven Zeit nicht ausschlaggebend für die Qualität ihrer Arbeit mit den Athleten/den Athletinnen. Im schlechtesten Fall lehrt man als Trainer/Trainerin nur das, was man selbst trainiert hat. Die eigenen Erfahrungen sind aber in den meisten Fällen nicht ausreichend, um als Trainer/Trainerin erfolgreich zu agieren. Trainingswissenschaftliche, sportmedizinische und sportpädagogische Kenntnisse sind nicht ausschließlich durch eigene Erfahrungen erlernbar. Eine fundierte Trainerausbildung ist Grundvoraussetzung für den Erfolg dieser Tätigkeit.

Fachkompetenz

Die Fachkompetenz beinhaltet alle Themengebiete, die auch in diesen beiden Schulbüchern behandelt werden. Das theoretische Wissen über Trainingsaufbau, Methodik, Fehlerkorrektur, Technik und Taktik in der jeweiligen Sportart gehört genauso dazu, wie Kenntnisse in den Bereichen Sportmedizin, Biomechanik, Psychologie, Trainingslehre und Bewegungslehre. Ohne diese Fachkompetenz kann man als Trainer/Trainerin auf Dauer nicht erfolgreich arbeiten.

Methodenkompetenz

Wie schon erwähnt ist es die Aufgabe eines Trainers/einer Trainerin geeignete Rahmenbedingungen zu schaffen, die für eine erfolgreiche Leistung des Athleten/der Athletin notwendig sind. Ein wichtiger Teil ist dabei die Organisation und Planung des Trainings. Aber auch die Auswertung der Fortschritte während des Trainingsverlaufes und die Berücksichtigung dieser in die Planung sind wichtige Bestandteile der Methodenkompetenz. Im Bereich des Wettkampfes hat er/sie die Aufgabe, den Athleten/die Athletin zu coachen und dafür realistische mittel- bis langfristige Ziele zu setzen.

Sozialkompetenz

In vielen Fällen begleitet ein Trainer/eine Trainerin einen Athleten/eine Athletin schon in jungen Jahren bis ins Erwachsenenalter. Der adäquate Umgang ist daher genauso wichtig wie die Fähigkeit, sich auf die Bedürfnisse und individuellen Fähigkeiten des Athleten/der Athletin einzustellen. Die Führungsposition des Trainers/der Trainerin erfordert gute Kenntnisse über Steuerungsprozesse, die auf Gruppen, aber auch auf einzelne Sportler/Sportlerinnen anzuwenden sind. Eine weitere wichtige Sozialkompetenz liegt in der Kommunikation mit dem Athleten/der Athletin sowie mit externen Partnern wie Eltern, Medien und Institutionen. Konflikte erfordern manchmal, eigene Interessen durchzusetzen, aber auch zurückzustellen.

Personale Kompetenz

Darunter versteht man die Charaktereigenschaften eines Trainers/einer Trainerin. Die wichtigsten sind Selbstständigkeit, Belastbarkeit, Engagement, Gewissenhaftigkeit, Offenheit und Vertrauenswürdigkeit. Sein/Ihr Engagement zeigt sich u. a. an der Leistungs- und Anstrengungsbereitschaft hinsichtlich der Arbeitszeit, des Trainingsumfanges und der Anzahl der Wettkampfeinsätze. Vertrauenswürdigkeit ist die Fähigkeit zum wechselseitigen Beziehungsaufbau mit dem Sportler/der Sportlerin.

THEORIE → PRAXIS

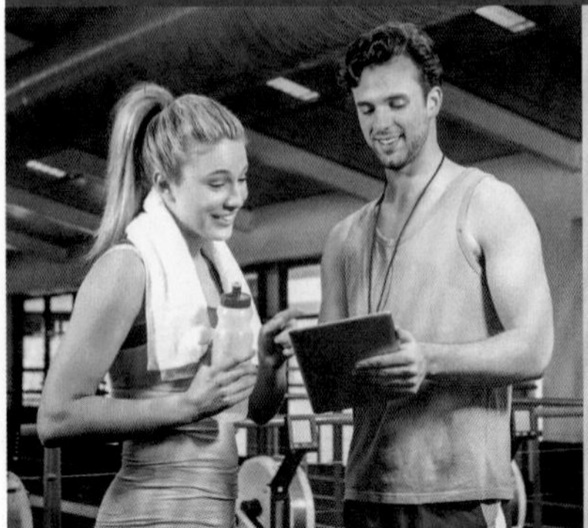

Die in diesem Abschnitt angesprochenen Kompetenzen erreicht ein Trainer/eine Trainerin durch ständige Weiterbildung. Die Ausbildung und Fortbildung obliegt den Bundessportakademien. Dort werden neben einer 3-jährigen mittleren Schule zum Diplomsportlehrer/zur Diplomsportlehrerin auch noch verschiedene Ausbildungen in Kursform angeboten, die eine aufbauende Struktur aufweisen und die zum Instruktor/zur Instruktorin, Trainer/Trainerin, Diplomtrainer/Diplomtrainerin und Sportlehrer/Sportlehrerin führen.

2.2 Athlet/Athletin

Viele Jugendliche haben den Traum, ein erfolgreicher Sportler/eine erfolgreiche Sportlerin zu werden. Dieses Ziel ist aber nicht nur mit Talent für eine Sportart zu erreichen. Man entwickelt sich als Sportler/Sportlerin andauernd weiter und lernt nie aus. Es gibt aber einige Eigenschaften, die man als Athlet/Athletin mitbringen muss, um sein großes Ziel zu erreichen.

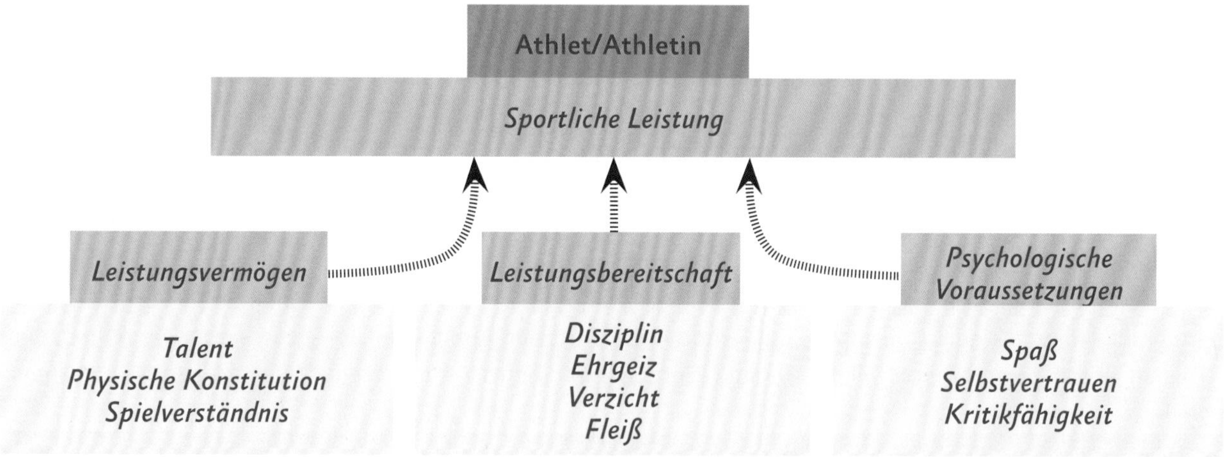

Physische und psychologische Fähigkeiten eines Sportlers/einer Sportlerin

Leistungsvermögen

Eine Person verfügt über sportliches Talent, wenn sie auf Grundlage von Können, Leistungsbereitschaft und den Möglichkeiten der realen Lebensumwelt entwicklungsfähige Resultate erzielt, die über dem Altersdurchschnitt liegen. Das Talent alleine macht aber noch keinen Spitzensportler/keine Spitzensportlerin aus. Immer wieder scheitern talentierte Sportler/Sportlerinnen an ihrer eigenen physischen Konstitution. Die daraus resultierenden Verletzungen zwingen ihn/sie dann zu einem Abbruch der eigenen Karriere, in die sehr viel Zeit und Geld investiert wurde. In Ballsportarten ist zusätzlich ein ausreichendes Spielverständnis erforderlich. Im Spiel ist es entscheidend, schon vorweg Ideen zu entwickeln, die man dann im Spielverlauf ausführen kann. Auch das Einstellen auf das Verhalten des Gegners/der Gegnerin oder der gegnerischen Mannschaft und die daraus resultierenden Möglichkeiten sind entscheidend für den Erfolg.

Leistungsbereitschaft

Ein weiterer wichtiger Bereich für die sportliche Leistung eines Athleten/einer Athletin ist die in ihm/ihr steckende Leistungsbereitschaft. Zu ihr zählen Eigenschaften wie Disziplin, Ehrgeiz, Verzicht und Fleiß. Sie prägen den Charakter eines Sportlers/einer Sportlerin. Die Leistungsbereitschaft zeigt sich auch in vielen Tätigkeiten im Alltag eines Sportlers/einer Sportlerin. Tätigkeiten wie das Einhalten von Trainings- oder Ernährungsplänen oder Eigenschaften wie Pünktlichkeit und Fairness lassen auf eine hohe Leistungsbereitschaft schließen. Auch ein „gesunder" Ehrgeiz hilft, den nötigen Willen aufzubringen, sich weiterzuentwickeln und das oft harte Training durchzuhalten. Der Weg zu einer sportlichen Karriere ist sehr lange und hart. Es bleibt wenig Zeit für andere Dinge. Während der junge Sportler/die junge Sportlerin trainiert und sich auf kommende Wettkämpfe vorbereitet, gehen gleichaltrige Jugendliche aus und amüsieren sich. Dieser offensichtliche Verzicht ist oftmals auch mit ein Grund, wieso Nachwuchsathleten/Nachwuchsathletinnen ihre Karriere beenden.

Psychologische Voraussetzungen

Der Bereich der Leistungsbereitschaft erfordert hohe Selbstdisziplin von einem Sportler/einer Sportlerin. Es gibt unterschiedlichste Motive, die helfen, diese Leistungsbereitschaft und Selbstdisziplin aufzubringen. Eines dieser Motive ist der „Spaß am Sport". In diesem Zusammenhang wird „Spaß" im Allgemeinen als eine Tätigkeit beschrieben, die gerne gemacht wird und Freude bereitet. Ohne Begeisterung für den Sport bzw. die Sportart ist es kaum möglich, Höchstleistungen zu erbringen oder sich weiterzuentwickeln. Für den Erfolg eines Athleten/einer Athletin ist ausschlaggebend, sich hohe Ziele zu stecken, gleichzeitig aber auch die eigene sportliche Karriere als Teil seines/ihres gesamten Lebens zu sehen und mit außersportlichen Situationen und Gegebenheiten wie Familie, Schule, Studium etc. in Einklang zu bringen.

Eine weitere wichtige Voraussetzung für gute Leistungen im Sport ist ein gewisses Maß an Selbstvertrauen. Der Sportler/Die Sportlerin muss auf seine/ihre Fähigkeiten vertrauen, kritische Situationen bestmöglich meistern zu können. Ohne dieses Selbstvertrauen würde der Sportler/die Sportlerin zu wenig riskieren und eher einfache Lösungen wählen, was nicht zum gewünschten Erfolg führen würde. Selbstvertrauen zeigt sich nicht nur in risikobereitem sportlichem Handeln, sondern auch im Annehmen von Kritik von Seiten des Trainers/der Trainerin, des Publikums, der Fans oder der Medien. Je erfolgreicher ein Athlet/eine Athletin ist, desto mehr ist er/sie Kritik ausgesetzt. Es ist wichtig, mit diesem Druck umgehen zu lernen.

THEORIE → PRAXIS

Zu den wichtigen Eigenschaften eines Sportlers/einer Sportlerin zählen Leistungsvermögen, Leistungsbereitschaft und die nötigen psychologischen Voraussetzungen. Deshalb ist es erforderlich zu wissen, welche Ziele man im Sport hat und wie groß der damit verbundene Aufwand ist. Nur wenn die Bereitschaft für das Erreichen der gesetzten Ziele vorhanden ist, kann sich ein Erfolg einstellen. Diese Eigenschaften sind auch für andere, außersportliche Handlungsfelder wichtig, z. B. Schule, Beruf, Partnerschaft usw. Die beiden folgenden *GET ACTIVE*-Aufgaben sollen Ihnen zur Orientierung dienen.

GET ACTIVE 2

Suchen Sie im Internet eine Seite zum Thema „Mentales Training", die Unterlagen zu einer Ist-Analyse Ihrer sportlichen Ziele anbietet. Führen Sie diese Ist-Analyse durch und setzen Sie Ihre Ziele fest. Teilen Sie diese anschließend in Ergebnis- und Handlungsziele ein.

- Ergebnisziele sind quantitativ messbare Ziele wie ein Titelgewinn, Bestzeiten oder Limits.
- Handlungsziele beschreiben den Weg zum Ziel und sind von Fremdverhalten unabhängig.

GET ACTIVE 3

Zur Verbesserung Ihres eigenen Selbstvertrauens führen Sie folgende Übungen durch:

1. Unterteilen Sie ein Blatt in zwei Spalten und stellen Sie Situationen, in denen Sie viel Selbstvertrauen hatten, jenen Situationen gegenüber, in denen Sie wenig Selbstvertrauen zeigten. Suchen Sie zu jenen Situationen, in denen Ihr Selbstvertrauen zu gering war, positive Selbstbotschaften. Diese vier bis fünf Botschaften sollten kurz und anschaulich sein, wie z. B. „Hier kommt niemand durch" als Verteidiger/Verteidigerin beim Fußball. Lesen Sie sich diese Botschaften jeden Abend vor dem Schlafen und in der Früh nach dem Aufstehen laut vor. →

2. Verknüpfen Sie die Situationen, in denen Sie zu wenig Selbstvertrauen zeigten, mit passenden Melodien. In Situationen, in denen Sie Ihr Selbstvertrauen steigern wollen und eine hohe Erregung vermeiden möchten, sollten Sie Lieder mit langsamem Tempo wählen, wie z. B. „I am sailing“ von Rod Stewart. Wollen Sie eine hohe Erregung erreichen, dann verknüpfen Sie die Situation mit schnellen Liedern, wie z. B. „Feel good“ von Felix Jaehn.

2.3 Sportmannschaften

Die psychologischen und sozialen Anforderungen steigen mit der Anzahl der Personen, die an einem Prozess beteiligt sind. Deshalb ist es nicht verwunderlich, dass diese Anforderungen bei der Bildung einer Sportmannschaft sehr hoch sind. Sechs Spieler/Spielerinnen auf einem Volleyballfeld mit zugeteilten Positionen und Aufgaben bilden noch keine Mannschaft. Diese personenunabhängigen Strukturen sind die Grundlage jeder Mannschaft, aber erst der Mannschaftbildungsprozess macht daraus ein erfolgreiches Team. Bei der Bildung von Sportmannschaften kommt es zu inneren Differenzierungen, zur Verteilung von Aufgaben und zu Rangordnungen. Der wichtigste Faktor, der für die Entstehung einer Sportmannschaft verantwortlich ist, besteht im gemeinsamen Mannschaftsziel. Dieses Ziel bestimmt die Struktur der Mannschaft, aber auch die Normen und Interaktionen. Die Zielsetzungen einer Mannschaft können sich im Laufe der Jahre ändern. So wird aus einer zielstrebigen, leistungsorientieren Mannschaft eine Freizeitmannschaft mit der Zielsetzung „Spaß am Sport“ oder umgekehrt. Das Mannschaftsziel bestimmt die Art der Interaktionen in der Mannschaft. Darunter versteht man die Art der Beziehungen unter den einzelnen Spielern/Spielerinnen genauso wie die Kontakte zwischen zwei Mannschaften. Interaktionen in einer Mannschaft finden entweder während der sportlichen Handlung selbst statt (formelle Interaktionen) oder außerhalb der sportlichen Betätigung (informelle Interaktionen), beispielsweise im Training, bei Trainingslagern oder auch bei privaten Unternehmungen. Beide Arten der Interaktion beeinflussen die Leistung und die Struktur der Mannschaft.

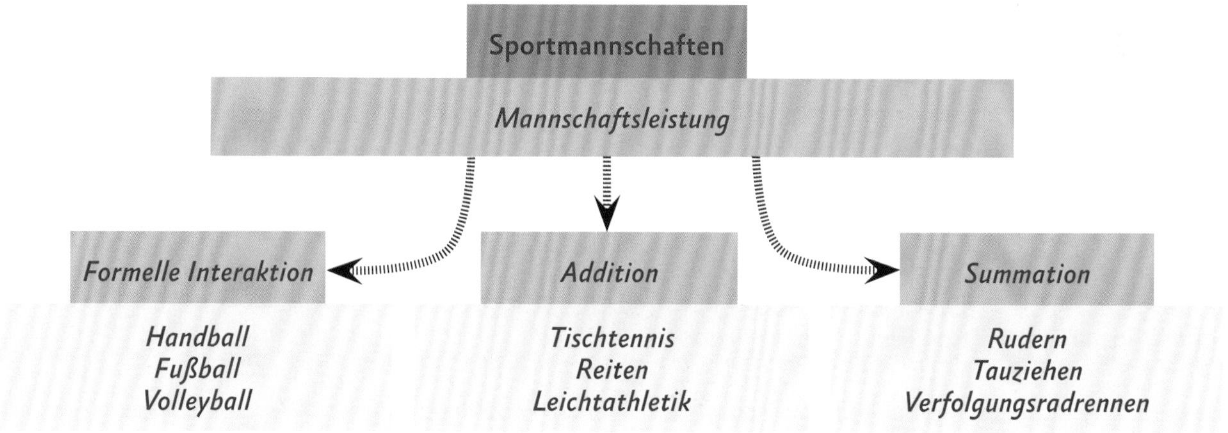

Entstehung von Mannschaftsleistungen (nach Baumann, 2015)

Die Stärken von Mannschaften, die durch **informelle Interaktionen** gekennzeichnet sind, liegen in der raschen Eingliederung von neuen Mitgliedern. Sie ermöglichen es, schwächere Mitglieder zu integrieren, indem diese mit einfacheren und fest umrissenen Aufgaben betraut werden. Alle Mitglieder der Mannschaft tragen Verantwortung für die Gesamtleistung.

Bei Mannschaften, bei denen das Ziel durch **Addition** der Einzelleistungen erreicht wird, findet keine informelle Interaktion statt. Die Beiträge der einzelnen Mannschaftsmitglieder sind sichtbar und man kann auch bei schlechter eigener Leistung als Mannschaft gewinnen. Dies kann zu Konfliktsituationen führen.

Bei Mannschaften, bei der sich die Leistung aus der gleichzeitigen **Summierung** aller Kräfte der Mannschaftsmitglieder ergibt, erfolgt die Interaktion meistens durch die Interventionen des Trainers/der Trainerin oder durch Signale oder Kommandos.

THEORIE → PRAXIS

Bei Fußballmannschaften treffen verschiedenste Charaktere zusammen. Dabei entstehen mitunter Konflikte, die sich nicht immer negativ auswirken müssen. Werden sie sachlich bewältigt, so profitieren die Beteiligten sogar davon. Um einen Konflikt ins Positive zu wenden, muss zuerst die Ursache erkannt werden. Sportliche Konkurrenz, persönliche Abneigungen, gefühlte Ungerechtigkeiten sowie Einstellungen und Ansichten sind nur einige Beispiele mit Konfliktpotential. Als Resultat lernen die Beteiligten, sich durchzusetzen und gleichzeitig die Interessen der anderen zu berücksichtigen oder deren Grenzen zu respektieren.

GET ACTIVE 4

Schreiben Sie sich einige Lösungsstrategien für mögliche Konfliktbereiche in Ihrer eigenen Sportart auf. Beobachten Sie in den nächsten Wochen das Verhalten aller in Ihrer Sportart beteiligten. Wenden Sie Ihre Lösungsstrategie bei auftretenden Konflikten an und notieren Sie das dabei erzielte Resultat.

2.4 Konflikte

Egal ob man als Trainer/Trainerin oder Spieler/Spielerin im Sport handelt, die Bewältigung von Konflikten ist eine der schwierigsten Aufgaben. Jeder/Jede wird im Sport früher oder später mit Konflikten konfrontiert. Sie entstehen, wenn Motive, Wünsche, Bedürfnisse, Interessen oder Emotionen in unvereinbarer Weise einander gegenüberstehen. Im Wesentlichen unterscheidet man zwei verschiedene Arten von Konflikten.

Die erste Art wird als **unechter Konflikt** bezeichnet. Er entsteht, wenn schon vor der Auseinandersetzung innere Spannungen oder Erregungen vorhanden sind.

Beispiel: Der Trainer einer Fußballmannschaft hat familiäre Probleme. Auf dem Weg zum Training passiert beinahe ein Autounfall. Beim Training angekommen fehlen ein paar der Spieler, sodass sich der Trainingsanfang verzögert. Der Trainer wird zornig und verwirft sein Vorhaben für die Trainingseinheit. Stattdessen bestraft er die Mannschaft mit einem langweiligen Ausdauerlauf. Ohne die schon vorhandenen inneren Spannungen und Erregungen wäre der Konflikt mit der Mannschaft erst gar nicht eskaliert und die Bestrafung entfallen.

Bei einem **echten Konflikt** dient der Konflikt als Mittel zum Zweck. Dadurch ist es möglich, dass alternative Lösungen gefunden werden, um ein erwünschtes Ergebnis für beide Parteien zu erreichen.

Beispiel: In einer Volleyballmannschaft gibt es zwei gleich starke Angreifer, die beide in der Startmannschaft spielen möchten. Der Trainer entscheidet sich dafür, die beiden abwechselnd für jeweils einen Satz einzusetzen, um den Konflikt aufzulösen.

In den meisten Fällen sind die unechten Konflikte im Sport diejenigen, die für die Mannschaft oder den Athleten/die Athletin die größere Herausforderung bedeuten. Sie können gelöst werden, indem man die negative Energie auf andere Objekte überträgt. Andere Personen werden zu „Sündenböcken", über die sich die angestaute Erregung entlädt. Persönliche Enttäuschungen führen zu aggressivem Verhalten, das sich im Regelfall gegen Minderheiten, Schwache oder Wehrlose richtet. In Sportmannschaften kann auch der Trainer/die Trainerin zu diesem Sündenbock werden, was an den vielen Entlassungen von Trainern/Trainerinnen bei Misserfolgen erkennbar ist.

Zur Lösung von Konflikten gibt es eine Vielzahl von Strategien. Konflikte können nicht nach einem Grundrezept gesteuert und aufgelöst werden, denn jeder Konflikt ist durch die beteiligten Personen, Inhalte und viele andere Faktoren geprägt. Es zeigen sich aber in den meisten Fällen bestimmte Grundmuster im Ablauf eines Konflikts.

Die **Flucht** ist der häufigste Versuch, einen Konflikt zu lösen, da sie für die beteiligten Personen meistens als schmerzlos empfunden wird. Es gibt dabei weder einen Gewinner/eine Gewinnerin noch einen Verlierer/eine Verliererin. In der Regel treten solche Konflikte aber immer wieder von Neuem auf, außer es kommt zur Trennung der Konfliktgegner/Konfliktgegnerinnen.

Wird die Flucht nicht als Strategie gewählt, so ergibt sich ein **Kampf,** bei dem es immer einen Verlierer/eine Verliererin gibt. Die „Unterwerfung" des Konfliktgegners/der Konfliktgegnerin bedarf eines hohen Energieaufwands, der mitunter ohne Konfliktlösung über lange Zeit geleistet werden muss.

Alternative Lösungen sind der Kompromiss und der Konsens. Beim **Kompromiss** einigen sich alle beteiligten Personen auf eine gemeinsam akzeptierte Lösung, indem sie Abstriche von ihren eigenen Vorstellungen machen. Ein Kompromiss ist von hoher Qualität, wenn sich für beide Konfliktparteien der persönliche Verlust und der persönliche Gewinn die Waage halten.

Eine weitaus bessere Lösung eines Konflikts erreicht man durch einen **Konsens.** Dabei erarbeiten beide Parteien gemeinsam eine völlig neue Strategie zur Bewältigung des Konflikts. Diese Konfliktlösungsstrategie führt zur Erfüllung der Ziele aller Beteiligten. Nicht jeder Konflikt kann gelöst werden, bei einer fortgeschrittenen Eskalation wird Hilfe von außen notwendig.

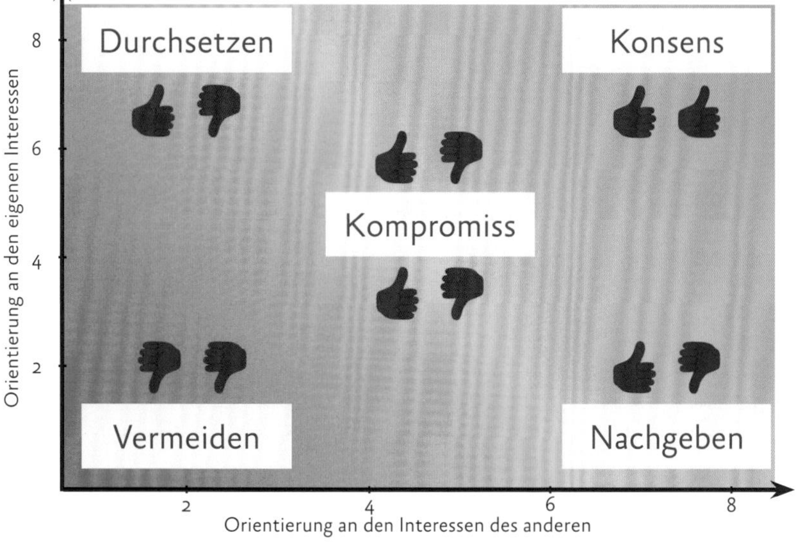

Konfliktlösungsmodelle (nach Thomas und Schwarz)

GET ACTIVE 5

Erstellen Sie eine Liste von Vorfällen in Ihrem Leben, bei denen es zu Konflikten gekommen ist. Analysieren Sie diese Vorfälle und versuchen Sie herauszufinden, ob es sich dabei um echte oder unechte Konflikte gehandelt hat.

RP-TRAINING 2

Anforderungsniveau 1

Beschreiben Sie die unterschiedlichen Anforderungen, die ein guter Trainer/eine gute Trainerin erfüllen muss.

Anforderungsniveau 2

Vergleichen Sie Ihre eigenen psychologischen Fähigkeiten und Fertigkeiten mit den oben beschriebenen Eigenschaften eines erfolgreichen Sportlers/einer erfolgreichen Sportlerin.

Anforderungsniveau 3

Wird Österreichs Vorzeige-Sportler David Alaba auf Eigenschaften angesprochen, die ihn auszeichnen sollen, antwortet er stets bescheiden und verweist in Interviews nur zögerlich auf:

- *Vielseitigkeit: „Im Mittelfeld und links hinten. Der offensive Drang nach vorne taugt mir." (Auf die Frage, wo er sich am wohlsten auf dem Platz fühlt).*
- *Verantwortungsbewusstsein: „Ich bin kein Spieler, der wild herumschreit oder in der Kabine Wirbel macht. Aber ich versuche auf dem Platz, mit meinem Spiel Verantwortung zu übernehmen."*
- *Ehrgeiz: „Mit Bayern in allen Bewerben ganz oben stehen" (Nach seinen Zielen befragt)*
- *Disziplin: „Ich habe auch mitbekommen, dass mein Marktwert 45 Millionen Euro beträgt. Es ist sicherlich eine Ehre, aber dafür trainiert man jeden Tag sehr hart."*
- *Bodenständigkeit: „Ich weiß schon, dass ich gut bin. Sonst wäre ich nicht hier, das ist mir bewusst. Aber wer mich kennt, weiß, dass ich immer versuche, ich selbst zu sein. Wenn das gut ankommt, ist es schön ..."*

https://www.sport-oesterreich.at/david-alaba-fussballer-des-jahres (5. Aug. 2019)

Lesen Sie den oben stehenden Text und bewerten Sie die von David Alaba angegebenen Eigenschaften. Bewerten Sie die Ähnlichkeit mit der in diesem Kapitel beschriebenen Eigenschaften eines guten Sportlers/einer guten Sportlerin.

KOMPETENZCHECK

Ich kann …			
… die Rolle und die Aufgaben eines Trainers/einer Trainerin erklären und habe ein Bild eines guten Trainers/einer guten Trainerin vor Augen.			
… die Interaktionen, die in einer Sportmannschaft vorgehen, besser verstehen.			
… zwischen echten und unechten Konflikten unterscheiden.			

Psychologische Methoden zur Leistungssteigerung

Kapitel 11

Im Kapitel *Psychische und soziale Anforderungen im Sport* haben Sie erfahren, welche Anforderungen ein Trainer/eine Trainerin, ein Athleten/eine Athletin erfüllen muss, um erfolgreich zu sein. Sie haben in einigen Kapiteln sportwissenschaftliche Erkenntnisse zur Verbesserung der sportlichen Leistungsfähigkeit kennen gelernt. Viele dieser Herausforderungen an einen guten Athleten/eine gute Athletin sind aber auch psychischer Natur. Je höher die zu erbringende Leistung wird, desto größer wird auch die psychische Belastung. Vor allem im Höchstleistungssport können die psychischen Fähigkeiten und Fertigkeiten eines Athleten/einer Athletin über Siege oder Niederlagen entscheiden.

Die Sportpsychologie beschäftigt sich mit Methoden zur Verbesserung der psychischen Fähigkeiten und psychischen Fertigkeiten, aber auch mit Methoden zur Erholung und Entspannung des Sportlers/der Sportlerin. Dabei erfolgt die Entwicklung unterschiedlichster Methoden so rasant, dass hier nur ein paar ausgewählte Beispiele zu dieser Thematik aufgezeigt werden können. Um immer auf dem neuesten Stand zu bleiben, ist es notwendig, sich laufend mit den verschiedenen neuen Erkenntnissen zu befassen.

In diesem Kapitel werden Methoden im Bereich der Erholung, des Umfeldmanagements und der Konzentrationsverbesserung besprochen sowie Möglichkeiten des mentalen Techniktrainings aufgezeigt.

Der Lernende/Die Lernende soll ...

- einen Überblick über einige Methoden der Sportpsychologie geben können,
- die Durchführung eines mentalen Techniktrainings erklären können,
- einfache Methoden zur Verbesserung der Leistung im eigenen Sport anwenden können.

WARM-UP

Im Laufe der Jahre verbringt man als Sportler/Sportlerin sehr viel Zeit beim Ausüben seiner Sportart. Man trainiert viel, fährt zu Wettkämpfen oder Trainingslagern. Erstellen Sie eine Übersicht, wie viel Zeit Sie für die unten angeführten Tätigkeiten im letzten Monat aufgewendet haben. Wenn Sie das nicht mehr genau wissen, schätzen Sie die ungefähre Dauer. Diskutieren Sie anschließend Ihre Erkenntnisse mit denen eines Mitschülers/einer Mitschülerin.

Tätigkeiten: Training, Spiele oder Wettkämpfe, Trainingslager, psychologische Maßnahmen zur Regeneration und Verbesserung der Leistungsfähigkeit.

Bei fast allen Leistungssportlern/Leistungssportlerinnen kommt früher oder später der Zeitpunkt, an dem er/sie mit seinen/ihren sportlichen Leistungen unzufrieden ist oder eine weitere Steigerung nicht mehr möglich erscheint. In diesen Momenten wird oftmals der Blick auf alternative Methoden zur Leistungssteigerung geworfen. Der Trainingsumfang ist enorm, die aufgebrachte Zeit für die Höchstleistung hoch. Eine der wenigen Möglichkeiten für Änderungen liegt in der Verbesserung der Erholung und Regeneration und im Stärken der mentalen Fähigkeiten des Sportlers/der Sportlerin. Doch nicht alle Sportler/Sportlerinnen können sich für diesen Bereich des Trainings begeistern. Manche sprechen sehr stark auf die Methoden an, andere wiederum bemerken kaum eine Wirkung oder Veränderung.

1 Mentales Training und Motivationsmethoden

Beim **mentalen Training** geht es nicht um Bewegungsausführungen, sondern vielmehr um das gedankliche **Vorstellen einer Bewegung.** Im Gegensatz zur reinen Visualisierung werden beim mentalen Training alle Sinneseindrücke, die während der Bewegung stattfinden, eingebaut. Der Schwerpunkt liegt beim mentalen Training in der visuellen Komponente, aber das Einbauen **zusätzlicher Komponenten wie Emotionen, der Tastsinn oder der Bewegungssinn** erhöhen die Wirksamkeit enorm. Grundsätzlich ist der Aufbau des mentalen Trainings dem einer normalen Übungseinheit sehr ähnlich.

Wie bei allen anderen Trainingseinheiten steckt dahinter ein definiertes Ziel, das mit passenden Methoden erreicht werden soll. Auch die Inhalte der Einheit sind diesem Ziel anzupassen.

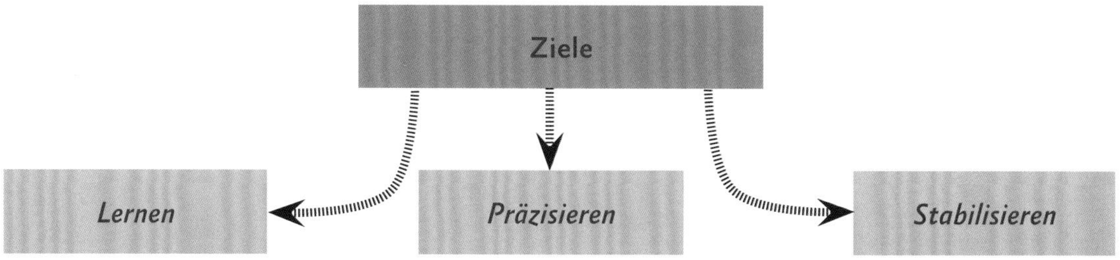

Ziele des mentales Training (nach Baumann, 2015)

1.1 Ziele des mentalen Trainings

Hauptziel des mentalen Trainings ist die Beschleunigung des Lernprozesses bei sportlichen Techniken. Der Lernprozess geht vom Erlernen der Grobform über eine Feinform zur Automatisierung und kann durch das mentale Training verkürzt werden.

Neben der Beschleunigung des Lernprozesses kann das mentale Training auch dazu verwendet werden, Techniken zu bewahren und beizubehalten. In den folgenden Beispielen wird aufgezeigt, was damit gemeint ist.

	Ein Sportler/Eine Sportlerin, der/die ...
1	durch eine Verletzung oder Krankheit keine aktiven Trainingseinheiten absolvieren kann und darf, findet über das mentale Training eine Möglichkeit, Bewegungsmuster immer wieder zu aktualisieren und somit die erzwungene Pause zu überbrücken.
2	durch die ausgeführte Sportart eine hohe physische Belastung erfährt, kann über das mentale Training das Techniktraining intensivieren.
3	durch limitierende Faktoren, wie psychische und physische Ermüdung, Konzentrationsfähigkeit usw., Techniken nicht unbegrenzt wiederholen kann, ergänzt über das mentale Training sein/ihr aktives Training.
4	durch Ängste und Hemmungen bei der Ausführung von Techniken behindert wird, kann über das mentale Training erfolgreich und angstfrei Techniken durchspielen und damit seine/ihre Probleme überwinden.
5	Probleme mit der Konzentration und Nervosität in Wettkämpfen hat, kann sich über das mentale Training besser auf die Herausforderungen einstellen.

1.2 Methoden und Inhalte des mentalen Trainings

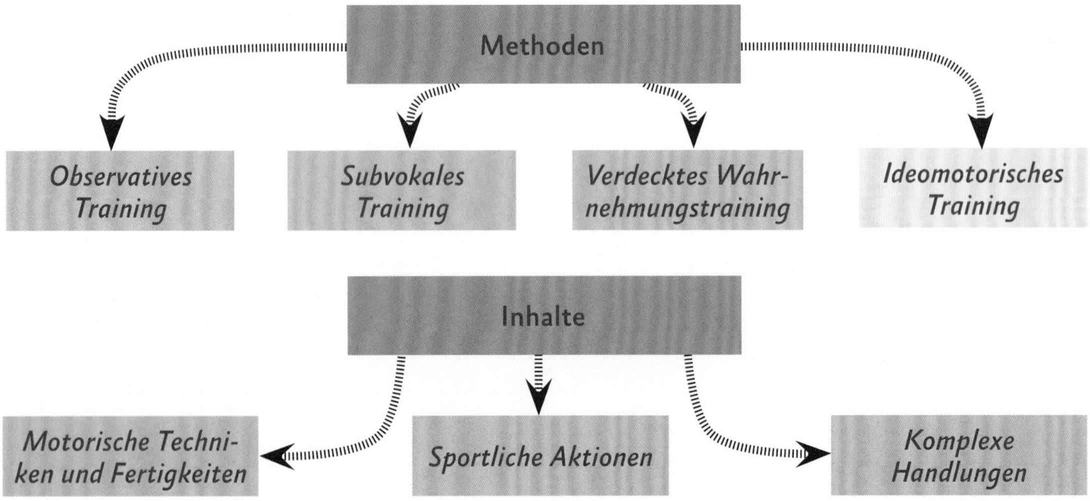

Methoden und Inhalte des mentalen Trainings (nach Baumann, 2015)

Die **vier Methoden** des mentalen Trainings sind das observative Training, das subvokale Training, das verdeckte Wahrnehmungstraining und das ideomotorische Training. Die ersten drei genannten Methoden setzen eher bei der **Informationsaufnahme (Sollwert)** an, deshalb werden sie öfter im Bereich des Erlernens, Verbesserns und Umlernens eingesetzt. Die ideomotorische Methode hat eher die Aufgabe der **Informationsverarbeitung (Istwert)** und wird deshalb zur Vorbereitung auf Wettkämpfe oder zur Stabilisierung einer Technik verwendet. Alle diese Methoden beruhen auf Vorstellungsprozessen von Bewegungsabläufen. Vorstellungen fußen auf Erfahrungen, früheren Wahrnehmungen, Erinnerungsbildern, aber auch auf Emotionen. Bewegungsvorstellungen entstehen zuerst durch eine visuelle Wahrnehmung. Erst durch die eigene Durchführung wird eine komplette Bewegungseinheit erstellt. Die Bewegung wird dabei gedanklich in zeitliche, räumliche und dynamische Komponenten zerlegt und erfasst. Je genauer die Bewegung beherrscht wird, desto geringer wird die Bedeutung der visuellen Vorstellung der Bewegung. Deshalb spielt im Hochleistungssport die kinästhetische Vorstellung in Verbindung mit einer Beschreibung in anschaulichen Worten eine viel größerer Rolle.

In weiterer Folge werden nur die Methode und der Inhalt eines ideomotorischen Trainings genauer behandelt.

Ideomotorisches Training

Aus jahrelangen Studien geht hervor, dass es auch beim Denken an eine Bewegung zu einer leichten Muskelkontraktion und einer Erhöhung der Muskeldurchblutung kommt. Der US-amerikanische Arzt Edmund Jacobson gründete aufgrund dieser Tatsache seine weit verbreitete Enstpannungsmethode. Die Wirkung des ideomotorischen Trainings kann deswegen auch durch eine vorhergehende Entspannungsphase erhöht werden. Diese Vorgänge im Körper sind in der Literatur als „Carpenter-Effekt" bekannt.

Im Folgenden wird die praktische Durchführung eines ideomotorischen Trainings erklärt:
In diesem Beispiel geht es um die Stabilisierung der Bewegung eines Freistoßes. Der Sportler/Die Sportlerin beherrscht die Technik bereits sehr gut. Im Wettkampf sind seine/ihre Ausführungen im Vergleich zum Training weniger erfolgreich. Der Trainer/Die Trainerin versucht nun, durch dieses mentale Techniktraining die Nervosität des Spielers/der Spielerin während des Wettkampfes in den Griff zu bekommen.

1. Schritt: Bewegungsbeschreibung formulieren	Die Bewegungsausführung wird in schriftlicher Form vom Athleten/von der Athletin festgehalten. Die Beschreibung muss so genau wie möglich durchgeführt werden. In die Beschreibung werden auch kinästhetische Informationen eingebaut. Geschrieben wird in der Ich-Form.

Bewegungsablauf Freistoß

Der Ball liegt etwa 23 Meter, in halbrechter Position vom Tor entfernt. Ich gehe fünf kleine Schritte zurück und bleibe entspannt stehen. In meinen Gedanken visiere ich das rechte Kreuzeck an. Ich warte auf den Pfiff des Schiedsrichters. Sobald der Pfiff ertönt, laufe ich weg. Den ersten Schritt mache ich mit dem linken Fuß. Beim Ball setze ich den rechten Fuß etwa 20 bis 30 cm rechts auf. Ich spiele den Ball mit der Innenseite des linken Fußes. Den Körper habe ich leicht nach hinten gelehnt, damit der Ball über die Mauer passiert.

2. Schritt: Aufnahme der Bewegung mittels Video	An dieser Stelle wird der Bewegungsablauf tatsächlich im Training durchgeführt. Der Spieler/Die Spielerin wird dabei so lange gefilmt, bis ein erfolgreicher Torschuss genau nach den Vorstellungen erzielt wird. Im Anschluss wird das Video gemeinsam mit dem Trainer/der Trainerin analysiert und wenn möglich eine geeignete Bildreihe des Ablaufes erstellt.

Videoanalyse und Bildreihe

3. Schritt: Optimierung der Bewegungsbeschreibung	Nach der Analyse des Videos und der Bewegungsbilder wird die Bewegungsbeschreibung nochmals überarbeitet und eventuelle Fehler bei der Beschreibung werden ausgebessert. Hier besteht auch die Möglichkeit, kleinere technische Fehler bei der Bewegungsdurchführung zu korrigieren.

4. Schritt: Knotenpunkte bilden	Die so entstandene Beschreibung wird nun in für die Ausführung wichtige Teilpunkte zerlegt. Die Zerlegung soll eine Struktur in die Beschreibung bringen, die es dem Athleten/der Athletin erlaubt, im späteren Verlauf der Trainingsausführung exaktere Vorstellungen zu erzeugen.

5. Schritt: Bewegungsgefühle und Intensitäten einarbeiten	Im letzten Schritt werden noch Emotionen und Intensitäten in die Beschreibung eingearbeitet. Dies erfolgt in Metaphern wie „blitzschnell" oder „mit einer inneren Ruhe". Der Einbau von Emotionen ist deshalb wichtig, weil Vorstellungen auch von Emotionen geprägt werden.

Hat man nun eine komplette Bewegungsbeschreibung erstellt, so kann es an die Durchführung des mentalen Trainings gehen. Es ist wichtig, dass sich der Athlet/die Athletin vor dem Beginn in einem entspannten Zustand befindet. Der Athlet/Die Athletin beginnt mit dem Durchspielen der Bewegungsausführung. Je detaillierter die Vorstellung im Kopf ist, desto effektiver ist der Trainingseffekt. Der Athlet/Die Athletin sieht sich sozusagen selbst bei der Bewegungsausführung zu, wie er/sie es auch während einer

Videoanalyse macht. Dieser Vorgang wird mehrmals wiederholt. In gemischten Varianten des ideomotorischen Trainings kann nach diesem Schritt eine Phase folgen, in der die Bewegungsausführung tatsächlich durchgeführt wird.

Zu beachten ist beim ideomotorischen Training, dass die Vorstellung der Bewegung in etwa gleich lange dauern soll wie die tatsächliche Bewegungsausführung. Zur Kontrolle kann dafür eine Zeitmessung dienen. Die Körperhaltung während der Vorstellung ist idealerweise die gleiche, die man auch bei der tatsächlichen Ausführung einnimmt.

1.3 Methoden zur Motivationsverbesserung

Ein entscheidender Faktor für das Erreichen von Höchstleitungen ist die Motivation des Sportlers/der Sportlerin. Wie schon erwähnt wurde, ist eine intrinsische Motivation qualitativ besser als eine von außen erzeugte extrinsische Motivation. Viele berühmte Sportler/Sportlerinnen haben eigene Mentalcoaches, die ihnen dabei helfen, ihre Motivation hochzuhalten. Es gibt unterschiedliche Methoden und Techniken, mit denen Sportler/Sportlerinnen versuchen können, ihre Motivation zu steigern. Einige praktische Beispiele werden hier angeführt.

1.3.1 Erfolgsmonitoring

Das Erfolgsmonitoring ist ein modernes psychologisches Instrument, um persönliche Leistungssteigerung zu erzielen. Dabei werden in irgendeiner Form, wie zum Beispiel in einem Tagebuch oder durch eine kurze Videoaufzeichnung, die Erfolge des aktuellen Tages festgehalten. Damit erreicht man zwei unterschiedliche Effekte. Die Aufzeichnung des Erreichten ist eine Art Selbstbeobachtung. Wenn man das Gefühl hat, beobachtet zu werden, steigt automatisch der persönliche Einsatz. Diesen psychologischen Effekt nennt man **„Hawthorne Effekt"**.

Die beiden folgenden Beispiele zeigen die Auswirkungen dieses Effektes.

Beispiel 1: Ein Trainer arbeitet mit einer Gruppe Jugendlicher. Da die Gruppe sehr inhomogen ist und deren Können sehr unterschiedlich, teilt er die Gruppe nach ihren Spielstärken auf. Das ist aus sportwissenschaftlicher Sicht ein korrektes und sinnvolles Vorgehen. Der Trainer macht sich sogar Gedanken über unterschiedliche Methoden und Inhalte für die beiden Gruppen, um sie auf ein ähnliches Niveau zu bringen. Bei der Durchführung im Training konzentriert er sich aber hauptsächlich auf die bessere Gruppe, da ihn diese Gruppe vermeintlich zu größeren Erfolgen führen kann. Die zweite Gruppe bekommt dadurch logischerweise weniger Aufmerksamkeit des Trainers. Nach einiger Zeit hat die zweite Gruppe einen noch größeren Rückstand. Grund dafür ist, dass die zweite Gruppe ihre Trainingsaufgaben weniger motiviert durchgeführt hat, weil sie ja kaum unter Beobachtung des Trainers stand.

Beispiel 2: Ähnliches kann auch in Sportmannschaften passieren. In der Gruppe fühlt man sich bei weitem nicht so beobachtet wie als Einzelperson. Werden also viele Übungen im Mannschaftsverband gleichzeitig von allen ausgeführt, so wird sich jeder/jede Einzelne weniger anstrengen. Holt man jedoch einen Spieler/eine Spielerin aus der Gruppe zum Vorzeigen einer Übung, so wird dieser/diese, aufgrund der vielen Augen, die auf ihn/sie gerichtet sind, sich bedeutend mehr anstrengen.

Der zweite psychologische Effekt tritt bei längerer Aufzeichnung der eigenen Fortschritte auf. Dieser Effekt ist unter den Namen **„Zeigarnik Effekt"** bekannt. Unbeantwortete Fragen oder unerledigte Aufgaben bleiben besser im Gedächtnis haften als Antworten oder erledigte Aufgaben. Sie lösen damit einen höheren Handlungszwang aus. Das folgende Beispiel soll diesen Effekt verdeutlichen:

Beispiel: Eine Athletin hat eine Phase, in der die Motivation sehr gering ist. Sie führt seit Monaten ein Erfolgstagebuch. Ihre Ziele sind klar definiert, aber sie kann sich nicht zum Training überwinden. Jeden Tag schreibt sie in ihr Tagebuch, dass keine Erfolge erzielt wurden. Am Ende der Woche sind die zu erreichenden Ziele noch offen und damit unerledigt. Die offenen Ziele werden von der Athletin als unangenehm empfunden, was dazu führt, das sie in der folgenden Woche ihren Rückstand aufholen möchte. Beim Erfolgsmonitoring wird neben dem Führen eines Erfolgstagebuches auch noch am Ende jedes Tages über die vergangenen 24 Stunden reflektiert und eine „Frage des Tages" formuliert. Diese offene Frage wird dann durch unbewusste Prozesse in der darauffolgenden Zeit bearbeitet. In einem Monatsüberblick werden dann die erreichten und offenen Ziele beleuchtet.

1.3.2 Verknüpfungstechniken

Bei Verknüpfungstechniken werden die **Bedürfnisse und Wünsche** des Athleten/der Athletin **mit der sportlichen Situation verknüpft,** um so eine höhere Motivation zu erzeugen. Bedürfnisse sind erlebte Mangelzustände, die vor allem bei Jugendlichen das Handeln bestimmen. Werden Bedürfnisse ignoriert, so verschwinden diese nicht, sondern sie werden anfangs sogar stärker. Bedürfnisse ändern sich sehr schnell und treten in unterschiedlicher Stärke auf. Der Mensch versucht immer, das aktuell dringlichste Bedürfnis zu stillen. Wird ein Bedürfnis erfüllt, so endet seine Wirkung. Dies ist bei manchen Bedürfnissen gut, bei anderen geht aber ein Teil der Antriebskraft des Sportlers/der Sportlerin verloren. Letztere sind also nur zum Teil zu erfüllen. Die abgebildete Bedürfnispyramide zeigt die fünf Grundbedürfnisse eines Menschen, wobei an der obersten Stelle das im Moment vorrangigste Bedürfnis steht. In dem Moment, in dem dieses Bedürfnis ganz oder teilweise zufriedengestellt wird, rückt es in der Pyramide nach unten und ein anderes nimmt seine Stellung ein. Für den sportlichen Anreiz ist das Erkennen des an der Spitze stehenden Bedürfnisses eine wichtige Fähigkeit. Beherrscht ein Trainer/eine Trainerin diese Fähigkeit sehr gut, dann empfindet man ihn/sie als stark motivierend.

Bedürfnispyramide (nach Abraham Maslow)

Ein sehr häufig auftretendes Problem im Spitzensport ist die hohe Dropout-Rate bei Jugendlichen. Der Sport verliert seinen Reiz, da er die veränderten Bedürfnisse der Jugendlichen nicht mehr erfüllt. Die Begeisterung für den Sport flacht ab und Trainer/Trainerinnen klagen über mangelnde Motivation ihrer Athleten/Athletinnen. In vielen Fällen kommt es zu einen Abbruch der sportlichen Tätigkeit.

Der Grund dafür liegt in der Entwicklung heranwachsender Sportler/Sportlerinnen. Mit dem Eintritt in die Pubertät ändern sich die Bedürfnisse der Jugendlichen sehr stark. Das Heranreifen bringt das Bedürfnis nach sexuellen Kontakten in die Bedürfnispyramide ein. Wird dieses Bedürfnis nicht erfüllt, gewinnt es eine immer höhere Priorität. Der Kontakt mit anderen bei Partys, Feten und anderen gesellschaftlichen Treffen erhält einen höheren Stellenwert und verdrängt das Bedürfnis nach Bewegung. Diese zeitlich beschränkte Phase, die oft von einer „Identitätskrise" begleitet wird, muss überbrückt werden. Dieses Beispiel soll verdeutlichen, wie stark Bedürfnisse auf das sportliche Handeln einwirken.

Verknüpfungstechniken greifen diese Wirkung auf und nutzen Sie im positiven Sinn. Auch das soll anhand eines Beispiels verdeutlicht werden:

Eine Studio für Karate und Taekwondo hat Probleme mit der Anzahl der Anmeldungen für seine Kurse. Es steht vor der Situation, einen guten Trainer entlassen zu müssen. Die Leiterin überlegt sich Möglichkeiten, die ihr aus dieser Lage helfen. Da kriminelle Überfälle in der Stadt zunehmen, bietet sie spezielle Kurse zur Selbstverteidigung für Frauen an, um so die Zahl der Kundinnen zu erhöhen. Sie verknüpft das Grundbedürfnis nach Sicherheit mit ihrem sportlichen Angebot in der Hoffnung, dass die Motivation der Stadtbevölkerung wächst, diese speziell zugeschnittenen Sportkurse zu besuchen.

1.3.3 Sprachliche Motivierung

Wertschätzende Kommunikation zwischen Trainer/Trainerin und Sportler/Sportlerinnen ist eine wichtige Motivationsquelle. Worte lösen im Kommunikationspartner/in der Kommunikationspartnerin Gefühle und Bedürfnisse aus, deshalb ist eine bewusste Verwendung der Sprache sehr wichtig. In Bezug auf den Sport kann das an dem folgenden Beispiel gezeigt werden: Die Aussage des Satzes „Ihr werdet gewinnen" und jene des Satzes „Ihr werdet nicht verlieren" ist gleich, beide lösen aber unterschiedliche Emotionen und Bedürfnisse beim Gegenüber aus. Eine sehr negative Auswirkung haben sogenannte „Nicht"-Anweisungen. Sie führen zu einem Vermeidungsverhalten, d. h., erwünschte sportliche, taktische Handlungen oder Technikausführungen werden nicht ausgeführt, sondern ersetzt. „Du bist nicht schnell genug" oder „Lass dich nicht einschüchtern" sind demzufolge zu vermeiden. Der Trainer/Die Trainerin muss bei allen Anweisungen, Maßnahmen und Stellungnahmen sehr auf die sprachliche Ausdrucksweise achten.

GET ACTIVE 1

Starten Sie in den nächsten drei Wochen einen Selbstversuch, indem Sie jeden Abend mit dem Smartphone Ihre erbrachten Leistungen des Tages, sowohl in der Schule als auch im Sport, in verbaler Form festhalten. Am Ende jeder Woche halten Sie in den unten stehenden Schreibfeldern die Auswirkungen dieses Selbstversuches auf Ihre Motivation fest. Halten Sie auch die Veränderung Ihrer eigenen Motivation mit Werten von –5 bis +5 fest, wobei negative Werte einer Abnahme und positive Werte einer Zunahme der Motivation entsprechen.

	Note	Auswirkungen
1. Woche		
2. Woche		
3. Woche		

RP-TRAINING 1

Anforderungsniveau 1

1. Beschreiben Sie die Zielsetzung eines mentalen Trainings.
2. Gehen Sie auf die wichtigsten Vorteile ein, die durch die Durchführung eines mentalen Trainings entstehen.

Anforderungsniveau 2

1. Erläutern Sie unterschiedliche Methoden zur Verbesserung der Motivation.
2. Gehen Sie genauer auf die psychologischen Effekte ein, die beim Erfolgsmonitoring ausgenützt werden.

Anforderungsniveau 3

Das ideomotorische Training dient zur Stabilisierung einer Technik und zur Vorbereitung auf Wettkämpfe.

- Vergleichen Sie die Durchführung eines ideomotorischen Trainings mit der Durchführung eines normalen Techniktrainings und gehen Sie auf die wesentlichen Unterschiede ein.
- Bewerten Sie anschließend die Vorteile und Nachteile, die bei der Durchführung eines ideomotorischen Trainings auftreten.

2 Psychologische Aspekte zur Leistungssteigerung

Durch das sportliche Training erfolgt eine mehr oder weniger starke Ermüdung des Athleten/der Athletin. Der Ermüdung geht eine weniger ausgeprägte Erschöpfung voraus. Diese stellt eine Art Schutzmechanismus dar, der den vollständigen Verbrauch der körpereigenen Reserven verhindern soll. Obwohl die Grenzen zur Ermüdung immer weiter hinausgezögert werden, gewinnt die Gestaltung der Erholung und der Erholungsphasen immer stärkere Bedeutung.

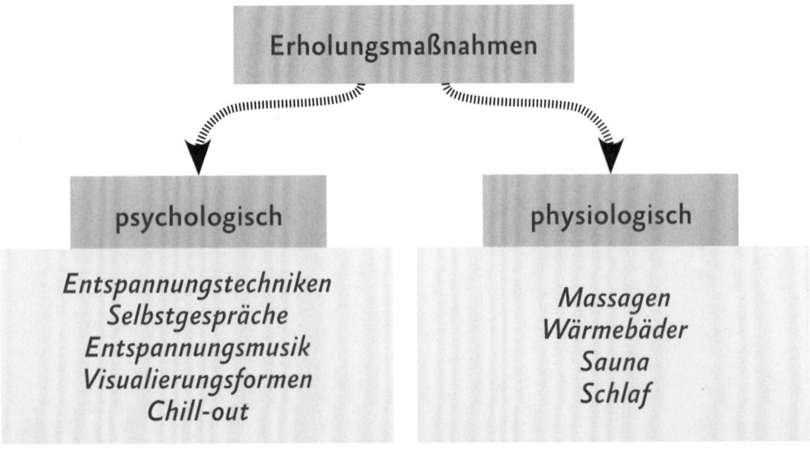

Physiologische und psychologische Erholungsmaßnahmen (nach Jürgen Weineck, 2010)

In diesem Bereich kann die Sportpsychologie unterstützend helfen. Jeder Wettkampf, jede Trainingseinheit bedeutet für den Sportler/die Sportlerin Stress oder eine innerliche Spannung. Stress und innere Anspannung entstehen auch durch Faktoren, die nicht unmittelbar mit den sportlichen Tätigkeiten des Athleten/der Athletin zu tun haben. So kann ein Konflikt in der Schule oder in der Familie genauso Stress und innere Spannung erzeugen. Die Auswirkung auf die Erholung ist in beiden Fällen gleich problematisch. Deswegen sind alle Maßnahmen, die zu einem Stressabbau führen, wesentlich für eine gute und schnelle Erholung. Neben psychologischen Methoden gibt es auch noch physiologische Methoden, die für die Wiederherstellung der Leistungsbereitschaft wichtig sind.

2.1 Entspannung

Die psychische Anspannung wird durch verschiedenste Gedanken, Wünsche und Ereignisse andauernd verändert. Im entspannten Zustand ist unser Atmung ruhig und tief, die Denkfähigkeit ist herabgesetzt und man hat ein Gefühl der inneren Ruhe. Messbar wird Entspannung durch einen höheren Hautwiderstand, eine verminderte Herzfrequenz und einen geringeren Muskeltonus. Entspannungsübungen werden nicht von jedem Sportler/jeder Sportlerin gleich gut angenommen. Jeder spricht mehr oder weniger gut auf Entspannungsübungen an.

Entspannungs-methode	Wirkung	Ausführung	Sportlicher Nutzen
Atmung	Die psychische Anspannung steuert die Art und Weise der Atmung. Das richtige Atmen entlastet den Körperkreislauf. Durch tiefes Ausatmen kann die psychische Anspannung reduziert werden.	Jede Atemübung beginnt mit einem tiefen Ausatmen. Der Prozess des Einatmens verläuft von selbst, das folgende Ausatmen wird bewusst verlängert. Am Ende des Ausatmens steht eine verlängerte Atempause.	Verbesserte Konzentrationsfähigkeit Erregungsabnahme Ablenkung von unangenehmen Gedanken Psychische und physische Entspannung Abbau von Ängsten Beruhigung nach Schreckenserlebnissen
Biofeedback	Körpereigene Regulationsvorgänge können nicht bewusst gesteuert werden. Durch Messung von Puls, Hautleitwert oder Gehirnströmen werden diese in visueller oder auditiver Form sichtbar gemacht und dem Bewusstsein zugänglich gemacht.	Durch Sonden werden verschiedene Messwerte bestimmt, die den Grad der Anspannung des autonomen Nervensystems messen. Diese Anspannung wird auf einen Computerbildschirm mittels spezieller Programme dargestellt. Unterschiedliche Übungen zeigen dem Sportler/der Sportlerin psychophysiologische Zusammenhänge auf.	Behebung von unerwünschten Zuständen Lernhilfe bei Entspannungstechniken Konzentrationstraining Hilfe für die Gedankenlenkung Sichtbare Erfolge erhöhen die Motivation
Psychohygiene-training	Beruht auf der gegenseitigen Wechselwirkung zwischen Gedanken, Gefühlen und Körperreaktionen. Durch Gedanken wird eine Entspannung des Muskeltonus erreicht.	Begonnen wird mit Übungen zur Atmung, gefolgt von Eigengewichtsübungen. Dabei wird die Muskelgruppe entspannt, sodass der Körperteil sein Eigengewicht spüren kann. Danach folgen Eigenwärmeübungen. Dabei werden die Gefäße entspannt.	Wettkampfvorbereitung Stressabbau Konzentrationssteigerung Hilfe beim mentalen Training Hilfe bei Visualisierungstechniken
Progressive Muskel-entspannung	Die Anspannung und Entspannung verschiedener Muskelgruppen nach einer bestimmten Reihenfolge führt zu einer Verbesserung der psychischen und physischen Anspannung.	Unter Anleitung wird eine bestimmte Muskelgruppe gedanklich fokussiert und angespannt. Die Spannung wird kurz gehalten und auf ein Signal hin gelöst. Dabei erfolgt eine gedankliche Konzentration auf die entspannende Muskulatur.	Verbesserung der Wettkampferregung Verringerung von Startfieber Verringerung von Angstzuständen Verbesserung bei Schlaflosigkeit

Zusammenfassung der verschiedenen Entspannungstechniken (nach Baumann, 2015)

2.2 Erholung

Die Maßnahmen zur Wiederherstellung nach sportlichen Belastungen sind vielfältig und lassen sich nur sehr schwer einzelnen Fachgebieten zuordnen. Manche Maßnahmen sind eindeutig den Bereichen der Pädagogik, der Psychologie und der Physiologie zuzuordnen, andere wiederum sind eher Kombinationen der einzelnen Teilgebiete. Hier werden zwei der Maßnahmen, die zum Teil oder ganz in den Bereich der Psychologie fallen, etwas genauer behandelt.

THEORIE → PRAXIS

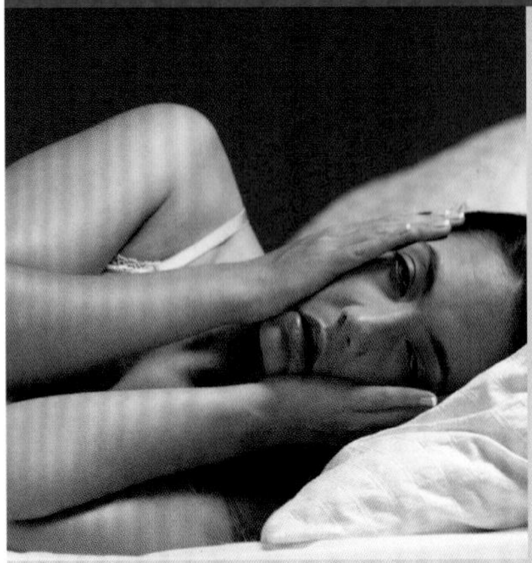

Wir verbringen ungefähr ein Drittel unseres Leben mit Schlafen. Der Schlaf dient der physischen und psychischen Regeneration. Sehr viele Menschen leiden an Schlafstörungen und oftmals sind davon auch Sportler/Sportlerinnen betroffen. Grundsätzlich wird Menschen mit Schlafstörungen geraten, sich körperlich stärker zu betätigen. Körperliche Belastungen in einem gewissen Maß sind für die Schlafqualität wichtig. Durch hohe Belastungen beim Training im Sport kommt es hingegen sehr oft zu Überlastungen. Auch der psychische Stress durch die Leistungsanforderungen und die zahlreichen Wettkämpfe führen zu einem schlechten Schlaf.

Für Sportler/Sportlerinnen sind Schlafstörungen insofern sehr gravierend, als eine reduzierte Schlafquantität und -qualität zu einer Beeinträchtigung der sportlichen Leistung führen. Hingegen bringt eine Verlängerung der Schlafdauer eine Verbesserung der Stimmung und der Reaktionszeit.

Schlafqualität

Ein gesunder Schlaf hat enorme Auswirkungen auf die meisten Bereiche des Lebens. Auch für den Sport ist eine hohe Schlafqualität ein entscheidender Faktor für die Erholung und damit auch für die sportliche Leistung. Schlafforscher/Schlafforscherinnen bestätigen mittlerweile, dass Sportler/Sportlerinnen sogar mehr Schlaf benötigen als andere. Betrachtet man die Gehirnaktivitäten während des Schlafes, so kann man erkennen, dass es sich um einen hochaktiven Zustand handelt. Der Schlaf wird in zwei verschiedene Phasen unterteilt, in die weniger tiefe REM-Phase und die Tiefschlafphase. Beide sind für Sportler/Sportlerinnen sehr wichtig. In den Tiefschlafphasen werden viele Wachstumshormone ausgeschüttet, die für die Verbesserung der Muskelkraft und die Erhöhung der Knochenmasse zuständig sind. Im Schlaf werden auch Bewegungsabläufe gedanklich wiederholt, was zu einer besseren Speicherung von Bewegungsmustern führt. Für eine optimale Erholung ist eine perfekte Mischung zwischen Länge und Qualität wichtig.

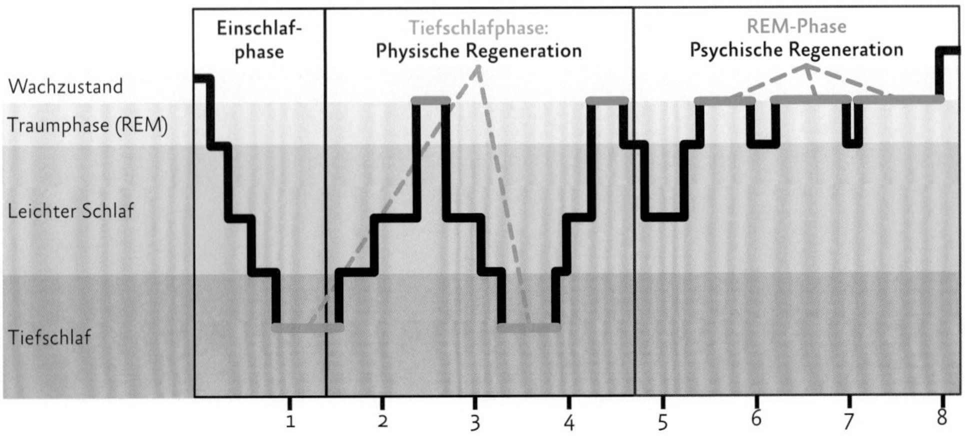

Ablauf der Phasen während des Schlafes (nach Third of Life)

Der Schlaf eines Sportler/einer Sportlerin wird durch viele negative Faktoren beeinflusst, die in weiterer Folge die Leistungsfähigkeit einschränken. Trainingseinheiten und Wettkämpfe, die den Schlafrhythmus stören, aber auch der Leistungsdruck und der damit verbundene Stress wirken sich auf die Schlafqualität und Schlaflänge aus. Die folgenden Tipps können sehr einfach zu einer besseren Schlafqualität verhelfen.

Schlaftipps

- *Versuchen Sie, regelmäßige Schlafenszeiten und Aufwachzeiten einzuhalten.*
- *Implementieren Sie ein Ritual für das Schlafengehen. Lesen oder Entspannungsübungen eignen sich besonders gut.*
- *Schlafen Sie niemals weniger als sieben Stunden, für Höchstleistungen eher mehr.*
- *Bewerten Sie Ihre Schlafumgebung. Sie soll dunkel, leise, kalt und gemütlich sein.*
- *Halten Sie 20- bis 30-minütige Powernaps. Sie erhöhen die Aufmerksamkeit und Leistung, ersetzen aber nicht den normalen Schlaf.*
- *Reduzieren Sie Ihren Alkohol- und Koffeinkonsum.*

GET ACTIVE 2

Das Training eines Sportlers/einer Sportlerin wird bis auf das Kleinste geplant und optimiert. Sehr oft werden aber die notwendigen Erholungsphasen zwischen den Trainingseinheiten stark vernachlässigt. Eine ganz wichtige Erholungsphase ist die Schlafperiode, die über geeignete Maßnahmen sehr leicht verbessert werden kann. Zeichnen Sie Ihre Schlafperioden über drei Wochen hinweg auf, indem Sie ein Schlafprotokoll führen.

Analysieren Sie anschließend Ihr Schlafprotokoll und suchen Sie nach Hinweisen, unter welchen Bedingungen die Schlafqualität für Sie am besten gesteigert wird. Diese Vorlage eines Schlafprotokolls steht Ihnen auch auf der Website des Verlages unter www.hpt.at/195012 zum Download zur Verfügung.

Schlafprotokoll Woche vom __________ bis __________	Mo	Di	Mi	Do	Fr	Sa	So
Abendprotokoll							
Haben Sie heute tagsüber geschlafen? Falls ja, geben Sie an wann?							
... und wie lange insgesamt:							
Haben Sie in den letzten vier Stunden Alkohol oder Koffein zu sich genommen? Falls ja, was und wie viel?							
Morgenprotokoll							
Wann haben Sie gestern das Licht ausgemacht?							
Wie lange hat es nach dem Lichtlöschen gedauert, bis Sie eingeschlafen sind? (min)							
Wie oft waren Sie nachts wach?							
Wie lange insgesamt?							
Wann sind Sie endgültig aufgewacht?							
Wie lange haben Sie insgesamt geschlafen?							
Wann sind Sie aufgestanden?							
Bewerten Sie die Qualität Ihres Schlafes mit einer Zahl zwischen 1 u. 10! (Höhere Zahl = bessere Schlafqualität)							

Beispiel für ein Schlafprotokoll

Psychische Erholung

Körperliche Belastungen, die zu einer Leistungssteigerung im Sport führen, stehen immer in Zusammenhang mit einer psychischen Belastung des Sportlers/der Sportlerin. Abhängig von der Stärke der Belastung kann es dabei zu verschiedenen ungewollten Effekten kommen.

Langeweile

Sind die Belastungen zu gering, dann stellt sich Langeweile ein und es kommt zu einem Motivationsverlust. Langeweile kann auch entstehen, wenn der Sportler/die Sportlerin keinen Sinn in der Durchführung des Trainings erkennt oder wenn Trainingseinheiten sehr ähnlich gestaltet sind. Das Fehlen von sozialen Austauschmöglichkeiten mit Trainer/Trainerin oder anderen Sportlern/Sportlerinnen ist ein weiterer Grund. Um Langeweile zu verhindern, muss die Spannung beim Training aufrechterhalten werden. Dies kann durch das Einbauen von neuen Übungen, Spielen oder Aufgaben erreicht werden oder durch eine Erhöhung der individuellen Belastung. Eine weitere Möglichkeit ist das Ansprechen der Neugierde. Der Satz „Heute probieren wir einmal etwas ganz anderes aus" kann reichen, um die Aufmerksamkeit und Neugierde der Sportler/Sportlerinnen zu wecken.

Überbelastung

Im Leistungssport tritt sehr oft ein anderer Effekt ein. Die physischen Belastungen sind sehr hoch, da nur so eine maximale Leistungssteigerung möglich wird. Man spricht von Grenzbelastungen. Die Ursachen für diese Grenzbelastungen sind der große Trainingsumfang und die teilweise komplexen Trainingsinhalte sowie die Belastung durch die Wettkämpfe.

Dieser Überbelastung durch die Grenzbeanspruchung entgegenzuwirken, ist viel schwieriger, als Langeweile zu beseitigen. Es ist notwendig, die nicht zu vermeidenden Belastungen und die damit verbundenen negativen Auswirkungen anzusprechen. Der Sportler/Die Sportlerin muss erkennen, dass diese Belastungen eine natürliche Folge eines systematischen Trainingsaufbaus sind. Es muss sehr stark auf zusätzliche, individuelle Belastungen geachtet werden, die auf den Sportler/die Sportlerinnen einwirken. Soziale Konflikte, belastende Ereignisse oder überstandene Verletzungen sind in der Trainingsausführung zu berücksichtigen. Dies funktioniert nur durch eine vertrauensvolle Zusammenarbeit des Trainers/der Trainerin mit dem Athleten/der Athletin.

Einwirkungen des Umfeldes

Unter Umfeld-Management im Sport versteht man die Optimierung der Umgebung eines Sportlers/einer Sportlerin, damit diese Höchstleistungen erreichen. Dabei werden alle Einflussfaktoren, die für die sportliche Leistungsfähigkeit verantwortlich sind, betrachtet und wenn möglich auf das angestrebte Ziel hin optimiert. Der Schwerpunkt liegt aber im Bereich der psychologischen und sozialen Einflussfaktoren. Diese Faktoren wirken hauptsächlich auf die Motivation, die Leistungsbereitschaft und die Länge der Erholungsphasen eines Sportlers/einer Sportlerin.

Im **Umfeld-Management** beschäftigt man sich mit Fragen wie:

- Ist die Gestaltung der Wohnung geeignet für eine optimale Erholung?
- Führen Fahrzeiten zu Trainings- und Wettkampforten zu einer Verschlechterung der Leistung?
- Sind die Trainingsmöglichkeiten bei den benutzten Trainingsanlagen optimal?
- Beeinflussen die sozialen Kontakte die sportlichen Leistungen?
- Ist die weitere Karriere sowohl beruflich als auch finanziell abgesichert?
- Kommt das soziale Leben durch den Sport zu kurz?

2.3 Konzentration und Aufmerksamkeit

Die Konzentration ist – wie schon in Band 1, Kapitel 2 *Taktische Fähigkeiten* erwähnt – eine der psychischen Steuerungsfähigkeiten. Sie kann für kurze Zeit auf eine wichtige Aufgabe gelenkt werden. Diese Zeitspanne der höchsten Konzentration benötigt ein Sportler/eine Sportlerin für Aufgaben wie einen Elfmeterschuss oder einen Freiwurf beim Basketball. Für Vorgänge, die längere Zeit Aufmerksamkeit benötigen, kann die Konzentration nur auf einem niedrigeren Niveau aufrechterhalten werden. Konzentration ist also das Richten der Aufmerksamkeit auf spezielle Bereiche einer sportlichen Tätigkeit.

Auswirkung psychischer Zustände auf die Leistungsbereitschaft

THEORIE ······➡ PRAXIS

Im Sport kommt es immer wieder vor, dass Sportler/Sportlerinnen nach einem perfekten Wettkampfverlauf nicht genau sagen können, wieso alles so erfolgreich verlief. Dieser Zustand wird vom amerikanischen Psychologen Mihaly Csikszentmihaly als **„Flow"** bezeichnet.

Darunter versteht man ein optimales Zusammenarbeiten zwischen Körper und Geist, das zu besonderen Leistungen im Sport führt. Wissenschaftlich ist dieser Zustand kaum zu belegen, da er nicht absichtlich hervorgerufen werden kann und ein Sportler/eine Sportlerinnen auch ohne diesen Flow hervorragende Leistungen erreichen kann. Gute Voraussetzungen für das Auftreten eines Flows sind klare Ziele und eine hohe Motivation, gesundes Selbstvertrauen und eine gute Konzentrationsfähigkeit.

Der Sportler/Die Sportlerin versucht, jede sportliche Tätigkeit mit vollster Konzentration durchzuführen. Dies gilt sowohl für das Training als auch für die Wettkämpfe. Verschiedene Konzentrationsmodelle können dabei helfen, diese psychische Steuerungsfähigkeit zu verbessern. Ein Beispiel ist das **Konzentrationsmodell nach Nideffer.** Dabei wird die Aufmerksamkeit in vier verschiedene Kategorien aufgeteilt. Unterschieden wird zwischen *Innen* und *Außen* – bezogen auf den Körper – und zwischen *Eng* und *Weit* – bezogen auf den jeweiligen Ort. Kann man bei einer bestimmten sportlichen Leistung eine dieser vier Teilbereiche eliminieren oder ausblenden, so ist es sehr wahrscheinlich, dass die anderen Teilbereiche mit höherer Konzentration durchgeführt werden. Wie dieses Konzentrationsmodell einem Sportler/einer Sportlerin helfen kann, soll anhand des folgenden Beispieles erklärt werden.

Ein Basketballer hat Probleme, seine Trefferquote bei Freiwürfen aus dem Training in den Wettkampf umzusetzen. Die deutliche Verschlechterung der Trefferquote im Wettkampf will der Trainer mit Hilfe einer Verbesserung der Konzentration während des Wettkampfes verhindern. Dafür wird die sportliche Tätigkeit des Freiwurfes zuerst nach den Kategorien von Nideffer analysiert. Anschließend werden Bereiche gesucht, die für die Trefferquote beim Ausführen der Technik unwichtig sind. Durch das aktive Bewusstmachen dieser Bereiche soll der Spieler seine Trefferquote im Wettkampf verbessern.

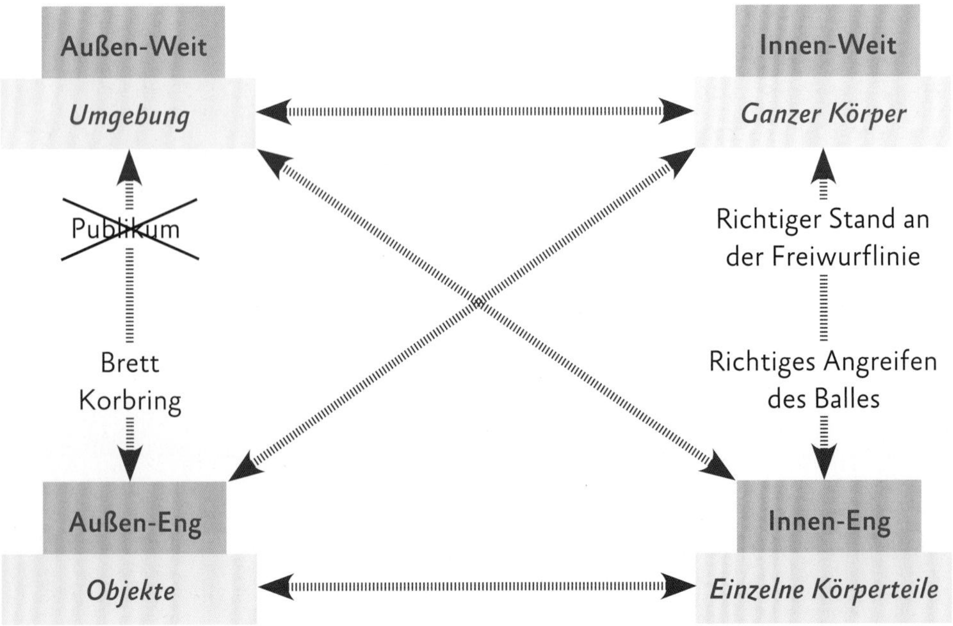

Elimination von Aufmerksamkeitsbereiche beim Freiwurf (nach Draksal, 2005)

GET ACTIVE 3

Auf die sportliche Leistung wirken viele verschiedene Faktoren ein. Erstellen Sie eine Übersicht aller Einflussfaktoren, die momentan auf Ihre sportliche Leistung einwirken. Analysieren Sie diese Einflussfaktoren und bringen Sie sie in eine Reihe, beginnend mit dem subjektiv empfundenen stärksten bis hin zum schwächsten Faktor. Halten Sie unten jene beiden Faktoren fest, die sehr großen Einfluss auf Ihre sportliche Leistung nehmen, die von Ihnen aber eher leicht zu beeinflussen sind. Stellen Sie sich die Frage, wie Sie diese beiden Faktoren dazu verwenden können, um Ihre eigene sportliche Leistung zu verbessern.

1. Faktor	
2. Faktor	

GET ACTIVE 4

Schlaf hat eine wichtige Bedeutung in der Erholung eines Sportlers/einer Sportlerin. Suchen Sie nach einer Person – auch Sie selbst sind möglich –, die über schlechten Schlaf klagt. Helfen Sie ihm/ihr, die Schlafqualität zu verbessern, indem Sie ihm/ihr zu Maßnahmen raten, die Sie in diesem Kapitel gelernt haben.

RP-TRAINING 2

Anforderungsniveau 1

1. Beschreiben Sie Möglichkeiten zur Verbesserung der Schlafqualität.
2. Geben Sie den zeitlichen Verlauf eines qualitativ hochwertigen Schlafes wieder.

Anforderungsniveau 2

1. Erklären Sie unterschiedliche psychologische Einflüsse, die dazu führen, dass sich die Erholungszeit verlängert.
2. Gehen Sie auf unterschiedliche Maßnahmen ein, die diese Verlängerung verhindern können.

Anforderungsniveau 3

Sie erhalten die Aufgabe, einen Leistungssportler/eine Leistungssportlerin psychologisch zu betreuen. Er/Sie hatte noch sehr wenig Kontakt mit Methoden der Sportpsychologie.

- Entwickeln Sie eine Strategie, um den Sportler/die Sportlerin in diesen Bereich der Sportwissenschaft einzuführen. Skizzieren Sie Ihre Vorgehensweise.
- Nehmen Sie Stellung zu Ihrer Vorgehensweise und begründen Sie die Reihenfolge Ihrer Maßnahmen.

KOMPETENZCHECK

Ich kann ...			
... die Methoden, Ziele und Inhalte eines mentalen Trainings wiedergeben.			
... die Durchführung eines ideomotorischen Trainings nachvollziehen und planen.			
... psychologische Methoden zur Leistungsverbesserung in konkreten Situationen anwenden.			

Testen und Diagnostizieren im Sport

Kapitel 12

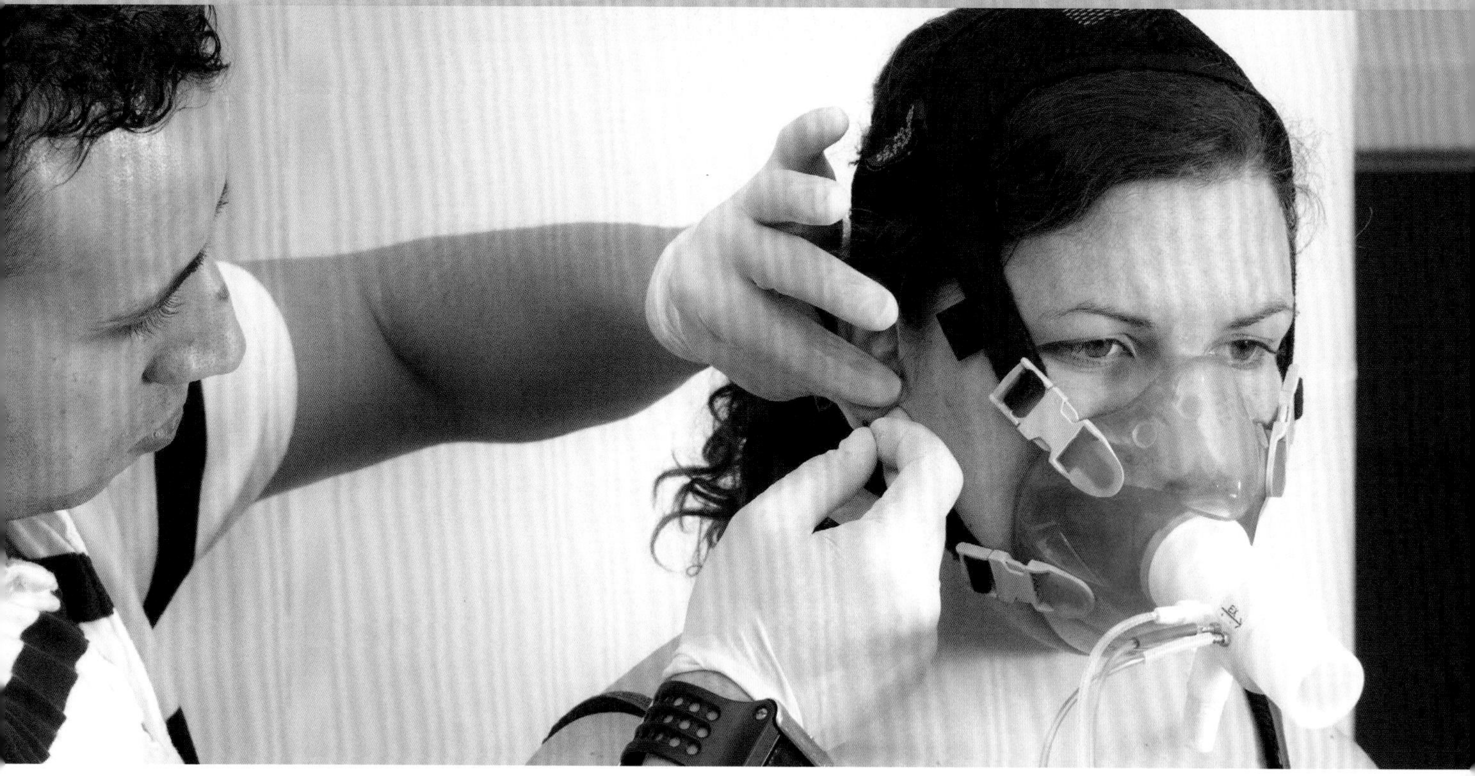

Beschäftigt man sich als Trainer/Trainerin mit der Gestaltung von Trainingsplänen und Trainingseinheiten oder mit verschiedenen Übungen zu den sportmotorischen Grundeigenschaften, so ist man bald mit den Methoden zur Trainingssteuerung konfrontiert. Jede einzelne Trainingseinheit muss individuell auf den Sportler/die Sportlerin zugeschnitten sein, wenn es darum geht, Höchstleistungen zu erzielen. Ein wichtiger Aspekt der Trainingssteuerung ist zum einen die Leistungsdiagnostik, zum anderen die Trainingskontrolle. Die Leistungsdiagnostik hat die Aufgabe, den jeweils erarbeiteten Leistungszustand mit Hilfe von leistungsdiagnostischen Verfahren zu bestimmen. Die Ergebnisse dienen als weitere Grundlage für die Planung der unmittelbar anstehenden Trainingseinheiten oder sie dienen zur Veränderung von schon vorhandenen Trainingsplänen im Bereich der Mesozyklen. Diese Vorgänge werden unter dem Begriff „Trainingssteuerung" zusammengefasst.

Aber nicht nur die Planung von Trainingseinheiten wird durch die Leistungsdiagnostik beeinflusst. Neben dem Training gibt es viele begleitende Maßnahmen, die je nach dem momentanen Leistungszustand des Sportlers/der Sportlerin gesetzt werden. Ermitteln die diagnostischen Verfahren zum Beispiel, dass der Sportler/die Sportlerin sich in einer Phase der Erholung befindet, so werden Maßnahmen gesetzt, die für die psychische und physiologische Erholung verkürzend wirken.

In diesem Kapitel wird auf einige dieser Verfahren eingegangen sowie auf unterschiedliche Möglichkeiten, diese Ergebnisse zur Trainingssteuerung zu verwenden. Es soll einen ersten Einblick in die oft sehr komplizierte Welt des Testens und Diagnostizierens geben.

Der Lernende/Die Lernende soll ...

- erste Erfahrungen im Bereich der Leistungsdiagnostik machen,
- Methoden der Leistungsdiagnostik für seine/ihre Trainingssteuerung verwenden können,
- Ergebnisse von Testbatterien erfassen und bewerten können.

WARM-UP

Eine sehr einfache Methode der Trainingssteuerung ist die Steuerung der Trainingsintensität über das Pulsverhalten. Planen Sie eine Trainingseinheit im Bereich des Ausdauertrainings von circa 30 Minuten, in die Sie Übungen unterschiedlicher Intensität einbauen. Zeichnen Sie den, im Idealfall mittels einer Pulsuhr ermittelten, zeitlichen Verlauf Ihres Pulses auf. Vergleichen Sie anschließend Ihren Trainingsplan mit dem ermittelten Pulsverlauf und halten Sie Ihre Beobachtungen schriftlich fest.

Kritische Überlegungen zum Testen und Diagnostizieren

Die Leistungsdiagnostik hat neben den besprochenen Aufgaben noch einige andere Zielsetzungen. Oft ist eine Beurteilung der zukünftigen Leistungsfähigkeit eines Sportlers/einer Sportlerin erwünscht, um so Talente für eine Sportart zu sondieren, oder um eine leistungsfähige Mannschaft zusammenzustellen. Da in solchen Fällen die individuelle sportliche Leistungsfähigkeit nur schwer zu erfassen ist, liegt es nahe, unterschiedliche Tests, sowohl im Labor als auch auf dem Spielfeld, als Entscheidungshilfe einzusetzen. Aber nur wenige Merkmale sind objektiv messbar, manche sind subjektiv über Skalen und Bewertungen zugänglich, der Rest ist überhaupt nicht messtechnisch erfassbar. Der beste Weg zur Erfassung der sportartspezifischen Leistungsfähigkeit ist der Wettkampf, der leider nur bei Individualsportarten Anwendung finden kann. Für Mannschaften oder in der Talentsuche ist dieser Test leider völlig ungeeignet.

Kompetente Trainer/Trainerinnen sind in der Lage, die Leistungsfähigkeit ihrer Sportler/Sportlerinnen einzuschätzen, deshalb kommt ihnen eine besonders wichtige Rolle zu. Der Aufwand des Testens und Diagnostizierens durch Beobachtung des Trainers/der Trainerin hat mehrere Vorteile: Der Aufwand hält sich in Grenzen und es werden viele, auch nicht messbare, Komponenten der Leistungsfähigkeit gleichzeitig beobachtet. Demgegenüber stehen die Subjektivität der Beobachtung durch den Trainer/die Trainerin und die dafür notwendige Erfahrung und Intuition, was als Nachteil gewertet werden muss.

vgl. Ulmer, Hans-Volkhart: Möglichkeiten und Grenzen der Leistungsdiagnostik aus der Sicht eines Sportphysiologen.

In der Leistungsdiagnostik gibt es viele unterschiedliche Verfahren, die dabei helfen, die individuellen sportlichen Leistungskomponenten eines Sportlers/einer Sportlerin zu erkennen, zu benennen und zu erfassen. Diese Verfahren reichen von einer Beobachtung oder Befragung des Sportlers/der Sportlerin bis hin zu anatomischen oder biomechanischen Verfahren. Die abgebildete Übersicht soll einen Einblick über die vielen unterschiedlichen Methoden der Leistungsdiagnostik geben.

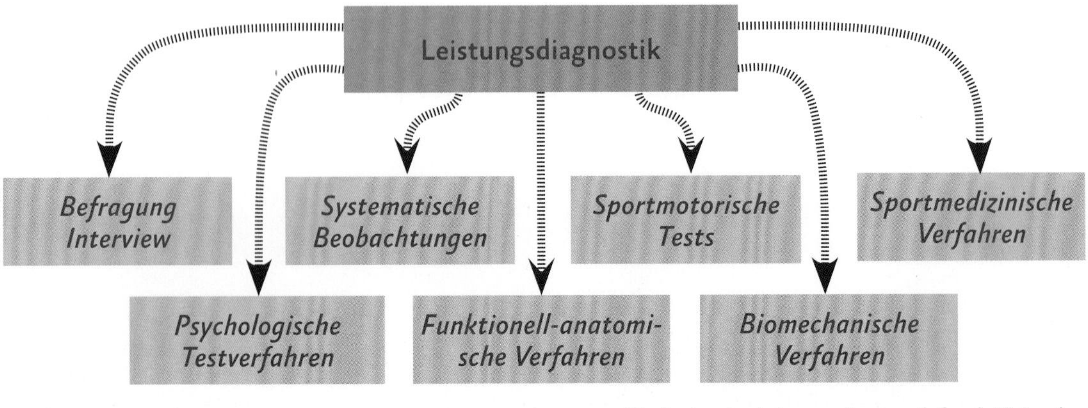

Methoden der Leistungsdiagnostik (nach Weineck, 2010)

Die hohe Anzahl diagnostischer Verfahren spiegelt die große Bedeutung des Testens und Diagnostizierens für den Sport wider. Die nun folgenden Verfahren zeigen einen kleinen Auszug aus dieser Vielfalt.

THEORIE → PRAXIS

Der australische Schwimmtrainer und -forscher Brian Blanksby erzählte 1980 folgende Anekdote über die Auswahl von Talenten im Schwimmsport: *„Die erste Talentselektion erlebte ich in der Schule. Als die Klasse in das Schwimmbad marschierte, stand der Trainer bei der Tür, schaute auf den Boden und nahm verschiedene Leute aus der Reihe – diejenigen, die beim Gehen die Füße nach außen stellten. Er ließ sie sich auf das Brustschwimmen konzentrieren. Die Schule war in Wettkämpfen im Brustschwimmen immer sehr erfolgreich." (Güllich/Krüger 2013: S. 624)*

In diesem Beispiel wird auf den sogenannten Trainerblick hingewiesen. Wie bei erfahrenen Ärzten/Ärztinnen, die sehr oft ohne irgendein Diagnoseverfahren einem Patienten/einer Patientin ansehen, an welcher Krankheit er/sie leidet, so erkennen erfahrene Trainer/Trainerinnen sehr schnell das Talent eines Sportlers/einer Sportlerin. Dass so auch Fehlentscheidungen vorkommen, ist genauso wahrscheinlich wie beim Testen und Diagnostizieren.

1 Sportmotorische Tests

Zur Bestimmung der konditionellen Fähigkeiten eines Sportlers/einer Sportlerin gibt es eine große Anzahl von Testbatterien. Darunter versteht man eine vorgefertigte Kombination von Einzeltests, die es ermöglicht, auch wirklich das zu messen, was man messen will (siehe Validität). Zusammengefasst werden alle Tests zur Bestimmung des momentanen Leistungsstandes im Bereich der konditionellen Fähigkeiten unter dem Begriff „sportmotorische Tests". Diese Tests müssen ganz bestimmte Kriterien erfüllen, die hier kurz erläutert werden.

1.1 Gütekriterien

Wie bereits in Kapitel 8 *Themen und Wertfragen der Sportwissenschaft,* Abschnitt 2.2.2, erklärt wurde, dienen die Gütekriterien der wissenschaftlichen Anerkennung von sportmotorischen Testverfahren. Es gibt mehrere Hauptkriterien, die noch weiter unterteilt werden. Hauptgütekriterien sind die Objektivität, die Reliabilität und die Validität.

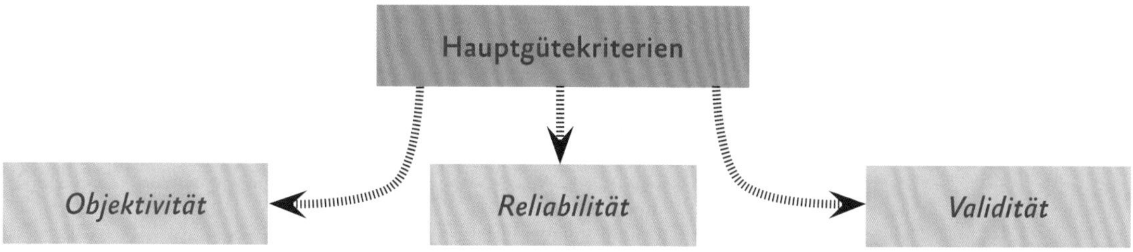

Hauptgütekriterien von sportmotorischen Tests (nach Bühner, 2010)

1.1.1 Objektivität

Sowohl Durchführung, Auswertung und Interpretation eines sportmotorischen Tests muss unabhängig von jeglicher Person sein. Gleichzeitig muss der Test immer unter den gleichen Ausgangsbedingungen durchführbar sein. Werden diese beiden Kriterien erfüllt, spricht man von der Objektivität eines Tests. Die

Objektivität erreicht man durch Verwendung der gleichen Testgeräte, der gleichen Ausgangspositionen und Objektpositionen und der genau festgelegten Ausführung. Zur Überprüfung der Objektivität wird ein Test mit Hilfe einer Testbeschreibung von unterschiedlichen Testern/Testerinnen an denselben Testpersonen durchgeführt. Haben die Ergebnisse die gleiche oder sehr ähnliche Häufigkeitsverteilungen, dann ist der Test objektiv. Dies gilt sowohl für die Durchführung, Auswertung und Interpretation.

1.1.2 Reliabilität

Darunter versteht man die Genauigkeit, mit der ein Test durchgeführt werden kann. Es geht dabei nicht nur um genaue Messungen der Zeit oder anderer Messwerte. Vielmehr geht es darum, dass eine Testperson bei mehrmaliger Durchführung gleiche Messwerte im Rahmen ihrer Möglichkeiten erzielt. Bei vielen Tests ist deshalb sogar angegeben, wie oft man eine Übung vor dem eigentlichen Test ausprobieren darf. Überprüfen kann man die Reliabilität durch Verwendung eines zweiten Testinstrumentes oder durch Messwiederholung an der gleichen Testgruppe.

1.1.3 Validität

Die Validität beschreibt die Gültigkeit eines Tests. Da man mit einem Test etwas ganz Spezielles messen will, ist es nicht unwesentlich zu überprüfen, ob der Test auch das Richtige misst. Soll der Test also eine sportmotorische Fähigkeit messen, so ist es wichtig, welchen Teilbereich der Test abdeckt und wie genau er das macht. Wird das prüfende Merkmal in einem hohen Ausmaß abgedeckt, so ist die Validität des Tests gewährleistet.

Neben diesen Hauptgütekriterien gibt es noch eine Reihe von Nebengütekriterien, wie die Vergleichbarkeit, die Ökonomie oder die Nützlichkeit. Die Nebengütekriterien werden hier nicht weiter behandelt.

GET ACTIVE 1

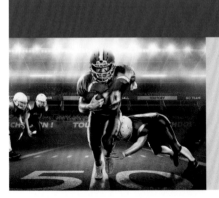

Die NFL-Combine ist eine jährlich stattfindende Veranstaltung der National Football League. Spieler, die sich für den kommenden Draft angemeldet haben, werden „auf Herz und Nieren" getestet. Finden Sie heraus, welche Testungen dabei durchgeführt werden und wie dabei die Bewertung der Spieler erfolgt. Halten Sie Ihre Recherche in Form eines Plakates, das eine Übersicht über diese Veranstaltung zeigt, fest.

1.2 Exemplarische Testbatterien

Für einen besseren Einblick in die Durchführung und Auswertung von sportmotorischen Tests werden in diesem Abschnitt drei Testbatterien und deren Beschreibungen miteinander verglichen. Die drei sportmotorischen Tests sind der **Münchner Fitnesstest,** die sportmotorischen Tests der Initiative des österreichischen Bundesministeriums für Bildung, Wissenschaft und Forschung **„Klug und Fit"** und die Testbatterie des **Verbandes Österreichischer Nachwuchsleistungssportmodelle (VÖN).** Der erste Test dient der Testung im Bereich des Schulsportes von Jugendlichen zwischen 6 und 14 Jahren in Deutschland, der zweite wird im Bereich des Bewegungs- und Sportunterrichts von Jugendlichen zwischen 10 und 15 Jahren in Österreich angewendet und die Testbatterie des VÖN wird als Aufnahmetest in das Schulsportleistungsmodell Österreichs herangezogen.

Übungsauswahl der drei sportmotorischen Testbatterien

Übungsbeschreibungen aller verwendeten Tests

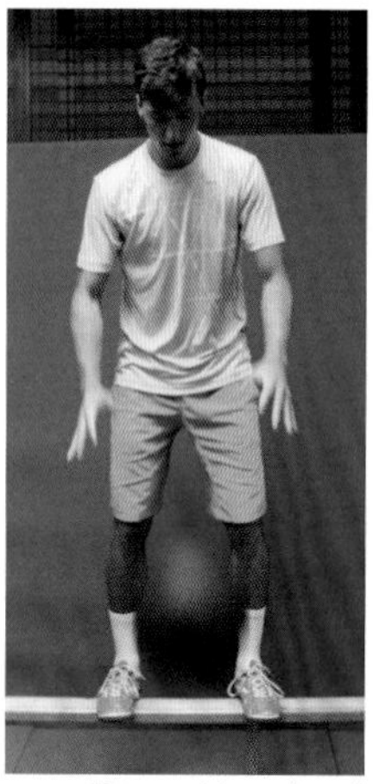

(Simon Keuschnig)

Ballprellen

Eine Langbank wird umgedreht und drei gleich große Medizinbälle mit einer hohen Elastizität werden bereitgestellt. Die Testperson muss auf der Langbank stehend den Gymnastikball so oft wie möglich prellen. Dabei ist ein hüftbreiter Stand mit durchgestreckten Kniegelenken und aufrechtem Oberkörper einzuhalten. Falls die Testperson den Ball verliert, ist ihr sofort ein neuer zu reichen. Gezählt werden die Bodenkontakte des Medizinballs, wenn er danach auch wieder gefangen wird. Getestet werden dabei die koordinativen Fähigkeiten: Umstellungsfähigkeit, Rhythmusfähigkeit, Gleichgewichtsfähigkeit und Differenzierungsfähigkeit.

Zielwerfen

Mit einem Klebeband werden am Boden Zielfelder markiert. Der Abstand zu den Zielfeldern beträgt 3 m. Die fünf Zielfelder sind jeweils 30 cm breit und 50 cm lang. Die Testperson wirft ein Sandsäckchen in die Zielfelder. Die Säckchen, die mit Sand, Erbsen oder Bohnen gefüllt sein können, sollen eine Größe von 20 × 15 cm und ein Gewicht von 500 g haben. Ziel ist das mittlere der fünf Felder, das drei Punkte bringt, zu treffen. Die zum mittleren Feld angrenzenden Felder geben noch 2 Punkte und die äußeren Felder 1 Punkt. Berührt der Sandsack eine der Zwischenlinien, so werden halbe Punkte vergeben. Jede Testperson hat zwei Übungsversuche. Überprüft werden dabei die koordinativen Fähigkeiten: Orientierungsfähigkeit, Differenzierungsfähigkeit.

(Sara Zweibrot)

(Victoria Lederer)

Rumpfbeugen

Auf eine normal stehende Langbank wird ein Lineal angebracht, das nach unten und oben jeweils 15 cm messen kann und dessen Nullpunkt an der Bankoberkante liegt. Die Testperson steht mit geschlossenen Beinen auf der Bank. Die Zehen berühren die Vorderkante der Langbank. Die Rumpfbeuge wird nach vorne bei gestreckten Kniegelenken ausgeführt. Gemessen wird die tiefste Stelle der Fingerspitzen, die mindesten zwei Sekunden gehalten werden muss. Messwerte über dem Bankniveau werden negativ bewertet. Jede Testperson hat einen Probeversuch. Gemessen wird die Dehnfähigkeit und Gelenkigkeit.

Standhochspringen

Eine schwarze Tafel (1,5 m × 50 cm) wird so an die Wand befestigt, dass alle Testpersonen das untere Drittel der Tafel im Stand erreichen. Die Testperson stellt sich mit dem Gesicht zur Wand und markiert mittels Kreide an seinen Fingern seine maximale Reichhöhe (Spitze des Mittelfingers). Die Ferse muss dabei am Boden bleiben und die Arme, Hüfte und Schultern müssen maximal gestreckt sein. Die Testperson stellt sich dann im rechten Winkel, als Rechtshänder/Rechtshänderin mit der rechten Schulter zur Wand, in einer Entfernung von 20 bis 30 cm. Nun springt er/sie beidbeinig weg, wobei die Armbewegung freigestellt ist. Der Testwert ist der vertikale Abstand zwischen der Standreichhöhe und Sprunghöhe und wird in cm gemessen. Jede Testperson hat einen Probeversuch. Gemessen werden die Reaktivkraft, Schnellkraft, Maximalkraft, Dehnfähigkeit, Gelenkigkeit.

Halten im Hang

Für diesen Test benötigt man eine Sprossenwand, unter die man zur Sicherheit eine Weichbodenmatte platzieren kann. Die Testperson muss sich mit abgewinkelten Armen möglichst lange auf der obersten Sprosse halten. Der Proband/Die Probandin muss sich im Ristgriff so weit hochziehen, bis die Nase auf der Höhe der obersten Sprosse ist. Gemessen wird die Zeit, die von der Testperson in dieser Position gehalten werden kann, ohne dass sie sich mit den Knien an der Sprossenwand abstützt. Getestet werden die Maximalkraftausdauer und die Kraftausdauer.

Stufensteigen

Die Testperson soll in einer Minute etwa 40 Mal eine Langbank besteigen. Auf der Langbank muss die Testperson kurz folgenden Stand einnehmen: Die Kniegelenke müssen durchgedrückt und die beiden Füße ganz auf der Bank sein. Der Rhythmus wird über Tonband oder vom Testleiter/von der Testleiterin vorgegeben. Vor der Testdurchführung muss der Ruhepuls der Testperson ermittelt werden. Zwei Minuten nach Ende der Übung wird der Erholungspuls der Testperson gemessen, indem zehn Sekunden lang der Puls gezählt und mit sechs multipliziert wird. Am besten wird die Messstelle für die Pulsmessung mit Filzstiften markiert. Ermittelt wird nun die Differenz des Ruhepulses der Testperson mit dem gemessenen Erholungspuls. Bestimmt wird mit diesem Test die anaerobe Ausdauer.

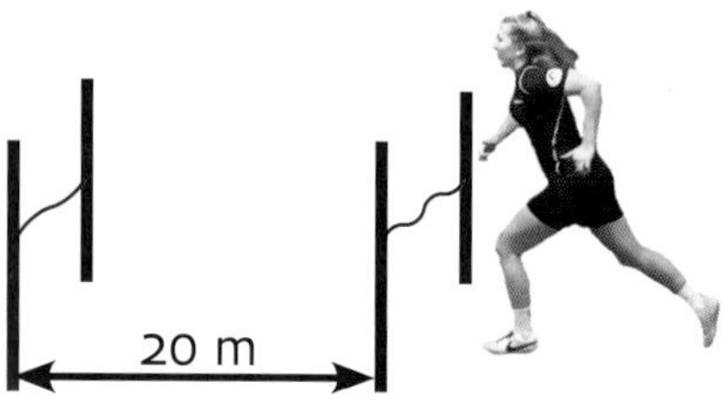

20-Meter-Sprint

Aus der Hochstartstellung ist eine 20 m lange Strecke so schnell wie möglich zu durchlaufen. Der Start erfolgt an einer markierten Startlinie mit dem gleichmäßigen Kommando: „Auf die Plätze – Pfiff". Gelaufen wird auf jeden Fall auf einem Hallenboden. Jede Testperson hat zwei Versuche, die zeitlich so gewählt werden müssen, dass eine vollständige Erholung möglich ist. Die Zeit wird nicht mit Lichtschranken gemessen. Die Testperson muss gut aufgewärmt sein. Gemessen wird die Laufschnelligkeit.

Klimmzüge im Hangstand

Im Strecksitz wird eine Reckstange schulterbreit im Kammgriff gefasst. Bei einem Hüftwinkel von 90° werden die Füße mit einer Matte fixiert. Auf das Kommando „Ausgangsstellung!" wird die Hüfte gestreckt und die Arme werden circa auf 45° angewinkelt. Auf das Kommando „Pfiff!" beginnt die Testperson, so viele Klimmzüge wie möglich zu machen. Gewertet wird der Klimmzug, wenn die Arme vom durchgestreckten Zustand komplett angewinkelt werden und dabei das Kinn über die Reckstange gebracht wird. Die Hüfte darf nicht abgewinkelt werden. Es wird die Anzahl der Klimmzüge in 15 Sekunden bewertet.

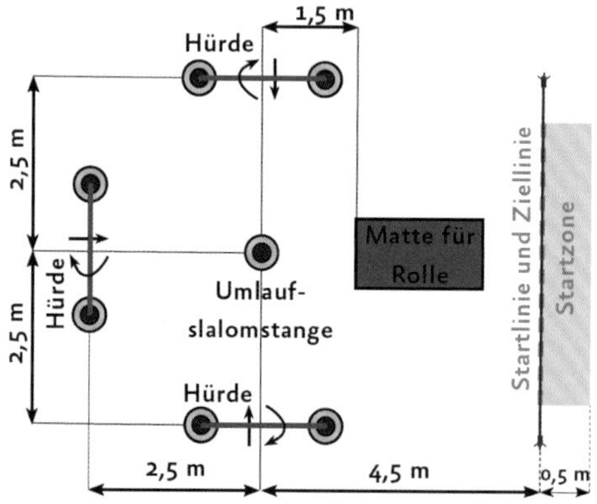

Hürden-Bumeranglauf

Beim Hürden-Bumeranglauf starten die Testpersonen mit einer Rolle vorwärts, orientieren sich dann um eine zentrale Umlaufslalomstange, überspringen dazwischen immer eine Hürde und klettern danach durch dieselbe. Die Hürdenhöhe ist abhängig von der Körpergröße – 5 cm Körpergröße entsprechen 2 cm Hürdenhöhe. Jede Person hat einen Probeversuch und zwei Hauptversuche. Der bessere Versuch wird gewertet. Wird die Rolle nicht gemacht oder eine der Stangen oder Hürden umgeworfen, dann ist der Versuch ungültig. Auch hier ist ausreichendes Aufwärmen notwendig.

Standweitsprung

Die Testperson muss mit einem beidbeinigen Absprung vor einer markierten Absprunglinie so weit wie möglich springen. Gemessen wird der geringste Abstand von der Absprunglinie bis zum Landeabdruck der Hand oder der Ferse in Zentimeter. Idealerweise wird die Sprungbewegung vorgezeigt und auf die enorme Bedeutung des Armzuges hingewiesen. Die Testperson hat drei Versuche und sollte gut aufgewärmt sein. Für eine genaue Messung muss die Testperson nach der Landung stehenbleiben, sie darf keinen Ausfallschritt machen. Ein Auffangen durch die Hände ist erlaubt, aber die Messung erfolgt dann bis zur aufgesetzten Hand.

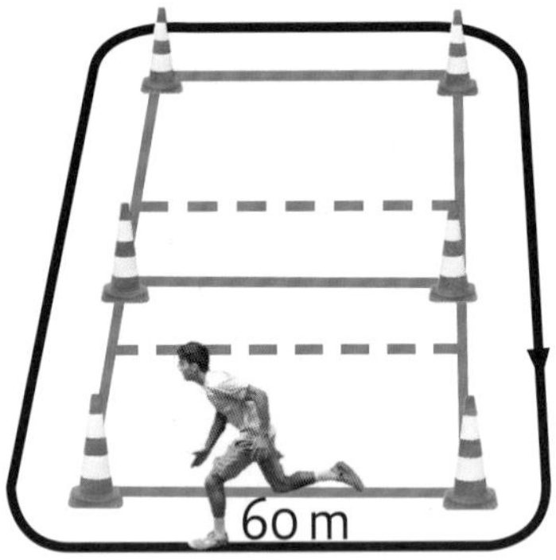

8-Minuten-Lauf

Für den 8-Minuten-Lauf wird ein Volleyballfeld verwendet. Es wird an jede Ecke des Feldes und links und rechts an der Mittellinie ein Hütchen platziert. Eine Runde ist somit 60 Meter und jedes Teilstück zwischen zwei Hütchen 10 Meter lang. Der Läufer/Die Läuferin startet an einem beliebigen Hütchen, an dem sich auch sein Partner/seine Partnerin platziert. Ab dem Kommando „Fertig! – Pfiff!" hat die Testperson 8 Minuten Zeit, so weit wie möglich zu laufen. Ihr Partner/Ihre Partnerin zählt die gelaufenen Runden und die am Ende noch erreichten Teilstrecken. Danach berechnet er/sie die gelaufene Distanz.

10-Meter-Sprint

Der Start erfolgt stehend aus der Schrittstellung, wobei der vordere Fuß an der Startlinie liegt. Gemessen wird mittels Lichtschranke mit einer Genauigkeit von hundertstel Sekunden. Die Lichtschranken werden nach 10,5 m und 20,5 m und in einer Höhe von 85 cm platziert. Es werden zwei Läufe durchgeführt, wobei der bessere der beiden gewertet wird. Gemessen wird die Beschleunigungsfähigkeit.

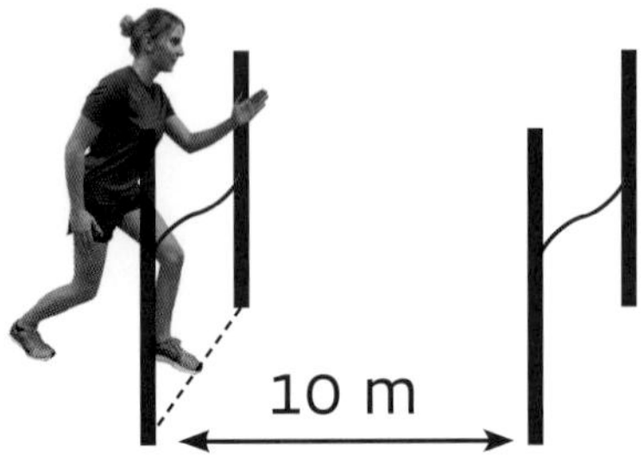

Medizinballwurf

Von einer Abwurflinie wird ein 2-kg-Medizinball aus dem Parallelstand beidhändig über den Kopf so weit wie möglich nach vorne geworfen. Eine in 20 cm Höhe angebrachte Hürdenstange an der Abwurflinie soll ein Übertreten verhindern. Diese darf weder berührt noch umgeworfen werden. Die Fersen dürfen den Boden verlassen, aber die Füße müssen für einen gültigen Versuch am Boden bleiben. Es werden zwei Würfe ausgeführt, der bessere wird gewertet. Gemessen wird die Strecke von der Abwurflinie bis zum Aufprall-Mittelpunkt des Medizinballes. Ermittelt wird mit diesem Test die Impulskette mit Schwerpunkt auf Explosivkraft in den oberen Extremitäten.

Coopertest

Eine 400-m-Laufbahn wird alle 100 m mit Hütchen markiert. Diese dienen zum einen zur Bestimmung der gelaufenen Strecke, zum anderen als Motivation für die Testpersonen. Gemessen wird die Laufstrecke, die innerhalb von zwölf Minuten zurückgelegt wird. Es können durchaus mehrere Testpersonen gleichzeitig starten, sofern ein richtiges Notieren der Runden möglich ist. Nach dem Schlusssignal bleibt die Testperson an der erreichten Stelle stehen, bis ihre Laufstrecke ermittelt wurde. Gemessen werden die Ausdauerfähigkeit und die Willensstärke der Testpersonen.

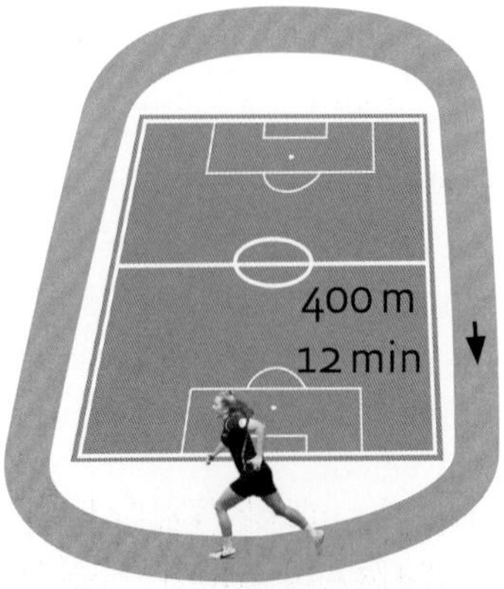

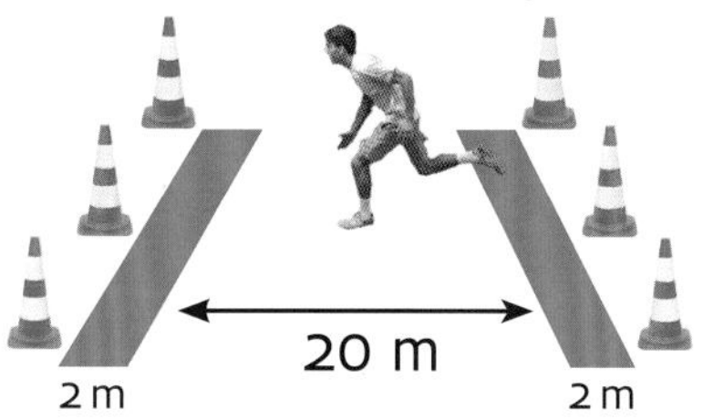

Shuttle-Run

Beim Shuttle-Run wird nach einem vorgegebenen Rhythmus/Tempo gelaufen. Begonnen wird mit einem Lauftempo von 8,5 km/h, das im Minutentakt um 0,5 km/h erhöht wird. Eine Teilstrecke von 20 m entspricht der Breite eines Handballfeldes. Zwei Meter vor der Startlinie und der Umkehrlinie wird eine Toleranzlinie angebracht. Wird der Umkehrpunkt vor dem Signalton erreicht, so darf der Lauf erst nach dem Erklingen des Signaltones weitergeführt werden. Ist die Testperson zum Zeitpunkt des Signales noch nicht an der Umkehrlinie, aber im Toleranzbereich, so darf sie weiterlaufen, muss aber den Umkehrpunkt erreichen und den Rückstand aufholen. Erreicht die Testperson die Toleranzlinie nicht mehr vor dem Signalton, so ist der Test beendet. Aufgezeichnet werden die erreichte Stufe und die damit zurückgelegte Laufstrecke. Gemessen werden die Ausdauer und Willensstärke.

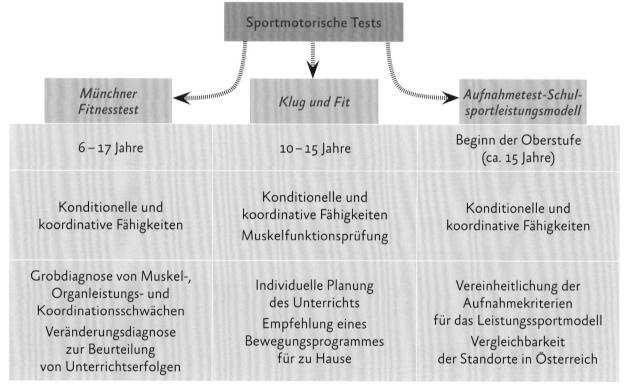

Sportmotorische Tests

Münchner Fitnesstest	*Klug und Fit*	*Aufnahmetest-Schulsportleistungsmodell*
6–17 Jahre	10–15 Jahre	Beginn der Oberstufe (ca. 15 Jahre)
Konditionelle und koordinative Fähigkeiten	Konditionelle und koordinative Fähigkeiten Muskelfunktionsprüfung	Konditionelle und koordinative Fähigkeiten
Grobdiagnose von Muskel-, Organleistungs- und Koordinationsschwächen Veränderungsdiagnose zur Beurteilung von Unterrichtserfolgen	Individuelle Planung des Unterrichts Empfehlung eines Bewegungsprogrammes für zu Hause	Vereinheitlichung der Aufnahmekriterien für das Leistungssportmodell Vergleichbarkeit der Standorte in Österreich

Altersstufen, Testfaktoren und Zielsetzungen der drei Testbatterien

Alle drei Testbatterien, die unter dem jeweiligen Schlagwort auch im Internet zu finden sind, enthalten eine genaue Beschreibung aller Übungen, genaue Angaben über die Ergebnisse, die in der jeweiligen Altersstufe zu erwarten sind, und Angaben zur Interpretation der Testergebnisse. Die einzelnen Testergebnisse sind in bereitgestellte Testformulare einzutragen und mit Hilfe einer Anleitung zu interpretieren. Wie in allen drei Fällen zu erkennen ist, wird durch die Durchführung eine Vergleichbarkeit der Testpersonen im jeweiligen Anforderungsbereich angestrebt. Die Vergleichbarkeit dient zur Einschätzung des Fitnesszustands von Kindern und Jugendlichen oder als Entscheidungshilfe bzw. als Grundlage für weiterführende Maßnahmen zur Verbesserung der gemessenen Fähigkeiten. Aus den verschiedenen Werten kann man erkennen, dass die Messung der konditionellen und koordinativen Fähigkeiten nicht nur für den Höchstleistungssport von Interesse ist, sondern auch als Einschätzungshilfe für die Auswirkungen des Bewegungsmangels bei Kindern und Jugendlichen.

GET ACTIVE 2

Starten Sie ein Projekt in Ihrer Klasse. Zuerst sucht jeder Schüler/jede Schülerin eine passende Testbatterie zur Ermittlung der sportmotorischen Grundeigenschaften, die hier noch nicht beschrieben wurde. Jeder/Jede liest sich in die beschriebenen Tests ein. Danach erstellen Sie unter Anleitung Ihres Lehrers/Ihrer Lehrerin eine geeignete Testbatterie. Suchen Sie eine Möglichkeit, diese Testbatterie im Rahmen eines praktischen Sportunterrichts durchzuführen. Vergleichen und interpretieren Sie die Ergebnisse und wiederholen Sie – wenn möglich – die Testbatterie ein halbes Jahr später, um eventuelle Leistungsfortschritte festzustellen.

RP-TRAINING 1

Anforderungsniveau 1

Beschreiben Sie die Gütekriterien, die ein sportmotorischer Test erfüllen muss.

Anforderungsniveau 2

1. Begründen Sie die Notwendigkeit von Gütekriterien bei sportmotorischen Tests.
2. Gehen Sie auf die verschiedenen Gründe für die Durchführung von sportmotorischen Tests ein.

Anforderungsniveau 3

Im Bereich der Ausdauer sind die beiden bekanntesten Tests der Coopertest und der Shuttle-Run.

Vergleichen Sie diese beiden Tests miteinander. Analysieren und begründen Sie, welche Bereiche der Ausdauerfähigkeit jeweils genau erhoben werden.

2 Sportmedizinische Verfahren

Zu den sportmedizinischen Verfahren im Bereich der Leistungsdiagnostik zählen kardiologische, physiologische und biochemische Tests. Dazu gehören das **EKG**, das **Belastungs-EKG**, das Blutdruck- und Pulsverhalten in Ruhe, Belastung und bei Erholung und die Lungenfunktionsdiagnostik. Sie liefern Empfehlungen für das Training, durch Angabe von Herzfrequenzen oder Leistungsbereichen. Im Leistungssport erfolgt die Angabe in der Regel über Leistungsbereiche oder über einzuhaltende Laufgeschwindigkeiten.

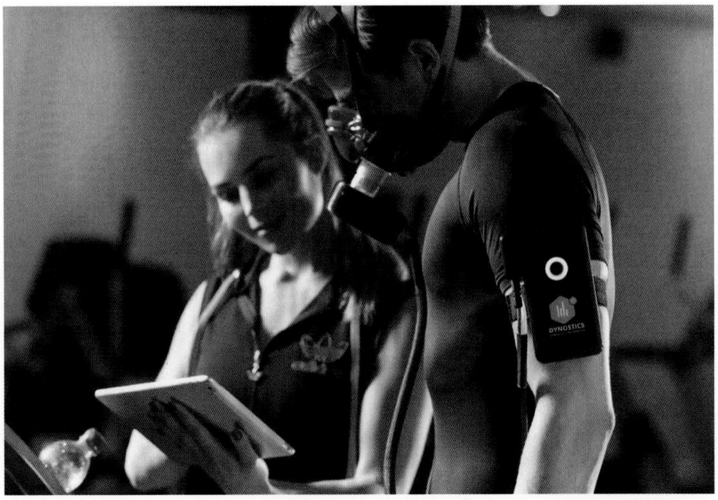

THEORIE ······➡ PRAXIS

Die Sportwissenschaften versuchen Zusammenhänge und Gesetzmäßigkeiten im Bereich des Trainings über Theorien und Hypothesen zu fixieren. Dabei kommt es immer wieder vor, dass sich durch Fehlinterpretationen und Fehldeutungen Hypothesen als nicht richtig erweisen. Ein Beispiel dafür ist die Rolle des Laktats für das Leistungsvermögen eines Sportlers/einer Sportlerin.

Anfang des 19. Jahrhunderts haben Wissenschaftler entdeckt, dass der Anstieg des Milchsäurespiegels im Körper zu einer Erschlaffung der Muskulatur führt. Moderne biomechanische Verfahren zeigen aber, dass die Schuld für die Erschlaffung der Muskulatur nicht beim Laktat liegt, sondern an einer begleitenden Anhäufung von Wasserstoffionen. Diese verhindern die Aufnahme von Kalzium, welches wiederum benötigt wird, um Energie aus Adenosintriphosphat freizusetzen. In den letzten zwanzig Jahren hat sich daher die Bedeutung von Laktattests für die Trainingssteuerung etwas relativiert. Vielmehr wird die Kombination von Belastungstest mit Laktatmessung und der gleichzeitigen Messung der Atemluft bevorzugt.

Hier einige Fakten zum Themenkomplex „Die Rolle des Laktats bei sportlichen Leistungen".

- Die Blutlaktatkonzentration hängt nicht nur von der Energiebereitstellung in der Muskelzelle ab, sondern auch von der Effektivität des Laktattransportes.
- Die Stagnation der Laktatleistungskurve muss nicht unbedingt eine Stagnation der Trainingseffekte bedeuten, sondern kann auch bei positiven Anpassungen auftreten. Grund dafür sind komplexe Prozesse, die sich nicht zwangsläufig auf den Milchsäurespiegel auswirken.
- Das Konzept der individuellen Schwellen einer Laktatkurve ist zu hinterfragen, da diese keine höhere Bedeutung für die Leistungsdiagnostik haben.
- Die kurzen Belastungsphasen von drei Minuten sind äußerst ungeeignet, da sich in dieser Zeit kein Gleichgewicht einstellen kann.

vgl. P. Wahl, W. Bloch, J. Mester: Moderne Betrachtungsweisen des Laktats: Laktat ein überschätztes und zugleich unterschätztes Molekül. Schweizerische Zeitschrift für Sportmedizin und Sporttraumatologie, 2009.

2.1 Spiroergometrie

Wie schon mehrmals erwähnt erfolgt die Resynthese von Adenosintriphosphat je nach Leistungsbereich unterschiedlich. Kommt der Körper mit dem Transport des zur Energiebereitstellung benötigten Sauerstoffes nicht mehr nach, so wird vermehrt Energie im anaeroben Bereich zur Verfügung gestellt. Dies erfolgt unter der Bildung von Laktat. Bei einem Laktattest wird über eine Blutabnahme, die meistens bei den Ohren gemacht wird, der Laktatanteil im Blut bestimmt. In den meisten Fällen werden gleichzeitig die Zusammensetzung der Atemgase beim Ein- und Ausatmen gemessen. Dieses Verfahren nennt man Spiroergometrie. Durchgeführt werden beide Verfahren durch sportartspezifische Ergometer, da nur dann ein sinnvolles Ergebnis zu erwarten ist. Werden bei der Durchführung andere Muskelgruppen als beim normalen Sporttreiben belastet, so kommt es aufgrund der schlechteren Versorgung dieser Muskelgruppen zu einer Verfälschung der Laktatwerte. Deshalb muss ein Läufer/eine Läuferin ein Laufbandergometer und ein Radfahrer/eine Radfahrerin ein Radfahrergometer benützen. Für ausgefallenere Sportarten existieren auch Umrechnungsfaktoren, falls eine Messung auf einem sportartspezifischen Ergometer nicht möglich ist.

Die Belastung wird während der Testung kontinuierlich erhöht, bis eine völlige Erschöpfung eintritt und der Proband/die Probandin auch durch Willensstärke nicht mehr weitermachen kann. Am Ende jeder Belastungsstufe wird der Testperson Blut abgenommen. Diese Proben dienen zur Analyse des Laktatanteiles im Blut. In weiterer Folge werden über die Laktatwerte die individuelle aerobe und anaerobe Schwelle bestimmt. Die Atemluftmessung erfolgt über eine Atemmaske, die während des ganzen Belastungstests kontinuierlich Daten erfasst.

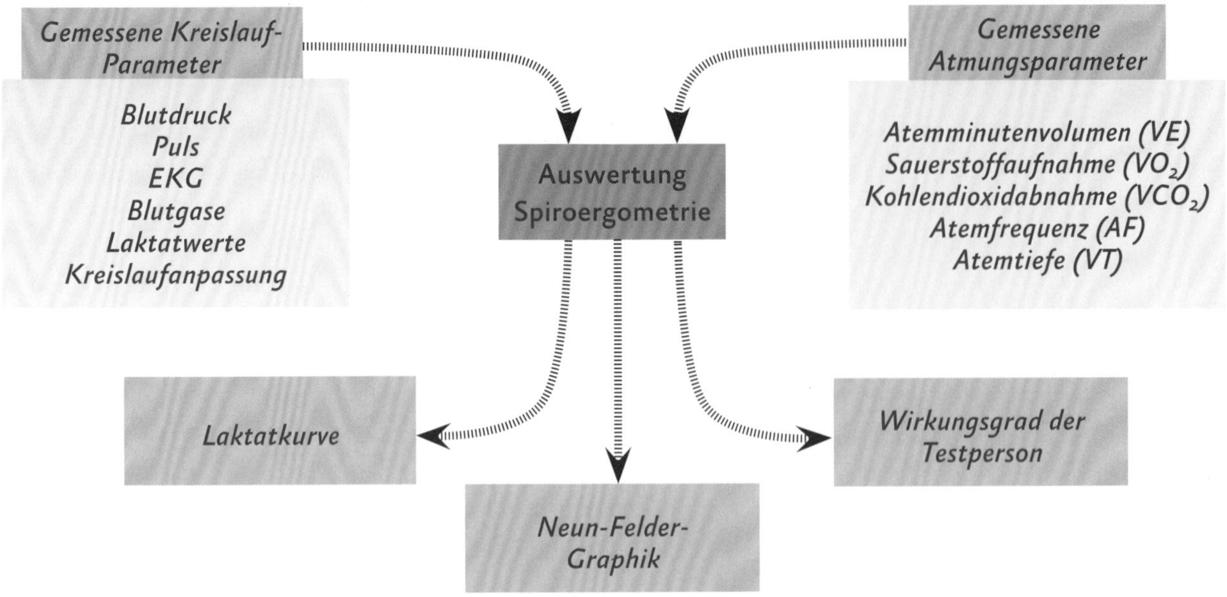

Auswertungsmöglichkeiten einer Spiroergometrie

Auswertung der Spiroergometrie

Die Datenfülle bei der Durchführung einer Spiroergometrie ist sehr hoch. Welche der Daten für die Auswertung eines Sportlers/einer Sportlerin von Relevanz sind, muss der durchführende Mediziner/die durchführende Medizinerin entscheiden. Ein sehr wichtigstes Ergebnis der Auswertung ist die ermittelte Laktatkurve.

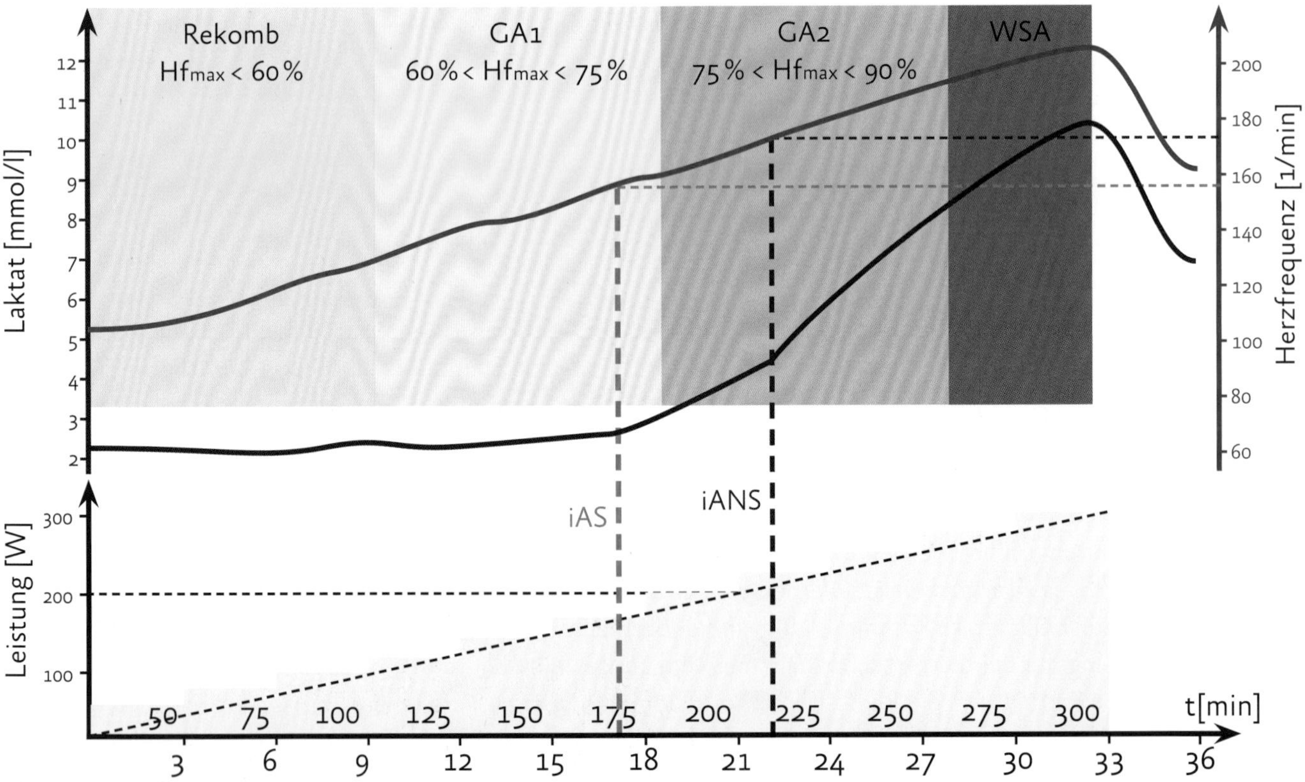

Laktatkurve eines Nachwuchsleitungssportlers

Der Analysecomputer liefert im Normalfall eine fertig ausgewertete Laktatkurve, in der die wichtigsten Informationen graphisch und in Form von Tabellen dargestellt sind. In der Auswertung der Laktatkurve sind

Trainingsvorschläge mit genauen Herzfrequenzbereichen enthalten, sodass der Sportler/die Sportlerin mittels Pulsuhr eine sehr einfache Trainingssteuerung durchführen kann. Der Vergleich von Laktatkurven bei verschiedenen Sportlern/Sportlerinnen ist nicht möglich. Man kann aber sehr wohl ältere Ergebnisse mit der aktuellen Laktatkurve desselben Sportlers / derselben Sportlerin vergleichen. Haben sich die individuellen Schwellen nach rechts verschoben, so waren die Trainingsmaßnahmen erfolgreich, da dies auf eine Verbesserung der Leistung hinweist.

Für eine genauere Auswertung der Spiroergometrie dient die Darstellung über eine Neun-Felder-Graphik. Diese sehr differenzierte Graphik erlaubt es, Faktoren, die das Herz und die Lunge betreffen, zu unterscheiden. Die Graphik besteht aus neun Feldern, die jeweils andere Aussagen erlauben. Die Auswertung dieser Graphik obliegt einem geschulten Sportmediziner/einer geschulten Sportmedizinerin und wird hier nicht genauer behandelt.

Über die Spiroergometrie kann man auch den ungefähren Wirkungsgrad eines Sportlers/einer Sportlerin ermitteln. Unter dem Wirkungsgrad eines Sportlers/einer Sportlerin versteht man das Verhältnis zwischen der zur Verfügung gestellten Energie (Bruttoenergie) durch die Verbrennung von Energieträgern und der abgegebenen Energie (Nettoenergie) durch die Muskelaktivität. Die Nettoenergie erhält man über die Messungen am Ergometer. Multipliziert man die erbrachte Leistung mit der Intervallzeit, erhält man die umgesetzte Arbeit auf dem Ergometer. Gleichzeitig wird über die Atemmaske der Sauerstoffverbrauch des Sportlers/der Sportlerin ermittelt. Kohlenhydrate liefern bei der Verbrennung pro Liter verbrauchten Sauerstoff etwa 20 kJ. Man kann also über den Sauerstoffverbrauch die aufgebrachte Bruttoenergie des Sportlers/der Sportlerin ermitteln. Bei unserem angegebenen Laktattest ist die Leistung auf der höchsten Belastungsstufe. Der Sauerstoffverbrauch ist zu diesem Zeitpunkt bei 5 Liter pro Minute.

$$P_{ab} = \frac{E_{ab}}{t} \rightarrow E_{ab} = P_{ab} * t = 300 * 60 = 18\,kJ$$

$$E_{zu} = 5 * 20\,kJ = 100\,kJ$$

$$\eta = \frac{E_{ab}}{E_{zu}} = \frac{18}{100} = 18\,\%$$

Berechnung des Wirkungsgrades

2.2 Pulsmessung

Der Puls ist einer der wichtigsten Messwerte im Sport. Im Zusammenhang mit den Ergebnissen aus der Spiroergometrie lässt sich damit, vor allem im Ausdauersport, sehr gut und ohne viel Aufwand eine Trainingssteuerung realisieren. Durch die Spiroergometrie kennt der Sportler/die Sportlerin seine/ihre individuelle aerobe und anaerobe Schwelle und die dazu passenden Trainingsbereiche (REKOM, GA1, GA2, WSA; siehe Laktatkurve auf Seite 220). Will der Trainer/die Trainerin mit einer Gruppe von Athleten/Athletinnen trainieren, so genügt die Angabe des Trainingsbereiches und jeder/jede kann ein individuelles Training über den Puls gestalten. Die Messung des Pulses kann dabei ohne Messgerät oder mit Hilfe einer Pulsuhr erfolgen. Der Messaufwand ist daher eher gering.

2.2.1 Ruhepuls

Unter Ruhepuls versteht man die niedrigste Frequenz, die das Herz erreichen kann, wenn man sich im Wachzustand befindet. Diesen Wert misst man meist am Morgen nach dem Aufwachen.

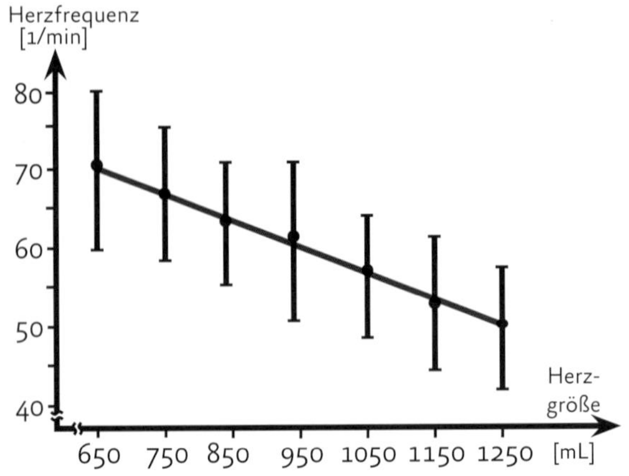

Relation zwischen Herzgröße und Herzfrequenz

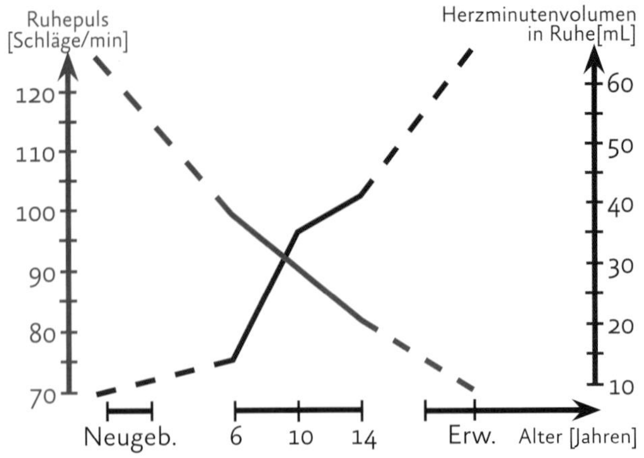

Entwicklung des Ruhepulses und Herzminutenvolumens im Laufe des Alters

Der Ruhepuls nimmt mit dem Alter ab. Er beträgt bei einem Kleinkind noch ca. 120 Schläge und bei einem durchschnittlichen Erwachsenen nur mehr ca. 70 Schläge pro Minute. Der Ruhepuls eines Ausdauersportlers/einer Ausdauersportlerin liegt natürlich weit unter diesen Werten und kann bis auf 30 Schläge pro Minute heruntersinken. Der Ruhepuls eignet sich sehr gut zur Trainingsüberwachung. Erstens kann man an seinem kontinuierlichen Absinken sehr gut die Fortschritte des Ausdauertrainings dokumentieren, zweitens zeigen kurzfristige Erhöhungen des Ruhepulses an, dass der Organismus in irgendeiner Weise belastet ist. Der Grund kann eine Krankheit sein, eine Phase hoher Trainingsbelastung oder Stress im Beruf, in der Schule oder im privaten Bereich.

2.2.2 Maximalpuls und Puls nach der Maximalbelastung

Als weiteren Wert zur Steuerung des Trainings benötigt man den Maximalpuls eines Sportlers/einer Sportlerin. Dieser sinkt mit dem Alter und kann sehr genau über die Spiroergometrie ermittelt werden.

Für die ungefähre Bestimmung des Maximalpulses kann die angegebene Faustformel verwendet werden.

$$P_{max} = 226 - \text{Lebensalter}$$

Neben dem Maximalpuls ist auch das Verhalten des Pulses nach einer hohen Belastung sehr interessant. Erholt sich der Puls eines Athleten/einer Athletin nach der Belastung sehr schnell, so kann daraus ein guter Trainingszustand abgelesen werden. Wird die Erholung des Ruhepulses ständig protokolliert, so erkennt man bei einer Verbesserung der Werte, dass die Trainingsmaßnahmen erfolgreich durchgeführt wurden.

Puls nach fünf Minuten Erholung

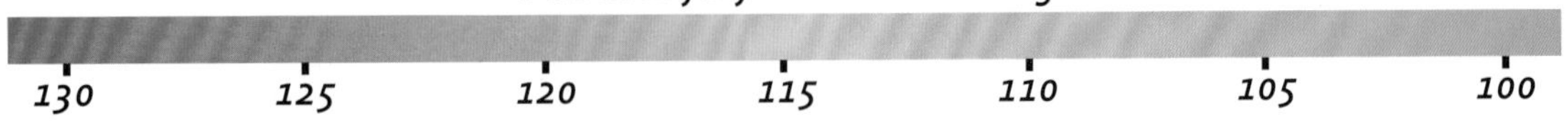

2.2.3 Mindestrainingspuls

Um beim Training eine Verbesserung zu erzielen, ist ein bestimmter Belastungsreiz zu setzen. Wird dieser Reizwert unterschritten, so kann keine Verbesserung stattfinden. In diesem Fall dient das Training höchstens als Regenerationsmaßnahme. Die notwendigen Werte für die verschiedenen Trainingsbereiche erhält man aus der Spiroergometrie. Man kann sie aber auch über den Maximalpuls und den Ruhepuls abschätzen. Den Mindesttrainingspuls kann man mittels der angegebenen Faustformel ungefähr bestimmen.

$$\text{Mindesttrainingspuls} = \text{Ruhepuls} + (\text{Maximalpuls} - \text{Ruhepuls}) * 0{,}5$$

Auf diese Weise kann man bei der Bestimmung der einzelnen Belastungsbereiche vorgehen. Ein gerade geborenes Baby hat ziemlich genau einen Herzschlag von 226 Schlägen pro Minute. Daher ermittelt man den Maximalpuls über diesen Wert und zieht sein eigenes Lebensalter ab. In weiterer Folge werden nun die Pulsbereiche der einzelnen Trainingsbereiche ermittelt. Die unten stehenden Rechnungen sollen dies für den Leistunssportler im auf Seite 220 abgebildeten Laktattest demonstrieren.

Maximalpuls = 226 – Lebensalter
226 – 21 Jahre = 205 Maximalpuls
50 + (205 – 50) * 0,5 = 127,5 = Mindesttrainingspuls

205 * 0,60 = 123 Grenze REKOM-GA1
205 * 0,75 = 153,75 Grenze GA1-GA2
205 * 0,90 = 184,5 Grenze GA2-WSA

Wie anhand der Berechnungen und Abschätzungen zu erkennen ist, sind die ermittelten Werte sehr gut für die Trainingssteuerung geeignet. Im Breitensport ist diese Methode zur Ermittlung des Trainingspulses ebenso zu verwenden. Im Hochleistungssport wird man um eine genauere Untersuchung mittels einer Spiroergometrie nicht herumkommen.

2.2.4 Ruhepulsdokumentation

Wie schon erwähnt kann die Entwicklung des Ruhepulses wertvolle Rückschlüsse über die Entwicklung der sportlichen Leistung eines Sportlers/einer Sportlerin geben. Damit man objektive Aussagen treffen kann, muss der Ruhepuls täglich zur gleichen Zeit und unter den gleichen Bedingungen gemessen werden. In der dargestellten Graphik sieht man die Entwicklung des Ruhepulses eines 19-jährigen Athleten über zwei Jahre. Man sieht, wie sensibel der Ruhepuls auf Belastungen reagiert. Sowohl bei stärkerer körperlicher Belastung als auch bei einer erhöhten psychischen Belastung reagiert der Körper mit einer Erhöhung des Ruhepulses. Ermüdungen oder Erkrankungen werden so schon im Vorfeld erkannt und durch eine Verringerung der Trainingsbelastung abgefangen.

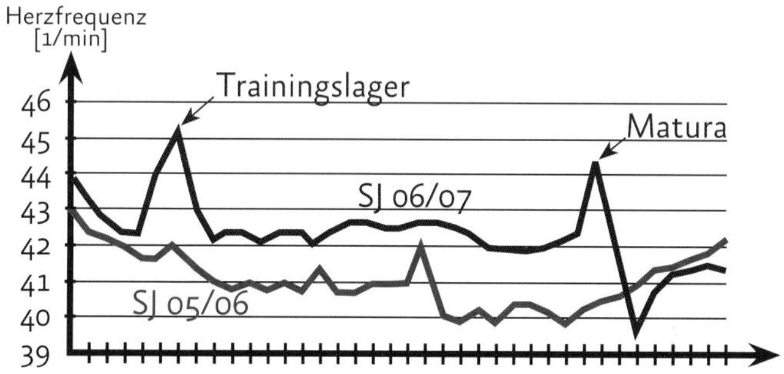

SJ = Schuljahr

GET ACTIVE 3

Auf der folgenden Seite sehen Sie ein Beispiel für eine mögliche Aufzeichnung des Ruhepulses. Gleichzeitig wird auch ein kleines Schlafprotokoll durchgeführt (siehe Kapitel 11, Seite 203 f.). Verwenden Sie diese Vorlage zum Aufzeichnen Ihrer persönlichen Werte für die nächsten drei Wochen und versuchen Sie, diese für Ihre eigene Trainingsgestaltung zu nutzen. Diese Vorlage steht Ihnen auch auf der Website des Verlages unter www.hpt.at/195012 zum Download zur Verfügung.

SB PLUS

Puls- und Schlafdokumentation				
1. Woche	Ruhepuls	Schlafdauer	Schlafunterbrechungen	Schlafqualität (1–10)
Mo				
Di				
Mi				
Do				
Fr				
Sa				
So				
Durch-schnitt				

2.2.5 Herzfrequenzvariabilität

Das Herz passt sich ständig an die Umgebungssituation an. Die Folge sind Schwankungen in seiner Pulsfrequenz. Aber sogar in Ruhe schlägt ein Herz nie ganz gleichmäßig. Es besitzt eine natürliche Arrhythmie. Der zeitliche Abstand zweier aufeinanderfolgender Herzschläge ändert sich also laufend. Man nennt diese Schwankungen die Herzfrequenzvariabilität, kurz HRV.

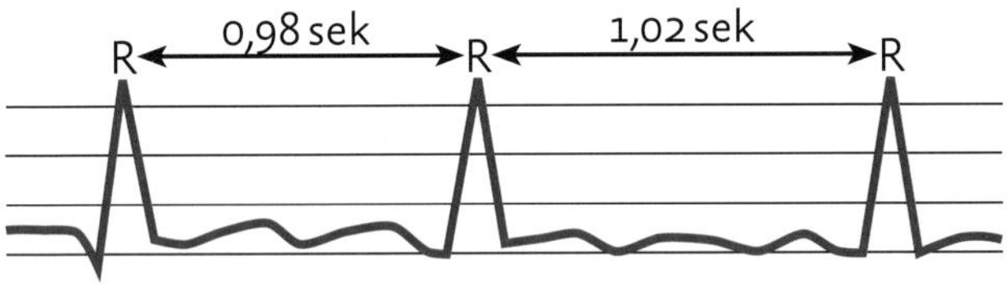

Viele Pulsuhren verfügen heute schon über die Möglichkeit einer HRV-Messung. Diese kann man unter anderem dazu einsetzen, um die Erholung eines Sportlers/einer Sportlerin zu dokumentieren.

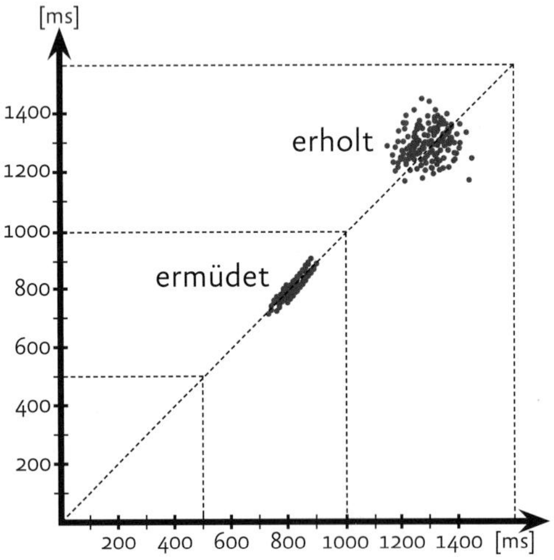

Zeichnet man die Zeitspannen zwischen zwei Herzschlägen auf, so entstehen Punktwolken in diesem Diagramm. Sind diese Punktwolken sehr stark gestreut, so ist das ein Zeichen für eine gute Erholung des Sportlers/der Sportlerin. Ist die Punktwolke hingegen sehr eng zusammen, so muss in nächster Zeit auf eine gute Erholung geachtet werden.

2.3 Anthropometrie

Die Anthropometrie wird sehr oft als ergänzende Maßnahme zu anderen sportmedizinischen und sportwissenschaftlichen Untersuchungen verwendet. Bestimmt werden dabei der Körperfettanteil, der Body-Mass-Index (kurz BMI) sowie Knochenparameter und Muskelquerschnitte. Diese Werte sollen dabei helfen, den richtigen Sport für einen Athleten/eine Athletin zu finden. Die Anthropometrie ist damit ein wichtiges Instrument zur Beurteilung der sportlichen Eignung eines Menschen. Gleichzeitig kann sie auch als Trainingskontrolle, Gesundheitskontrolle und zur Trainingsberatung beitragen.

2.3.1 Gewichtsklassifikation und Körperkomposition

Der Body-Mass-Index ist eine Maßzahl für das Verhältnis zwischen Körpergröße und Körpergewicht. Diese Maßzahl ergibt sich aus der Körpermasse durch das Quadrat der Körpergröße. Er ist ein grober Richtwert, da er weder das Geschlecht, das Alter, die Statur noch die individuelle Zusammensetzung der Körpermasse berücksichtigt. In Verbindung mit einer Ermittlung des Körperfettanteiles besitzt dieser Wert jedoch größere Aussagekraft.

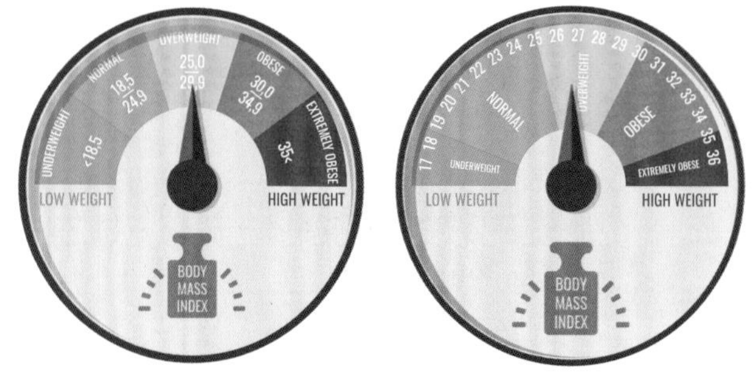

Der Körperfettanteil wird in den meisten Fällen über eine Hautfaltenmessung bestimmt. Dabei werden an genau definierten Stellen des Körpers die Größe der erzeugbaren Hautfalten mit einer Körperfettzange gemessen. Der so ermittelte Wert lässt auf einen bestimmten Körperfettanteil schließen. Die Interpretation der Werte ist abhängig vom Geschlecht und dem Alter der Person.

Körperfettanteile			
männlich 13 bis 16 Jahre		*weiblich 13 bis 16 Jahre*	
< 11 %	*sehr gut*	*< 14 %*	*sehr gut*
11–14 %	*gut*	*14–18 %*	*gut*
15–19 %	*mittel*	*19–22 %*	*mittel*
> 19 %	*schlecht*	*> 22 %*	*schlecht*

Bewertung der Körperfettanteile

2.3.2 Körperbautyp (Somatotyp)

Prinzipiell wird zwischen drei verschiedenen Körperbautypen unterschieden. Dies sind der ektomorphe, der endomorphe und der mesomorphe Körperbautyp.

Der **ektomorphe Körperbautyp** ist charakterisiert durch einen langen Oberkörper, lange Arme und Beine, schmale Füße und Hände sowie einen sehr geringen Fettanteil. Erkennbar ist er durch einen eher kleineren Brustkorb und schmale Schultern und meist lange, dünne Muskeln. Meistens sind diese Menschen sehr groß gewachsen.

Der **mesomorphe Körpertyp** ist der athletischste Typ der drei Grundformen. Menschen mit einem mesomorphen Körperbautyp haben eine eher schmale Hüfte, aber dafür einen großen Brustkorb mit breiten Schultern. Dadurch ergibt sich eine V-Form im Bereich des Oberkörpers. Dieser Typ baut durch Krafttraining sehr leicht Muskeln auf. Bei richtiger Ernährung und gutem Training besitzt er einen geringen Körperfettanteil. Dieser Körperbautyp bietet die ideale Voraussetzung für viele verschiedene Sportarten.

Der **endomorphe Körperbautyp** weist einen rundlich geformten Körperbau auf. Er kann zwar sehr schnell Muskeln aufbauen, dies gilt aber auch für das Körperfett. Durch die Fettablagerungen wirkt die Muskulatur eher weich. Der große Brustkorb mit den breiten Schultern verstärkt den stämmigen Körperbau noch zusätzlich.

Nicht jeder Mensch lässt sich genau einem dieser drei Typen zuordnen, vielmehr sind die meisten Menschen Mischtypen aus diesen drei Grundkörperbauarten. Es gibt zum Beispiel einen endo-mesomorphen Körperbautyp mit einem sportlichen und muskulösen Körperbau, der allerdings einen hohen Fettanteil besitzt.

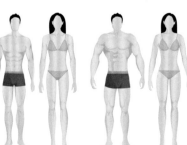

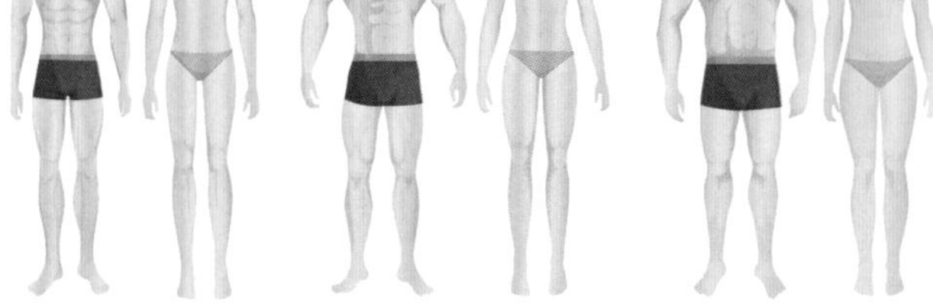

Körperbautypen

GET ACTIVE 4

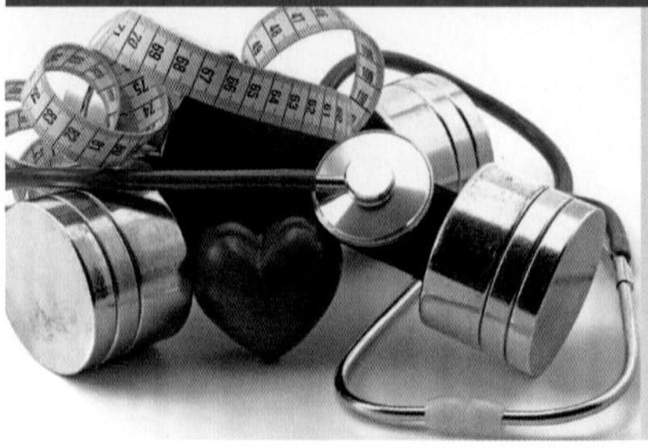

Führen Sie in Ihrer Klasse eine kleine anthropometrische Untersuchung bei einzelnen Schülern/Schülerinnen durch, indem Sie Werte wie BMI, Körperfettanteil und Körperbau ermitteln.

Halten Sie die Werte fest und suchen Sie für jeden Schüler/jede Schülerin Sportarten, die besonders gut für sie/ihn geeignet wären.

2.3.3 Anthropometrische Messungen

Einer der Schwerpunkte der Anthropometrie ist der bereits beschriebene Körperbautyp bzw. der Somatotyp. Die Körperkompositionen, Körperproportionen und das biologische Alter sind die anderen Schwerpunkte der Anthropometrie. Die Ergebnisse dieser Messungen sind für die Erstellung eines Somatocharts wichtig. Diese Auswertung ermöglicht es, einen Vergleich bei verschiedenen Sportlern/Sportlerinnen durchzuführen.

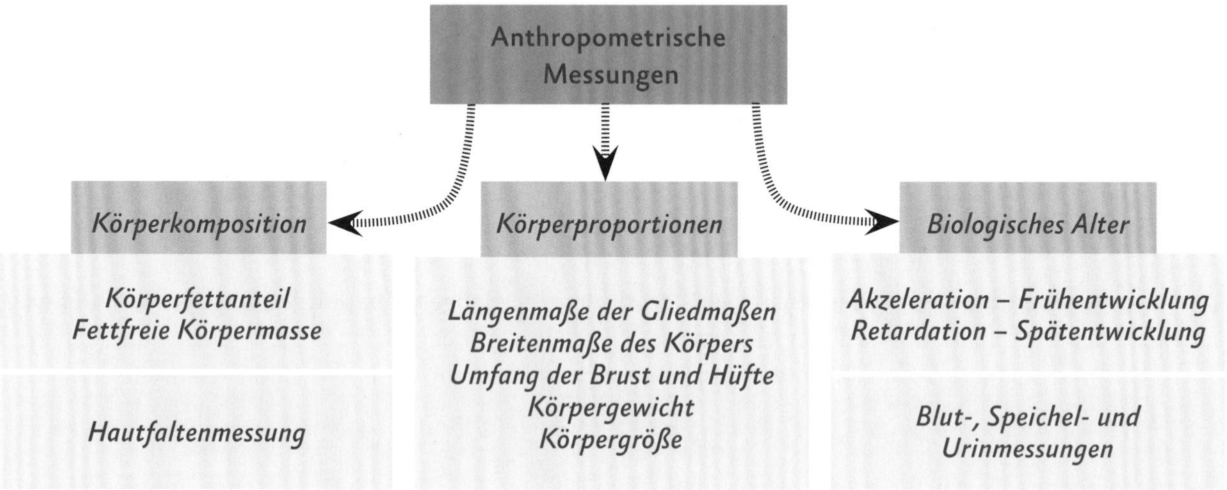

Anthropometrische Messungen

Bei einem **Somatochart** werden die oben genannten Messwerte in einer Graphik dargestellt. Ein Computerprogramm wertet die Messdaten aus und liefert dann das Somatochart. Das Somatochart wird in vier Zonen unterteilt.

In der **ersten Zone** befinden sich Sportler/Sportlerinnen, die Merkmale eines **endomorphen Menschen** aufweisen. Dieser Abschnitt beginnt bei dem Wert 500 und geht höher. Die endomorphen Sportler/Sportlerinnen sind sehr stämmig gebaut und neigen dazu, schneller Fettreserven aufzubauen. Sie sind daher nicht für alle Sportarten geeignet.

In der **zweiten Zone** befinden sich Sportler/Sportlerinnen, die sich sehr gut für den Ausdauersport eignen. Sie weisen Merkmale eines **ektomorphen Körperbaus** auf. Das bedeutet, dass sie meistens groß, schlank sind und einen geringen Körperfettanteil haben. Das sind wichtige Voraussetzungen für einen ökonomischen Laufstil.

Sportler/Sportlerinnen der **dritten Zone** weisen Merkmale von **allen drei Somatotypen** auf. Oftmals befinden sich Kraftsportler/Kraftsportlerinnen in diesem Abschnitt. Grund dafür ist der meist stämmige Körperbau in Kombination mit einer großen Körpergröße. Sie bauen sehr schnell Muskeln auf, da sie auch Anteile eines mesomorphen Typs aufweisen. Diese Sportler/Sportlerinnen eignen sich perfekt für Kraftsportarten.

Sportler/Sportlerinnen der **vierten Zone** weisen ebenfalls Merkmale von **allen drei Körperbautypen** auf. Allerdings ist der endomorphe Einfluss auf den Körperbau sehr gering. Sie neigen dazu, wenig Fettreserven anzulegen und entwickeln schnell Muskelmasse. Abgesehen davon haben sie auch noch Merkmale eines Ausdauersportlers/einer Ausdauersportlerin. Das sind sehr positive Eigenschaften für alle sportmotorischen Grundeigenschaften. Viele Talente befinden sich in diesem Bereich des Somatocharts.

THEORIE ······➜ PRAXIS

Das im Areal des *Bundessport- und Freizeitzentrum Südstadt* befindliche *High Performance Center – IMSB-Austria* beschäftigt sich neben der Trainings- und Wettkampfoptimierung auch mit der Anthropometrie. Die Angebote des Instituts stehen nicht nur Spitzensportlern/Spitzensportlerinnen zur Verfügung, sondern auch allen anderen Interessenten.

Besuchen Sie die Internetseite des Instituts (http://imsb.at/) und finden Sie heraus, welche anderen sportmotorischen Verfahren das Institut noch anbietet. Nachdem Sie sich einen Überblick verschafft haben, wiederholen Sie die theoretischen Grundlagen zu jenen Verfahren, die auch in diesem Buch genauer beschrieben wurden. Gehen Sie anschließend mit einen Partner/einer Partnerin zusammen und beschreiben Sie abwechselnd jeweils ein Verfahren genauer.

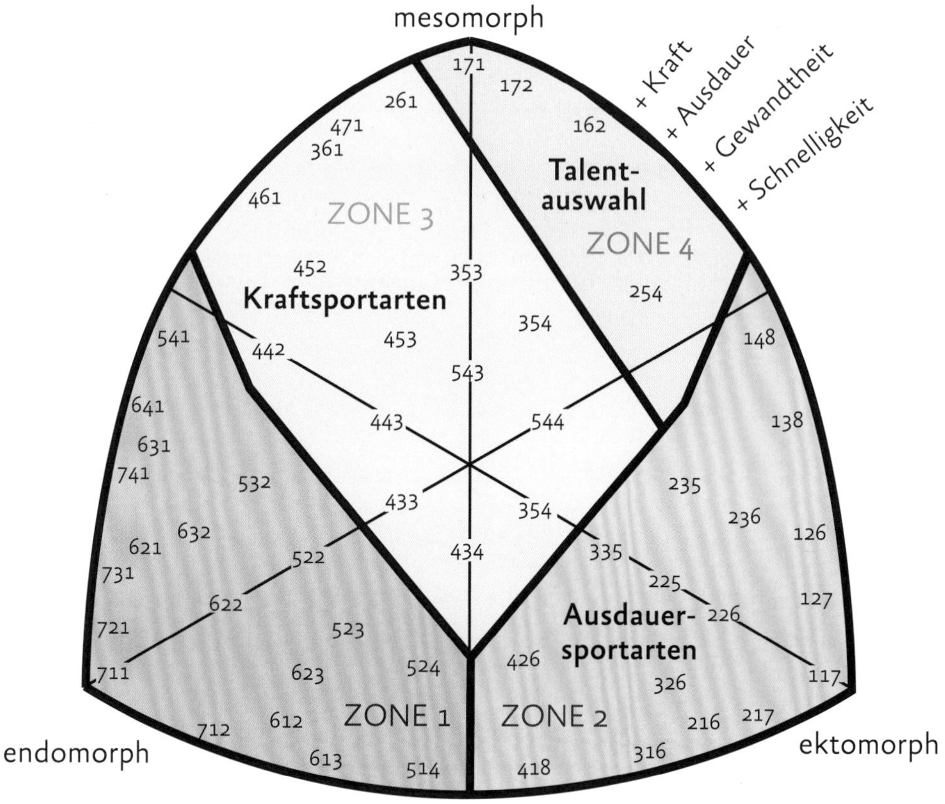

Somatochart mit Erklärungen

GET ACTIVE 5

Bilden Sie Paare und diskutieren Sie folgende Fragen:

1. In welchen Bereichen des Sportes ist eine Verwendung von leistungsdiagnostischen Verfahren sinnvoll?
2. Ist eine Trainingssteuerung mittels Puls für Sie eine mögliche Variante der Trainingssteuerung? Begründen Sie Ihre Argumente.
3. Was halten Sie persönlich von einer Einteilung von Sportlern/Sportlerinnen zu Sportarten aufgrund Ihrer körperlichen Voraussetzungen?
4. Ist das Durchführen und das Auswerten einer Spiroergometrie für Sie nun aus sportwissenschaftlicher Sichtweise nachvollziehbar? Begründen Sie Ihre Antwort.

Diskutieren Sie anschließend Ihre Ergebnisse im Plenum.

RP-TRAINING 2

Anforderungsniveau 1

Beschreiben Sie die wichtigsten Erkenntnisse, die man aus der Durchführung der Anthropometrie gewinnen kann.

Anforderungsniveau 2

1. Erläutern Sie den Unterschied zwischen einem Laktattest und einer Spiroergometrie.
2. Erklären Sie, welche Informationen nur bei einer Spiroergometrie ermittelt werden können.

Anforderungsniveau 3

Der unten abgebildete Laktattest ist von einer 30-jährigen Hobbysportlerin, die ihre Leistung im Bereich eines Halbmarathons verbessern möchte.

- Führen Sie eine Analyse des abgebildeten Laktattests durch.
- Bestimmen Sie die Trainingsbereiche REKOM, GA1, GA2 und WSA und zeichnen Sie diese in den Laktattest ein.
- Entwerfen Sie einen Trainingsplan für diese Hobbysportlerin für einen Halbmarathon-Wettkampf, der in drei Monaten stattfindet.

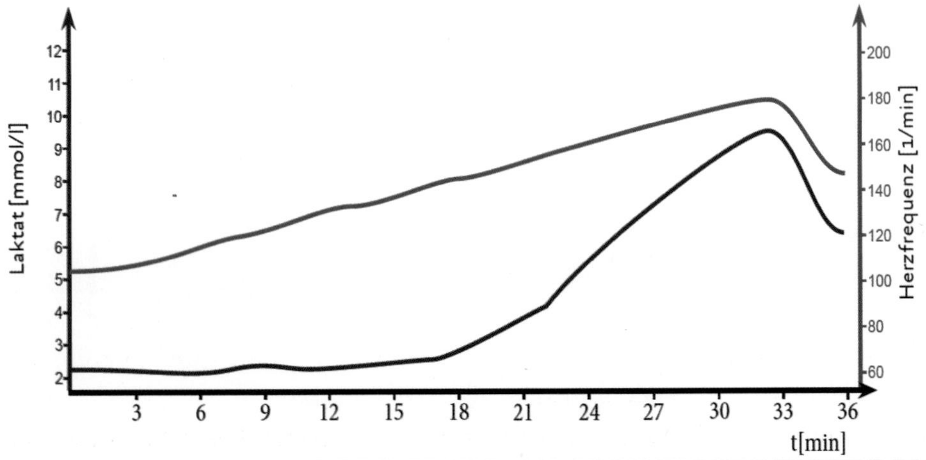

3 Psychologische Testverfahren

Nach der aktuellen sportwissenschaftlichen Meinung hat jeder Sportler/jede Sportlerin eine genetisch bedingte Grenze in der Entwicklung von physiologischen Fähigkeiten und Fertigkeiten. Diese Tatsache ist der Grund dafür, dass durch psychologische Tests niemals Weltmeister/Weltmeisterinnen vorhergesagt werden. Sie helfen aber Jugendlichen bei der Auswahl von Sportarten, für die sie besonders gut geeignet sind. Ebenso sind Vorhersagen über die Entwicklung der Sportler/Sportlerinnen in den jeweiligen Sportarten möglich.

Welche psychologischen Eigenschaften Sportler/Sportlerinnen aufweisen müssen, um in einer Sportart an die Spitze zu kommen, sind hier kurz zusammengefasst.

- Sie haben ein hohes Selbstbewusstsein und das Bedürfnis in ihrer Sportumgebung ein relativ hohes Selbstbild, Selbstwertgefühl und Vertrauen zu erreichen und zu behalten.
- Sie verspüren genauso Angst, Stress und andere negative Emotionen, gehen aber damit viel besser um.
- Sie sind mental stark, widerstandsfähig und beharrlich im Umgang mit auftretenden Schwierigkeiten.
- Ihre Schmerzgrenze liegt etwas höher und besonders in Kontaktsportarten tolerieren sie Schmerzen besser.

Die Ansätze in der Sportpsychologie sind sehr vielfältig, zielen aber im Großen und Ganzen immer wieder auf die oben erwähnten Eigenschaften eines Sportlers/einer Sportlerin ab. Um einen kleinen Überblick über sportpsychologische Tests zu bekommen, werden exemplarisch Methoden vorgestellt, die durch das *Österreichische Bundesnetzwerk Sportpsychologie* und das *Bundesinstitut für Sportwissenschaften – Sportpsychologie für den Spitzensport* – durchgeführt werden. Beide Einrichtungen haben eine optimale psychologische Betreuung der Sportler/Sportlerinnen, Nachwuchssportler/Nachwuchssportlerinnen und Trainer/Trainerinnen als Ziel.

3.1 Exemplarische Fragebögen

3.1.1 Fragebogen zum Thema „Angst"

WAI-T (Brand, Ehrlenspiel & Graf, 2009)

Dieser Fragebogen dient zur Ermittlung der Neigung zu Angst bei Athleten/Athletinnen in Wettkampfsituationen. Er setzt sich aus fünfzehn verschiedenen Fragen zusammen, die bei der Auswertung drei Werte liefern, die für die Komponenten somatische Angst, Besorgnis und Konzentrationsstörung stehen.

Das abgebildete Beispiel des Fragebogens gehört zum Bereich Konzentrationsstörungen und liefert je nach Antwort des Athleten/der Athletin ein bis vier Punkte zum Gesamtwert in diesem Bereich.

Im Wettkampf ...

... fällt es mir schwer, mit meinen Gedanken beim Wettkampf zu bleiben.

Wert:	1	2	3	4
	☐ gar nicht	☐	☐	☐ sehr

Beispiel einer Fragestellung des WAI-T Fragebogens

- Die **somatische Angst** beschreibt die Neigung in Wettkampfsituationen zu körperlich spürbarer Aufregung, wie feuchte Hände oder Herzrasen.
- Die **Besorgnis** steht für die Neigung, kognitive Besorgnis zu zeigen, die zu Selbstzweifel und Sorgen führt oder negative Gedanken erzeugt.

- Der Wert für die **Konzentrationsstörung** ist ein weiterer Teil der kognitiven Angst, der die Neigung zur Ablenkung durch äußere Einflüsse bewertet.

Die drei durch den Fragebogen ermittelten Werte werden dann mit vorhandenen Tabellen, die einen Normwert liefern, verglichen. Die Prozentangabe zeigt dann eventuelle Schwächen in einem der drei Bereiche auf.

3.1.2 Fragebogen zum Thema „Motivation"

AMS – Achievement Motives Scale (Elbe, Wenhold & Müller, 2005)
Dieser Test zeigt, ob ein Sportler/eine Sportlerin eher erfolgszuversichtlich oder misserfolgsängstlich ist. Er liefert zwei Werte, die Nettohoffnung (NH) und die Gesamtleistungsmotivation (GLM).

Insgesamt dreißig Fragen werden zwischen die Bereiche „Hoffnung und Erfolg (HE)" und „Furcht und Misserfolg (FM)" aufgeteilt. Athleten/Athletinnen mit einem hohen HE-Wert werden dadurch motiviert, dass sie sich immer selbst übertreffen wollen und Leistungssituationen als Herausforderung sehen. Ein hoher FM-Wert führt zur Vermeidung von Vergleichssituationen. Athleten/Athletinnen sind dann eher dadurch motiviert, jeglichen Misserfolg zu verhindern.

	Wert: 0	1	2	3
Ich merke, das mein Interesse schnell erwacht, wenn ich vor einer sportlichen Herausforderung stehe, die ich nicht auf Anhieb schaffe.	trifft genau auf mich zu	trifft überwiegend auf mich zu	trifft weniger auf mich zu	trifft überhaupt nicht auf mich zu

Beispiel einer Fragestellung des AMS-Fragebogens

Jeder Bereich besteht aus fünfzehn Fragen. Somit ist die Höchstzahl in beiden Bereichen 45 Punkte. Die Nettohoffnung wird mittels folgender Formel berechnet: NH = HE – FM. Ist dieser Wert positiv, so ist der Sportler/die Sportlerin eher erfolgszuversichtlich, ist er negativ, so ist der Sportler/die Sportlerin eher misserfolgsängstlich. Zur Interpretation der Ergebnisse existieren Normtabellen.

Die Gesamtleistungsmotivation ergibt sich aus der Summe der beiden Werte HE und FM. Bei Sportlern/Sportlerinnen mit hohen Werten kann es zu außerordentlichen Leistungen kommen. Sie werden von Herausforderungen angetrieben und trainieren sehr hart, aus der Angst heraus zu versagen. Es besteht die Gefahr eines Übertrainings.

3.1.3 Fragebogen zum Thema „Mannschaftskohäsion"

MAKO-02 (Lau & Stoll, 2002)
Dieser Test untersucht den Zusammenhalt einer Sportmannschaft. Dazu werden alle Spieler/Spielerinnen befragt und ihre Antworten in zwei Subbereichen ausgewertet. Der erste Wert steht für die Aufgabenkohäsion (AUF) und beschreibt die wahrgenommene Geschlossenheit bei Aufgaben und Zielen innerhalb der Mannschaft. Der zweite Wert steht für Sozialkohäsion (SOZ) und beschreibt die wahrgenommene Geschlossenheit bei emotionalen und sozialen Beziehungen innerhalb der Mannschaft.

	1	2	3	4	5	6	7
Ich bin in dieser Mannschaft, weil ich hier Freunde habe.	stimme überhaupt nicht zu						stimme völlig zu

Beispiel einer Fragestellung des MAKO-Fragebogens

Die zehn Fragen zur Sozialkohäsion liefern Punkte, aus denen ein Mittelwert berechnet wird. Genauso wird mit den neun Fragen zur Aufgabenkohäsion verfahren. Diese Ergebnisse werden dann verwendet, um einen Gesamtwert für die ganze Mannschaft in den beiden Bereichen zu ermitteln. Je höher diese Werte sind, desto stärker ist der Zusammenhalt in der Mannschaft. Schwanken die Ergebnisse der einzelnen Spieler/Spielerinnen sehr stark, so ist die Wahrnehmung über die Kohäsion in der Mannschaft sehr unterschiedlich. Dieser Tatsache muss dann in weiteren Untersuchungen auf den Grund gegangen werden.

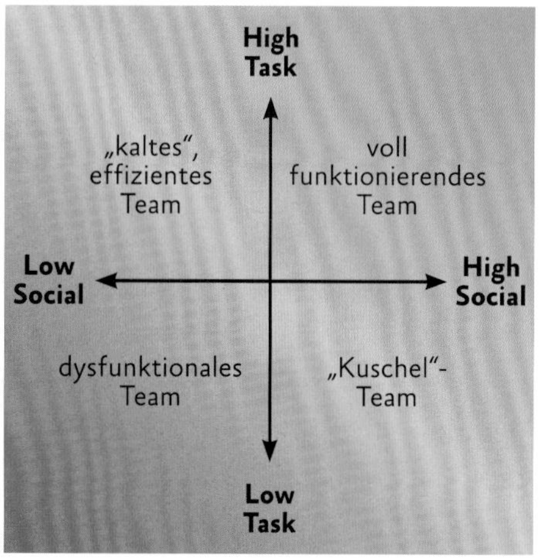

(nach Team-Reflexivity-Modell/ Diagnostikportal, 2019)

Nach aktuellen Erkenntnissen hat eine hohe Aufgabenkohäsion positive Auswirkungen auf die Leistungsstärke der Mannschaft im Wettkampf. Die Sozialkohäsion hat zwar etwas geringeren Einfluss auf die Teamleistung, spiegelt aber indirekt das Klima in der Mannschaft wider. In der abgebildeten Graphik ist ersichtlich, dass ein Team besser funktioniert, wenn beide Werte über dem Durchschnitt liegen. Bei sehr niedrigen Werten gibt es erhebliche Probleme in der Mannschaft, die eine Ursachenforschung erfordern. Hier ist die Gefahr eines Zusammenbruches des Teams sehr hoch.

GET ACTIVE 6

Eine Schulklasse ist in gewisser Weise so etwas Ähnliches wie ein Team im Sport. Führen Sie einen Test über den Zusammenhalt in Ihrer Klasse durch und ermitteln Sie die Qualität Ihres „Teams".

Die Testfragen und nötigen Informationen finden Sie unter: www.bisp-sportpsychologie.de.

3.2 Exemplarisches Testverfahren (vgl. www.schuhfried.at)

Um sehr detaillierte Aussagen über die psychologischen Fähigkeiten eines Sportlers/einer Sportlerin zu treffen, reichen einfache Fragebögen nicht aus. Deshalb werden die psychologischen Parameter über mehrere aufeinander abgestimmte Verfahren bestimmt. Auf diese Art kann ein psychologisches Profil erstellt werden, das Stärken und Schwächen des Sportlers/der Sportlerin in diesem Bereich aufzeigt. Mit Hilfe dieser Daten sind dann individuell zugeschnittene Maßnahmen möglich, die zu einer Verbesserung der Leistung führen. Ein Beispiel für solche Testverfahren liefert das Angebot des *Österreichischen Bundesnetzwerkes für Sportpsychologie (ÖBS)* für seine Mitglieder.

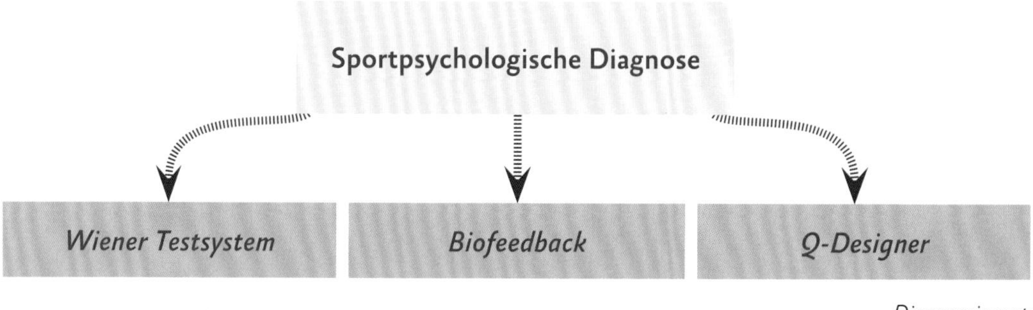

Diagnoseinventar des ÖBS

Das Ziel der Tests liegt in der Vorhersage von künftigem Verhalten und dem Erreichen eines durch Intervention erwünschten Verhaltens eines Athleten/einer Athletin. Erfasst werden unter anderem Merkmale aus der Vergangenheit des Sportlers/der Sportlerin sowie seine/ihre Persönlichkeit. Die zusätzliche Kombination aus Messungen unterschiedlicher Leistungsmerkmale und der Durchführung eines Biofeedbacks ergeben ein genaues Gesamtbild über den momentanen Stand der Entwicklung.

Wiener Testsystem SPORT

Das *Wiener Testsystem SPORT* ermöglicht eine psychologische Diagnostik mit Hilfe eines Computersystems. Es werden Messungen zur Reaktionszeit, Entscheidungsfindung, Koordinationsfähigkeit und der peripheren Wahrnehmung durchgeführt. Durch die automatische Auswertung bietet das System den Vorteil, auch größere Gruppen von Sportlern/Sportlerinnen mit geringen Energieressourcen zu testen.

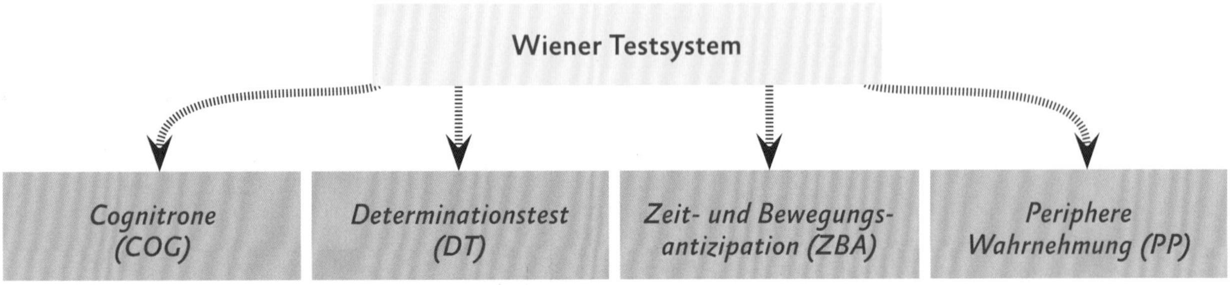

Wiener Testsystem des ÖBS

Biofeedback

Beim Biofeedback werden Veränderungen bei biologischen Vorgängen, die mit freiem Auge nicht sichtbar sind, gemessen. Die Systeme messen unter anderem Atmung, Hautleitwert, Temperatur, Herzinvariabilität, Puls, Muskelspannung oder Mobilität. Mit technischen Hilfsmitteln werden diese Messungen dem Sportler/der Sportlerin bewusst gemacht. Solche Systeme haben verschiedene Einsatzgebiete. Im Sport werden Sie entweder zur Entspannung, zum Mentaltraining oder zur Rehabilitation eingesetzt. Im hier besprochenen Testverfahren wird mittels Biofeedback ein Stresstest durchgeführt, um die Reaktion des Sportlers/der Sportlerin auf stressige Situationen zu bestimmen. Es überprüft, wie stark sich der Stress auf die kognitiven und emotionalen Fähigkeiten auswirkt und in welcher Form der Sportler/die Sportlerin durch Stress von der eigentlichen Aufgabe abgelenkt wird.

Q-Designer

Um die Ergebnisse der Testverfahren abzurunden, wird eine Befragung mittels Fragebogen durchgeführt. Das dabei verwendete Computersystem macht eine sofortige Auswertung der Fragen möglich und liefert genaue Informationen über die mentalen Fähigkeiten des Sportlers/der Sportlerin. Die dabei ermittelten Informationen werden dann für eine Eingangsdiagnostik verwendet und bieten den Sportpsychologen/Sportpsychologinnen Ansatzpunkte für mögliche Interventionen zur Verbesserung der sportlichen Leistung.

THEORIE ······➡ PRAXIS

„Leistungssport geht an die Grenzen des Machbaren. Doch nicht nur Technik oder Kondition kann den „aufsteigenden Stern" zum Fall bringen, auch die Psyche spielt eine gravierende Rolle. Wird dies erkannt, fehlt meist die seriöse Behandlung."

Tanja Rupprecht-Becker: Psychologie im Sport – eine Tatsache, die nach mehr Beachtung schreit.
In: https://www.zeit.de/wohlfuehlen/fitness_neu/Psychosport (5. Feb. 2020)

Der Leistungsdruck auf Sportler/Sportlerinnen hat sich im Laufe der Jahre enorm gesteigert. Aus diesem Grund gibt es immer mehr Institutionen, die eine psychologische Betreuung für Sportler/Sportlerinnen anbieten. *Mental Care*™ für Leistungssportler/Leistungssportlerinnen, *Im.puls Sport* oder *Sportpsychologie.at* sind nur einige Beispiele für das vielfältige Angebot im Netz zum Thema „psychologische Betreuung". Um die Suche nach einer geeigneten Betreuung zu erleichtern, bietet das *Online-Informationssystem für psychologische Dienstleistungen (www.psychnet.at)* die Möglichkeit, über eine Suchmaschine geeignete Psychologen/Psychologinnen zu bestimmten Themenbereichen zu finden.

RP-TRAINING 3

Anforderungsniveau 1

Beschreiben Sie die Aufgaben und Ziele von psychologischen Tests im Sport.

Anforderungsniveau 2

1. Erläutern Sie den Vorteil von Testbatterien im Vergleich zu einfachen Fragebögen.
2. Beurteilen Sie, ob sich Ihrer Meinung nach die Durchführung von psychologischen Tests für sportliche Leistungen lohnt.

Anforderungsniveau 3

Braucht aus Ihrer Sicht jeder Spitzenathlet eine psychologische Betreuung?

So pauschal kann man das nicht sagen, es muss jeder selbst für sich entscheiden. Es gibt genügend Athleten, die ohne uns sehr gut zurechtkommen, intuitiv auf natürliche Weise richtig handeln und überragende Erfolge feiern. Auch passiert es manchmal, dass es nicht funktioniert, man nach den Erstgesprächen keinen Draht zueinander findet und deshalb die Sache wieder beendet.

Aber der Eindruck täuscht sicher nicht, dass der Wert der Psychologie im Leistungssport größer geworden ist?

Das stimmt. Wir merken das an der steigenden Nachfrage. Das Bewusstsein dafür ist gewachsen, auch in den Sportverbänden. Obwohl es noch welche gibt, in denen die Psychologie scheinbar keine große Rolle spielt. Sicher ist, dass in der dichten Leistungsspitze der Kopf, das Mentale, die Emotionen immer mehr Bedeutung erlangen. Der Druck wächst, entscheidend ist, wie man damit umgeht. Das trifft nicht nur auf Topathleten zu.

Auszug aus dem Interview „Sportpsychologie: Der Kopf wird immer entscheidender". In:
www.freiepresse.de/sport/sportpsychologin-der-kopf-wird-immer-entscheidender-artikel10502738 (5. Feb. 2020)

1. Nehmen Sie zu den Aussagen des im oben angeführten Auszugs eines Interviews mit der Psychologin Grit Reimann Stellung.
2. Überlegen Sie sich verschiedene Gründe für den ständig wachsenden Druck auf Sportler/Sportlerinnen.

KOMPETENZCHECK

Ich kann ...			
... verschiedene leistungsdiagnostische Verfahren erkennen und nachvollziehen.			
... einen Laktattest so interpretieren, dass damit eine vernünftige Trainingssteuerung möglich ist.			
... die wichtigsten Werte in Zusammenhang mit der Pulsmessung erklären, ermitteln und anwenden.			

Wagnis und Risiko im Sport

Kapitel 13

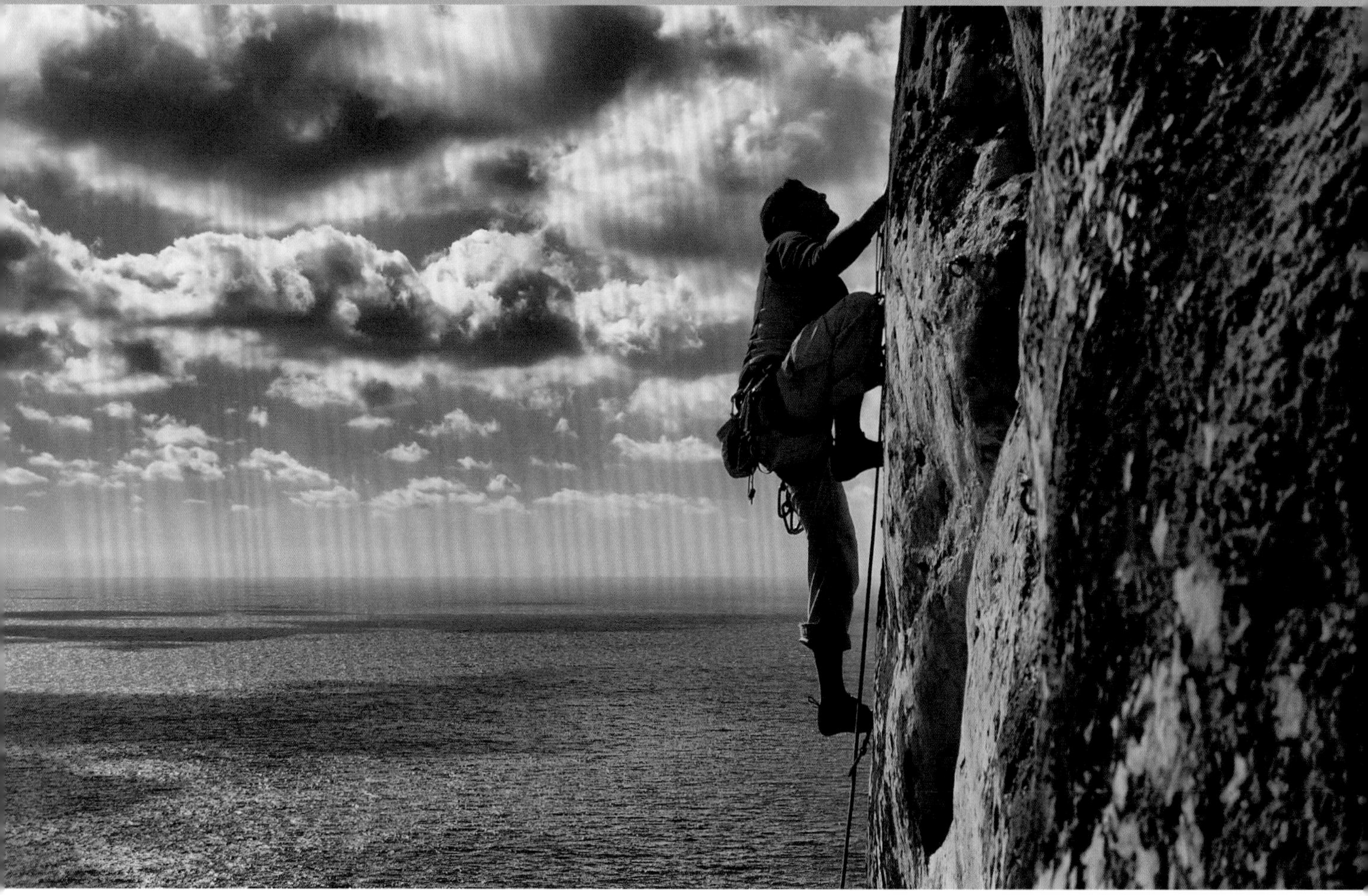

Immer wieder tauchen Videos auf, bei denen Sportler/Sportlerinnen sich unglaublichen Gefahren aussetzen. Der Extremsportler Travis Pastrana springt zum Beispiel knapp bekleidet und ohne Fallschirm aus einem fliegenden Flugzeug. Seine Kollegen sichern ihn im freien Flug – er übersteht das waghalsige Unternehmen unfallfrei.

Das Erleben von Wagnis und Risiko im Sport ist subjektiv. Während die einen erst von Wagnis und Risiko sprechen, wenn es sich um Leben oder Tod handelt, empfinden andere bereits einen Sprung vom Drei-Meter-Brett als ein waghalsiges, risikoreiches Unterfangen. Das Überwinden von eigenen Grenzen kann dabei den Menschen in der Persönlichkeitsentwicklung positiv beeinflussen.

Dieses Kapitel beschäftigt sich mit Wagnis, Risiko, Angst und Angstbewältigungsstrategien. Ein weiterer Schwerpunkt ist das sichere Gestalten und Anleiten von sportlichen Übungen.

Der Lernende/Die Lernende soll ...

- Wagnis und Gefahrensituationen erkennen und benennen können,
- Verantwortung übernehmen und sportliche Aktivitäten für sich und andere sicher gestalten und anleiten können,
- die Entstehung von Angst und Angstbewältigungsstrategien erklären können.

WARM-UP

Bilden Sie Vierergruppen und diskutieren Sie folgende Fragen:

- Welche Risiken bestehen bei den abgebildeten Sportarten für den Breitensportler/die Breitensportlerin?
- Wie können Risiken vermindert werden?
- In welchen riskanten Situationen waren Sie bereits beim Sport? Was ist passiert? Wodurch sind Sie in diese Situation geraten? Wie haben Sie gehandelt? Wie hätte sich das vermeiden lassen?

1 Risikobereitschaft im Sport

Blaue Flecken, Schürfwunden, Bänderzerrungen, Knochenbrüche und noch viel Schlimmeres gehören zum Leben vieler Sportler/Sportlerinnen. Jährlich passieren über 200 000 Unfälle im Zusammenhang mit Sport. Dabei wurden nur jene gezählt, die im Krankenhaus behandelt werden mussten. In Österreich sind Fußball (50 000 Unfälle), Alpiner Skilauf (23 000 Unfälle), Mannschaftsballsportarten (22 000 Unfälle), Radfahren bzw. Mountainbiken (20 000 Unfälle) und Wandern, Klettern sowie Abenteuersportarten (13 500 Unfälle) jene Sportarten, die zu den fünf häufigsten Sportunfällen führen. *(vgl. KFV 2016a)* Trotz der Verletzungen, die durch sportliche Betätigung entstehen können, sind knapp 40 Prozent der österreichischen Bevölkerung zumindest ein Mal pro Woche sportlich aktiv. *(vgl. Mayrhofer/Zellmann 2010: S. 2)* Die Gründe für Unfälle sind vielfältig, Überforderung und ein schlechter Trainingszustand spielen eine wichtige Rolle. Auch wenn für viele die Verbesserung der Gesundheit und Fitness das primäre Motiv für die sportliche Betätigung ist, gehen zahlreiche Menschen Wagnisse und Risiken im Sport ein.

Ein **Wagnis** ist ein gewagtes, riskantes Vorhaben. Es besteht Gefahr und die Möglichkeit des Verlustes und Schadens. **Risiko** kann zu einem negativen Ausgang einer Unternehmung führen, der mit Nachteilen, Verlusten und Schäden verbunden ist. Die Begriffe „Wagnis" und „Risiko" sind nicht eindeutig voneinander abzugrenzen.

Der Sportpädagoge Kurz definiert die beiden Begriffe wie folgt:

„Wer wagt, sucht aus eigener Entscheidung eine unsichere Situation auf und bemüht sich, diese im Wesentlichen mit den eigenen Fähigkeiten zu bewältigen. Dabei ist die Unsicherheit von der Art, dass sie zumindest subjektiv als Bedrohung der körperlichen Unversehrtheit empfunden wird. Demgegenüber ist das Risiko durch Gefahren charakterisiert, die von außen auf das Individuum zukommen und die es durch seine eigenen Fähigkeiten nicht entscheidend verringern kann." (Kurz 2000: S. 35)

Basierend auf den beiden Definitionen sind folgende Elemente Teil eines Wagnisses bzw. Risikos:

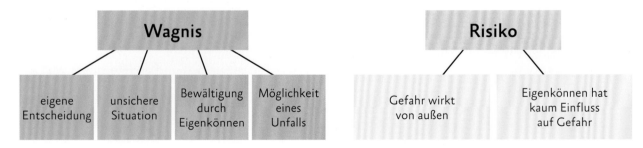

Wagnis

- eigene Entscheidung
- unsichere Situation
- Bewältigung durch Eigenkönnen
- Möglichkeit eines Unfalls

Risiko

- Gefahr wirkt von außen
- Eigenkönnen hat kaum Einfluss auf Gefahr

Obwohl Wagnis und Risiko im schlimmsten Fall mit Verletzungen zusammenhängen, schrecken Sportler/Sportlerinnen nicht zurück, entsprechende Risiken einzugehen. Neben „einfacheren Herausforderungen" wie zum Beispiel dem Balancieren über einen Bach, wo bereits ein Wagnis eingegangen wird, erfreuen sich Risiko-, Extrem- und Funsportarten großer Beliebtheit, bei denen der Ausgang ungewiss ist und im schlimmsten Fall mit dem Tod enden kann. Gründe, warum Menschen Freiklettern, Slacklining in großer Höhe, Base-Jumping, Ultra-Marathons oder Bungee-Jumping betreiben, sind vielfach.

Sportlern/Sportlerinnen, die Sportarten mit einem hohen Risiko betreiben, wird oft nachgesagt, dass sie auf der Suche nach dem „Kick" oder „Thrill" sind – einem Zustand, bei dem es zu einer vermehrten Ausschüttung von Adrenalin kommt. Die **Motive** sind aber weitaus tiefgründiger. Wir leben in einer Gesellschaft, die durch **Normen** und Gesetze geregelt und von Sicherheit geprägt ist. Im Alltag stoßen wir selten auf Situationen, die ein Risiko darstellen. Viele möchten von diesem, vielleicht eintönigen, Alltag ausbrechen und neue Grenzen erfahren. Man will sich neue Erlebnisse durch den Einsatz der eigenen geistigen und körperlichen Fähigkeiten erarbeiten. Bei der Ausführung von Sportarten, die ein gewisses Wagnis oder Risiko mit sich bringen, geht es darum, sich mit der eigenen Angst auseinanderzusetzen. Durch das Kontrollieren der Angst kommt es zu einer Steigerung des Selbstwert- und Identitätsgefühls.

Dieses Verlangen trifft natürlich nicht auf jeden Menschen zu und wird auch im Wesentlichen von der Persönlichkeit bestimmt. Sogenannte „Sensation-Seeker" sind eher bereit, Neues zu erleben, intensive Erfahrungen zu machen und die eigenen Grenzen auszuloten. Das ist aber nur möglich, wenn sich die Sportler/Sportlerinnen aus der gewohnten, sicheren Umgebung herausbegeben und freiwillig in mehr oder weniger gefährliche Situationen stürzen. Ziel ist die Verschiebung der eigenen Leistungsgrenzen, das erhöht sogar die Konzentration, vorausgesetzt, die Kontrolle wird nicht verloren.

Viele Extrem- und Risikosportler/Risikosportlerinnen berichten von einem Zustand, bei dem sie in einer Art „**Flow**" sind. Zu beachten ist, dass dieses Erlebnis nur erreicht wird, wenn die Herausforderung und die eigenen Fähigkeiten im Gleichgewicht sind. Dieses Verlangen nach dem positiv erlebten Bewusstseinszustand führt dazu, dass immer wieder neue Herausforderungen gesucht werden. Andere Gründe für Extremsport können auch (traumatische, unbewältigte) Erlebnisse sein. Diesen „Sensation-Seeker" gegenüber stehen Menschen, die Bekanntes und die alltägliche Routine vorziehen. Sie sehen davon ab, Risiken einzugehen und bewegen sich in eher bekanntem, vertrautem Umfeld. Der Grad der Ausprägung unterscheidet sich von Person zu Person.

RP-TRAINING 1

Anforderungsniveau 1

1. Nennen Sie die häufigsten Sportunfälle in Österreich und die Gründe dafür.
2. Definieren Sie die Begriffe „Wagnis" und „Risiko" im Sport.
3. Führen Sie Beispiele von Sportarten an, bei denen ein hohes Risiko besteht.

Anforderungsniveau 2

Analysieren Sie die Bedeutung von Wagnis und Risiko im Sport in unserer heutigen Gesellschaft.

Anforderungsniveau 3

Bekannte von Ihnen möchten im Sommer eine Wanderung auf knapp über 2000 Meter unternehmen. Sie haben jedoch immer wieder von Unfällen am Berg gehört und möchten sich entsprechend gut vorbereiten. Ihre Bekannten sind sportlich nicht aktiv und etwa 40 Jahre alt.

Die Wanderung erfordert eine mittelmäßige Kondition und mittelmäßige Trittsicherheit (kein Klettersteig, keine Seilschaft etc.). Der Weg zum Gipfel dauert ca. drei Stunden, sie haben eine Einkehrmöglichkeit auf etwa der Hälfte der Route und es gibt keine zusätzlichen Wasserquellen. Die Route selbst befindet sich auf der Sonnenseite.

Beurteilen Sie die Höhe des Risikos dieser Wanderung und nehmen Sie zu möglichen Gefahrenquellen/Risiken Stellung. Entwickeln Sie Strategien, damit sich Ihre Bekannten möglichst optimal auf ihre Wanderung vorbereiten können und sicher am Berg unterwegs sind.

2 Sicherheit im Sport

Etwas wagen, riskieren, Selbstvertrauen entwickeln und über die eigenen Grenzen gehen, erlaubt es Menschen, über sich selbst hinauszuwachsen und sich persönlich weiterzuentwickeln. Sport im Allgemeinen und in der Schule bietet dafür zahlreiche Möglichkeiten für Kinder und Jugendliche.

Oberstes Ziel ist stets die Gewährleistung der Sicherheit und eine verletzungsfreie Ausführung der Aktivität. Verletzungen im Sport passieren relativ schnell, oft reicht ein herumliegender Ball in der Turnhalle. Daher ist es besonders wichtig, das geforderte Eigenkönnen (z. B. Ausdauer, Kraft, Beweglichkeit, Technik, Motivation etc.) einer Aktivität zu besitzen, Risiken richtig einschätzen zu können, Verantwortung für sich und andere zu übernehmen, Gefahrenquellen vorab zu erkennen und mit entsprechenden Sicherheitsmaßnahmen vorzubeugen.

Um das Verletzungsrisiko so gering wie möglich zu halten, ist es wichtig, sich selbst und seine Umwelt richtig einschätzen zu können. Folgende (unvollständige) Checkliste kann dabei helfen.

Checkliste	✓
Ich bin auf die bevorstehende Aktivität körperlich und geistig vorbereitet. Ich bin z. B. aufgewärmt, erholt, unverletzt, mit Nährstoffen versorgt, konzentriert, motiviert etc.	
Ich habe die körperlichen Voraussetzungen (z. B. Kraft, Ausdauer, Beweglichkeit, Technik, methodischer Aufbau etc.) geschaffen, um die Bewegung auszuführen.	
Meine Kollegen/Kolleginnen und ich verhalten uns verantwortungsvoll und diszipliniert.	
Meine Ausrüstung ist in einwandfreiem Zustand.	
Die benützten Geräte sind in einwandfreiem Zustand und werden regelmäßig gewartet.	
Ich kenne notwendige Sicherheitsmaßnahmen für die jeweilige Sportart, Bewegung, Aktivität etc.	
Ich habe die Umgebung nach möglichen Gefahrenquellen untersucht.	
Mögliche Gefahren und Risiken wurden durch z. B. Matten, Polster, Schützer, Sicherheitsequipment, Beobachtung der Umgebung, Einhalten von Sicherheitsabständen etc. reduziert.	
Die Umgebung und das Wetter erlauben die Durchführung der Aktivität.	
Es befindet sich ein Erste-Hilfe-Kasten in unmittelbarer Nähe.	
Ich und mindestens eine weitere Person in meiner Gruppe kann Erste Hilfe leisten.	
Ich und mindestens eine weitere Person in meiner Gruppe kann im Notfall Einsatzkräfte erreichen (telefonisch, durch Zuruf etc.).	
Rettungskräfte haben ungehinderten Zugang.	
Ich bin mir möglicher Gefahren und Risiken bewusst und führe die Aktivität freiwillig durch.	

GET ACTIVE 1

Bilden Sie Zweiergruppen, wählen Sie eine Sportart/Bewegung aus und beschreiben Sie mögliche Risiken und Gefahren. Nennen Sie geeignete Maßnahmen, wodurch die Sportart/Bewegung sicherer gemacht werden kann. Orientieren Sie sich dabei an der Checkliste.

Präsentieren Sie anderen Zweiergruppen Ihre Ergebnisse.

Um die Sicherheit zu gewährleisten und Risiken sowie Gefahren im Sport so gering wie möglich zu halten, gibt es unterschiedliche Möglichkeiten:

Materiale Hilfen *wie Geräte- und Geländehilfen*	Helfen und Sichern

Je nach Sportart bieten sich bei **materialen Hilfen** unterschiedliche Möglichkeiten an, wie zum Beispiel:

- Geländehilfen, z. B. beim Skifahren (Auswahl des richtigen Hanges und der passenden Schneeverhältnisse je nach Eigenkönnen)
- Erhöhung der Ausgangsposition oder erhöhte Plattform, um bessere Schwerkraftverhältnisse auszunutzen (z. B. Handstützüberschlag rückwärts von einer erhöhten Plattform)

- Absicherung von möglichen Gefahrenquellen (z. B. Einsatz von Pölstern bei Stützflächen oder gefährlichen Stellen)
- Vermeidung von Sturzquellen oder Abmilderung von Stürzen durch Einsatz von Matten

Die Reduzierung des Unfallrisikos beginnt aber nicht erst unmittelbar vor oder während der Übungsausführung. Das richtige Aufwärmen stellt einen wichtigen Aspekt im Rahmen der Unfallvorbeugung dar und Präventionsmaßnahmen sollen stets im Training miteinbezogen werden:

- Beweglichkeit und Mobilisation
- Koordinationstraining
- Sensomotorisches Training
- Kräftigung und Stabilisation

GET ACTIVE 2

Bilden Sie Vierergruppen und entwerfen Sie ein Aufwärmprogramm, das mindestens drei der oben genannten Präventionsmaßnahmen beinhaltet.

Führen Sie dieses im Rahmen Ihrer nächsten Einheit mit der gesamten Klasse durch.

Um die Sicherheit zu gewährleisten, spielen **„Helfen“** und **„Sichern“** im Sport eine wesentliche Rolle. Durch „Helfen“ und „Sichern“ wird versucht, Unfällen vorzubeugen, einen Bewegungsablauf erfolgreich zu gestalten und den Lernprozess zu unterstützen.

Beim **Helfen** greift ein Partner/eine Partnerin aktiv in den Bewegungsablauf ein, um die erfolgreiche Bewältigung einer Bewegungsaufgabe zu unterstützen. Aktive Hilfe bei einem Bewegungsablauf wird zum Beispiel beim Turnen durch die Anwendung von Stützgriffen (Stützschwüngen), Vorwärts- und Rückwärts-Drehgriffen (Salto vorwärts/rückwärts), Tragegriffen (Handstützüberschlag vorwärts, Unterschwung) angeboten.

Wichtige Aspekte beim Helfen sind:

- Der/Die Übende wird in der Bewegungsausführung nicht behindert.
- Der/Die Übende soll durch Hilfestellung die Übung schaffen und ein Erfolgserlebnis haben, welches zum Weiterüben animiert.
- Das Erlernen der Übung soll positiv beeinflusst werden.
- Es soll das Bewegungsgefühl verbessert werden.
- Der/Die Übende soll die Angst vor der Bewegung reduzieren.
- Es sollen Unfälle/Verletzungen vermieden werden. *(vgl. Bock 2005: S. 13)*

Bei fortgeschrittenem Eigenkönnen des Übenden/der Übenden tritt das Helfen in den Hintergrund und das Sichern gewinnt an Bedeutung. Beim **Sichern** wird der Bewegungsablauf genau beobachtet und der/die Sichernde greift nur ein, wenn Gefahr besteht. Dabei ist ein hohes Maß an Eigenkönnen und Praxis beim Sichern (Sicherungsgriffe, Timing, Antizipation etc.) notwendig.

GET ACTIVE 3

Lesen Sie folgende Anweisung zum „Vertrauensfall“.

„Auf einem stabilen Podest von ca. 120 cm Höhe stellt sich eine Person mit dem Rücken zu den sich vor der Plattform aufbauenden Fängern/Fängerinnen (mind. 8 Personen). Diese stehen sich in zwei Reihen, Schulter an Schulter eng zusammen, gegenüber.

Die Reihen stehen etwa 60 bis 80 cm auseinander. Die Fänger/Fängerinnen ordnen ihre Arme in einem

Reißverschlusssystem an. Sie stehen stabil – mit leicht angewinkelten Knien – den Körper zum/zur Fallenden hin ausgerichtet. Der/Die auf dem Podest Stehende kann sich nun, nach einem festgelegten Ritual, rückwärts in die Arme der Fänger/Fängerinnen fallen lassen. Wichtig ist, dass der/die Fallende sich steif wie ein Brett macht und die Hände vor der Brust ineinander oder in die Hosentasche steckt." (Rauscher 2011, S. 9 f.)

Begeben Sie sich nun in Vierergruppen und diskutieren Sie folgende Fragen:

1. Für welche Zielgruppe ist diese Aufgabe geeignet?
2. Welche Gefahrenquellen gibt es?
3. Wie können Sie das Risiko einer Verletzung mindern?

RP-TRAINING 2

Anforderungsniveau 1

Skizzieren Sie, wie im Bewegungs- und Sportunterricht mögliche Unfälle minimiert werden können.

Anforderungsniveau 2

1. Erklären Sie den Unterschied der Begriffe „Helfen" und „Sichern" und führen Sie Beispiele aus der Sportpraxis an.
2. Werten Sie nachstehendes Balkendiagramm aus.

Balkendiagramm: Hauptunfallursachen bei sportlichen Aktivitäten aus Sicht der Verunfallten

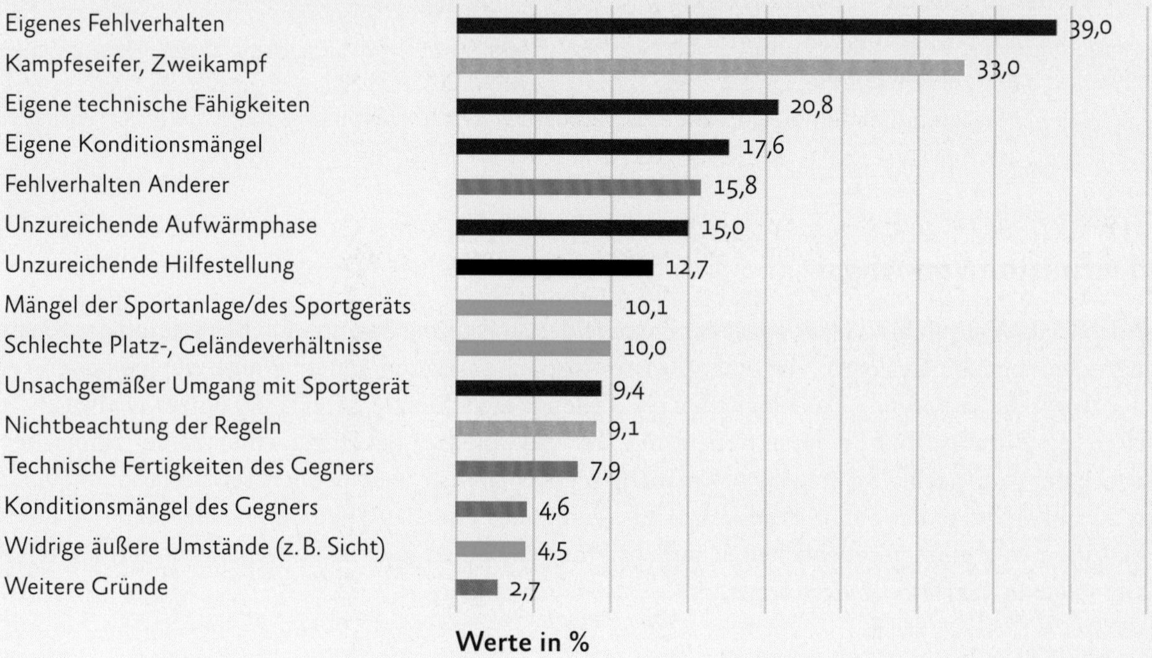

(Datenquelle: Stiftung Sicherheit im Sport 2019)

Anforderungsniveau 3

1. Entwickeln Sie entsprechende Maßnahmen, um eine Reduktion von Unfällen im Sport zu erreichen. Beziehen Sie sich dabei auf Ihre Auswertung des Balkendiagramms in Aufgabenstellung 2 (Anforderungsniveau 2).
2. Sie möchten das Vertrauen in Ihrem Freundeskreis stärken und verbringen gemeinsam sportlich Zeit im Freien. Leiten Sie eine Übung an, die es erlaubt, das Vertrauen zu stärken. Gehen Sie dabei auf das Thema „Sicherheit" ein.

3 Umgang mit Angst im Sport

GET ACTIVE 4

Gehen Sie online und suchen Sie eines der folgenden Videos:

1. Spiegel TV: Extremsport: Strategien gegen die Angst
2. TEDx Perth: Sport psychology – Inside the mind of champion athletes: Martin Hagger at TEDx Perth
3. TEDx USC: Athletes and Mental Health: The Hidden Opponent: Victoria Garrick
4. Planet Wissen: Lust am Extremen – Warum Sportler ihr Leben riskieren
5. Free Solo (2018, National Geographic)
6. Angst – Die Mutter aller Dinge (2014, Regie: Schwarzenberger)
7. Eigene Vorschläge

Fassen Sie den Inhalt kurz zusammen und präsentieren Sie spannende Sequenzen. Bilden Sie anschließend Dreiergruppen und diskutieren Sie folgende Fragen:

1. Wie definieren Sie Angst?
2. Welche Rolle spielt die mentale Verfassung bei der Ausübung von Extremsport bzw. bei der Überwindung von Angst?
3. Wie können Sie sich erklären, dass Sportler/Sportlerinnen nach schweren Unfällen immer wieder zurück in den Sport finden?
4. In welchen Situationen mussten Sie mit der Angst kämpfen?
5. Welchen Effekt hat Angst in sportlichem und schulischem Kontext auf Ihre körperliche und geistige Leistungsfähigkeit?
6. Welche Strategien wenden Sie an, wenn Sie sich einer Situation stellen sollen, die Ihnen Angst macht?

3.1 Definition von Angst

Nur noch fünf Minuten bis wieder eine alles entscheidende Prüfung beginnt. Ein Blick durch das Klassenzimmer – in manchen Gesichtern ist eine gewisse Anspannung zu erkennen. Einige wenige haben sogar mit der Angst zu kämpfen. – Das möglicherweise alles entscheidende Service bei einem wichtigen Tennismatch, die Zuseher/Zuseherinnen fiebern mit, und die Spielerin hat Angst, einen Fehler zu machen. – Aber auch der ganz normale Alltag zwingt manche Menschen in unterschiedlichsten Situationen, sich der Angst zu stellen. Sei es der Zahnarztbesuch eines Kleinkindes oder das Überqueren einer stark befahrenen Straße für einen älteren gebrechlichen Mann. Während die einen in einer angespannten Situation völlig gelassen bleiben, reagieren andere ängstlich.

In der Literatur finden sich unterschiedliche Definitionen von Angst. Das sportwissenschaftliche Lexikon beschreibt Angst folgendermaßen: *„Bezeichnung für eine Reihe komplexer emotionaler Zustände, die aufgrund realer oder vermuteter Bedrohungen durch äußere oder innere Faktoren verursacht und mit Begriffen wie Beengung, Erregung, Lähmung, Beunruhigung beschrieben werden." (Röthig 1992: S. 33)*

Eine ausführlichere Definition von Angst lautet: *„Angst ist eine kognitive, emotionale und körperliche Reaktion auf eine Gefahrensituation bzw. auf die Erwartung einer Gefahren- oder Bedrohungssituation. Als kognitive Merkmale sind subjektive Bewertungsprozesse und auf die eigene Person bezogene Gedanken anzuführen [...]. Emotionales Merkmal ist die als unangenehm erlebte Erregung, die sich auch in physiologischen Veränderungen manifestieren und mit Verhaltensänderungen einhergehen kann." (Hackfort/Schwenkmezger 1980: S. 19)*

3.2 Kategorien der Angst

Grundsätzlich ist Angst nichts Negatives, denn sie übernimmt eine wichtige Funktion. Sie warnt vor Gefahren und bewahrt uns dadurch vor Schaden. Das Empfinden von Angst und die damit in Verbindung stehende Intensität sind von Person zu Person und von Situation zu Situation unterschiedlich. Es gibt verschiedene Formen von Angst.

Man kann zwischen **angeborenen und erworbenen Ängsten** differenzieren.

- Unter **angeborenen Ängsten** versteht man Reaktionen des Menschen auf bestimmte Reize oder Situationen, wobei diese nicht vorher gelernt wurden. Sie sind also im Menschen fest verankert, ohne dass er/sie gelernt hat, dass diese Situation bedrohlich ist.

GET ACTIVE 5

Ergänzen Sie in Partnerarbeit mit einem Mitschüler/einer Mitschülerin für die jeweiligen angeborenen Ängste entsprechende Beispiele. Vergleichen Sie Ihre Ergebnisse mit anderen Gruppen und ergänzen Sie gegebenenfalls deren Ideen.

Angeborene Ängste	Beispiele
Angst vor Sturz	*Anfänger im Turnen,*
Angst vor dem Unbekannten (äußere Umgebungen, soziale Umgebungen)	*äußere Umgebungen: neue Situationen,* *in sozialen Umgebungen: neue Gruppen,*
Angst vor Orientierungsmängeln	*bei Rückwärtsbewegungen,*
Angst vor lauten Geräuschen	*laute Gespräche,*

- Im Gegensatz zu den angeborenen Ängsten stehen die **erworbenen Ängste.** Diese wurden im Laufe eines Lebens erlernt und konditioniert. Man geht davon aus, dass die verinnerlichten Ängste wieder verlernt bzw. umgekehrt werden können.

Speziell im schulischen und sportlichen Bereich treten immer wieder spezifische Ängste auf wie z. B. Angst vor körperlicher Verletzung und Schmerz (geringeres Leistungsniveau als Mitschüler/Mitschülerinnen ...), Angst vor Misserfolg und den Folgen des Versagens (Wettkampf ...), Angst vor Blamage (Turnkür ...), Angst vor dem Unbekannten (fremde Geräte, neue Räumlichkeiten ...).

Auch wenn viele Menschen Angst als einen unangenehmen Zustand beschreiben, haben einige gefährliche Situationen für manche Menschen einen gewissen Reiz. Die „Angstlust"-Theorie beschreibt das Verspüren von Lust beim Erleben von Angst. Halsbrecherische Achterbahnen, Horrorszenarien in Geisterbahnen, Rafting, Bungee-Jumping u. v. m. bieten für viele Menschen einen Lustgewinn, entstanden durch das freiwillige Begeben in risikoreiche, extreme Situationen.

3.3 Entstehung der Angst und körperliche Reaktionen

Angst kann bei realer oder vorgestellter Gefahr entstehen. Ziel unseres Organismus ist es zu überleben, der Körper stellt sich auf Kampf oder Flucht ein.

Reize, die im Körper Angst signalisieren, werden an das Gehirn weitergeleitet. In der Großhirnrinde werden die Sinneswahrnehmungen, basierend auf Vorerfahrungen, ausgewertet. Handelt es sich um Angst, so interpretiert unser Gehirn das als eine gefährliche bzw. lebensgefährliche Bedrohung. Von dort ausgehend, werden die Signale weiter an das **limbische System** geleitet, welches für unsere Gefühle verantwortlich ist. Bestimmte Bereiche des limbischen Systems, der **Hippocampus** und die **Amygdala** führen dazu, dass der **Hypothalamus** körperliche Reaktionen auslöst. Dies geschieht durch die Ausschüttung von Adrenalin, Noradrenalin, Cortisol und Cortison. Es kommt zur Aktivierung des sympathischen und parasympathischen Nervensystems.

- Das **sympathische Nervensystem** aktiviert unseren Körper, das parasympathische Nervensystem beruhigt unseren Körper. Wird unser Körper auf Grund von Angst aktiviert, werden folgende Symptome hervorgerufen:

ANGST

- erhöhter Herzschlag und Blutdruck
- Verengung der Blutgefäße und innerer Organe
- hohe Aufmerksamkeit
- Erweiterung der Herzkranzgefäße
- erhöhte Anspannung und Durchblutung der Skelettmuskulatur
- Verdickung des Blutes als Vorbereitung auf mögliche Verletzungen
- Einstellung von Harn- und Stuhldrang
- Erweiterung der Bronchien, schnellere Atmung, Versorgung des Körpers mit Sauerstoff
- Aktivierung der Energiereserven (Zucker, Fette)
- Beschleunigung des Stoffwechsels, da mehr Energie verbraucht wird
- verringerte Durchblutung der Genitalien
- Aufkommen von Nervosität
- Auftreten von kaltem Schweiß
- verringerter Speichelfluss
- erweiterte Pupillen
- Anstieg der Körpertemperatur

- Das **parasympathische Nervensystem** kommt im Idealfall nach einigen Minuten zum Einsatz und kehrt die Vorgänge wieder um, da wir uns an die Situation gewöhnt haben. Es ist dafür verantwortlich, dass wir uns entspannen und in einen ruhigen Zustand kommen.

3.4 Strategien zur Bewältigung von Angst

THEORIE ········➜ PRAXIS

Führen Sie die geführte Entspannungstechnik (progressive Muskelentspannung) in völliger Ruhe durch (zuhause, im Sportkundeunterricht oder im Bewegungs- und Sportunterricht). Folgen Sie der Anleitung der Sprecherin auf www.hpt.at/195012 oder mit Hilfe des QR-Codes.

SB PLUS

Besprechen Sie anschließend in Zweiergruppen folgende Fragen:

1. Mit welcher Einstellung (positiv, negativ) sind Sie an die Übung herangegangen?
2. Welche Erfahrungen, Gefühle haben Sie während der Durchführung wahrgenommen?
3. Welche Übungen waren für Sie besonders angenehm/unangenehm?
4. Welche Erfahrung haben Sie bereits mit Entspannungstechniken gemacht?
5. Wie wichtig sind Entspannungstechniken im Sport?

Gedanken an den nächsten Wettkampf oder der Anblick des Gegners/der Gegnerin kann bei einem Sportler/einer Sportlerin Angst auslösen und somit seine/ihre maximale Leistungsfähigkeit mindern. Daher ist der **richtige Umgang mit Gefühlen** von enormer Bedeutung, um erfolgreich Sport auszuführen. Der Athlet/Die Athletin soll durch Anwendung von Strategien zur Emotionskontrolle in der Lage sein, mit Angst, Stress oder Nervosität besser umzugehen. Dabei ist es wichtig, dass man sich der Angst bewusst ist und positiv gegenüber der beängstigenden Situation gestimmt ist. Vor allem im Wettkampf tendieren Athleten/Athletinnen dazu, sich von der Angst einnehmen zu lassen. Langfristig können folgende Strategien angewendet werden, um Ängste zu verringern bzw. besser mit ihnen umzugehen.

1. Der erste Schritt, um Wettkampfangst zu bewältigen, ist das **Erkennen der Wettkampfangst.** Treten Symptome wie Krankheitsgefühl, Kopfschmerzen, negative Selbstgespräche etc. vor allem bei Wettkämpfen auf, ist das ein Indikator für Wettkampfangst. In einer vertrauensvollen Umgebung sollte dieses Thema zwischen Trainer/Trainerin und Sportler/Sportlerin besprochen werden.
2. Das **Akzeptieren der Angst** ist der nächste wesentliche Schritt. Verdrängen, leugnen oder bekämpfen von Ängsten kostet viel Energie und mindert die persönliche Weiterentwicklung. Es ist unumgänglich, dass man sich den Ängsten bewusst stellt und sie bewusst wahrnimmt. Es ist nicht notwendig, völlig frei von Ängsten zu sein, viel wichtiger ist der richtige Umgang mit ihnen.
3. Um die körperlichen Symptome in den Griff zu bekommen, bieten sich (u. a.) **Entspannungstechniken** an. Durch richtige und regelmäßige Durchführung von Entspannungstechniken kann die Intensität der Symptome verringert werden.

Die mentale Einstellung vor und während eines Wettkampfs kann über Sieg oder Niederlage entscheiden. **Mentales Training** spielt dabei eine wichtige Rolle und gehört genauso zum Training wie die Verbesserung der motorischen Fähigkeiten und Fertigkeiten. Wichtig dabei ist, dass man die Steuerung der Gedanken und Gefühle über einen längeren Zeitraum trainiert.

Es gibt unterschiedliche Möglichkeiten, negative Gedankenmuster in positive umzulenken. Manche Sportler/Sportlerinnen tendieren dazu, unerwünschten Situationen zu viel Kraft zu geben und zu häufig an negative Situationen zu denken. Sie wiederholen immer wieder negative Gedanken und befinden sich in einer Gedankenspirale, aus der sie schwierig herauskommen und dadurch ihre Leistungsfähigkeit mindern. Daher spielt mentales Training eine wichtige Rolle, um das maximale Potential zu erreichen.

Statt sich auf Dinge zu konzentrieren, die nicht passieren sollen, ist es empfehlenswert, sich auf das Gewünschte zu konzentrieren. Sätze wie „Ich schaffe das nie" sollten ersetzt werden durch **positive Aussagen** wie „Ich mache, was ich trainiert habe. Ich habe hart trainiert, daher kann ich selbstbewusst sein".

Ein weiterer wichtiger Punkt ist, dass man von ganzem Herzen daran glaubt, dass es möglich ist zu gewinnen. Gedanken sollen mit positiven Gefühlen verknüpft werden. Selbst wenn die Situation aussichtslos erscheint, dann nehmen Sie sich vor, dass Sie es dem Gegner/der Gegnerin so schwer wie noch nie zuvor machen.

Eine Niederlage sollte als ein vorübergehender Zwischenschritt bis zum Sieg interpretiert werden. Sie gibt Auskunft über den derzeitigen Leistungsstand (siehe auch Kapitel 11 *Psychologische Methoden zur Leistungssteigerung*) und soll als etwas Positives angesehen werden. Dabei ist es wichtig, nach vorne zu blicken.

Die Zusammenarbeit mit einem Sportpsychologen/einer Sportpsychologin ist in jedem Fall empfehlenswert, unabhängig davon, ob man mit Ängsten zu kämpfen hat oder nicht. Im Kapitel 11 , Abschnitt 2.1 *Entspannung* wurden bereits Entspannungsmethoden vorgestellt, die auch langfristig im Umgang mit Angst angewendet werden können. Um kurzfristig erfolgreich mit Angst umzugehen, ist es wichtig, sich bewusst zu sein, dass die Bewertung der Situation und meist nicht die Situation selbst zur Angst führt.

Folgende **Strategien** können im kurzfristigen Umgang mit Angst hilfreich sein:
- Führen Sie aktivierende Selbstgespräche und pushen Sie sich mit positiven Gedanken, wie z. B. „Ich bin stark!", „Ich schaffe das!", „Auf geht's!".
- Atmen Sie bewusst tiefer ein und langsam wieder aus. Zusätzliche Bewegungen beim Ausatmen können ebenfalls beruhigend wirken.
- Kauen von Kaugummi, Nüssen etc. hilft, Stress und Angst abzubauen.
- Trinken Sie frisches, kaltes Wasser.
- Richten Sie Ihren Fokus auf Ihre Umgebung. Was sehen, riechen, hören Sie? Was machen die anderen gerade rund um mich?
- Machen Sie sich mit Musik, Gesang oder Summen und Bewegungen locker.

(vgl. ÖBFK 2018)

GET ACTIVE 6

Schritt 1: Wählen Sie im Klassenverband oder in Kleingruppen eine Übung aus, die Sie persönlich herausfordert.

Schritt 2: Überlegen Sie sich Gefahrenquellen und treffen Sie Sicherheitsmaßnahmen, die einen sicheren Ablauf der Übung garantieren (Matten, Gurte, „Helfen", „Sichern" etc.).

Schritt 3: Führen Sie diese Übung im Sportunterricht unter Absprache und Aufsicht Ihrer Lehrkraft durch. Wenden Sie langfristige und/oder kurzfristige Strategien zur Bewältigung von Angst an. Unterstützen Sie sich physisch und psychisch vor, während und nach der Übung.

Schritt 4: Besprechen Sie danach den Ablauf der Übung (Sicherheit, Herausforderung, Emotionen etc.).

RP-TRAINING 3

Anforderungsniveau 1

1. Definieren Sie „Angst“ und nennen Sie Beispiele, wodurch sie auftreten kann.
2. Beschreiben Sie körperliche und geistige Symptome von Angst.

Anforderungsniveau 2

1. Erklären Sie die Entstehung von Angst und analysieren Sie dabei die Bedeutung des sympathischen und parasympathischen Nervensystems.
2. Ihr Freund/Ihre Freundin ist im Training ein sehr guter Sportler/eine sehr gute Sportlerin. Im Wettkampf hat er/sie Probleme, die Leistung abzurufen, da er/sie sehr nervös ist. Nehmen Sie zu dem beschriebenen Problem Stellung und schlagen Sie effektive Strategien vor, um das Problem kurzfristig in den Griff zu bekommen.

Anforderungsniveau 3

Lesen Sie die beiden Zitate der Box-Legende Muhammad Ali. *(vgl. Dpa 2016)*

„Es ist schwer, bescheiden zu sein, wenn man so großartig ist wie ich.“ (Muhammad Ali)

„Um ein großer Champion zu sein, musst Du dran glauben, der Beste zu sein. Wenn Du es nicht bist, tue wenigstens so.“ (Muhammad Ali)

Nehmen Sie Stellung zu den Auswirkungen der Aussagen von Muhammad Ali auf die Leistungsfähigkeit. Entwickeln Sie langfristige Strategien, um die mentale Stärke von Sportlern/Sportlerinnen zu fördern.

KOMPETENZCHECK

Ich kann ...			
... die Begriffe „Wagnis“ und „Risiko“ erklären.			
... erklären, warum Menschen sich in risikoreiche Situationen im Sport begeben.			
... die Entstehung von Angst erklären und Strategien zur Bewältigung von Angst genauer beschreiben.			
... sportliche Übungen sicher gestalten und anleiten.			

Kulturelle Aspekte von Bewegung und Sport

Kapitel 14

Die Darstellungs- und Gestaltungsformen von Bewegung und Sport in verschiedenen Kulturen sind sehr vielschichtig. Sport wächst aus der Gesellschaft, ordnet und entwickelt sich immer wieder neu. Die Sporttrends der „Spaßgesellschaft" sind andere als die der „Leistungsgesellschaft" oder die des „körperbildorientierten Fitness- und Gesundheitssports". Diese unterschiedlichen Zugänge zeigen sich z. B. im jeweiligen Lebensstil, in der Ästhetik, aber auch in der Kunst (z. B. Literatur, Musik, Design), in der Mode, in der Ausrüstung oder bei den Sportstätten.

Bewegung und Sport ist ein besonderes Gestaltungsfeld für Jugendliche. Auf der einen Seite reproduzieren Jugendliche die bestehende Sportkultur, auf der anderen Seite sind sie aber auch kreative Gestalter/Gestalterinnen von neuen Sport- und Bewegungsformen.

Im ersten Teil dieses Kapitels wird der gesellschaftliche Beitrag des Sports beleuchtet, im zweiten Teil wird an Hand der Trendsportart „Skateboarden" gezeigt, wie diese neuen Bewegungsformen vielfältige Einflüsse auf unterschiedliche Lebensbereiche sowie auf kulturelle Gebiete wie z. B. Musik, Film u. a. haben können.

Der Lernende/Die Lernende soll ...

- einige Beispiele geben können, wie „Bewegung und Sport" unsere Kultur und unseren Lebensstil beeinflusst,
- Trendsportarten definieren und wesentliche Merkmale erklären können,
- den Einfluss von Sportarten auf unterschiedliche Lebensbereiche in unserer Gesellschaft und Kultur beschreiben können.

WARM-UP

Ordnen Sie die Begriffe auf der linken Seite (A 1 bis 6) den richtigen Definitionen auf der rechten Seite zu. Schreiben Sie die entsprechende Zahl in Spalte B.

Vergleichen Sie Ihre Ergebnisse mit Mitschülern/Mitschülerinnen.

	A	B	
Kultur	1		beschreibt die typische Art der Alltagsgestaltung von Personen (und sozialen Gruppen)
Kulturgut	2		die Lehre vom Schönen; Wissenschaft von den Gesetzen der Kunst (schön, geschmackvoll, ansprechend)
Körperkult	3		Bezeichnung für historische, künstlerische, archäologische und andere Gegenstände von kultureller beziehungsweise identitätsstiftender Bedeutung für das Volk
Lebensstil	4		die Gesamtheit der im weitesten Sinn geistigen und gestaltenden Leistungen einer Gemeinschaft; auch Bildung, verfeinerte Lebensweise
Gesellschaft	5		der eigene Körper nimmt einen hohen Stellenwert im Leben der Person ein
Ästhetik	6		die Gesamtheit der Menschen, die im staatlichen, wirtschaftlichen und geistigen Leben zusammenwirken

1 Der Beitrag des Sports für die Gesellschaft

Der Wissenschaftsjournalist Midas Dekkers ist der Meinung *„Sport sei nicht nur ungesund, (...), sondern vollkommen überflüssig, reine Zeitverschwendung und lediglich Ausdruck eines in zivilisierten Gesellschaften verbreiteten ‚Gesundheitswahns'". (zitiert nach Krüger 2011: S. 83)* Darüber hinaus leiste Sport keinen kulturellen Beitrag und habe somit keine Berechtigung als Bildungsgut. In dem Buch „Bildung – Alles was man wissen muss" von Dietrich Schwanitz ist Sport lediglich in historischen Bezügen zu finden. In der Vergangenheit war das Unterrichtsfach „Bewegung und Sport" bereits von Kürzungen betroffen, es wird von manchen zum Nebenfach erklärt.

Gleichzeitig sind zirka 40 Prozent der österreichischen Bevölkerung zumindest ein Mal pro Woche regelmäßig sportlich aktiv. *(vgl. Mayrhofer/Zellmann 2010: S. 2)* Die Übertragung von Sportveranstaltungen spielt in den Medien eine wichtige Rolle, Tageszeitungen widmen einen beachtlichen Teil dem nationalen und internationalen Sportgeschehen, die österreichische Bevölkerung identifiziert sich mit Siegen unserer Sportler/Sportlerinnen bei internationalen Events und selbst Politiker/Politikerinnen versuchen durch sportliches Aussehen vital, jung und dynamisch zu wirken.

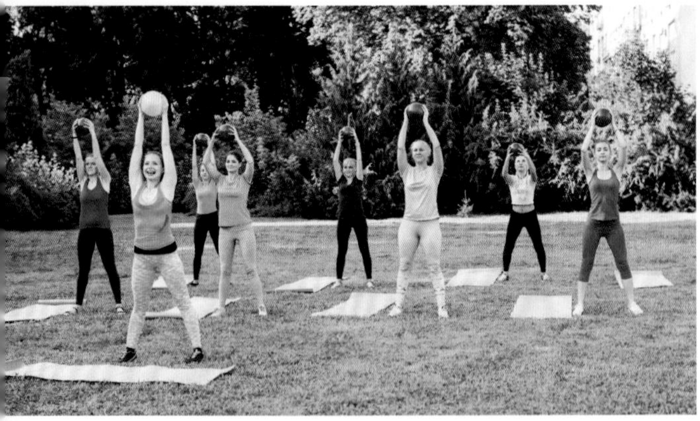

Sport ist mehr als der Vergleich von Leistung und Körperkult, dem übertriebenen Streben nach körperlicher Attraktivität. Betrachtet man die Sport- und Bewegungskultur in all seinen Darstellungs- und Gestaltungsformen, so nehmen Entspannung, Erholung, Kreativität, Erlebnis, Selbst- und Fremderfahrung eine ebenso wichtige Rolle ein. (siehe Band 1, Kapitel *Einführung)* Der „sich bewegende Mensch" gewinnt an Bedeutung, ebenso wie seine Wahrnehmung von sich selbst, seine Gefühle, seine Beziehungen zu anderen Menschen und zur Welt und seine Auslegung der über Bewegung und Sport gemachten Erlebnisse und Erfahrungen.

Die Europäische Kommission veranstaltet die „European Week of Sport" und versucht unter dem Hashtag *#beactive!* viele Europäer/Europäerinnen zum Sport zu motivieren. Auf der offiziellen Homepage nimmt sie zur Wichtigkeit des Sports in unserer Gesellschaft Stellung, indem sie schreibt:

#BEACTIVE ANYTIME, ANYWHERE, ANYPLACE

Being active is the solution to this generation's biggest problems: obesity, loneliness, racism, depression ... A solution that can be found all around you in everyday life. Get moving in sport clubs and fitness centres or even at work, school or outdoors. Why? Because it is worth it. #BeActive makes you be proud, be healthy, be together, be happy and be eco-friendly! (European Union 2018)

GET ACTIVE 1

Recherchieren Sie über zwei weitere Kampagnen, die zu mehr Sport in unserer Gesellschaft motivieren sollen. Schreiben Sie diese in die untenstehende Tabelle und vergleichen Sie Ihre Ergebnisse mit Ihren Mitschülern/Mitschülerinnen. Ergänzen Sie dabei eine weitere Idee. Ein Beispiel wurde angeführt.

	Kampagne	Vorgehensweise
0	#beactive!	weltweit gemeinsam in einem bestimmten Zeitraum, an unterschiedlichen Orten Sport betreiben; Ziel ist es, mehr Sport zu betreiben und Politiker/Politikerinnen dazu zu bringen, mehr Flächen für Sport zur Verfügung zu stellen.
1		
2		
3		

Die Europäische Kommission unterstreicht somit die Wichtigkeit des Sports und dessen Beitrag zu einer gesünderen Gesellschaft. Geistige und körperliche Gesundheit sind eine wesentliche Voraussetzung, um eine gute Lebensqualität zu genießen. Verletzungen und Krankheiten führen zu Einschränkungen in Beruf, Alltag und Freizeit und wirken sich somit negativ auf den Menschen aus.

www.gemeinsambewegen.at

Ein durchschnittliches Niveau an motorischer Leistungsfähigkeit erlaubt es, den Alltag und die Freizeit positiv zu meistern. Dabei spielen Bewegung und Sport eine wichtige Rolle. Technisierung und Automatisierung in Beruf und Alltag führen dazu, dass viele Tätigkeiten im Sitzen ausgeführt werden. Mangel an Bewegung und die damit einhergehenden Bewegungsmangelkrankheiten wirken sich nachteilig auf die Menschen aus. Sport ist wichtig, um diesen Krankheiten vorzubeugen. Ausreichende, regelmäßige Bewegung in einem gesunden Rahmen wirkt sich positiv auf das Herz-Kreislauf-System, den Stoffwechsel, den Stützapparat, die Motorik und die Psyche aus. Dadurch kann Erkrankungen wie Arteriosklerose, Übergewicht, Haltungsschäden, Muskelschwäche, Depression etc. entgegengewirkt werden. (siehe dazu auch Kapitel 16 *Gesundheit und Lebensqualität* und Kapitel 18 *Gesundheitsförderung und Prävention*)

Sport und Bewegung leisten einen wichtigen Beitrag zu einem sinnerfüllten Leben und Wohlbefinden. Oft betreiben Menschen gemeinsam Sport und haben so regelmäßigen sozialen Kontakt. Durch körperliche Aktivität bekommt man ein sportliches Aussehen und man fühlt sich attraktiver. Sport ermöglicht es zu spielen, die Herausforderung zu suchen, Erfolge zu genießen, die Natur zu erfahren, kreativ zu sein, Spannung und Ungewissheit zu erleben und Körper- und Bewegungserfahrungen zu machen. Sport führt auch zu hormonellen Veränderungen wie erhöhtem Adrenalinausstoß, niedrigerer Schmerzempfindlichkeit und zu tonischen Veränderungen wie geringere Muskelspannung. All diese Aspekte tragen zu einem erhöhten Wohlbefinden bei.

Darüber hinaus kann Sport auch einen wesentlichen Beitrag zur Persönlichkeitsbildung leisten. Es wird von Sportlern/Sportlerinnen erwartet, dass sie sich anderen gegenüber fair, hilfsbereit, rücksichtsvoll, teamfähig etc. verhalten. Sport kann sich also positiv auf das Sozialverhalten auswirken. Sport beeinflusst auch das Individualverhalten. Athleten/Athletinnen sind im Idealfall zielstrebig, fokussiert, fleißig, durchhaltend etc. Letztlich kann Sport auch einen positiven Beitrag zur allgemeinen Wertorientierung haben, indem man eine gesundheitsorientierte Lebensweise annimmt, die Natur, Freude, Wohlbefinden, soziale Einbindung etc. wertschätzt.

Auch wenn mit dem Sporttreiben viele positive Eigenschaften einhergehen (Toleranz, Fleiß, Durchhaltevermögen ...) kann nicht jeder/jede diese gleichermaßen in andere Lebensbereiche (z. B. im Beruf) umsetzen. Dennoch leistet der Sport einen positiven Beitrag zur allgemeinen Lebensqualität und ist daher für unsere Gesellschaft, in der Schule sowie in allen anderen Lebensbereichen von großer Bedeutung.

RP-TRAINING 1

Anforderungsniveau 1

Nennen Sie klassische Argumente von Personen, die dem Sport kritisch gegenüberstehen.

Anforderungsniveau 2

1. Erklären Sie die Auswertung zu der unten abgebildeten Statistik „Verteilung des Body Mass Index (BMI) nach Geschlecht im Vergleich der Jahre 2006/07 und 2014" der Statistik Austria.
2. Entwerfen Sie konkrete Trainings- und Lebensstilempfehlungen, um Bewegungsmangelerkrankungen vorzubeugen.
3. Geben Sie Beispiele, wie die Bewegungs- und Sportkultur unsere Gesellschaft beeinflusst.

Statistik:

Verteilung des Body Mass Index (BMI) nach Geschlecht im Vergleich der Jahre 2006/07 und 2014

Geschlecht	**Untergewicht**		**Normalgewicht**		**Übergewicht**		**Adipositas**	
	BMI < 18,5		BMI 18,5 bis < 25		BMI 25 bis < 30		BMI 30 und mehr	
	2006/07	2014	2006/07	2014	2006/07	2014	2006/07	2014
	in % (altersstandardisiert)							
Insgesamt	**2,5**	**2,8**	**48,8**	**50,1**	**35,9**	**32,6**	**12,8**	**14,4**
Männer	1,4	1,3	42,8	43,6	43,4	39,5	12,4	15,7
Frauen	3,7	4,4	54,5	56,7	28,9	25,8	13,0	13,1

Datenquelle: Statistik Austria, Gesundheitsbefragung 2006/07 und 2014.
Bevölkerung in Privathaushalten im Alter von 15 und mehr Jahren. Erstellt am 2. Okt. 2015.

Anforderungsniveau 3

Nehmen Sie zu folgender Aussage Stellung:

„Sport leistet keinen positiven Beitrag in unserer Gesellschaft und hat in der Schule nichts zu suchen."

2 Trendsport als Lifestyle

GET ACTIVE 2

Bilden Sie Vierergruppen und diskutieren Sie folgende Fragen:

1. Welche Sportarten, vor allem nicht traditionelle Sportarten, sind in den letzten Jahren (Jahrzehnten) besonders beliebt geworden?
2. Kann sich eine Sportart (z. B. Skaten, Freestyle BMX, Snowboard, Skiing etc.) auf den Lebensstil (Persönlichkeit, Kleidung, Musik etc.) auswirken? Begründen Sie Ihre Aussage.
3. Welche Sportarten verbinden Sie mit einer gewissen Lässigkeit, Coolness? Begründen Sie Ihre Aussage.
4. Welche Trendsportarten kennen Sie? Beschreiben Sie diese kurz.
5. Welche Trendsportarten sind bei Jugendlichen besonders beliebt? Begründen Sie Ihre Aussagen.

Parcour, Freestlye BMX, Freeriding, Downhill Longboarding, Skaten, Snowboarden, Freeskiing, Freeclimbing ... sind Sportarten, die alleine beim Anblick für einen erhöhten Adrenalinausstoß sorgen und vor allem bei Jugendlichen und „Junggebliebenen" beliebt sind.

Trendsportarten verändern unsere Bewegungskultur, überschreiten unsere aktuelle Vorstellung von Sport und zeigen neue Formen des Sich-Bewegens. Die Veränderungen oder Erneuerungen beziehen sich jedoch nicht alleine auf die Ausführung der Sportart alleine. Trendsportarten entwickeln um sich eine Szene, die sich durch Kleidung, Musik, Marken, Vokabular etc. als dazugehörig identifiziert.

Die Dauer der Beliebtheit von Trendsportarten ist ungewiss. Manche gehen so schnell, wie sie gekommen sind. Beispiele hierfür wären Inline Aerobic, Kick-O-Robic oder Snowbiking. Trendsportarten weisen sechs bestimmte Merkmale auf, die sie von traditionellen Sportarten unterscheiden.

Merkmale von Trendsportarten *(nach: Küßner 2002: S. 23–25)*:

1. **Abkehr vom organisierten Sport**
   Die Ausübung ist nicht an Regeln und Normen gebunden, wie das zum Beispiel in einem Verein der Fall ist. Der Sportler/Die Sportlerin wählt eigenständig wann, wo und wie die Sportart ausgeübt wird.
2. **Freiheit von Verpflichtungen**
   Viele Sportler/Sportlerinnen genießen es, ihren Sport ohne zusätzliche Verpflichtungen wie bestimmte Trainingszeiten oder Ehrenamt durchzuführen.

3. **Erweitertes Sportverständnis**
   Im Vergleich zu traditionellen Sportarten haben Leistung, Wettkampf und Sieg einen anderen Stellenwert.
4. **Neue soziale Kontakte**
   Durch die Individualisierung geht eine wichtige Komponente im Leben verloren und zwar die der sozialen Kontakte. Trendsportarten haben eine wiedereingliedernde Funktion, da es im Zuge der Ausübung des Sports zur Knüpfung neuer Kontakte kommen kann, die über den Sport hinaus aufrechterhalten werden können.
5. **Neuer Lifestyle**
   Trendsportarten beeinflussen nicht nur den sportlichen Lebensbereich. Sie finden Ausdruck in Kleidung, Musik, Lebens- und Werteinstellung.
6. **Zunehmende Bedeutung des Körpers**
   Bei vielen Trendsportarten versucht man, das eigene Körperbild (optisch oder gesundheitlich) zu verbessern.

2.1 Beispiel: Skateboarden als Lifestyle

Am Beispiel des Skateboardens sieht man, dass Skaten viel mehr ist, als Tricks mit einem Skateboard zu beherrschen. Ein wichtiger Bestandteil der Szene ist auch die Kleidung. Ab den 1970er Jahren war die Kleidung der Skater/Skaterinnen geprägt von weiten Hosen (Baggy Pants), weiten T-Shirts und „Vans"-Schuhen. Dabei wurden die weiten Hosen tief getragen. Sie hatten neben der coolen Optik auch noch eine gewisse sportliche Funktion. Die übergroße Kleidung erlaubte maximalen Bewegungsfreiraum und durch das Bedecken der Haut konnten Schürfwunden reduziert werden. Schuhe der Marke „Vans" waren günstig und sehr robust. Die tiefgetragenen Hosen verhinderten, dass das Skateboard den Skater/die Skaterin in den Schritt traf. Heute hat sich der Look der Skateboarder/Skateboarderinnen verändert und ist vielfältiger. In den letzten Jahren wurden die Hosen enger und die XXL-Kleidung ist auch kein Muss mehr. Neben der speziellen Kleidung verwenden Skater/Skaterinnen auch ihr eigenes Vokabular.

GET ACTIVE 3

Weisen Sie die Skate-spezifischen Ausdrücke in A ihrer Erklärung in B zu. Ein Beispiel wurde bereits für Sie gemacht. Vergleichen Sie anschließend Ihre Ergebnisse mit einem Mitschüler/einer Mitschülerin.

	A	B	
shredden	1		unkontrollierter, oft schmerzhafter Sturz
Slam	2		Person, die mehr durch das Tragen von Markenkleidung als durch Können auffällt
pushen	3		Fangen des Skateboards nach einem Fliptrick mit den Füßen
Pseudo	4	1	hartes, kompromissloses Skaten für Material und Fahrer/Fahrerin
Assknife	5		Ausrasten eines Skaters/einer Skaterin
catchen	6		„Wegschieben" des Skateboards, Antrieb, Geschwindigkeitserhöhung
freakout	7		Skateboard richtet sich senkrecht auf und verletzt den genitalen oder rektalen Bereich des Skaters/der Skaterin

In den 1980er Jahren begannen kleine Skateboard-Firmen Skateboard-spezifische Produkte wie Boards, Achsen, Kugellager, aber auch Kleidung und Schuhe zu produzieren. Durch das Tragen der Mode drückte man seine Szenezugehörigkeit aus, die von Rebellion, **Anti-Establishment** und einem Außenseiterstatus geprägt war.

Kleine Firmen (z. B. Titus) von einst sind heute große Konzerne. Mittlerweile ist der Style der Skater auch für große Firmen attraktiv und sie verdienen damit viel Geld. Längst tragen nicht nur aktive Skater/Skaterinnen die Kleidung der Szene, sondern auch viele, die den Look einfach ansprechend finden und/oder auch dazugehören wollen. Skateboarden hat einen Nettowert von 4,8 Milliarden USD im weltweiten Markt. *(vgl. Gaille 2017)*

Ein weiteres wesentliches Element der Skateszene ist die Musik. Punkrock oder Hardcore drücken eine gewisse Aggressivität aus und erleichtern das Abgrenzen zu anderen Personen.

In den 1980ern entstand sogar eine eigene Musikrichtung: Skatepunk. Die Inhalte behandeln alltägliche Themen der Jugendlichen. Die Musik schallte während des „shreddens" aus den Ghettoblastern, sie diente als Hintergrundmusik von Skatevideos und zur Erhöhung der Motivation.

Die Verschmelzung einer bestimmten persönlichen Einstellung mit Kleidung und Musik zeigt sich bei Sportveranstaltungen wie der „Vans Warped Tour".

Bei dieser Tour stellen Skater/Skaterinnen und BMX-Fahrer/-Fahrerinnen ihr Können unter Beweis. Neben dem sportlichen Veranstaltungsrahmen treten unzählige Bands auf. Modelabels, Skateboardhersteller und Tätowierer/Tätowiererinnen runden die Szeneveranstaltung ab.

Trotz Umsätzen in Millionenhöhe bleiben die Veranstalter ihrer Subkultur treu. Freiheit gepaart mit Umweltbewusstsein stehen ganz oben an der Tagesordnung. So findet man mit Biodiesel betriebene Generatoren, mit Solarenergie betriebene Bühnen und Recylingstationen.

Die Subkultur ist auch Thema in unzähligen Filmen und Dokumentationen. „Dogtown & Z-Boys" porträtiert die Anfänge des Skatepunks, als die ersten Skater illegal in trockengelegten Swimmingpools skateten. Dieser Film zeigt auf beeindruckende Weise das Lebensgefühl der Freiheit.

Die Dokumentation „Bones Brigade" zeigt, wie skateboarden das Leben von sechs Jugendlichen in den 1980er Jahren beeinflusst hat. Die talentierten Outsider wurden zu Stars in der weltweiten Skateboard-Szene und veränderten den Sport maßgeblich.

„Street Photography" ist eine Art Zeitreise, dokumentiert in Bildern, zu den Ursprüngen der Subkultur. Die Webserie zeigt die Anfänge des Hip-Hops, der Skate- und Graffiti-Kultur, bis hin zu Ravern und Skinheads.

Skateboarden nimmt auch Einfluss auf die Gestaltung von Städten. Neben zahlreichen Skateparks machen sich Skater/Skaterinnen alltägliche Gegenstände wie Treppen, Kanten, Bänke, Rampen, Handläufe, Wände zunutze und verwenden sie für ihre Zwecke um Ollies, Flips, Slides, Grindes und Rotationen zu machen. Das Skaten im öffentlichen Raum wird aber nicht immer gutgeheißen. Mitunter werden öffentliche Plätze deshalb bewusst so gestaltet, dass sie das Skaten unmöglich machen, beispielsweise durch Kopfsteinpflaster als Bodenbelag oder Noppen an Geländern.

Landhausplatz in Innsbruck – gestaltet vom Architekturbüro LAAC, Innsbruck. Foto © Günter Richard Wett

Es gibt aber auch städtische Freiräume und Anlagen, die einerseits das Skaten erlauben und andererseits bewusst eine skaterfreundliche Umwelt architektonisch geplant haben. Der Landhausplatz in Innsbruck ist ein Beispiel dafür. Der 9000 m² große Platz ist betoniert und bietet einen perfekten Untergrund zum Skaten. Unzählige Obstacles und Rampen bieten die Möglichkeit, Tricks zu machen.

GET ACTIVE 4

Wählen Sie eine Trendsportart aus und erstellen Sie eine fünfminütige Präsentation. Ihre Präsentation soll folgende Punkte enthalten:

- Erklärung der Sportart
- Entstehungsgeschichte der Sportart
- Sportartspezifisches Vokabular
- Einfluss der Trendsportart in Kleidung, Musik, Kunst, Film und/oder Literatur
- Eindrucksvolle Bilder oder kurze Videos der Trendsportart

Bilden Sie anschließend Dreiergruppen und präsentieren Sie einander Ihre Ergebnisse. Sie können Bilder, Videos, Präsentationen auf Ihrem Smartphone, Tablet, Laptop etc. speichern und abspielen.

RP-TRAINING 2

Anforderungsniveau 1

1. Definieren Sie den Begriff „Trendsportarten".
2. Nennen Sie entsprechende Beispiele.
3. Erklären Sie deren Erscheinungsformen in der Szene.

Anforderungsniveau 2

1. Analysieren Sie wesentliche Merkmale, die Trendsportarten von traditionellen Sportarten unterscheiden.
2. Begründen Sie, warum Trendsportarten besonders bei Jugendlichen und jungen Erwachsenen beliebt sind.

Anforderungsniveau 3

Thematisieren Sie den Einfluss von Trendsportarten auf unsere Gesellschaft und Kultur an einem ausgewählten Beispiel.

KOMPETENZCHECK

Ich kann ...			
... einige Aspekte zum Beitrag des Sports für unserer Gesellschaft darlegen.			
... den Begriff „Trendsport" definieren und dessen Merkmale erläutern.			
... den Einfluss von bestimmten Sportarten auf unterschiedliche Lebensbereiche unserer Gesellschaft und Kultur detailliert beschreiben.			

Ursachen und Auswirkungen der Umweltbelastung durch Sport/Sportveranstaltungen

Kapitel 15

Die Themen „Umweltschutz", „globale Erderwärmung" und „Nachhaltigkeit" machen auch vor dem Sport nicht halt. Sportbegeisterte Menschen brauchen die Natur als Voraussetzung für Ausgleich, Leistungsfähigkeit und Lebensfreude.

Durch Outdoorsport, Sportstättenbau, Tourismus und Sportveranstaltungen belasten wir unseren Planeten zunehmend. Um dieser Entwicklung entgegenzuwirken, setzen sich das Bundesministerium Öffentlicher Dienst und Sport, das Internationale Olympische Komitee und viele andere Organisationen für mehr Nachhaltigkeit im Sport ein.

Der neue Trend „Plogging", bei dem Müll während des Laufens gesammelt wird, greift die Themen „Umweltschutz" und „Nachhaltigkeit" auf. Es gibt aber noch eine Vielzahl von weiteren Maßnahmen, um unsere Umwelt auch für kommende Generationen zu schützen. Einige davon lernen Sie in diesem Kapitel kennen.

Der Lernende/Die Lernende soll ...

- den Einfluss von Sport auf die Natur mit entsprechenden Beispielen aus unterschiedlichen Bereichen erklären können,
- unterschiedliche Maßnahmen zur langfristigen Nachhaltigkeit und dessen Zielsetzungen beschreiben können,
- konkrete Maßnahmen benennen können, um eine nachhaltige Sportveranstaltung durchzuführen.

WARM-UP

Bilden Sie Zweiergruppen und überlegen Sie, welche Belastungen für die Umwelt durch die Ausführung der folgenden Sportarten auftreten können. Schreiben Sie Ihre Ideen in die untenstehende Tabelle. Vergleichen Sie anschließend Ihre Ergebnisse mit anderen Mitschülern/Mitschülerinnen und ergänzen Sie Informationen.

1. Wandern	
2. Skifahren/ Snowboarden	
3. Tennis	

1 Sport, Sportveranstaltungen und Umweltbelastung

Weltweit veranstalten größere Städte immer mehr nationale und internationale Sportevents. Ein Grund dafür sind die finanziellen Einnahmen, die mit der Austragung verbunden sind. Gleichzeitig führen diese Events aber zu einer erhöhten Umweltbelastung.

Über 40 000 Sportbegeisterte nehmen beim „Vienna City Marathon" teil. Menschenmassen in dieser Größenordnung gehen nicht spurlos an einer Stadt vorbei. 2016 wurden bei diesem Event insgesamt 36 Tonnen Müll hinterlassen. Ein Großaufgebot an Kehrmaschinen, Waschwägen, Laubsaugern und Fachkräften wurde benötigt, um die Müllansammlung zu beseitigen. *(vgl. Marakovits 2017)*

Aber auch in der Schweiz beim „Zürich Triathlon" und „Ironman Switzerland" 2009, bei dem zirka 6 000 Athleten/Athletinnen an den Start gingen, wurden 4,18 Tonnen Kehricht und 7,86 Tonnen Müll im Messegelände gesammelt. *(vgl. Fit for Life n. d.)*

Frau Andrea Collins von der Universität in Cardiff untersuchte in einer Studie den Einfluss auf die Umwelt bei der Austragung der Tour de France. Sie und ihr Team konzentrierten sich dabei auf die Etappen, die in England gefahren wurden. Das Drei-Tages-Event erzeugte einen ökologischen Fußabdruck von 58 000 Global-Hektar, das entspricht in etwa 143-mal der Fläche des „Queen Elizabeth Olympic Parks" in London (560 Hektar). Mit 75 Prozent des gesamten ermittelten ökologischen Fußabdruckes hatte die An- und Abreise zur Veranstaltung den größten Einfluss. *(vgl. Collins 2012)*

Was ist ein ökologischer Fußabdruck?

Mit unserem Lebensstil haben wir viel Einfluss auf die Umwelt. Je nachdem, wie viel wir mit dem Auto fahren, ob wir das Licht abdrehen oder brennen lassen, wenn wir aus dem Zimmer gehen, woher unsere Lebensmittel kommen, die wir kaufen, oder wie viel Müll wir erzeugen, verbrauchen wir mehr oder weniger Energie und natürliche Vorräte.

Dieser Verbrauch kann mit dem „ökologischen Fußabdruck" gemessen werden. Der ökologische Fußabdruck zeigt, wie viel Fläche der Erde nötig ist, um den eigenen Lebensstil aufrechtzuerhalten.

Was heißt das jetzt?

Würde man die Welt gerecht aufteilen, bekäme jeder Mensch etwa 1,8 Hektar, um seinen Lebensstil aufrechtzuerhalten.

So wie wir heute leben, brauchen wir durchschnittlich 2,2 Hektar pro Person. Das ist zu viel! Denn das ist mehr als die Erde über lange Zeit hinweg zur Verfügung stellen kann.

Diese und andere Informationen zum Thema „Umwelt" finden Sie in der DemokratieWEBstatt des österreichischen Parlaments: **www.demokratiewebstatt.at**.

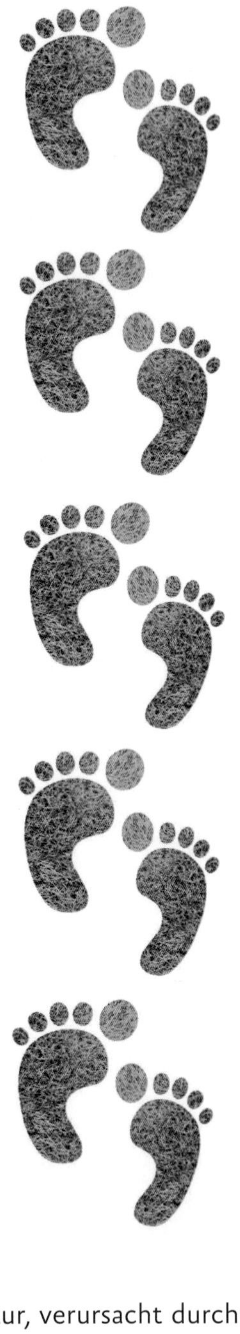

Was ist ein globaler Hektar?

Das Land auf dieser Erde ist unterschiedlich produktiv, je nachdem, wie es beschaffen ist und wo es liegt. So ist z. B. der Boden im Gebirge um vieles weniger ertragreich als der Boden in einem landwirtschaftlichen Gebiet. Ein globaler Hektar (gH) entspricht einem Hektar weltweit durchschnittlicher biologischer Produktivität.

Beim ökologischen Fußabdruck wird der jeweilige Flächenverbrauch in globalen Hektaren dargestellt. Deshalb lassen sich bei den Berechnungen eines Fußabdrucks alle benötigten Landflächen miteinander vergleichen. Es spielt keine Rolle, wo etwas gewachsen ist und welche Landkategorie dafür gebraucht wurde.

Diese und andere Informationen zum Thema „Nachhaltige Entwicklung" finden Sie im Forum Umweltbildung: **www.umweltbildung.at**.

Ein weiteres Beispiel für die Belastung der Natur, verursacht durch die Austragung von Sportveranstaltungen, ist die Abholzung des Amazonas-Dschungels. Im Rahmen der Fußball-Weltmeisterschaft 2014 in Brasilien wurde ein neues Stadion erbaut, in dem jedoch nur vier Spiele ausgetragen wurden. Seitdem hat es keine weitere Verwendung. *(vgl. Decarli/Jaksche 2015)*

Es sind aber nicht nur Sportgroßveranstaltungen, die eine erhöhte Umweltbelastung mit sich bringen. Die gleiche Problematik (An- und Abreise, mehr Energieverbrauch, Müll) findet man auch bei regionalen Events.

Der Sport benötigt Sporthallen oder Outdooranlagen (z. B. Schwimmbecken, Funcourts, Tennisplätze etc.). Das wiederum führt zu einem Eingriff in die Landschaft und zur Verbauung von Grünflächen. Österreich hat eine Gesamtfläche von 84 000 Quadratkilometern, wobei lediglich 37 Prozent besiedelbar sind. Innerhalb von sechs Jahren (2006 – 2012) wurde ermittelt, dass die Inanspruchnahme um zirka 10 Prozent wuchs. Täglich wurde also eine Fläche von 30 Fußballfeldern verbaut. Bebaubares Gebiet ist in Österreich begrenzt und bauliche Eingriffe in die Natur bringen immer Veränderungen der Natur und des Landschaftsbilds mit sich. *(vgl. Semp 2015)*

Outdoorsportler/Outdoorsportlerinnen belasten ebenfalls unsere Umwelt. Auch wenn ein Wanderer lediglich 0,7 Gramm CO_2 pro Minute ausstößt, stört das Wandern die Wildtiere. Diese müssen sich in Folge weiter zurückziehen, wodurch sich ihr Revier verkleinert. Mehr und besser ausgebaute Wanderwege erlauben den Naturliebhabern/Naturliebhaberinnen immer weiter in die Berglandschaft einzudringen, das führt jedoch zu einem Mehr an Belastung für die Umwelt. Auch wenn sich die einzelne Person ruhig und der Natur angemessen verhält, ist die Masse an Touristen/Touristinnen ein Problem. In Österreich gibt es rund 23 Millionen Sommertouristen/-touristinnen. Würde sich lediglich die Hälfte von ihnen in den Bergen aufhalten, wäre das das Eineinhalbfache der österreichischen Gesamtbevölkerung.

Ein weiteres Problem ist der Wintersport. Rechnet man alle Pistenkilometer in Österreich zusammen, so entspricht das einer Distanz von 7 500 Kilometern, also der Strecke von Wien bis nach Sri Lanka. Die unterschiedlichen Schwierigkeitsgrade (blau, rot, schwarz) auf den Skipisten sind nicht alle natürlich entstanden. Es sind dazu Eingriffe in die Natur, wie zum Beispiel das Begradigen oder Aufschütten von Hängen, Umleiten von Bächen und Seen oder das komplette Abrasieren von Berggipfeln, notwendig.

Schneekanonen verbrauchen enorm viel Energie. Pro Hektar werden etwa 3 000 Kubikmeter Wasser benötigt. Technisch erzeugter Schnee wiegt etwa das Fünffache im Vergleich zu Naturschnee. Das führt zu einer Verdichtung des Bodens. Die Oberfläche ist betonhart und kann kein Wasser mehr aufnehmen. Die Wasserknappheit in Skiregionen ist zum Teil selbstgemacht.

Österreich liegt sehr zentral, daher reisen viele Touristen/Touristinnen mit dem Auto an. 40 Prozent der durch Touristen/Touristinnen verursachten CO_2-Emissionen stammen von den Abgasen der Autos. Es ist oft schwierig, Wirtschaftswachstum und Naturschutz in Einklang zu bringen. Dort, wo Touristen/Touristinnen schwieriger mit dem Auto anreisen können, gehen die Einnahmen zurück, weil viele möglichst bequem und zeitsparend reisen wollen. Die langfristige Schonung der Natur muss daher an manchen Orten immer noch dem Ausbau des Tourismus weichen.

Tourismusexperten/-expertinnen sind sich der Problematik der Umweltverschmutzung bewusst. Deshalb werden immer wieder Initiativen gestartet, die einen umweltschonenderen Umgang mit der Natur unterstützen: autofreie Skigebiete, durch öffentliche Verkehrsmittel vernetzte Lifte oder Elektrotaxis. Somit konnten 14 Prozent der CO_2-Emission, verursacht durch Sommertourismus, und 27 Prozent der durch den Wintertourismus verursachten CO_2-Emissonen eingespart werden. *(vgl. Kaiser 2017)*

GET ACTIVE 1

Fassen Sie die wesentlichen Umweltbelastungen, die durch Sport verursacht werden, zusammen. Machen Sie sich in der untenstehenden Mindmap Notizen.

Präsentieren Sie anschließend gemeinsam mit einem Mitschüler/einer Mitschülerin Ihre Ergebnisse. Lesen Sie in Kapitel 5 *Sport als Wirtschaftsfaktor* nochmals über die positiven und negativen Auswirkungen von Sporttourismus.

Wintertourismus

Sommertourismus

Umweltbelastung durch Sport

Sportveranstaltungen

Bebauung von Flächen

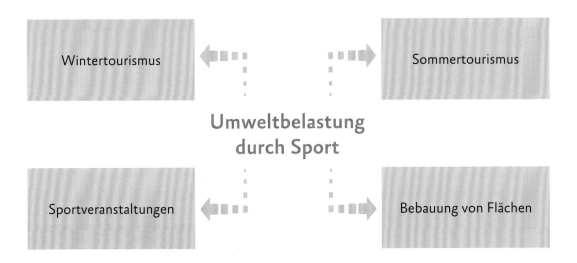

RP-TRAINING 1

Anforderungsniveau 1

Nennen Sie Beispiele, wodurch Sportveranstaltungen die Umwelt belasten.

Anforderungsniveau 2

Erklären Sie die Begriffe „Ökologischer Fußabdruck" und „Globaler Hektar" und ziehen Sie in einem Beispiel einen Transfer zum Sport.

Anforderungsniveau 3

Nehmen Sie zur Problematik der Umweltverschmutzung und Umweltbelastung durch Sport und Tourismus in Tourismusregionen (Belastung für die Bevölkerung, Energieverbrauch, Umwelt) Stellung.

2 Sport und Umweltschutz

Umweltschutz und Nachhaltigkeit sind die großen Themen des 21. Jahrhunderts. Der Sport und seine Sportveranstaltungen müssen zu einer positiven und langfristigen Veränderung beitragen. Auf nationaler und internationaler Ebene wird in Sportkreisen immer mehr auf diese Notwendigkeit aufmerksam gemacht.

THEORIE → PRAXIS

Beim in der Einleitung erwähnten Trend „Plogging" sammeln Sportler/Sportlerinnen während des Laufens Müll.

Gehen Sie als Klasse im Sportunterricht gemeinsam Plogging und sammeln Sie so viel Müll, wie Sie tragen können. Nehmen Sie Greifwerkzeug, Handschuhe, Müllsäcke etc. mit. Achten Sie auf Ihre Gesundheit und seien Sie vorsichtig, welchen Müll Sie sammeln. Entsorgen Sie diesen anschließend richtig (Mülltrennung).

Machen Sie auf sozialen Netzwerken auf Ihren positiven Beitrag zum Umweltschutz aufmerksam. Vielleicht machen es Ihnen andere Läufer/Läuferinnen nach.

2.1 Agenda 21 und Agenda 2030

Ein wichtiger Schritt für einen globalen, nachhaltigen Umgang mit unseren Ressourcen wurde bereits 1992 bei der Konferenz der Vereinten Nationen über Umwelt und Entwicklung in Brasilien gemacht. Ergebnis des Gipfels ist die Agenda 21, ein Dokument, welches konkrete Handlungsaufträge in sozialen, ökonomischen und ökologischen Belangen gibt.

Wesentliche ökologische Ziele sind:

- Schutz der Atmosphäre
- Nachhaltige Bewirtschaftung von Bodenressourcen
- Bekämpfung der Entwaldung
- Bekämpfung der Wüstenbildung und der Dürren
- Nachhaltige Bewirtschaftung von Berggebieten
- Förderung nachhaltiger Landwirtschaft und ländlicher Entwicklung
- Erhaltung der biologischen Vielfalt
- Umweltverträgliche Nutzung der Biotechnologie
- Schutz der Ozeane
- Schutz der Güte und Menge der Süßwasserressourcen
- Umweltverträglicher Umgang mit toxischen Chemikalien
- Umweltverträgliche Entsorgung gewerblicher Abfälle
- Umweltverträglicher Umgang mit festen Abfällen
- Sicherer und umweltverträglicher Umgang mit radioaktiven Abfällen

Die Ziele nachhaltiger Entwicklung 2030 der Vereinten Nationen © UNIS Wien

Der Nachhaltigkeitsgipfel 2015 formuliert mit der Agenda 2030 17 Nachhaltigkeitsziele, die sich mit ähnlichen Punkten wie die Agenda 21 beschäftigen. Das Thema „Nachhaltigkeit" ist heute genauso aktuell wie bereits in den 1990er Jahren.

2.2 IOC und der Umweltschutz

Dem Internationalen Olympischen Komitee ist Umweltbewusstsein und Nachhaltigkeit im Sport ein wichtiges Anliegen. Im Leitfaden zur Nachhaltigkeit (englisch „Sustainability Essentials") werden wichtige Ratschläge erteilt. Die Agenda 2030 dient dabei als Grundlage für nachhaltige Entwicklungen. Das IOC versucht, alle im Sport involvierten Institutionen zu erreichen. Dabei erkennt man, dass Sport im Stande ist, Menschen zu motivieren und zu inspirieren, und dass Nachhaltigkeit den Weg zu einer besseren Welt ebnet. Sportvereine erreichen alle Altersklassen und können somit die Sportler/Sportlerinnen zu einem nachhaltigen Umgang mit unserer Umwelt bewegen. Bei der Planung und Austragung der Olympischen Spiele sollen folgende Bereiche unter dem Aspekt der Nachhaltigkeit und des Umweltschutzes umgesetzt werden:

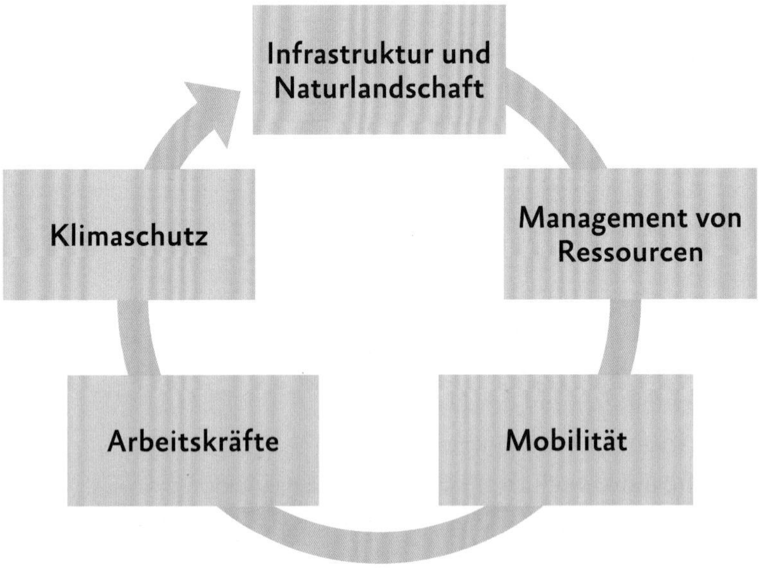

(nach IOC 2017)

GET ACTIVE 2

Ordnen Sie die untenstehenden Maßnahmen für künftige Olympische Spiele des IOC den jeweiligen Bereichen in der Tabelle auf der nächsten Seite zu. Vergleichen Sie Ihre Ergebnisse mit einem Mitschüler/einer Mitschülerin.

- Erhöhung der Energieeffizienz der Gebäude
- Reduktion von Abfällen
- Reduktion von Treibhausemissionen
- Diversität (Geschlecht, Herkunft etc.) in der Belegschaft
- Nachhaltigkeit bei der Erzeugung von Produkten und Dienstleistungen
- Entsprechung der baulichen Maßnahmen gemäß nationaler und internationaler Standards
- Wellness-Programm zur Hervorhebung der Wichtigkeit eines gesunden Lebensstils
- Reduktion der Umweltbelastung durch Reisen

Infrastruktur und Naturlandschaft	
Management von Ressourcen	
Mobilität	
Arbeitskräfte	
Klimaschutz	

2.3 Nachhaltigkeit und Naturschutz auf regionaler Ebene

„Green Events Austria" ist eine Initiative des Bundesministeriums für Landwirtschaft, Regionen und Tourismus betreffend Veranstaltungen. In Österreich werden dadurch immer öfter Sportveranstaltungen Schauplatz von Umweltaktivismus. Der „Cross Country Lauf XC" in Niederösterreich, der „Global 2000 Fairness Run" in Wien, die „Karate WM 2016" in Oberösterreich, „24 Stunden Biken für den Klimaschutz" in der Steiermark sind Events, die Umweltschutz ernst nehmen und die Message an alle Sportler/Sportlerinnen sowie Zuseher/Zuseherinnen verbreiten möchten.

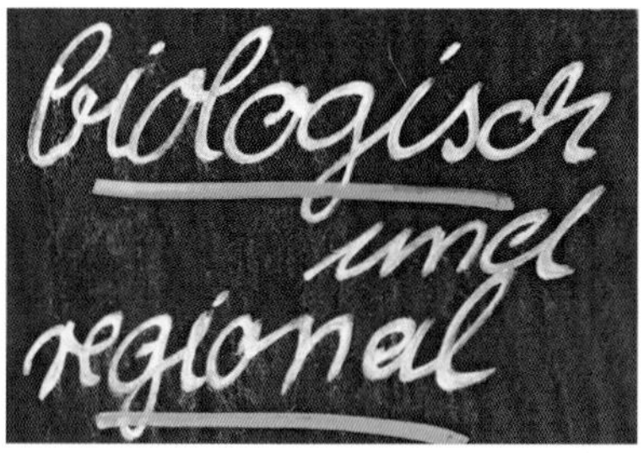

Am Beispiel des „Cross Country Lauf XC" sieht man, welche Maßnahmen gesetzt wurden. Die Startgebühr wurde für jene Teilnehmer/Teilnehmerinnen verringert, die ihre emissionsfreie Anreise nachweisen konnten. Es wurden verpackungsfreie Lebensmittel verkauft. Getränke wurden in Mehrwegbechern bzw. Glasgeschirr verteilt. Speisen und Getränke wurden bei regionalen Händlern gekauft. Auf Bioprodukte wurde Wert gelegt. Auf künstliches Licht wurde weitgehend verzichtet. Strom und Wärme (Duschen) wurden durch erneuerbare Energien erzeugt. Außerdem standen Barrierefreiheit, Gleichstellung zwischen Mann und Frau und die Verbreitung von Umweltbewusstsein im Zentrum der Veranstaltungsorganisation. Weitere Informationen über „Green Events" finden Sie auf der Website des Bundesministeriums für Landwirtschaft, Regionen und Tourismus **www.bmlrt.gv.at**.

Um Sportveranstaltungen, auch im kleinen Rahmen, nachhaltig durchzuführen, gibt es einen Nachhaltigkeitscheck, der auf dem Excellence-Modell der Europäischen Stiftung für Qualitätsmanagement (EFQM) basiert. Der Check behandelt die Themen „Ökologie", „Ökonomie" und „Soziales".

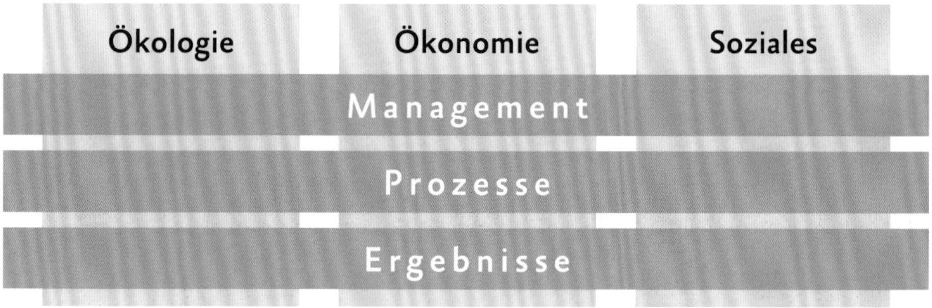

Struktur des Nachhaltigkeitschecks (Abb. nach Decarli/Jaksche 2015)

In Bezug auf Umweltschutz werden Maßnahmen wie der Einsatz von Mehrwegsystemen und umweltfreundlicher Verpackung, Förderung des öffentlichen Verkehrs, Energiesparmaßnahmen, Reduktion des Wasserverbrauchs u. a. m. empfohlen. Für die Umsetzung werden für jeden Bereich Punkte vergeben. Das gibt in Folge Aufschluss, wie nachhaltig die Veranstaltung war und welches Verbesserungspotential besteht.

Konkrete Hinweise finden sich zum Beispiel im Maßnahmenkatalog der Checkliste der „Green Events":

- Um Abfall zu vermeiden, sollte man Mehrweggeschirr, Mehrwegbecher, Mehrweggebinde, keine Alu-Dosen verwenden und getrennte Abfallsammelbehälter aufstellen. Die Recyclingstationen sollten während der Veranstaltung regelmäßig vom Personal kontrolliert werden.
- Zum Thema „Verpflegung" wird empfohlen, vegetarische und nichtvegetarische Mahlzeiten im gleichen Ausmaß anzubieten, von lokalen Anbietern und saisonal einzukaufen, Bio- und Fair-Trade-Produkte sowie kostenloses Trinkwasser anzubieten.
- Maßnahmen im Bereich der Beschaffung beinhalten unter anderem den Einkauf von Produkten mit regionaler Herkunft, keine Dekoration, Give-Aways nur unverpackt, Bewerbung nur elektronisch, Wiederverwendung von bestehenden Werbematerialien etc.
- Für die Veranstaltung soll ein Ort gewählt werden, der gut mit öffentlichen Verkehrsmitteln erreichbar ist. Außerdem werden Empfehlungen für die Unterbringung ausgesprochen. Barrierefreiheit ist garantiert.
- Um Wasser und Energie zu sparen, wird Ökostrom, sparsamer Verbrauch von Energie und Wasser, Verwendung von energiesparenden Geräten, Verzicht von Lichtverschmutzung etc. empfohlen.
- Für die An- und Abreise werden öffentliche Verkehrsmittel, Fuß- und Radwege empfohlen. Darüber hinaus sollten Anreize geschaffen werden, die zum Umsteigen auf eine umweltschonendere Alternative motivieren, z. B. Gratis-Shuttle, Radabstellplätze, finanzielle Erleichterungen, Koordination des Veranstaltungsbeginns bzw. -endes mit den Fahrplänen der öffentlichen Verkehrsmittel etc.

GET ACTIVE 3

Lesen Sie sich den Maßnahmenkatalog der Checkliste der „Green Events" durch und ergänzen Sie jeweils zwei Maßnahmen zu den entsprechenden Bereichen in der untenstehenden Tabelle. Vergleichen Sie anschließend Ihre Ergebnisse mit einem Mitschüler/einer Mitschülerin.

Abfall	
Verpflegung	
Beschaffung	
Veranstaltungsort	
Energie und Wasser	
Mobilität	

RP-TRAINING 2

Anforderungsniveau 1

Nennen Sie Zielsetzungen und Maßnahmen der Agenda 21 und Agenda 2030.

Anforderungsniveau 2

Erklären Sie, welchen Einfluss das IOC auf den Umweltschutz hat.

Anforderungsniveau 3

Ihr Sportverein möchte eine eintägige Sportveranstaltung mit Teilnehmern/Teilnehmerinnen und Zusehern/Zuseherinnen aus dem regionalen Bereich veranstalten. Umweltschutz und Nachhaltigkeit ist Ihnen dabei besonders wichtig. Entwickeln Sie ein nachhaltiges Konzept.

KOMPETENZCHECK

Ich kann ...			
... Auswirkungen von Sport auf die Natur erklären.			
... Zielsetzungen und Maßnahmen zu Umweltschutz und Nachhaltigkeit im Bereich Sport nennen.			
... Maßnahmen zu einer nachhaltigen Durchführung von Sportveranstaltungen anführen.			

Gesundheit und Lebensqualität

Kapitel 16

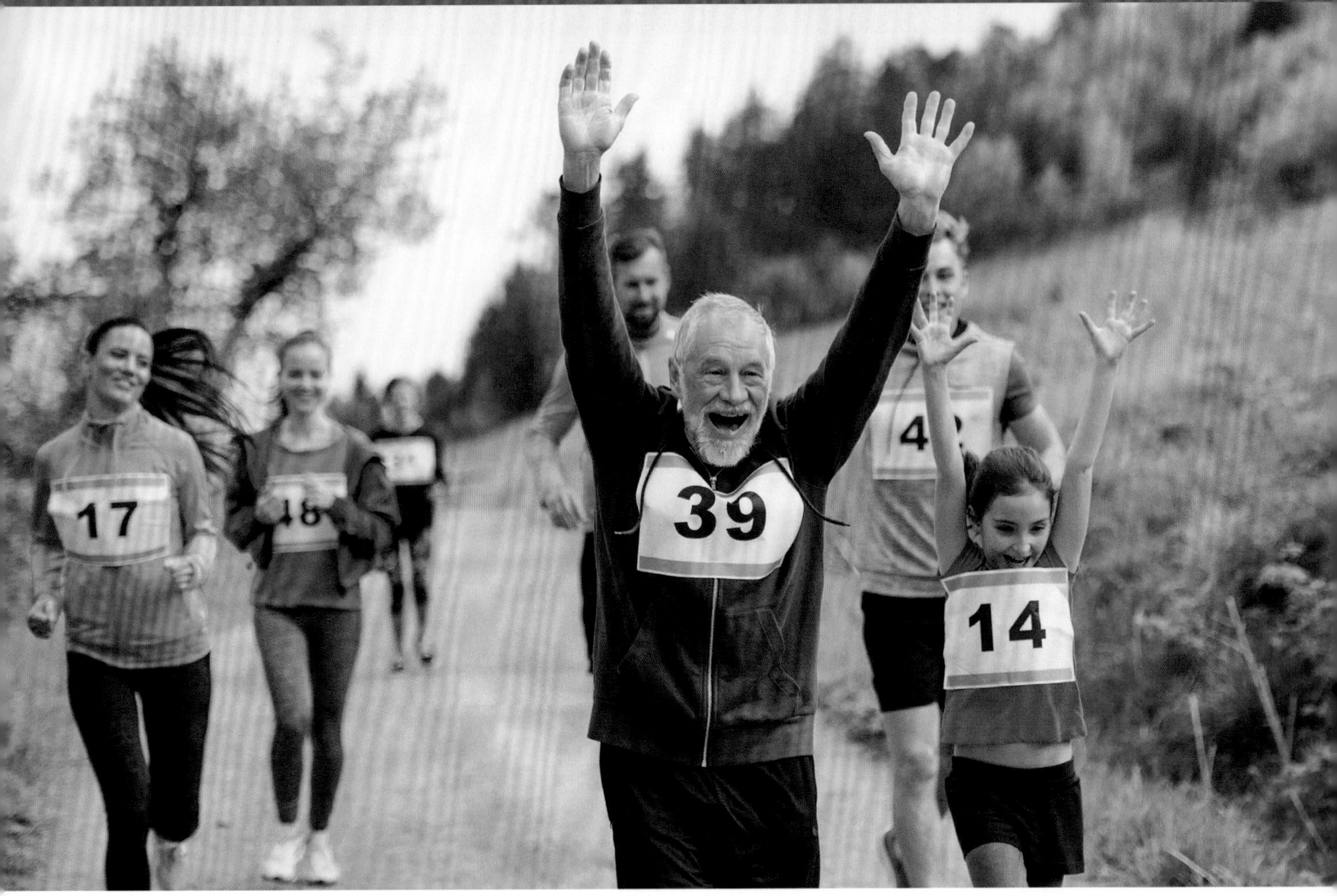

„Wann fühlt man sich wirklich gesund?" – In diesem Kapitel werden einige Aspekte dieser Frage beleuchtet und die damit zusammenhängenden Bereiche der Gesundheit besprochen. Viele Faktoren, wie Alter, Krankheit, aber auch unsere Arbeit, Ausbildung und Lebensbedingungen haben Auswirkungen auf unsere Gesundheit. Unser Lebensstil und unsere Gewohnheiten können unseren Gesundheitszustand beeinflussen. Die meisten von uns wissen, dass z. B. ungesunde Ernährung, Bewegungsmangel, Rauchen und Alkohol sich negativ und regelmäßige Bewegung sowie gesunde Ernährung sich positiv auf uns auswirken.

Zum Gesamtbild „Gesundheit" zählt auch das Wohlbefinden, das ohne ausreichende Bewegung nicht erreicht werden kann. Mangelnde Zeit, sitzende Tätigkeiten in Beruf, Studium und Schule, aber auch eine inaktive Freizeitgestaltung führen zu Bewegungsmangel, der weitreichende Folgen für unsere Gesundheit hat. Bewegung im Sinne von körperlicher Leistungsfähigkeit ist für uns alle lebenswichtig und führt zu einer Steigerung der Lebensqualität. Viele Zivilisationskrankheiten, wie z. B. Herz-Kreislauf-Erkrankungen, Zuckerkrankheit (Diabetes Mellitus 2), Übergewicht (Adipositas) oder Osteoporose können durch regelmäßige Bewegung verhindert werden.

Der Lernende/Die Lernende soll ...

- die verschiedenen Aspekte zur Beschreibung von Gesundheit kennen lernen,
- die Konsequenzen von Bewegungsmangel nachvollziehen können,
- die positiven Effekte von Sport auf den Körper und die Psyche nennen können.

WARM-UP

Füllen Sie den unten abgebildeten Fragebogen zu Ihrem derzeitigen Gesundheitszustand aus.

Bilden Sie danach Vierergruppen und besprechen Sie folgende Fragen:

- Wie ist Ihr Gesundheitszustand im Vergleich zu Ihrer Gruppe/Klasse?
- Welche Faktoren sind Ihrer Meinung nach wichtig, um Gesundheit beurteilen zu können?
- Welche Bereiche würden Sie im Fragebogen ergänzen, um mehr Aussagekraft zu erreichen?

Alter:		Geschlecht:	m ☐	w ☐

Wie gut schätzen Sie Ihren momentanen Gesundheitszustand ein?	Sehr gut ☐	Gut ☐	Befriedigend ☐	Genügend ☐	Nicht genügend ☐

Wie oft haben Sie die unten angeführten Beschwerden?					
	Fast täglich	Alle paar Tage	Alle paar Wochen	Alle paar Monate	Nie
Wie oft haben Sie Kopfschmerzen?	☐	☐	☐	☐	☐
Wie oft spüren Sie Schwindelgefühl?	☐	☐	☐	☐	☐
Wie oft haben Sie Rückenschmerzen?	☐	☐	☐	☐	☐
Wie oft fühlen Sie sich schnell müde?	☐	☐	☐	☐	☐
Wie oft haben Sie Konzentrationsschwierigkeiten?	☐	☐	☐	☐	☐
Wie oft haben Sie Schlafstörungen?	☐	☐	☐	☐	☐
Wie oft wird Ihnen übel?	☐	☐	☐	☐	☐

Wie viele Zigaretten rauchen Sie am Tag?	keine ☐	< 10 ☐	< 20 ☐	< 40 ☐	> 40 ☐
Wie oft trinken Sie Alkohol?	Nie ☐	Mehrmals im Jahr ☐	Mehrmals im Monat ☐	Mehrmals in der Woche ☐	Täglich ☐
Wie oft in der Woche betreiben Sie Sport?	Nie ☐	So gut wie gar nicht ☐	< 2 Stunden ☐	< 5 Stunden ☐	Täglich ☐

(Fitworks n. d.: S. 2 – 8)

1 Der Gesundheitsaspekt im Sport

1.1 Der Begriff „Gesundheit"

Wer oder was als gesund gesehen wird, ist stark von unserer subjektiven Wahrnehmung geprägt. Viele Theorien befassen sich mit der Gesundheitsdefinition, aber das Verständnis für Gesundheit unterliegt auch gesellschaftlichen Normvorstellungen.

1.1.1 Definition der WHO

Bei der Gründung der Weltgesundheitsorganisation im Jahr 1948 haben die Verantwortlichen eine Definition für den Gesundheitsbegriff formuliert. Diese lautet wie folgt:

„Gesundheit ist ein Zustand völligen psychischen, physischen und sozialen Wohlbefindens und nicht nur das Freisein von Krankheit und Gebrechen. Sich des bestmöglichen Gesundheitszustandes zu erfreuen, ist ein Grundrecht jedes Menschen, ohne Unterschied der Rasse, der Religion, der politischen Überzeugung, der wirtschaftlichen oder sozialen Stellung." (vgl. Constitution of the World Health Organization)

Diese Definition sollte zeigen, dass Gesundheit mehr ist als nur die Abwesenheit von Krankheit oder Gebrechen. Der Zustand des völligen psychischen, physischen und sozialen Wohlbefindens wird von den Menschen jedoch selten erlebt. Völlige Gesundheit ist damit nach dieser Definition nur schwer möglich. Sie kann nicht alleine durch medizinsche Versorgung des Gesundheitssystems erreicht werden. Als Antwort auf die immer stärker wachsenden Erwartungen an eine neue öffentliche Gesundheitsbewegung wurde 1986 von den Teilnehmern/Teilnehmerinnen der Ottawa-Charta zur Gesundheitsförderung zu folgenden Verpflichtungen aufgerufen.

Verpflichtungen zur Gesundheitsförderung

Fragen des öffentlichen Gesundheitsschutzes wie Luftverschmutzung, Gefährdungen am Arbeitsplatz, Wohn- und Raumplanung sind in den Mittelpunkt der Aufmerksamkeit zu stellen.	Die Verantwortlichen anerkennen die Menschen selbst als die Träger ihrer Gesundheit, unterstützen sie und befähigen sie auch finanziell, sich selbst, ihre Familien und Freunde gesund zu erhalten.
Die Verantwortlichen wirken an einer gesundheitsfördernden Politik mit und zeigen politisches Engagement für Gesundheit und Chancengleichheit.	Die Gesundheitsdienste haben sich auf die Gesundheitsförderung zu orientieren und auf das Zusammenwirken mit anderen Disziplinen und mit der Bevölkerung selbst hinzuwirken.
Sie versuchen, die gesundheitlichen Unterschiede innerhalb der Gesellschaften und zwischen ihnen abzubauen, und bekämpfen geschaffene Ungleichheiten im Gesundheitszustand.	Die Verantwortlichen betrachten die Gesundheit und ihre Erhaltung als eine wichtige gesellschaftliche Investition und Herausforderung und werfen die globale ökologische Frage unserer Lebensweise auf.

vgl.: https://apps.who.int/iris/bitstream/handle/10665/59557/Ottawa_Charter_G.pdf (6. Feb. 2020)

Die Gesundheitsförderung soll den Menschen ein hohes Maß an **Selbstbestimmung** und damit eine **Stärkung ihrer eigenen Gesundheit** ermöglichen. Die Gesundheit wird als wesentlicher Bestandteil des Alltags und nicht mehr als vorrangiges Lebensziel gesehen. Sie steht für ein positives Grundkonzept, das in gleicher Weise die Bedeutung sozialer und individueller **Ressourcen** für die Gesundheit betont sowie die körperlichen Fähigkeiten. Heute wird Gesundheit weniger als Zustand, sondern mehr als **Prozess** gesehen. Der Mensch kann seinen Gesundheitszustand selbst beeinflussen. Eine ausgewogene Lebensweise ist die beste Voraussetzung, um langfristig gesund zu bleiben.

Soziale Ressourcen	Beziehungen und Interaktionen mit unterschiedlichen sozialen Gruppen, wie z. B. Freunde, die Familie oder Teammitglieder.
Individuelle Ressourcen	Die eigene Persönlichkeit betreffend, wie z. B. Intelligenz, Flexibilität, Weitsichtigkeit oder Selbstsicherheit.
Körperliche Fähigkeiten	Die Widerstandsfähigkeit der einzelnen Organsysteme gegenüber Krankheiten

1.1.2 Salutogenese

Die **Salutogenese** ist ein Gesundheitsmodell, das sich mit der Entstehung und Erhaltung der Gesundheit beschäftigt. Sie benennt die Eigenschaften, die ein Mensch benötigt, um gesund zu sein und zu bleiben. Dieser positive Ansatz im Bereich der Gesundheit soll an folgendem Beispiel gezeigt werden:

Sporteinheiten senken den Blutzuckerspiegel, was sich für Menschen, die an Diabetes mellitus Typ 2 leiden, besonders positiv auswirkt. Regelmäßige Bewegungseinheiten sind eine wichtige Therapiesäule, da sie den Energiestoffwechsel und die Insulinwirkung verbessern. Dadurch entsteht zusätzlich ein umfassendes Wohlempfinden bei dem Patienten/der Patientin.

In der Salutogenese nimmt die Frage „Wie bleibe ich gesund?" eine zentrale Stellung ein. Auf die Unterscheidung zwischen gesund und krank wird verzichtet. Krankheit und Gesundheit werden nicht getrennt, sondern als fließender Prozess gesehen. Gesunde und kranke Aspekte besitzt jeder Mensch und gesundheitsförderliche Maßnahmen können einen wesentlichen Beitrag zur Verbesserung oder Erhaltung der Gesundheit beisteuern. Dadurch stellt sich nicht mehr nur die Frage, warum Menschen erkranken, sondern auch die Frage, warum Menschen trotz gegebenenfalls möglicher Risikofaktoren gesund bleiben. Individuelle Ressourcen des Menschen spielen dabei eine bedeutende Rolle. Ein hoher Lebensstandard, soziale Kontakte durch Freunde und Familie, aber auch eine hoher Bildungsgrad sind beste Voraussetzungen, um gesund zu bleiben.

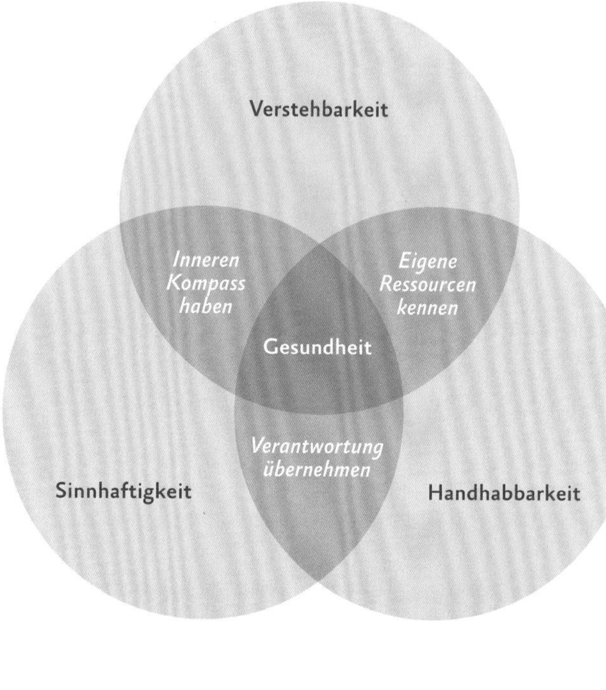

Eine weiterer Faktor, Gesundheit zu erhalten, ist das Betreiben von Sport. Sport hat neben den positiven physischen Effekten auch einen positiven Einfluss auf Wohlbefinden und psychische Spannungszustände. Sport kann allerdings nur dann vor Krankheit schützen, wenn er in ein gesamtheitliches Lebenskonzept integriert wird.

GET ACTIVE 1

Bilden Sie Vierergruppen und schreiben Sie auf, welche positiven Effekte die regelmäßige Ausübung von Sport auf die Psyche und Physis des Menschen haben kann. Vergleichen Sie anschließend Ihre Ergebnisse mit Ihren Mitschülern/Mitschülerinnen und ergänzen Sie gegebenenfalls Ihre Notizen.

Positive Effekte auf die Psyche	**Positive Effekte auf die Physis**

1.1.3 Risikofaktoren der Gesundheit

Für die Beschreibung der Gesundheit spielen die Risikofaktoren eine bedeutende Rolle. Zu den Risikofaktoren zählen Faktoren, die die Wahrscheinlichkeit eines vorzeitigen Eintretens von bestimmten Erkrankungen erhöhen. Diese können genetisch, aber auch durch den eigenen Lebensstil verursacht sein. Die Risikofaktoren werden unterteilt in

- „nicht beeinflussbare" (wie Alter, familiäre Disposition, Persönlichkeitsstruktur) und
- „beeinflussbare" Faktoren (Faktoren, die durch unsere eigenes Handeln verändert werden können).

Alkohol	Fehlnahrung	Bewegungsmangel
Stress	**Risikofaktoren**	Stoffwechselstörung
Rauchen	Übergewicht	Bluthochdruck

Einer der größten beeinflussbaren Risikofaktoren stellt der Bewegungsmangel dar, da er oft weitere Risikofaktoren auslöst. Deshalb kommt dem Gesundheitssport eine wesentliche Bedeutung zu, da durch die Bewegung andere Faktoren positiv beeinflusst werden können, z. B. Reduktion von Übergewicht, Senkung des Blutdrucks.

1.2 Bewegungsmangel und seine Folgen

Bewegungsmangel stellt ein zentrales Problem unserer Gesellschaft dar. Laut WHO werden die sogenannten „life style factors" für 70 % aller Krankheiten verantwortlich gemacht. Zu diesen Faktoren zählen neben dem Mangel an Bewegung, Rauchen, Alkohol/Drogen, schlechte Ernährung und das daraus resultierende Übergewicht.

In den USA gibt es mittlerweile keinen Staat mehr, in dem nicht mindestens 20 % der Bevölkerung übergewichtig (BMI > 25) sind und jeder Dritte/jede Dritte fettleibig (BMI > 30) ist. Die Entwicklung Europas zeigt diesbezüglich ebenfalls eine bedrohliche Tendenz. Eine Studie an 7- bis 15-jährigen Kindern zeigt auf, dass diese die erste Generation ist, die aufgrund der „life style factors" früher sterben wird als deren Eltern. *(vgl. Mokdad u. a. 1999; Olshansky u. a. 2005)*

Die Folgen von Bewegungsmangel werden oft unterschätzt. Körperliche Inaktivität fördert die Entstehung von fast allen Herz-Kreislauf- oder Stoffwechselerkrankungen, wie z. B. Übergewicht, Bluthochdruck, Diabetes Mellitus 2 (Zuckerkrankheit), erhöhte Blutfettwerte etc. Aber auch Osteoporose (Abbau von Knochensubstanz), Krebserkrankungen, Arthrose (Gelenkserkrankungen) und Haltungsschäden werden immer mehr in Zusammenhang mit Bewegungsmangel gebracht.

Negative Auswirkungen von Bewegungsmangel				
Herz-Kreislauf-System	*Stoffwechsel*	*Stützapparat*	*Psyche*	*Motorik*

1.2.1 Herz-Kreislauf-Erkrankungen

Verkalkung der Arterien (Arteriosklerose)

Arteriosklerose ist eine Störung der Zellauskleidung der Gefäßinnenräume in den Arterien, d. h., die Endothelfunktion, die für einen guten Blutfluss sorgt, wird gestört. Durch Fettablagerungen in der Arterienwand kommt es zu Einengungen und Blutgerinnungsstörungen. Die Vermehrung des Bindegewebes und die Kalkablagerungen bewirken eine Verhärtung und einen Elastizitätsverlust der Arterien, in weiterer Folge wird die Regulation der Gefäßweite gestört. Ablagerungen von Blutplättchen und Proteinen (Fibrin) sowie das Einreißen der Blutgefäße führen zu Thrombosen (Blutgerinnsel zur gefäßinternen Blutgerinnung) und Embolien (Verschluss eines Blutgefäßes). Dadurch kommt es zu einem Ausfall des betroffenen Organs mit oft schwerwiegenden Folgen, vor allem wenn das Herz oder das Gehirn betroffen sind. Aber auch Durchblutungsstörungen in den Extremitäten, wie z. B. eine tiefe Beinvenenthrombose, können entstehen.

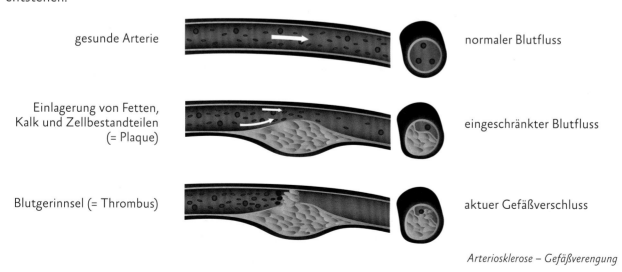

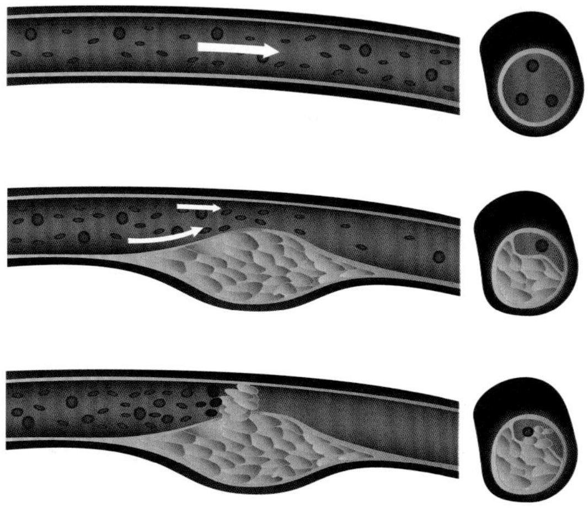

Arteriosklerose – Gefäßverengung

„Life style factors" begünstigen die Entstehung der Arteriosklerose. Da diese Erkrankung schmerzlos fortschreitet, sollten die Risikofaktoren bereits im Vorhinein reduziert werden.

Bluthochdruck (Hypertonie)

Bluthochdruck liegt vor, wenn der systolische Wert mehr als 140 mm Hg und der diastolische Wert über 90 mm Hg beträgt. Das Zusammenziehen des Herzens bewirkt, dass das Blut aus dem Herzen in die Arterien gepumpt wird. Dieser Druck während der Herzkontraktion wird als systolischer Blutdruck bezeichnet. Nach der Konktraktion entspannt sich das Herz und neues Blut fließt in die Herzkammern. Der sich dabei verändernde Druck im Gefäßsystem wird als Diastole bezeichnet. Die Werte werden in Millimeter (mm) Quecksilbersäule (Hg) angegeben.

Laut WHO ist Bluthochdruck eine der weitverbreitetsten Erkrankungen weltweit. Diese Entwicklung würde sich durch geringe Änderungen der Lebensweise positiv beeinflussen lassen.
Risikofaktoren für erhöhten Blutdruck sind:

- ungesunde Ernährung
- Übergewicht
- Bewegungsmangel
- übermäßiger Alkoholkonsum
- Rauchen
- Stress
- familiäre Disposition
- Alter > 65 Jahren

Hypertonie stellt einen großen Risikofaktor für Herzerkrankungen und deren Folgen, wie z. B. Herzinfarkt, dar. Neben der medikamentösen Behandlung sollten die Risikofaktoren reduziert werden, um den Blutdruck zu regulieren. Die Werte für einen optimalen Blutdruck liegen bei 120/80 mm Hg.

1.2.2 Stoffwechselerkrankungen

Übergewicht

Laut Definition liegt Übergewicht vor, wenn das Körpergewicht bzw. der Körperfettanteil in Relation zur Körpergröße erhöht ist. Der gängigste Richtwert ist der sogenannte Body-Mass-Index (BMI). Dieser wird wie folgt berechnet: Körpergewicht in kg : Größe in m^2.

Normalgewicht besteht bei einem BMI zwischen 18 und 24, Übergewicht liegt bei einem BMI von 25 bis 30 vor, Fettleibigkeit (Adipositas) ist durch einen BMI >30 gekennzeichnet. Der erhöhte Körperfettanteil kann zwar familiär veranlagt sein, aber meistens sind zu viel und ungesunde Ernährung sowie körperliche Inaktivität Ursachen für die Entstehung von Übergewicht.

GET ACTIVE 2

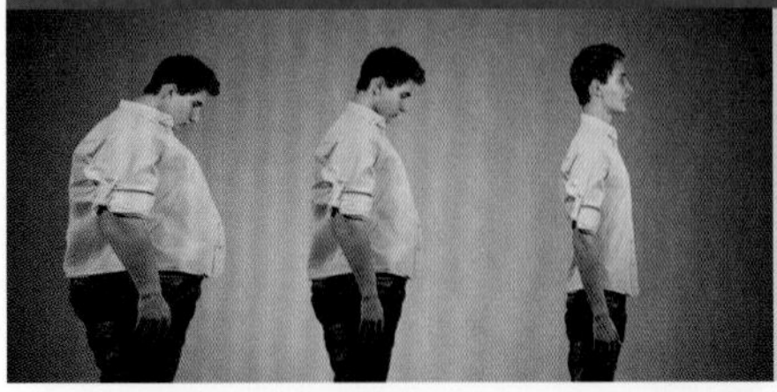

Bilden Sie Zweiergruppen und erstellen Sie Empfehlungen zum Sportverhalten und zur Lebensweise für einen adipösen Jugendlichen/eine adipöse Jugendliche, der/die das Ziel hat, Normalgewicht zu erreichen.

Neben der verminderten motorischen Fähigkeit, Haltungsschäden, Atemnot bei Anstrengung sind Arteriosklerose, Diabetes und Bluthochdruck Folgen von Übergewicht. Laut Erhebungen von Statistik Austria haben 37 % der Bevölkerung einen BMI > 25 und bereits 9 % einen BMI > 30. *(Statistik Austria 2015: Body Mass Index BMI)*

Zuckerkrankheit (Diabetes mellitus 2)

Steigt der Blutzuckerspiegel im Körper durch fett- und zuckerreiche Nahrung, muss die Bauchspeicheldrüse Insulin produzieren, damit der Zucker von den Körperzellen aufgenommen werden kann. Wird die Energie in den Zellen nicht mehr gebraucht, so werden die Energieträger nur unter Anwesenheit von sehr viel Insulin als Fettvorräte abgelagert. Verbraucht man die zugeführte Energie durch Bewegung nicht, so muss die Bauchspeicheldrüse sehr viel Insulin produzieren. Im Laufe ihres Lebens kann die Bauchspeicheldrüse nur eine bestimmte Menge an Insulin herstellen. Ist diese Menge verbraucht, leidet man unter dem sogenannten Altersdiabetes. In der heutigen Gesellschaft der industrialisierten Länder tritt Altersdiabetes immer früher auf. Schätzungsweise leidet jeder zehnte Mensch in Europa an dieser Erkrankung.

THEORIE ······➔ PRAXIS

Der Blutzuckerspiegel

Der Blutzuckerspiegel gibt die Höhe des Glykogenanteiles im Blut an. Er ist eng gekoppelt mit dem Hunger- und Sättigungsgefühl des Menschen. Sinkt der Blutzuckeranteil im Blut sehr stark, so bekommen wir Hunger. Ist er längere Zeit sehr niedrig, so wirkt sich das auf viele Bereiche aus. Eine geringere Gehirnleistung, Krampfanfälle sowie Schweißausbrüche sind nur einige Beispiele für eine Unterzuckerung. Im Extremfall droht ein Schockzustand. Zu hohe Blutzuckerwerte führen vor allem zu Kraftlosigkeit, Müdigkeit und Niedergeschlagenheit. Längere Zeiten in diesem Zustand rufen Bewusstseinstrübung und Bewusstlosigkeit hervor. In Hinblick auf die Gesundheit sollte der Blutzuckerspiegel so wenig wie möglich schwanken und langfristig keine extremen Werte annehmen.

Nahrungsmittel, die hauptsächlich aus Einfach- und Zweifachzucker bestehen, lassen den Blutzuckerspiegel schneller ansteigen als Nahrungsmittel mit vielen Mehrfachzuckern. Ein stark erhöhter Blutzuckerspiegel verursacht eine erhöhte Insulinausschüttung. Der Spiegel sinkt daher auch wieder sehr rasch und es folgt eine Unterzuckerung begleitet von Hungergefühl. Deshalb sind Lebensmittel mit überwiegend Mehrfachzucker aus gesundheitlicher Sicht zu bevorzugen.

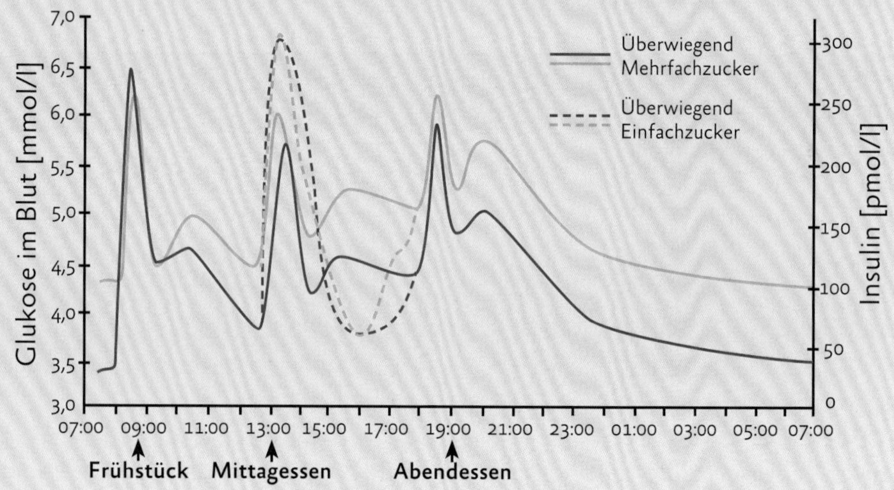

Metabolisches Syndrom

Das metabolische Syndrom, auch als Wohlstandssyndrom bekannt, stellt eine große Gefahr für den Körper dar. Für die Diagnose werden folgende Parameter gemessen: Taillenumfang, Blutfettwerte, Blutdruck und Blutzucker. Sind die Werte von drei oder mehr Parametern erhöht, spricht man von einem metabolischen Syndrom. Auch hier sind Übergewicht, aber auch körperliche Inaktivität, Stress, Rauchen und Alkohol begünstigende Faktoren für die Entstehung.

1.2.3 Haltungsschwäche/Haltungsschäden

Körperliche Inaktivität wirkt sich nicht nur negativ auf unser Herz-Kreislauf-System aus, sondern kann auch Beschwerden an der Wirbelsäule oder an Gelenken verursachen. Die Haltungsschwäche resultiert aus einer schlecht ausgebildeten Muskulatur, der durch Bewegung rasch entgegengewirkt werden kann. Schlechte Haltung, wie z. B. das Hohlkreuz oder der Rundrücken, führen über längere Zeit zu muskulärer Verkümmerung und Verkürzungen des Bandappartes, wodurch Haltungsschäden entstehen können.

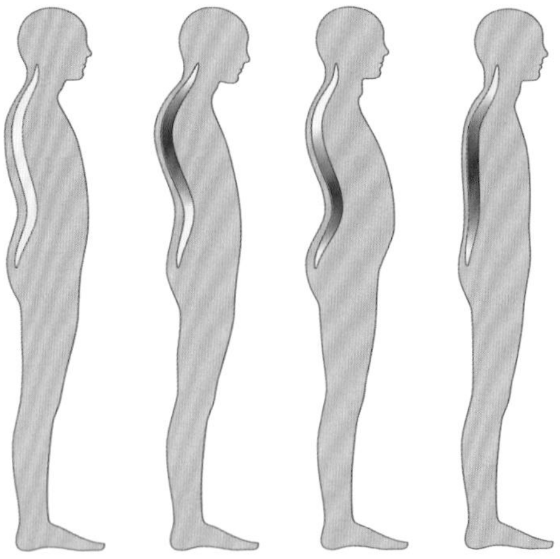

Wirbelsäule

Die häufigsten Fehlstellungen der Wirbelsäule sind:

- **Rundrücken:** verstärkte Krümmung an der Brustwirbelsäule, dadurch inaktive Rückenmuskulatur und verkürzte Brustmuskulatur
- **Hohlkreuz:** verstärkte Krümmung der Lendenwirbelsäule nach vorne und ein nach vorne gekipptes Becken; Folgen sind eine Überdehnung der Bauchmuskulatur und eine Verkürzung der Rückenmuskulatur.
- **Hohlrundrücken:** Kombination von Hohlkreuz und Rundrücken
- **Flachrücken:** Fehlen der physiologischen S-Krümmung der Wirbelsäule; durch die erhöhte Belastung kommt es schneller zur Abnutzung der Wirbelgelenke/Bandscheiben.
- **Einbrüche der Wirbelkörper:** Durch Osteoporose kommt es zu einer Verringerung der Knochendichte und zu einer daraus resultierenden verminderten Belastbarkeit der Knochen. Schon geringe Belastungen führen zu Brüchen.

GET ACTIVE 3

Bilden Sie Gruppen und analysieren Sie die Haltung Ihrer Mitschüler/Mitschülerinnen nach der oben abgebildeten Übersicht. Überlegen Sie trainingswirksame Methoden, um eine Verbesserung der Haltung zu erzielen.

Besprechen Sie Ihre Überlegungen im Plenum.

Arthrose

Unter Arthrose wird die Abnutzung von Gelenken verstanden. Sie ist eine der häufigsten Ursachen für Gelenksschmerzen. Betroffen kann jedes Gelenk sein, am häufigsten sind allerdings jene Gelenke befallen, die wir am häufigsten beanspruchen, z. B. Knie- und Hüftgelenke. Typische Anzeichen einer Arthrose sind Gelenkssteifigkeit nach längeren Ruhephasen, Belastungsschmerzen, Kraftlosigkeit der umliegenden Muskulatur und Bewegungseinschränkungen.

Die Diagnose einer Arthrose wird mittels Röntgen, Ultraschall oder MRT (Magnetresonanztomographie) gestellt. Es können 4 Grade der Knorpelschädigung klassifiziert werden:

- Grad 1: Verfärbung und Erweichung des Knorpels
- Grad 2: Oberfläche ist aufgeraut und hat kleine Einrisse
- Grad 3: kraterförmige Deformierung der Knorpelstruktur, die fast bis zum Knochen reicht
- Grad 4: vollständiger Verlust des Knorpels mit freiliegendem Knochen

Die Arthrose ist ein fortschreitender Prozess, Mobilisation und Kräftigung der umliegenden Muskulatur können ihn jedoch verlangsamen. Bei starken, anhaltenden Schmerzen kann ein Gelenksersatz notwendig werden.

Fußdeformitäten

Auch der Fuß wird durch verringerte körperliche Aktivität in Mitleidenschaft gezogen. Die geschwächte Fußmuskulatur kann der Belastung durch den Körper nicht mehr standhalten, wodurch das Längs- und Quergewölbe des Fußes abflacht. Typische Krankheitsbilder sind der Plattfuß, der Spreizfuß, der Knick-Senkfuß und der Hohlfuß.

Die Abbildung unten zeigt:

- Links: Beim Senkfuß/Plattfuß berührt die gesamte Fußsohle den Boden.
- Mitte: Das Längsgewölbe des Fußes ist gut von innen erkennbar.
- Rechts: Der Hohlfuß hat ein erhöhtes Längsgewölbe, dadurch verliert der Mittelfuß den Bodenkontakt.

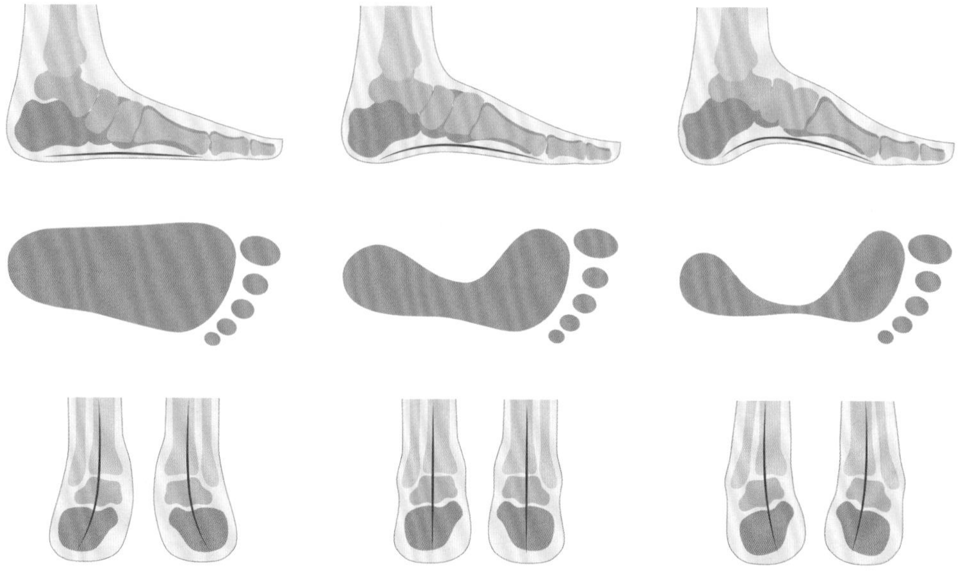

abgeflacht beim Senkfuß | normal | überhöht beim Hohlfuß

GET ACTIVE 4

Bilden Sie Vierergruppen und machen Sie Abdrücke (nasse Füße, Asphalt) von Ihren Füßen. Vergleichen Sie Ihre Abdrücke mit den Abbildungen oben.

1.2.4 Psychische Erkrankungen

Psychische Störungen, allen voran die Depression, werden als „die Krankheit des 21. Jahrhunderts" bezeichnet. Die Ursachen dafür sind komplex, doch die in unserer Gesellschaft vorhandene Reizüberflutung, mangelnde Eigenaktivität, fehlende Erfolgserlebnisse, Leistungsdruck und fehlende emotionale Zuwendung tragen wesentlich zu deren Entstehung bei.

Zu den häufigsten psychischen Erkrankungen zählen:

- **Depression:** Symptome sind eine gedrückte Stimmung, Interessenverlust, Freudlosigkeit, Antriebslosigkeit bis hin zu Selbstmordgedanken und sozialer Isolierung. Depressive Erkrankungen führen oft zu einer mangelnden Motivation, sich zu bewegen.
- **Störungen im sozialen Verhalten,** z. B. Aggressionen, mangelnde Kontaktfähigkeit
- **Konzentrationsschwächen**
- **Schlafstörungen**
- **Neurosen, Psychosen,** z. B. Wahnvorstellungen, Panikattacken, Angstzustände

Mittlerweile belegen zahlreiche Studien, dass Bewegung einen positiven Einfluss auf psychische Erkrankungen haben kann. Bewegung, Spiel und Sport ermöglichen freudige Erlebnisse und führen zu Entspannung und Stressabbau. Auch die dadurch entstehenden Erfolgserlebnisse können Selbstsicherheit geben und die Wahrscheinlichkeit, an psychischen Störungen zu erkranken, verringern. Um diese Wirkungen zu erzielen, ist jedoch eine gewisse Regelmäßigkeit Voraussetzung.

1.3 Gesundheit und Leistungssport

Aus den Folgen von Bewegungsmangel ist zu erkennen, wie wichtig regelmäßige Bewegung für die Gesundheit des Menschen ist. Neben einer vorbeugenden Wirkung gegenüber vielen Krankheiten erzeugt Bewegung auch Wohlbefinden und macht üblicherweise sehr großen Spaß. Geht es allerdings nicht mehr nur um den Spaß an der Bewegung, sondern auch darum, im Sport Spitzenleitungen zu erbringen, ist die Situation eine andere. Für die angestrebten Ziele muss täglich trainiert und auf vieles verzichtet werden. Der Lebensrhythmus ist an den Sport angepasst und das Training rückt ins Zentrum des Interesses. Neben dem hohen zeitlichen Aufwand für das Training treten auch noch andere Termine, wie medizinische Untersuchungen, sportmotorische Tests und Maßnahmen zur Verbesserung der körperlichen und mentalen Verfassung, hinzu. Mit der richtigen Betreuung wird der Athlet/die Athletin ein körperlich fitter und seelisch ausgeglichener, erfolgreicher Mensch sein. Die dauerhaften intensiven Belastungen bergen aber auch viele Risiken und können zu unerwarteten, unangenehmen Nebenwirkungen führen, die den Leistungssportler/die Leistungssportlerin auf dem Weg zum sportlichen Ziel scheitern lassen.

Physische Probleme im Leistungssport
Fehlerhafte Bewegungsabläufe führen zu Gelenks-, Sehnen- oder Muskelschäden.
Klassische Sportverletzungen wie Ermüdungsbrüche oder Verschleißerscheinungen entstehen.
Fehlende Regenerationszeiten führen zu einem Übertraining.
Unausgewogene Ernährung führt zu Mangelerscheinungen.

Psychische Probleme im Leistungssport
Übertraining führt zu Müdigkeit und Schlafstörungen.
Depression und Manie führen zu Schlafstörungen und Problemen im Bewegungsablauf.
Essstörungen führen letztendlich zu Schuldgefühlen, gekoppelt mit einem Rückzug aus dem sozialen Leben.
Die Sportsucht führt zu einer Vereinsamung aufgrund zu geringer Zeit für soziale Kontakte.

1.3.1 Physische Gesundheit im Leistungssport

Um im Leistungssport erfolgreich zu sein, ist es notwendig, der Konkurrenz zuvorzukommen. Der Druck auf den Athleten/die Athletin ist sehr groß, was allzu oft dazu führt, dass gesundheitliche Grenzen überschritten werden. Dauerhafte, harte Belastungen des Körpers führen sehr oft zu kleineren Beschwerden, die häufig ignoriert werden und auf lange Sicht zu erheblichen Problemen führen. Die auftretenden gesundheitlichen Beschwerden unterscheiden sich kaum von denen im Breitensport und sind sehr stark von der Sportart abhängig. Ein großes Problem sind Verschleißerscheinungen an den Gelenken, die zu Arthrosen führen können. Sportverletzungen wie Prellungen, Verstauchungen, Zerrungen oder Knochenbrüchen beschleunigen zusätzlich die Schädigung der Gelenksknorpel.

Eine weitere, normalerweise sehr positive Anpassung an die physische Verfassung eines Menschen ist die Adaption des Herz-Kreislauf-Systems. Trotzdem hört und liest man immer wieder in Berichten über den plötzlichen Herztot bei jungen, sehr gut trainierten Athleten/Athletinnen. Durch die Vergrößerung des Herzvolumens kann es zu Problemen bei der Sauerstoffversorgung des Herzens kommen. Auch die Herzarchitektur ändert sich sehr stark, was zur Überdehnung oder Vernarbung der rechten Herzkammer führen kann. Als Folge können Herzrhythmusstörungen oder sogar ein Herzstillstand eintreten.

1.3.2 Psychische Gesundheit im Leistungssport

Leistungssport hat neben den physischen Belastungen auch erhebliche psychische Auswirkungen auf den Athleten/die Athletin. Zu geringe Regenerationszeiten führen zu einem Übertraining, das sich nicht nur durch einen Leistungsabfall bemerkbar macht. Es kommt zu chronischer Müdigkeit und zu Schlafstörungen. Sehr lange Übertrainingsphasen erhöhen das Risiko einer dauerhaften **Depression.** Stressfaktoren aus dem sozialen Umfeld sowie eine ungenügende Genesung von Infekten verstärken diese Effekte noch. Nicht nur der Druck aus dem sozialen Umfeld, sondern auch der eigene Ehrgeiz führt oft in eine Depression oder Manie. Die **Manie** ist eine Störung, die in Schüben auftritt und sich durch eine übertriebene Aktivität und Stimmung bemerkbar macht. Neben Schlafstörungen treten Wahrnehmungsverzerrungen auf, zudem kann es zu Beeinträchtigungen im Denken oder bei motorischen Abläufen kommen.

Auch **Essstörungen** treten immer wieder im Leistungssport auf. Athleten/Athletinnen bestimmter Sportarten, bei denen die Körperproportionen oder das Körpergewicht eine große Rolle spielen, beschäftigen sich intensiver mit der Ernährung. Dieser gedankliche Fokus auf die Ernährung birgt ein erhöhtes Risiko von Essstörungen.

Sportarten mit hohem Risiko von Essstörungen	
Sportarten mit hohen ästhetischen Anteilen	Eiskunstlauf, Tanzen, Rhythmische Sportgymnastik, Turnen, Turmspringen
Sportarten, bei denen der eigenen Körper getragen werden muss	Triathlon, Langstreckenlauf, Radfahren
Sportarten mit Gewichtsklassen	Ringen, Judo, Rudern, Boxen
Sportarten, bei denen das Gewicht die Leistung beeinflusst	Klettern, Skispringen

Durch das hohe Trainingspensum im Leistungssport kann eine **Sportsucht** eintreten. Darunter versteht man eine Abhängigkeit nach Sporttreiben. Die Betroffenen verspüren einen inneren Zwang, immer wieder Sport zu betreiben. Die Motive sind dabei unterschiedlicher Natur:

- Steigerung des Selbstbewusstseins oder die Kompensation von Misserfolgen in anderen Bereichen
- Erreichen des „Runners High"-Rauschzustandes durch eine erhöhte Ausschüttung von Endorphinen
- Erfüllung von aktuellen Idealen in der Leistungsgesellschaft

GET ACTIVE 5

„Psychologen gehen davon aus, dass Hochleistungssportler unter wenig Raum für Selbstbestimmung leiden. Selbstbestimmung speist sich nach Ansicht der Forscher aus drei Grundbedürfnissen, die jeder Mensch hat: Familie zu haben sowie Freund- und Partnerschaften zu führen (Beziehungen), unabhängig von anderen handeln zu können (Autonomie) und zu etwas fähig zu sein (Kompetenz). Werden diese drei Bedürfnisse nicht befriedigt, kann das – so die Theorie – depressiv machen."

https://www.spiegel.de/sport/sonst/depressionen-bei-leistungssportlern-sind-verbreitet-a-942840.html (23. Aug. 2019)

Recherchieren Sie nach Leitungssportlern/Leistungssportlerinnen, die öffentlich zugeben bzw. zugegeben haben, dass sie durch das Sporttreiben depressiv wurden. Achten Sie dabei auch auf die Gründe der Depressionen und vergleichen Sie diese mit den im Zitat angegebenen Punkten zur Selbstbestimmung. Diskutieren Sie dieses Problem anschließend in der Klasse.

1.4 Gesundheits- und sportbezogene Angebote im Dienstleistungsbereich

Heutzutage sind Fitnessstudios aus dem marktwirtschaftlichen Dienstleistungsbereich nicht mehr wegzudenken. Im Gegensatz zu Sportvereinen weisen sie in Bezug auf Zielsetzung, Angebot, Organisation und Klientel einen Vorsprung auf. Die Wurzeln von Fitnessstudios liegen in der in den 1960er und 1970er Jahren entwickelten Bodybuilding-Bewegung in den USA, die sich bis nach Europa ausgeweitet hat. In dieser Zeit entstanden Trainingszentren und -methoden, die den Muskelzuwachs förderten. Ende der 1970er Jahre erreichte die Bodybuilding-Branche die Fitnesswelle, bei der allgemeine körperliche Fitness im Vordergrund stand. Dieser Trend fand großen Anklang in der Bevölkerung, wodurch die Entstehung von Fitnessstudios weiter anstieg. Vor allem in den 1980er Jahren entstand ein Fitness-Boom und bis heute sind Fitnessstudios die wichtigsten kommerziellen Sportanbieter. Mittlerweile bieten aber auch immer mehr Firmen eigene Fitnessbereiche und -kurse für Mitarbeiter/Mitarbeiterinnen an, um durch Bewegungsmangel verursachte Krankenstände zu reduzieren, z. B. Rückenschmerzen, Bandscheibenvorfälle etc.

Derzeit gibt es in Österreich rund 1200 Fitnessstudios, etwa 12,3 Prozent der Bevölkerung haben eine Mitgliedschaft. Die Angebote der verschiedenen Unternehmen variieren stark. Diskontanbieter mit sehr niedrigen Gebühren stellen eine zunehmende Konkurrenz für Anbieter der mittleren Preisklasse dar. Durch diesen Verdrängungswettbewerb zeigt sich ein klarer Trend zur Spezialisierung der Fitnessangebote. Heute lassen sich Studios im Wesentlichen in drei klar abgegrenzte Markpositionen unterteilen:

- **All-in-Konzept:** Multifunktionsstudios, in denen Training alleine, in der Gruppe oder mit Personaltrainer/Personaltrainerin oder Therapeuten/Therapeutin angeboten wird und ein Wellnessangebote mit einbezieht
- **Fitness-Diskont-Anbieter:** standardisiertes Trainingsangebot mit niedrigen Gebühren, für Zusatzleistungen muss extra bezahlt werden
- **Fitnessstudios für spezielle Kundengruppen:** derzeit für Frauen und Senioren am weitesten verbreitet

(vgl. Wirtschaftskammer 2019)

THEORIE ······➡ PRAXIS

Recherchieren Sie über Angebote von Fitnessstudios in Ihrer Umgebung. Beantworten Sie danach folgende Fragen:

- Welche Fitnessstudios und Sportanbieter gibt es in Ihrer Umgebung/Ihrem Bezirk?
- Welche Angebote gibt es?
- Was kosten die jeweiligen Sportangebote?

Suchen Sie auch nach verschiedenen Trainingsinhalten, die in diesen Fitnessstudios angeboten werden und setzen Sie sich mit vier der angebotenen Übungen genauer auseinander.
Zeigen Sie die Übungen vor und führen Sie sie danach gemeinsam mit Ihren Mitschülern/Mitschülerinnen durch.

RP-TRAINING

Anforderungsniveau 1

1. Beschreiben Sie die Entwicklung des Gesundheitsbegriffs seit der ersten Definition durch die WHO im Jahr 1946.
2. Nennen Sie Faktoren, die ungesunde Lebensweisen begünstigen.

Anforderungsniveau 2

Erklären Sie die Folgen von Bewegungsmangel für die Menschen.

Anforderungsniveau 3

Entwickeln Sie konkrete Empfehlungen für eine gesunde Lebensweise.

KOMPETENZCHECK

Ich kann ...			
... den Begriff „Gesundheit“ beschreiben und erklären.			
... die Auswirkungen von Bewegungsmangel erklären.			
... Empfehlungen für eine gesundheitsorientierte Lebensweise durch Sport geben.			

Normen und Werte im Sport

Kapitel 17

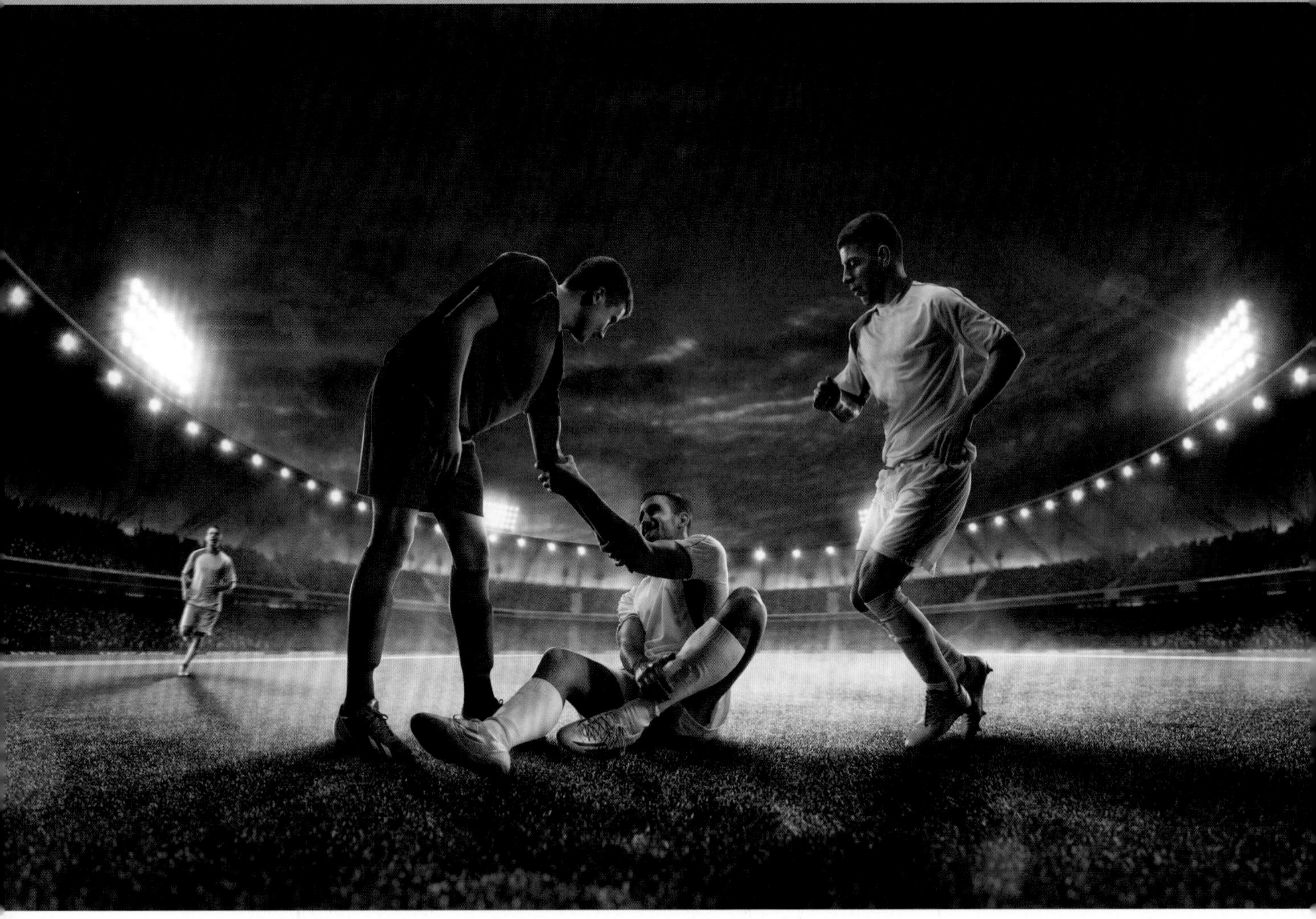

Bewegung und Sport leisten einen wesentlichen Beitrag in unserer Gesellschaft. Sport ist (z. B.) völkerverbindend, setzt sich über politische Grenzen hinweg, überwindet Vorurteile, trägt zur sinnvollen Gestaltung der Freizeit bei, erlaubt Menschen, sich persönlich und geistig weiterzuentwickeln, fördert das Gesundheitsbewusstsein und ermöglicht die Übernahme von positiven Normen und Werten u. v. m.

Bei kritischer Betrachtung erkennt man, dass Sport vieles leisten kann, aber die Realität leider manchmal anders ist. Themen wie „Doping", „Rassismus", „Manipulation" und „unethisches Verhalten der Sportler/Sportlerinnen" sind immer wieder in den Schlagzeilen.

Dieses Kapitel beschäftigt sich mit Normen und Werten im Sport und hinterfragt kritisch, wie viel Fairness im Sport überhaupt möglich ist.

Der Lernende/Die Lernende soll …

- die Begriffe „Sportethik", „Werte", „Normen" und „Moral" verstehen,
- die eigene Einstellung zu Normen und Werten kritisch reflektieren können und dazu Stellung nehmen,
- die Begriffe „Sportsmanship" und „Gamesmanship" miteinander vergleichen können.

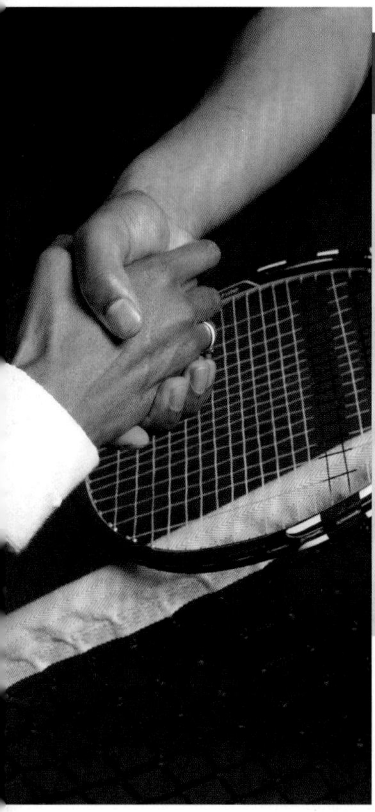

WARM-UP

Suchen Sie im Internet nach Videos, die von Fairness im Sport handeln. Sie finden Beispiele dafür mit den Suchwörtern „fair play sport", z. B. „Faith in Humanity Restored 2018: Beautiful moments of respect and fair play in sport". Schauen Sie sich eines dieser Videos einige Minuten an.

1. Welche Momente im Video finden Sie besonders inspirierend?
2. Ist Fairplay auch im Wettkampf wichtig? Begründen Sie Ihre Aussage.
3. Ist Gewinnen oder Fairplay im Sport wichtiger?
4. Gibt es Situationen in Ihrer Sportart, in der Sie besonders sportliche bzw. unsportliche Momente erlebt haben? Beschreiben Sie diese Situationen.
5. Unter welchen Umständen würden Sie bei einem Wettkampf einer anderen Person helfen bzw. nicht helfen?

1 Ethik, Normen, Werte und Moral im Sport

Es gibt zahlreiche Videos im Internet, die auf beachtliche Weise Gesten von Fairness und Fairplay im Sport zeigen. Die Welt des Sports zeichnet sich jedoch nicht immer durch vorbildliches Verhalten aus. Immer wieder sorgen unfaires, unsportliches Verhalten für Schlagzeilen.

- 2019 gerieten rund um die „Operation Aderlass" etliche Sportler in das Visier der Fahnder.
- 2008 verpasste der Taekwondo-Kämpfer Angel Valodia Matos dem Kampfrichter einen Kick ins Gesicht, da er mit der Entscheidung nicht zufrieden war. *(vgl. Norddeutscher Rundfunk n. d.)*
- Bei den Olympischen Spielen 2008 war man sich unklar darüber, ob die chinesische Goldmedaillengewinnerin He Kexin überhaupt schon 16 Jahre alt war. Man vermutete, dass sie zwei Jahre jünger war, konnte das aber nicht beweisen. *(vgl. Norddeutscher Rundfunk n. d.)*

Moralisch-bedenkliche Szenarien spielen sich nicht nur auf dem Spielfeld vor Publikum ab, sondern auch außerhalb. Wie bereits in vorangegangenen Kapiteln beschrieben, wird Sport zum Zwecke der Machtdemonstration von manchen Regierungen missbraucht und für politische Zwecke benutzt (z. B. Kapitel 9 *Sport in verschiedenen Gesellschaftssystem*), werden sportliche Leistungen mit Hilfe von unerlaubten Mitteln verbessert (Kapitel 4 *Wirkung und Gefahren von Doping*) und die Umwelt durch die Ausübung von Sport und Erbauung von Sportstätten verschmutzt (Kapitel 15 *Ursachen und Auswirkungen der Umweltbelastung durch Sport/Sportveranstaltungen*). Immer wieder kommen Vorfälle von Manipulation und Korruption an das Tageslicht. Dabei werden gegnerische Teams bestochen, Schiedsrichter/Schiedsrichterinnen beeinflusst und Wettkämpfe manipuliert.

GET ACTIVE 1

Es gibt unzählige Skandale in Zusammenhang mit Wettbetrug und Wettkampfmanipulation in der Geschichte des Sports.

Recherchieren Sie über Wettbetrug und Korruption im Sport. Wählen Sie dabei zwei besonders interessante Vorfälle aus und fassen Sie diese kurz zusammen. Begeben Sie sich anschließend in Dreiergruppen und präsentieren Sie kurz Ihre Ergebnisse.

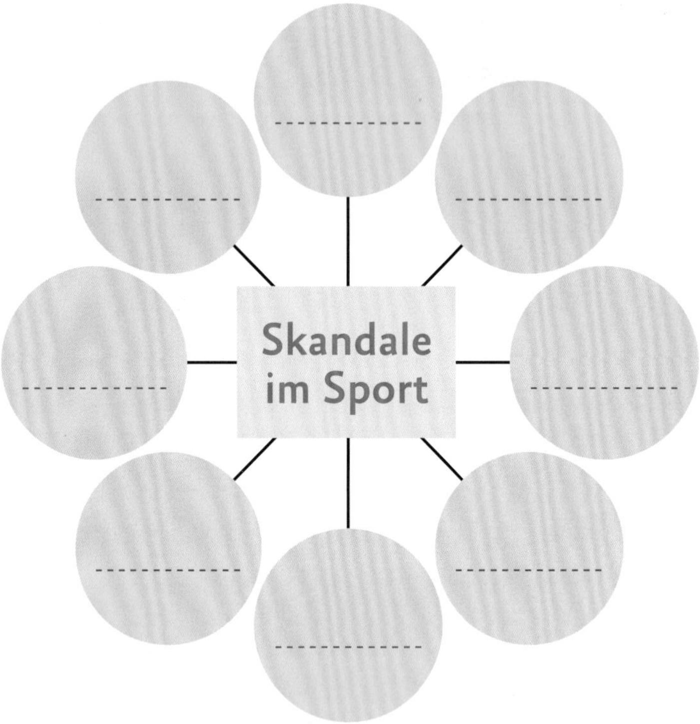

Die unglaublichen Höchstleistungen und Weltrekorde der Athleten/Athletinnen bei internationalen Wettkämpfen und die dazugehörigen prunkvollen Siegerzeremonien lassen vergessen, dass dies nur durch eine Lebensweise möglich war, bei der der Sport an erster Stelle steht. Daneben ist nicht mehr viel Platz für andere Aktivitäten. Damit diese Leistungen möglich sind, trainieren Sportler/Sportlerinnen seit dem Kindesalter an fast täglich hart. Das Thema „Hochleistungssport im Kindesalter" sorgt immer wieder für Schlagzeilen und hitzige Diskussionen.

Im chinesischen Xiantao werden bereits heute die Olympiasieger/Olympiasiegerinnen von morgen im Turnen trainiert. Die jüngsten Turner/Turnerinnen kommen mit 4½ Jahren in das Internat und leben dort getrennt von ihren Eltern. Über 100 Athleten/Athletinnen aus dem ganzen Land werden in den Trainingsständen, oft unter Schmerzen, zu Höchstleistungen gedrillt. Um den Schmerz zu vergessen, singen die Sportler/Sportlerinnen einen der 88 Verse: „Menschen aus Eisen weinen nicht. Sei stark, damit der Lehrer dich liebt. Sei tapfer. Quäle dich. Gewinne Gold. Sei ein Held. Dann wird dein Ruf die Welt erobern!" *(vgl. Großekathöfer 2007)* Chinas Ziel ist es, die meisten Medaillen bei den Olympischen Spielen zu holen. Um das zu erreichen, bereiten sich über 3000 Athleten/Athletinnen vor. Jede Sportart wird von einem Hauptteam und zwei Reserveteams besetzt. Siegern/Siegerinnen bei den Olympischen Spielen winken Ruhm, Geld und Ehre, dafür sind viele bereit, alles zu geben.

Hochleistungssport im Kindesalter, ohne Rücksicht auf Verluste, wird aber nicht nur in China, sondern weltweit betrieben. Es gilt kritisch zu hinterfragen, wie sehr derartiges Verhalten gegenüber Kindern moralisch vertretbar ist.

GET ACTIVE 2

Recherchieren Sie über Pro und Kontra von Hochleistungssport im Kindesalter. Schreiben Sie Ihre Ergebnisse in die jeweilige Spalte. Vergleichen Sie Ihre Ergebnisse mit einem Mitschüler/einer Mitschülerin und ergänzen Sie gegebenenfalls weitere Informationen.

Bilden Sie anschließend Vierergruppen und diskutieren Sie folgende Frage: „Ist Kinderhochleistungssport moralisch vertretbar?"

Pro Hochleistungssport im Kindesalter	Kontra Hochleistungssport im Kindesalter

Sportethik

Sportethik setzt sich aus den beiden Wissenschaftsgebieten Philosophie und Sportwissenschaften zusammen. Sie reflektiert und begründet die moralischen Normen und Werte, auf deren Basis Menschen im Sport handeln. Die Sportethik beschäftigt sich mit brisanten Themen wie:

- **Doping:** Freigabe von Doping, Eingriff in die Natur des Menschen durch Doping etc.
- **Fairplay:** Was darf man machen, um Ziele zu erreichen? Ist Erfolg mehr wert als alles andere?
- **Gender und Sport:** Toleranz/Förderung des Images von Männlichkeit/Weiblichkeit in unserer Gesellschaft
- **Gehälter im Sport:** Wie viel darf man als Profi verdienen? Gibt es eine Obergrenze?

Werte, Normen und Moral

Werte, Normen und Moral stehen im Zusammenhang mit dem Verhalten einer Person. Werte sind angestrebte und erwünschte Ziele von Handlungen. Unter Normen versteht man „eine allgemein anerkannte, als verbindlich geltende Regel (...)". *(Heinisch 2012)*

Einfach formuliert: Werte begründen das Handeln. Normen begrenzen und sanktionieren es. Die Moral vereint ethisch-sittliche Normen, Grundsätze, Werte, die das zwischenmenschliche Verhalten einer Gesellschaft regulieren.

Verhalten im Sport: Fairness und Fairplay

Der Sport konfrontiert den Menschen mit unterschiedlichsten Situationen, bei denen ein gewisses Verhalten erwartet wird (Fairplay, Fairness, Respekt ...). Dieses Verhalten lässt sich in drei Bereiche gliedern, denen jeweils unterschiedliche Werte zugeordnet werden können.

- **Sozialverhalten** (Verhalten den anderen gegenüber): Fairness, Hilfsbereitschaft, Kooperationsbereitschaft, Ehrlichkeit, Rücksichtnahme, Einhaltung der Regeln, Chancengleichheit ...
- **Individualverhalten** (Erwartungen an sich selbst): Zielstrebigkeit, Einsatz, Durchhaltevermögen, Überwindung, Konzentration, Fleiß ...
- **Allgemeine Wertorientierung** (sinnerfüllte Lebensgestaltung): gesundheitsorientierte Lebensweise/ Fitness, Wertschätzung von Freude und Wohlbefinden, soziale Einbindung ...

Fairness und Fairplay sind Werte, die in Diskussionen rund um den Sport immer wieder auftreten und eine wichtige Rolle spielen.

THEORIE ······➡ PRAXIS

Vergleichen Sie Ihr Verhalten im Alltag und im Sport. Kreuzen Sie jeweils die Antwort an, die für Sie am ehesten zutrifft (1 = trifft zu, 2 = trifft eher zu, 3 = trifft eher nicht zu, 4 = trifft nicht zu).

Vergleichen Sie anschließend Ihre Ergebnisse mit einem Partner/einer Partnerin und beantworten Sie nachstehende Fragen. Führen Sie jeweils Beispiele an.

1. In welchen Bereichen verhalten Sie sich im Alltag gleich wie beim Sport?
2. Welche Unterschiede ergeben sich in Ihrem Verhalten im Vergleich von Alltag und Sport?
3. Haben Sie das Gefühl, dass sich Sport in Ihrem Verhalten positiv auf Ihren Alltag auswirkt?

	Frage	im Alltag				im Sport			
		1	2	3	4	1	2	3	4
1	Ich bin hilfsbereit.								
2	Ich verhalte mich fair.								
3	Ich respektiere die Menschen in meiner Umgebung.								
4	Ich halte die Regeln ein.								
5	Ich bin zielstrebig.								
6	Ich wertschätze Freude und Wohlbefinden.								
7	Meine Freunde sind mir wichtig.								

Heringer *(1993: S. 56)* sieht **Fairness** als das moralische Prinzip im Sport. Im „Lexikon der Ethik im Sport" (1998) findet man zu diesem Begriff folgende Definition:

„Fairneß zeigt sich im Rahmen sportlicher Wettkampfhandlungen im Bemühen der Sportler, die Regeln konsequent und bewußt (auch unter erschwerten Bedingungen) einzuhalten oder sie zumindest nur selten zu übertreten, im Interesse der Chancengleichheit im Wettkampf weder unangemessene Vorteile entgegenzunehmen noch unangemessene Nachteile des Gegners auszunutzen und den Gegner nicht als Feind zu sehen, sondern als Person und Partner zu achten." (Grupe/Mieth 1998: S. 150 ff.; Zitat in originaler Rechtschreibung)

Lenk unterscheidet Fairness in formelle („Muss-Norm" – Einhaltung der Regeln) und informelle Fairness (Achtung des Menschen bzw. des Partners/der Partnerin). Fairness (Wettkampf-Fairness) müsse einige Bedingungen erfüllen, z. B. die Einhaltung von Regeln, die strikte Beachtung des Urteils von Schiedsrichtern/Schiedsrichterinnen, die Gewährleistung von Chancengleichheit und die Achtung des Gegners/der Gegnerin als Spielpartner/Spielpartnerin. *(vgl. Lenk 2012: S. 96)*

Fairplay steht in Zusammenhang mit Fairness. Es bezieht sich auf Verhaltensweisen im Wettkampf, wobei die Einhaltung der Aspekte der Fairness die Basis bildet. Fairplay ist ein vielseitiger Begriff und beinhaltet Schlagworte wie Sauberkeit, Kameradschaftlichkeit, Ritterlichkeit, Ehrlichkeit, Einhaltung der Regeln, Chancengleichheit, Achtung des Gegners oder Selbstkontrolle. Es wird zwischen formellem und informellem Fairplay unterschieden. Formelles Fairplay beinhaltet zum Beispiel das Einhalten der Wettkampfregeln. Informelles Fairplay beinhaltet die ethische Einstellung wie zum Beispiel gegenseitige Achtung.

Bislang wurden lediglich jene Verhaltensweisen hervorgehoben, die den Menschen durch die Ausübung von Sport positiv beeinflussen. Vor allem im Wettkampfsport legen Sportler/Sportlerinnen jedoch immer wieder negatives Verhalten an den Tag. Der Einsatz von Dopingmitteln, Betrug, Aggressivität, Egoismus, Unsportlichkeit dürfen an dieser Stelle nicht unerwähnt bleiben. Umso wichtiger ist es, dass alle im Sport involvierten Personen etwas gegen negative Verhaltensmuster unternehmen.

GET ACTIVE 3

Lesen Sie die unten stehende Fairplay-Charta durch und diskutieren Sie mit einem Mitschüler/einer Mitschülerin folgende Fragen:

1. Ist es wirklich möglich, alle Punkte umzusetzen? Begründen Sie Ihre Aussage.
2. Welche drei Punkte sehen Sie als die wichtigsten an? Begründen Sie Ihre Aussage.
3. Gegen welche Punkte haben Sie bereits verstoßen?

Fairplay-Charta

Welche Rolle ich auch immer im Sport spiele, und sei es die eines Zusehers/einer Zuseherin, ich verpflichte mich:

1. Unabhängig vom Einsatz und von der Härte des Wettkampfes aus jeder Sportveranstaltung einen besonderen Moment, eine Art Fest zu machen.
2. Mich den Regeln und dem Geist der von mir ausgeübten Sportart anzupassen.
3. Meine Gegner/Gegnerinnen zu respektieren wie mich selbst.
4. Die Entscheidungen der Schiedsrichter/Schiedsrichterinnen oder Wettkampfrichter/Wettkampfrichterinnen zu akzeptieren, da ich weiß, dass sie wie ich das Recht haben, Irrtum zu begehen, aber ihr Möglichstes tun, um dies zu vermeiden.

5. Bosheiten und Aggressionen bei meinen Handlungen, meinen Worten und meinen Schriften zu vermeiden. Keine Kunstgriffe oder betrügerische Handlungen zu verwenden, um zum Sieg zu gelangen.
6. Sowohl beim Sieg als auch bei der Niederlage Würde zu bewahren.
7. Jedem Sportler/Jeder Sportlerin mit meiner Gegenwart, meiner Erfahrung und meinem Verständnis zu helfen.
8. Jedem Sportler/Jeder Sportlerin zu helfen, der/die sich eine Verletzung zugezogen hat oder dessen/deren Leben in Gefahr ist.
9. Ein wahrer Botschafter/Eine wahre Botschafterin des Sports zu sein und mich dafür einzusetzen, dass die oben genannten Prinzipien beachtet werden.

Erfülle ich diese Verpflichtungen, so bin ich ein wahrer Sportler/eine wahre Sportlerin.

(Panthalon International 2017)

RP-TRAINING 1

Anforderungsniveau 1

Erklären Sie die Begriffe „Sportethik", „Normen", „Werte" und „Moral" und führen Sie entsprechende Beispiele an.

Anforderungsniveau 2

Erklären Sie, wie sich Sport positiv und negativ auf die Persönlichkeit auswirken kann.

Anforderungsniveau 3

Lesen Sie die Zusammenfassung des olympischen Gedankens (siehe auch Kapitel 9, Abschnitt 2.1).

- Die harmonische Verbindung von Körper, Geist und Willenskraft
- Der Auftrag, den Sport überall in den Dienst dieser Entwicklung der Menschheit zu stellen
- Die Verbindung des Sports mit Kultur und Erziehung
- Die Beteiligung der Jugend [...] am Aufbau einer besseren und friedlicheren Welt
- Der Verzicht auf jede Art der Diskriminierung, stattdessen Förderung von gegenseitiger Achtung, Freundschaft, Solidarität und Fairplay

Der letzte Punkt enthält Aussagen über Werte im Sport. Argumentieren Sie, wie realistisch diese sind.

2 Verhalten im Sport

2.1 Sportsmanship versus Gamesmanship

Wettkampfsportler/Wettkampfsportlerinnen wollen gewinnen oder zumindest ihre bestmögliche Leistung zeigen. Obwohl Fairness und Fairplay eine wichtige Rolle im Sport spielen, werden die Grenzen des Erlaubten gerne ausgereizt. Die Grenze zwischen Fairness und Fairplay ist nicht immer klar erkennbar.

GET ACTIVE 4

Bilden Sie Zweiergruppen und finden Sie zu jeder Kategorie ein weiteres Beispiel. Tragen Sie Ihre Ideen in die Tabelle ein und vergleichen Sie Ihre Ergebnisse mit anderen Mitschülern/Mitschülerinnen. Ergänzen Sie danach jeweils ein Beispiel.

Kategorie	Eigene Beispiele	Beispiele der Mitschüler/ Mitschülerinnen
fair		
weder fair noch unfair		
unfair – aggressiv		
unfair – betrügerisch		

Eine interessante Betrachtungsweise zum Thema „Fairness im Sport" ist die Unterscheidung zwischen Sportsmanship und Gamesmanship. Die beiden englischen Begriffe könnten folgendermaßen übersetzt werden:

- **Sportsmanship** – Fairness, Sportsgeist, sportliches Verhalten
- **Gamesmanship** – Gerissenheit beim Spiel

Beide Begriffe sind bei oberflächlicher Betrachtung sehr ähnlich und keiner der Begriffe impliziert zwangsläufig unfaires, regelverstoßendes Verhalten. In der Unterscheidung der beiden Haltungen geht es um das Verhalten bei Wettkämpfen. Die Unterschiede zeigen, wie Personen in unterschiedlichen Situationen, Sieg oder Niederlage, reagieren.

Der Begriff **„Sportsmanship"** beinhaltet Werte wie Fairness, Selbstbeherrschung, Mut und Beharrlichkeit. Sportler/Sportlerinnen, die diesem Typ naheliegen, behandeln den Gegner/die Gegnerin mit Respekt und Fairness und begeben sich in einen Wettkampf, der aus ethischer Sicht und Sicht des Regelwerks „sauber" ist.

Der Begriff **„Gamesmanship"** konzentriert sich dabei auf den Sieg alleine. Die Art und Weise, wie gesiegt wird, spielt dabei eine untergeordnete Rolle, ganz nach dem Motto „Gewinnen mit allen (legalen) Mitteln". Das bedeutet, dass der Sportler/die Sportlerin zwar keine Regeln bricht, aber dennoch zweifelhafte Verhaltensweisen an den Tag legt. Unethisches Verhalten und psychologische Kriegsführung werden von diesem Wettkampftyp als angemessene Mittel angesehen.

Um einen Sieg zu erreichen, greifen Personen, die dem Typus Gamesmanship zuzuordnen sind, auf drei gängige Techniken zurück:

1. Er/Sie unterbricht den Flow des Gegners/der Gegnerin (z.B. Verlangsamung des Spielflusses, taktisches Foul, Zeit hinauszögern etc.).
2. Er/Sie beeinflusst den Gegner/die Gegnerin, indem er/sie ihn/sie dazu bringt, den Wettkampf nicht ernst zu nehmen oder ihn/sie durch eine Aussage (z.B. durch gezielte Kommentare über Fehler und Schwächen vor oder während des Spiels) vom Wettkampf ablenkt.
3. Er/Sie macht absichtlich einen Fehler, der ihm/ihr einen Vorteil bringt.

Wettkämpfer/Wettkämpferinnen mit einer negativen Einstellung laufen Gefahr, durch unfaires sportliches Verhalten bestraft zu werden oder von anderen (Kollegen/Kolleginnen, Presse, Zuseher/Zuseherinnen ...) dafür verurteilt zu werden.

GET ACTIVE 5

Kreuzen Sie den jeweiligen Typus Sportmanship (S) oder Gamesmanship (G) an, zu dem die Aussage passt. Das erste Beispiel wurde bereits für Sie gemacht. Vergleichen Sie Ihre Ergebnisse mit einem Mitschüler/einer Mitschülerin und diskutieren Sie folgende Fragen:

1. Zu welchem Typus fühlen Sie sich eher zugehörig?
2. Ist es tatsächlich möglich, stets ein Sportsman zu sein? Begründen Sie Ihre Antwort.
3. In welchen Situationen ist Gamesmanship wichtig. Wie weit würden Sie gehen, um zu gewinnen?

	Verhalten im Sport	S	G
1	Die Person ist stets fair, kontrolliert und respektvoll.	✕	
2	Die Person unterbricht absichtlich den Flow des Gegenspielers/der Gegenspielerin.		
3	Die Person dehnt die Grenzen des Erlaubten bis an das Äußerste, indem sie zweifelhafte Methoden benutzt.		
4	Die Person behandelt Menschen so, wie sie auch behandelt werden möchte.		
5	Die Person täuscht Fouls vor.		
6	Die Person korrigiert Fehlentscheidungen des Schiedsrichters/der Schiedsrichterin, auch wenn sie zu ihrem Vorteil sind.		
7	Die Person diskutiert mit dem Schiedsrichter/der Schiedsrichterin, obwohl die Entscheidung korrekt war.		

2.2 Fairness versus Unfairness von Zuschauern/Zuschauerinnen

Die Tribünen im Stadium sind bis auf den letzten Platz gefüllt und die Sektoren der Fans sind in die Vereinsfarben getaucht. Die Fans jubeln ihren Vereinen zu, die Choreographien funktionieren perfekt und hunderte oder gar tausende Stimme singen gemeinsam *ihre* Chöre. Das Publikum eifert bei jeder Aktion mit und drückt seinem Verein die Daumen. – Sportpsychologen haben in einer Studie im Auftrag von Mastercard herausgefunden, dass „Fan-Unterstützung die Leistung einer Mannschaft so sehr steigern kann, als stünde ein zusätzlicher Spieler auf dem Platz." *(Presseportal 2018)* So wirken sich fröhliche Gesichter, visuelle Motivation und intensive akustische Unterstützung positiv auf die Einsatzbereitschaft der Fußballspieler/Fußballspielerinnen aus.

Nicht alle Sportler/Sportlerinnen erleben Fans positiv. Eigene Fans oder die des Gegners/der Gegnerin erzeugen Druck, was sich leistungshemmend oder verunsichernd auswirken kann. In extremen Fällen kommt es zu unfairem Verhalten, indem die Fans versuchen, die gegnerische Mannschaft durch Zurufe, Chöre, Plakate, Störaktionen etc. negativ zu beeinflussen. In den schlimmsten Fällen kommt es zu Ausschreitungen und gewalttätigen Übergriffen.

GET ACTIVE 6

Besuchen Sie eine Sportveranstaltung im Stadion oder schauen Sie sich eine Live-Übertragung einer Sportveranstaltung an. Beobachten Sie, wie sich das Publikum verhält. Achten Sie dabei auf faire/unfaire Aktionen der Zuschauer/Zuschauerinnen sowie der Sportler/Sportlerinnen, auf Chöre, Choreographien, Banner, Fankleidung, Verhalten in spannenden Situationen etc.

Begeben Sie sich anschließend in Dreiergruppen und tauschen Sie sich über Ihre Erfahrungen aus.

Ein wichtiger Aspekt, warum Zuschauer/Zuschauerinnen bei Wettkämpfen sehr emotional reagieren, ist die Identifikation mit der Mannschaft. Gewinnt die Mannschaft, so fühlt sich der passive Zuschauer/die passive Zuschauerin, als wäre er/sie wirklich Teil des Sieges und würde dadurch selbst Anerkennung erfahren. Wenn die Mannschaft jedoch verliert, wird das Bedürfnis nach Anerkennung nicht befriedigt, was wiederum in eine erhöhte Gewaltbereitschaft ausarten kann.

Während eines Wettkampfes bauen manche Fans Aggressionen auf. Da sie nur passiv am Spiel teilnehmen, können sie etwaige aufkeimende Aggressionen nicht durch körperliche Betätigung während des Wettkampfes abbauen. Die aufgestaute Energie wird in extremen Fällen an anderen Personen, z. B. an Polizisten/Polizistinnen, gegnerischen Fans etc., ausgelassen oder in Vandalismus umgekehrt. Das Spielverhalten der Mannschaften kann einen Einfluss auf das Aggressionspotential der Fans haben. Verlaufen Spiele besonders energiegeladen, aggressiv oder unfair, beeinflusst das manche Fans. Normalerweise bleibt es bei der Androhung von Gewalt und Situationen beruhigen sich. Leider liest man immer wieder von unfairem Verhalten während Wettkampfveranstaltungen und von Ausschreitungen danach.

GET ACTIVE 7

Recherchieren Sie – im Internet, Fernsehen oder in Zeitungen – über faires bzw. unfaires Verhalten von Zuschauern/Zuschauerinnen im Sport. Geben Sie kurze Informationen über den Wettkampf, mögliche Hintergründe, die zur Aktion führten und Videoausschnitte oder Fotos.

Begeben Sie sich anschließend in Dreiergruppen und präsentieren Sie Ihre Ergebnisse.

RP-TRAINING 2

Anforderungsniveau 1

Fassen Sie wesentliche Inhalte der Definitionen von Fairness im Sport zusammen.

Anforderungsniveau 2

Vergleichen Sie die beiden Konzepte von Sportsmanship und Gamesmanship.

Anforderungsniveau 3

Nehmen Sie zum Thema „Fairness und Unfairness von Zuschauern/Zuschauerinnen" und dem daraus resultierenden Verhalten Stellung.

KOMPETENZCHECK

Ich kann ...			
... die Begriffe „Sportethik", „Normen", „Werte", „Moral" definieren.			
... meine eigene Einstellung zu Normen und Werten im Sport erklären und kritisch dazu Stellung nehmen.			
... zu Fairness und Fairplay im Sport Stellung nehmen.			
... die Begriffe „Sportsmanship" und „Gamesmanship" miteinander vergleichen.			
... zum Thema „Fairness und Unfairness von Zuschauern/Zuschauerinnen" Stellung nehmen.			

Gesundheitsförderung und Prävention

Kapitel 18

Sobald über das Thema „Gesundheit" gesprochen oder geschrieben wird, fällt in diesem Zusammenhang unweigerlich der Begriff „Fitness". Aber welchen Unterschied gibt es zwischen diesen beiden Begriffen? Der *Duden* definiert Gesundheit als „Zustand oder bestimmtes Maß körperlichen, psychischen oder geistigen Wohlbefindens" und „Nichtbeeinträchtigung durch Krankheit". *(Duden online, 7. Feb. 2020)* Hingegen bedeutet, über eine gute „Fitness" zu verfügen, eine gute körperliche Verfassung und Leistungsfähigkeit aufgrund eines planmäßigen sportlichen Trainings erlangt zu haben.

Welchen Zusammenhang gibt es zwischen Gesundheit und Fitness? Als Beispiel können Rückenschmerzen herangezogen werden. Zumindest 80 % der Menschen leiden an Rückenschmerzen, ca. 30 % haben anhaltende Rückenprobleme und immer mehr Kinder und Jugendliche klagen ebenfalls über solche Beschwerden. Die Ursachen dafür liegen eindeutig im Mangel an Bewegung, im Übergewicht, in Fehlbelastungen, in der Schwäche der Haltungsmuskulatur sowie im zu langen Sitzen vor dem PC, Fernseher oder Smartphone. Aber auch psychischer Stress sowie falsches Bewegungsverhalten im Alltag, wie z. B. falsches Tragen oder Heben, fördern die Entstehung von Rückenschmerzen. *(vgl. Detjen 2011: S. 3)*

Im folgenden Kapitel wird auf einige Bereiche der Gesundheitsförderung eingegangen, die aus sportwissenschaftlicher Sicht von Bedeutung sind. Neben gesundem Bewegungsverhalten, Auswirkung der Ernährung auf die Gesundheit und die sportliche Leistungsfähigkeit wird auch das Thema „Funktionseinschränkungen (Sportverletzungen, Sporttherapie)" behandelt.

Der Lernende/Die Lernende soll ...

- das eigene Bewegungsverhalten einschätzen und Bewegungsempfehlungen geben können,
- einige Maßnahmen zur Förderung von Gesundheit und Lebensqualität nennen und gesundheitsfördernde Maßnahmen anwenden können,
- in der Lage sein, den Alltag **ergonomisch** zu gestalten,
- die Rolle der Ernährung im Bereich der Gesundheit und des Sportes verstehen.
- über Funktionseinschränkungen und mögliche therapeutische Maßnahmen Bescheid wissen.

WARM-UP

Analysieren Sie das Bewegungsverhalten von zwei beliebigen Familienmitgliedern über mehrere Tage.

Vergleichen Sie das Bewegungsverhalten der beiden Personen mit der Bewegungsempfehlung des *Nationalen Aktionsplan für Bewegung (NAP.b)*. Sie finden darin die passenden Empfehlung für die jeweilige Altersgruppe.

Überlegen Sie sich verschiedene Maßnahmen, die gesetzt werden können, falls sich die Personen zu wenig bewegen.

Gesundheitsförderung

Laut Ottawa Charta der WHO zielt Gesundheitsförderung *„auf einen Prozess, allen Menschen ein höheres Maß an Selbstbestimmung über ihre Gesundheit zu ermöglichen und sie damit zur Stärkung ihrer Gesundheit zu befähigen"*. Sie soll die Menschen beim Erreichen des „Zustands von körperlichem, geistig-seelischem und sozialem Wohlbefinden" unterstützen.

Die Menschen sollen motiviert werden, einen gesunden Lebenswandel zu führen, gleichzeitig sollen die dafür notwendigen **Ressourcen** in verschiedenen Bevölkerungsgruppen gesteigert werden. *(Fonds Gesundes Österreich. https://fgoe.org/glossar/gesundheitsfoerderung, 10. Feb. 2020)*

Prävention

Unter Prävention im Gesundheitsbereich versteht man Maßnahmen zur Vermeidung von Krankheiten, einerseits durch Verringerung von Gesundheitsbelastungen, andrerseits durch Verbesserung von gesundheitsbezogenen Ressourcen.

- Gesundheitsbelastungen können durch Umwelteinflüsse oder falsche Verhaltensweisen, z. B. zu hoher Alkoholkonsum oder soziale Isolation sein, entstehen.
- Gesundheitsbezogene Ressourcen können durch Erhöhung der eigenen Kompetenzen, der Bereitstellung von Bildung und Informationen und der Einbindung in soziale Netzwerke verbessert werden.

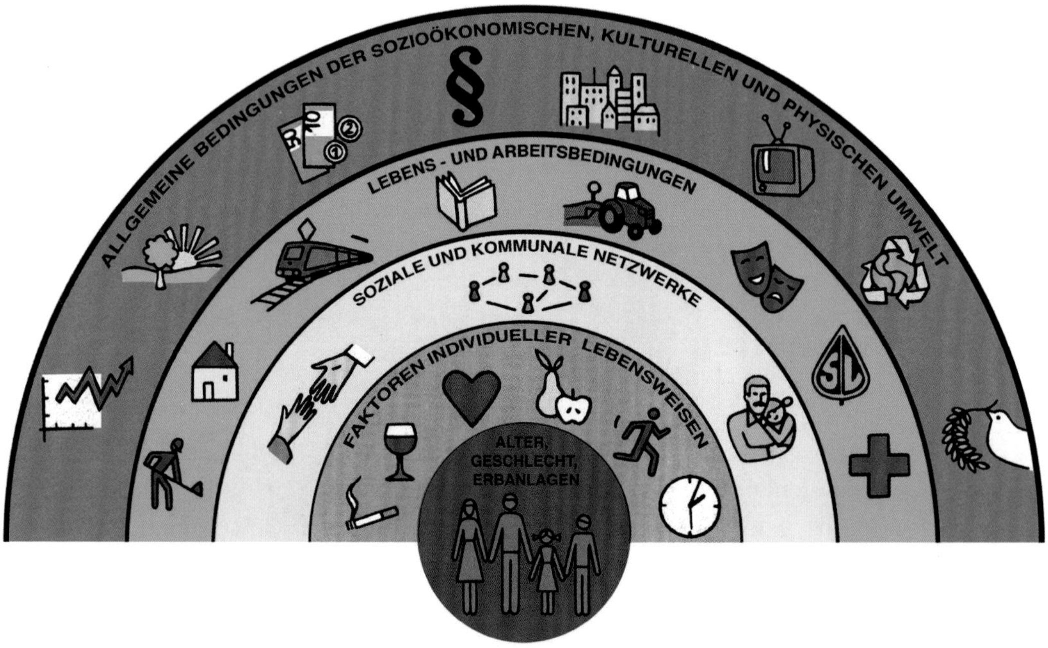

© Fonds Gesundes Österreich nach Dahlgren, G.; Whitehead, M. (1991)

In der Graphik sind in fünf unterschiedlichen Ebenen Faktoren abgebildet, die sich auf die Gesundheit einzelner Personen oder der gesamten Bevölkerung auswirken. Die erste Ebene zeigt individuelle Einflussfaktoren, wie Alter, Geschlecht und Erbanlagen. Bis zur fünften Ebene werden Faktoren genannt, die in ihren Auswirkungen Einfluss auf die Gesundheit jedes/jeder Einzelnen bzw. einer Gesellschaft haben.

Grundprinzipien der Gesundheitsförderung

1	*Die Gesundheit ist ein dynamischer Prozess. Im Verlauf dieses Prozess versucht der Mensch ständig das Gleichgewicht mit seiner Umwelt herzustellen. In diesem Gleichgewicht ist das körperliche, psychische und soziale Wohlbefinden optimal.*
2	*„Gesundheit für alle"* *Gesundheitliche Ungleichheiten sollen verringert und Chancengleichheit im Bezug auf die Gesundheit erreicht werden.*
3	*Die Orientierung in der Gesundheitsförderung soll an den individuellen Ressourcen und nicht an den individuellen Defiziten erfolgen – weg von den Mängeln und Problemen hin zu den Stärken, Potenzialen und Kompetenzen.*
4	*Im Sinne eines* Empowerments *sollen die Fähigkeiten der Menschen gestärkt und aktiviert werden, um die Kontrolle über die eigenen Entscheidungen und Handlungen zu gewinnen.*
5	*Die Einflussfaktoren für die Gesundheit liegen auf mehreren Ebenen. Um die Gesundheit des Menschen zu fördern, ist es notwendig, aktiv mehrere dieser Ebenen gleichzeitig zu beeinflussen. Dieser* Setting*ansatz richtet seinen Blick auf die individuelle Lebenswelt des Menschen.*
6	*Es ist notwendig, dass die Methoden und Maßnahmen in der Gesundheitsförderung an die Zielgruppen angepasst werden.*
7	*Den beteiligten Personen eines* Settings*, einer Gruppe mit denselben Merkmalen und Rahmenbedingungen ihres Lebensumfeldes, soll es ermöglicht werden, Einfluss auf alle Entscheidungen zu nehmen. Dies kann durch eine aktive Beteiligung an der Projektführung oder durch Einbringen eigenen Wissens oder neuer Themen realisiert werden.*

(vgl. Fonds Gesundes Österreich. https://fgoe.org/Grundprinzipien_der_Gesundheitsfoerderung, 10. Feb. 2020)

Der Bereich der Gesundheitsförderung ist, wie man an den Grundprinzipien erkennen kann, eine vielschichtige und komplexe Aufgabe. In weiterer Folge werden in diesem Kapitel mehrere unterschiedliche Bereiche der Gesundheitsförderung und der Prävention exemplarisch vorgestellt.

1 Bewegungsverhalten

Unter dem Begriff „Bewegungen" werden körperliche Tätigkeiten im Rahmen des Alltags verstanden. Dazu gehören das Einkaufengehen genauso wie das Überwinden von Treppen oder das Laufen zum Zug. Alle körperlichen Tätigkeiten, die in Zusammenhang mit Bewegungs-, Spiel- und Wettkampfformen stehen, fallen unter den Begriff „Sport". (siehe dazu auch Band 1, Kapitel *Einführung* und Kapitel 1 *Merkmale von Bewegungen*)

In beiden Fällen werden die unterschiedlichen Organsysteme des Menschen belastet, besonders aber der aktive Bewegungsapparat. Eine ausreichende Muskeltätigkeit durch Belastung führt zu einer besseren psychischen und physischen Leistungsfähigkeit, wodurch die allgemeine Befindlichkeit positiv beeinflusst wird. Wie bereits in Kapitel 16 *Gesundheit und Lebensqualität* aufgezeigt wurde, führt Bewegungsmangel zu zahlreichen Krankheiten. Laut der Weltgesundheitsorganisation WHO bewegen sich bis zu zwei Drittel der Menschen in Europa zu wenig. Damit ist der Bewegungsmangel der führende Risikofaktor unserer Gesundheit geworden. Nach Schätzungen lassen sich jährlich eine Million Todesfälle auf Bewegungsmangel zurückführen. Dieser Zusammenhang zwischen Bewegungsmangel und einer Vielzahl von Krankheiten ist vielen Menschen nicht bewusst. *(vgl. WHO 2015)*

1.1 Bewegungsverhalten in Österreich

Ein großer Teil der österreichischen Bevölkerung bewegt sich zu wenig oder überhaupt nicht. Nur ca. 10 % der gesamten Bevölkerung betreiben regelmäßig Sport oder sind regelmäßig körperlich aktiv.

Große Teile der Bevölkerung setzen somit die „Österreichischen Empfehlungen für gesundheitswirksame Bewegungen" nicht um. Diese Bewegungsempfehlungen wurden erstmals 2010 vom *Fonds Gesundes Österreich* www.fgoe.org für die Zielgruppen Kinder und Jugendliche, Erwachsene und ältere Menschen veröffentlicht.

Exemplarisch ist hier die Bewegungsempfehlung für Erwachsene abgebildet.

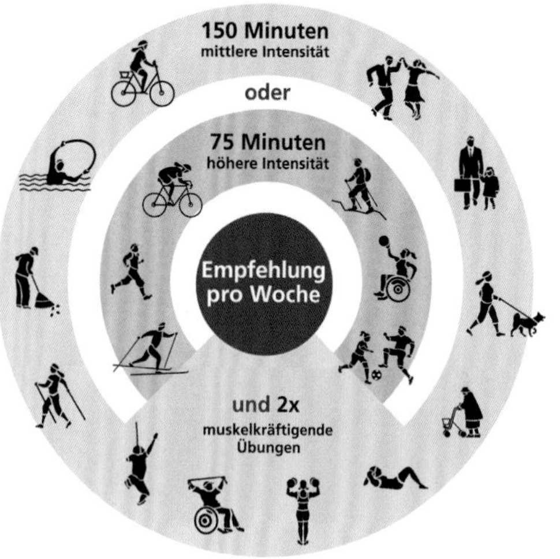

© Fonds Gesundes Österreich

1.2 Positive Auswirkungen von Sport

Bewegungsmangel hat negative Auswirkungen auf die Gesundheit, im Gegensatz dazu wirken sich Bewegung und Sport positiv auf die Erhaltung der Gesundheit aus. Dabei muss zwischen Menschen, die seit ihrer Jugend kontinuierlich Sport betreiben, und jenen, die eine sportliche Tätigkeit wieder aufnehmen oder sogar neu beginnen, unterschieden werden. Für Wieder- oder Neueinsteiger in ein sportlich aktives Leben ist eine professionelle Begleitung während des Trainings empfehlenswert, da es leicht zu einer Unter- oder Überforderungen kommen kann. Viele der körperlichen Anpassungen durch das Betreiben von Sport sind im Band 1, Kapitel *Anpassungen des Körpers durch Sport* behandelt worden. Im folgenden Abschnitt werden die Auswirkungen der verschiedenen Trainingsarten auf die Gesundheit nochmals genauer angeführt.

Ausdauertraining
Beim Ausdauertraining wird der Ermüdungswiderstand gegen lang anhaltende Belastungen verbessert. Vor allem der Einfluss auf das Herz-Kreislauf-System ist enorm. Die Herzleistung wird größer und die Blutmenge steigt und damit auch die Zahl der verfügbaren Energiespeicher. Durch den höheren Bewegungsumfang ist der Energieverbrauch größer und die Energieträger sind nicht so lange im Blut. Das verhindert eine Einlagerung von Blutfetten oder eine Verkalkung der Gefäße sowie eine ungesunde Gewichtszunahme. Ausdauertraining beugt somit u. a. Diabetes mellitus Typ 2 vor, fördert die innere Ruhe und Ausgeglichenheit und hilft beim Abbauen von Stress.

Krafttraining
Die Ziele des Krafttrainings liegen in einer Steigerung der Kraftfähigkeiten und in einer Erhöhung der Muskelmasse. Durch das Training wird der aktive Bewegungsapparat gestärkt und die Haltungsmuskulatur kann ihre Aufgaben besser erfüllen. Vor allem durch die Stärkung der Bauch- und Rückenmuskulatur wird Rückenschmerzen vorgebeugt oder schon vorhandene Schmerzen werden gelindert. Gleichzeitig wird

durch die ständige Belastung der Knochen eine höhere Knochendichte erreicht, die dem altersbedingten Knochenabbau entgegenwirkt. Ein abwechslungsreiches und umfangreiches Krafttraining optimiert Bewegungsabläufe und führt zu einer besseren Kraftentwicklung. Dies betrifft nicht nur jeden einzelnen Muskel, sondern auch das Zusammenspiel von einzelnen Muskelgruppen (inter- und intramuskuläre Koordination). Dadurch ist wiederum die Gefahr von Verletzungen und Unfällen geringer. Krafttraining wirkt auch dem altersbedingten Muskelschwund entgegen und verbessert das äußere Erscheinungsbild, was sich auch positiv auf die psychische Befindlichkeit auswirkt.

Schnelligkeitstraining

Der wichtigste Effekt eines Schnelligkeitstrainings auf die Gesundheit liegt in einer Steigerung der Reaktionsfähigkeit. Es hilft damit bei der Vermeidung von Stürzen und Unfällen. Das Schnelligkeitstraining verbessert außerdem die Wahrnehmungs- und Antizipationsschnelligkeit, die bei sehr hohen Bewegungsgeschwindigkeiten wie beim Autofahren, Radfahren oder Laufen von entscheidender Bedeutung sind. Alle anderen Bereiche der Schnelligkeit sind sehr schwer zu trainieren und daher im Bereich des Gesundheitssports von geringerer Bedeutung. Am besten lässt sich die Schnellkraft verbessern, die entscheidend für schnelle Bewegungen bei sehr geringem Widerstand ist.

Beweglichkeitstraining

Das Beweglichkeitstraining verbessert die Dehnungsfähigkeit der Muskeln, Sehnen und Bänder und erlaubt es, Bewegungen mit großer Schwingungsweite auszuüben. Aufgrund der verbesserten Elastizität verringert sich das Verletzungsrisiko und die **Agilität** bei Alltagsbewegungen steigt.

Koordinationstraining

Das Koordinationstraining verbessert das Zusammenspiel von Sinnesorganen, dem Nervensystem und dem aktiven Bewegungsapparat. Koordinative Anteile sind auch in den anderen, oben genannten Trainingsarten enhalten. Das Koordinationstraining führt zu einer Ökonomisierung der Muskelarbeit und ist ein wesentlicher Faktor zur Verbesserung der Fitness. Mit einer Ökonomisierung ist ein geringerer Energieaufwand beim Durchführen von Bewegungen gemeint. Die Verbesserung der inter- und intramuskulären Koordination hat sturz-, unfall- und verletzungsvorbeugende Wirkung. Der steigernde Effekt des Koordinationstrainings ist in jeder Altersstufe bemerkbar und spielt im hohen Alter eine entscheidende Rolle in der Alltagsbewältigung. Neben diesen Effekten wird beim Training das Gehirn gefordert, das genauso wie jeder andere Muskel trainierbar ist und bei Inaktivität sein Leistungsvermögen abbaut.

1.3 Ansätze zur Verbesserung des Bewegungsverhaltens

Da körperliche Aktivität, Gesundheit und Lebensqualität in engem Zusammenhang stehen, startete die WHO den Aufruf, der Bewegung von Menschen mehr Aufmerksamkeit zu schenken. 2010 wurden als Reaktion auf diesen Aufruf *Österreichische Empfehlungen für gesundheitswirksame Bewegung* veröffentlicht. Mit dem später veröffentlichen *Nationalen Aktionsplan für Bewegung (NAP.b)* werden konkrete Bewegungsziele für einzelne Bevölkerungsgruppen definiert. Gleichzeitig wurden auch Empfehlungen zur Umsetzung dieser Ziele gegeben.

2012 wurden vom Ministerrat verschiedene Rahmen-Gesundheitsziele beschlossen, die zum Teil auch den Bereich der Bewegung betreffen. So lautet Rahmenziel 8: *„Gesunde und sichere Bewegung im Alltag durch die entsprechende Gestaltung der Lebenswelten fördern" (Nationaler Aktionsplan für Bewegung B 2013: S. 8)*

Aktuell gibt es aufgrund dieser Ansätze zur Verbesserung des Bewegungsverhaltens viele verschiedene Initiativen, die der Bevölkerung einen leichteren Zugang zu sportlichen Aktivitäten bieten. „Bewegt im Park", „50 Tage Bewegung", „Auf gesunde Nachbarschaft!" und „Kinder gesund bewegen 2.0" sind nur ein paar wenige Beispiele dieser Initiativen.

GET ACTIVE 1

Im Zuge der Verbesserung des Bewegungsverhaltens in Österreich sind viele Initiativen entstanden, um der Bevölkerung einen einfacheren Zugang zu sportlichen Aktivitäten zu bieten. Recherchieren Sie im Internet nach folgenden Initiativen und erstellen Sie eine Übersicht über deren Zielsetzungen.

- „Bewegt im Park"
- „50 Tage Bewegung"
- „Auf gesunde Nachbarschaft!"
- „Kinder gesund bewegen 2.0"

THEORIE ······➔ PRAXIS

Die Initiative „Tägliche Bewegungszeit" bzw. „Tägliche Turnstunde" begann im Jahre 2012 und ist eine viel diskutierte Maßnahme zur Verbesserung des Bewegungsverhaltens von Jugendlichen. Eine flächendeckende Umsetzung konnte aber noch nicht erreicht werden. Der Blick der Schüler/Schülerinnen auf diese Situation im Schulsport ist in folgenden Zitaten erkennbar:

Markus M., 18 Jahre: „Ich freue mich auf jede einzelne Möglichkeit, die sich mir bietet, um mich in der Schule zu bewegen."

Sabrina A., 16 Jahre: „Der Turnunterricht in der Schule macht mir besonderen Spaß. Mir persönlich wäre es lieber, wenn wir gemeinsam mit den Burschen turnen könnten."

Helmut K., 14 Jahre: „Ich finde, der Turnunterricht sollte abgeschafft werden. Wenn sich jemand bewegen möchte, so kann er das auch außerhalb der Schule in einem Verein machen."

Fritz A., 17 Jahre: „Ich finde den Sportunterricht in der Schule in Ordnung. Ich finde aber, dass die Einzelturnstunden sinnlos sind, da für das Anziehen und anschließende Duschen zu viel von der Zeit verloren geht."

RP-TRAINING 1

Anforderungsniveau 1

Nennen Sie eine geeignete Definition von Gesundheit und beschreiben Sie die dabei verwendeten Begriffe.

Anforderungsniveau 2

Überlegen Sie sich unterschiedlichen Maßnahmen, die gesetzt werden können, um dem Bewegungsmangel in der österreichischen Bevölkerung entgegenzuwirken.

Anforderungsniveau 3

Analysieren Sie Ihr eigenes Bewegungsverhalten im letzten Jahr. Reflektieren Sie über mögliche Probleme für die Gesundheit, die aufgrund Ihres Bewegungsverhaltens entstehen könnten.

2 Gesunde Alltags- und Arbeitshaltung

Ergonomie ist die Erforschung der Leistungsmöglichkeiten und der Leistungsgrenzen sowie der optimalen Arbeitsbedingungen des Menschen. Der gesundheitliche Zustand der Bevölkerung in den Industrieländern wird maßgeblich durch die überwiegend sitzende Haltung – sowohl am Arbeitsplatz als auch in der Freizeit – in Verbindung mit geringer körperlicher Bewegung beeinträchtigt. Aber auch wiederholte Bewegungen unter Belastung, wie z. B. falsches Heben von schweren Gegenständen, verursachen Gesundheitsschäden, insbesondere Rückenschmerzen. Das führt zu einem Missverhältnis zwischen Belastung und Belastbarkeit des Körpers, was über kurz oder lang zu Beschwerden führt.

Um diese Diskrepanz zu korrigieren, stehen generell zwei Möglichkeiten offen: die Verbesserung der Belastbarkeit und/oder die Anpassung der Belastung.

Verbesserung der Belastbarkeit

Gezieltes Training des menschlichen Körpers

Reduzierung der Belastung

Ergonomische Anpassung des Arbeitsplatzes
Ergonomische Optimierung der Arbeitsumgebung
Gesundheitsbewusster Umgang mit dem Arbeitsplatz

GET ACTIVE 2

Recherchieren Sie drei Übungen zur Stärkung der Rücken- und Bauchmuskulatur und halten Sie diese in der unten stehenden Tabelle fest.

Bilden Sie anschließend Dreiergruppen und zeigen Sie die Übungen vor. Beschreiben Sie dabei den Bewegungsablauf und weisen Sie auf wichtige Punkte für die richtige Ausführung hin.

	Name der Übung	Muskelgruppe(n)	Hinweis zur Ausführung	Sicherheitshinweise
1				
2				
3				

Um zu verstehen, warum es zu Beschwerden bei Fehlverhalten kommen kann, wird im folgenden Abschnitt auf den Aufbau und die Funktionsweise der Wirbelsäule eingegangen. (siehe dazu auch Band 1, Kapitel 8 *Bewegungsapparat und Organsysteme*)

2.1 Aufbau und Funktion der Wirbelsäule

Die Wirbelsäule besteht aus 24 Wirbelkörpern. Die Form der Wirbelsäule stellt eine doppelte S-Krümmung dar. Diese ergibt sich aus der **Lordose** (nach vorne gewölbt) in der Hals- und Lendenwirbelsäule und der **Kyphose** (nach hinten gewölbt) in der Brustwirbelsäule.

Aufbau Wirbelsäule

7 Halswirbel
12 Brustwirbel
5 Lendenwirbel
Kreuzbein
Steißbein

2.1.1 Funktion

Die Wirbelsäule ermöglicht uns die aufrechte Haltung. Gemeinsam mit den Bändern und der Muskulatur bildet sie einerseits ein stabiles Zentrum bei Bewegungen, andererseits ermöglicht sie uns Bewegung. Die Wirbelsäule hat eine stoßdämpfende Wirkung und bildet eine wichtige Schutzfunktion für das Rückenmark, das im sogenannten Spinalkanal, im Inneren der Wirbelsäule, eingebettet ist. Zwischen je zwei Wirbelkörper treten durch das „Zwischenwirbelloch" (Foramen intervertebrale) die Nervenwurzeln aus, die dann weiter in die oberen bzw. unteren Extremitäten ziehen.

2.1.2 Bänder

Die Bänder der Wirbelsäule sind gemeinsam mit der Muskulatur die Stabilisatoren der Wirbelsäule. Sie kontrollieren und limitieren einerseits die Bewegungen, ermöglichen aber auch andererseits ausreichende Beweglichkeit. Außerdem sichern sie die Position der Bandscheiben.

2.1.3 Muskulatur

Eine wesentliche Bedeutung kommt der Wirbelsäulenmuskulatur zu, da die Wirbelsäule nicht nur Beweglichkeit, sondern vor allem Stabilität benötigt. Die sogenannte Rumpfmuskulatur ist verantwortlich für die Aufrichtung gegen die Schwerkraft und gewährleistet eine „dynamische Stabilisation" der Wirbelsäule bei Bewegungen der Arme, Beine oder beim Erhalt des Gleichgewichts. Die Wirbelsäule und der Brustkorb bilden für zahlreiche Muskeln des Schulter- und Beckengürtels ihren Ursprung, d. h., die Wirbelsäule muss bei Bewegungen der Arme oder Beine eine hohe Stabilisierungsarbeit leisten.

Zur Rumpfmuskulatur zählen die Rückenmuskulatur sowie die Brustkorb- und Bauchwandmuskulatur. Im weiteren Sinne zählen auch die Beckenbodenmuskulatur (bildet die untere Begrenzung des Bauchraumes) und das Zwerchfell (unterteilt die Brust- und Bauchhöhle) dazu.

Die **Rückenmuskulatur** (**M.** erector spinae) unterteilt sich in globale und lokale Muskeln.

Globale Muskulatur

- lange, oberflächliche Muskeln zwischen Brustkorb und Becken
- regulieren Gleichgewicht und Bewegungen des Rumpfes
- z. B.: M. iliocostalis und M. longissimus (bewirken eine Streckung und Seitwärtsneigung in der Wirbelsäule), M. splenius (Nackenmuskel, der für die Streckung bzw. Anheben des Kopfes zuständig ist) – für diese Muskeln gibt es keine deutsche Bezeichnung.

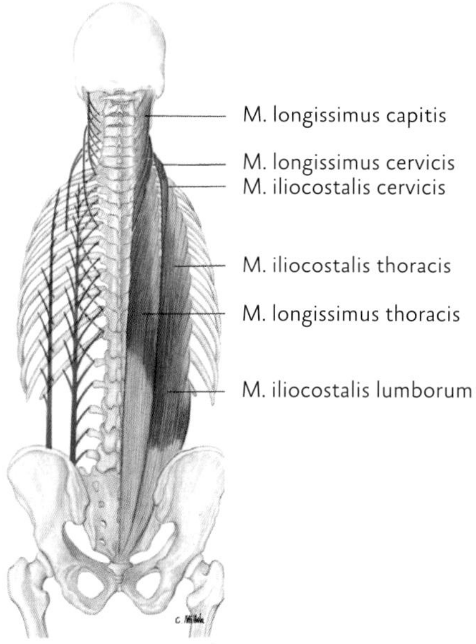

Rückenmuskulatur der Wirbelsäule

Lokale Muskulatur

- kurze, tiefliegende Muskeln, die von einem zum nächsten Wirbelkörper verlaufen
- gewährleisten Stabilität innerhalb des Segments
- z. B.: **Mm.** multifidii, Mm. rotatores – Skelettmuskeln der Rückenmuskulatur

Die **Bauchwandmuskulatur** unterteilt sich in die gerade und schräge Bauchmuskulatur. Die gerade Bauchmuskulatur besteht aus dem sogenannten M. rectus abdominis, der für die Vorwärtsbeugung des Rumpfes und die Aufrichtung des Beckens verantwortlich ist. Die schräge Bauchmuskulatur unterteilt sich in einen äußeren (M. obliquus externus abdominis) und inneren Anteil (M. obliquus internus abdominis). Diese sind für die Drehung des Rumpfes zur Gegenseite verantwortlich und wirken bei der Vorwärtsbeugung des Rumpfes mit. Hinter diesen Muskeln liegt die tiefe Bauchmuskulatur, der quer verlaufende M. transversus abdominis, der bei der Aufrichtung des Beckens beteiligt ist, die Ausatmung unterstützt und die Wirbelsäule von vorne stabilisiert.

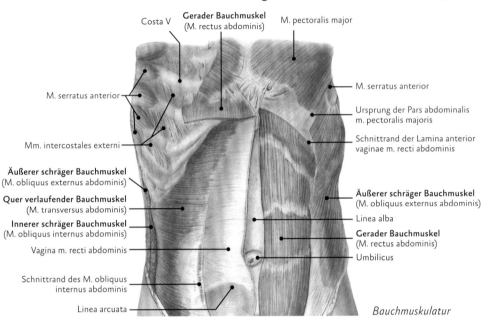

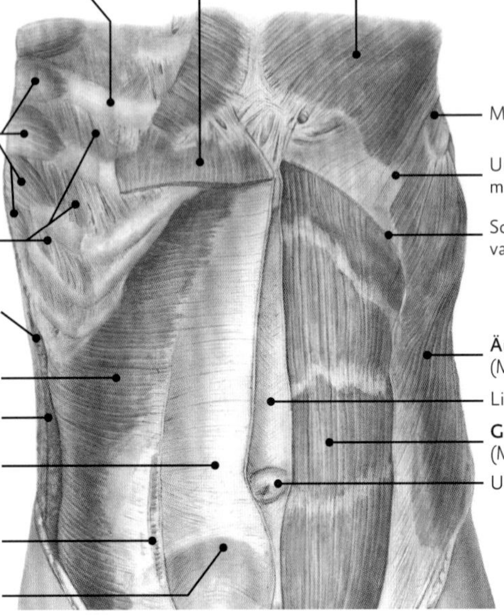

Bauchmuskulatur

2.1.4 Bandscheiben (Discus intervertebralis)

Die menschliche Wirbelsäule besteht aus 23 Bandscheiben, die zwischen den Wirbelkörpern der Wirbelsäule zu finden sind.

Aufbau der Bandscheiben

Die Bandscheibe besteht aus drei Teilen:

- **Bandscheibenkern – Nucleus pulposus:** Der Bandscheibenkern ist der zentral gelegene Teil der Bandscheibe. Seine gelartige Konsistenz bildet sich zu 70 % aus Wasser, Eiweißen (Proteoglycane = wasserbindende Eiweiße) und Kollagenfasern. Mit zunehmendem Alter sinkt der Wassergehalt im Bandscheibenkern.
- **Bandscheibenring – Anulus fibrosus:** Der Bandscheibenring wird schichtweise durch kollagene Fasern aufgebaut und begrenzt die Bandscheibe nach außen. Die Verlaufsrichtung der Fasern ändert sich in den verschiedenen Schichten, daraus ergibt sich eine netzartige Struktur. Dieses Netz wird durch zusätzliche vertikal und horizontal verlaufende Fasern unterstützt.
- **Knorpelendplatten**: Die Bandscheibe und der Wirbelkörper werden durch die Knorpelendplatten fest verbunden. Diese Verbindung wird zusätzlich durch die einstrahlenden Fasern des Bandscheibenrings verstärkt.

Funktion der Bandscheiben

Im Alltag ist unsere Wirbelsäule immer wieder Bewegungen oder Stößen ausgesetzt.

Durch den – hauptsächlich aus Wasser – bestehenden Bandscheibenkern und dem netzartigen Bandscheibenring können die Bandscheiben folgende Funktionen erfüllen:

- **Stoßdämpfung und Druckverteilung**: Bei Druckeinwirkung auf die Wirbelsäule dehnen sich die Bandscheiben nach außen aus. Dadurch verringert sich der Druck auf die Wirbelsäule und wird gleichmäßig auf die angrenzenden Deckplatten verteilt.
- **Beschränkung des Bewegungsumfanges**: Bei Vor- und Rückwärtsbewegungen sowie seitlichen Bewegungen der Wirbelsäule wird der Bandscheibenkern zur Gegenseite verlagert. Die netzartige Struktur des Bandscheibenrings limitiert jedoch dieses Bewegungsausmaß. Die Rotation der Wirbelsäule wird durch die Fixierung der Bandscheiben am Wirbelkörper begrenzt.

Ernährung der Bandscheiben

Unsere Bandscheiben werden nicht bzw. nur sehr wenig durchblutet. Ihre Versorgung findet hauptsächlich über den Ein- bzw. Ausstrom von extrazellulärer Flüssigkeit aus dem Bandscheibenring statt, was durch Druck- oder Zugbelastung im Tagesverlauf passiert. Dadurch ist ersichtlich, welche Bedeutung der Bewegung bei der Ernährung der Bandscheibe zukommt. Durch den Ausstrom der extrazellulären Flüssigkeit nimmt die Dicke der Bandscheibe im Tagesverlauf ab, dadurch verringert sich unsere Körpergröße um bis zu 2,5 cm. In der Nacht regeneriert sich der Flüssigkeitsbedarf der Bandscheibe, um für den nächsten Tag wieder funktionsfähig zu sein.

2.2 Alltagsbewegungen

2.2.1 Heben und Tragen von Lasten

GET ACTIVE 3

Probieren Sie unterschiedliche Möglichkeiten aus, Lasten vom Boden aufzuheben. Erläutern Sie, welche Probleme bei den verschiedenen Körperregionen entstehen können und wie man diese vermeiden kann.

Bilden Sie anschließend Zweiergruppen und präsentieren Sie Ihre Ergebnisse.

Eine der häufigsten Ursachen von Rückenschmerzen sind Schädigungen der Wirbelsäule durch falsches Heben und Tragen. Beim Heben und Tragen von schweren Gegenständen nimmt die Belastung der Wirbelsäule von oben nach unten zu. Somit wird die Lendenwirbelsäule am meisten belastet. Hebt man z. B. ein Gewicht von 50 kg mit rundem Rücken, kommt eine Belastung vom Gewicht eines Kleinwagens auf die Lendenwirbelsäule. Eine gesunde Bandscheibe hält diesem Druck stand. Ist sie jedoch aufgrund des Alters oder der wiederkehrenden Belastungen bereits degeneriert, können Faserstrukturen reißen und ein Bandscheibenvorfall kann die Folge sein.

Faktoren für das Lastausmaß

Gewicht der Last
Häufigkeit der Belastung
Körperhaltung
Form und Größe der Last

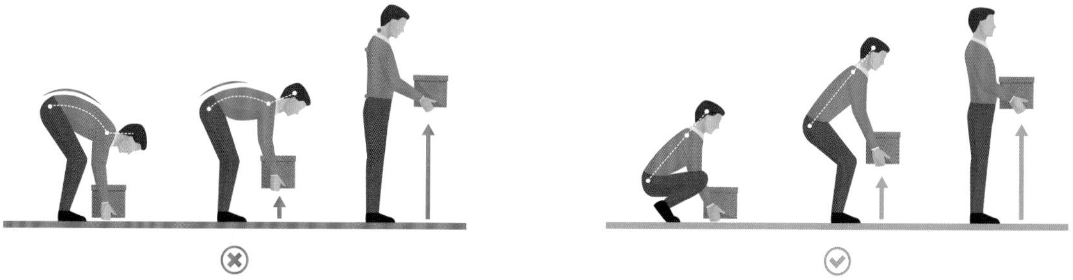

Falsches und richtiges Heben von Lasten

Um derartige Überlastungserscheinungen zu vermeiden, soll Folgendes beim Heben von schweren Gegenständen beachtet werden:

- in die Knie gehen mit geradem Rücken, Bewegung soll aus den Beinen erfolgen
- breite Schrittstellung (mindestens hüftbreit)
- Oberkörper beim Hochheben oder Absetzen der Last nicht verdrehen
- Aktivierung der Bauchmuskulatur
- die Last möglichst körpernahe heben
- Verwenden von Hebe- und Transporthilfen, z. B. Tragegurte, Sackrodel oder Hilfestellung durch andere Personen
- keine ruckartigen oder rasche Bewegungen

Beim Tragen von Lasten soll Folgendes beachtet werden:

- Der Oberkörper soll aufrecht gehalten werden.
- Das Gewicht soll symmetrisch verteilt werden.
- Der Gegenstand soll möglichst körpernahe getragen werden.
- Eine Hohlkreuzposition soll vermieden werden (Aktivierung der Rücken- und Bauchmuskulatur).
- Die Lasten sollen besser aufgeteilt werden – öfter gehen oder zwischendurch abstellen.

2.2.2 Ergonomisch richtiges Sitzen

Unsere Arbeitswelt wird immer mehr von sitzender Tätigkeit bestimmt, dessen Folge wiederkehrende oder ständige Rückenschmerzen sind. Grund dafür ist, dass der menschliche Körper nicht für langes Sitzen geschaffen ist.

Folgende Merkmale findet man bei „falschem Sitzen":

- Der Kopf steht zu weit vorne – die Halswirbelsäule befindet sich in einer überstreckten Position.
- Die Schultern hängen nach vorne.
- Die Brust- und Lendenwirbelsäule ist in einer Rundrückenposition.
- Das Becken ist nach hinten gekippt.

Diese statische Haltung hat weitreichende Auswirkungen auf unseren Körper. Neben der Verkümmerung und Verkürzung unserer Brust- und Rückenmuskulatur kommt es zur verminderten Durchblutung, was oft zu schmerzhaften Verspannungen sowie zu Blockaden in der Wirbelsäule führen kann. Weiters werden die Bandscheiben beim Sitzen einseitig belastet und dadurch nicht ausreichend mit Flüssigkeit versorgt. Durch die runde Haltung ist das Zwerchfell in seiner Funktion eingeschränkt, was eine oberflächliche Atmung und eine schlecht belüftete Lunge zur Folge hat. Auch die Verdauungsorgane haben nicht ausreichend Platz. Eine weitere negative Auswirkung ist der verlangsamte venöse Rückfluss in den Beinen. Vor allem übereinandergeschlagene Beine können zu Einklemmsymptomatiken der Nerven in der Leisten- und Knieregion führen (Kribbeln, Taubheit) und die Durchblutung verschlechtern.

Stundenlange, nach vorne gebeugte Haltung führt über Jahre unvermeidlich zu Langzeitschäden des Rückens. Um diesen entgegenzuwirken, ist eine ergonomische Gestaltung des Arbeitsplatzes, aber auch der Ausgleich durch Bewegung unabkömmlich.

Die ersten Maßnahmen gegen den sitzenden Alltag fordern keinen großen Aufwand: Das andauernde Sitzen kann einfach durch Aufstehen und Gehen von ein paar Schritten unterbrochen werden. Alltägliche Arbeitsvorgänge, wie z. B. Telefonieren oder kurze Besprechungen, können im Stehen oder Gehen erledigt werden. Auch der bewusste Gang zum Kopierer oder Drucker kann sich auf die Gesamtbewegungsbilanz positiv auswirken.

Grundsätzlich wird eine Verteilung der Arbeitszeit mit bewusstem Einsatz von Bewegung wie folgt empfohlen:

- 60 % dynamisches/ergonomisches Sitzen
- 30 % Stehen
- 10 % Gehen

Anatomie des Sitzens

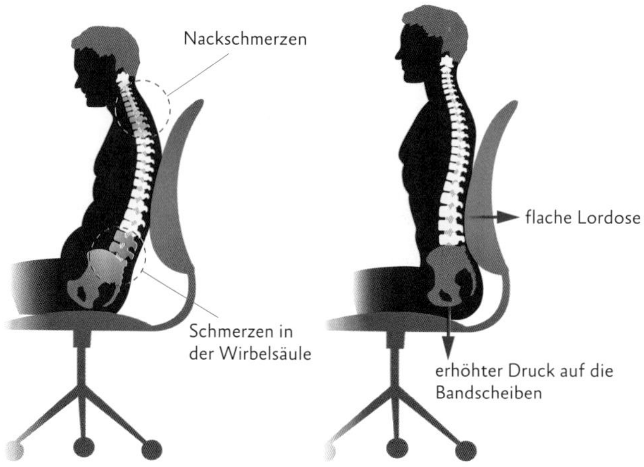

Ergonomisch richtiges Sitzen

Wird der Alltag – sowohl beruflich als auch in der Freizeit – von vorwiegend sitzender Tätigkeit bestimmt, empfiehlt es sich, auf einen ergonomischen Sitz zu achten:

- Beckenaufrichtung als Fundament der Wirbelsäule: Das Becken soll leicht nach vorne gekippt sein und die Lendenwirbelsäule in seiner physiologischen Krümmung stehen (Lordose).
- Die Brustwirbelsäule soll aufgerichtet sein, der Schultergürtel locker positioniert.
- Halswirbelsäule aufrichten – Hinterkopf „lange machen", das Kinn ist parallel zum Boden ausgerichtet.

Als Ausgleich zum Sitzen empfehlen sich zudem folgende Übungen:

- **Becken kippen:** Im Sitz bei aufrechter Wirbelsäulenposition das Becken über die Sitzbeinhöcker nach vorne (in Richtung Hohlkreuz) und nach hinten (in Richtung Rundrücken) kippen. Die Bewegung soll im Becken stattfinden und der Oberkörper soll so ruhig wie möglich gehalten werden.
- **Rotation der Brustwirbelsäule:** Im aufrechten Sitz die Hände am Brustbein ablegen und den Brustkorb rechts/links drehen – Variation von kleiner bis großer Bewegungsamplitude möglich.
- **Beugen/Strecken der Wirbelsäule im Sitzen:** Die Wirbelsäule ausgehend vom Becken langsam Wirbel für Wirbel aufrichten bis der Kopf leicht nach oben schaut und die gesamte Wirbelsäule in Streckung positioniert ist; vom Kopf ausgehend die Wirbelsäule langsam in die Beugung bewegen, bis das Becken nach hinten gekippt ist (Richtung Rundrücken).

Diese Übungen sollen mehrmals täglich eingebaut werden, da sie die Durchblutung der Wirbelsäulenstrukturen anregen und die Bandscheiben entlasten. Um diesen Effekt zu erzielen, ist es wichtig, jede Übung ca. 1 Minute durchzuführen.

GET ACTIVE 4

Bilden Sie Zweiergruppen und führen Sie die oben genannten Ausgleichsübungen zum Sitzen durch. Der Partner/Die Partnerin kontrolliert währenddessen die stets richtige Ausführung.

2.2.3 Der ergonomische Arbeitsplatz

Neben dem ergonomischen Sitz ist ein ergonomisch eingerichteter PC-Arbeitsplatz von wesentlicher Bedeutung. Der ergonomische Arbeitsplatz soll folgendermaßen eingerichtet werden:

Sitzhöhe	*Die Höhe von Schreibtisch und Bürosessel sollten so eingestellt werden, dass Ober- und Unterschenkel sowie Ober- und Unterarme im rechten Winkel zueinander stehen. Tastatur und Maus sollen sich in einer Ebene mit den Ellenbogen und Handflächen befinden.*
Armlehnen	*Liegen die Unterarme auf den Armlehnen auf, wird der Schultergürtel dabei entlastet. Die Unterarme sollten mit den Oberarmen einen Winkel von 90 Grad bilden.*
Füße	*Die Füße brauchen eine feste Auflage. Darum empfiehlt sich bei kleineren Menschen eine Fußbank.*
Sitztiefe	*Man sollte so weit hinten sitzen, dass der Rücken Kontakt mit der Lehne hat und diesen großflächig unterstützt. Zwischen Kniekehle und Vorderkante der Sitzfläche, sollte ca. eine handbreit Abstand sein. Es ist wichtig zu beachten, dass die Oberschenkel nicht zu stark aufliegen oder abgewinkelt sind, da ansonsten Durchblutungsstörungen entstehen können. Deswegen sind Bürosessel mit leicht abfallender Sitzfläche empfehlenswert.*
PC	*Es sollte ein ausreichender Abstand von 50 cm zum Monitor eingehalten werden. Bei größeren Bildschirmen ist eine Entfernung von bis zu 80 cm sinnvoll (Richtlinie: eine Armlänge). Der Bildschirm des PCs soll so ausgerichtet werden, dass sich die Oberkante in Augenhöhe befindet. Die Tastatur soll mittig platziert werden und die Maus möglichst nahe daneben.*
Tablets	*Bei regelmäßiger Benutzung eines Notebooks oder Tablets sollte an den Einsatz einer externen Tastatur und Maus gedacht werden. Weiters können ein externer Monitor angeschlossen bzw. Tablet-Halterungen verwendet werden, um die Arbeitsweise ergonomischer zu gestalten.*

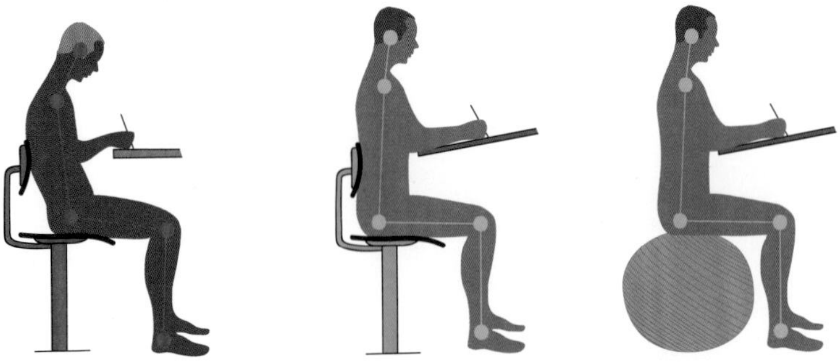

falsch richtig richtig

Korrigieren der Sitzposition

Eine weitere Möglichkeit, um statisches Sitzen zu vermeiden, sind sogenannte Sitzbälle. Durch die labile Sitzfläche wird vom Benutzer/von der Benutzerin häufiges Korrigieren der Sitzposition gefordert. So werden immer wieder verschiedene Muskelpartien beansprucht. Es ist jedoch zu beachten, dass aufgrund der fehlenden Rückenstütze die Muskeln rasch ermüden, was oft zur Folge hat, dass die aufgerichtete Position in einer runden Haltung des Rückens endet. Außerdem fehlen die ergonomischen Eigenschaften wie Höhenverstellbarkeit oder Arm- und Rückenstützen. Es empfiehlt sich daher, den Sitzball stundenweise einzusetzen, um die Haltungsmuskulatur zu trainieren.

THEORIE ······➡ PRAXIS

Beobachten Sie die Haltung Ihrer Mitschüler/Mitschülerinnen in der Pause und notieren Sie Fehlhaltungen der Wirbelsäule beim Sitzen und Stehen.

Verwenden Sie die Beschreibung der Haltungsschwächen/Haltungsschäden aus dem Kapitel 16 *Gesundheit und Lebensqualität* als Unterstützung.

Machen Sie Verbesserungsvorschläge.

Bilden Sie Dreiergruppen und vergleichen Sie Ihre Ergebnisse mit anderen Mitschülern/Mitschülerinnen. Erstellen Sie anschließend ein Ranking der zwei am häufigsten vorkommenden Fehlhaltungen und machen Sie Verbesserungsvorschläge.

	Fehlhaltungen	**Verbesserungsvorschläge**
1		
2		

2.2.4 Der „Handynacken"

Smartphones, Tablets und Co. sind aus der heutigen Zeit nicht mehr wegzudenken. Die Gesellschaft ist geprägt von Menschen, die auf Displays starren. Problematisch dabei ist die gebeugte Haltung. Der Kopf ist nach unten gebeugt, die Schultern fallen nach vorne – und das oft bis zu vier Stunden am Tag. Es kommt zu einer Fehlhaltung, die häufig Schmerzen und Verspannungen, im schlimmsten Fall Verschleißerscheinungen der Bandscheiben verursachen.

Der Kopf eines Erwachsenen wiegt 4 bis 6 Kilogramm; neigt man den Kopf um nur 15 Grad nach vorne, wirken 13 Kilogramm zusätzlich auf die Halswirbelsäule. Eine Neigung des Kopfes um 45 Grad bedeuten für die Muskulatur der Halswirbelsäule ein Zusatzgewicht von 20 Kilogramm. Die am häufigsten eingenommene Kopfposition von 60 Grad bringt eine Mehrbelastung von 27 Kilo mit sich!

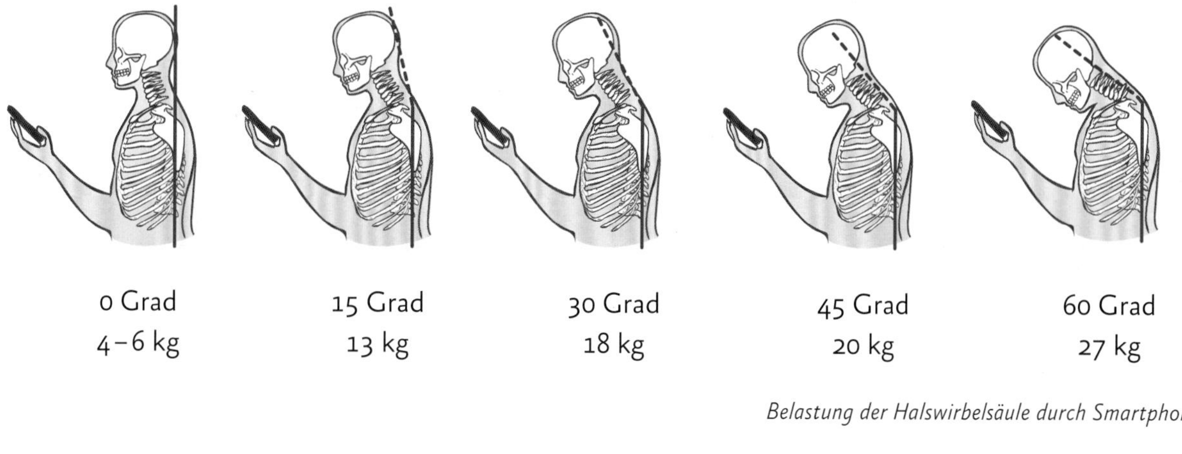

Belastung der Halswirbelsäule durch Smartphones

Diese unnatürliche Dauerbelastung führt zu:

- Überdehnung der Halsmuskulatur sowie der Muskulatur der Schultern und des Schultergürtels – durch die überdehnte Position des Schultergürtels und die verkürzte Position der Brustmuskulatur kann die Muskulatur nicht adäquat arbeiten.
- Die natürliche „Lordose" der Halswirbelsäule kommt in eine Streckhaltung oder sogar in eine „kyphotische" (nach rückwärts gekrümmte) Haltung.
- Durch die Dauerbelastung wirkt ein hoher Druck auf die Muskulatur – es werden die kleinen Gefäße gedrosselt und die Sauerstoffversorgung und die Durchblutung verringert.

Die Folgen dieser Fehlbelastungen sind weitreichend:

- Verspannung der Muskulatur durch die Überdehnung der Hals-, Schulter- und Brustmuskulatur
- Kopfschmerzen durch die verspannte Muskulatur
- Überlastungserscheinungen, als Dauerfolge Abnutzungen der Halswirbelsäule
- Durch die Kompression der Nerven (z. B. durch Bandscheibenschädigungen) kommt es zu Kribbeln, Taubheitsgefühl in den Fingern oder im Arm.

Um derartige Überlastungserscheinungen zu vermeiden, sind Ausgleichsbewegungen sowie Stärkung der Nackenmuskulatur und Dehnungsübungen für den Bereich wichtig.

Ausgleichsbewegungen
Kopf langsam nach oben bewegen und wieder zurück in die Gerade
Rotation nach rechts und links
Ohr zur rechten/linken Schulter bewegen
Schulterkreisen im Uhrzeigersinn – dabei die Schulterblätter zusammenziehen und wieder entspannen
Schultern hochziehen zu den Ohren – Spannung ca. 5 Sekunden halten – wieder locker lassen
Zur Entspannung der Augen – in die Ferne schauen

Stärkung der tiefen Nackenmuskulatur
Im Alltag so oft wie möglich eine aufrechte Position der Halswirbelsäule einnehmen: Kopf schaut geradeaus, Kinn leicht nach hinten-unten positionieren, Hinterkopf in die Länge bringen
Nickbewegungen in der aufrechten Position der Halswirbelsäule
„Der Dickschädel": aufrechte Halswirbelsäulenposition einnehmen – leichte Widerstände mit der Hand auf dem Kopf von rechts/links, vorne/hinten setzen, ohne die aufrechte Haltung zu verlieren; Widerstand ca. 5 bis 10 Sekunden halten.

Dehnung der Nackenmuskulatur	
Kopf leicht nach unten neigen und das Ohr zur Schulter ziehen bis ein leichtes Ziehen in der Nackenmuskulatur zu spüren ist; zur Verstärkung der Dehnung kann der Arm einen Längszug nach unten ausüben; Position 20 bis 30 Sekunden halten – Seitenwechsel	Arm in Schulterhöhe bringen und den Ellbogen zur gegenüberliegenden Schulter ziehen; Position 20 bis 30 Sekunden halten – Seitenwechsel

RP-TRAINING 2

Anforderungsniveau 1

1. Nennen Sie die wichtigsten Punkte zur Gestaltung eines ergonomischen Arbeitsplatzes.
2. Beschreiben Sie die dabei wichtige Funktion der Wirbelsäule.

Anforderungsniveau 2

1. Erklären Sie die richtige Ausführung beim Heben von Lasten.
2. Gehen Sie dabei auf die Funktion der Bandscheiben und auf die Auswirkungen von statischen Haltungen auf die Bandscheibe ein.

Anforderungsniveau 3

Problematisieren Sie den Einfluss von alltäglichen Bewegungen und Haltungen, wie z. B. das Heben von Lasten oder die statische Haltung beim Blick auf das Smartphone, auf die menschlichen Körperstrukturen. Entwickeln Sie Ausgleichsstrategien, um Beschwerden vorzubeugen.

3 Gesunde Ernährung

Die Ernährungslehre befasst sich mit dem Zusammenhang von Ernährung und Gesundheit. Im Hochleistungssport dient die Ernährung auch der Erhöhung und Aufrechterhaltung der sportlichen Leistungsfähigkeit. Auf gesunde und energiereiche Ernährung muss der Sportler/die Sportlerin sowohl im Training als auch im Wettkampf achten. Zweck einer gezielten Ernährung ist nicht nur, den Energie- und Vitalstoffverbrauch auszugleichen, sondern auch die sportliche Leistung zu verbessern. Lange Zeit wurde der Effekt der Ernährung auf die Leistung unterschätzt und die Wirkung von vermeintlich leistungssteigernden Präparaten überschätzt. Die richtige Zusammensetzung der Ernährung hängt von vielen Faktoren ab, wie dem Alter, dem Geschlecht, der körperlicher Konstitution und der sportlichen Aktivität.

Durch die Ernährung werden mehrere Energiebilanzen im Körper im Gleichgewicht gehalten. Dazu zählt die Kalorienbilanz, die Nährstoffbilanz, die Mineralstoffwechselbilanz, die Vitaminbilanz und die Flüssigkeitsbilanz.

3.1 Energiebilanzen

3.1.1 Kalorienbilanz

Die Kalorienbilanz stellt die durch die Ernährung aufgenommene Energie der verbrauchten Energie gegenüber. Es wird nicht die gesamte Energie, die in der Nahrung steckt, in verwendbare Energie umgewandelt. Je nach Zusammensetzung der Nahrung verliert der Körper über die Verdauung einen kleinen Prozentsatz der Energie. Dieser liegt bei Eiweißen bei ca. 20 %, bei Kohlenhydraten bei ca. 8 % und bei Fetten bei ca. 4 %. Bei einer ausgewogenen Mischkost kann man von einem mittleren Verlust von 10 % der Gesamtenergie ausgehen. Der verbleibende Rest teilt sich in den Grundumsatz und Leistungsumsatz auf.

Grundumsatz

Der Grundumsatz ist definiert als jene Energiemenge, die der ruhende Mensch zwölf Stunden nach der letzten Nahrungsaufnahme bei konstanter Umgebungstemperatur von 20 °C innerhalb von 24 Stunden verbraucht. Der größere Teil des Grundumsatzes wird benötigt, um die Körpertemperatur konstant zu halten. Der Rest wird für lebenswichtige Vitalfunktionen benötigt. Der Grundumsatz von Frauen ist geringer, weil das vermehrte Unterhautfettgewebe für eine bessere Wärmeisolation sorgt. Andere Faktoren, die den Grundumsatz sowohl bei Männern als auch bei Frauen ändern können, sind u. a. Alter und Geschlecht sowie die Körperproportionen, das ist das Verhältnis zwischen Körpergröße zu Körpergewicht.

Männer
4,2 kJ/kg/h oder 1 kcal/kg/h

Frauen
3,8 kJ/kg/h oder 0,9 kcal/kg/h

Für eine ungefähre Abschätzung des Grundumsatzes kann man die angeführten Faustformeln für Männer und Frauen verwenden. Sie berücksichtigen unter anderem das Geschlecht und Alter der Person.

Magergewicht.

Unter **Magergewicht** versteht man das Gewicht eines Menschen abzüglich seines Fettgewebes. Der durchschnittliche Fettanteil liegt bei Sportlern/Sportlerinnen bei ca. 10 %, bei Nichtsportlern/Nichtsportlerinnen bei ca. 15 bis 20 %. Bestimmen kann man diesen Wert über verschiedene Messverfahren wie z. B. über den elektrischen Widerstand bei einer Körperfettmesswaage oder über eine Hautfaltenmessung.

Leistungsumsatz

Der Leistungsumsatz ergibt sich aus dem Energiebedarf aller über den Grundumsatz hinausgehenden Leistungen. Dazu gehören vor allem Muskelaktivitäten und Arbeitsleistungen des Gehirns, denn nicht nur die Muskeln benötigen für ihre Arbeit Energie, sondern auch das Gehirn benötigt für konzentrierte geistige Tätigkeiten eine Menge an Energie. Ein weiterer Teil wird für die Wärmeregulation benötigt, wenn die Temperatur von der genormten Temperatur des Grundumsatzes von 20 °C abweicht. Auch den Leistungsumsatz kann man ungefähr abschätzen. Bei leichter Aktivität während des Tages liegt dieser bei 30 %, bei mittlerer Aktivität bei 40 bis 45 % und bei hoher Aktivität bei 70 bis 75 % des Grundumsatzes.

Männer
bei leichter körperlicher Tätigkeit 2200 – 2600 kcal

Frauen
bei leichter körperlicher Tätigkeit 1700 – 2200 kcal

Grundumsatz und Leistungsumsatz ergeben zusammen den gesamten Energiebedarf des Menschen. Die tägliche Nahrungsaufnahme sollte im Normalfall diesem tatsächlichen Energiebedarf angepasst sein. Nur in Fällen, in denen ein Mensch abnehmen möchte oder – wie oft im Sport – Muskelmasse aufbauen möchte, kann eine Abweichung erwünscht sein. Für den Gesamtenergiebedarf gibt es ungefähre Richtwerte, die einen einfachen Überblick über die Energiebilanz liefern sollen. Ist die Energiezufuhr höher als der Energiebedarf, lagert der Körper die überschüssige Energie auf lange Sicht in Form von Fettgewebe ab. An welchen Stellen Fettgewebe vom Körper angelegt wird, ist nicht beeinflussbar, genauso wenig kann man „Fettpölster" gezielt durch Training bekämpfen. Äußere Effekte treten in der Regel nur durch eine Straffung des Gewebes an diesen Stellen auf (z. B. durch Kraft- und Ausdauertraining).

Berechnung der Kalorienbilanz

Um die Kalorienbilanz etwas genauer abzuschätzen, werden nachfolgend zwei verschiedene Methoden zur Berechnung vorgestellt, am Beispiel eines Athleten und einer Athletin im Alter von 26 Jahren.

- Der Athlet hat eine Körpermasse von 74 kg und einen Körperfettanteil von 8 %.
- Die Athletin hat eine Körpermasse von 60 kg und einen Körperfettanteil von 12 %.

Beide absolvieren an diesem Tag das gleiche Training im submaximalen Bereich und nehmen das gleiche Essen zu sich.

1. Variante: Berechnung des Gesamtumsatzes nach der oben angeführten Faustformel für den Grundumsatz

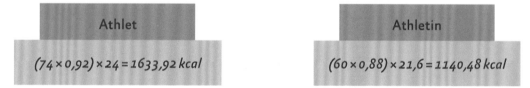

Athlet
(74 × 0,92) × 24 = 1633,92 kcal

Athletin
(60 × 0,88) × 21,6 = 1140,48 kcal

Für den Leistungsumsatz wird aufgrund des submaximalen Trainings von ca. 50 % des Grundumsatzes ausgegangen. Damit ergibt sich für die beiden folgende verbrauchte Energie an diesem Tag:

Athlet
GU: 1633,92 kcal
LU: 1633,92 × 0,5 = 816,96 kcal
Gesamt: 1633,92 + 816,96 = 2450,88 kcal

Athletin
GU: 1140,48 kcal
LU: 1140,88 × 0,5 = 570,44 kcal
Gesamt: 1140,88 + 570,44 = 1711,32 kcal

Beide, der Athlet und die Athletin, liegen im Bereich der Richtwerte für den Gesamtenergiebedarf. *(vgl. DGE 2015)*

2. Variante: Berechnung des Gesamtumsatzes mit Hilfe der sogenannten PAL-Faktoren
PAL steht für „Physical Activity Level" und ist ein Maß für die körperliche Tätigkeit während des Tages. Dieser Faktor nimmt einen Wert von 0,95 bis 2,4 an. Der untere Wert würde einer Person entsprechen, die den ganzen Tag schläft, der obere Wert, dem eines Hochleistungssportlers, der im vollen Training steht. Damit ergeben sich für den Gesamtumsatz bei der Annahme eines PAL-Faktors von 1,6 folgende Werte:

Athlet	Athletin
Gesamt: 1633,92 × 1,6 = 2614,27 kcal	*Gesamt: 1140,48 × 1,6 = 1824,76 kcal*
LU: Gesamt – GU = 2614,27 – 1633,92 = 980 kcal	*LU: Gesamt – GU = 1824,76 – 1140,48 = 684,2 kcal*

Um nun eine Kalorienbilanz aufzustellen, muss noch der Energiewert der aufgenommenen Nahrung ermittelt werden. In der Tabelle sind alle Mahlzeiten, die für das Beispiel gebraucht werden, aufgelistet. Die Energieangaben sind der Verpackung entnommen oder wurden aus Kalorientabellen ermittelt. Von dem hier angegebenen Gesamtwert von 2137 kcal (siehe Tabelle rechts) muss noch ein mittlerer Verlust von 10 % abgezogen werden. Dieser ergibt sich, wie bereits erwähnt, aus dem Ab- und Umbau der Nährstoffe während der Verdauung. Die berechnete Kalorienbilanz für den Athleten bzw. die Athletin beträgt:

M: 1923,3 – 2614,27 = –690,97 kcal
F: 1923,3 – 1642,84 = 281,02 kcal

Der Athlet hat eine negative Kalorienbilanz, die Athletin eine positive Kalorienbilanz. Bei gleichem Training und gleicher Ernährung würde der Athlet auf längere Sicht mit einer Unterversorgung kämpfen, die Athletin hingegen die überschüssige Energie in Fettdepots speichern. Grund dafür ist der evolutionäre Unterschied zwischen Frau und Mann.

Mahlzeit	Art	Energie [kcal]
Frühstück	Müsli mit Magermilch	498
	Kräutertee	2
	1 Scheibe Brot mit Wurst	160
Vormittag	Banane	98
	Nüsse (ca. 20 g)	131
	Wasser mit Sportpulver	150
Mittag	Gemüse	99
	Reis	126
	Putenbrust	160
	Salat mit Dressing	115
Nachmittag	Latte Macchiato	60
	Schoko-Pudding	110
Abend	Tomaten mit Mozzarella	375
	Balsamico-Dressing	150
	Früchtetee	3
	Gesamt	2137

3.1.2 Nährstoffbilanz

Nicht nur die quantitative Menge an Essen und die darin enthaltene Energie sind wichtig für die richtige Ernährung eines Sportlers/einer Sportlerin, sondern auch die Zusammensetzung der verschiedenen Nährstoffe spielt eine große Rolle. Bei einer ausgewogenen Ernährung beträgt das Verhältnis zwischen Kohlenhydraten, Fetten und Eiweiß ca. 60 % : 25 % : 15 %. Dieses Verhältnis sollte aber je nach Sportart etwas von der Norm abweichen. Ein Kraftsportler/Eine Kraftsportlerin benötigt für den Aufbau der Muskeln eine erhöhte Eiweißzufuhr, ein Ausdauersportler/eine Ausdauersportlerin benötigt hingegen vermehrt Kohlenhydrate. Bei den Ausdauersportarten ist der Bedarf an Eiweißen ebenfalls leicht erhöht. Der Grund liegt hauptsächlich im Verschleiß der **kontraktilen** Elemente des Muskels.

Um eine optimale Anpassung des Körpers an das Training zu erreichen, ist es notwendig, dass die verbrauchte Energie sehr rasch nach dem Training oder sogar während des Trainings aufgefüllt wird.

Untersuchungen zeigen sogar, dass die Einnahme von essentiellen Aminosäuren während eines Krafttrainings zu einer erhöhten Muskelzunahme und zu einer Verbesserung der Blutwerte, infolge eines Anstiegs der roten Blutkörperchen, führt. Essentielle Aminosäuren kann der Körper selbst nicht herstellen. Die Einnahme von verzweigt-kettigen Aminosäuren vor dem Training führt bei einem intensiven Krafttraining sogar zu einer Verminderung der Muskelkatersymptome.

Verzweigt-kettige essentielle Aminosäuren

Isoleucin
liefert dem Nervensystem Botenstoffe und ist beteiligt am Muskelaufbau.

Erbsen, Linsen, Rindfleisch, Hühnerfleisch, Erdnüsse, Garnelen und Käse

Valin
reguliert den Blutzuckerspiegel und transportiert Botenstoffe zum Gehirn.

Dinkelmehl, Haferflocken, Thunfisch, Hefe, Eier, Käse und Hühnerfleisch

Leucin
reguliert den Energiehaushalt im Muskel und hemmt den Muskelabbau.

Milch, Vollkornweizen, Walnüsse, Lachs, Rindfleisch, Hühnerfleisch und Reis

Auf keinen Fall sollte es während oder nach dem Training zu einem Mangel an bereitgestellter Energie für den Körper kommen, genauso wenig sollte es grobe Abweichungen vom Nährstoffverhältnis geben. Beides kann zu einem Abfall der Leistung oder sogar zu einem Übertraining führen, da der Körper die fehlende Energie nicht mehr vollständig auffüllen kann.

Bei Ausdauer- und Spielsportarten spielt die richtige Ernährung eine wichtige Rolle, um Höchstleistungen erbringen zu können. Erfolgt bei diesen Sportlern/Sportlerinnen in Ruhe die Energiebereitstellung zu jeweils 50 % über Kohlenhydrate und zu 50 % über Fette, so ändert sich dies mit ansteigender Belastung in Richtung der Energiebereitstellung durch Kohlenhydrate. Das ist auch daran zu erkennen, dass die Größe der im Muskel vorhandenen **Glykogenspeicher** direkt mit der Ausdauerleistungsfähigkeit zusammenhängt. Sportler/Sportlerinnen mit einem höheren Glykogenspeicher legen insgesamt eine längere Gesamtlaufstrecke zurück, z. B. während eines Spieles, und machen auch mehr intensive Einsätze, vor allem im späteren Spielverlauf.

Im Hochleistungssport wird täglich intensiv und lange trainiert. Hier muss besonders auf eine ausreichende Wiederherstellung der verbrauchten Glykogenreserven geachtet werden. Sollen die Reserven über Nacht wieder aufgefüllt werden, kann das nur durch eine Ernährung mit hohem Kohlenhydratanteil ermöglicht werden. Der Anteil muss bei sehr intensiven Phasen des Trainings oder einer längeren Wettkampfphase auf bis zu 75 % ansteigen.

3.1.3 Mineralstoffwechselbilanz

Mineralstoffe spielen eine wichtige Rolle beim Aufbau des Körpers und übernehmen unterschiedliche Funktionen im Bereich des aktiven Bewegungsapparates. Werden Mineralstoffe durch sportliche Tätigkeiten verbraucht, muss der Körper sie über die Nahrung wieder aufnehmen. Bei einem Mineralstoffmangel tritt eine Verschlechterung der Funktionsfähigkeit des Organismus auf und damit ein Abfall der sportlichen Leistungsfähigkeit. Die folgende Graphik gibt einen Überblick über einige wichtige Mineralstoffe.

Calcium

Calcium ist zum größten Teil in den Knochen gebunden und sorgt dort für Stabilität und Festigkeit. Calcium ist auch innerhalb der Muskel- und Nervenzellen entscheidend für die Erregung der Zellen. Es kommt in sehr großen Mengen in allen Milchprodukten vor.

Natrium

Genau wie Calcium steuert Natrium die Erregung der Nerven- und Muskelzellen. 90 % des im menschlichen Körper vorkommenden Natriums sind als extrazelluläres **Elektrolyt** vorhanden und steuern den Flüssigkeitshaushalt. Bei langen, intensiven Ausdauerbelastungen können durch zu hohen Natriumverlust Störungen in der Muskelkontraktion auftreten. Die Folge sind Muskelschwäche oder Muskelkrämpfe. Auch im Wasser- und Elektrolythaushalt treten bei intensiven Ausdauerbelastungen Störungen auf. Natrium kommt in gebundener Form im Speisesalz sowie in Fleisch und Käse vor.

Magnesium

Magnesium dient im Körper bei vielen Enzymen als **Koenzym** und greift steuernd in den Kohlenhydrat-, Eiweiß- und Fettstoffwechsel ein. Auch bei der synaptischen Erregungsübertragung und der Muskelkontraktion spielt es eine wesentliche Rolle. Ein Mangel führt zu einem Abfall der Leistungsfähigkeit sowie zu Muskelkrämpfen. Magnesium befindet sich in Bananen, Vollkorngebäck, ungeschältem Reis, Hülsenfrüchten, Sonnenblumenkernen und Fleisch.

Jod

Jod dient zur Steuerung der Schilddrüsenfunktion und führt bei einem chronischen Mangel zu einer Hypertrophie der Schilddrüse. Dadurch entsteht eine Überproduktion von Schilddrüsenhormonen, die zu einigen Krankheitssymptomen wie z. B. verstärkter Schweißproduktion, rasendem Herzschlag, Nervosität und Zittern führen kann. Jod kann über ein spezielles Speisesalz aufgenommen werden. Es befindet sich in größeren Mengen in Fischen und Eiern.

Eisen

Eisen spielt eine wesentliche Rolle in der Neubildung der roten Blutkörperchen und ist daher auch für den Sauerstofftransport im menschlichen Organismus lebensnotwendig. Der Bedarf an Eisen ist bei Jugendlichen aufgrund ihrer Entwicklungsphase und bei Sportlern/Sportlerinnen stark erhöht. Rotes Fleisch (z. B. Innereien) enthält sehr viel Eisen, genauso wie Hühnerfleisch, Hirse, Sojabohnen und Weizenkleie.

Funktion	Tagesbedarf	Bestandteil von
Knochen Zähne Nervensystem	Calcium ca. 1000 mg	Joghurt Käse Milch
Muskel Nervensystem Flüssigkeitshaushalt	Natrium ca. 1000 mg	Salz (NaCl) Fleisch Käse
Nerven Enzyme Muskelaktivität	Magnesium ca. 350 mg	Fleisch Bananen Gebäck
Aufbau und Regulation der Schildrüsenhormone	Jod ca. 0,2 mg	Jodsalz Fisch Ei
Blutbildung Sauerstofftransport in den Zellen	Eisen ca. 15 mg	Weizenkleie Rotes Fleisch Hühnerfleisch

3.1.4 Vitaminbilanz

Der Körper kann Vitamine nicht selbst herstellen, deshalb müssen sie über die Nahrung aufgenommen werden. Sie sind in vielen Lebensmitteln enthalten, aus diesem Grund kommt es heutzutage kaum noch zu Mangelerscheinungen. Vitamine sind maßgeblich an Wachstumsprozessen beteiligt. Durch Sport erhöht sich der Bedarf an Vitaminen sehr stark. Besonders hoch steigt er in intensiven Trainingsperioden und bei sehr kohlenhydratreicher Ernährung. Es gibt **wasserlösliche Vitamine,** die im Körper nur in geringen Mengen gespeichert werden können. Zu diesen zählen die Vitamine **B, C und H.** Bei einem Mangel an diesen Vitaminen sinkt die sportliche Leistungsfähigkeit, bei einem Überschuss werden diese über den Schweiß und Urin wieder aus dem Körper ausgeschieden. Die **fettlöslichen Vitamine A, D, E, K und Q** können vom Körper nur absorbiert werden, wenn gleichzeitig auch fetthaltige Nahrung aufgenommen wird. Sie werden bei Überschuss im Körperfett gespeichert.

Durch einen Überschuss an Vitaminen kann die sportliche Leistung nicht gesteigert werden. Im Gegenteil: Durch zu hohe Mengen an fettlöslichen Vitaminen kann es zu Vergiftungserscheinungen kommen, die zu Kopfschmerzen, Haut- und Knochenveränderungen und zu einer Vergrößerung der Leber führen können. Ein Vitaminmangel hingegen kann zu einem Leistungsabfall führen, deshalb ist eine richtige Dosierung enorm wichtig. Ernährungsexperten/Ernährungsexpertinnen raten aus diesen Gründen von einer Supplementierung (Auffüllung über Nahrungsergänzungsmittel) ab und empfehlen eine vernünftige und abwechslungsreiche Ernährung. Da Sportler/Sportlerinnen generell mehr essen, sollte eine ausreichende Aufnahme von Vitaminen ohnehin gewährleistet sein.

Nur bei sehr intensivem Kraft- oder Ausdauertraining kann eine nicht natürliche Ergänzung sinnvoll sein. Vitamine der Gruppe B spielen bei Kraftsportlern/Kraftsportlerinnen eine große Rolle, da sie an der Energiebereitstellung und der Zellerneuerung beteiligt sind. Eine Unterversorgung würde zu einer schlechteren Regenerationsfähigkeit und geringeren Immunabwehr führen. Vitamin C bindet freie Radikale im Körper und schützt damit die Zellen. Ihnen wird generell eine vorbeugende Wirkung gegen Krebs und viele weitere Erkrankungen zugeschrieben.

3.1.5 Flüssigkeits- und Elektrolytbilanz

Der menschliche Körper besteht zu 50 bis 70 % aus Wasser. Der Anteil ist abhängig von der Menge an Fettgewebe im Körper. Je höher der Fettanteil ist, desto geringer ist der Wasseranteil. Aufgenommen wird Wasser über Getränke, es entsteht aber auch im Körper bei der Verbrennung von Nahrung. Der Abtransport des Wassers aus dem Körper erfolgt zum großen Teil über Urin, Schweiß und über die Atmung. Im Körper erfüllt das Wasser mehrere wichtige Aufgaben. Wasser spielt eine wichtige Rolle bei der Regelung der Körpertemperatur. Durch die Bildung von Schweißtropfen an der Hautoberfläche wird die Wärme aus dem Körperinneren schneller an die Umwelt abgeführt. Wasser transportiert aber auch Stoffwechselprodukte aus dem Körper.

Sind im Wasser Elektrolyte gebunden, so wird es leitfähig, d. h., es kann elektrischen Strom leiten. Die ausgewogene Verteilung dieser Stoffe im Körper, deren Gleichgewicht sehr empfindlich ist, nennt man Elektrolythaushalt. (siehe Tabelle auf der folgenden Seite) Elektrolyte sind Stoffe mit einer positiven oder negativen Ladung, sie werden auch Ionen genannt. Herrscht innerhalb der Zelle eine andere Ionenkonzentration als außerhalb der Zelle, so liegt an der dazwischenliegenden Zellmembran eine Spannung an. Durch einen aktiven oder passiven Ionentransport durch die Zellmembran kann diese Spannung geändert werden. Diese Änderungen ermöglichen die Steuerung aller Prozesse, die auf zellulärer Ebene stattfinden. Ähnliche Prozesse finden auch bei der Weiterleitung von Nervensignalen statt. Über den gesamten Körper gesehen hebt sich die Ladung aller positiv geladenen Ionen mit der Ladung der negativ geladenen Ionen auf. Verschiebt sich dieses Gleichgewicht in eine Richtung, gleicht der Körper dieses Ungleichgewicht relativ schnell aus.

Elektrolyt	Schweiß [mg/l]	Absorption	Getränk [mg/l]
Natrium	400–1200	100 %	400–800
Kalium	200–1200	100 %	225
Kalzium	15–70	30 %	225
Magnesium	5–35	35 %	100

Der normale Wasserbedarf eines Erwachsenen liegt bei ca. 2 Liter pro Tag. Durch längere sportliche Aktivitäten steigt dieser Bedarf an und muss durch eine erhöhte Flüssigkeitszufuhr ausgeglichen werden. Ist das nicht der Fall, kommt es zu einer Dehydrierung des Körpers und damit letztendlich zu einer Verschlechterung der sportlichen Leistung. Die Einnahme von reinem Wasser während der intensiven Belastung kann diesen Effekt zwar verbessern, jedoch nicht aufheben, da die Absorption des Wassers ein passiver Prozess ist, der sehr langsam stattfindet. **Glykose** und Natrium werden hingegen aktiv aufgenommen. Da diese Stoffe Wasser binden, erhöhen sie die Aufnahmegeschwindigkeit. Beinhaltet aber ein Getränk zu viele Nährstoffe und Mineralien, so tritt ein gegenteiliger Effekt auf. Herkömmliche zuckerhaltige Getränke sind daher nicht für einen Ausgleich geeignet. Um optimal auf die Flüssigkeits- und Energieversorgung wirken zu können, sollte der Kohlenhydratgehalt eines Getränkes nicht mehr als 80 g pro Liter betragen.

Reines Wasser kann die Leistungsfähigkeit und Regeneration verbessern, aber nur wenn auch genügend Zeit für die Aufnahme vorhanden ist. Bei intensiven Belastungen über längere Zeit ist ein ausgewogenes Sportgetränk die effektivste Art der Wasser-, Energie-, Substrat- und Elektrolytversorgung. Die meisten isotonischen Getränke weisen einen zweckmäßigen Kohlenhydratgehalt auf und haben eine sehr gute Elektrolytzusammensetzung. Sie enthalten aber auch eine Vielzahl von unnötigen Zusätzen, die das Getränk zwar teuer macht, aber deswegen noch lange nicht besser und verträglicher.

Bereitet man seine Sportgetränke selbst zu, ist auf eine ausgewogene Zusammensetzung zu achten.

Zubereitung von zweckmäßigen Sportgetränken

Rezept 1	*Rezept 2*	*Rezept 3*
120 g Maltodextrin (Apotheke) in 1 l Wasser lösen. *1–2 g NaCl (Speisesalz) zusetzen.*	*500 ml Fruchtmolke je nach Zuckergehalt mit Wasser verdünnen und je nach Natriumgehalt noch Kochsalz auf 1 g zusetzen.*	*2–4 Suppenwürfel in 1 l Wasser auflösen.* *60 g Maltodextrin (Apotheke) zugeben.* *Das Getränk kann warm oder kalt getrunken werden.*

(vgl. z. B. www.dr-moosburger.at)

GET ACTIVE 5

Im Internet gibt es viele verschiedene Rechner für die Erstellung einer Kalorienbilanz. In der abgebildeten Graphik sieht man die Ergebnisse eines Rechners der Universität Hohenheim mit Daten einer unbekannten Person. Reflektieren Sie das Ergebnis des Rechners mit Hilfe Ihrer Kenntnisse über Energiebilanzen. Berechnen Sie mit Hilfe dieses Rechners den täglichen Energiebedarf mit den unten eingegebenen Daten in kJ und kcal. Dieser Rechner liefert auch eine Gewichtsanalyse, die hier nicht sichtbar ist. Erstellen Sie eine Gewichtsanalyse dieser Person.

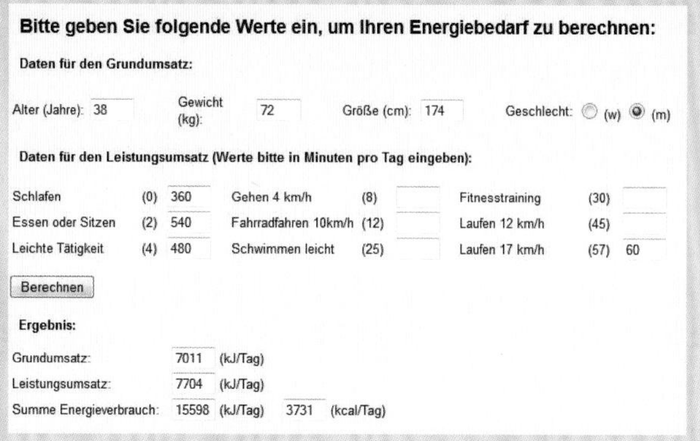
Bitte geben Sie folgende Werte ein, um Ihren Energiebedarf zu berechnen:

Daten für den Grundumsatz:

Alter (Jahre): 38 Gewicht (kg): 72 Größe (cm): 174 Geschlecht: (w) (m)

Daten für den Leistungsumsatz (Werte bitte in Minuten pro Tag eingeben):

Schlafen	(0)	360	Gehen 4 km/h	(8)		Fitnesstraining	(30)	
Essen oder Sitzen	(2)	540	Fahrradfahren 10km/h	(12)		Laufen 12 km/h	(45)	
Leichte Tätigkeit	(4)	480	Schwimmen leicht	(25)		Laufen 17 km/h	(57)	60

Berechnen

Ergebnis:

Grundumsatz:	7011	(kJ/Tag)		
Leistungsumsatz:	7704	(kJ/Tag)		
Summe Energieverbrauch:	15598	(kJ/Tag)	3731	(kcal/Tag)

https://www.uni-hohenheim.de/wwwin140/info/interaktives/energiebed.htm (20. April 2018)

THEORIE → PRAXIS

In Österreich ist die Anzahl an Veganern/Veganerinnen mittlerweile auf 6 % der Bevölkerung angewachsen. Dies führt immer wieder zu Diskussionen über die sportliche Leistungsfähigkeit von Veganern/Veganerinnen. Vor allem in Ausdauersportarten steigt die Zahl besonders stark an, da durch die damit verbundene Gewichtsreduktion ein sportlicher Vorteil erzielt werden kann. Es kann allerdings zu Problemen mit der Eiweißversorgung kommen. Eiweiße sind in der veganen Ernährung in geringerer Menge vorhanden. Das kann nur durch eine Erhöhung der Nahrungsmenge ausgeglichen werden. Der Körper muss diese erhöhte Nahrungsmenge mit erhöhtem Energieaufwand verdauen. Diese Energie fehlt im Training. Dass Veganer/Veganerinnen aber durchaus erfolgreich sein können, zeigen die beiden hier angeführten Beispiele:

Der Armenier Patrik Baboumian wurde 2011 zum stärksten Mann der Welt gewählt. Zudem holte sich der vegane Kraftsportler mehrere Weltrekorde im Strongman. Die vegane Höhenbergsteigerin Gerlinde Kaltenbrunner bestieg als erste Frau alle 14 Achttausender-Berge im Himalaya ohne zusätzlichen Sauerstoff.

vgl. https://ich-lebe-vegan.de/veganes-leben-im-alltag-ueberblick/veganismus-und-sport/dl (8. Juli 2019)

3.2 Nahrungsergänzung und Nahrungsabdeckung

Nahrungsergänzungsmittel, kurz NEM, werden in mehrere Gruppen unterteilt. Neben verschiedenen Energie-, Kohlenhydrat- und Proteinkonzentraten gibt es auch unterschiedliche Sportgetränke und Mikronährstoffpräparate. In den meisten Fällen ist ihre Wirkung wissenschaftlich nicht nachgewiesen. Sogar im Hochleistungssport ist die Ergänzung mit NEM nur in ganz speziellen Fällen sinnvoll. Ohne die begleitende Kontrolle von Experten/Expertinnen sollte daher darauf vollständig verzichtet werden.

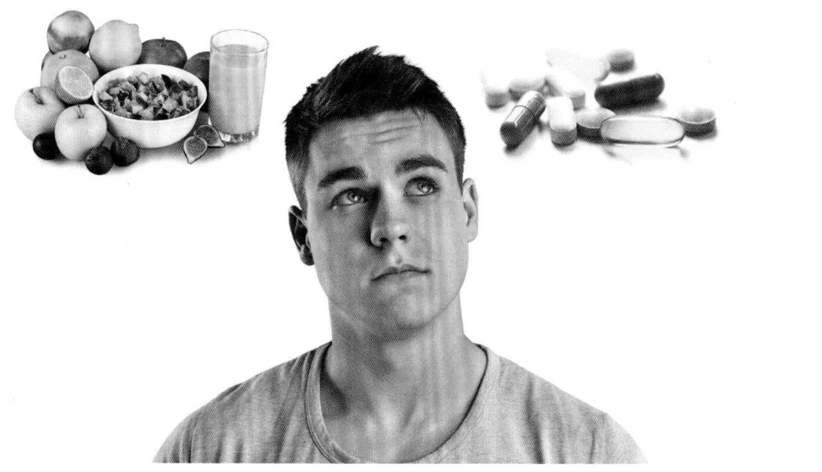

3.2.1 Nahrungsergänzungsmittel

Energiekonzentrate

Die in Riegel oder in Pulverform sehr kohlenhydrathaltigen NEM sind nur bei einem sehr hohen täglichen Energiebedarf sinnvoll. Kann der hohe Energiebedarf über die normale Ernährung nicht mehr abgedeckt werden, wie es z. B. bei Triathleten eines Ironman der Fall ist, dienen Energiekonzentrate zur raschen Auffüllung der Kohlenhydratspeicher.

Proteinkonzentrate

Diese Konzentrate werden wie oben besprochen bei sehr intensivem Kraft- oder Ausdauersport benötigt. Sie dienen dem schnelleren Muskelaufbau oder der besseren Regeneration der kontraktilen Einheiten des Muskels. Der Bedarf kann aber durch eine speziell abgestimmte Ernährung genauso abgedeckt werden. Eine zu hohe Dosis dieser NEM führt zu einer starken Belastung der Nieren, daher sollte für die Ausschwemmung die doppelte Menge getrunken werden. Da auch Proteine gute Energielieferanten sind, besteht die Gefahr einer übermäßigen Energiezufuhr, die sich in Form von Fettpölstern bemerkbar machen kann.

Mikronährstoffpräparate

Die meist in Tablettenform verkauften NEM helfen vor allem einen nachgewiesenen Mangel zu beheben. Speziell bei Langstreckenläuferinnen, die kein rotes Fleisch essen oder stärkere Regelblutungen haben, tritt sehr oft ein Eisenmangel auf. Im Normalfall deckt aber eine ausgewogene Vollwertkost den erhöhten Bedarf ab.

Von den vielen leistungssteigernden Präparaten auf dem Markt hat nur Kreatin einen nachgewiesenen Effekt auf die Leistung. Es verzögert die Muskelermüdung bei Kraftsportlern/Kraftsportlerinnen, die dadurch mehr Wiederholungen schaffen. Für alle anderen Sportarten hat auch Kreatin keine nützliche Auswirkung.

3.2.2 Wichtige Nahrungsmittel für Sportler/Sportlerinnen

Getreide

Alle Getreideprodukte, wie Brot, Nudeln und Haferflocken enthalten eine große Menge an Kohlenhydraten. Da die Nahrungmittel sehr viele langkettige Kohlenhydrate – Polysaccharide – enthalten, sind sie einer der Hauptlieferanten für die während des Sports benötigte Energie. Nach dem Sport sorgen diese Kohlenhydrate für eine schnellere Regeneration der Muskeln durch die rasche Auffüllung des Kohlenhydratspeichers.

Eier

Eier sind eine der wichtigsten Eiweißquellen in der Ernährung und liefern unter anderem eine große Menge an Vitaminen und Mineralstoffen. Eier besitzen eine sehr hohe biologische Wertigkeit. Die biologische Wertigkeit gibt an, wie effizient Nahrungsproteine in körpereigene Proteine umgewandelt werden können. Oft werden Eier mit einem erhöhten Cholesterinspiegel in Verbindung gebracht, was nicht richtig ist, da Nahrungscholesterin wenig Einfluss auf den Cholesterinspiegel des Menschen hat.

Milch und Milchprodukte

Milch und Milchprodukte wie Käse sind eine wichtige Quelle für Eiweiß und gehören unter anderem zu den wichtigsten Kalziumquellen. Sie wirken sich positiv auf den Erhalt und Aufbau von Muskeln und Knochen aus.

Rotes Fleisch und Fisch

Rotes Fleisch dient als hervorragende Energie- und Eiweißquelle und als guter Vitamin- und Eisenspender. Es fördert den Muskelaufbau und verbessert den Sauerstofftransport im Blut genauso wie die Wiederauffüllung der Kohlenhydratspeicher nach dem Sport. Mageres rotes Fleisch hat gleich viel Cholesterin wie weißes Fleisch, z. B. Hühnerfleisch, es liefert aber wesentlich mehr gut verwertbares Eisen.
Fisch stellt neben sehr viel Eiweiß auch sehr viele ungesättigte Omega-3-Fettsäuren zur Verfügung. Dadurch werden Sauerstoff und Nährstoffe schneller zur Zelle befördert. Auch als Vitamin- und Mineralstoffquelle ist Fisch nicht zu unterschätzen.

Kartoffeln

Durch ihre langkettigen Kohlenhydrate sind Kartoffeln zur Energieabdeckung bei längeren sportlichen Belastungen ideal geeignet. Sie enthalten viel Vitamin C. Die große Menge an Magnesium und Kalium ist für die Ansteuerung zwischen Nerven und Muskeln wichtig. Der hohe Nährwert bei geringem Kaloriengehalt macht Kartoffeln zu einer geeigneten Nahrungsquelle für Sportler/Sportlerinnen.

Obst und Gemüse

Sie sind wichtige Vitamin- und Mineralstoffquellen und stärken dadurch das von Sportlern/Sportlerinnen stark belastete Immunsystem. Die enthaltenen Mikronährstoffe sind wichtige Radikalfänger. Es wird empfohlen, ca. 5 faustgroße Portionen Obst pro Tag zu sich zu nehmen.

Hülsenfrüchte

Hülsenfrüchte wie Bohnen und Erbsen gehören in jeden Ernährungsplan eines Sportlers/einer Sportlerin. Ihre Nährstoffe decken eine breite Palette an Vitaminen und Mineralstoffen ab und sind eine wichtige Energie- und Eiweißquelle.

Nüsse

Walnüsse und Haselnüsse gelten als Sportlernahrung, da sie sehr viel Energie liefern. Sie sind eine wichtige Quelle für Eiweiß, Fett und sehr viele ungesättigte Omega-3-Fettsäuren.

In der anschließenden Tabelle sind zwölf wichtige Lebensmittel für eine sportgerechte Ernährung zusammengefasst. Sie liefert die wichtigsten Daten der in diesem Kapitel besprochenen Bilanzen. Angegeben sind die gespeicherte Energie, die Aufteilung der Nährstoffe, der Wassergehalt und der Gehalt an Vitaminen, Mineralstoffen und Spurenelementen.

Nahrungsmittel	je 100 g		KH	Fett	EW	Wasser	Vitamine >10 % Tagesbedarf	Mineralstoffe [mg]			Spurenelemente [mg]	
	[kcal]	[kJ]	[g]	[g]	[g]	[g]		Ca	Na	Mg	I	Fe
Getreide	313	1310	60,97	2	11,73	13,03	B1, B3, B5, B6, E, K	38	8	128	0,002	3,31
Eier	154	653	0,7	11,16	12,86	73,85	A, B5, B7, B12, D, E, K	56	201	10	0,001	1,57
Milch	36	151	5	0,1	3,5	90,43	B2, B12	120	50	12	0,007	0,06
Rotes Fleisch	121	508	0	4	21,2	73,65	B3, B5, B6, B12, K	3	42	22	0,0001	2,3
Lachs	139	543	0	4,1	23	71,73	B3, B5, B6, B12, D	24	76	32	0,025	0,78
Kartoffel	69	287	14,23	0,10	1,96	80,09	B1, B6, C, K	6	2	18	0,004	0,39
Apfel	52	217	11,43	0,4	0,34	85,07	C	7	3	6	0,002	0,48
Banane	95	398	21,39	0,18	1,15	73,81	B6, C, K	9	1	36	0,002	0,55
Karotten	26	108	4,8	0,2	0,98	89,27	A, K	41	60	18	0,015	2,1
Bohnen	263	1101	39,82	1,6	21,3	11,6	B1, B2, B3, B5, B6, B7, B9, K	113	4	140	0,0006	6,17
Erbsen	82	342	12,3	0,48	6,55	74,47	B1, B2, B3, B5, C, K	24	2	33	0,004	1,84
Erdnüsse	561	2350	8,29	48,1	25,25	5,21	B1, B3, B5, B6, B7, B9, E	40	11	160	0,013	1,82

RP-TRAINING 3

Anforderungsniveau 1

1. Fassen Sie die wichtigsten Effekte, die durch eine sportgerechte Ernährung entstehen, zusammen.
2. Nennen Sie wichtige Nahrungsmittel, die für das Gleichgewicht der einzelnen Energiebilanzen des menschlichen Körpers notwendig sind.
3. Beschreiben Sie die Bedeutung von Nahrungsergänzungsmitteln als Zusatz zur sportgerechten Ernährung.

Anforderungsniveau 2

1. Bestimmen Sie Ihre Kalorienbilanz eines beliebigen Tages dieser Woche und erläutern Sie die Bedeutung dieser Bilanz für Ihre sportlichen Aktivitäten.
2. Analysieren Sie Ihre eigenen Essgewohnheiten im Hinblick auf Ausgewogenheit der einzelnen Energiebilanzen.

Anforderungsniveau 3

1. Versetzen Sie sich in die Lage eines Trainers/einer Trainerin eines Fitnessstudios, der/die vor folgender Situation steht: Eine junge Frau, deren Ziel es ist abzunehmen, möchte eine Beratung im Zusammenhang mit Sport und Ernährung. Sie ist 32 Jahre alt und hat zehn Kilogramm Übergewicht. Entwickeln Sie einen Beratungsplan mit den wesentlichen Punkten.
2. Entwickeln Sie einen sportgerechten Ernährungsplan für einen Hochleistungssportler, der sich in der Vorbereitung zu einem Ironman-Wettkampf befindet.

4 Unerwünschte Auswirkungen von Bewegung und Sport: Funktionseinschränkungen / Sportverletzungen und Therapieansätze

In Österreich verletzen sich jährlich bis zu 200 000 Menschen beim Freizeitsport. Folgende Sportarten waren nach Angaben des Kuratoriums für Verkehrssicherheit im Jahr 2016 Hauptursache für Verletzungen: Fußball, Skifahren/Snowboarden, Mannschaftssport mit Ball, Radfahren/Mountainbiken und Wandern/Klettern/Abenteuersportarten. Die steigende Zahl an Freizeitsportlern/-sportlerinnen und der Trend zu Modesportarten mit erhöhtem Verletzungsrisiko bzw. die vermehrte Risikobereitschaft der Sportler/Sportlerinnen lassen die Anzahl der Verletzungen steigen. Aber auch mangelnde Kenntnisse der Sporttechnik oder Missachtung von Vorsichtsmaßnahmen führen zu einem Anstieg der Unfälle.
In der Liste der Sportverletzungen stehen Prellungen und Verstauchungen an erster Stelle, gefolgt von Knochenbrüchen, Verletzungen von Sehnen, Bändern und Muskeln. Seltener sind Zahnverletzungen oder Schädigungen von Nerven und Gehirn.

In diesem Abschnitt werden die Funktionsweise der Strukturen der betroffenen Körperregionen und die häufigsten Verletzungsmechanismen sowie die **Pathophysiologie** erklärt. Außerdem werden Erste-Hilfe-Maßnahmen beschrieben und ein Überblick über die konservativen (nicht operativen) Therapiemöglichkeiten bzw. die operative Versorgung geboten. Es soll auch ein Grundverständnis über die Rehabilitation nach Verletzungen und die Rückkehr in den Sport geschaffen werden.

GET ACTIVE 6

Schreiben Sie zwei Verletzungen (oder Verletzungsmuster) auf, die in Ihrer/in einer Sportart häufig passieren. Recherchieren Sie, welche Ursachen/Gründe es für diese Verletzungen geben könnte? Welche Erste-Hilfe-Maßnahmen werden empfohlen?

Informieren Sie anschließend einen Mitschüler/eine Mitschülerin über Ihre Ergebnisse.

Sportart	Verletzung	Verletzungsmechanismen	Erste-Hilfe-Maßnahmen

4.1 Erste Hilfe bei Sportverletzungen

Im Vergleich zu Gefahren im Straßenverkehr sind Sportunfälle mit Todesfolge trotz der hohen Zahl an Sporttreibenden sehr gering. Anders verhält es sich mit den vielen Verletzungen, die nicht mit dem Tod enden. Dort liegt der Sport hinter den Unfällen am Arbeitsplatz an zweiter Stelle, weit vor den Unfällen im Straßenverkehr. Die Wahrscheinlichkeit, dass ein Sportler/eine Sportlerin, ob in einer aktiven oder passiven Rolle, an einem Sportunfall beteiligt ist, ist sehr hoch. Aus diesem Grund sind grundlegende Kenntnisse der Ersten Hilfe bei Sportunfällen sehr wichtig.

Häufige Verletzungen im Sport (vgl. GEO WISSEN 04/07)

Die abgebildete Graphik zeigt die häufigsten Verletzungen im Sport. Die Zahl der Verletzungen an den Extremitäten ist enorm hoch. Das liegt an der hohen Beweglichkeit der Gelenke in den Extremitäten. Dadurch ist der passive Bewegungsapparat weniger gut geschützt, was zu einer höheren Verletzungsgefahr führt.

Sportverletzungen werden häufig durch äußere Einflüsse hervorgerufen, sind aber sehr oft auch Folge von eigenem Fehlverhalten. Das Training ist so zu gestalten, dass es nicht zu Überlastungserscheinungen kommen kann. Nach Erkrankungen oder Schwächungen des Körpers ist der Sportler/die Sportlerin nicht zu hundert Prozent leistungsfähig und daher sehr anfällig für Verletzungen. Eine entsprechende Ausrüstung, richtiges Aufwärmen sowie eine optimale Versorgung mit Nährstoffen durch die Ernährung können Verletzungen vorbeugen.

4.1.1 Die PECH-Regel

Bei den meisten akuten Sportverletzungen (z. B. Prellungen, Stauchungen, Muskel-/Sehnenverletzungen) kann die sehr einfach zu merkende PECH-Regel angewendet werden. Sie ist in den ersten Minuten nach einem Unfall entscheidend, um die Folgen für den Sportler/die Sportlerin möglichst gering zu halten. Sie besteht aus folgenden Grundregeln:

P = PAUSE

Unter Pause versteht man einen sofortigen Abbruch der sportlichen Aktivität. Dies ist dringend erforderlich, auch wenn die Auswirkungen einer Verletzung gering erscheinen. Die verletzte Körperstelle wird ruhiggestellt und nicht mehr unnötig bewegt, um innere Blutungen und Schwellungen zu verhindern, die die Verletzungen verschlimmern würden.

E = Eis

Ist die verletzte Stelle ruhiggestellt, wird sie mit Eis gekühlt. Eis oder Kühlpackungen dürfen jedoch nie direkten Kontakt mit der Haut haben! Wenn kein Eis zur Verfügung steht, kann man auch fließendes kaltes Wasser oder kalte Umschläge verwenden. Das Eis führt zu einer Verengung der Blutgefäße und damit zu einer Verringerung der Durchblutung und Schwellung an der verletzten Stelle. Zusätzlich verringern sich eventuelle Blutungen und ein weiteres Anschwellen der Körperstelle wird verhindert.

C = Compression

Im nächsten Schritt wird ein Druckverband angelegt. Unter mäßigem Druck wird das verletzte Gewebe zusammengedrückt, was zu einer weiteren Reduzierung von Einblutungen führt. Während der Kompression ist auf eine andauernde Kühlung zu achten.

Pause
Eis
Compression
Hochlagern

H = Hochlagerung

Die verletze Region wird in eine erhöhte Lage gebracht. Liegt die Region höher als das Herz, kann das Blut aus dieser Region auf venösem Weg zum Herzen fließen. Dies verringert die Schwellung und den damit verbundenen Schmerz für den Sportler/die Sportlerin. Gleichzeitig dient diese Maßnahme zur Bekämpfung eines eventuellen Schockzustandes, der unter Umständen lebensgefährlich werden kann.

Die PECH-Regel stellt nur eine Erstmaßnahme dar. Sie lindert die Symptome der Verletzung, kann aber keine Heilung bewirken. Die genaue Diagnose der Verletzung durch einen Arzt/eine Ärztin und eine angemessene Therapie sind dringend anzuraten. Bei offenen Wunden und Krämpfen darf die PECH-Regel nicht angewandt werden!

THEORIE ······➡ PRAXIS

Die PECH-Regel ist sportwissenschaftlich nicht unumstritten, da ein Kühlen die Regenerationsfähigkeit verringert und das Verletzungsrisiko erhöht. Bei längerem Kühlen wird die Muskelstärke herabgesetzt und die Geschwindigkeit und Wendigkeit des Sportlers/der Sportlerin leidet darunter. Diese Nachteile beziehen sich aber eher auf Athleten/Athletinnen im Leistungssport, die oftmals sehr schnell wieder leistungsfähig sein müssen. In allen anderen Fällen eignet sich die PECH-Regel sehr gut für die Akutbehandlung.

In der Praxis werden sehr oft Fehler bei der Akutbehandlung gemacht, die dann in weiterer Folge zu erheblichen Problemen führen können:

- Zu frühe Fortführung der Belastung: Es kommt zu Schwellungen und Schmerzen, die zu einer längeren Trainingspause führen, als eigentlich notwendig wäre.
- Kühlung durch Eisspray: Die oberflächliche Behandlung führt zu einer Schmerzlinderung, die das eigentliche Ausmaß der Verletzung kaschieren.
- Kühlung mit Eis: Durch den direkten Kontakt der Haut mit Eis kommt es zu lokalen Erfrierungserscheinungen und damit zu Verletzungen der Haut wie bei Verbrennungen.
- Zu kurze Kühlzeiten: Für einen optimalen Effekt ist eine Kühlzeit von 15 bis 20 Minuten notwendig. Oftmals wird diese Zeit nicht eingehalten, was zu einer ungenügenden Akutbehandlung führt.
- Einnahme von Schmerzmitteln: Der Schmerz ist ein Schutzmechanismus des Körpers, der eine weitere Belastung verhindert. Zusätzlich wird dadurch eine richtige Erstdiagnose durch einen Arzt/eine Ärztin erschwert.

Die folgenden Abschnitte 4.2 bis 4.4 informieren über Verletzungen und Erste-Hilfe-Maßnahmen sowie Therapiemöglichkeiten. Sie sind exemplarisch zu sehen und sollen die Komplexität der Behandlungen von Sportverletzungen zeigen. Interessierten Schülern/Schülerinnen bieten diese Abschnitte die Möglichkeit, sich eingehender mit diesem Thema auseinanderzusetzen.

4.2 Untere Extremität

4.2.1 Meniskusverletzungen

ANATOMIE

Die Menisken bestehen aus einem inneren und äußeren Anteil. Sie haben die Gestalt zweier Halbmonde und sind an ihren Enden über kurze Bänder im Knochen verankert. Der Außenmeniskus (Meniscus lateralis) entspricht in seiner Form einem nahezu geschlossenen Ring, der Innenmeniskus (Meniscus medialis) ist dagegen mehr sichelförmig. Insgesamt ist der innere Meniskus weniger beweglich als der äußere, da seine Verankerungen im Knochen weiter voneinander entfernt liegen und er zusätzlich mit dem inneren Seitenband des Kniegelenks fest verbunden ist. Der Außenmeniskus hat hingegen keine Verbindung mit dem äußeren Seitenband.

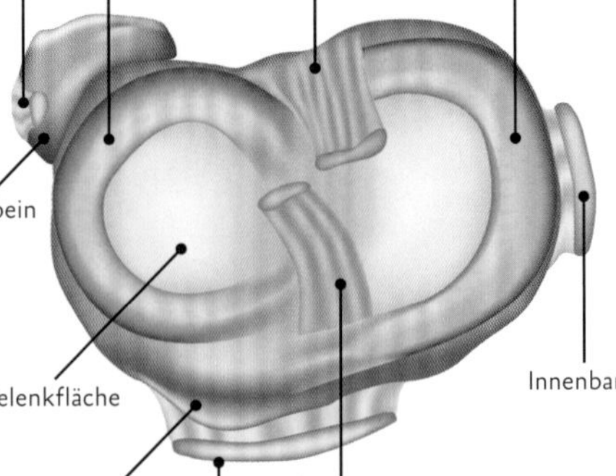

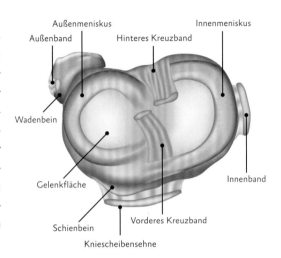

Form Innen- und Außenmeniskus

FUNKTION

Die Menisken

- bilden eine Übereinstimmung der asymmetrischen Gelenksflächen zwischen Oberschenkel und Unterschenkel („Gelenkskongruenz"),
- gewährleisten Stabilität im Kniegelenk,
- absorbieren Kompressionskräfte,
- absorbieren Zug- und Scherkräfte,
- unterstützen die Gelenksschmierung,
- ernähren den Knorpel.

PATHOPHYSIOLOGIE

Krankhafte Veränderungen der Menisken können einerseits durch Degeneration, aber auch durch Immobilität entstehen. Degenerative Veränderungen entstehen altersbedingt und werden meist durch Überbelastung und Achsenfehlstellungen (X-Bein, O-Bein) verstärkt. Aber auch durch Traumata können Verletzungen im Meniskus entstehen.

- **Vertikalriss:** Der Außenrand wird vom Innenrand des Meniskus abgetrennt. Disloziert das abgetrennte Segment, wird das Kniegelenk in seiner Beweglichkeit gestört.
- **Querriss/Radiärriss:** ein Riss vom freien Rand bis zur Basis
- **Horizontalriss:** ein Riss im Längsverlauf mit Bildung einer Ober- oder Unterlippe
- **Lappenriss:** ein Riss, der meist im Vorder- oder Hinterhorn auftritt, als Kombination aus Quer- und Längsriss
- **Papageienschnabelriss:** eine Sonderform des radiären Meniskusrisses, die den Meniskus in einen inneren und äußeren Anteil spaltet. Das dadurch entstehende bewegliche Segment kann in den Gelenksraum hineinragen.
- **Korbhenkelriss:** ein Riss im Längsverlauf des Meniskus mit Verschiebungen der Überlappungen in den Gelenkspalt

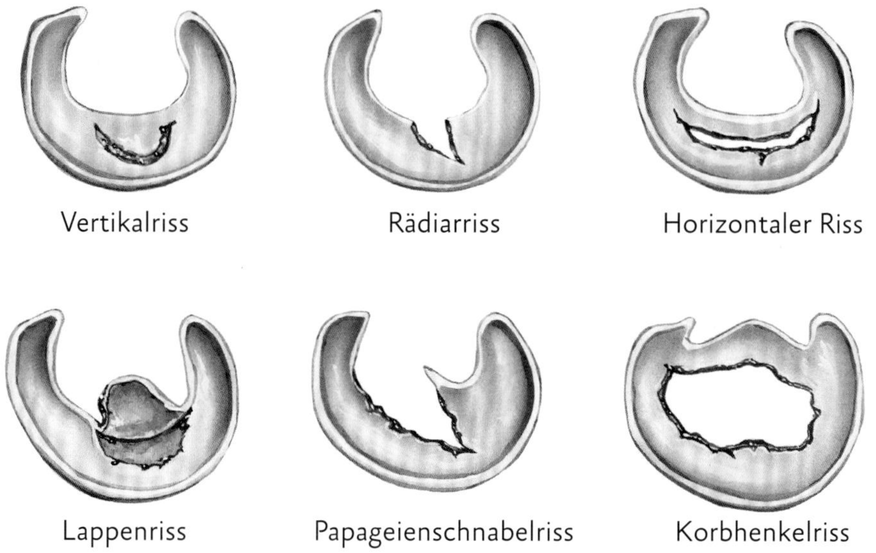

Verschiedene Rissarten der Menisken

Der stärker fixierte Innenmeniskus wird aufgrund seiner geringen Beweglichkeit deutlich häufiger verletzt als der Außenmeniskus. Meniskusverletzungen sind meist die Folge von plötzlichen Streck- bzw. Drehbewegungen bei gebeugtem Kniegelenk, wie sie zum Beispiel beim Fußballspielen oder beim Skifahren vorkommen. Bedingt durch die Scherkräfte kommt es zum Einriss bzw. Abriss des Meniskus.

Ein hervorstechendes Symptom einer frischen Meniskusverletzung ist die schmerzhafte Streckhemmung sowohl aktiv als auch passiv unmittelbar nach dem Geschehen. Dabei wird meist eine Schonhaltung in leichter Beugestellung eingenommen.

THERAPIEMÖGLICHKEITEN

Sofortmaßnahme

Als Sofortmaßnahme kommt hier die sogenannte **PECH-Regel** zum Einsatz. Die Versorgung nach einer Meniskusverletzung hängt von der Art des Risses und der Lokalisation ab.

Konservative Versorgung

Eine konservative Behandlung wird bei folgenden Meniskusverletzungen empfohlen:

- ein Riss im gut durchbluteten Teil des Meniskus
- inkomplette, kleinere stabile Längsrisse
- Deformationen des Meniskus < 4 mm
- bei Einblutungen durch Begleitverletzungen
- degenerativen Veränderungen

Bei der konservativen Versorgung sind anfangs Schienenlagerung, Schmerz- und abschwellende Medikation sowie Punktion von Schwellungsflüssigkeiten Mittel der Wahl.

- In der **1. Phase der Wundheilung**, der **Entzündungsphase** (0 bis 5 Tage), steht die Ruhigstellung im Vordergrund. Bewegen bis zur Schmerzgrenze ist erlaubt, weitere Ziele in dieser Phase bilden die Schmerzlinderung und Durchblutungsförderung.
- Ab dem 5. Tag beginnt die **2. Phase der Wundheilung**, die sogenannte **Proliferationsphase** (Bildung von kollagenen Fasern). Hier kann mit einem zunehmenden Belastungsaufbau, Mobilisation und Koordinationstraining begonnen werden.

- Ab der 10. Woche beginnt die **Umbauphase (Remodellierungsphase)**, in der das gebildete Kollagen in feste Strukturen umgebildet wird. Forcierte Trainingstherapie und sportspezifische Belastungen stehen in dieser Phase im Vordergrund.

Operative Versorgung

Operationen werden bei folgenden Verletzungsarten empfohlen:

- Risse, bei denen die Gefahr besteht, dass ein Teil des Meniskus im Gelenksspalt eingeklemmt wird und dadurch die Bewegung – meist schmerzhaft – limitiert
- stabile, inkomplette Radial- oder Lappenrisse
- instabile Längs- und Korbhenkelrisse
- Deformation > 3 bis 5 mm
- Alter des/der Verletzten < 50 Jahre

Durch eine Arthroskopie (Operation mit kleinstmöglichem Aufwand) wird der Meniskus entweder teilweise entfernt (Meniskus-Teilresektion) oder genäht (Meniskus-Refixation). In seltenen Fällen kann er auch durch Implantate ersetzt werden (Meniskus-Implantate).

Meniskus-Teilresektion

Nach einer Teilresektion wird in der Regel für die ersten zwei bis drei Tage Teilbelastung verordnet (Belastung des operierten Beins mit halbem Körpergewicht). Zu Beginn sollten isometrische Spannungsübungen der Oberschenkelmuskulatur sowie leichte Mobilisationsübungen des Kniegelenks durchgeführt werden. Danach ist Vollbelastung sowie freie Beweglichkeit des Kniegelenks erlaubt. Beinachsentraining sowie Koordinations- und Ausdauertraining am Ergometer sind wesentliche Bestandteile der Therapie. Eine korrekte Beinachse besteht, wenn die Mitte von Hüfte – Knie – Sprunggelenk in einer Linie verlaufen. Abweichungen der Beinachse äußern sich in einer O-Bein(Varus)- oder X-Bein(Valgus)-Stellung. Sie führen zu Überbelastungen im äußeren/inneren Bereich des Gelenks und können dadurch Schmerzen und Abnützungen verursachen. Um Fehlstellungen vorzubeugen, sollte ein gezieltes Training der Beinachsen in keiner Einheit fehlen, um die Belastbarkeit der Beine aufrechtzuerhalten und die sportliche Leistungsfähigkeit zu optimieren.

GET ACTIVE 7

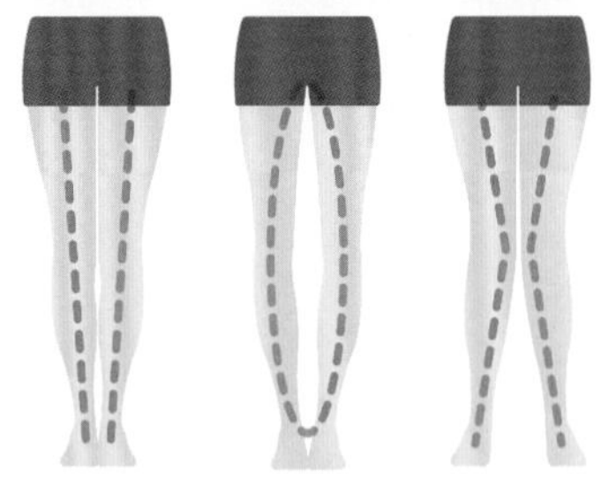

Bilden Sie Dreiergruppen und analysieren Sie die Beinachsen Ihrer Partner/Partnerinnen anhand der Erklärungen oben und der Abbildung links.

Recherchieren Sie jeweils zwei Übungen, um die Beinachse muskulär zu stärken und/oder zu korrigieren.

Beinachse (links normal; Mitte: O-Beine; rechts: X-Beine)

Meniskusnaht

Bei einer Meniskusnaht beträgt die Dauer der Teilbelastung bis zu sechs Wochen und die Beweglichkeit des Kniegelenks ist in den ersten Wochen mittels Schiene limitiert. In dieser Zeit darf mit Übungen innerhalb des Belastungs- und Bewegungslimits begonnen werden. Nach sechs Wochen sind eine gezielte Belastungssteigerung, sportspezifisches Training sowie Mobilisation des Kniegelenks Ziele der Rehabilitation.

4.2.2 Kreuzbandverletzungen

ANATOMIE

Im Kniegelenk befinden sich das vordere und hintere Kreuzband.

Den Kreuzbändern kommt eine wesentliche Bedeutung zu:

- Sie koordinieren die Roll-Gleit-Bewegung zwischen Oberschenkel und Unterschenkel.
- Beide Kreuzbänder sichern den Kontakt zwischen Ober- und Unterschenkel.
- Sie hemmen die Innenrotation des Kniegelenks.
- In jeder Stellung des Gelenks sind Teile der Kreuzbänder gespannt.
- Das vordere Kreuzband ist mit seinen Fasern teilweise mit dem inneren Meniskus verbunden und limitiert die Translation des Unterschenkels nach vorne.
- Die Kreuzbänder besitzen eine hohe Dichte an Rezeptoren im Band-Knochen-Übergang. Dadurch werden wichtige Informationen über Stellungs- und Spannungszustände an das zentrale Nervensystem weitergeleitet.

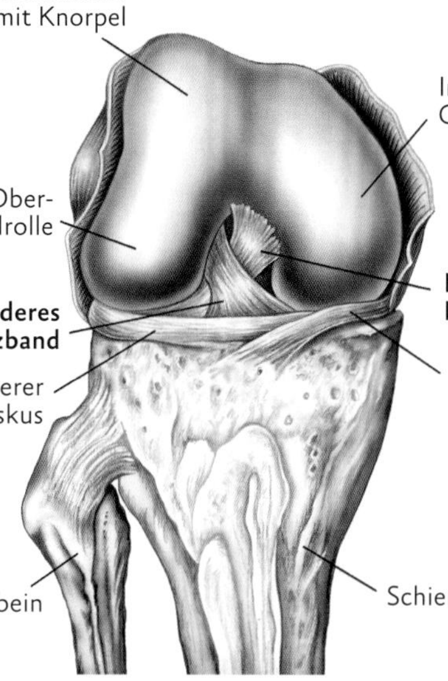

Kreuzbänder

PATHOPHYSIOLOGIE

Ein Riss (eine Ruptur) des vorderen oder hinteren Kreuzbandes tritt meist durch indirekte Gewalteinwirkung auf das Kniegelenk auf. Zur Ruptur kommt es durch eine hohe Gewichtsbelastung bei dynamischen Beschleunigungs- und Abbremskräften, z. B. nach einem Sprung oder schnellem Richtungswechsel.

Ein weiterer Verletzungsmechanismus ist die Kombination aus Beugung des Kniegelenks und Innenrotation, wie z. B. beim Nach-hinten-Fallen. Aber auch eine Streckung im Kniegelenk mit X-Bein-Stellung (Valgusstress) plus Rotationsbewegung mit hoher Gewichtsbelastung und Geschwindigkeit können zur Ruptur des Kreuzbandes führen.

Unmittelbar nach der Ruptur tritt ein starker Schmerz auf, der jedoch schnell wieder nachlässt und nur noch bei Belastung des Knies einschießt. Als Folge tritt ein Instabilitätsgefühl auf, teilweise gibt das Knie ganz nach – sogenannte „Giving way"-Attacke.
Häufige Begleitverletzungen sind Meniskusläsionen mit Beteiligung des Innenbands – dieses kombinierte Verletzungsmuster wird als „unhappy triad" bezeichnet.

Rupturen des vorderen Kreuzbandes treten aufgrund der anatomischen Anordnung und der Verbindung mit dem Innenmeniskus deutlich häufiger auf als hintere Kreuzbandrupturen.

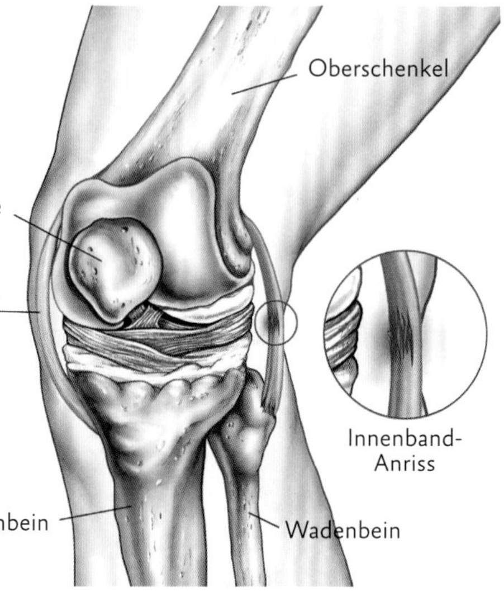

Vorderer Kreuzbandriss und Innenbandriss

THERAPIEMÖGLICHKEITEN

Sofortmaßnahme

Auch hier tritt als Sofortmaßnahme die **„PECH-Regel"** ein.
Auch Kreuzbandläsionen können sowohl konservativ als auch operativ behandelt werden. OP-Indikationen sind meist „Giving way"-Attacken und das „Unhappy triad"-Verletzungsmuster. Aber auch die sportliche und berufliche Aktivität fließen in die Entscheidungsfindung mit ein.

Konservative Versorgung

Die konservative Versorgung erfolgt mittels einer Schiene für meist sechs Wochen. Da die Schiene zu Beginn oft auf 90° limitiert ist, stehen isometrische Spannungsübungen der vorderen und hinteren Oberschenkelmuskulatur und abschwellende Maßnahmen (z. B. Kryotherapie – Kühlen des Verletzungsgebiets in Kombination mit schmerzfreier Bewegung, Lymphdrainage – Behandlungsmethode zum Abtransport der Schwellung) im Vordergrund. Im weiteren Verlauf können belastungsaufbauende Übungen innerhalb des Bewegungslimits durchgeführt und mit dem Koordinationstraining begonnen werden. Nach Freigabe der Bewegungslimitation sind endgradige Beweglichkeit und in weiterer Folge sportspezifisches Training (Krafttraining, Laufen, Springen) Ziele der Rehabilitation.

Operative Versorgung

Im operativen Bereich werden meist folgende Techniken für den Ersatz des Kreuzbandes angewendet:

- Das Ersatzkreuzband kann einerseits aus der Patellasehne (Fortsetzung des vorderen Oberschenkelmuskels) oder aus der Semitendinosussehne (Anteil der hinteren Oberschenkelmuskulatur) gewonnen werden.
- Das Implantat aus der Patellasehne wird aus dem mittleren Drittel der Sehne mit an beiden Enden anhaftenden Knochenblöcken entnommen und im Bohrkanal fixiert.
- Diese Knochenblöcke wachsen in der Regel in drei bis sechs Wochen fest.
- Die Semitendinosussehne wird auf Höhe des Schienbeinkopfes durch einen kleinen Hautschnitt entnommen. Bei der Entnahme dieser Sehne erhält man ein 4-fach-Implantat, welches zu Beginn besonders stabil ist.

Es gibt bestimmte Indikationen (Gründe) für das jeweilige Transplantat:

Indikation für Patellasehnen-Transplantation:

- Instabilität des Kniegelenks
- Revisionsoperation
- allgemeine Laxität (Schlaffheit) des Gelenks

Indikation für Semitendinosus-Transplantation:

- Risiko für Probleme in der Kniescheibe
- kniender Beruf
- Sportarten mit Extrembelastungen (z. B. Skifahren, Tennis, Fußball)

REHABILITATION

Nach der Operation wird das Kniegelenk sechs Wochen mit einer Schiene versorgt, die zu Beginn meist auf 90° gesperrt ist. In den ersten zwei Wochen nach der Operation stehen die Reduktion von Schmerz und Schwellung, die Mobilität innerhalb des Bewegungslimits sowie die Prävention eines Streckdefizites im Vordergrund. Isometrische Spannungsübungen der Oberschenkelmuskulatur, aktives Bewegen sowie leichtes Koordinationstraining können begonnen werden.
Ab der zweiten Woche wird am Abbau der Krücken gearbeitet. Wenn die Schiene freigestellt wird, kann an der weiteren Verbesserung der Beweglichkeit gearbeitet werden. Auch das Koordinations- sowie Krafttraining (in der **geschlossenen Kette**) kann gesteigert werden.

Ab der 5. Woche sollte wieder eine uneingeschränkte Beweglichkeit des Kniegelenks erreicht werden. Sowohl in der konservativen als auch in der operativen Rehabilitation darf in den ersten 10 Wochen nicht in der offenen Kette trainiert werden. Ein Training in der offenen Kette bedeutet, dass das Bein in der Übung nicht fixiert ist, z. B. isolierte Beinstreckung am Gerät. Beinachsentraining und vor allem die Kräftigung der hinteren Beinmuskulatur stehen in dieser Zeit im Mittelpunkt des Belastungsaufbaus.

Ab der 12. Woche sind Lauftraining in unterschiedliche Richtungen (Zick/Zack, Stop and Go), Sprungtraining, max. Schnelligkeit Inhalte der Rehabilitation.

GET ACTIVE 8

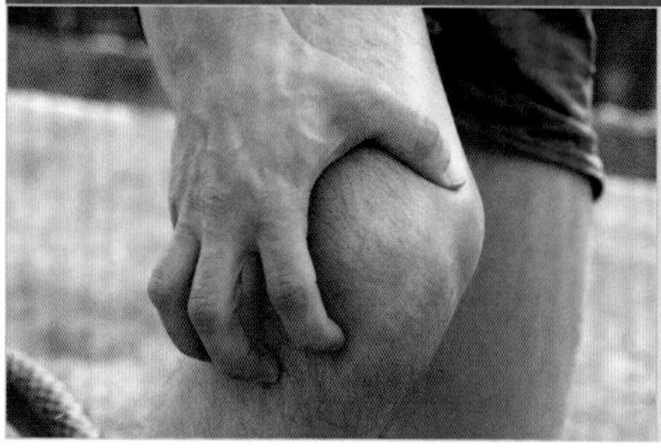

Bilden Sie Dreiergruppen und recherchieren Sie drei Übungen in der Rehabilitation nach einer Kreuzbandruptur.

Vergleichen Sie Ihre Ergebnisse mit anderen Mitschülern/Mitschülerinnen. Zeigen Sie die Übungen vor und geben Sie Bewegungsanweisungen.

4.2.3 Achillessehnenruptur

ANATOMIE

Die Achillessehne ist mit einem Durchmesser bis zu einem Zentimeter und einer Länge von 20 bis 25 cm eine der stärksten Sehnen des menschlichen Körpers. Sie bildet die gemeinsame Ansatzsehne des M. triceps surae, der aus den beiden Köpfen des M. gastrocnemius und dem M. soleus besteht. Zu ihren Aufgaben zählt die Beugung des Fußes in Richtung Fußsohle (Plantarflexion) sowie die Einwärtsdrehung des Fußes im Sprunggelenk.

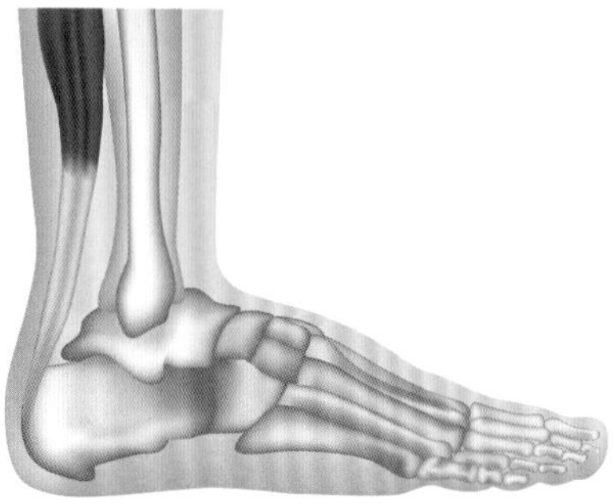

Gesunde Achillessehne

PATHOPHYSIOLOGIE

Die Achillessehne hat eine Tragkraft von fast einer Tonne. Eine Ruptur der Achillessehne ist daher fast nur möglich, wenn die Sehne bereits durch chronische Fehl- oder Überbelastungen vorgeschädigt ist. Diese Mikrotraumata stören die Blutversorgung des Gewebes, was eine Degeneration (Verlust der Festigkeit) der Sehne zur Folge hat. Das wirkt sich am meisten zwei bis sechs cm oberhalb des Sehnenansatzes aus, da hier die Sehne am schlechtesten durchblutet ist. Dadurch geschieht die Ruptur am häufigsten in diesem Bereich.

Die Stabilität der Achillessehne kann durch folgende Faktoren vermindert werden:

- mechanische Überbelastung
- chronische Entzündungen
- Stoffwechselerkrankungen wie z. B. Diabetes mellitus
- chronische Verkürzung der Wadenmuskulatur
- Cortison-Injektionen

Die Ruptur der Achillessehne kann durch ein Trauma, wie z. B. beim Skifahren, Tennis, Laufen, oder auch direkt, z. B. durch einen Schlag oder Schnitt, erfolgen. Indirekt reicht oft ein sogenanntes „Bagatelltrauma" (kleine Verletzungen führen zum Riss) aus. Aber auch durch Degeneration kann die Sehne spontan reißen (z. B. durch häufige Cortison-Injektionen, Medikamente). Männer zwischen dem 30. und 45. Lebensjahr sind häufiger betroffen als Frauen.

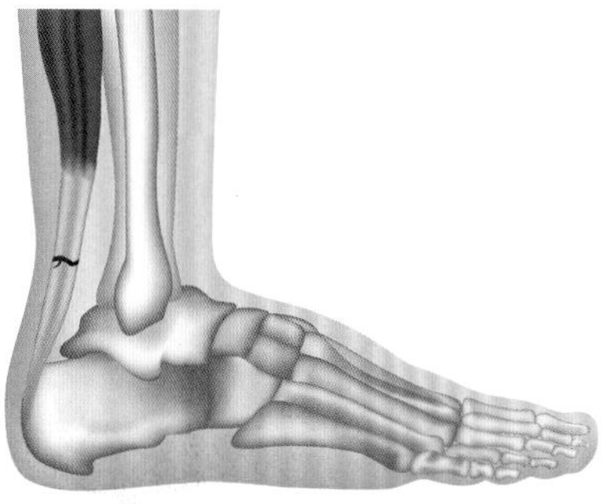

Achillessehnenruptur

Der Riss der Achillessehne erzeugt ein peitschenschlagähnliches Geräusch. Die aktive Plantarflexion ist nicht mehr durchführbar und der **Achillessehnenreflex** lässt sich nicht mehr auslösen. Weiters lässt sich eine Lücke oberhalb des Sehnenansatzes tasten und das Verletzungsgebiet reagiert mit einer deutlichen Schwellung und ist blutunterlaufen.

THERAPIEMÖGLICHKEITEN

Sofortmaßnahme

Auch im Fall einer Achillessehnenruptur wird die **PECH-Regel** angewendet.

Konservative Versorgung

Es bestehen zwei Möglichkeiten:

- sechs bis acht Wochen Gips in Spitzfußstellung (Zehenspitzen schauen nach unten, Fersenbein ist der Sehne angenähert). Die Fußstellung beträgt anfangs 130° und wird schrittweise auf 90° verringert.
- acht Wochen Spezialschuh, der an der Ferse erhöht ist

In der Vergangenheit haben sich gute Erfolge mit der konservativen Therapie gezeigt, sodass diese Therapieform immer öfter gewählt wird. Die Belastung kann sukzessive gesteigert werden, bei gleichzeitiger Verringerung der Spitzfußstellung.

Operative Versorgung

Die operative Versorgung erfolgt mittels Sehnennaht und sechswöchiger Ruhigstellung sowie Entlastung des Fußes. Danach kann langsam von der Teilbelastung in die Vollbelastung übergegangen werden. Anschließend muss eine Absatzerhöhung für einige Wochen getragen werden.

Da die Sehne allgemein schlecht durchblutet ist, ist die Rehabilitation ein langandauernder Prozess. Es dauert sieben bis zehn Wochen, bis die Sehne in die Umbauphase kommt. Bei einem Gips dauert der Heilungsprozess sogar noch länger, da physiologische Reize (Belastung, Bewegung) fehlen.

Rehabilitation

Zu Beginn der Rehabilitation stehen die Beweglichkeit des Fußes sowie eine bewegliche Narbe und eine entspannte Muskulatur im Vordergrund. In den ersten drei bis vier Wochen sollte eine forcierte Beugung aus der Vordehnung des Fußes vermieden werden, da es zu einer Überbelastung der Sehne führen kann. Im weiteren Verlauf kann mit einem Beinachsentraining, dem Aufbau der Wadenmuskulatur sowie einer Gangschulung begonnen werden. Befindet sich der Heilungsprozess in einem stabilen Stadium (sieben bis zehn Wochen) stehen sportspezifisches Training sowie Ausdauertraining im Mittelpunkt der Rehabilitation.

4.2.4 Supinationstrauma (Umknicktrauma des Fußes)

ANATOMIE

Die Gelenke des Fußes unterteilen sich in:

- oberes Sprunggelenk
- unteres Sprunggelenk
- Mittelfuß- und Vorfußknochen

Das **obere Sprunggelenk** bildet sich aus dem Schien- und Wadenbein (Tibia und Fibula) mit dem Sprungbein (Talus). Es ermöglicht die Auf- und Abwärtsbewegung des Fußes (Dorsalextension und Plantarflexion).

Das **untere Sprunggelenk** untereilt sich in ein hinteres und vorderes Gelenk:

- Das hintere untere Sprungelenk wird aus dem Sprungbein (Talus) und Fersenbein (Calcaneus) gebildet. Hier bewegen sich Vorfuß und Rückfuß gegeneinander. Betrachtet man die Bewegungen von der Ferse aus, findet hier die sogenannte Inversion und Eversion (Einwärts- und Auswärtsstellung der Ferse) statt. Sowohl innen als auch außen werden die Bewegungen von zahlreichen Bändern limitiert.
- Das vordere untere Sprunggelenk besteht aus dem Sprungbein, Fersenbein und dem Kahnbein (Os naviculare), zuzüglich dem Pfannenband, welches sich wie eine Gleitsehne um das Sprungbein schlingt und als Widerlager fungiert. Dieses Gelenk ermöglicht die sogenannte Pronation und Supination des Fußes (Einwärts- und Auswärtsdrehung des Vorfußes gegen den Rückfuß).

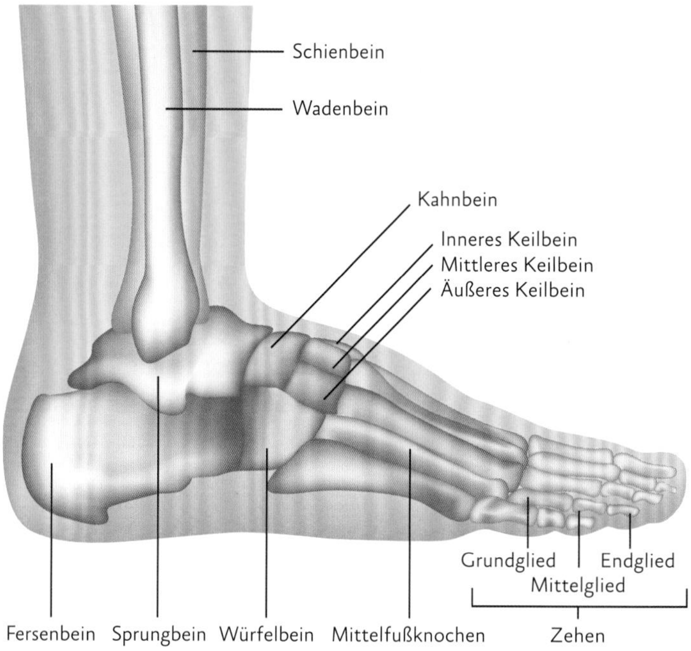

Anatomie Fuß

Im **Mittelfuß und Vorfuß** finden keine isolierten Bewegungen statt, es kommt mehr zu weiterlaufenden Bewegungen des unteren Sprunggelenks. Das bedeutet, dass Bewegungen des Rückfußes immer mit Bewegungen des Vorfußes kombiniert sind.

Statische und dynamische Stabilisation des Fußes:
Ganzheitlich betrachtet, ist das Zusammenspiel der aktiven Strukturen (Muskulatur) und passiven Strukturen (Knochen, Bänder, Kapsel-Band-Apparat) maßgeblich für die statische und dynamische Stabilität des Fußes.

PATHOPHYSIOLOGIE

Bei einem Supinationstrauma kommt es zu einer Überdehnung oder teilweisen Ruptur des hinteren Kapsel-Band-Apparates.

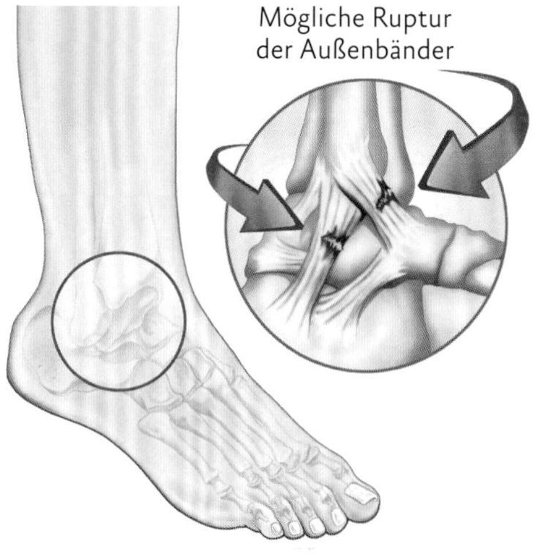

Supinationstrauma

Das Trauma lässt sich in 3 Grade einteilen:

- **Grad 1:** Überdehnung der Bandstrukturen zwischen Sprungbein und Wadenbein und teilweise zwischen Fersen- und Wadenbein
- **Grad 2:** Riss der Bandstruktur zwischen Sprungbein und Wadenbein, Überdehnung oder Einriss der Bandstruktur zwischen Fersen- und Wadenbein
- **Grad 3:** Riss der Bandstrukturen zwischen Sprung- und Wadenbein sowie Fersen- und Wadenbein

Unmittelbar nach dem Geschehen ist der verletzte Bereich druckempfindlich und es bildet sich oft ein Bluterguss. Ist die Schwellung des Fußes noch nicht zu weit fortgeschritten, kann eine Unterbrechung der Bandstrukturen getastet werden. Der/Die Betroffene klagt über ein Instabilitätsgefühl. Aufgrund der Belastungsschmerzen bildet sich ein deutlicher Hinkmechanismus.

THERAPIEMÖGLICHKEITEN

Sofortmaßnahme

Als Sofortmaßnahme kommt auch hier die **PECH-Regel** zum Einsatz.

Um Begleitverletzungen auszuschließen, wie z. B. Verletzungen des Knorpels und des Bindegewebes zwischen Waden- und Schienbein, sollte ein Röntgen durchgeführt werden.

Konservative Versorgung und Rehabilitation

Die Versorgung des Supinationstraumas findet meistens mit einer Schiene für sechs Wochen und anfangs mit Krücken statt. Es darf ab sofort bis zur Schmerzgrenze belastet werden, aber in den ersten sechs Wochen sollte keine Inversion und Eversion des Fußes stattfinden.

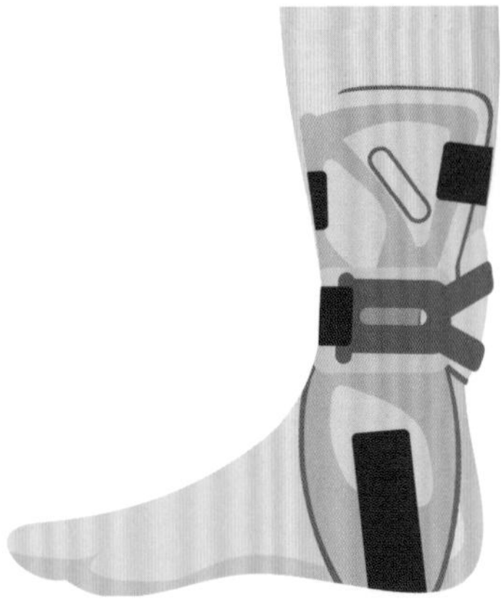

Schienenversorgung nach Supinationstrauma

Nach Abnahme der Schiene sind freie Beweglichkeit des Sprunggelenks sowie ein gezielter Belastungsaufbau (Krafttraining, sportspezifisches Training) Ziele der Therapie. Nach ca. zehn Wochen kann wieder mit einem Lauf- und Sprungtraining begonnen werden.

4.3 Obere Extremität

4.3.1 Schulterluxation

ANATOMIE

Das Schultergelenk bildet sich aus dem Schulterblatt (Scapula), dem Schlüsselbein (Clavicula) und dem Oberarmkopf (Humerus). In erster Linie wird das Gelenk von Muskeln und Gelenken geführt, was einerseits einen großen Bewegungsspielraum ermöglicht, andererseits einen großen Verlust an Stabilität bedeutet. Der Oberarmkopf wird nur zu 30 % von der Schultergelenkspfanne bedeckt. Die Kapsel umfasst das Gelenk nur locker.

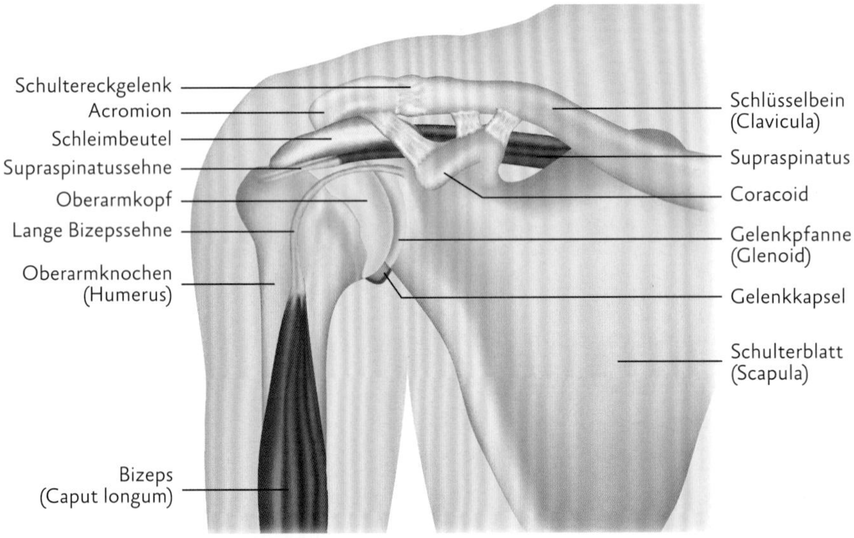

Anatomie Schultergelenk

Die sogenannte Rotatorenmanschette ist maßgeblich für die Stabilität des Schultergelenks. Sie besteht aus folgenden Muskeln:

- M. supraspinatus – Funktion: Abduktion (Wegführen des Armes)
- M. infraspinatus – Funktion: Außenrotation
- M. teres minor – Funktion: Außenrotation, schwache Adduktion (Heranziehen des Armes)
- M. subscapularis – Funktion: Innenrotation

Eine Störung der muskulären Balance kann zu einer erhöhten Luxationsgefahr führen.

PATHOPHYSIOLOGIE

Schulterluxationen können traumatisch oder habituell erfolgen. Traumatische Ursachen können z. B. ein Sturz auf die Schulter oder ein Hängenbleiben des Armes sein. Bei der habituellen Luxation liegt die Problematik in einer Fehlstellung des Schultergelenks oder einer Schwäche der Muskulatur bzw. des Kapsel-Band-Apparates.

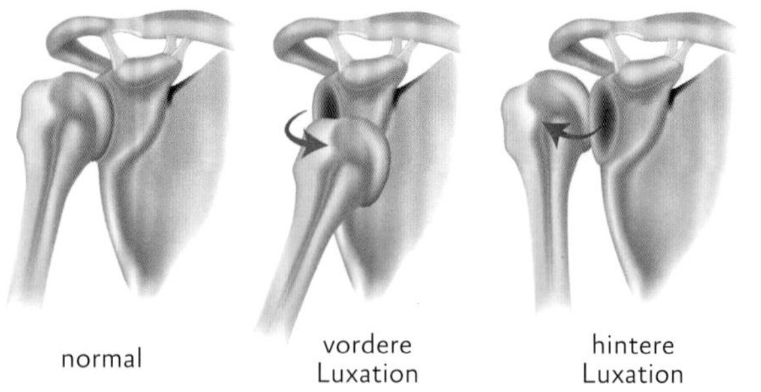

Schulterluxation

Luxationen des Schultergelenks werden nach ihrer Richtung unterteilt:

- Vordere Luxation: Der Oberarmkopf wird nach vorne luxiert unter den Processus coracoideus (Rabenschnabelfortsatz). Diese Luxation ist mit 80 % die häufigste Form. Sie tritt vor allem bei Abduktionsbewegungen kombiniert mit Außenrotation auf.
- Untere Luxation: seltener mit 15 %
- Hintere Luxation: nur 5 %

Bei einer Schulterluxation tritt eine schmerzhafte Bewegungseinschränkung des Armes, vor allem in die Abduktion, auf. Es ist eine Delle unterhalb des Schultergelenksbereichs zu tasten, da sich der Oberarmkopf neben dem Gelenk befindet.

THERAPIEMÖGLICHKEITEN

Sofortmaßnahmen

Bei der akuten Luxation sollte möglichst schnell eine Reposition des Schultergelenks von einem Arzt/einer Ärztin vorgenommen werden. Das Prinzip der Reposition beruht darauf, durch Längszug am Arm in Kombination mit einer Rotationsbewegung und Gegenzug am Brustkorb die Luxation zu lösen und den Oberarmkopf wieder in die Gelenkspfanne zu positionieren. Vor und nach der Reposition ist es besonders wichtig, die Durchblutung und die Sensibilität zu prüfen. Das Trauma muss immer mittels Röntgen/MRT (Magnetresonanztomographie) abgeklärt werden, um weitere Verletzungen der Schultergelenkspfanne oder von Weichteilstrukturen auszuschließen. Ist eine unmittelbare Reposition nicht möglich, sollte eine Ruhigstellung durch Anlegen eines Dreiecktuchs erfolgen.

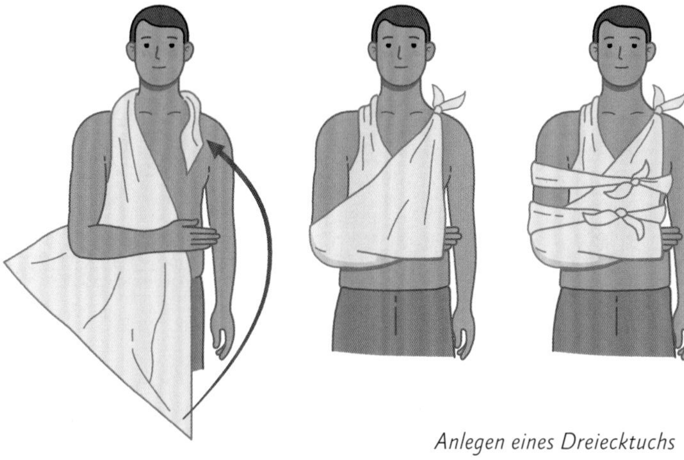

Anlegen eines Dreiecktuchs

Konservative/operative Versorgung

Nach dem Manöver wird das Schultergelenk mit einem Verband für drei Wochen ruhiggestellt. Bei wiederkehrenden Luxationen ist eine operative Behandlung indiziert. Auch hier erfolgt eine Ruhigstellung mit einem Verband, aber es darf bereits kurz nach der Operation mit leichten passiven Bewegungen bis Schulterhöhe begonnen werden. Außenrotationsbewegungen sind in den ersten sieben Wochen nicht erlaubt.

REHABILITATION

Nach Abnahme des Verbandes kann mit der aktiven Therapie und dem Belastungsaufbau begonnen werden. Um ausreichende Stabilität des Schultergelenks zu gewähren, sollte aber in den ersten sechs Monaten auf Kontakt- oder Überkopfsportarten, wie z. B. Faustball, Tennis, Volleyball etc., verzichtet werden.

4.3.2 Tennisellbogen (Epicondylitis lateralis/radialis)

ANATOMIE

Das Ellbogengelenk setzt sich aus dem unteren Oberarm (Humerus) und den beiden Unterarmknochen Elle und Speiche (Ulna und Radius) zusammen.

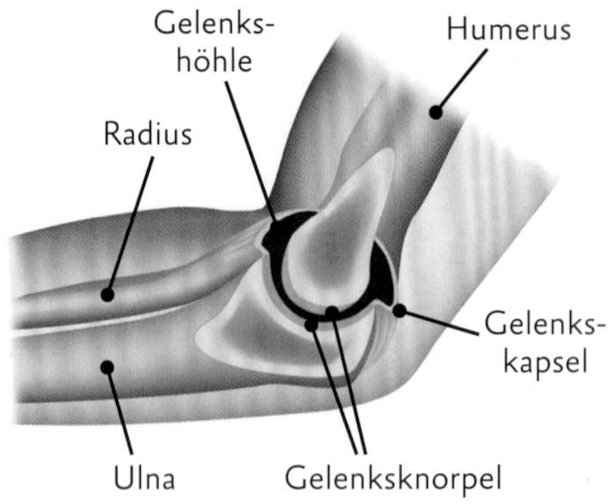

Anatomie Ellbogen

Innerhalb des Ellbogengelenks bilden diese drei Knochen Teilgelenke:

- das Humeroradialgelenk – Gelenk zwischen Oberarm und Speiche
- das Radioulnargelenk – Gelenk zwischen den oberen Enden von Elle und Speiche

Diese Gelenke ermöglichen die Beugung und Streckung des Ellbogens sowie die Drehbewegungen des Unterarms (Pronation und Supination).

PATHOPHYSIOLOGIE

Die Muskulatur, die die Finger in die Streckung bzw. Beugung bringen, entspringt an der Außen- bzw. Innenseite des Ellbogens. Der Tennisellbogen zählt nicht zu den akuten Sportverletzungen, sondern bei Überlastung der Muskulatur kann es zur Reizung des Muskelsehnenüberganges oder der Sehne selbst kommen.

Die Überlastung der Muskulatur kann aus verschiedenen Faktoren resultieren:

- z. B. Tennis, Squash – durch wiederholte Schlagbewegungen kommt es zur Überlastung des Ellbogengelenks bzw. der Muskulatur
- statische Dauerbelastung der Streckmuskulatur im Alltag, z. B. Arbeiten mit der Maus am Computer
- falsche Haltung am Arbeitsplatz – die Epicondylitis lateralis ist oft ein Resultat aus Problematiken in der Hals- oder Brustwirbelsäule und des Schultergürtels. Beschwerden in diesen Bereichen können zu Schmerzen im Ellbogenbereich führen.

Besteht die Ursache des Tennisellbogens in der Muskulatur, ist der Spannungszustand der Streckmuskulatur meist schmerzhaft verändert. Sind die Beschwerden auf die Hals- oder Brustwirbelsäule zurückzuführen, ist meist nur der Knochenansatz schmerzhaft.

THERAPIEMÖGLICHKEITEN

Bei einem akuten Tennisellbogen empfiehlt sich anfangs eine Schonung des Gelenks (Sportpause). Massagen der Unterarmmuskulatur oder Behandlungen am Muskelsehnenübergang können zur Linderung der Beschwerden führen. Weiters sollte die Streckmuskulatur **exzentrisch trainiert** werden, um die Faserausrichtung der Muskulatur wiederherzustellen und die volle Funktionsfähigkeit wieder zu erlangen.

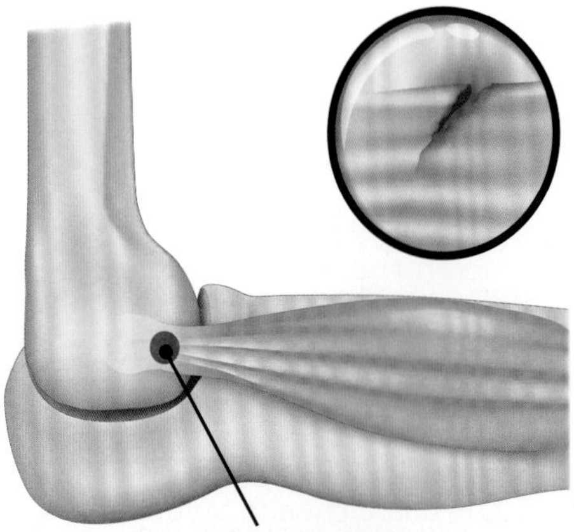

Epicondylitis lateralis (Tennisellbogen)

Im Tennis oder Squash sollte außerdem an der Behebung der Ursache des Tennisellbogens gearbeitet werden. Eine Analyse der Schlagtechnik, die Überprüfung der Schlägergröße, aber auch die Bespannung des Schlägers, sind wichtige Parameter in der Problemlösung.

4.4 Muskelverletzungen

GET ACTIVE 9

Recherchieren Sie über den Begriff „Faszie" und eine der unten genannten Trainingsmöglichkeiten:

- Faszientraining
- Faszienrolle
- Faszienyoga
- Faszienfitness

Erstellen Sie danach eine dreiminütige Präsentation, in der Sie den Begriff und die von Ihnen gewählte Trainingsmethode erklären. Bilden Sie anschließend Zweiergruppen mit einem Partner/einer Partnerin, der/die eine andere Trainingsmethode als Sie gewählt hat. Präsentieren Sie einander Ihre Ergebnisse. Nutzen Sie Bilder, Videos, zeigen Sie selbst vor, um Ihren Inhalt zu veranschaulichen.

Nehmen Sie zu den von Ihnen gewählten Methoden kritisch Stellung.

4.4.1 Prellungen

PATHOPHYSIOLOGIE

Eine direkte, stumpfe Gewalteinwirkung (z. B. Schlag, Aufprall) auf ein Gelenk oder einen Muskel führt zu einer sogenannten Kontusion (Prellung). Es kommt zu einer Einblutung oder zu Teileinrissen der Blutgefäße in den umliegenden Strukturen eines Gelenks (Kapsel, Bänder, Knorpel, Muskulatur). Schmerzen, verminderte Funktion, verspannte Muskulatur und Narbenbildung können die Folge einer Prellung sein.

Bei einer Kontusion verspürt man einen starken Schmerz, der jedoch schnell wieder nachlässt. Bei weiterer Belastung limitiert der Schmerz vor allem die Funktion, der Bereich ist druckempfindlich und weist meist einen Dehnungs- und Anspannungsschmerz auf. Wenn die Faszien in den Muskelschichten reißen, ist der verletzte Bereich von einem Bluterguss gekennzeichnet.

THERAPIEMÖGLICHKEITEN

Als Sofortmaßnahmen stehen Schmerzlinderung durch Kühlung, leichte Massagen und Dehnungen sowie abschwellende Maßnahmen, wie z. B. Hochlagerung zur Verfügung. Sollten die Beschwerden länger als eine Woche anhalten, ist es empfehlenswert, einen Arzt/eine Ärztin aufzusuchen, um das Ausmaß der Verletzung mittels Sonographie (Ultraschall) abzuklären. Sobald die Beschwerden gelindert sind, kann das gewohnte Training fortgesetzt werden.

4.4.2 Muskelzerrung

PATHOPHYSIOLOGIE

Bei einer Distorsion (Zerrung) kommt es zu einer Überdehnung der muskulären Strukturen, die Beständigkeit der Muskelfasern bleibt jedoch erhalten. Wenn die Grenze der Dehnbarkeit überschritten wird, kann es zu Mikro- oder Teileinrissen der Weichteile kommen.

Der/Die Betroffene gibt meist diffuse Schmerzen an, der verletzte Bereich reagiert mit einer Schwellung und ist druckschmerzhaft. Die Ursachen einer Muskelzerrung liegen meist in verminderter Koordination, ermüdeter Muskulatur, Muskelverspannungen oder Narben von bereits vorgeschädigten Strukturen. Im Genesungsverlauf sollte auf diese Problematik eingegangen werden (Koordinationstraining, Massagen, Dehnen).

THERAPIEMÖGLICHKEITEN

Bei einer Distorsion sollte der Bereich für kurze Zeit ruhiggestellt werden, Kühlung und Hochlagern helfen bei der Abschwellung. Nach Linderung der Beschwerden, kann auch hier das gewohnte Training wieder aufgenommen werden.

4.4.3 Muskelfaserriss

PATHOPHYSIOLOGIE

Die Überschreitung der Muskelkraft und eine Überdehnung des Muskels können zu einem Muskelfaserriss führen. Dabei verspürt der/die Betroffene einen scharfen, stechenden Schmerz. Er/Sie berichtet oft von einem „schnappenden" Gefühl. Der verletzte Bereich ist gut lokalisierbar und druckschmerzhaft. Innerhalb des Defekts ist eine erhöhte Spannung tastbar und die Dehnung des Muskels verstärkt den Schmerz. Die Bildung eines Blutergusses (Hämatoms) ist ein weiteres Zeichen des Muskelfaserrisses.

Typische „Stop and Go"-Sportarten wie z. B. Tennis oder Fußball, aber auch rasche Beschleunigungen können zu Muskelfaserrissen führen. Mittels Ultraschall kann das Ausmaß der Verletzung diagnostiziert werden.

THERAPIEMÖGLICHKEITEN

Als Sofortmaßnahme nach einem Muskelfaserriss sollte ein Kompressionsverband angelegt werden und das verletzte Gebiet sollte gekühlt werden. Bei kleinen Faserunterbrechungen dauert die Heilung zehn bis vierzehn Tage, mit einem Ausdauertraining im aeroben Bereich kann bereits nach fünf Tagen begonnen werden.
Sind jedoch Muskelbündel gerissen, verlängert sich der Heilungsverlauf auf vier bis sechs Wochen. Mit dem Ausdauertraining sollte in der Regel erst nach dieser Zeit begonnen werden. Die Belastung sollte im schmerzfreien Bereich begonnen und langsam bis zum sportspezifischen Training gesteigert werden. Innerhalb der Sportpause sind Lymphdrainagen, Elektrotherapie, leichte Massagen, Mobilisation der angrenzenden Gelenke sowie unterstützende Tapes empfehlenswert.

Um derartige Verletzungen zu vermeiden, ist es empfehlenswert, vor der sportlichen Betätigung auf folgende Punkte zu achten:

- ausreichendes und spezifisches Aufwärmen
- Steigerung des Trainings immer von leichten zu schweren Anforderungen
- Training der motorischen Fähigkeiten – Flexibilität, Koordination, Kraft und Schnellkraft, Ausdauer
- Cool-down nach sportlicher Betätigung (z. B. Auslaufen)
- Regenerationszeiten einhalten
- Muskuläre Dysbalancen wie z. B. Verspannungen und Verkürzungen durch Massagen, Dehnen etc. behandeln

GET ACTIVE 10

Bilden Sie in der Klasse Dreiergruppen. Jede Person wählt zwei Verletzungen aus den oben beschriebenen Sportverletzungen aus. Die anderen Mitschüler/Mitschülerinnen sollen gemeinsam Erste-Hilfe-Maßnahmen überlegen/durchführen.

Wechseln Sie sich ab.

RP-TRAINING 4

Anforderungsniveau 1

Geben Sie einen Überblick über mögliche Verletzungen, die beim Betreiben von Sport entstehen können.

Anforderungsniveau 2

Erklären Sie die wesentlichen Unterschiede zwischen Muskelverletzungen und Gelenksverletzungen anhand von zwei konkreten Beispielen.

Anforderungsniveau 3

Bei einem Fußballspiel verspürt ein Mitspieler/eine Mitspielerin einen scharf stechenden Schmerz in der hinteren Oberschenkelmuskulatur.

Beurteilen Sie den Verletzungsmechanismus und setzen Sie gezielte Sofortmaßnahmen.

Erstellen Sie einen Trainingsplan mit der Zielsetzung, mehr Stabilität im Kniebereich zu erreichen, und begründen Sie, welche Muskulatur auf welche Weise trainiert werden muss.

5 Entspannungsmethoden und Mobilisationstechniken

„Fokus", „Lockerheit", „Flow" sind Begriffe, die sich Sportler/Sportlerinnen vor, während und nach dem Ausüben von Sport wünschen. Ein wichtiger Faktor, um dies zu erreichen, ist ein entspannter Zustand, frei von Angst, Stress und Selbstzweifel.

Entspannung führt zu einer Reduktion des Sauerstoffverbrauchs, der Herz- und Atemfrequenz und der Aktivität der Skelettmuskulatur sowie zu einer Zunahme der Alpha-Gehirnwellen, die bei einer gelösten, entspannten Grundhaltung auftreten, wie z.B. beim Tagträumen oder Visualisieren. Neben den bereits in Kapitel 11 *Psychologische Methoden zur Leistungssteigerung,* Abschnitt 2.1, erwähnten Entspannungsmethoden werden diese Vorgehensweisen oft mit psychologischen Techniken, wie z.B. dem Vorstellungs-, Aufmerksamkeits- oder Gedankenkontrolltraining kombiniert.

Neben der besseren Bewältigung von psychischen Belastungen (z.B. Angst), hat das Aneignen von Entspannungstechniken mehrere sinnvolle Gründe. Der Zustand von Entspannung leitet den Erholungsprozess ein und dieser Zustand schafft optimale Voraussetzungen für das Festhalten von Erlerntem und der mentalen Vorbereitung auf anstehende Aufgaben. Des Weiteren werden Handlungsverläufe durch den angemessenen Wechsel von Spannung und Entspannung optimiert, was vor allem im Sportbereich ein bestimmendes Leistungsmerkmal ist. Das Erlernen von Entspannungstechniken kann einem helfen, sich über einen kürzeren oder auch längeren Zeitraum zu entspannen.

Gründe für eine **Entspannung über einen längeren Zeitraum** sind:

- Man verfügt über ein verbessertes Bewusstsein über körperliche, geistige und seelische Fähigkeiten und Ressourcen und die Kenntniss, wie man diese am besten verwendet.
- Erkennen von bestimmten Verhaltensmustern, die die eigene Leistung vermindern können
- Erreichen eines angenehmen, positiven Zustands von Körper, Geist und Seele
- Dauerhafte Entspannung lässt den Sportler/die Sportlerin, trotz starkem Leistungsdruck, die Freude am Sport nicht verlieren.

Gründe für **kurzzeitige Entspannung:**

- Regulation eines Überaktivitätszustands kurz vor oder während eines Wettkampfes
- Verbesserung der eigenen Bewegungsempfindung
- Wiederfindung eines ausgeglichenen Zustands

5.1 Autogenes Training

Das autogene Training ist eine der bekanntesten psychoregulativen Entspannungsmethoden. Dabei wird die Entspannung durch das Lenken der Aufmerksamkeit auf den eigenen Körper und über Autosuggestion (Steuerung des eigenen Verhaltens mittels Vorstellungskraft) erreicht. Im Liegen oder Sitzen erfolgt eine festgelegte Reihenfolge an Übungen, wie z. B. die „Schwereübung" – „der linke Arm ist ganz schwer" oder die „Wärmeübung – „der rechte Arm ist ganz warm". Aber auch Gedanken wie z. B. „Ich bin vollkommen entspannt" und die innerliche Vergegenwärtigung des Gefühls sind Bestandteile des autogenen Trainings. So kann auf physischer und psychischer Ebene ein Entspannungszustand erreicht werden. Ziel des autogenen Trainings ist neben der tiefen Entspannung die Regulierung der körperlichen Stresszentren, Ausgeglichenheit und ein inneres Gefühl der Ruhe.

Im Sportbereich wird diese Entspannungsmethode hauptsächlich zum Erlernen eines „passiven Wachzustandes" genutzt, was bedeutet, dass handlungsbegleitende Gedanken während eines Wettkampfes erlaubt sind, aber die Konzentrationsfähigkeit auf das Wettkampfgeschehen nicht gestört wird.

GET ACTIVE 11

Erarbeiten/recherchieren Sie individuelle Autosuggestionen, die Sie für sich selbst im autogenen Training einsetzen können, um persönliche Ziele zu erreichen. Schreiben Sie mindestens vier Ziele auf und ergänzen Sie eine entsprechende Autosuggestion.

	Ziel	Autosuggestion
1		
2		
3		
4		

5.2 Meditative Verfahren

Für Sportler/Sportlerinnen, die auf Stressfaktoren beispielsweise mit Angst reagieren, können Meditationstechniken hilfreich sein. Ziel dieser Entspannungsmethode besteht in der Wahrnehmung der Realität, Ruhe und Gelassenheit sowie innerer Klarheit. Bei der Meditation wird die Aufmerksamkeit auf ein Objekt (z. B. Ball, Bild, Wort oder auch Atmung) fokussiert. Bei der Konzentration auf das Meditationsobjekt dürfen Gedanken durch den Kopf gehen, es soll jedoch die Fokussierung nicht verloren gehen. Schweift man vom Fokus ab, wird die Konzentration wieder langsam auf das Objekt zurückgeführt.

THEORIE ······➔ PRAXIS

Laden Sie sich – nach Möglichkeit – eine kostenlose Meditationsapp herunter und starten Sie einen Gratis-Kurs. Versuchen Sie, sich jeden Tag zwischen 10 und 20 Minuten Zeit für eine Meditation zu nehmen.

- Reflektieren Sie anschließend in Dreiergruppen über Ihre Erfahrungen.
- Wie schwierig war es für Sie, sich täglich dafür Zeit zu nehmen?
- Wie ist es Ihnen beim Halten einer aufrechten Haltung ergangen?
- Welche Gedanken sind im Rahmen der Meditation aufgekommen?
- Aus welchen Gründen können Sie sich bzw. können Sie sich nicht vorstellen, langfristig zu meditieren?

Beispiele für kostenlose Meditationsapps: Headspace, 7Mind, Calm etc.

5.3 Mobilisationstechniken

Mobilisationstechniken werden zur Förderung der Aktivität und des Körperbewusstseins eingesetzt, um einen optimalen Zustand für sportliche Handlungen zu erreichen. Es soll dabei ein Zustand der „Kampfbereitschaft" geschaffen werden, in dem sich Sportler/Sportlerinnen aktiviert, konzentriert und erfolgszuversichtlich wahrnehmen.

Bei den Mobilisationstechniken werden Muskeln maximal aktiviert und wieder entspannt oder schnelle, schwunghafte Bewegungen ausgeführt. Musik kann dabei zusätzlich eine aktivierende Umgebung schaffen. Ziel der Technik besteht in der geistigen und körperlichen Aktivierung, in einer motivierten Einstellung auf die bevorstehende Aufgabe oder den bevorstehenden Wettkampf und in der Vermeidung von Ermüdung.

GET ACTIVE 12

Wählen Sie eine Sportart aus und entwerfen Sie Mobilisationsübungen (Dauer zirka zehn Minuten).

Führen Sie diese anschließend im „Bewegung und Sport"-Unterricht durch.

RP-TRAINING 5

Anforderungsniveau 1

Beschreiben Sie die Wirkung von unterschiedlichen Entspannungsmethoden.

Anforderungsniveau 2

Erklären Sie die Methode des autogenen Trainings und deren praktische Umsetzung.

Anforderungsniveau 3

Entwickeln Sie unterschiedliche Strategien, um vor und während des Wettkampfs einen entspannten, fokussierten Zustand zu erreichen.

KOMPETENZCHECK

Ich kann ...			
... die positiven Wirkungen von Bewegungstraining auf die Gesundheit darlegen sowie Bewegungsempfehlungen abgeben.			
... in der Ernährung verschiedene Maßnahmen setzen, um meine sportliche Leistung zu verbessern.			
... häufig auftretende Alltagbelastungen erkennen und gezielte Maßnahmen zur Prävention setzen.			
... Entstehungsmechanismen bei unterschiedlichen Verletzungen im Sport beschreiben und Therapiemöglichkeiten bei den häufigsten Sportverletzungen erklären.			

Funktionelle Anatomie

Kapitel 19

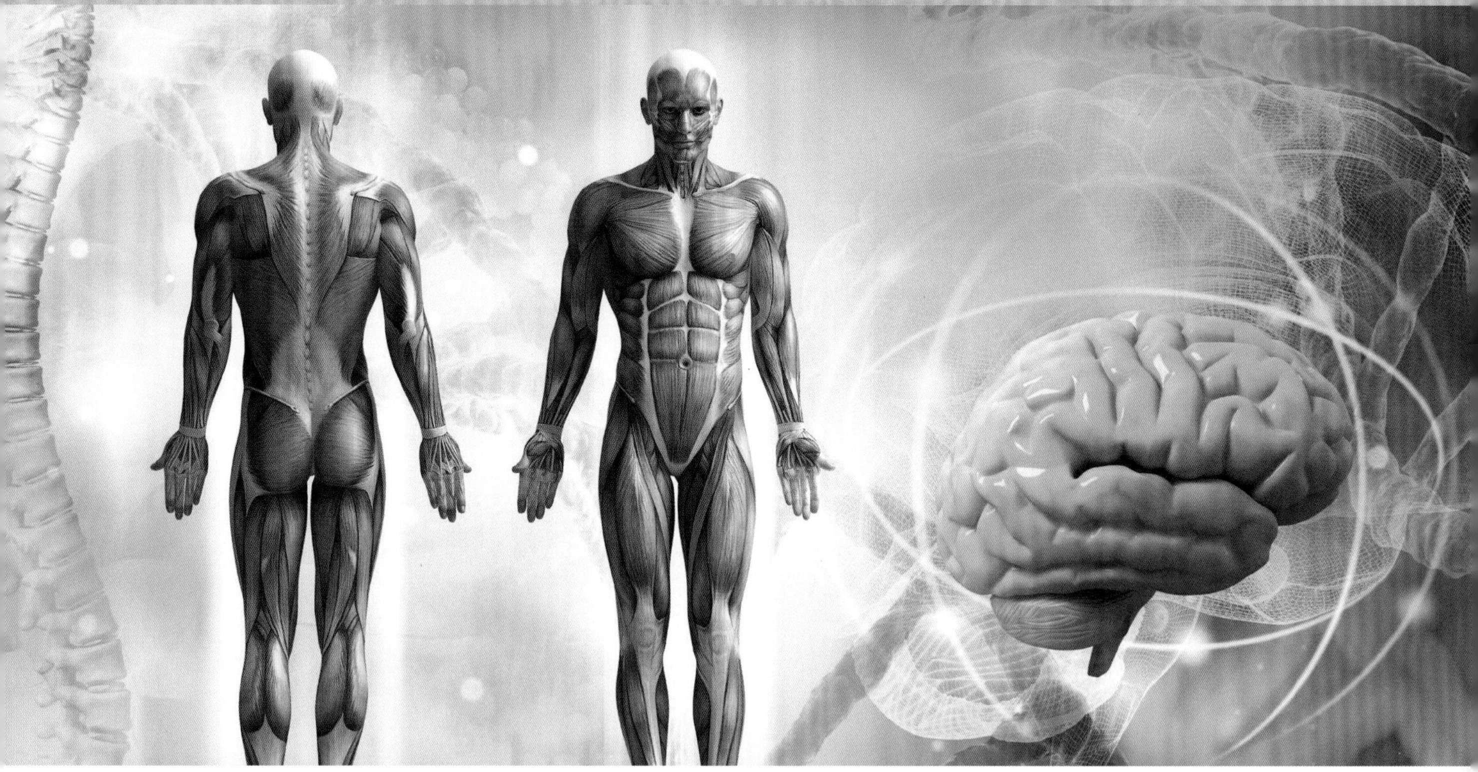

Die Grundlagen der Anatomie sowie die Grundlagen des Krafttrainings wurden schon ausführlich in anderen Kapiteln der beiden Bände thematisiert. Da die Bedeutung der funktionellen Anatomie aber entscheidend für das Reflektieren und Bewerten von Kraftübungen und zum Teil auch von anderen Übungen ist, wird dieses Thema in diesem Kapitel noch einmal ausführlich behandelt. Die funktionelle Anatomie ist ein Teilbereich der Sportkunde, der sehr viel Zeitaufwand benötigt, bis man die notwendige Kompetenz hat, Übungen einzuschätzen oder sogar Übungen für ein bestimmtes Ziel zusammenzustellen.

So mühselig das Lernen von Muskeln mit ihren Ansätzen, Ursprüngen und deren Funktionen auf die Gelenke manchmal sein mag, die Kenntnisse darüber bilden eine wichtige Grundlage für das Verständnis aller sportlichen Übungen.

Nicht nur der Trainer/die Trainerin profitiert von diesem Wissen, sondern auch der Athlet/die Athletin. Es ist für das Erlernen und Verbessern von Bewegungsabläufen notwendig, dass eine Bewegungsvorstellung im Gehirn reflektiert wird. Diese Bewegungsvorstellung ist mit Hilfe der Grundkenntnisse der funktionellen Anatomie einfacher, schneller und exakter zu festigen.

In diesem Kapitel sind die wichtigsten Muskeln beziehungsweise Muskelgruppen gesammelt und schematisch eingeordnet. Außerdem wird anhand von mehreren Beispielen aus dem Krafttraining die Tätigkeit in der funktionellen Beschreibung von Übungen demonstriert.

Der Lernende/Die Lernende soll ...

- erste Kenntnisse im Bereich der funktionellen Anatomie erhalten,
- die wichtigsten Muskelgruppen mit Ansatz, Ursprung und Funktionalität kennen lernen,
- die Bedeutung der funktionellen Anatomie für das eigene sportliche Bewegungslernen erkennen.

WARM-UP

Für einen besseren Einstieg in dieses Kapitel verschaffen Sie sich über folgende, schon behandelte Inhalte einen groben Überblick. Setzen Sie sich intensiver mit jenen Teilen, die für das Krafttraining besonders wichtig sind, auseinander.

1. Bewegungsapparat und Organsysteme (Band 1, Kapitel 8)
2. Anpassungen des Körpers durch Sport (Band 1, Kapitel 9)
3. Elementares Konditionstraining – Krafttraining (Band 2, Kapitel 2)

Über die funktionelle Anatomie erhält man Rückschlüsse auf die Auswirkungen von sportlicher Bewegung auf den menschlichen Körper. Sie gibt Aufschluss über die Funktionsweise und Anpassung der Organsysteme, hilft bei der Analyse von komplexen Bewegungsabläufen in den verschiedenen Sportarten und liefert Beiträge zur Trainingswirkung und Trainingsanpassung. Vor allem die Analyse von komplexen Bewegungsabläufen hilft dem Trainer/der Trainerin das Training so effizient zu gestalten, dass eine maximale Wirkung der gesetzten Trainingsziele erreicht wird.

1 Grundlagen zur funktionellen Anatomie

Bevor man eine Analyse von komplexen Bewegungsabläufen erstellen kann, benötigt man ein Grundwissen über die wichtigsten Muskeln und Muskelgruppen und deren Funktionen im menschlichen Körper. Da die lateinischen Bezeichnungen in der Anatomie konkretere Informationen über die Lage und Funktion eines Muskels oder einer Muskelgruppe beinhalten, ist es zu empfehlen, in der funktionellen Anatomie die lateinischen Bezeichnungen zu benutzen. Im folgenden Abschnitt sind ein paar Muskeln mit lateinischen und deutschen Namen, mit Ansatz und Ursprung sowie Funktion zusammengefasst.

Muskelansatz

Bei der Kontraktion wird der Muskelansatz in Richtung des Muskelursprungs gezogen. Der Grund dafür ist, dass der Muskelansatz im Normalfall an der beweglicheren der beiden durch den Muskel verbundenen Strukturen liegt. Bei den Extremitäten liegt der Ansatz immer weiter vom Körper entfernt als der Ursprung.

Muskelursprung

Der Muskelursprung ist der sehnige oder fleischige Ursprung des Muskels am Knochen. In vielen Fällen ist die Ursprungsseite eines Muskels breiter und weniger beweglich oder er liegt sogar an verschiedenen Orten.

Betrachtet man den M. quadriceps femoris so hat dieser auf der Ursprungsseite sogar vier verschiedene Stellen, an denen er an den Knochen befestigt ist. Diese vier Muskelstränge vereinigen sich zu einem und setzen dann über die Patellasehne am Schienbein an. Bei einer Verkürzung dieses Muskels kommt es zu einer Streckung im Kniegelenk und einer Beugung im Hüftgelenk.

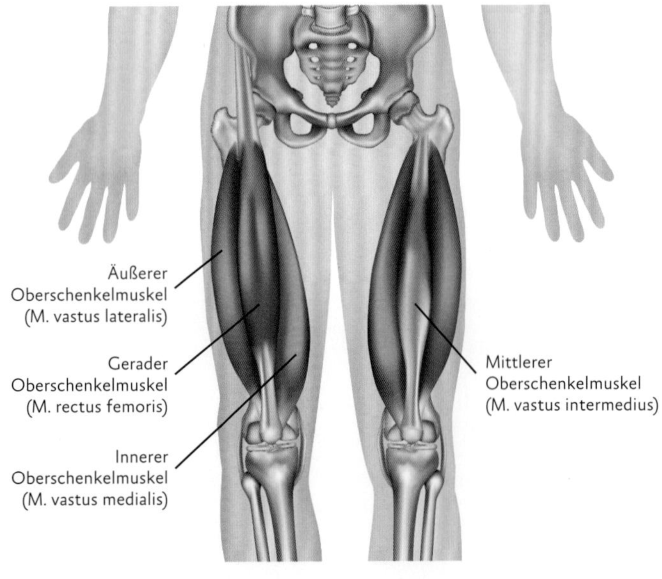

1.1 Anatomische Bewegungsbezeichnungen und Lagen

Flexion/Extension:
Beugung/Streckung

Anteversion/Retroversion:
Bewegen einer Extremität in Richtung Bauch/Rücken

Abduktion/Adduktion:
Abspreizen/Heranführen eines Körperteils an die Körpermitte

Innenrotation/ Außenrotation:
Einwärts-/Auswärtsdrehung der Schulter/Hüfte

Pronation/Supination:
Einwärts-/Auswärtsdrehung im Fuß/Unterarm

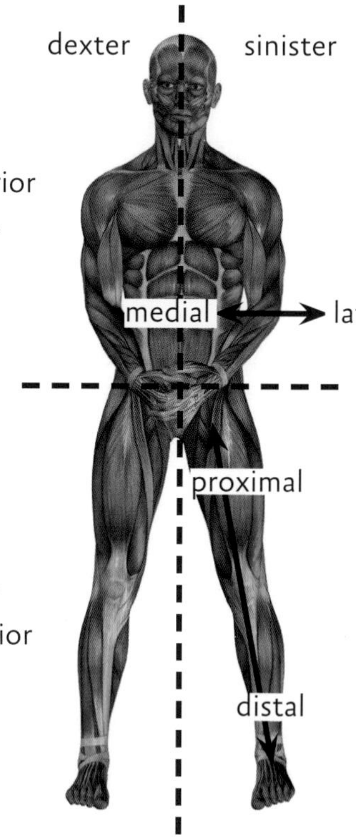

dorsal:
am Rücken gelegen

proximal:
zum Körperzentrum hin

distal:
vom Körperzentrum entfernt

medial:
in der Mitte gelegen

lateral: seitlich

dexter: rechts

sinister: links

superior:
weiter oben gelegen

inferior:
weiter unten gelegen

1.2 Lage und Funktion einzelner Muskeln und Muskelgruppen

Name	Ursprung	Ansatz	Funktion
M. quadriceps femoris **Vierköpfiger Schenkelmuskel**	Vorderer unterer Darmbeinstachel Hinterfläche des Schenkelbeines Vorderseite des Oberschenkels	Kniescheibe Patellasehne	Flexion im Hüftgelenk Extension im Kniegelenk

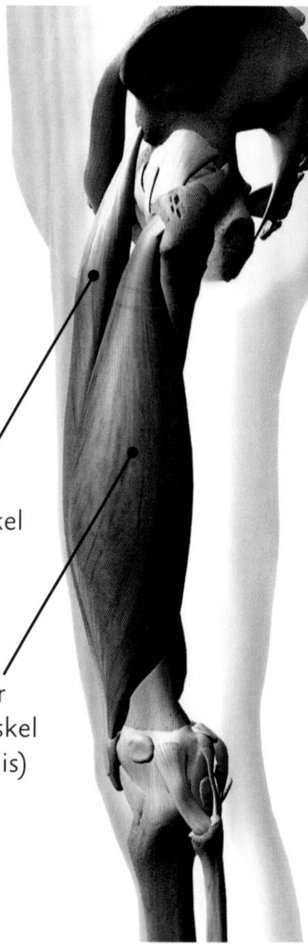

Name	Ursprung	Ansatz	Funktion
M. pectoralis major **Großer Brustmuskel**	Schlüsselbein Sternum (Brustbein) Obere 6 Rippen	Oberarmknochen	Adduktion, Vorführen und Einwärtsdrehung des Arms

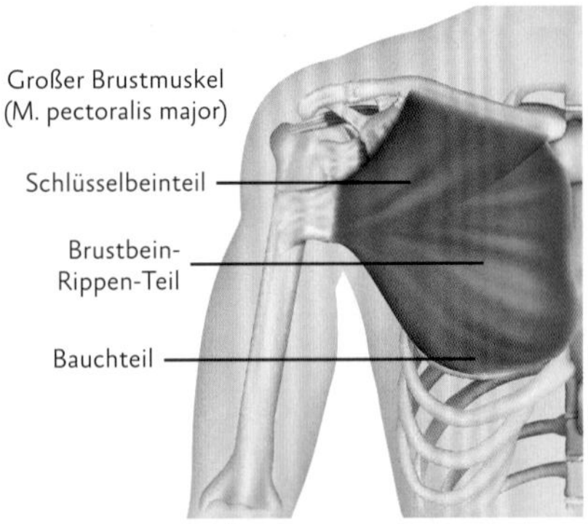

Name	Ursprung	Ansatz	Funktion
M. latissimus dorsi **Breitester Rückenmuskel**	Untere 6 Brustwirbel Darmbein Untere 3 oder 4 Rippen	Vorderseite des Oberarmknochens	Zurückziehen des Arms Senkung des erhobenen Arms Adduktion Innenrotation

Name	Ursprung	Ansatz	Funktion
M. trapezius **Trapezmuskel**	Nackenband Dornfortsätze der Hals- und Brustwirbel	Schlüsselbein Acromion am Schulterblatt	Bewegung des Schulterblatts

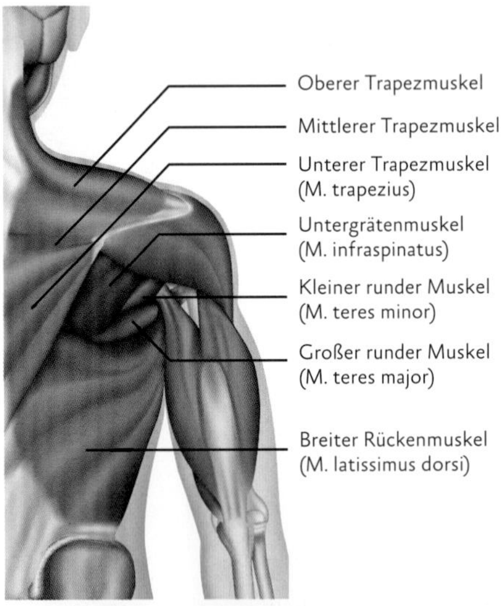

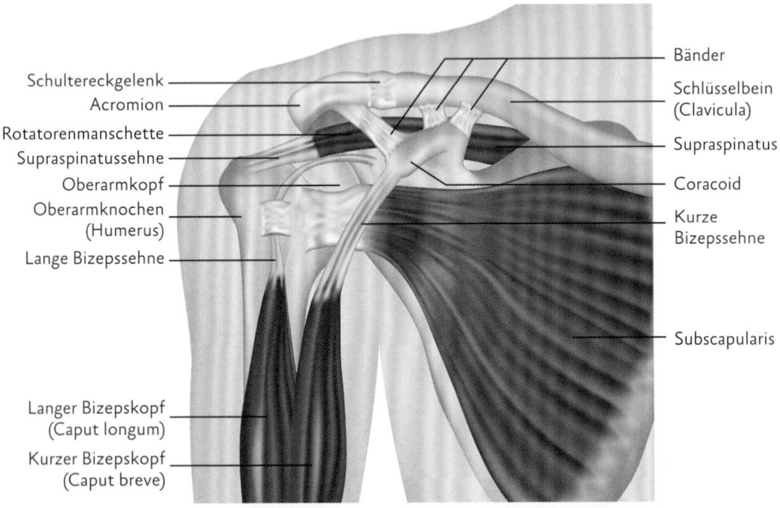

Name	Ursprung	Ansatz	Funktion
M. biceps brachii **Zweiköpfiger Muskel des Armes**	Caput longum: Schulterblatt Caput breve: Fortsatz des Schulterblatts	Elle und Speiche	Ellbogen: Beugung Hand: Auswärtsdrehung Schultergelenk: Drehung zum Bauch

Name	Ursprung	Ansatz	Funktion
M. triceps brachii **Dreiköpfiger Armmuskel**	Caput longum: Schulterblatt Caput mediale: Oberarmknochen innen Caput laterale: Oberarmknochen außen	Elle	Ellbogen: Streckung Schultergelenk: Adduktion (zur Körperachse)

GET ACTIVE 1

Wählen Sie eine beliebige Muskelgruppe des menschlichen Körpers. Gehen Sie mit einem Partner/einer Partnerin zusammen und zeigen Sie einander die ausgesuchte Muskelgruppe am Körper. Beschreiben Sie gemeinsam die Funktion der gewählten Muskelgruppe.

Machen Sie dieselbe Aufgabe mit einem anderen Mitschüler/mit einer anderen Mitschülerin und einer anderen Muskelgruppe.

GET ACTIVE 2

Erstellen Sie eine Liste mit fünf verschiedenen Muskeln/Muskelgruppen, die in diesem Kapitel nicht beschrieben wurden. Lernen Sie deren lateinische Namen, Ansatz, Ursprung und Funktion.

Suchen Sie sich nach dem Beenden dieser Aufgabe einen Partner/eine Partnerin aus der Klasse.

Prüfen Sie sich gegenseitig, indem Ihr Gegenüber Ihre Muskeln/Muskelgruppen mit den gelernten Fakten wiedergibt und umgekehrt.

Gehen Sie nach dieser Aufgabe mit anderen Paaren aus der Klasse zu einer Gruppe zusammen. Gleichen Sie Ihre Muskeln/Muskelgruppen mit den anderen ab.

1.3 Anwendung der funktionelle Anatomie

Ein allgemeines Krafttraining führt zu einer Verbesserung aller Kraftfähigkeiten. Sobald man sich auf eine Sportart spezialisiert, sind die Anforderungen an das Krafttraining weitaus komplexer und ein sportartspezifisches Training wird notwendig. Die hier abgebildete Übersicht soll als Hilfestellung für die Trainingsschwerpunkte in den einzelnen Sportarten dienen.

Die dargestellten Balken zeigen die Anzahl und Intensität der Übungen für die einzelnen Muskelgruppen. Je weiter die Farbskala in den roten Bereich geht, desto höher wird die Anzahl der benötigten Übungen im Training oder desto intensiver müssen diese Ausführungen werden. Im dargestellten Fall sind Übungen im Bereich der Schultermuskulatur jenen für die Brustmuskulatur in Bezug auf Anzahl und Intensität vorzuziehen.

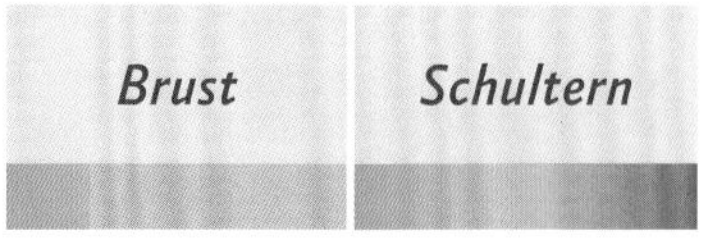

Sportartspezifische Belastungen

Für die Planung von Trainingseinheiten sei hier auf Kapitel 2 *Elementares Konditionstraining* und Kapitel 7 *Trainingsplanung und Trainingssteuerung* verwiesen.

Badminton

Allgemeines Ganzkörpertraining zur allgemeinen Leistungsverbesserung; symmetrische Kräftigung aller Muskeln im Rumpf und Oberkörper

Beine	Hüfte/Gesäß	Bauch	Rücken	Brust	Schultern	Arme

Basketball

Verbesserung der Sprungkraft durch gezieltes Beinmuskeltraining; Kräftigung der Haltungsmuskulatur; Verbesserung der Wurfkraft durch Schulter und Armtraining

Beine	Hüfte/Gesäß	Bauch	Rücken	Brust	Schultern	Arme

Biken

Gezieltes Krafttraining der Beine; extremes Training der Rücken-, Bauch- und hinteren Schultermuskulatur als Ausgleich zur schlechten Haltung am Fahrrad

Beine	Hüfte/Gesäß	Bauch	Rücken	Brust	Schultern	Arme

Laufen/Walken/Jogging

Muskeltraining zum Ausgleich: Rumpfmuskulatur, um Rückenprobleme zu vermeiden; Brust; Schultern und Arme für einen optischen Ausgleich des Körperbaus

Beine	Hüfte/Gesäß	Bauch	Rücken	Brust	Schultern	Arme

Fußball

Beinmuskulatur zur Verbesserung der Sprung- und Schusskraft; Training im Rumpf-, Schulter- und Armbereich für Vorteile bei Zweikämpfen, Kopfbällen und Einwürfen

Beine	Hüfte/Gesäß	Bauch	Rücken	Brust	Schultern	Arme

Handball

Ganzkörpertraining zur allgemeinen Leistungsverbesserung; Kräftigung aller Muskeln zur Verbesserung der Wurf- und Sprungkraft sowie zum Einsatz in Zweikämpfen

Beine	Hüfte/Gesäß	Bauch	Rücken	Brust	Schultern	Arme

Schwimmen

Schwerpunkt des Krafttrainings liegt auf Armen und Beinen; unterstützendes Krafttraining zur Verbesserung der Haltung; differenziertes Krafttraining abhängig vom Schwimmstil

Beine	Hüfte/Gesäß	Bauch	Rücken	Brust	Schultern	Arme

Skilanglauf

Ganzkörpertraining zur Verbesserung der Laufstile; Arme und Beine für Stockeinsätze und das Abstoßen bei den unterschiedlichen Lauftechniken

Beine	Hüfte/Gesäß	Bauch	Rücken	Brust	Schultern	Arme

Tennis

Gleichmäßiges Kräftigen der Rumpf-, Schulter- und Armmuskulatur; Training der Bein- und Armstreckermuskulatur für einen kraftvolleren Aufschlag

Beine	Hüfte/Gesäß	Bauch	Rücken	Brust	Schultern	Arme

Volleyball

Extremes Training der Sprungmuskulatur; Rumpfmuskeltraining in Kombination mit Armstrecker- und Brustmuskulatur

Beine	Hüfte/Gesäß	Bauch	Rücken	Brust	Schultern	Arme

1.4 Bewegungsanalysen in der funktionellen Anatomie

Das Wissen über die Funktionsweise des aktiven und passiven Bewegungsapparates hilft bei der Analyse von Bewegungen genauso wie bei der Bewertung von Übungen zur Stärkung des aktiven Bewegungsapparates. Es ermöglicht durch gezielte Variation der Übungen, eine maximale Erhöhung der sportlichen Leistung zu erzielen. In dem folgenden Abschnitt werden vier sehr bekannte und oft durchgeführte Kraftübungen nach den Gesichtspunkten der funktionellen Anatomie analysiert. Bei jeder Übung werden das Ziel der Übung, die dabei beteiligten Muskelgruppen in ihrer Funktion, die richtige Durchführung und eventuelle Variationsmöglichkeiten besprochen. Aufgrund der Vielzahl der Übungen soll an diesen Beispielen demonstriert werden, wie wichtig eine richtige Einschätzung der Übung für die sportliche Leistung sein kann.

Beinstrecker sitzend

Spezielles Ansprechen der eingelenkigen Funktion der Kniestreckung des M. quadriceps femoris. Aufgrund der guten Bewegungsführung ist die Übung relativ einfach. Sie sollte aber nur als Ergänzungsübung zu anderen mehrgelenkigen Übungen verwendet werden.

Agonisten	Antagonisten	Synergisten
Vierköpfiger Oberschenkelmuskel (M. quadriceps femoris): gerader, innerer, äußerer und mittlerer Oberschenkelmuskel (M. rectus, M. vastus intermedius, M. lateralis und M. medialis)	Zweiköpfiger Oberschenkelmuskel (M. biceps femoris) Halbsehnenmuskel (M. semitendinosus) halbmembranöser Muskel (M. semimembranosus)	Stabilisierend: Rumpfmuskulatur

Durchführung	Sitzposition in Verlängerung der Geräteachse. Rücken sollte gleichmäßig an der Rückenlehne aufliegen. Gleichmäßiges Heben beider Beine bis maximal zur beinahen Streckung des Kniegelenkes. Rückführung des Kniegelenkes in einer gleichmäßigen Bewegung zu einem rechten Winkel.
Variationen	Die einbeinige Durchführung hat den Vorteil, dass man mögliche Leistungsunterschiede zwischen dem linken und rechten Bein erkennen und ausgleichen kann. Die Veränderung der Position der Rückenlehne nach hinten verstärkt die Belastung des geraden Oberschenkelmuskels (M. rectus femoris), erhöht aber die Gefahr eines Hohlkreuzes.

Beinbeuger liegend/sitzend		
Eine einfache Übung zur Kräftigung der Beinbeugemuskulatur. Ein Nachteil der sitzenden Position liegt darin, dass man auf den zu trainierenden Muskeln sitzt. Diese sollten sich aber wegen der Kontraktion ausdehnen und nicht eingeengt werden.		
Agonisten	**Antagonisten**	**Synergisten**
Zweiköpfiger Oberschenkelmuskel (M. biceps femoris) Halbsehnenmuskel (M. semitendinosus) halbmembranöser Muskel (M. semimembranosus)	Vierköpfiger Oberschenkelmuskel (M. quadriceps femoris): gerader, innerer, äußerer und mittlerer Oberschenkelmuskel (M. rectus, M. vastus M. intermedius, M. lateralis und M. medialis)	Unterstützend: Schneidermuskel (M. sartorius) Schenkelanzieher (M. gracilis) Großer Gesäßmuskel (M. glutaeus maximus)

Durchführung	Liege-/Sitzposition in Verlängerung der Geräteachse. Bauch bzw. Rücken sollte gleichmäßig an der Lehne aufliegen. Ziehen der beiden Unterschenkel ohne Schwung in einer gleichmäßigen Bewegung mit der Ferse voran nach hinten in Richtung Gesäß. Im Umkehrpunkt kurz innehalten und dann langsam in die Ausgangsposition zurückführen.
Variationen	Die einbeinige Durchführung hat den Vorteil, dass man mögliche Leistungsunterschiede zwischen dem linken und rechten Bein erkennen und ausgleichen kann. Je nach Fußstellung sind Akzentuierungen der angesprochenen Muskeln möglich. Leichte Innenrotation betont die Aktivität des halbmembranösen Muskels (M. semimembranosus) und des Halbsehnenmuskels (M. semitendinosus), während eine Außenrotation vermehrt den zweiköpfigen Oberschenkelmuskel (M. biceps femoris) fordert.

Latzug

Im Gegensatz zum freien Latissimuszug wird hier die Bewegung durch das Trainingsgerät vorgegeben. Je nach Gerätetyp werden die Griffe geradlinig oder in einer kreisförmigen Bewegungsbahn geführt.

Agonisten	Antagonisten	Synergisten
Breitester Rückenmuskel (M. latissimus dorsi) Kapuzenmuskel (M. trapezius) Rautenmuskel (M. rhomboidei) Großer Rundmuskel (M. teres major)	Großer Brustmuskel (M. pectoralis major) Vorderer Sägemuskel (M. serratus anterior)	Unterstützend: Deltamuskel (M. deltoideus) Zweiköpfiger Oberarmmuskel (M. biceps brachii) Beugende Muskulatur des Unterarmes

Durchführung	Stellen Sie die Sitzhöhe so ein, dass die Beine annähernd rechtwinklig gebeugt sind. Spannen Sie die Rumpfmuskulatur an und fassen Sie die Griffe so weit oben, dass die Gewichte bei gestreckten Armen etwas angehoben sind. Die Handrücken zeigen in der Grundübung nach außen.
Variationen	Je nach Gerätetyp können die Hände weiter außen mit Außenrotation im Schultergelenk greifen, damit der Latissimus (M. latissimus dorsi) intensiver aktiviert wird. Die Handflächen zeigen dann zum Körper.

Butterfly		
Der Butterfly gilt als die Paradeübung für gezieltes Brustmuskeltraining. Der Vorteil des Gerätes liegt in der guten Durchführung der Bewegung und in der Fixierung des Körpers, was ein Training auch mit sehr hohen Widerständen möglich macht.		
Agonisten	**Antagonisten**	**Synergisten**
Großer Brustmuskel (M. pectoralis major)	Breitester Rückenmuskel (M. latissimus dorsi) Kapuzenmuskel (M. trapezius)	Unterstützend: Deltamuskel (M. deltoideus) Zweiköpfiger Armmuskel (M. biceps brachii)

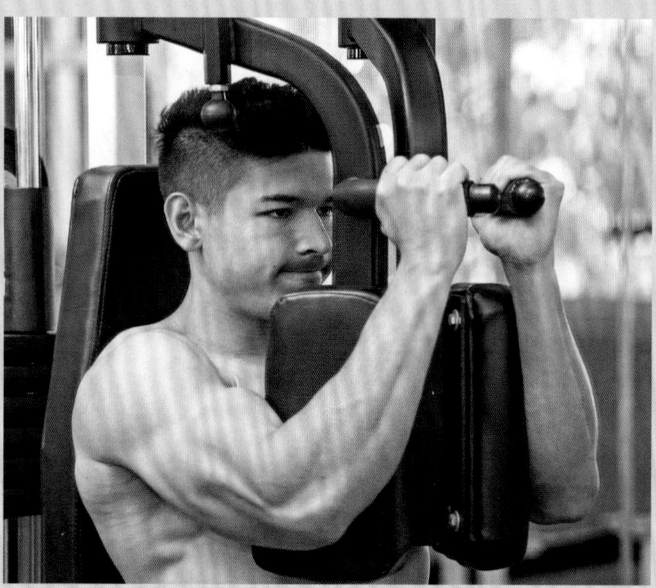

Durchführung	Positionieren Sie die Oberarme parallel etwa in der Höhe der Schultern. Die Ellbogen sind in der Grundübung rechtwinkelig gebeugt, die Hände zeigen nach oben. Nutzen Sie, soweit vorhanden, die Einstiegshilfe des Gerätes. Bewegen Sie die Hebelarme so weit nach außen, bis die Oberarme mit der Schulterachse eine Linie bilden.
Variationen	Die Übung kann auch ohne Außenrotation im Schultergelenk ausgeführt werden. Die Unterarme befinden sich dabei auf Höhe der Oberarme, die Hände zeigen nach vorne.

GET ACTIVE 3

Wählen Sie zwei verschiedene Sportarten aus, zu denen Sie einen besonderen Bezug haben. Erstellen Sie eine Übersicht unter dem Gesichtspunkt der funktionellen Anatomie wie im unten dargestellten Beispiel für Biken.

Biken						
Gezieltes Krafttraining der Beine; extremes Training der Rücken-, Bauch- und hinteren Schultermuskulatur als Ausgleich zur schlechten Haltung am Fahrrad						
Beine	*Hüfte/Gesäß*	*Bauch*	*Rücken*	*Brust*	*Schultern*	*Arme*

Geben Sie die wichtigsten Muskelgruppen an, die bei sportartspezifischen Techniken an der Bewegung beteiligt sind und machen Sie Trainingsvorschläge im Bereich des Krafttrainings für die beiden Sportarten.

RP-TRAINING

Anforderungsniveau 1

1. Beschreiben Sie die Lage und Funktion folgender Muskeln:
   - M. quadriceps femoris
   - M. pectoralis major
   - M. biceps brachii
   - M. latissimus dorsi
2. Beschreiben Sie die unterschiedlichen Ansätze der funktionellen Anatomie anhand eines konkreten Beispieles.
3. Geben Sie die Anforderungen in Bezug auf die Sportarten Volleyball, Schwimmen und Tennis wieder, die sich aus den Kenntnissen der funktionellen Anatomie ableiten lassen.

Anforderungsniveau 2

1. Erläutern Sie die Begriffe „Ansatz“ und „Ursprung“ eines Muskels.
2. Analysieren Sie die abgebildete Graphik im Hinblick auf die Bewegung und die beteiligte Muskulatur.
3. Erläutern Sie die Bedeutung von Ansatz und Ursprung eines Muskels für die Ausführung von Kraftübungen.

Anforderungsniveau 3

1. Diskutieren Sie die Vorteile, die sich für einen Sportler/eine Sportlerin und einen Trainer/eine Trainerin ergeben, wenn sie sich mit der funktionellen Anatomie beschäftigen.
2. Bewerten Sie die Wichtigkeit dieses Wissens für Ihre sportliche Leistung.
3. Führen Sie an der abgebildeten Kraftübung eine Bewegungsanalyse durch. Bei dieser Übung wird die Rolle nach vorne gebracht, dann die Position kurz gehalten und wieder in die Anfangsposition zurückgegangen. Gehen Sie dabei auf folgende Punkte ein:
   - Ziel der Übung
   - Agonisten, Antagonisten, Synergisten
   - Durchführung der Übung
   - mögliche Variationsarten

KOMPETENZCHECK

Ich kann ...			
... Lage und Funktionalität der wichtigsten Muskeln/ Muskelgruppen nennen und erklären.			
... sportartspezifische Techniken in Hinblick auf die funktionelle Anatomie analysieren.			
... Übungen im Krafttraining und deren Wirkung auf den aktiven und passiven Bewegungsapparat einschätzen.			

Glossar (Wörterverzeichnis mit Erklärung)

Kapitel 1: Grundlagen der Biomechanik

Windkanal
In einem Windkanal werden die aerodynamischen Eigenschaften eines Gegenstandes bestimmt. Über große Ventilatoren wird eine Luftströmung erzeugt. Die Strömung der Luft um den Gegenstand wird untersucht.

Strömungslehre
Die Strömungslehre beschäftigt sich mit dem physikalischen Verhalten von Flüssigkeiten und Gasen.

Kapitel 2: Elementares Konditionstraining

anaerobe-laktazide Energiebereitstellung
Diese Energiebereitstellung erfolgt ohne die Beteiligung von Sauerstoff. Es wird dabei Laktat gebildet, das in großen Mengen leistungshemmend ist.

ästhetische Komponente
Die Ästhetik ist die Lehre der Wahrnehmung und bezieht sich auf Dinge, die unsere Sinne bewegen wie z. B. Schönes oder Angenehmes.

Glykose
Die Glykose ist ein Monosaccharid (Einfachzucker: $C_6H_{12}O_6$) und wird oft auch noch mit dem veralteten Begriff „Glucose" bezeichnet.

Rehabilitationszeit
In diesem Fall ist die Zeitspanne gemeint, die ein Sportler/eine Sportlerin benötigt, um nach einer Verletzung wieder vollständig einsetzbar zu sein.

Musculus *(lat.)*
der Muskel; Abkürzung: M.

Musculi *(lat.)*
die Muskeln; Abkürzung: Mm.

sportliche Leistungsfähigkeit
Die sportliche Leistungsfähigkeit ist die Fähigkeit eines Sportlers/einer Sportlerin bei höchster Belastung spezifische Aufgaben zu erfüllen. Diese Fähigkeit hängt von der Leistungsbereitschaft, dem Trainingszustand, der körperlichen Konstitution und vielen anderen Faktoren eines Sportlers/einer Sportlerin ab.

Steadystate
Als Steadystate bezeichnet man ein Fließgleichgewicht physiologischer Größen, wie zum Beispiel der Laktatkonzentration oder der Sauerstoffaufnahme im Blut oder der Herzfrequenz. Dieser Zustand kann sich bei körperlicher Belastung auf einem deutlich höheren Niveau einstellen und unterscheidet sich somit von der Homöostase.

submaximale Trainingseinheit
Trainingseinheiten werden nicht immer mit voller Belastungsintensität durchgeführt. Im submaximalen Bereich werden Reize gesetzt, die zwischen 80 % und 90 % der Maximalbelastung liegen.

Kapitel 4: Wirkungen und Gefahren von Doping

Freizeitsport
Der Freizeitsport ist jener Bereich des Sports, der auf eine erlebnisreiche, freudbetonte und gesundheitsfördernde Gestaltung der Freizeit durch Sport abzielt. Der Freizeitsport findet sowohl (organisiert) in Vereinen als auch (unorganisiert) im individuellen Bereich statt. Er ist im Allgemeinen nicht auf Wettkämpfe ausgerichtet.

Wettkampfsport
Mit Wettkampfsport ist die Durchführung von sportlichen Übungen gemäß Wettkampfbestimmungen der Sportverbände gemeint. Der Wettkampfsport ist in vielen Bereichen normiert, z. B. die Sportbekleidung der Athleten/Athletinnen, die Sportgeräte, die Sportstätten.

Kapitel 5: Sport als Wirtschaftsfaktor

Bruttoinlandsprodukt
Das Bruttoinlandsprodukt ist der Wert aller Waren und Dienstleistungen, die in einem Jahr innerhalb der Landesgrenzen einer Volkswirtschaft produziert werden.

Erlebniswert
Das Erlebte wird als eine (kurz-/langfristige) Bereicherung für das eigene Leben angesehen.

Freizeitwert
Der Freizeitwert ist der Wert einer Landschaft o. Ä., der durch jene Möglichkeiten bestimmt wird, die für sinnvolle und erholsame Freizeitgestaltung vorhanden sind.

Wertschöpfung
Wertschöpfung ist die Summe der in den jeweiligen Wirtschaftsbereichen entstandenen Einkommen.

Kapitel 6: Bewegungssteuerung und motorisches Lernen

afferent
zu einem Organ hinführend

efferent
von einem Organ herkommend, herausführend

Kaskade
Als Kaskade wird beim Jonglieren ein einfach zu erlernendes Jongliermuster mit einer ungeraden Anzahl von Gegenständen bezeichnet.

Motoneurone
Motoneurone sind vom Gehirn wegführende Nervenzellen zur Ansteuerung der Muskeln.

motorische Einheit
Eine motorische Einheit ist die kleinste funktionelle Einheit zur Steuerung einer willkürlichen oder unwillkürlichen Muskelkontraktion. Sie umfasst ein Motoneuron mitsamt allen beteiligten Muskelfasern. Kleine motorische Einheiten umfassen 100 bis 300 Muskelfasern, große bis zu 2000 Muskelfasern.

Kapitel 8: Themen und Fragen der Sportwissenschaft

Broscience
Broscience ist eine nicht wissenschaftlich fundierte, meist falsche Trainingsempfehlung.

ideologisch; Ideologie
Eine Ideologie ist eine an eine soziale Gruppe, eine Kultur o. Ä. gebundenes System von Weltanschauungen, Grundeinstellungen und Wertungen.

Mutterwissenschaft
Eine Mutterwissenschaft ist eine Wissenschaft mit langer Tradition, aus der sich andere Wissenschaften entwickeln.

Sozialisierung; Sozialisation
Sozialisierung/Sozialisation ist ein über einen längeren Zeitraum andauernder fortlaufender Prozess, bei dem ein Jugendlicher/eine Jugendliche an die Kultur oder Gepflogenheiten einer Gesellschaft herangeführt wird.

Sportwissenschaft
Die Sportwissenschaft forscht über Probleme und Erscheinungsformen im Bereich Sport und Bewegung. Sie ist eine interdisziplinäre (fächerübergreifende) Wissenschaft.

Kapitel 9: Sport in verschiedenen Gesellschaftssystemen

Gesellschaftssystem
Ein Gesellschaftssystem ist ein System, nach dem eine Gesellschaft politisch, wirtschaftlich und sozial aufgebaut ist.

Propaganda
Propaganda bezeichnet eine systematische Verbreitung politischer, weltanschaulicher o. ä. Ideen und Meinungen mit dem Ziel, das allgemeine Bewusstsein in bestimmter Weise zu beeinflussen.

Kapitel 10: Psychische und soziale Anforderungen im Sport

Affekt
Der Affekt ist eine zeitlich begrenzte Gemütserregung, die durch äußere Vorgänge ausgelöst wird. Typische Affekte sind Zorn, Freude oder Scham. Affekte machen sich bemerkbar durch spezielle Ausdrücke, körperliche Merkmale und Handlungen. So erkennt man Scham durch Erröten oder Freude durch Lachen.

Emotion
Eine Emotion ist eine psychische Erregung, ein Gefühl.

evolutionär
sich auf die Evolution (die stammesgeschichtliche Entwicklung) beziehend

Handlungsimpuls
Unter einem Handlungsimpuls versteht man eine Reaktion auf Emotionen. Emotionen sind immer mit einer oder mehreren Handlungen gekoppelt. Gekoppelte Handlungen können durch hohe Willenskraft unterdrückt werden. Die Emotion Verachtung löst z. B Angriffsverhalten oder ignorierendes Verhalten aus.

Kognition
Kognition sind alle Prozesse, die mit Wahrnehmen und Erkennen zu tun haben.

Motivation
Motivation umfasst alle Beweggründe und Einflüsse, die einem zu einer Entscheidung oder Handlung bzw. bestimmten Handlungsweise beeinflussen und anregen.

Option
Möglichkeit, Wahl(möglichkeit), Weg

Kapitel 11: Psychologische Methoden zur Leistungssteigerung

Bedürfnis
Ein Bedürfnis ist der Wunsch bzw. ein Verlangen nach etwas. Unter Bedürfnissen (Plural) versteht man meist eine (materielle) Lebensnotwendigkeit, z. B. Nahrung.

Kapitel 12: Testen und Diagnostizieren im Sport

EKG und Belastungs-EKG
Das Elektrokardiogramm zeichnet die elektrischen Aktivitäten aller Herzmuskelfasern mittels Elektrokardiografen auf. Mit Hilfe der aufgezeichneten Herzspannungskurve lassen sich Aussagen über die Gesundheit des Herzens treffen.
Wird die Herzspannungskurve während einer körperlichen Belastung gemessen, so spricht man von einem Belastungs-EKG.

Spiroergometrie
Bei der Spiroergometrie wird das Atemverhalten bei körperlicher Belastung gemessen. Die Spiroergometrie ist eine Erweiterung der Messung mit „normalen" Laktattests. Damit ist es möglich, Aussagen über den Leistungszustand eines Sportlers/einer Sportlerin zu machen.

Kapitel 13: Wagnis und Risiko im Sport

Amygdala
Die Amygdala ist ein Teil des limbischen Systems, eine Art Verarbeitungsstation für externe Impulse (Sinneswahrnehmungen). Die vegetativen Auswirkungen der Sinneswahrnehmungen wirken als Gefühle auf das Gehirn zurück.

Flow
Als Flow wird ein Zustand höchster Konzentration und völliger Versunkenheit in eine Tätigkeit bezeichnet.

Hippocampus
Der Hippocampus ist ein Teil des Gehirns, der für wichtige Prozesse wie Lernen und Gedächtnis verantwortlich ist.

Hypothalamus
Der Hypothalamus ist eine wichtige „Schaltzentrale" unseres Körpers. Er beeinflusst u. a. unser Gefühls- und Sexualverhalten.

limbisches System
Das limbische System steuert unterschiedliche Emotionen, z. B. Liebe, Hass oder Angst. Das limbische System ist für das Gedächtnis zuständig und ermöglicht den Menschen, Neues zu lernen.

Motiv
Ein Motiv ist eine Überlegung, eine Gefühlsregung, ein Umstand o. Ä., durch den sich jemand bewogen fühlt, etwas Bestimmtes zu tun; Beweggrund; Triebfeder.

Normen
Normen sind allgemein anerkannte, als verbindlich geltende Regeln für das Zusammenleben der Menschen.

parasympathisches Nervensystem; Parasympathikus
Das parasympathische Nervensystem ist Teil des vegetativen Nervensystems; der Parasympathikus stellt den Organismus auf Ruhe- und Regenerationsphasen ein („Rest and Digest").

sympathisches Nervensystem; Sympathikus
Das sympathische Nervensystem ist Teil des vegetativen Nervensystems; der Sympathikus stellt den Organismus auf eine Aktivitätssteigerung ein („Fight or Flight").

Kapitel 14: Kulturelle Aspekte von Bewegung und Sport

Anti-Establishment
Als Anti-Establishment wird die persönliche Einstellung bezeichnet, bei der die Person gegen konventionelle soziale, politische und ökonomische Prinzipien einer Gesellschaft ist.

Kapitel 16: Gesundheit und Lebensqualität

Ressource
Eine Ressource ist ein natürlich vorhandener Bestand von etwas, was für einen bestimmten Zweck (dauerhaft) benötigt wird, z. B. für die Ernährung der Menschen oder für die wirtschaftliche Produktion.

Kapitel 18: Gesundheitsförderung und Prävention

Achillessehnenreflex
Der Achillessehnenreflex (ASR) kann normalerweise durch einen leichten Schlag auf die Sehne ausgelöst werden. Der/Die Betroffene sollte dabei am Bauch liegen und der Fuß sollte freistehend sein. Durch den Schlag auf die Sehne sollte es durch die Aktivierung des Musculus triceps surae reflexartig zu einer Plantarflexion des Fußes (in Richtung Fußsohle) kommen.

Agilität
Agilität in Bezug auf Bewegungen im Alltag bezeichnet die körperliche Wendigkeit und Beweglichkeit.

Cofaktor oder Koenzym
Cofaktor oder Koenzym sind Überbegriffe für Moleküle und Molekülgruppen, die für die Funktion von vielen Enzymen unerlässlich sind. Erst durch das Auftreten der Cofaktoren kann ein Enzym aktiv werden.

Elektrolyt
Ein Elektrolyt ist ein festes oder flüssiges Material, das frei bewegliche geladene Atome enthält. Elektrolyte sind für den Körper und dessen Wasserhaushalt lebenswichtig. Elektrolytmangel führt, oft zusammen mit Flüssigkeitsmangel, schnell zu Hitzeschäden.

Glossar

Empowerment
Empowerment ist ein Handlungskonzept im sozialen Bereich. Es setzt stehts an den Stärken und Kompetenzen der Menschen zur Lebensbewältigung an, auch in Situationen und Lebensphasen, die von persönlichen Stärken und Schwächen geprägt sind.

ergonomisch/Ergonomie
Ergonomie (griech.: *ergon* – Arbeit; *nomos* – Gesetz, Regel) bezeichnet im Allgemeinen die optimale Anpassung der Arbeitsbedingungen an den Menschen.

exzentrisches Training
Exzentrisches Training bedeutet das kontrollierte Absenken eines Gewichts, z. B. beim Tennisellbogen wird ein Gewicht in der Hand langsam von oben nach unten gesenkt.

geschlossene Kette
Von einer geschlossenen Kette spricht man, wenn das jeweilige Ende einer Extremität mit einem festen Untergrund verbunden ist, z. B. Beine mit dem Boden, Hände mit der Wand.

Glykogenspeicher
Der Glykogenspeicher wird auch Glykogendepot genannt und bezeichnet die gesamte Menge an Kohlenhydraten, die im menschlichen Körper gespeichert ist. Das gespeicherte Glykogen befindet sich hauptsächlich in der Leber und in der Muskulatur.

Glykose
siehe Kapitel 2

kontraktil
fähig, sich zusammenzuziehen

Kyphose
Als Kyphose bezeichnet man die Krümmung der Wirbelsäule nach hinten.

Lordose
Als Lordose bezeichnet man die Krümmung der Wirbelsäule nach vorne.

M./Mm.
siehe Kapitel 2

Magergewicht
Das Magergewicht ist die Masse einer Person abzüglich der gesamten Fettmasse. Wie hoch der Fettanteil im Körper ist, hängt vom Alter, Geschlecht, Essverhalten und Trainingszustand einer Person ab.

Pathophysiologie
Die Pathophysiologie ist die Lehre von Krankheitsvorgängen und Funktionsstörungen.

Ressource
siehe Kapitel 16

Setting
Setting bezeichnet eine Gesamtheit von Merkmalen und Rahmenbedingungen eines Lebensumfeldes, in dem etwas stattfindet, z. B. Familie, Schule, Arbeitsplatz.

Stichwortverzeichnis

Stichwortverzeichnis

Literaturverzeichnis

Kapitel 1: Grundlagen der Biomechanik

Appell, H.-J./Stang-Voss, C. (2008): Funktionelle Anatomie: Grundlagen sportlicher Leistung und Bewegung. Springer Verlag.
Biel, A./Kolster, B. (2016): Trail Guide – Bewegung und Biomechanik. Marburg: KVM.
Gehrke, T. (2009): Sportanatomie. Hamburg: Nikol Verlagsges.mbH.
Güllich, A./Krüger, M. (2013): Sport – Das Lehrbuch für das Sportstudium. Wiesbaden: Springer Spectrum.
Günter, S./Harre, H.-D./Krug, J. (2008): Trainingslehre – Trainingswissenschaften. Aachen: Meyer & Meyer Verlag.
Hottenrott, K./Neumann, G. (2010): Sportwissenschaften studieren – Trainingswissenschaften – Ein Lehrbuch in 14 Lektionen. Aachen: Meyer & Meyer Verlag.
Hüter-Becker, A./Dölken, M. (2011): Biomechanik, Bewegungslehre, Leistungsphysiologie, Trainingslehre (Physiolehrbuch). Stuttgart: Thieme Verlag.
Jäger, J./Krüger, K. (2011): Der Muskel im Sport: Anatomie, Physiologie, Training, Rehabilitation. Berlin: KVM Medizinerverlag.
Oliver, N./Marschall, F./Büsch D. (2016): Grundlagen der Trainingswissenschaft und -lehre. Traunreut: Hofmann GmbH & Co. KG.
Richard, H./Kullmer, G. (2013): Biomechanik: Grundlagen und Anwendungen auf den menschlichen Bewegungsapparat. München: Springer Verlag.
Schnur, A./Schwameder, H. (2016): Praxisorientierte Biomechanik im Sportunterricht. In: Sport und Physik: http://www.biomechanik-im-sportunterricht.de (10. März 2016).
Weineck, J. (2009): Sportbiologie. Tübingen: Spitta GmbH.
Wick, D./Ohlert, H./Kittel, R./Fritzenberg, M./Krueger, T./Thielscher, W./Ebing, J. (2013): Biomechanik im Sport: Lehrbuch der biomechanischen Grundlagen sportlicher Bewegung. Balingen: Spitta Verlag.

Kapitel 2: Elementares Konditionstraining

Appell, H.-J./Stang-Voss, C. (2008): Funktionelle Anatomie: Grundlagen sportlicher Leistung und Bewegung. Springer Verlag.
Bachl, N./Löllgen, H./Wackerhage, H./Tschan, H./Wessner, B. (2017): Molekulare Sport- und Leistungsphysiologie. Heidelberg: Springer Verlag.
BMB/BSPA (2017): Angewandte Trainingslehre. Wien: BMB.
Groves, D./Thurgood, G./Williams, L. (2012): Krafttraining: Muskelaufbau – Fitness – Gesundheit. München: Dorling Kindersley Verlag.
Güllich, A./Krüger, M. (2013): Sport – Das Lehrbuch für das Sportstudium. Wiesbaden: Springer Spectrum.
Günter, S./Harre, H.-D/Krug, J. (2008): Trainingslehre – Trainingswissenschaften. Aachen: Meyer & Meyer Verlag.
Hottenrott, K./Neumann, G. (2010): Sportwissenschaften studieren – Trainingswissenschaften – Ein Lehrbuch in 14 Lektionen. Aachen: Meyer & Meyer Verlag.
Hüter-Becker, A./Dölken, M. (2011): Biomechanik, Bewegungslehre, Leistungsphysiologie, Trainingslehre (Physiolehrbuch). Stuttgart: Thieme Verlag.
Jäger, J./Krüger, K. (2011): Der Muskel im Sport: Anatomie, Physiologie, Training, Rehabilitation. Berlin: KVM Medizinerverlag.
Meinel, K./Schnabel, G. (2014): Bewegungslehre Sportmotorik. Aachen: Meyer & Meyer Sport.
Oliver, N./Marschall, F./Büsch, D. (2016): Grundlagen der Trainingswissenschaft und -lehre. Traunreut: Hofmann GmbH & Co. KG.
Oliver, N./Rockmann, U./Krause, D. (2013): Grundlagen der Bewegungswissenschaften und -lehre. Schorndorf: Hofmann GmbH & Co. KG.
Pauer, T. (2001): Die motorische Entwicklung leistungssportlich trainierender Jugendlicher. Schorndorf: Hofmann-Verlag GmbH & Co. KG.
The Sience of Sports. Von sport sience – Training theories: https://sportsscientists.com/sports-science/training-theories (10. März 2019).
Trunz-Carlisi, E. (2003): Praxisbuch Muskeltraining. München: Gräfe und Unzer Verlag GmbH.
Weineck, J. (2009): Sportbiologie. Tübingen: Spitta GmbH.
Weineck, J. (2010): Optimales Training. Balingen: Spitta Verlag GmbH & Co. KG.

Kapitel 3: Beweglichkeits- und Koordinationstraining

BMB/BSPA (2017): Angewandte Trainingslehre. Wien: BMB.
Güllich, A./Krüger, M. (2013): Sport – Das Lehrbuch für das Sportstudium. Wiesbaden: Springer Spectrum.
Günter, S./Harre, H.-D./Krug, J. (2008): Trainingslehre – Trainingswissenschaften. Aachen: Meyer & Meyer Verlag.
Hottenrott, K./Neumann, G. (2010): Sportwissenschaften studieren – Trainingswissenschaften – Ein Lehrbuch in 14 Lektionen. Aachen: Meyer & Meyer Verlag.
Künzell, S./Hossner, E.-J. (2016): Einführung in die Bewegungswissenschaften. Wiebelsheim: Limpert Verlag GmbH.
Meinel, K./Schnabel, G. (2014): Bewegungslehre Sportmotorik. Aachen: Meyer & Meyer Sport.
Oliver, N./Marschall, F./Büsch D. (2016): Grundlagen der Trainingswissenschaft und -lehre. Traunreut: Hofmann GmbH & Co. KG.
Oliver, N./Rockmann, U./Krause, D. (2013): Grundlagen der Bewegungswissenschaften und -lehre. Schorndorf: Hofmann GmbH & Co. KG.
Scheid, V./Prohl, R. (2016): Kursbuch Sport 3: Bewegungslehre. Wiebelsheim: Limpert Verlag GmbH.
The Sience of Sports. Von sport sience – Training theories: https://sportsscientists.com/sports-science/training-theories (10. März 2019).
Tomasits, J./Haber, P. (2016): Leistungsphysiologie Lehrbuch für Sport- und Physiotherapeuten und Trainer. Heidelberg: Springer Verlag GmbH.
Weineck, J. (2010): Optimales Training. Balingen: Spitta Verlag GmbH & Co. KG.
Wollny, R. (2007): Bewegungswissenschaften – Ein Lehrbuch in 12 Kapitel. Aachen: Meyer & Meyer Verlag.

Kapitel 4: Wirkungen und Gefahren von Doping

Donike, M. (1976): Doping – Abgrenzung zur Therapie. In: Leistungssport, 6 (5), 323 – 333.
Donike, M. (1990): Doping. In: Studienbrief der Trainerakademie Köln des Deutschen Sportbundes. Schorndorf.
Krauß, M. (2000): Doping. Hamburg.
Müller, Th.: Geschichte des Dopings. In: http://www.doping.de/geschichte-des-doping/ (5. Feb. 2018)
NADA (n. d.): Änderungen und Neuerungen ab 1. 1. 2021. In: https://www.nada.at/de/boxnewsshowo-aenderungen-und-neuerungen-ab-1.1.2021 (13. Jänner 2020).
NADA (2007): Gendoping. BASPO: Magglingen.
NADA (2017a): Handbuch für Nachwuchs-, Breiten- und Freizeitsportler. In: https://www.nada.at/files/doc/Info-Material/Handbuch-fuer-Nachwuchs-Breiten-und-Freizeitsport_Online.pdf (27. März 2020).
NADA (2017b): Handbuch für Leistungssportler. In: https://www.nada.at/files/doc/Info-Material/Handbuch-fuer-Leistungssportler_2015.pdf (22. Mai 2019).
NADA (2018a): Anabole Substanzen. In: https://www.nada.at/de/medizin/risiken-nebenwirkungen/marketshow-anabole-substanzen (6. Feb. 2018).
NADA (2018b): Peptidhormone, Wachstumsfaktoren, verwandte Substanzen und Minimetika. In: https://www.nada.at/de/medizin/risiken-nebenwirkungen/marketshow-peptidhormone-wachstumsfaktoren-verwandte-substanzen-und-mimetika (6. Feb. 2018).
NADA (2018c): Beta-2-Agonisten. In: https://www.nada.at/de/medizin/risiken-nebenwirkungen/marketshow-beta-2-agonisten (7. Feb. 2018).

NADA (2018d): Hormone und Stoffwechsel-Modulatoren. In: https://www.nada.at/de/medizin/risiken-nebenwirkungen/marketshow-hormone-und-stoffwechsel-modulatoren (7. Feb. 2018).
NADA (2018e): Diuretika und Maskierungsmittel. In: https://www.nada.at/de/medizin/risiken-nebenwirkungen/marketshow-diuretika-und-maskierungsmittel (7. Feb. 2018).
NADA (2018f): Manipulation von Blut und Blutbestandteilen. In: https://www.nada.at/de/medizin/risiken-nebenwirkungen/marketshow-manipulation-von-blut-und-blutbestandteilen (7. Feb. 2018).
NADA (2018g): Gendoping. In: https://www.nada.at/de/medizin/risiken-nebenwirkungen/marketshow-gendoping (7. Feb. 2018).
NADA (2018h): Stimulanzien. In: https://www.nada.at/de/medizin/risiken-nebenwirkungen/marketshow-stimulanzien (7. Feb. 2018).
NADA (2018i): Cannabinoide. In: https://www.nada.at/de/medizin/risiken-nebenwirkungen/marketshow-cannabinoide (7. Feb. 2018).
NADA (2018j): Glukokortikoide. In: https://www.nada.at/de/medizin/risiken-nebenwirkungen/marketshow-glukokortikoide (7. Feb. 2018).
NADA (2018k): Beta-Blocker. In: https://www.nada.at/de/medizin/risiken-nebenwirkungen/marketshow-beta-blocker (7. Feb. 2018).
Offer, A. M. (2008): Was ist Doping. In: http://www.sportmedizin-hellersen.de/dfs/html/was_ist_doping_.html (5. Feb. 2018).
Schwaiger, M. (2016): Doping – der unsichtbare Begleiter im Sport. In: https://online.medunigraz.at/mug_online/wbabs.getDocument?pThesisNr=51657&pAutorNr=76603&pOrgNR=1 (6. Feb. 2018).
Sörös, M./Vogl, E. (2008): Spitzenleistungen. Doping und die Zukunft des Sports. Wien.
TZ (2014): Die größten Dopingskandale der Sport-Geschichte. In: https://www.tz.de/sport/mehr/groessten-doping-skandale-sportgeschichte-fotostrecke-zr-3006354.html (5. Feb. 2018).
Windisch, K. (2009): Leistungsentwicklung und Doping an ausgewählten Beispielen. In: https://core.ac.uk/download/pdf/11585291.pdf (5. Feb. 2018).
WADA (2015a): Welt-Anti-Doping-Code. In: https://www.nada.at/files/doc/Regelwerke/2015-wadc-final-de.pdf (13. Jänner 2020).
WADA (2015b): https://www.wada-ama.org/sites/default/files/resources/files/2015-wadc-final-de.pdf (5. Feb. 2018).
WADA (2018): World Anti-Doping Code 2021. In: https://www.wada-ama.org/sites/default/files/resources/files/2021_code.pdf (13. Jänner 2020).

Kapitel 5: Sport als Wirtschaftsfaktor

BMU (2017): Wintersport mit Folgen: das Ökosystem Alpen. In: https://www.umwelt-im-unterricht.de/hintergrund/wintersport-mit-folgen-das-oekosystem-alpen (18. Juni 2018).
BSO (2015): Der volkswirtschaftliche Nutzen von Bewegung. In: https://www.sportaustria.at/fileadmin/Inhalte/Dokumente/Initiative_Sport/Studie_Volkswirtschaftlicher_Nutzen_Sport.pdf (27. März 2020).
BSO (2018a): Die wirtschaftliche Bedeutung des Sports in Österreich. In: https://www.sportaustria.at/fileadmin/Inhalte/Dokumente/Initiative_Sport/Wirtschaftliche_Bedeutung_Sport.pdf (27. März 2020).
BSO (2018b): Studie: Volkswirtschaftlicher Nutzen von Sport. In: http://www.bso.or.at/index.php?id=943&type=0&jumpurl=fileadmin%2FInhalte%2FDokumente%2FInitiative_Sport%2FWirtschaftliche_Bedeutung_Sport.pdf&juSecure=1&locationData=943%3Att_content%3A3339&juHash=d7ba377e9ffc836857a5092e5d9b005c0b546abb (6. Juni 2018).
BSO (2018c): Statements. In: https://www.sportaustria.at/fileadmin/Inhalte/Dokumente/Initiative_Sport/Pressekonferenz_Statements.pdf (27. März 2020).
BSO (2018d): Sportsponsoring. In: http://www.bso.or.at/de/schwerpunkte/soziales-und-gesellschaftspolitik/sport-und-wirtschaft/sportsponsoring/ (2. Juli 2018).
BSO (2018e): Sponsoring im österreichischen Sportverein. In: https://www.sportaustria.at/de/schwerpunkte/soziales-und-gesellschaftspolitik/sport-und-wirtschaft/sportsponsoring/sponsoring-in-oesterreichischen-sportvereinen/ (27. März 2020).
BSO (2018f): Sportsponsoring: Checkliste Werbemittel. In: http://www.bso.or.at/fileadmin/Inhalte/Dokumente/Sponsoring/Sportsponsoring_Download3-Checkliste-Werbemittel.pdf (3. Juli 2018).
Bundesministerium für Wirtschaft und Energie (2018): Sportwirtschaft. In: https://www.bmwi.de/Redaktion/DE/Textsammlungen/Branchenfokus/Wirtschaft/branchenfokus-sportwirtschaft.html (5. Juni 2018).
Fischer, St./Hőß, K. (2004): Auswirkungen von Sportgroßveranstaltungen auf Destinationen. In: https://www.grin.com/document/38676 (19. Juni 2018).
Gaulhofer, K. (2016): Sport und Wirtschaft: Österreichs „Goldene" beim Geld. In: https://diepresse.com/home/wirtschaft/economist/4739941/Sport-und-Wirtschaft_Oesterreichs-Goldene-beim-Geld (6. Juni 2018).
Helmenstein, Ch. u. a. (2006): Sportwirtschaft in Österreich – Eine Analyse der wirtschaftlichen Bedeutung des Sports in Österreich. In: http://schasching.spoe.at/antraege2006/WKO%20Sportwirtschaft%20in%20%D6sterreich.pdf (27. März 2020).
Hund, I. C. (2013): Kriterien für erfolgreiches Sportsponsoring. In: https://opus.ostfalia.de/frontdoor/deliver/index/docId/684/file/Hund_2013_Kriterien_erfolgreiches_Sportsponsoring.pdf (2. Juni 2018).
Oberösterreich Tourismus (2014): Sport & Tourismus brauchen einander. In: https://www.youtube.com/watch?v=6-1f6spndss (19. Juni 2018).
SPORT+MARKT AG; ESB Europäische Sponsoring-Börse (2012): Sponsoring-Barometer Österreich 2012/2013. Das Meinungsbild der werbetreibenden Unternehmen in Österreich. Köln/St. Gallen: SPORT+MARKT AG/ESB Europäische Sponsoring-Börse.
Zengel, M. (2014): Die Wirkung von Sportsponsoring. In: http://universaar.uni-saarland.de/monographien/volltexte/2014/121/pdf/zengel_sponsoring.pdf (2. Juli 2018).

Kapitel 6: Bewegungssteuerung und motorisches Lernen

Bachl, N./Löllgen, H./Wackerhage, H./Tschan, H./Wessner, B. (2017): Molekulare Sport- und Leistungsphysiologie. Heidelberg: Springer Verlag.
BMB/BSPA (2017): Angewandte Trainingslehre. Wien: BMB.
Günter, S./Harre, H.-D./Krug, J. (2008): Trainingslehre – Trainingswissenschaften. Aachen: Meyer & Meyer Verlag.
Künzell, S./Hossner, E.-J. (2016): Einführung in die Bewegungswissenschaften. Wiebelsheim: Limpert Verlag GmbH.
Meinel, K./Schnabel, G. (2014): Bewegungslehre Sportmotorik. Aachen: Meyer & Meyer Sport.
Motorisches Lernen. In: Dr.Gumpert.de: https://www.dr-gumpert.de/html/motorisches_lernen.html (17. April 2017).
Oliver, N./Rockmann, U./Krause, D. (2013): Grundlagen der Bewegungswissenschaften und -lehre. Schorndorf: Hofmann GmbH & Co. KG.
Röthig, P./Prohl, R. (2003). Sportwissenschaftliches Lexikon (Beiträge zur Lehre und Forschung im Sport). Schorndorf: Hofmann-Verlag.
Scheid, V./Prohl, R. (2016): Kursbuch Sport 3: Bewegungslehre. Wiebelsheim: Limpert Verlag GmbH.
Schöllhorn, W./Beckmann, H. u. a. (2009): Differenzielles Lehren und Lernen im Sport. Ein alternativer Ansatz für einen effektiven Schulsportunterricht. In: Sportunterricht, Heft 2/2009.
Weineck, J. (2009): Sportbiologie. Tübingen: Spitta.
Weineck, J. (2010): Optimales Training. Balingen: Spitta.
Wiemann, K. (2018): Physikalisches Wissen, neurophysiologische Einsichten und eigenmotorische Kompetenz. Gevelsberg.
Wollny, R. (2007): Bewegungswissenschaften – Ein Lehrbuch in 12 Kapitel. Aachen: Meyer & Meyer Verlag.

Kapitel 7: Trainingsplanung und Trainingssteuerung

BMB/BSPA (2017): Angewandte Trainingslehre. Wien: BMB.
Güllich, A./Krüger, M. (2013): Sport – Das Lehrbuch für das Sportstudium. Wiesbaden: Springer Spectrum.
Günter, S./Harre, H.-D./Krug, J. (2008): Trainingslehre – Trainingswissenschaften. Aachen: Meyer & Meyer Verlag.
Hottenrott, K./Neumann, G. (2010): Sportwissenschaften studieren – Trainingswissenschaften – Ein Lehrbuch in 14 Lektionen. Aachen: Meyer & Meyer Verlag.
Hüter-Becker, A./Dölken, M. (2011): Biomechanik, Bewegungslehre, Leistungsphysiologie, Trainingslehre (Physiolehrbuch). Stuttgart: Thieme Verlag.
Künzell, S./Hossner, E.-J. (2016): Einführung in die Bewegungswissenschaften. Wiebelsheim: Limpert Verlag GmbH.
Maier, E. (2017): Trainingslehre. Erstellen eines Trainingsplans mit Diagnose, Krafttestung und Trainingsplanung. München: GRIN Verlag.
Meinel, K./Schnabel, G. (2014): Bewegungslehre Sportmotorik. Aachen: Meyer & Meyer Sport.
Petrik, M. (2014): CrossFit Powerworkouts: Intensivtraining für Kraft & Ausdauer. München: BLV Buchverlag.
Schurr, S. (2018): Trainingsplanung & -steuerung im Ausdauersport: Block- & klassische Periodisierung als alternative Planungsmodelle ?! Norderstedt: Books on Demand.
Sturm-Constantin, Monika: Periodisierung – Teil 2 (2012). In: https://www.trainingsworld.com/training/trainingsplanung/periodisierung-teil-einfach-doppel-mehrfachperiodisierung-1561532 (5. Feb. 2020).
Tomasits, J./Haber, P. (2005): Leistungsphysiologie: Grundlagen für Trainer, Physiotherapeuten und Masseure. Wien: Springer Verlag.
Weineck, J. (2009): Sportbiologie. Tübingen: Spitta.
Weineck, J. (2010): Optimales Training. Balingen: Spitta.
Wollny, R. (2007): Bewegungswissenschaften – Ein Lehrbuch in 12 Kapitel. Aachen: Meyer & Meyer Verlag.

Kapitel 8: Themen und Fragen der Sportwissenschaft

Bässler, R. (20187): Grundlagen für wissenschaftliches Arbeiten. Horn: RB Research & Consulting Verlag.
Brückner, Jan-Peter (2012): Grundlagen sportwissenschaftlicher Forschung. In: https://www.sportwissenschaft.uni-kiel.de/de/studium-lehre/bachelor-of-arts/lehrveranstaltungen/downloads-grundlagen-sportwissenschaftlicher-forschung/1-3_Einfuehrung_QuantQual_ForschLogAblauf_SS12.pdf (11. Juli 2018).
Flavia IT (2016): Akteur-Beobachter-Divergenz. In: https://einmaleins.flavia-it.de/effect/akteur-beobachter-divergenz/ (28. Aug. 2019).
FWF Der Wissenschaftsfonds (2007): Grundlagenforschung – die Suche nach Erkenntnis. In: http://www.fwf.ac.at/de/pulic_relations/event-info/abenteuer-forschung/grundlagenforschung.html (23. Aug. 2008).
Güllich, A./Krüger, M. (2013): Sport – Das Lehrbuch für das Studium. Berlin/Heidelberg: Springer Verlag.
Kästner, S. (2014): Grundlagenforschung für neue Schwimmrekorde. In: https://www.deutschlandfunk.de/bewegungslabor-grundlagenforschung-fuer-neue-schwimmrekorde.676.de.html?dram:article_id=298481 (24. Mai 2019).
Kornexl, E. (2010): Geschichte des Sports. In: http://sport1.uibk.ac.at/lehre/Modulpr%FCfung%20-%20Pr%FCfungsunterlagen/Geschichte%20WS10-11.pdf (5. Juli 2018).
Loy, Th. (2016): Gütekriterien – Objektivität, Reliabilität, Validität. In: https://www.statistik-und-beratung.de/2016/03/2552/ (11. Juli 2018).
Scheibler, P. (2018): Qualitative versus quantitative Forschung. In: https://studi-lektor.de/tipps/qualitative-forschung/qualitative-quantitative-forschung.html (11. Juli 2018).
Stöggl, Th. u. a. (2010): Hochintensives Intervall- (HIT) und Schnelligkeitstraining im Fußball. In: https://www.researchgate.net/publication/242339895_Hoch-intensives_Intervall-_HIT_und_Schnelligkeitstraining_im_Fussball (28. Aug. 2019).
Uibk (2018): Bachelorstudium Sportwissenschaft. In: https://www.uibk.ac.at/studium/angebot/ba-sportwissenschaft/index.html.de (11. Juli 2018).
Wydra, G. (2018): Sportpädagogische Grundlagen. In: https://www.sportpaedagogik-sb.de/pdf/Sportpaedagogik/Baustein%201%20-%20Sportpaedagogische%20Grundlagen.pdf (27. Mai 2019).
Will, A. (2016): Was ist Sportökonomie? Was macht ein Sportökonom? In: https://www.sportmarketing-sponsoring.biz/blog/sportoekonomie/sportoekonomie-sportoekonom/ (20. Juli 2018).

Kapitel 9: Sport in verschiedenen Gesellschaftssystemen

BR (n. d.): Zur Rolle der Einsatzkräfte – Das Polizeidesaster. In: https://www.daserste.de/information/reportage-dokumentation/vom-traum-zum-terror-muenchen-72/hintergrund/das-polizeidesaster-100.html (28. Mai 2019).
Duden (2018a): Gesellschaftssystem, das: In: https://www.duden.de/rechtschreibung/Gesellschaftssystem (16. Aug. 2018).
Duden (2018b): Commonwealth, das. In: https://www.duden.de/rechtschreibung/Commonwealth (17. Aug. 2018).
Grubmüller, St. (2012): Politische Bildung im Unterrichtsfach „Bewegung und Sport" zwischen Anfang und Implementation. In: https://core.ac.uk/download/pdf/11600454.pdf (16. Aug. 2018).
Güldenpfennig, S. (1992): Der politische Diskurs des Sports. Zeitgeschichtliche Beobachtungen und theoretische Grundlagen. Aachen: Meyer & Meyer.
Güldenpfennig, S. (2008): Olympische Spiele und Politik. In: Politik und Zeitgeschichte, 29–30/2008, S. 6–12.
Isringhaus, Jörg (2016): Hitlers Propaganda-Spiele. In: https://rp-online.de/sport/olympia-sommer/historie/olympia-1936-die-propaganda-spiele-von-adolf-hitler_aid-18197615 (16. Aug. 2018).
MDR (2018): Russlands Politik Abseits der WM. In: https://www.mdr.de/heute-im-osten/russland-politik-im-schatten-der-wm-100.html (28. Mai 2019).
Nowotny, M. (2018): Zivilgesellschaft unter Druck. In: https://orf.at/stories/2442708/2442707/ (16. Aug. 2018).
ÖBFK (2018): Mentale Maßnahmen. Wolkersdorf: Gerin Druck.
Angst-Panik-Hilfe.de (2019): Wie mit einem Panikanfall umgehen? 11 Tipps. In: https://www.angst-panik-hilfe.de/panikanfall-umgang.html (3. März 2020).
Ossa, J. (2018): Der olympische Gedanke. In: https://www.wissen.de/der-olympische-gedanke (17. Aug. 2018).
PB (2003): Die Rolle des Sports in Gesellschaft und Politik. In: http://kompass.humanrights.ch/cms/upload/pdf/oe/sport_ib.pdf (30. Mai 2019).
Plattform politische Bildung (2016): Demokratie. In: https://plattform-politische-bildung.at/demokratie-lernen/demokratie-kurz-erklaert (30. Mai 2019).
Polis (2018): Sport und Politik. In: https://www.politik-lernen.at/dl/MKuoJMJKomknlJqx4KJK/pa_2014_5_sport_und_politik_web1.pdf (30. Mai 2019).
Scheider, G./Toyka-Seid, Ch. (2019): Diktatur. In: http://www.bpb.de/nachschlagen/lexika/das-junge-politik-lexikon/160990/diktatur (30. Mai 2019).
Schwier, J./Leggewie, C. (2006): Wettbewerbsspiele: Inszenierung von Sport und Politik in den Medien. Frankfurt/New York: Campus Verlag.
Soriano, J. (2018): Einzug der österreichischen Delegation. In: https://sport.orf.at/now/421-Eroeffnung-der-XXIII-Winterspiele/ (13. Aug. 2018).
Spiller, Ch. (2011): Der Sport hat eine demokratisierende Wirkung. In: https://www.zeit.de/sport/2011-02/formel1-bahrain-sport-demokratie (16. Aug. 2018).
SZ (2010): No Sports – no Power. In: https://www.sueddeutsche.de/leben/sportliche-politiker-no-sports-no-power-1.525354 (30. Mai 2019).
Wille, U. (2007): Die Kinder- und Jugendspartakiaden der DDR. In: http://www.ines-mietzsch.de/114601/131001.html (17. Aug. 2018).
Wolf, Ch. (2013): Wie politisch ist der Sport? In: https://www.br.de/puls/themen/sport/wie-politisch-ist-der-sport-100.html (14. Aug. 2018).
Zeit Online (2018): Pussy Riot stören das WM-Finale mit Flitzeraktion. In: https://www.zeit.de/gesellschaft/zeitgeschehen/2018-07/russland-pussy-riot-aktion-protest-fussball-wm-menschenrechte (28. Mai 2019).

Kapitel 10: Psychische und soziale Anforderungen im Sport

Alfermann, D./Stoll, O. (2016): Sportpsychologie: Ein Lehrbuch in 12 Lektionen. Meyer & Meyer Sport.
Baumann, S. (2015): Psychologie im Sport. Aachen: Meyer & Meyer Sport.
Csíkszentmihályi, M./Jackson, S. (2000): Flow im Sport. München: BLV Verlagsgesellschaft.
Drimalla, H.: Die Wurzeln der Gefühle. In: Das Gehirn.info: https://www.dasgehirn.info/denken/emotion/die-wurzeln-der-gefuehle (23. März 2020).
Güllich, A./Krüger, M. (2013): Sport – Das Lehrbuch für das Sportstudium. Wiesbaden: Springer Spectrum.
Hänsel, F./Baumgärtner, S. (2016): Sportpsychologie. München: Springer.
Konfliktlösungsmodelle nach Thomas und Schwarz. In: Der Konflikt im Gespräch. Leitfaden für Konfliktsituationen und konfliktträchtige Gespräche, Best Institut 04/2016
Meinel, K./Schnabel, G. (2014): Bewegungslehre Sportmotorik. Aachen: Meyer & Meyer Sport.
Plutchik, R. (1991): The Emotions. University Press of America.
Reneberg, B./Hammelstein, P. (2006): Gesundheitspsychologie. Heidelberg: Springer Medizin Verlag.
Sport-Österreich.at: David Alaba – mehrfacher Fußballer des Jahres. In: https://www.sport-oesterreich.at/david-alaba-fussballer-des-jahres (10. März 2020).
Wirtschaftslexikon Gabler: https://wirtschaftslexikon.gabler.de/search/content?keys=motivation&sort_by=search_api_relevance&sort_order=DESC (10. März 2020).

Kapitel 11: Psychologische Methoden zur Leistungssteigerung

Alfermann, D./Stoll, O. (2016): Sportpsychologie: Ein Lehrbuch in 12 Lektionen. Meyer & Meyer Sport.
Baumann, S. (2015): Psychologie im Sport. Aachen: Meyer & Meyer Sport.
Csíkszentmihályi, M./Jackson, S. (2000): Flow im Sport. München: BLV Verlagsgesellschaft GmbH.
Draksal, M. (2005): Mehr Konzentration im Sport. Leipzig: Draksal Fachverlag.
Güllich, A./Krüger, M. (2013): Sport – Das Lehrbuch für das Sportstudium. Wiesbaden: Springer Spectrum.
Hänsel, F./Baumgärtner, S. (2016): Sportpsychologie. München: Springer.
Maslow, A. H. (1981[12]): Motivation und Persönlichkeit. (Originaltitel: Motivation and Personality. Erstausgabe 1954, übersetzt von Paul Kruntorad). Reinbek bei Hamburg: Rowohlt.
Meinel, K./Schnabel, G. (2014): Bewegungslehre Sportmotorik. Aachen: Meyer & Meyer Sport.
Reneberg, B./Hammelstein, P. (2006): Gesundheitspsychologie. Heidelberg: Springer Medizin Verlag.
Third of Life: Schlafoptimierung. In: https://www.third-of-life.com/pages/schlafoptimierung (24. Feb. 2020).
Weineck, J. (2010): Optimales Training. Balingen: Spitta Verlag GmbH & Co. KG.

Kapitel 12: Testen und Diagnostizieren im Sport

Alfermann, D./Stoll, O. (2016): Sportpsychologie: Ein Lehrbuch in 12 Lektionen. Meyer & Meyer Sport.
Baumann, S. (2015): Psychologie im Sport. Aachen: Meyer & Meyer Sport.
BMB/BSPA (2017): Angewandte Trainingslehre. Wien: BMB.
Bös, K. (2017): Handbuch Motorische Tests: Sportmotorische Tests, Motorische Funktionstests, Fragebögen zur körperlich-sportlichen Aktivität und sportpsychologische Diagnoseverfahren. Göttingen: Hogrefe Verlag.
Brand/Ehrlenspiel/Graf (2009): WAI-T. In: Diagnostikportal (2019): Sportpsychologie für den Spitzensport. https://www.bisp-sportpsychologie.de (23. April 2019).
Bühner, M. (2010): Einführung in die Test- und Fragebogenaktion. Pearson Deutschland.
Elbe/Wenhold/Müller (2005): AMS – Achievement Motives Scale. In: Diagnostikportal (2019): Sportpsychologie für den Spitzensport. https://www.bisp-sportpsychologie.de (23. April 2019).
Güllich, A./Krüger, M. (2013): Sport – Das Lehrbuch für das Sportstudium. Wiesbaden: Springer Spectrum.
Günter, S./Harre, H.-D./Krug, J. (2008): Trainingslehre – Trainingswissenschaften. Aachen: Meyer & Meyer Verlag.
Hänsel, F./Baumgärtner, S. (2016): Sportpsychologie. München: Springer.
Lau/Stoll (2002): MAKO-02. In: Diagnostikportal (2019): Sportpsychologie für den Spitzensport. https://www.bisp-sportpsychologie.de (23. April 2019).
Lau, A./Stoll, O. (2007): Gruppenkohäsion im Sport. Psychologie in Österreich, 27 (2), S. 155 –163. In: https://www.researchgate.net/publication/261107586_Gruppenkohasion_im_Sport_Psychologie_in_Osterreich_27_155-163 (9. März 2020).
Maier, E. (2017): Trainingslehre. Erstellen eines Trainingsplans mit Diagnose, Krafttestung und Trainingsplanung. München: GRIN Verlag.
Meinel, K./Schnabel, G. (2014): Bewegungslehre Sportmotorik. Aachen: Meyer & Meyer Sport.
Oliver, N./Rockmann, U./Krause, D. (2013): Grundlagen der Bewegungswissenschaften und -lehre. Schorndorf: Hofmann GmbH & Co. KG.
Psychology. Von Personality Tests and Sports. In: https://psychology.iresearchnet.com/sports-psychology/sports-and-personality/personality-tests-and-sports (10. Dez. 2019).
Raschka, C./Nitsche, L. (2016): Praktische Sportmedizin. Stuttgart: Thieme.
Rupprecht-Becker, T.: Psychologie im Sport – eine Tatsache, die nach mehr Beachtung schreit. In: https://www.zeit.de/wohlfuehlen/fitness_neu/Psychosport (3. März 2020).
Sportpsychologie: „Der Kopf wird immer entscheidender“. In: www.freiepresse.de/sport/sportpsychologin-der-kopf-wird-immer-entscheidender-artikel 10502738 (5. Feb. 2020).
Sportpsychologie. Vom Österreichisches Bundesnetzwerk Sportpsychologie. In: http://www.sportpsychologie.at/home (23. April 2019).
Team-Reflexivity-Modell. In: Diagnostikportal (2019): Sportpsychologie für den Spitzensport. https://www.bisp-sportpsychologie.de (23. April 2019).
Tomasits, J./Haber, P. (2005): Leistungsphysiologie: Grundlagen für Trainer, Physiotherapeuten und Masseure. Wien: Springer Verlag.
Tomasits, J./Haber, P. (2016): Leistungsphysiologie. Lehrbuch für Sport- und Physiotherapeuten und Trainer. Heidelberg: Springer Verlag GmbH.
Ulmer, H.-V.: Möglichkeiten und Grenzen der Leistungsdiagnostik aus der Sicht eines Sportphysiologen. In: Sport – Das Lehrbuch für das Sportstudium. Wiesbaden: Springer Spektrum.
Wahl, P./Bloch, W./Mester, J. (2009): Moderne Betrachtungsweisen des Laktats: Laktat ein überschätztes und zugleich unterschätztes Molekül. Schweizerische Zeitschrift für Sportmedizin und Sporttraumatologie.
Weineck, J. (2010): Optimales Training. Balingen: Spitta Verlag GmbH & Co. KG
Wiener Testsystem. In: Schuhfried: https://www.schuhfried.at (10. Feb. 2020).
Wenhold, F./Elbe, A.-M./Beckmann, J. (2008): AMS – Sport Langversion: Allgemeiner Fragebogen zum Leistungsmotiv im Sport. In: www.bisp.de (22. April 2019).

Kapitel 13: Wagnis und Risiko im Sport

Angst-Panik-Hilfe.de (2019): Wie mit einem Panikanfall umgehen? 11 Tipps. In: https://www.angst-panik-hilfe.de/panikanfall-umgang.html (3. März 2020).
Bock, S. (2005): Sicherheit im Unterricht aus Bewegung und Sport. In: http://mitmannsgruber.net/wp-content/uploads/2015/06/Skriptum_Sicherheit.pdf
DGU (1997): Informationen Sicherheit im Schulsport. In: http://www.fssport.de/texte/turgk.pdf (26. Aug. 2018).
Dpa (2016): Muhammad Alis beste Sprüche. In: https://www.t-online.de/sport/boxen/id_78026084/die-besten-sprueche-von-muhammad-ali-ich-bin-so-fies-dass-selbst-medizin-krank-wird-.html (27 März 2020).
Duden (2018a): Wagnis, das. In: https://www.duden.de/rechtschreibung/Wagnis (23. Aug. 2018).
Duden (2018b): Risiko, das. In: https://www.duden.de/rechtschreibung/Risiko (23. Aug. 2018).
Hackfort, D./Schwenkmezger, P. (1980): Angst und Angstkontrolle im Sport: Sportrelevante Ansätze und Ergebnisse theoretischer und empirischer Angstforschung. Köln: bps-Verlag.
KFV (2016a): Top 5 Sportunfälle in Österreich. In: https://unfallstatistik.kfv.at/index.php/heim-freizeit-sport/top-5-sportunfalle-osterreich (23. Aug. 2018).
Krenn, B. (2017): Extremsport und Risikosport. In: https://www.gesundheit.gv.at/leben/bewegung/gesunde-bewegung/extremsport-risikosport (3. März 2020).
Kurz, D. (2000): Die pädagogische Grundlegung des Schulsports in Nordrhein-Westfalen. In: H. Aschebrock (Hg.): Erziehender Schulsport. Pädagogische Grundlagen der Curriculum Revision in Nordrhein-Westfalen. Bönen: Kettler, S. 9 – 55.
Mayrhofer, S./Zellmann, P. (2010): So sportlich ist Österreich. In: http://www.freizeitforschung.at/data/forschungsarchiv/2010/89.%20FT%2012-2010_So%20sportlich%20ist%20Oesterreich.pdf (23. Aug. 2018).
Mirbach, M. (2007): Strukturelle Angstlustvermittlung unter besonderer Berücksichtigung literarischer Gewaltdarstellungen. In: https://d-nb.info/988995816/34 (24. Aug. 2018).
ÖBFK (2018): Mentale Maßnahmen. Wolkersdorf: Gerin Druck.
Rauscher, L. (2011): Trends im Alpinsport. In: http://sport1.uibk.ac.at/lehre/lehrbeauftragte/Rauscher%20Lucky/Seilaufbauten_und_Kooperationsspiele_WS_2011%2012.pdf (26. Aug. 2018).
Röthig, P. (1992): Sportwissenschaftliches Lexikon. Schorndorf: Hofmann.
SÖLL, W.: Sportunterricht – Sport unterrichten. Zeitschrift Sportpädagogik: Helfen im Turnen 1/1991. Hannover: Friedrich Verlag.
Stiftung Sicherheit im Sport (2019): Anregungen für die Sportpraxis. In: https://www.sicherheit.sport/informationen-fuer-die-sportpraxis/sportartenuebergreifende-informationen/sicherheit-im-breitensport/anregungen-fuer-die-sportpraxis (3. Juni 2019).
Universität Regensburg: Helfen und Sichern. In: https://elearning.uni-regensburg.de/pluginfile.php/1283507/coursecat/description/Helfen%20und%20Sichern.pdf (3. Juni 2019).
Wolf, D. (2018): Was bei Angst im Körper passiert. In: https://www.angst-panik-hilfe.de/angst-koerper.html (26. Aug. 2018).

Kapitel 14: Kulturelle Aspekte von Bewegung und Sport

Bento. Das junge Magazin vom SPIEGEL. In: https://www.bento.de/tv/skateboard-filme-skater-a-00000000-0003-0001-0000-000001292495 (17. Feb. 2020).
Brockhaus Enzyklopädie: https://brockhaus.de (22. Aug. 2019).
Brockhaus Jugendlexikon: https://brockhaus.de (22. Aug. 2019).
European Union (2018): Sport-European Week of Sport. In: https://ec.europa.eu/sport/week/ (27. Aug. 2018).
Gaille, B. (2017): 21 Good Skateboard Sales Statistics. In: https://brandongaille.com/20-good-skateboard-sales-statistics/ (15. Feb 2020).
Kornexl, E. (2010): Grundlagen der Sportpädagogik. Vorlesungsskript des Instituts für Sportwissenschaften der Universität Innsbruck.
Krüger, M./Neuber, N. (2011): Bildung im Sport. Wiesbaden: Springer Fachmedien. In: https://link.springer.com/chapter/10.1007/978-3-531-94026-7_6 (27. Aug. 2018).
Küßner, G. (2002): Beach-Volleyball im Sportunterricht. Konzeption, Implementation und quasiexperimentelle Wirkungsanalysen eines Unterrichtmodells für eine Trendsportart. Hamburg: Czwalina.
Mayrhofer, S./Zellmann, P. (2010): So sportlich ist Österreich. In: http://www.freizeitforschung.at/data/forschungsarchiv/2010/89.%20FT%2012-2010_So%20sportlich%20ist%20Oesterreich.pdf (23. Aug. 2018).
Mediasteak (2017): 10 Skateboard Filme – von den USA, über Südafrika bis nach Burma. In: http://www.bento.de/tv/skateboard-filme-skater-1292495/ (28. Aug. 2018).
Mohr, M. (2019): Umfrage zur Häufigkeit von sportlicher Aktivität in Österreich 2018. In: https://de.statista.com/statistik/daten/studie/933764/umfrage/umfrage-zur-haeufigkeit-von-sportlicher-aktivitaet-in-oesterreich-2018/#statisticContainer (15. Feb 2020)
Neumayer, I. (2018): Skaten. In: https://www.planet-wissen.de/gesellschaft/sport/skaten/index.html (15. Feb. 2020).
Piniel, P. (2013): Trendsport im Unterrichtsfach Bewegung und Sport. In: http://othes.univie.ac.at/27571/1/2013-04-08_0404720.pdf (28. Aug. 2018).
Schwier, J. (2002): Was ist Trendsport? In: Christoph Breuer, Harald Michels (Hrsg.): Trendsport – Modelle, Orientierungen und Konsequenzen. Aachen: Verlag Meyer & Meyer.
Schwanitz, D. (2002): Bildung. Alles, was man wissen muss. München: Goldmann.
Statistik Austria (2015): http://www.statistik.at/web_de/statistiken/menschen_und_gesellschaft/gesundheit/gesundheitsdeterminanten/bmi_body_mass_index/index.html (20. Nov. 2019).

Kapitel 15: Umweltbelastung durch Sport/Sportveranstaltungen

BMNT (2018a): Sportveranstaltungen. In: https://www.bmnt.gv.at/umwelt/nachhaltigkeit/green-events/projekte/sportveranstaltungen.html (30. Aug. 2018).
BMNT (2018b): Cross Country Lauf XC. In: https://www.bmnt.gv.at/umwelt/nachhaltigkeit/green-events/projekte/sportveranstaltungen/CROSS-COUNTRY-LAUF-XC.html (30. Aug. 2018).
Collins, A. u. a. (2012): The Environmental Impacts of Major Cycling Events: Reflections on the UK Stages of the Tour de France. In: https://orca.cf.ac.uk/53325/1/Tour-de-France.pdf (7. März 2020).
Decarli, P./Jaksche, J. (2015): Management der Nachhaltigkeit von Sportveranstaltungen. In: https://bia.unibz.it/bitstream/handle/10863/7467/Management%20der%20Nachhaltigkeit%20von%20Sportveranstaltungen%20am%20Beispiel%20Reschenseelauf.pdf?sequence=2&isAllowed=y (27. März 2020).
Demokratiewebstatt: Was ist ein ökologischer Fußabdruck. In: https://www.demokratiewebstatt.at/thema/thema-umwelt-und-klima/woher-kommt-die-dicke-luft/was-ist-ein-oekologischer-fussabdruck/ (29. Aug. 2018).
Fit for Life: Abfallsünden im Sport. In: https://www.fitforlife.ch/artikel/abfallsuenden-im-sport/ (29. Aug. 2018).
Forum Umweltbildung (2012): Was ist ein Globaler Hektar? In: https://www.umweltbildung.at/cgi-bin/cms/praxisdb/suche.pl?aktion=thema&typ=Themen&themenid=427 (29. Aug. 2018).
Green Events Tirol: Maßnahmenkatalog der Checkliste – Green Events Tirol. In: https://innsbrucktirolsports.com/wp-content/uploads/2015/07/Checkliste_greenevents.pdf (30. Aug. 2018).

IOC (2017): IOC Sustainability Strategy – Executive Summary. In: https://stillmed.olympic.org/media/Document%20Library/OlympicOrg/Factsheets-Reference-Documents/Sustainability/2017-03-21-IOC-Sustainability-Strategy-English-01.pdf (30. Aug. 2018).
Kaiser, L.: Tourismus und Umweltschutz: Entwicklungsland Österreich(?). In: https://www.biorama.eu/tourismus-und-umweltschutz-entwicklungsland-oesterreich/ (30. Aug. 2018).
Marakovits, N. (2017): Vienna City Marathon: Marathonis und Rennschnecken. In: https://kurier.at/chronik/wien/vienna-city-marathon-marathonis-und-rennschnecken/260.019.731 (7. März 2020).
Raschke, J. (2015): Agenda 21 Ziele und Dokumente. In: https://www.nachhaltigkeit.info/artikel/agenda_21_dokumente_985.htm (30. Aug. 2018).
Semp (2015): Verbauung in Österreich nimmt weiter zu. In: https://www.trend.at/politik/oesterreich/bodenatlas-verbauung-oesterreich-5407660 (30. Aug. 2018).

Kapitel 16: Gesundheit und Lebensqualität

Bewegung und Fitness. In: Der Standard: https://www.derstandard.at/story/2000037555956/leistungssport-kann-nicht-gesund-sein (13. Aug. 2019).
Bundesministerium für Arbeit, Soziales, Gesundheit und Konsumentenschutz (2019): Arthrose: Symptome & Diagnose.
Bundesministerium Arbeit, Soziales, Gesundheit und Konsumentenschutz (2019): Bluthochdruck (Hypertonie): Was ist das?
Bundesministerium für Arbeit, Soziales, Gesundheit und Konsumentenschutz (2019): Salutogenese.
Fitworks (n. d.): Gesundheitsbefragung. In: https://www.univie.ac.at/soziologie-statistik/pflege/VL/FB%2010%20Gesundheit.pdf (28 Juni 2019).
Depressionen bei Leistungssportlern sind verbreitet. In: https://www.spiegel.de/sport/sonst/depressionen-bei-leistungssportlern-sind-verbreitet-a-942840.html (25. Mai 2019).
Dober, R. (2019): Das Salutogenese Modell. Wiesbaden.
Hausschild, J.: Depressionen bei Top-Athleten. In: Spiegel Sport: https://www.spiegel.de/sport/sonst/depressionen-bei-leistungssportlern-sind-verbreitet-a-942840.html (22. Jänner 2014).
Kickbusch, I. (1999): Der Gesundheitsbegriff der Weltgesundheitsorganisation. In: Häfner, H.: Gesundheit – Unser höchstes Gut! Heidelberg: Springer Verlag.
Kornexel, E. (2010): Grundlagen der Sportpädagogik. Universität Innsbruck.
Mokdad, A. H. u. a. (1999): The Spread of the Obesity Epidemic in the United States, 1991 – 1998. In: https://jamanetwork.com/journals/jama/article-abstract/192036 (24. März 2020).
Olshansky u. a. (2005): New English Journal of Medicine; A Potential Decline in Life Expectancy in the United States in the 21st Century. In: https://www.nejm.org/doi/full/10.1056/NEJMsr043743 (24. März 2020).
Ratgeber – Leistungssport & Gesundheit: Nutzen oder Schaden? In: www.arztsuche24.at: https://arztsuche24.at/ratgeber/gesundheit-allgemein/leistungssport-gesundheit-nutzen-oder-schaden/ (15. Aug. 2019).
Schmitt, M. (2019): Risikofaktorenmodell. In: https://www.uni-saarland.de/einrichtung/hochschulsport/bewegungswelt-campus/hsponline/theorie/risikofaktorenmodell.html (1. April 2020).
Spicker I./Schopf A. (2007): Gesundheitsbegriffe und Gesundheitsmodelle. Wien: Springer. In: https://www.springer.com/de/book/9783211486436?utm_campaign=bookpage_about_buyonpublisherssite&utm_medium=referral&utm_source=springerlink (9. März 2020).
Statistik Austria (2015): Body Mass Index (BMI).
WHO: Bluthochdruck: ein ernstzunehmendes, aber oft vermeidbares Leiden. In: http://www.euro.who.int/de/about-us/whd/past-themes-of-worldhealth-day/world-health-day-2013-focus-on-high-blood-pressure/high-blood-pressure-serious-but-often-preventable (6. März 2020).
WHO: Institutional repository for information sharing. In: https://apps.who.int/iris/bitstream/handle/10665/59557/Ottawa_Charter_G.pdf (20. März 2020).
WHO: who constitution. In: https://www.who.int/governance/eb/who_constitution_en.pdf (20. März 2020).
Wirtschaftskammer (2019): Der Fitness-Markt in Österreich. In: https://www.wko.at/site/Fitnessbetriebe/Der-Fitness-Markt-in-Oesterreich.html (6. März 2020).

Kapitel 17: Normen und Werte im Sport

Baumann, S. (2013): Sportpsychologie: Motive friedlicher und gewaltbereiter Fußballfans (2). In: http://www.sportakademie24.de/sportpsychologie-fanverhalten-2/ (6. Juni 2019).
Difference Between (2018): Difference between sportsmanship and gamesmanship. In: http://www.differencebetween.info/difference-between-sportsmanship-and-gamesmanship (4. Sept. 2018).
Duden (2018a): Moral, die. In: https://www.duden.de/rechtschreibung/Moral (3. Sept. 2018).
Giesecke, H. (2005): Wie lernt man Werte? Grundlagen der Sozialerziehung. Weinheim/München: Juventa Verlag.
Großekathöfer, M. (2007): Kunstturnen – Die Schule der Drachen. In: https://www.spiegel.de/spiegel/print/d-50343995.html (25. Aug. 2019).
Grupe, O./Mieth, D. (1998): Lexikon der Ethik im Sport. Köln: Hofmann Verlag.
Heinisch, S. (2012): Der Gewahrsamsbegriff beim Diebstahl. Marburg: Tectum Verlag.
Heringer, H. J. (1993): Fairneß und Moral. In: Gerhardt, V./Lämmer, M. (Hrsg.): Fairneß und Fairplay. Tübingen: Academia Verlag.
Kornexl, E. (2010): Sportpädagogik. Vorlesungsskript der Universität Innsbruck.
Lenk, H. (2012): Erfolgreich und fair? Ethisches Verhalten im Sport: Wettkampf-Fairness und strukturelle Dilemma-Situationen. In: Lenk, H./Schulte, D. (Hrsg.): Mythos Sport. München: Wilhelm Fink Verlag.
Norddeutscher Rundfunk (n. d.): Olympia: Skandale, Fehlurteile, Boykotte. In: https://tokio.sportschau.de/tokio2020/geschichte/Olympia-Skandale-Fehlurteile-Boykotte,olympiaskandale106.html (31. März 2020).
Obrowsky, N. (2016): Beeinflussen qualitative und quantitative Kriterien der Sportaktivität die moralische Urteilsfähigkeit? Eine Untersuchung anhand von Dilemmasituationen. In: http://othes.univie.ac.at/41504/1/2016-03-04_0902722.pdf (31. März 2020).
Panthalon International (2017): Fairplay Charta. In: http://www.panathlon-international.org/index.php/de-de/64-carte/1113-fairplay-charta (3. Sept. 2018).
Pawlenka, C.: Sportethik. In: http://www.information-philosophie.de/?a=1&t=2911&n=2&y=1&c=76 (3. Sept. 2018).
Presseportal (2018): Wissenschaftliche Studie über Fußballfans und Torjubel zeigt, warum der 12. Mann auf dem Platz so wichtig für den Sieg ist. In: https://www.presseportal.de/pm/113997/3950333 (6. Juni 2019).
Schweiger, G.: Sportethik. In: https://www.uni-salzburg.at/fileadmin/multimedia/Zentrum_fuer_Ethik_und_Armutsforschung/RV.AngewandteEthik.2015/Schweiger.RV.Sportethik.pdf (3. Sept. 2018).
Spolex (2018): Fair play. In: http://spolex.de/lexikon/fair-play/ (3. Sept. 2018).
Wilke, M. (2009): Das Ende der Fairness? – Ethische Werte aus dem Sport im Spiegel der Gesellschaft. In: http://esport.dshs-koeln.de/312/1/Dissertation_Das_Ende_der_Fairness_Wilke.pdf (3. Sept. 2018).

Kapitel 18: Gesundheitsförderung und Prävention

Apolin, M. (2014): Mach das!: Die ultimative Physik des Abnehmens. Elsbethen: Ecowin.

AUVA (1991): Ergonomie. In: https://www.auva.at/cdscontent/load?contentid=10008.544627&version=1433162138 (31. März 2020).

Batken, D. (2018): Ergo-online. In: https://www.ergo-online.de/ergonomie-und-gesundheit/arbeitsplatzgestaltung/mobiliar/artikel/alternative-und-sondersitzmoebel/servicelinks/?cHash=6b9b2be7c983bfc321dd2ba62d0c7b45&L=0 (31. März 2020).

Bitkom. Krösman, C. (2014): Vom Maus-Arm bis zum Handy-Nacken. In: https://www.bitkom.org/Presse/Presseinformation/Vom-Maus-Arm-bis-zum-Handy-Daumen.html (31. März 2020).

Bundesinstitut für Sportwissenschaft (2019): Sportpsychologie für den Spitzensport. In: https://www.bisp-sportpsychologie.de/SpoPsy/DE/Infoportal/Sportpsychologische_Betreuung_im_Spitzensport/trainingstechniken/Entspannungsverfahren.html (31. März 2020).

Bundesministerium Öffentlicher Dienst und Sport: Nationaler Aktionsplan für Bewegung. In: https://www.bmoeds.gv.at/sport/breitensport/breiten-gesundheitssport/nap-bewegung.html (10. Jänner 2020).

Detjen, D. (2011): Ergonomiefallen vermeiden – Ihrem Rücken zuliebe. Aktion Gesunder Rücken e. V.

DGE – Deutsche Gesellschaft für Ernährung (2015²): Referenzwerte für die Nährstoffzufuhr: Loseblattsammlung.

Dickhuth, H. u. a. (2010): Sportmedizin für Ärzte. Köln: Deutscher Ärzte Verlag GmbH.

Duden online: www.duden.de (7. Feb. 2020).

Fonds Gesundes Österreich: Gesundheitsförderung. In: https://fgoe.org/glossar/gesundheitsfoerderung (10. Feb. 2020).

Fonds Gesundes Österreich: Grundprinzipien der Gesundheitsförderung. In: https://fgoe.org/Grundprinzipien_der_Gesundheitsfoerderung (20. März 2020).

Fonds Gesundes Österreich: Ottawa Charta. In: https://fgoe.org/glossar/ottawa_charta (10. Jänner 2020).

Habben, M.: Bandscheibe. In: Doc Check: https://flexikon.doccheck.com/de/Bandscheibe?utm_source=www.doccheck.flexikon&utm_medium=web&utm_campaign=DC%2BSearch (31. März 2020).

Häufige Sportverletzungen. In: GEO WISSEN Nr. 39 – 04/07.

Hüter-Becker, A./Dölken, M. (2007): Physiotherapie in der Traumatologie/Chirurgie. Stuttgart: Georg Thieme Verlag.

Kickbusch, I. (1999): Der Gesundheitsbegriff der Weltgesundheitsorganisation. In: Häfner, H.: Gesundheit – Unser höchstes Gut! Heidelberg: Springer Verlag.

Kladny, B. (2016): Orthopäden warnen vor dem „Handy-Nacken". In: https://link.springer.com/article/10.1007/s15006-016-8029-z (31. März 2020).

Konopka, P. (2015): Sporternährung: Grundlagen | Ernährungsstrategien | Leistungsförderung. München: BLV.

Krischak, G. (2009): Traumatologie für Physiotherapeuten. Stuttgart: Georg Thieme Verlag.

Kuratorium für Verkehrssicherheit (2017): Die Top 5 Sportunfälle in Österreich. In: https://unfallstatistik.kfv.at/index.php/heim-freizeit-sport/top-5-sportunfalle-osterreich (31. März 2020).

Med-library (2018): Papageienschnabelriss. In: http://www.med-library.com/meniskus-papageienschnabelriss-symptome-therapie-folgen/ (31. März 2020).

Moosburger, K.: Nahrungsergänzungsmittel im Sport. In: https://www.dr-moosburger.at/wp-content/uploads/pub006.pdf (3. März 2020).

Moosburger, K.: Trinken im Sport. In: http://www.dr-moosburger.at/pub/pub045.pdf: http://www.dr-moosburger.at/pub/pub045.pdf (9. März 2020).

Müller-Wohlfahrt, H.-W. (2014): Muskelverletzungen im Sport. Stuttgart: Georg Thieme Verlag.

Ogielda, J./Hamm, M. (2015): Das Praxisbuch der Sportlerernährung. München: Riva.

Peukert, A. (2012): Sportverletzungen: Muskelkater, Prellungen, Zerrungen, Muskelfaserrisse. In: https://www.trainingsworld.com/sportmedizin/sportverletzung/sportverletzungen-muskelkater-prellungen-zerrungen-muskelfaserrisse-teil-zwei-2380915; https://www.trainingsworld.com/sportmedizin/sportverletzung/sportverletzungen-muskelkater-prellungen-zerrungen-muskelfaserrisse-entstehen-teil-eins-2379254) (23.Juli 2018).

Raschka, C./Ruf, S. (2018): Sport und Ernährung. Stuttgart: Thieme.

Ratgeber – Leistungssport & Gesundheit: Nutzen oder Schaden? In: www.arztsuche24.at: https://arztsuche24.at/ratgeber/gesundheit-allgemein/leistungssport-gesundheit-nutzen-oder-schaden (15. Aug. 2019).

Ratgeber Vegan: Vegan und Sport – ein Widerspruch? In: https://ich-lebe-vegan.de/veganes-leben-im-alltag-ueberblick/veganismus-und-sport (8. Juli 2019).

Reindl, B. (2012): Sportverletzung: Achillessehnenruptur. In: https://www.trainingsworld.com/sportmedizin/sportverletzung/sportverletzung-achillessehnenruptur-achillessehnenriss-2390311 (18 Juli 2018).

Schünke, M. u. a. (2007): Prometheus – Allgemeine Anatomie und Bewegungssystem. Stuttgart: Georg Thieme Verlag.

Universität Hohenheim: Energiebedarfsrechner. In: https://projekte.uni-hohenheim.de/wwwin140/info/interaktives/energiebed.htm (20. April 2018).

Weineck, J. (2010): Optimales Training. Balingen: Spitta Verlag.

WHO: Bewegungsmangel und Diabetes. In: http://www.euro.who.int/de/health-topics/noncommunicable-diseases/diabetes/news/news/2015/11/physical-inactivity-and-diabetes (30. März 2020).

Willen K.: Der Handynacken (2015). In: https://www.welt.de/gesundheit/article143385032/Grassiert-der-Handynacken-bald-wie-eine-Seuche.html (31. März 2020)

Wundermittel Bewegung. In: www.zeit.de: https://www.zeit.de/zeit-wissen/2014/02/sport-bewegung-gesundheit-therapie/seite-4 (15. Aug. 2019).

Kapitel 19: Funktionelle Anatomie

Appell, H.-J./Stang-Voss, C. (2008): Funktionelle Anatomie: Grundlagen sportlicher Leistung und Bewegung. Springer Verlag.

Gehrke, T. (2009): Sportanatomie. Hamburg: Nikol Verlag.

Groves, D./Thurgood, G./Williams, L. (2012): Krafttraining: Muskelaufbau – Fitness – Gesundheit. München: Dorling Kindersley Verlag.

Jäger, J./Krüger, K. (2011): Der Muskel im Sport: Anatomie, Physiologie, Training, Rehabilitation. Berlin: KVM Medizinerverlag.

Meinel, K./Schnabel G. (2018): Bewegungslehre Sportmotorik: Abriss einer Theorie der sportlichen Motorik unter pädagogischem Aspekt. Aachen: Meyer & Meyer Sport.

Meinel, K./Schnabel, G. (2014): Bewegungslehre Sportmotorik. Aachen: Meyer & Meyer Sport.

Petrik, M. (2014): CrossFit Powerworkouts: Intensivtraining für Kraft & Ausdauer. München: BLV Buchverlag.

Schünke, M./Schulte, E./Schumacher, U. (2007): Prometheus – LernAtlas der Anatomie. Stuttgart: Georg Thieme Verlag.

Trunz-Carlisi, E. (2003): Praxisbuch Muskeltraining. München: Gräfe und Unzer Verlag GmbH.

Weineck, J. (2010): Optimales Training. Balingen: Spitta Verlag.

Quellenverzeichnis

Bildquellenverzeichnis

Cover/U1: AdobeStock © WavebreakMedia Micro; AdobeStock © Lukas Gojda; Cover/U4: AdobeStock © Soloviova Liudmyla; AdobeStock © aerial-drone; Kopfzeilen: Fotolia © Salome; Kompetenzchecks: Fotolia © leedsn; S. 10: AdobeStock © CrazyCloud; S. 11: AdobeStock © Drobot Dean; S. 13: Michael Glantschnig/Simon Keuschnig; S. 14: Michael Glantschnig/Marie Zojer; S. 15: Michael Glantschnig/Simon Keuschnig; S. 17: AdobeStock © Dvarg; AdobeStock © Sashkin; © KOMPERDELL Sportartikel GesmbH – mit freundlicher Genehmigung; S. 23: AdobeStock © nazarovsergey; S. 24, 26: hpt/Petra Lehner www.lehnerdesign.at; S. 27: Michael Glantschnig/Simon Keuschnig; AdobeStock © Stefan Schur; S. 28: Michael Glantschnig; S. 32: hpt/Petra Lehner www.lehnerdesign.at; S. 33: Michael Glantschnig/Sara Zweibrot; S. 34: AdobeStock © ibreakstock; AdobeStock© bofotolux; S. 35: AdobeStock © sportpoint; S. 43: AdobeStock © ARochau; S. 44: AdobeStock © Maridav; S. 54: AdobeStock © Scott Griessel/Creatista; S. 55 ff.: Michael Glantschnig/Martin Neidhardt; S. 63: AdobeStock © Kzenon; S. 68: AdobeStock © undrey; S. 69: AdobeStock © Bojan; S. 72: AdobeStock © vectorfusionart; S. 73 ff.: Michael Glantschnig/Martin Neidhardt/Marie Zojer; S. 78: AdobeStock © sergua; S. 80, 82: AdobeStock © Lacov Filimonov: S. 84: Philip Höher – mit freundlicher Genehmigung; S. 86: AdobeStock © gustavofrazzaro; S. 87: AdobeStock © Sergey Peterman; S. 89: Schöbel, Heinz (2000): Olympia und seine Spiele. Berlin: Econ Ullstein List Verlag; S. 90: AdobeStock © Fisher Photostudio; S. 92: NADA Austria – mit freundlicher Genehmigung; S. 94: AdobeStock © Tivtyler; S. 95: AdobeStock © A. Hartung; S. 96: AdobeStock © bilderzwerg; S. 97: AdobeStock © Gerhard Seybert; S. 98: AdobeStock © Eva; S. 99: AdobeStock © VRD; S. 102: AdobeStock © Guadellaphoto; S. 103: AdobeStock © Zarya Maxim; S. 105: AdobeStock © grafikplusfoto; S. 106: AdobeStock © TRFilm; S. 107: AdobeStock © Hermann; S. 108: AdobeStock © malp; S. 109: AdobeStock © alekseyliss; AdobeStock © ehrlif; AdobeStock © Clari Massimiliano; AdobeStock © Pellini; AdobeStock © Tobias Arhelger; S. 111: AdobeStock © Michal Hubka; S. 112: AdobeStock © gena96; S. 114: AdobeStock © Marco2811; S. 117: AdobeStock © Studio Romantic; S. 118: AdobeStock © Alex; AdobeStock © vasilisatsoy; S. 119: AdobeStock © Pattarawitt; AdobeStock © paladjai; AdobeStock © ylivdesign; S. 120: AdobeStock © joshya; AdobeStock © nahadia; AdobeStock © falco47; S. 122: AdobeStock © ARochau; S. 123: AdobeStock © Kzenon; AdobeStock © Alexkava; S. 125: hpt/Petra Lehner www.lehnerdesign.at; S. 127: AdobeStock © B. CoBa; AdobeStock © Lightfield Studios; AdobeStock © shock; Adobe Stock © New Africa; S. 128 ff.: AdobeStock © Vector Tradition; S. 132: AdobeStock © Jenko Ataman; S. 134: AdobeStock © Yaroslove; S. 135: hpt/Petra Lehner www.lehnerdesign.at; S. 139: AdobeStock © micha_h; S. 140: AdobeStock © Wavebreakmedia Micro; S. 150: AdobeStock © Bojan; S. 152: AdobeStock © Jacob Ammentorp Lund; S. 153: AdobeStock © Kudas Studios; S. 154: USI_univie_© Universität Wien/Peter Kubelka. © Universität Wien/Peter Kubelka; © Universitäts-Sportinstitut Innsbruck; S. 156: AdobeStock © Gorodenkoff Productions OU; S. 157: AdobeStock © Microgen; S. 160: AdobeStock © sdecoret; S. 161: hpt/Petra Lehner www.lehnerdesign.at; S. 162: AdobeStock © skumer; S. 163: AdobeStock © Hafiez Razali; S. 167: AdobeStock © sidorovstock; S. 168: AdobeStock © lic0001; imago/ZUMA Press in: Becker, Christian u. a. (2018): 1968 im Sport. Eine historische Bilderreise. Hildesheim: Arete Verlag; S. 173: Riefenstahl, Leni (2002): Olympia: Dokumentation zum Olympia Film. Köln: Taschen; AdobeStock © Andrei; AdobeStock © laufer; S. 175: AdobeStock © Zafletic; S. 178: AdobeStock © 27mistral; S. 180: Michael Glantschnig; S. 181: AdobeStock © murphy81; AdobeStock © artemoberland; AdobeStock © 32pixels; S. 183: AdobeStock © auremar; S. 184: AdobeStock © vectorfusionart; S. 185: AdobeStock © olly; S. 186: AdobeStock © nenetus; S. 188: AdobeStock © Actionpics; S. 189: AdobeStock © WavebreakMedia Micro; S. 192: AdobeStock © Prostock-studio; S. 193: AdobeStock © Soloviova Liudmyla; S. 196: AdobeStock © fotosr52; AdobeStock © olly; S. 197: AdobeStock © apichon_tee; S. 198: AdobeStock © Nomad_Soul; S. 202: AdobeStock © Antonio Guillem; S. 203: AdobeStock © Spectral-Design; S. 205: AdobeStock © Sergey Ryzbov; S. 206: AdobeStock © pablobenii; S. 209: AdobeStock © M. Siegmund; S. 210: AdobeStock © Bernd Leitner; S. 212: AdobeStock © masisyan; S. 213: Michael Glantschnig/Simon Keuschnig/Sara Zweibrot; S. 214: Michael Glantschnig/Victoria Lederer/Simon Keuschnig/Sara Zweibrot; S. 215: Michael Glantschnig/Victoria Lederer/Sara Zweibrot; S. 216: Michael Glantschnig/Simon Keuschnig/Sara Zweibrot/Victoria Lederer; S. 217: Michael Glantschnig/Simon Keuschnig; S. 218: AdobeStock © Stefan Bartenschlager; S. 221: AdobeStock © TonStocker; S. 225: AdobeStock © Microone; AdobeStock © artinspiring; S. 226: AdobeStock © Schlierner; S. 227: AdobeStock © Mike Orlov; S. 229: AdobeStock © Antonio Guillem; S. 231: AdobeStock © Monkey Business; S. 232: AdobeStock © Andrea Obzerova; S. 235: AdobeStock © OjoVertical; S. 236: AdobeStock © Stephan Karg; AdobeStock © moodboard; S. 237: AdobeStock © eslienko; S. 238: AdobeStock © Budimir Jevtic; S. 243: AdobeStock © Jacob Lund; S. 245: AdobeStock © fotogestoeber; S. 248: © Mario Aumüller – mit freundlicher Genehmigung; S. 249: AdobeStock © Giorgio Magini; S. 250: AdobeStock © oksix; S. 251: www.gemeinsambewegen.at; AdobeStock © kesipun; S. 253: AdobeStock © hd3dsh; S. 254: © Mario Aumüller – mit freundlicher Genehmigung; S. 255: AdobeStock © Discobey Art; S. 256: AdobeStock © Andreas Meyer; Architekturbüro LAAC, Innsbruck | Foto © Günter Richard Wett – mit freundlicher Genehmigung; S. 258: AdobeStock © mRGB; S. 259: AdobeStock © adimas; AdobeStock © amriphoto.com; S. 260: AdobeStock © SimLine; S. 261: AdobeStock © evening_tao; AdobeStock © Eugen Wais; S. 262: AdobeStock © yiulipa; S. 263: © UNIS Wien – mit freundlicher Genehmigung; S. 265: AdobeStock © ArTo; S. 266: AdobeStock © graphicsdunia4u; S. 268: AdobeStock © Halfpoint; S. 269: AdobeStock © nd300; S. 272: AdobeStock © Manic Jovan; S. 273: AdobeStock © Tijana; AdobeStock © bilderzwerg; S. 274: AdobeStock © pathdoc; S. 276: AdobeStock © Olga; AdobeStock © Dima Berlin; S. 277: AdobeStock © Olga; AdobeStock © kristo74; S. 282: AdobeStock © Eugene Onischenko; S. 283: AdobeStock © Bryan Creely; S. 286: AdobeStock © Björn Wylezich; S. 290: AdobeStock © Kochergin; AdobeStock © Eser Karadag; S. 291: AdobeStock © motortion; S. 292: AdobeStock © dechevm; S. 294: AdobeStock © Kurhan; S. 295: AdobeStock © javiindy; © Fonds Gesundes Österreich nach Dahlgren, G.; Whitehead, M. (1991) – mit freundlicher Genehmigung; S. 297: © Fonds Gesundes Österreich – mit freundlicher Genehmigung; S. 299: AdobeStock © Drobot Dean; S. 300: AdobeStock © Rido; S. 301: Rohen, J. W./Yokochi, C. (1988[2]): Anatomie des Menschen. Stuttgart: Schattauer; S. 302: Leonhardt H. u. a. (1987): Anatomie des Menschen. Lehrbuch und AtlaS. Band 1. Bewegungsapparat. Stuttgart: Georg Thieme Verlag.; S. 303: AdobeStock © Wavebreakmedia Micro; AdobeStock © elenabsl; S. 304: AdobeStock © inegvin; S. 305: AdobeStock © Pattaravit; Adobe Stock © Africa Studio; S. 306: AdobeStock © vit_kitamin; S. 307: AdobeStock © corbacserdar; S. 308 f.: AdobeStock © Sabine Hürdler; S. 310: AdobeStock © vgstudio; S. 314: Michael Glantschnig; S. 315: AdobeStock © travelbook; S. 316: AdobeStock © Jacob Ammentorp Lund; S. 317: AdobeStock © BillionPhotos.com; S. 318: AdobeStock © photocrew; AdobeStock © valerie121283; S. 319: Adobe Stock © TrudiDesign; AdobeStock © gitusik; AdobeStock © Irina K.; AdobeStock © gitusik; AdobeStock © Roman Samokhin; AdobeStock © Morgensterne; AdobeStock © Alekss; S. 321: AdobeStock © mnirat; S. 322: Michael Glantschnig/Simon Keuschnig; S. 323: AdobeStock © Maha Heang 245789; S. 324: AdobeStock © bilderzwerg; S. 325: AdobeStock © Judith; S. 326: AdobeStock © barks; S. 327: AdobeStock © Henrie; S. 329: AdobeStock © cirquedesprit; AdobeStock © bilderzwerg; S. 331: AdobeStock © bilderzwerg; AdobeStock © Henrie; S. 332: AdobeStock © robu_s; AdobeStock © bilderzwerg; S. 333: AdobeStock © Alila Medical Media; hpt/Philipp Wichtl; S. 334: AdobeStock © Alila Medical Media; AdobeStock © designua; S. 335: AdobeStock © Iryna; S. 336: AdobeStock © VRD; S. 338: AdobeStock © fizkes; S. 339: AdobeStock © Prostock-studio; S. 341: AdobeStock © adimas; S. 342: AdobeStock © photosvac; AdobeStock © bilderzwerg; S. 343: AdobeStock © York; AdobeStock © Hank Grebe; S. 344: AdobeStock © bilderzwerg; S. 348 f.: AdobeStock © Knut Wiarda; S. 350: AdobeStock © www.freund-foto.de; S. 351: AdobeStock © iammotos; S. 352: AdobeStock © Alen Ajan; S. 353: AdobeStock © gballgiggs.